中国少数民族设计全集

The Design Collection of Chinese Ethnic Minorities

黎族

中国少数民族设计全集编纂委员会 编

图书在版编目（CIP）数据

中国少数民族设计全集. 黎族／中国少数民族设计全集编纂委员会编；鞠斐，袁晓莉，王辉山著. —太原：山西人民出版社，2019.9

ISBN 978-7-203-10914-3

Ⅰ.①中… Ⅱ.①中…②鞠…③袁…④王… Ⅲ.①黎族－民族文化－研究－中国 Ⅳ.①K28

中国版本图书馆 CIP 数据核字（2019）第 149451 号

中国少数民族设计全集. 黎族

编　　者：	中国少数民族设计全集编纂委员会
著　　者：	鞠　斐　袁晓莉　王辉山
责任编辑：	孙宇欣
复　　审：	傅晓红
终　　审：	阎卫斌
装帧设计：	谢　成

出 版 者：	山西人民出版社　人民美术出版社
地　　址：	太原市建设南路 21 号
邮　　编：	030012
发行营销：	0351－4922220　4955996　4956039　4922127（传真）
天猫官网：	https://sxrmcbs.tmall.com　电话：0351－4922159
E－mail：	sxskcb@163.com　发行部
	sxskcb@126.com　总编室
网　　址：	www.sxskcb.com

| 经 销 者： | 山西出版传媒集团·山西人民出版社 |
| 承 印 者： | 山西出版传媒集团·山西新华印业有限公司 |

开　　本：	889mm×1194mm　1/16
印　　张：	44
字　　数：	540 千字
印　　数：	1—1 000 册
版　　次：	2019 年 9 月　第 1 版
印　　次：	2019 年 9 月　第 1 次印刷
书　　号：	ISBN 978-7-203-10914-3
定　　价：	530.00 元

如有印装质量问题请与本社联系调换

中国少数民族设计全集编纂委员会

总 主 编　（按年龄排序）
　　　　　　张夫也　王立端　戴晋明　廖　军　王　琥　李豫闽　过伟敏　顾　平
　　　　　　王　强　李　岗
执行主编　王　琥
编务统筹　张明山

中国少数民族设计全集编辑工作委员会

主　　任　刘伟冬
编　　委　（排名不分先后）
　　　　　　王　琥　王　峰　王　强　王立端　王浩滢　白　波　过伟敏　许　星
　　　　　　许边疆　李　岗　李　丽　李豫闽　成光虎　肖　飞　余　强　汪传跃
　　　　　　罗　力　杨明朗　陈　述　陈见东　邱　珂　胡万明　顾　平　郑　静
　　　　　　郭立忠　姬　莹　张夫也　张泽国　张明山　张秋平　张耀引　梁盛平
　　　　　　樊　进　谢　玮　熊　伟　熊　微　熊建新　蔡克中　葛　芳　鞠　斐
　　　　　　魏　洁　廖　军　戴晋明

中国少数民族设计全集出版工作委员会

主　　任　胡彦威　周　伟
执行主任　姚　军　欧京海
编务统筹　阎卫斌　周小龙
编　　辑　（排名不分先后）
　　　　　　王新斐　史美珍　冯　昭　冯灵芝　吉　昊　吕绘元　刘小玲　任秀芳
　　　　　　孙　琳　孙宇欣　李广洁　李建业　李　靖　员荣亮　张小芳　张志杰
　　　　　　张书剑　何赵云　陈俞江　吴春华　武　静　周小龙　柳承旭　郝文霞
　　　　　　赵　玉　赵晓丽　席　青　秦继华　高　雷　郭向南　阎卫斌　崔人杰
　　　　　　傅晓红　蔡咏卉　翟丽娟　樊　中　薛正存　魏　红　魏美荣
整体设计　谢　成

中国少数民族设计全集·黎族

本册著者 鞠 斐　袁晓莉　王辉山（黎族）
参与撰写 蔡於良　周星悦　胡亚玲　叶祎祎
　　　　　　张 飞　陈翔宇　张宣乐　魏保良
　　　　　　李华权　安 阳

求同存异　和合共荣

刘伟冬

中华民族，是一个由56个民族组成的大家庭。在漫长的文明发展史中，汉族和各少数民族都为中华文明的繁荣发展贡献了自己的聪明才智。纵观中华文明史，其实就是一部各族群之间"求同存异，和合共荣"的文化演进史。

从根子上讲，4000年前的"中国"，仅指北方中原地区，居住在这里的相传是上古时期黄帝部落和炎帝部落的后裔，故而自称"炎黄子孙"。其时的"中国"，不过是黄河中下游（西起陇山，东至泰山）区域。在千年发展与民族融合之后，尤其是晋末"衣冠南渡"，南迁的中原汉族与南方百越民族彻底融合，来自北方的鲜卑等民族融入汉族，使汉族前所未有地壮大发展，逐渐形成后来疆域辽阔、人口众多、物产繁盛、文化昌明的中华民族的主体族群。特别值得强调的是，自从作为一个民族整体之后，中华民族就从未中断过自己的民族发展史——这在世界历史上是硕果仅存、独一无二的。

中华民族具备兼容并蓄、虚心好学的民族天性。仅以设计学范畴的事例讲：在数千年文明发展历史中，中华民族在不断向外输出优秀的文明成果（如烧造之陶瓷砖瓦、营造之榫卯斗拱、织造之丝绸刺绣、锻造之"失蜡"分模等），影响全人类的日

常生活与生产方式的同时，也不断地吸纳域外各民族的优秀文明成果，如汉魏之印度佛教和西域音乐、隋唐之西亚服饰和家具、宋元之东洋印染和漆艺、明清之西洋机器与建筑……在中华民族内部，这样的文化交流更是从未停止过，而且是风生水起、枝繁叶茂，愈发流畅、深入，中华民族各族群之间"求同存异，和合共荣"的文化大演进，共同创造了中华民族极为灿烂辉煌的造物文明历史。仍以设计学范畴为例：原本是匈奴人发明的单足绳圈，被晋代的汉族人设计成铁质双镫；最早是鲜卑人原创的毡毯卷边，被晋代的汉族人改造成"高桥马鞍"，这宗中国式马具设计案例，被誉为"13世纪中国传入欧洲的最重要文化成果"（李约瑟语）。再如，西域（今新疆地区）是全世界最早的皮靴生产地，哈尼族为主的红河地区出现了全世界最早的梯田。再如，全世界最早的"干栏式建筑"和全世界最早的稻米人工育种、栽培，均起源于长江中下游的百越地区；全世界最早的竹藤编结器物起源于闽越地区……由中华民族共同创造、发明，后来又影响了全人类文明进程的优秀造物设计案例很多，不胜枚举。几千年中华民族的文明史，就是各种文化多元融合、共同发展的最好例证。不了解中华民族内部各族群的文明交流史，就无法真正理解中国文化史，也不能理解为什么中华民族总是能在逆境中成长强大。甚至可以说，能否完整地理解中华民族的文化史，是检验每一个当代中国知识分子（特别是文史哲专业的学者）文化立场的"试金石"。

随着改革开放的逐渐深入，各民族地区的经济与社会状态已发生了天翻地覆的变化。令人遗憾和担心的是，由于各地区政策执行力度不平衡，保护措施不得力，少数民族的文化特性正在逐步衰退，有些地区的少数民族文化特征甚至已经消失殆尽，仅仅

存在于徒具形式，充满口号、标语的民族文化村旅游景点中。有学者预言，再不加快整理抢救工作，中国的少数民族可能在物质形态和文化内涵的特征上，若干年后将不复存在。

从少数民族地区反映古代中国社会某些面貌的文化遗存看，这些少数民族之所以一直与汉族地区差距巨大，存在多方面的原因，其中历代汉族统治者对少数民族的歧视政策是主要原因。此外这些地区本身就处于偏僻荒地，不是沙漠就是山区，自然条件远不及汉族聚集地区，社会发展水平滞后。20世纪50年代，有相当比例的少数民族在当时仍处于原始农耕社会或奴隶制社会，不要说通电、通水、通汽车，不少人一辈子连铁器长什么样都没见过。部分少数民族聚集地的各种自然条件也较差，缺肥少水，基本生活来源，一靠老天爷恩赐的"望天收"农作物；二靠家庭手工作坊制作些竹藤编结物和土织、土陶等土特产来换取粮食；三靠养猪、兔、羊和鸡、鸭、鹅等家禽来换取日用品，如灯油、农具、衣物和油盐酱醋等；四靠为土司、头人和大户们出卖劳力（社会底层奴隶身份），年老即被抛弃。中华人民共和国成立后，党和政府在这些地区实行社会主义改造，打倒以土司、巫师和头人为首的剥削阶级，将土地和生产资料一律收归集体所有，解放了全体少数民族民众，使他们历史上第一次有了自由劳作和生活的权利。

中华人民共和国成立之初，党和政府就高度关注民族事务问题，为如何保护、关心各少数民族制定了一系列方针、政策，也为当代中国社会处理民族问题、保护民族文化树立了光辉典范。中央人民政府政务院于20世纪50年代初发布了《关于民族事务的几项决定》，为新中国民族政策奠定了最初的思想基础，其主要内容是：一、各大行政区军政委员会（人民政府）须指导各有关

省、市、行署人民政府认真推行民族区域自治及民族民主联合政府的政策和制度,并随时向政务院报告推行经验,请示者须事前向政务院请示。二、各大行政区军政委员会(人民政府)须指导各有关省、市、行署人民政府认真并有计划地实行政务院在1950年颁发的《培养少数民族干部试行方案》,并将该项工作进行情况定期加以检查,每半年向政务院报告一次。中央民族学院及西北、西南、中南各军政委员会和新疆省人民政府的民族学院,必须依计划实行,并向政务院报告。三、政务院于1951年下半年适当时间将同时召开有关少数民族的卫生、教育及贸易三个专业会议,责成政务院文教委员会、中财委指导中央卫生部、教育部、贸易部开始筹备,并责成中央民族事务委员会协助进行。有关部门如农业部、文化部也须派人参加。四、责成中央人民政府各委、部、会、院、署、行注意建立有关民族事务的业务。五、在政务院文教委员会内设民族语言文字研究指导委员会,指导和组织少数民族语言文字的研究工作,帮助尚无文字的民族创立文字,帮助文字不完备的民族逐渐充实其文字。六、扩大中央民族事务委员会委员名额,责成中央民族事务委员会提出补充名单的建议,并于1951年下半年召开中央民族事务委员会扩大会议,检查与总结关于推行民族区域自治及民族民主联合政府的经验。

20世纪50年代,中央人民政府和政务院,曾多次组织"中央慰问团""土改工作队"和"普查工作队"等,花费大量人力和物力,深入各少数民族地区,进行了大量较为翔实的社会历史调查。50年代这轮由政府统筹、由中央民委组织行政领导和人类学、社会学专家学者以及民族同志组成工作队与考察队的少数民族大考察活动,1953年正式启动,1956年结束(个别地区延期至1958年才结束)。直接成果之一,就是为1956年国务院公布的55

个少数民族的正式定名和划分,提供了可靠的依据。

从当时考察的资料看,各少数民族的社会发展水平参差不齐,不少民族呈现类似汉族曾经历过的各种历史发展状况,为我们今天考察、了解并研究过去的历史以及各学术分支问题,提供了绝好的活体范本。比如以"设计发生学"研究为例,以山寨(村落)为主的初级社会组织形态,原始手工业在农耕环境中的地位,原始造物的手工技艺与设备、工具等,都是我们极感兴趣的研究对象。

在西北、西南和东北各少数民族聚集地区,有些古时流传下来的本民族手工造物技术,迄今仍保存良好。其吸收了汉族和其他兄弟民族的技术长处之后演变出来的各时段手工造物技术,则印证了各民族互相融合、取长补短的史实。更有些原始手工艺,特别具有艺术和历史研究价值。以维吾尔族人为例,本世纪初,笔者在新疆喀什城艾格孜艾日克老街看到几样手工艺绝活:其一是整条街的维吾尔族乐器店,除了热瓦普、曼陀林和冬不拉等少数维吾尔族知名乐器外,全是些笔者叫不上名来却似曾相识的弹拨乐器和拉弦乐器,于是从心里认可了"西域古乐成就了中国传统民乐"这句话所言不谬。其二是亲眼所见一个拖着鼻涕的不到10岁的维吾尔族小男孩,拿着电砂轮在铜壶上信手飞快地刻着精美细腻的图案,一不要底稿,二没有图纸,真是佩服得五体投地,也相信了"汉族人长于热铸,西域人长于冷锻"这个说法。其三是在喀什近郊著名的大巴扎"金器一条街"上看见近百家金店生意红火,家家门前毡毯上都围坐着一群金店伙计和顾客,正在热烈讨论、共同设计着花样繁多的未来金饰嫁妆,感受到了"中国传统样式的金银首饰工艺,最富有创意的设计和最先进的工艺制作,原来在维吾尔族人手里"这句大实话。还有,笔者

求同存异　和合共荣

在云南景洪县城集市上，曾亲眼见过景颇族老乡用古老的"焖烧法"烧出的红彤彤的土陶——跟笔者一知半解的仰韶彩陶的烧制工艺几乎一模一样。还有，笔者在大西北甘陕宁各省亲眼所见的回族、保安族、裕固族和东乡族老乡巧手做出的那些花样繁多、样式复杂的面塑造型，真是个个精妙绝伦。这方面的事例实在太多了。

50年代的少数民族地区社会大普查，以及半个多世纪以来社会各界对其丰富而珍贵的考察、研究，意义深远，价值极为重大。这些地区客观上保存的较为完整的、与数千年前中国原始社会最初形态近似的许多社会特征，为我们研究社会的最初形态形成和当时的经济、文化、政治的基本状况以及"设计发生学"的相关课题，提供了珍贵的类型学"活化石"范本，价值非凡。改革开放以来，这些少数民族地区也获得了前所未有的巨大发展，人民生活日新月异；但与此同时，少数民族地区的民族性在不可避免地愈发衰减、退化，甚至消失。如果我们再不采取保护措施，若干年后，各少数民族的许多宝贵民族文化遗产将无法挽救地彻底消亡，这部分同属于全人类精神财富和中华民族集体智慧的宝藏，我们将再也看不到了。

在"设计发生学"问题上，我们一向秉持文化多元论的观点，认为人类文明是全世界人民共同创造的，各国家、地区、民族均做出过大小不一、形态各异的贡献；同理，中华民族的灿烂文明是中国的各族人民共同创造的，每个民族都对中华传统文化做出过贡献，也都应当得到尊敬和肯定。中国的各少数民族在中华文明漫长的演化过程中，都曾经以自己独特而充满智慧的文明成果，补充、完善甚至改良着中华文明。比如，古代西域的龟兹古国各民族创造或引自西亚的弹拨乐器和拉弦乐器以及音律、曲

式，彻底改造了中国古代音乐，新创作出代表中国古乐精髓的江南丝竹；南疆的维吾尔族和北疆的哈萨克、塔塔尔、塔吉克等族首创了制革术，并引进古波斯革皮书籍装帧术和制靴术、制毡术、毛衣编结术；海南岛的黎族率先种植棉花并纺织棉布，传入内地后棉织业逐渐形成中国古代手工行业的"天下第一营生"……保护少数民族的民族文化特性，就是保护我们的历史遗产，就是传承我们的文明。我们应进一步发扬文化兼容的优良传统，把振兴中华的百年民族复兴梦，逐步落实为将大中华建设成为中国各民族共同拥有的美好家园。

由上千名来自全国各高等艺术院校的教授、研究生组成的55支团队参与编撰的《中国少数民族设计全集》（55卷），正是有识之士基于对各少数民族的民族文化特性正在快速衰减、消亡的严重现实问题的深切忧虑而进行的抢救、发掘、整理中国少数民族文化遗产的重要文化工程。经过两年精心筹划，六年努力写作，在国家出版基金管理部门的支持下，在山西人民出版社和人民美术出版社的策划和组织下，目前《中国少数民族设计全集》的书稿编撰工作已基本完成，即将付梓。在长达八年的漫长过程中，全国兄弟院校各团队涌现出的各种可歌可泣的事迹经常感动着笔者，并不时鞭策着全体作者克服千难万险，一路向前。有的分卷作者身患绝症仍不眠不休地忘我工作，有的分卷作者遭遇各种意外仍坚持工作。特别是，很多民族同志公而忘私、不计较个人得失，有人不惜将自己赚钱的企业关张歇业，全身心地投入各自所负责分卷的繁重编撰工作中；有人义无反顾地将自己珍藏多年的本民族实物、资料和研究成果无偿提供给相关分卷作者。大家万众一心，克服各种复杂得难以想象的困难，以确保这部凝聚了众人八年心血的巨著，能按计划如期完成。借此机会，笔者谨

代表本丛书编委会全体成员,向领导、编辑和作者们表示衷心的感谢!

作为一项文化创举,笔者深信《中国少数民族设计全集》必将在未来岁月的长期检验中,愈发显现其非凡的、独特的文化价值。

2017年夏季于南京

前言

海南岛是黎族的发源地和主要聚居地，黎族的产生与形成，反映了血缘族群历史的建立与变迁，是民俗沿革产生的结果。

黎族人拥有其独特的语言、体质外貌与文化表征，正如清末民初中国近代资产阶级学者梁启超在《政治学大家伯伦知理之学说》一文中所说："民族最要之特质有：其始也同居于一地，其始也同一血统、同其支体形状、同其语言、同其文字、同其宗教、同其风俗、同其生计。有此八者，则不识不知之间，自与他族日相阂隔，造成一特别之团体，固有之性质，以传诸其子孙，是谓之民族。"（梁启超. 政治学大家伯伦知理之学说. 昆明：云南教育出版社，2001：528）

黎语是黎族人使用的通用语言，属汉藏语系壮侗语族黎语支，但在各地黎族分支之间存在差异，因而又分为哈、杞、润、赛、美孚等五大方言。受黎族聚居地的自然环境的影响，黎族人普遍身材瘦小、皮肤黝黑、鼻子宽广、鼻孔开阔、嘴宽唇厚，其体形外貌具有热带亚热带地区人类的生理体质特征。黎族服饰、织绣、器具、信仰等共同构成黎族的文化特色，尤其是黎族服饰，充分强调了群族间的身份认同以及与其他民族之间的区分，尽管不同方言人们的服饰特色各有不同，但这些群族内部的差异也是受到居住环境的差异性影响而产生的。

清代学者顾祖禹在其撰写的《读史方舆纪要》中概括海南岛的地理环境为："外环大海，中盘黎峒，封域广袤二千余里，盖海外之要区，西南之屏障也。"（顾祖禹. 读史方舆纪要. 北京：中华

书局，2005）四面环海的海南岛，夏长而无冬，中部为高耸的山地和山间盆地，四周为环形分布逐级降低的丘陵和平原，地势自东北向西南逐级降低，岛内河流纵横、森林密布，野生动植物资源十分丰富。独特的自然环境和地域特征建构了黎族的自身认同和多元的本土历史文化记忆，并在黎族认同的形成、维持与变迁中不断地发展与传续，产生黎族独特的造物设计思想，同时，在受到汉族的先进文明、生产方式、生活资料和社会制度的影响下的黎族社会风俗与历史文化，正于变迁中翻开新的篇章。

生产工具和物质生活资料承载了黎族造物的主体设计思想和设计特征。通过梳理黎族现存的生产工具和生活资料，将黎族的造物设计概括为以下六大类：黎族传统民居建筑、黎族传统服装与首饰、黎族传统饮食器具及食材造型、黎族传统生活用具、黎族传统生产方式与工具、黎族传统礼俗行序与用器。这六个类别涵盖了从古到今黎族人日常生活中的生产工具和生活资料，反映了黎族人的造物设计思想和特征，体现了其生产生活方式和精神层面的审美需求和宗教信仰。

一、黎族造物设计的发展阶段

聚居在海南岛的黎族先民，自徐闻入海时便有记载："坞之中有黎母山。"据2010年全国第六次人口普查资料，黎族总人口在十四万左右，其中百分之九十以上居住在海南岛的中部和西南地区，也就是五指山市、三亚市、东方市，以及琼中、保亭、陵水、乐东、昌江、白沙等六个自治县。由海岛中南部的五指山和黎母岭形成的山地、丘陵、盆地，由海积平原和冲积平原构成的平原，以及其间分布的大小河流，为黎族人提供了多元化的生产、生活资料。复杂的自然环境形成了黎族先民依靠采集、狩猎、捕鱼与刀耕火种相结合的生产方式，建构了丰富多变的黎族造物文化，也孕育了黎族人独特的创作个性和设计思想。

从黎族人的造物设计思想进化的纵轴——从早期造物设计的萌芽阶段，到造物设计的发展阶段，再到与汉族造物思想的融合阶段——这三个进化阶段的造物设计特征中可以看出，黎族先民与中国其他地区的原始人类一样，在经历过寻找能弥补人类肢体生理缺陷，又能比人类肢体更高效完成各项任务的"天然替代物"（如直接使用兽皮、棕榈树皮的简单编织物或其他阔叶植物来遮蔽身体，直接将藤类植物当作线来缝合或串联兽皮、棕榈树皮、阔叶）的过程之后，诞生了黎族原始的造物设计思想，继而进一步发展，再与外来文化融合变迁。

(一) 黎族原始造物设计的萌芽

黎族原始造物设计以日常生活用品和生产工具为主体，是黎族先民在日常生产生活中适应自然并选择自然条件去扩展生存空间、改善生活质量的造物活动的体现，是脱离了原始、单纯的人造器物范畴的设计创意和设计技术的体现，如耕作用的戳穴棒和木耙、捕猎用的木弩和箭筒、捕鱼用的鱼笼和虾笼，以及用来渡水的独木舟和匏具等等，一切都围绕着黎族人在自然界中无法直接满足的实际需要而建立，并以功效为设计创意的基础，结合当地的材料和当时的工艺加以实施。

黎族造物设计的萌芽深受自然条件决定下黎族先民原始的生产生活方式的影响：在原始社会生产力较为低下的基础环境中，黎族先民长期依靠得天独厚的自然条件带来的丰富资源维持自给自足的生产生活方式——采集、狩猎、捕鱼与刀耕火种相结合，依赖居住环境处的山林、河流丰富了食物的来源——山林中奔跑的动物、飞翔的禽类、树木结出的果实和水中游弋的鱼虾，都成为黎族先民捕猎和采集的对象。而人口爆炸性地增长和以血缘集团划分的聚居方

式，共同导致了食物生产方式和主食结构的改变——以稻米为主食，产生了主动性的生产方式，大量出现各种各样的生活用具和生产工具，很大程度上改善了黎族先民的生活方式。

黎族先民的生产方式促进了黎族原始造物设计思想的萌芽，诞生了黎族最为原始的生产工具和生活资料。采集活动产生了利用树皮和简单加工工具石拍制作而成的树皮布和各种树皮布加工而成的款式简单的衣帽，以及利用石刀、石斧劈砍或刳削制成的独木、独竹、椰壳以及葫芦制成的存储器具和饮食器具，如独木制成的凳椅、独竹制成的水杯和挑水竹筒、椰壳制成的碗勺。长期的野外采集形成了黎族人独特的饮食习俗——出门外带竹筒饭；狩猎促进了黎族原始狩猎工具的改进和创新，如竹木制成的弓、弩、箭，独木制成的刀鞘和箭桶等，同时也赋予了黎族人粗犷而淳朴的原始遗风，并体现在器具的造型和纹饰刻花上；捕鱼丰富了黎族先民的食物来源，促进了最原始的葫芦制成的水上交通工具——渡水匏具和独木舟的诞生；原始的刀耕火种则推动了黎族原始农用工具的产生和发展，如黎族原始的钻木取火方式，种植山栏稻所需的戳穴棒、木耙、木钩镰，加工粮食所需的独木杵臼。

这一阶段的生产工具和生活资料造型或圆或方，普遍极为简单，加工工艺也仅是通过将天然材料直接进行简单加工，是较为粗糙原始的造物设计行为，形成了最为基础的黎族传统器具造型，黎族其他几个阶段的造物设计的思想和特征都是在此基础上发展而来，并且始终蕴含着最为原始的造物思维。

（二）黎族造物设计的发展和演变

当黎族先民创造出了最基本的生产、生活工具之后，在相当漫长的阶段将其进一步修改、完善，并继续使用更加复杂的工具和工艺进行创造，改善了黎族人日常的衣食住行，使之更加精细化，而黎

族先民的生产活动也进一步推动了黎族造物设计的发展。这一阶段深受黎族原始的稻作生产方式影响，促进了黎族传统家庭手工业的发展，纺织技艺、编结技艺、制陶技艺和营造技艺的产生和发展进一步丰富了黎族人的生产工具和生活资料，深刻地影响了黎族先民的生活方式，提高了人们的生活水平。这一阶段同时产生了自然分工，如陶器制作仅由妇女承担，从挑土到烧造的整个过程男子不得介入，而独木器具的加工则完全由男子承担。

黎族传统造物设计产生的动力和目的都源于改善自身生活的追求，其中纺织技艺的诞生便是黎族生活水平第一个巨大飞跃，以黎族妇女使用最普遍的纺织工具踞织腰机为例：黎族传统踞织腰机是黎族先民针对具体的生产活动中出现的难题——解决如何织造更加柔软细密的织物来代替树皮布而设计制作出的专用器物。踞织腰机的诞生标志着黎族纺织技艺从无纺到有纺的巨大飞跃，而产生这一进步的动力，则是来自黎族先民对于自身衣物改良的需求。纺织生产作为黎族造物设计第二阶段的新式生产行为，从早期将楮树树皮剥离捶软之后加工成简单的布帛和服装，起到白天蔽体、夜间披盖的作用，逐步发展到从麻类植物的茎干处取得细密的植物韧皮纤维，再经过搓捻加工成线，并用原始腰机织造成用来缝纫成衣的布匹原料。新的纺织生产向着更加多元、舒适、安全、精美的方向发生变化，例如，通过用线的缝合可以制造出多种上衣、下裳的服装形制，细密的植物纤维远比捶软的树皮舒适得多，而布匹进行分片缝合能更好地令人体在各项生产生活活动中灵活发挥，并能较好地预防外界环境对人体的伤害，而植物纤维天然呈现的多元色彩也能在织造的过程中形成丰富多彩的纹饰，如同贝壳表面的天然纹饰一般，因此也被称作"织贝"。

藤、竹编技艺的产生令黎族人的日常生活中除了早期的独木餐

具、农具和作为日常餐饮、存储器皿的陶器之外，大大小小、形状各异的编织器几乎占据了日常生产生活资料的全部。如挂在腰间用来盛放刀具和采集的食物的藤编、竹编腰篓，捕鱼工具鱼笼和虾笼，各种储物的篮筐，室内家具藤编凳面的竹凳和婴儿用的藤编摇篮，以及驯养牲畜的牛嘴笼和鸡罩。黎族地区的竹藤资源以及其他可供编织的原材料资源十分丰富：村前屋后、山上地边随处可见竹林密布、野藤丛生，这些极易取得的天然材料编织而成的编织器，体现了黎族人就地取材的造物思想，而与笨重的木器、易碎的陶器相比，藤、竹制作的编织器更加轻巧耐用。

制陶技艺的诞生推动了陶器制作的饮食器具的发展和完善，直至今日，陶器在保留着传统生活习惯的黎族人餐饮器具中仍旧占据主导地位，黎族制陶技艺中原始的泥条盘筑法与露天烧造方式得到延续传承。黎族传统陶器常见的器型有碗、钵、罐、釜、盆等，器形多为圆底和平底两种，大多为素面，少量装饰有刻花纹饰和贴塑，基本造型接近圆形，不少陶器外形模仿葫芦、椰壳等天然圆形物来进行塑造，方便适用，承载着黎族人民几千年来的饮食文化与酒文化。

营造技艺的诞生则形成了黎族先民聚落生活的群居方式，承载着黎族传统营造技艺的是黎族船形屋，船形屋最初的产生是黎族先民为了解决复杂的地理环境和危险的生存环境带来的诸多问题，如野兽、蛇虫的侵扰，地面的潮湿和高低不平。随着黎族先民对自然环境的不断征服，船形屋的结构也从架空的干栏式建筑，也就是高架船形屋发展成如今落地式船形屋的式样，黎族人的生活方式也由一开始的人居其上、下居牲畜，发展为人居其中、外饲鸡豚。

在黎族造物设计的发展阶段，黎族先民根据自然界的启发与实践经验的总结，依据自己的设计、预想，仅凭粗糙的石、木、骨制工具，不断发明出各种技术，创造出丰富的造物种类，这是黎族先民不断

改造所处的环境、社会与自我，为生存与安全而创造的产物。稻作和狩猎在黎族传统生产活动中长期并存，令黎族人形成了精细和粗犷并存的民族性格，融合在黎族传统造物设计中，即产生了诸如藤编与竹编器具精细而独木器具粗犷、女子服饰精细而男子服饰粗犷等这些奇妙的碰撞。同时稻作生产方式也促进了农用工具的进一步发展，如比杵臼更加便利的稻米加工工具竹磨、米筛和脱粒器等。

（三）黎族造物设计中体现的黎汉文化交融

汉代以来至今天，随着社会的发展和进步，汉族人向海南岛不断迁徙。随着两者交往的日益频繁，逐渐打破了两者之间原有的民族隔阂，汉族人生产生活方式不断渗透，令海南岛上的黎族形成了从外到内逐渐被汉化的格局。

由于汉族人移民至海南后一直居住在沿海经济发达的地区，因此一部分居住在沿海平原的黎族人受汉族影响较深，而另一部分居住山区环境的黎族则受汉族影响较浅。黎族一直没有自主创造出铁器，只得借助汉族地区输入，直到中华人民共和国成立后才普遍使用，汉族文化作为先进的一方，向黎族地区传送代表更高层次文明产物的生产力和生产工具，以及更加完善的造物设计思想体系，并在这一过程中给黎族的造物设计带来深刻的影响，这一阶段就是黎族的造物文化与汉族的造物文化交互融合的阶段。即便如此，黎族人冶铁铸造的技术水平仍较落后，铜器更是如此，几乎完全靠汉族区输入，因而数量极少，显得弥足珍贵，多用作祭祀作法等宗教用品，如黎族代表信仰和权力的宗教用具三蛙铜锣。

生产工具是生产力水平的重要标志，汉族铁器的输入推动了黎族的稻作生产水平的巨大飞跃，令黎族社会的生产方式由原始的捕猎与采集相结合转变成以稻作生产为主，采集、捕鱼、狩猎、纺织等生产方式相结合的农业型社会。除此之外，黎族房屋的形制也受

到汉族房屋的影响,由落地式船形屋演变成金字形船形屋,这种房屋样式受汉族金字形建筑样式影响发展而来,是黎族人在原先落地式船形屋的建造基础上,利用原始的建筑材料,结合了汉族金字形建筑的营造技艺和房屋造型的优点创造出的房屋样式。早期的黎族传统金字形茅屋仍保留着落地式船形屋不开窗的建造习俗,后期建造的房子则会模仿汉族人在墙壁上开窗,窗户的形制也从一开始没有窗扇的洞口,发展成竹编的结构简单、可开合的走马窗。开窗的黎族传统金字形茅屋在黎族传统落地式船形屋的基础上,一定程度上解决了透气、通风以及透光的问题,是黎族传统营造技艺与汉族营造技艺融合之后令黎族人的生活向更好的方向发展的见证。

二、黎族造物设计的思想特征

黎族的造物设计所体现的造物手工制作技术非常丰富,尤其是黎族的传统器具设计,无论从构造、选材、动能、操作还是装饰方面都体现出黎族造物设计思想中最突出的特点:构造简洁,就地取材,加工、操作便宜,功能至上。

(一) 构造简洁且顺应自然

黎族的造物设计,尤其是保留并延续了黎族传统的造物设计,无论是小型的独立器物还是大型的复合物件,其设计都非常简洁。简单的个体如黎族木质器具和陶器——木钩镰、戳穴棒、独木碗勺和陶盆、陶罐,这些独立的个体器具所包含的各个部分都是直接参与操作产生使用功能的,如长柄木勺的勺柄用来抓握并可以伸进较深的容器中,勺身用来盛装食物和水,勺身、勺柄衔接处的藤条用来起固定作用;单柄陶锅的锅身用来盛放水和食物,把柄则为了方便手持。复合的工具如大型的农具竹磨——竹磨的磨盘、推杆、磨盆、磨桌四部分分工明确,磨盘有进米口,用来倒入谷物,嵌入的磨牙用来碾磨谷物外皮。旋转推杆推动磨杆旋转,可以带动磨盘旋转,将谷物去除外壳后会从磨桌上的漏口漏入盛放谷物的器具内。所有的结构都是直接与操作、功效连接，缺一不可，没有任何多余、夹杂的构件。

黎族造物设计的简洁构造既实现了"实用性"的使用功能，也实现了"适人性"的装饰功能，如木质器具的天然纹理和器表刻画出的人为图案，完全是以其内部结构为基础和依据的，同时也是内部结构设计的延伸和补充，如刻花滑盖木针线盒，表面刻画染色的几何纹饰是黎族传统织物的纹样样本，盛放针线的同时，其刻画纹饰还可以作为模仿的样本。

黎族造物设计从不规定物体的具体尺寸，而是按照人们平时的生活习惯或是约定俗成进行大致加工，同一功能的物品，如陶锅、陶盆和陶罐的尺寸通常大小、深浅不一，仅凭借使用者需要的功能而制作。独木器具也会根据木头的自然形态与尺寸和器具主人的身高和身体的限制因材施艺，如各种木制桌椅板凳，桌面的大小、椅子的高低、圆凳的直径和板凳的长短都受到木材尺寸的限制，枝条制作的桌腿、椅腿更是因为树木生长姿态的不同而形态各异，同时也体现了黎族人造物设计时对于材料本身的巧思。一件自然物，如树杈、葫芦、槟榔叶等，在被加工成生产工具或生活资料的过程中，通过黎族人对原始材料形态的观察，想象出与之相关联的功能的设计创意，最终的设计物或多或少都保留了原始材料的自然形态或是天然肌理。如黎族传统椰壳器皿，黎族人结合椰壳天然的圆形加上本身内部就盛装了椰汁，经过简单加工如削去部分外壳，或再在外部加编藤条或密密地钻孔再附加把柄，就可以制造出椰壳提篮、椰壳碗和椰壳漏勺等各式各样的传统器具。

黎族人在造物设计时也会对天然材料的外形加以模仿，最为突出的是黎族用于盛物的编织器和陶器，其模仿大多针对天然的盛装

器皿，如椰壳、葫芦，因此造型都是在圆形或葫芦形的基础上加以变化，如各式圆底的提篮、藤篓和圆形或葫芦形的陶锅、陶壶。这些模仿天然材料外形制造的器具大多没有棱角，且十分耐用，用料省且容积大，器物圆润、饱满、大方。

（二）就地取材且易加工

黎族造物设计的选材范围大致可分为石、竹、木、骨、陶、藤、草以及棉、麻、丝等，几乎涵盖了生产工具和生活资料的方方面面。如利用木材制作的农具和捕猎、捕鱼工具自古便是黎族人的主要生产工具。利用藤、竹篾编织的各种存储和餐饮器具自古也在黎族人的日常生活中占有重要的地位，比如点种山栏稻用的戳穴木棒，打猎用的弓弩，水上交通用的独木舟桨，用来存放衣物的藤编衣篓，用来沥干食物水分的竹编漏勺等，都具有就地取材且易加工的特点。

黎族造物设计在选材上体现出简朴的特点，即尽可能利用天然材料，以尽可能少的加工环节加工成所需器物。这里面既有对天然材料直接利用的，如直接使用天然树杈形状制成的三杈木撑和木杈挂钩。又有对天然材料进行人为合成改造的，如踞织腰机的卷布轴、经轴、打纬刀等木制部件和木杵、扁担等，都是天然木材经由脱水、阴干后加工成的独木器，以及使用黏土烧造而成的各种陶器等。被合成改造后的构件质地大多保持了天然原材料的简朴、适人的优点，如木材打磨之后的光滑外表令人产生触觉上的舒适感，而陶器的粗糙外表则使其更易于拿握，木质器具器表的木头纹理、灰陶或红陶的本色也会令人产生视觉上的愉悦感。

黎族造物设计在材料的选择上还体现出因地制宜的特性，大自然中的材料都会受环境影响、工具限制以及技术制约，海南岛的自然条件与地理资源为黎族人提供了丰富的石材、木材、植物纤维、各种果壳以及从大型猎物、牲畜和家禽中得到的骨料，但是由于工具与技术的局限，黎族造物设计针对材料施展工艺相对汉族更加原始朴拙，如火烧、刳、削、刨以及原始的编织、纺织工艺，直至黎汉交融后才逐渐掌握铁器、铜器以及复杂银首饰的加工方法。同时，材料使用及加工方法的传承，也受到地域性和系族血缘关系的局限，材料使用及加工方法均由家庭血缘性关系代代相传，再向同一系族、村寨、周边村寨普及，这使得不同地区、不同方言的黎族人在造物设计的材料选择和加工中，选材、加工、造型都不完全一致，且各有讲究，最明显的差异就在于服饰上，五大方言的服饰各有特色，甚至同一方言不同村寨的服饰都有细微的差别。

黎族造物设计常用的木材、椰壳、葫芦、泥土以及植物纤维等天然材料的质地可靠、物理性能坚固、化学性能稳定，一副腰机通常可以供几代人使用，陶制的纺轮更是完整地保存了好几千年，且加工工艺与材料相匹配，如独木臼采用刨、刳工艺，陶盆、陶罐则采用泥条盘筑和露天烧造工艺，陶器和木器表面的纹饰采用尖锐的硬物刻画等。由于黏土、木材和植物纤维都是方便收集和采集的天然材料，运用起来大大降低了材料获取的成本，是黎族人在设计的选材环节中，对制作器物材料的品质因素、技术因素和成本因素的综合考量，最终使器具在使用中实现了所有的设计目的：结构合理、操作方便、功效较大、普及广泛。

（三）操作便宜且功能至上

黎族人的生产方式长期以来都是以稻作生产为主，采集、捕捞、狩猎和纺织生产相结合，生产力、生活水平都较为低下，因此黎族造物设计的生产工具和生活资料大多操作简单，注重实用功能且常常具有一器多用的特点。

黎族的生产工具大多操作十分简易，以纺织机具为例，较为简单的工具仅有两个构件——纺轮和绕线柄组成的纺坠，复杂的机具

有多个构件组成的踞织腰机。其中纺坠操作时需"利用纺轮本身的自重和连续旋转时所产生的惯性,将松散的细纤维质捻成麻花状线索,一圈圈绕在绕线柄上。使用时,在纺轮中间的小孔插一个木柄或骨柄,用食指和拇指捻动木柄使纺轮旋转起来,将杂乱的纤维拧在一起,形成一股缠绕在木柄上的线,或用同样的方法把单股的线合成多股的更结实的线"(鞠斐. 中国黎族传统织绣图案艺术. 南京:东南大学出版社,2014:18—19)。踞织腰机的操作原理则是:"复机经之两端,各用小圆木一条贯之,长出布阔之外,一端以绳系圆木,而围于腰间,以双足踏圆木两旁而伸之。"(张庆长. 黎歧纪闻. 清光绪年间刻本)三纺轮和腰机的操作设计与原始的手捻纺线和手经指挂的织布方式相比,一定程度上减轻了黎族妇女劳动的强度,且更加高效,直接体现了器物在操作状态中的适人程度和简易程度。

  原始社会时期,人们生产生活需要的所有能源,完全依赖于自然界的馈赠,一部分是风能、水能、光能的开发利用,还有一部分则是人自身提供的体力和人所驯化的家畜提供的体力。黎族造物设计中的动能设计便是充分利用了人自身的体力,如竹磨的使用便是利用人工动能进行谷物的碾磨,与使用原始舂米工具木杵臼时,使出全身力气用木杵舂击木臼来碾磨谷物相比,通过推动推杆旋转产生的机械运动来旋转上层磨盘,代替了部分的人力,令碾磨谷物的过程更加轻松;踞织腰机则是通过合理分配人体各部分力量,以人的身体为机架,腰和腿分别撑起经幅两端,加入劳作过程中,原本挂经的手则参与纺织生产中的穿线、打纬、提综、分经工序,在提高生产效率的同时可以令人体的手部、脚部和腰部的力量得以更加合理的分配;弩的设计也是在弓箭的基础上增加扳机这一部件,通过扣扳机的简单动作来代替原始弓箭需要大力将弓弦拉开这一十分消耗体力的动作,令射出弓箭所花费的人力几乎可以忽略不计;牛车

的创造用牛提供的体力代替了人力，将人从拉车这一繁重的工作中解放出来，与最初的人力搬运、牲畜驮运相比，牛车负重更重、还可载人，载货量也更大，即使泥泞不堪的地面依旧能够正常行驶，是轮车以及畜力牵引的完美结合，在黎族交通工具设计史上具有重要的意义；此外，以牛群踩田耕作、踩稻脱壳加工稻谷，都是利用牲畜动力代替人力的生产行为。黎族造物设计则有效地利用了个人的体力作为动能来源，最终通过优质设计最大化地实现了工具本身的实际使用价值。

在生产力和生活水平较为低下的黎族，造物设计突出地反映了功能至上的特征。生产工具和生活资料的创造与制作，都强调了基本的功能需求，虽然造型简单、加工简易，但却发挥了巨大功效，无论是独木刳制的木器还是泥土烧制的陶器，无论是剥树皮捶制的树皮衣，还是棉麻纤维纺织缝纫的服装，都是出于实用的需要而创造出来的。生产工具和生活资料的外部造型也多出于实用功能的考虑，比如为了能够稳定地架在黎族传统灶具——三石灶上，黎族人将陶锅、陶盆设计成圆底的造型，为了防止烧热的陶锅烫伤手，则在陶锅的一侧或两侧设计单柄或双耳；而三石灶在设计时为了适应大小不同的锅体，设计成一个石头半埋固定，另外两个石头通过向外、向内移动来适应灶具的大小。

黎族造物设计的另一个特征是"一器多用"，这是黎族造物设计中功能至上集中体现。比如美孚方言妇女穿着的筒裙，既是日常服装，又可作为婴儿的布摇篮；渡水葫芦既能帮助黎族人在过河时漂浮在水面，又能盛装衣物；陶盆、陶缸既能储存粮食，又能作为炊具和酒具；刀篓既可插放刀具，又可储存采集到的食物；虾笼即可用来捕虾又可用来储物。这种集多种用途于一身的情况在黎族造物设计中非常普遍。这一特征深受黎族造物技术落后、工序复杂、

加工周期漫长的影响，物尽其用更能体现出实用价值。比如制作一个刀篓，从选材到伐竹、从破竹刮篾到编结成篓需要半月甚至更长的时间，因此在日常生产活动中除了其初始用途插放钩刀之外，还产生了多种用途，采摘的果实野菜、上山打到的猎物、随身所用的物品都能够放于刀篓之中。钩刀也是如此，几乎所有对竹、木等原材料进行砍、劈、削的功能都在钩刀的使用中体现出来，此外还能起到防护和拼杀的作用，甚至在磨损严重后，还能改成诸如手捻刀一类的小型铁器的刃口，体现出功能至上、一器多用的造物设计观念。

（四）多重因素影响下的装饰艺术

黎族传统器具的装饰设计，无论立体形态的设计还是平面形态的设计，都受到自然环境、生产方式、使用功能以及宗教信仰的影响。黎族的装饰图案和装饰手法大多通过血缘族亲之间的心口相传，其设计手法通常是将人们在现实生活中遇见的各种自然物和人造物，以及日常生产、生活和原始宗教信仰等行为进行概括和提炼，设计出的图案造型朴素简洁而富有变化，同时具有丰富的内涵以及特定文化象征，体现出黎族人长久以来在日常生产生活中形成的心理积淀。

黎族传统器具的装饰主要体现在黎族传统织锦、绣花，藤竹编结器具的编结肌理，陶器的刻花和贴塑，以及竹木器的刻花和造型上，其中竹木器具表面的刻花和造型轮廓最能体现出该器物的使用功能。如木制针线盒上刻画的作为织锦参照的几何形织锦纹样和体现纺织、捕猎、行舟、舞蹈等生产生活场景的织锦纹样，都是与生产、生活方式相关的刻花和与使用方式相关的造型轮廓。大自然的影响则大多体现在黎族传统织锦和绣花上，应用在传统服饰上的黎族传统织绣图案复杂多变，常见的纹饰有对人物、动物、植物和日常用具形态的概括，还有一部分则体现了黎族人的宗教信仰，尤其是对自然神灵的臆想，如润方言黎族服饰上的龙图腾、阳鸟图腾和大力神图案。

体现黎族人宗教信仰的装饰还表现在首饰的刻花和陶器的贴塑上。比如白沙润方言黎族人佩戴的人形骨簪，有刻画细致的单人骨簪还有神秘的双头同身人形骨簪，其中人形纹饰象征着黎族神灵雷公的形象，体现了黎族人对自然神灵的崇拜，而器物上的装饰纹饰更是混杂着黎族同胞意识中的原始信念，无论是人们日常穿着的衣饰，还是生产生活器具上的纹样，都不可避免地打上了宗教崇拜的烙印，人们将生存的现实与理想幻化成信仰的符号，以祈祷、巫术等企求超自然力的保佑与庇护，所以原始的宗教精神成为造物审美意识发生的一个基本动力。此外，还有陶器上的人形贴塑、蛙形贴塑，皮鼓上的狩猎纹等，都体现了宗教信仰和崇拜自然神灵对黎族装饰艺术的影响力。

体现在黎族传统生产工具和生活资料上的装饰，是黎族先民在进行器具的设计时主要考量的内容之一，也是对自己情感活动的真实记录，以及主观意识中美好兴趣的抒发和对美好事物的赞颂。其次则是各种功能需求的具体表达，如以图案、贴塑、刻花为载体的方式进行意向表述和信息传播，是一种从实用性的内部结构向外延伸出来的审美形态，体现了黎族人在造物设计中孕育出造美设计的思想特征。这些图形符号是由人与人交流的文化需求催生而成的文化功能，因为容易识别且流传范围广、受惠人数多，因而具有启发性的传承价值，如针线盒上的几何图形记载了各式各样的纺织图案样式和构图形式，通过针线盒的流传完成了纺织图案的传播。

三、黎族造物设计是民族文化的传承与审美价值的载体

黎族的造物设计通过选材、设色、功能、装饰构建了基于黎族传统文化传承基础上的文化关系和审美价值体系，充分地表现出黎族人在从事日常生产生活中体现的通过自身智慧应对外部事物的文化心理，其造物设计思想的形成与黎族历史文化、技术观念、生产

生活方式以及自然环境都密切相关，并在追求稳定的农耕与捕猎、采集相结合的经济形态的影响下，形成黎族自身的造物体系，也令黎族传统造物设计成为民族文化的传承和审美价值的载体。

黎族的造物设计在黎族社会群体共同努力下缔造了属于黎族社会的独特生产、生活方式的主流文化形态，黎族设计物所体现出的民族风情和其包含的民俗习惯体现了不同时期黎族社会的技术水平、文化特征、自然环境，以及与周边的汉族、苗族文化形态之间的差异。同一时期的黎族造物设计，也因其内部不同方言区的地理、自然环境的差别，以及在汉族影响下技术程度的高低而各有其独特性的差异，这些以方言为区域划分的差异性设计，以服饰最为突出，如山区居住的哈方言人生活方式最为原始，因而妇女上衣依旧保留贯首的形制，平原地区的杞方言、润方言和美孚方言妇女上衣则以对襟开衫为主，而靠近汉族居住地的赛方言妇女受其影响越发严重，上衣也向当地汉族立领、右衽、收腰的形制靠拢。不同区域不同方言的黎族群体民俗风情在整体相似性中又包含了些微差异，这些差异令黎族人在造物设计行为中产生了更加丰富多彩的造物手法和审美创意。

黎族造物设计为了适应生产、生活方式而具有很高的"普适性"，不但解决了造物之前预想要解决的首要问题，还能广泛地运用于未来的改良设计和过去的经验解读，具有很强的普及程度和适应范围，深刻地影响了黎族的生产生活方式。直至今日，在海南岛农村的部分仍旧保留着历史积习的黎族村落中，仍能够看见传统的黎族日常生产生活器具被生产和使用，甚至部分器具的形态经过现代思想的改良之后产生了新的创造，这一点不但体现出黎族造物设计的时效性，还在漫长的实际使用中凸显其跨越时间和空间的文化价值。这种产生自黎族独特历史文化和民族文化交融下的造物设计行为，在历史文化的发展变迁中呈现出独特的民族和地域文化特征，以及浓厚的

黎族社会文化意蕴。作为生产生活中特殊的造物行为，黎族造物设计不但反映了作为设计主体的黎族人的设计观念和审美价值，也成为黎族造物文化从原始社会发展至今的重要驱动部分。不但受到黎族传统文化观念的内在驱使，也在与汉族文化的交流与碰撞中发生嬗变，并且无时无刻不表现出民族文化和传统的固有性，并在中华民族多元一体的格局下，以及不断发展的文明程度和社会环境中，始终保有民族自信和独特的审美风格。

　　黎族传统的文化观念通过日常生活的审美活动渗透进造物设计行为之中，其真实的历史面目和极具特色的地域文化特征，以及黎族人独特的造物设计思想和造物所承载的对美好生活的心理愿望和生理满足，都作为黎族造物设计行为得以在社会形态沿革的过程中不断发展和延伸的动力，在历史文化变革的前行轨迹中得到见证。在这一不断发展前行的过程中，黎族内在的文化形态驱使着黎族造物设计行为深刻地表现出一种穿越了历史变迁的时代性，并在自汉代以来长期的异域物质文化和精神文明的互通互融中体现出其独特的民族性与民族自信，今天的黎族造物设计才能在当代文明和文化环境中，以及中华民族多元一体的格局下始终保持着鲜明的民族个性和独特的审美风格。我们今天看到的黎族设计物无论是历史的遗存还是当下正在使用的物品，都在消耗和功效之间取得了平衡，哪怕耗时长久的黎族织绣，也因其所蕴含的祈福意向而令该设计具有实际使用价值之外更深层次的多重性的审美象征，不但能够体现出黎族群体的整体设计主张和审美品位，也能体现出不同区域黎族群体的生活环境、技术水平和经济水平。黎族造物设计充分体现了造物设计的适人性功能，自由自在的造型和设色不但具有使用时的舒适性，更蕴含黎族人自创的审美情趣。一如黎族传统服饰和器具，不但体现了黎族人原始朴素、无拘无束的造型手法，代表其装饰性

设计行为的贴塑和图案也体现了他们约定俗成的吉祥寓意。

　　黎族人的审美意识在象征性的文化观念影响下产生并延续至今，黎族人的生产劳动实践在整个漫长的封建社会具有相当稳定的延贯性，并在其间一直保持着对美的感性与理性并存的积极认识。在自然与人的"物我同化"以及汉族先进文明的"教化"过程中，造物与造美并行不悖，并在创造美的实践过程中相应形成了诸如美是对称，是均衡，是各种造型、肌理、纹样、图案和色彩等装饰思维和美的观念。基于黎族社会历史文化背景下生成的造物设计思想，蕴含了设计者的自然观、审美价值观以及人与物之间的物用观，清晰地反映出设计物使用功能的实用性和审美功能的适人性，以及唯有在海南岛这片土壤中才能生成的黎族造物设计思想特征。

目录

第一章　黎族传统建筑

黎族谷仓　002

黎族落地式船形茅草屋　007

黎族金字形茅草屋　014

保亭县甘什村黎族竹编窗户　019

保亭县甘什村黎族木栏窗户　022

黎族稻草抹泥墙　026

五指山市初保村黎族竹编墙　030

黎族木门栓木门　033

黎族室外竹编门　038

黎族室内竹编门　042

黎族葵叶遮阳伞　047

黎族木栅栏鸡舍　051

黎族落地式猪舍　055

第二章　黎族传统服饰

黎族树皮布服饰　062

白沙县润方言黎族女子上衣　067

白沙县润方言黎族女子筒裙　073

美孚方言黎族女子上衣　077

东方市美孚方言黎族女子筒裙　082

哈方言黎族妇女上衣　087

哈方言黎族妇女及膝筒裙　093

杞方言黎族女子对襟银扣上衣　098

昌江县杞方言黎族女子对襟开衩上衣　104

美孚方言黎族男子上衣　108

哈方言黎族男子盛装上衣　113

昌江县美孚方言黎族男子下装　117
乐东县哈方言黎族男子犊鼻裤　123
杞方言黎族女子葵叶雨披　128
黎族夹葵叶斗笠　133
黎族牛皮人字屐　136
润方言黎族骨梳　140
杞、赛方言黎族女子发簪　145
乐东县哈方言黎族妇女穿套式耳坠　151
哈方言黎族妇女耳环　155
黎族男子胸挂　159
赛方言黎族女子银胸挂　164
琼中县杞方言黎族妇女银项圈　168
琼中县杞方言黎族女子琉璃串珠项链　172
黎族银手镯　176

第三章　黎族传统餐饮

杞方言黎族品字形灶　182
美孚方言黎族带盖印纹陶锅　185
黎族单柄陶锅　189
黎族藤编圈足椰壳碗　193
黎族双耳鼓腹陶盆　198
黎族蒸饭陶甑　202
黎族竹编锅盖　206
黎族主食　210
黎族竹筒饭　215
黎族蒸酒陶甑　220
黎族发酵酒　224

　　黎族蒸馏酒　229
　　黎族汲水葫芦　232
　　黎族挑水竹筒　236
　　哈方言黎族葫芦形双耳陶壶　240
　　黎族木柄椰壳勺　245
　　黎族椰壳漏勺　250
　　黎族竹编漏勺　255
　　黎族长柄舀酒勺　259
　　黎族竹吸管　262
　　黎族竹质带把筷筒　266
　　黎族竹杯　270
　　黎族竹臼　274
　　黎族悬挂式竹刀架　279

第四章　黎族传统生活用具

　　保亭县黎族男子水烟筒　286
　　黎族槟榔叶鞘扇　290
　　黎族鼻箫　294
　　黎族唎咧　299
　　黎族灼吧　305
　　黎族口簧　309
　　黎族三弦琴　314
　　黎族朗多依　318
　　黎族牛角胡　322
　　黎族椰壳胡　326
　　黎族独木灯架　331
　　黎族仿鱼笼外形竹编灯罩　335

黎族矮脚竹木榻　340
黎族双层木柜　344
黎族双层竹木矮桌　348
黎族圆桌　352
黎族独木靠背椅　356
黎族木制长凳　359
黎族牛皮圆面凳　364
黎族藤编圆面竹凳　368
黎族三杈木撑　372
黎族木杈挂钩　375
黎族悬挂式吊台　379
黎族圆腹平顶带盖藤编衣篓　385
黎族竹编簸箕　389
黎族竹编系带盛物篮　393
黎族竹编摇篮　397
美孚方言黎族吊兜式摇篮　402
黎族木扁担　406
黎族渡水匏具　410
黎族独木舟与木浆　415
黎族竹筏　419
黎族牛车　425
七叉镇黎族椰壳提篮　431
黎族圈口方底藤编筐　435
黎族藤篓　439
黎族陶器　443
黎族褐釉蛙形贴塑六耳陶罐　453
美孚方言黎族人形贴塑四耳陶罐　457
黎族独木牛铃　461

　　黎族多足独木凳　465

　　黎族刻花滑盖木针线盒　468

　　黎族藤编系带带盖针线篓　472

　　黎族葫芦储物罐　476

　　黎族骨器　480

第五章　黎族传统生产工具

　　润方言黎族龙凤纹样独木舂米臼　486

　　黎族捕鼠竹夹　490

　　黎族木弩　493

　　黎族刻花木箭桶　498

　　黎族藤编箭筒　501

　　黎族竹质火药筒　504

　　黎族刻花牛角唿筒　509

　　黎族木刀鞘　514

　　黎族钩刀　518

　　黎族竹编刀篓　521

　　黎族系绳圈足竹编腰篓　525

　　黎族竹编虾笼　529

　　黎族竹编鱼笼　534

　　黎族刺树耙　539

　　黎族木耙　543

　　黎族木钩镰　546

　　黎族手捻刀　549

　　黎族戳穴棒　553

　　黎族竹磨　556

　　黎族竹编米筛　562

黎族玉米脱粒器　566
黎族独木猪食槽　569
黎族竹编牛嘴笼　573
黎族竹编鸡罩　576
黎族手摇轧棉机　579
黎族弹棉弓　583
黎族纺坠　587
黎族单锭脚踏纺车　592
黎族绕线架　596
美孚方言黎族扎染架　602
黎族打纬刀　608
黎族踞织腰机　613

第六章　黎族传统民俗和宗教造像

哈方言黎族道公装束　622
黎族道公用具　628
黎族人形骨簪　635
黎族鸡骨占卜　640
黎族独木皮鼓　646
黎族三蛙铜锣　651
黎族织绣图案中的蛙图腾　655
黎族竹契　661

第一章 黎族传统建筑

黎族谷仓

图一　黎族谷仓主图

黎族传统谷仓是黎族传统村落中常见的建筑之一，通常集中建造在干燥向阳处，一家一仓，互不干扰。本案例分别采选东方市江边乡白查村、五指山市初保村、保亭县甘什村以及北京民族园内的昌江黎族谷仓，是典型的黎族传统谷仓。

根据不同地区的黎族传统谷仓外形可以看出，黎族传统谷仓大致可以通过以下三种方式进行分类：首先根据整体结构来看，可以分成独立式谷仓和连体式谷仓。大多数地区的谷仓为独立式谷仓，唯有哈方言黎族聚居的东方市江边乡白查村可见谷仓建筑与落地式茅屋建筑连接建造，谷仓部分于地面架高，相连的茅草屋落地，两者仅用一墙相隔，谷仓大门开在与落地式茅草屋相连的墙壁处，入仓时经由茅屋的入口，再穿过茅屋进入谷仓。其次根据其顶棚的外形来看，可以分成船形谷仓和金字形谷仓两种。除了东方市江边乡白查村有古老的船形谷仓之外，其他地区大多为金字形谷仓。最后根据墙体材质来看，可以分为抹泥墙体、竹编墙体和木板墙体三种谷仓。其中东方市江边乡白查村和昌江黎族谷仓为抹泥墙体，保亭县甘什村的谷仓则有竹编和木板墙体两种，另外在五指山市初保村也见到竹编墙体的传统谷仓。抹泥墙体保温透气，还可以起到绝缘的作用，即使屋顶茅草着火，也不易殃及仓内的粮食，而竹编、木板墙体则更易拆卸。

黎族传统谷仓通常由谷仓主体、外部木架结构和顶棚组成，谷仓主体的墙壁和屋顶坚固，船形谷仓顶部呈圆拱形，形如覆舟。其中抹泥建造的仓底本身具有防鼠功能，而竹编或木板建造的谷仓会在仓底铺设一层超出仓底面积的防鼠板，防止老鼠攀爬。外部木架结构起主要的支撑作用，建造时通常先砌起四个小土台或石墩基础，再立四根粗柱作为主桩，柱子上下方各嵌以横木连接，底部架空。顶棚则由藤条将细竹纵横捆扎呈网状骨架，再用编好的茅草层层覆盖，面积超出谷仓主体之外，起到挡雨隔热的作用。

图片来源
图一至图五、图八　鞠斐　摄影
图六、图七　鞠斐　制图

图二　黎族谷仓分类示意图1

图三　黎族谷仓分类示意图2

依照墙体材质分类

图四　黎族谷仓分类示意图 3

图五　黎族谷仓结构比较示意图

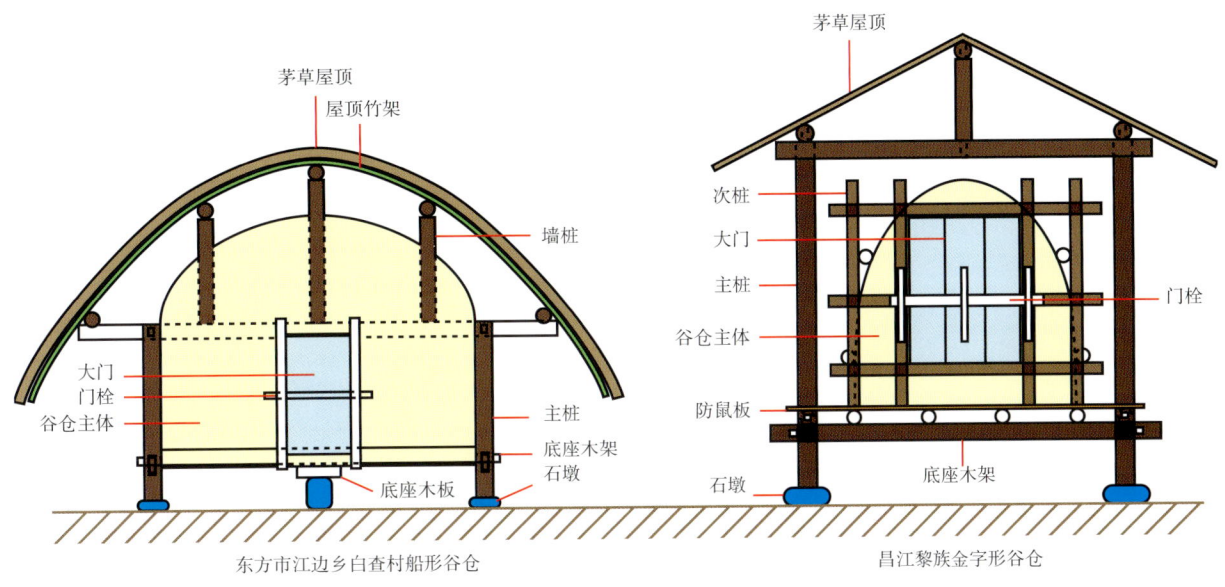

图六 黎族谷仓结构名称图

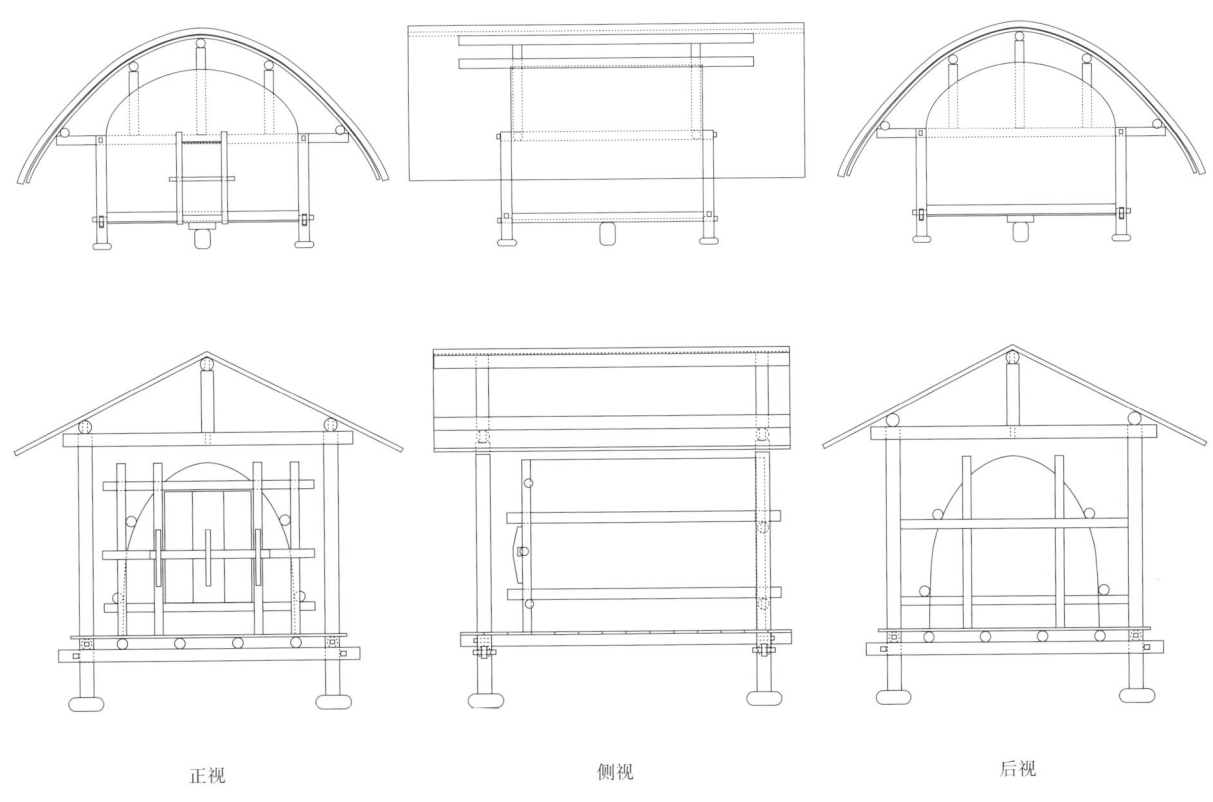

正视　　　　　　　　　侧视　　　　　　　　　后视

图七 黎族谷仓视角图

第一章 黎族传统建筑

图八　黎族谷仓延展图

黎族落地式船形茅草屋

图一　黎族落地式船形茅草屋主图1

　　落地式船形茅草屋是黎族传统民居典型的样式之一，在汉族金字塔形屋尚未传入黎族地区之前，落地式船形茅草屋曾是海南岛黎族村落中最主要的房屋样式。本案例采选自东方市江边乡白查村、俄查村，是典型的原始木作技术营造下的船形屋样式。由于该地区黎族聚居地交通困难，使之成为至今仅存的保留了大量黎族原生态船形屋原始风貌的黎族村落。

　　黎族落地式船形屋大多采用最为原始的房屋营造技艺建成，多为纵长方形，房屋大多面积较小、低矮、简陋、透光性差，造成阴暗的屋内环境。整间茅屋由前廊和居室两部分组成，屋顶犹如覆舟，茅草盖顶，一直延伸到地面。屋内如设隔间，则分为外厅和内室，对开门，门通常开在主桩的左侧，外门低矮，门上屋檐伸展，檐下为休息、置物的场所，不设窗户。

　　本案例建造时首先平整地面、夯实地基，然后便是建造屋架结构，建造时首先要埋设主桩、次桩和墙桩，再架设主梁、次梁，绑扎墙体。黎族人通常挑选树干笔直、顶上自然生长出树杈的硬木作为主桩，桩头经过简单砍削修整成弧形柱头来举托主梁。由于黎族人与建筑有关的木作技术多为较为原始的独木器加工技艺，尚未掌握汉族的斗拱榫卯技术，因此主梁在架设时只能依托主桩顶部天然生长的树杈举托，次桩、次梁以及墙桩的架设和固定必须依托白藤或野麻绑扎加固的原始方法。主体结构建造完成后再绑扎屋面、制作屋门、墙体涂泥、编织茅草片铺设屋顶。

第一章　黎族传统建筑

由于黎族居住区潮湿多雨，昼夜温差大，气候环境较为恶劣，落地式船形屋屋顶巨大，用茅草铺设并夹以防水的葵叶进行覆盖，可以避免墙体被阳光照射，除了具有遮风避雨的功能外，还具有保温隔热的性能。落地式船形屋无窗，因此室内采光和通风只能依赖于房门。船形屋体量较小，就地取材，构建时间非常短，从准备材料到建造完成只需几个月时间，充分展示了黎族人在原始的建筑营造技艺下就地取材、因地制宜的造物特征。

图片来源
图一、图二、图十一　鞠斐　摄影
图三至图十　鞠斐　制图

图二　黎族落地式船形茅草屋主图 2

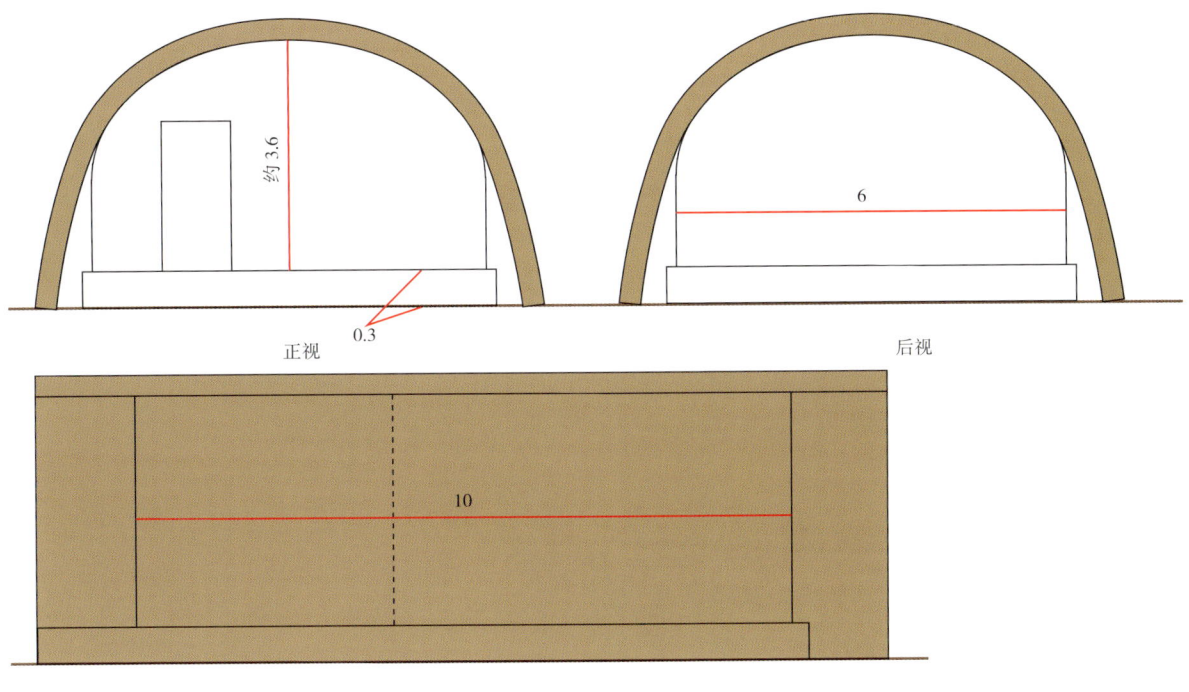

图三 黎族落地式船形茅草屋视角、尺寸图（单位：m）

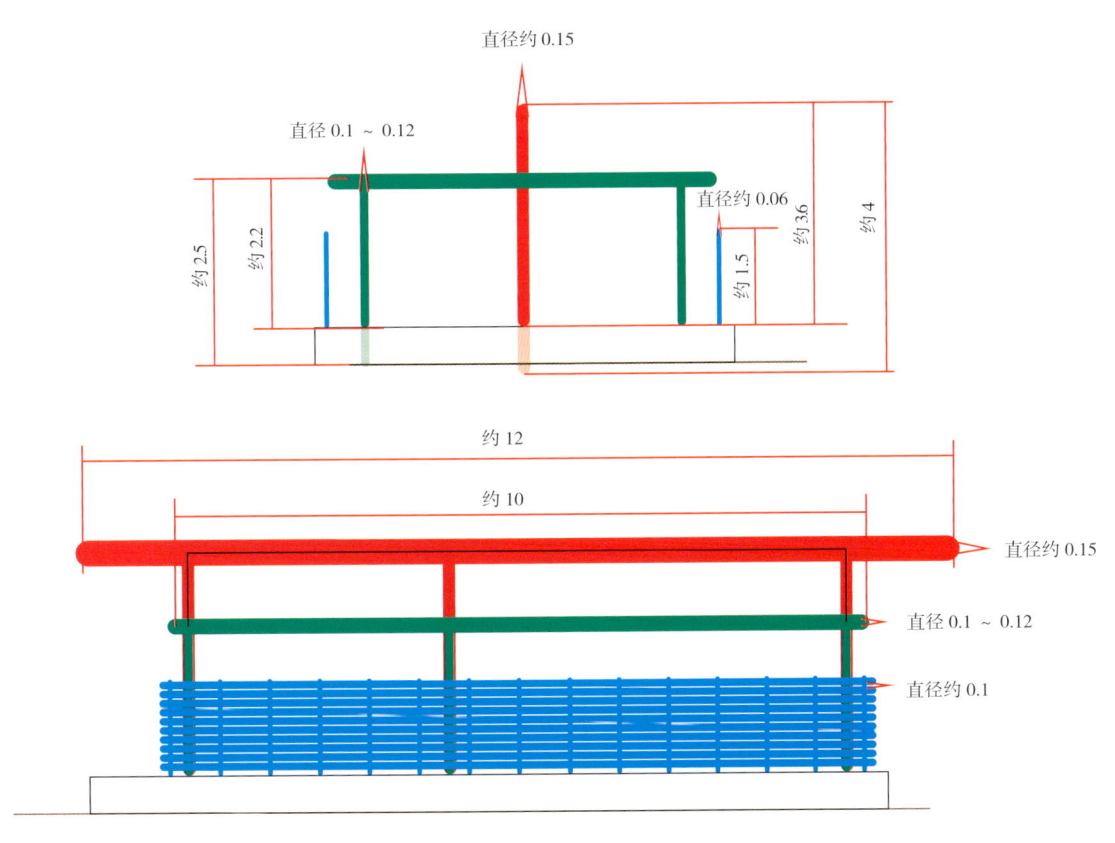

图四 黎族落地式船形茅草屋主体结构尺寸图（单位：m）

第一章 黎族传统建筑

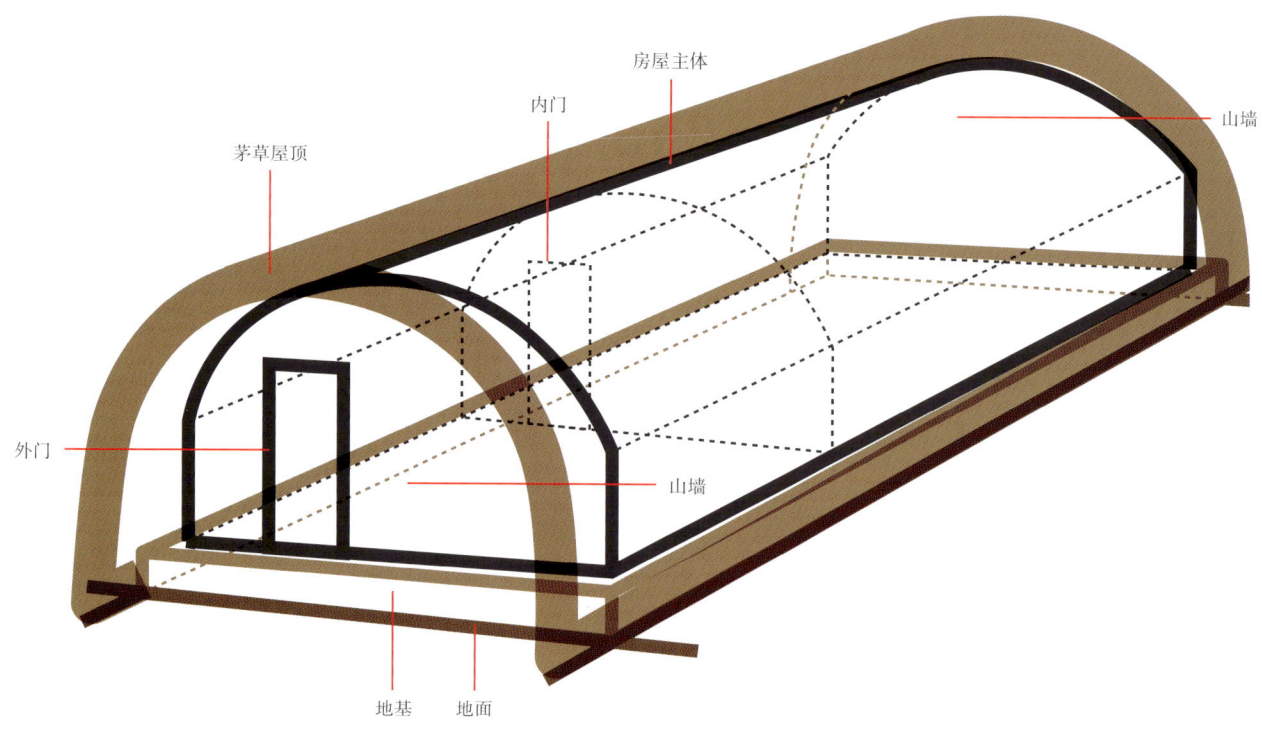

图五 黎族落地式船形茅草屋结构名称图

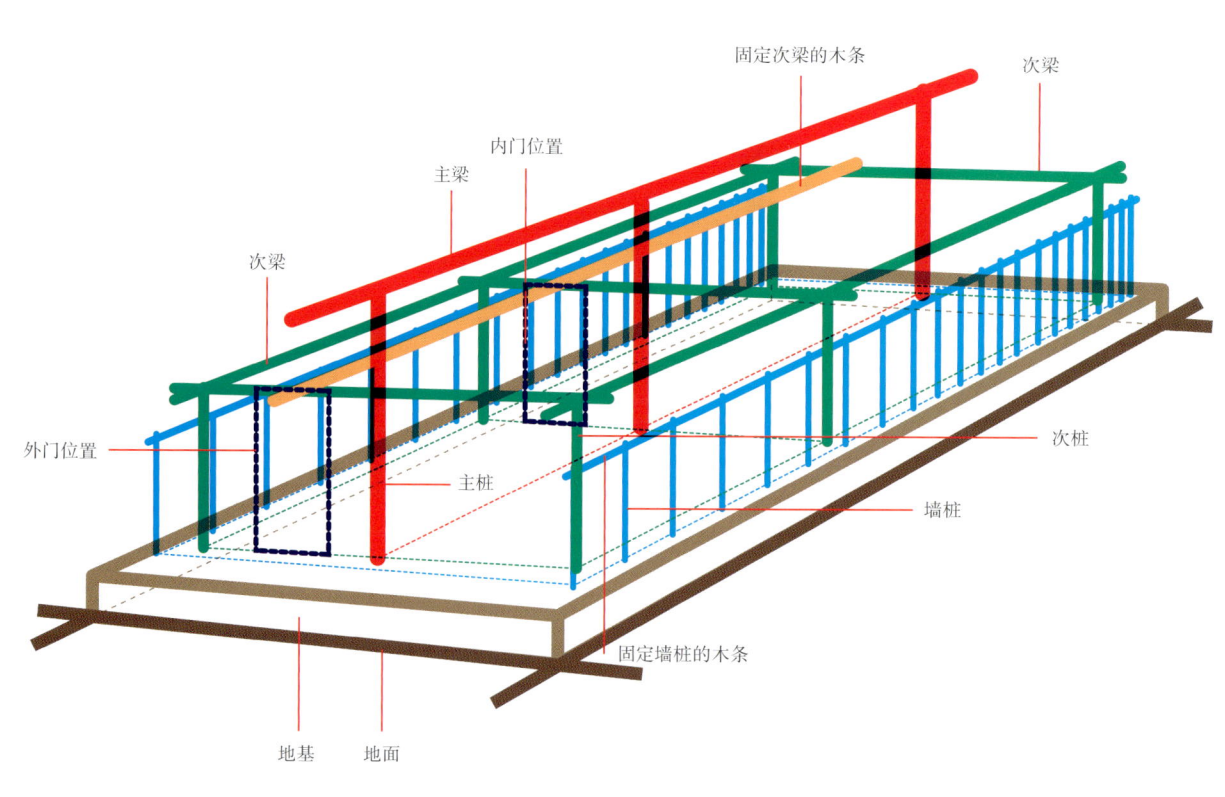

图六 黎族落地式船形茅草屋主体结构分析图

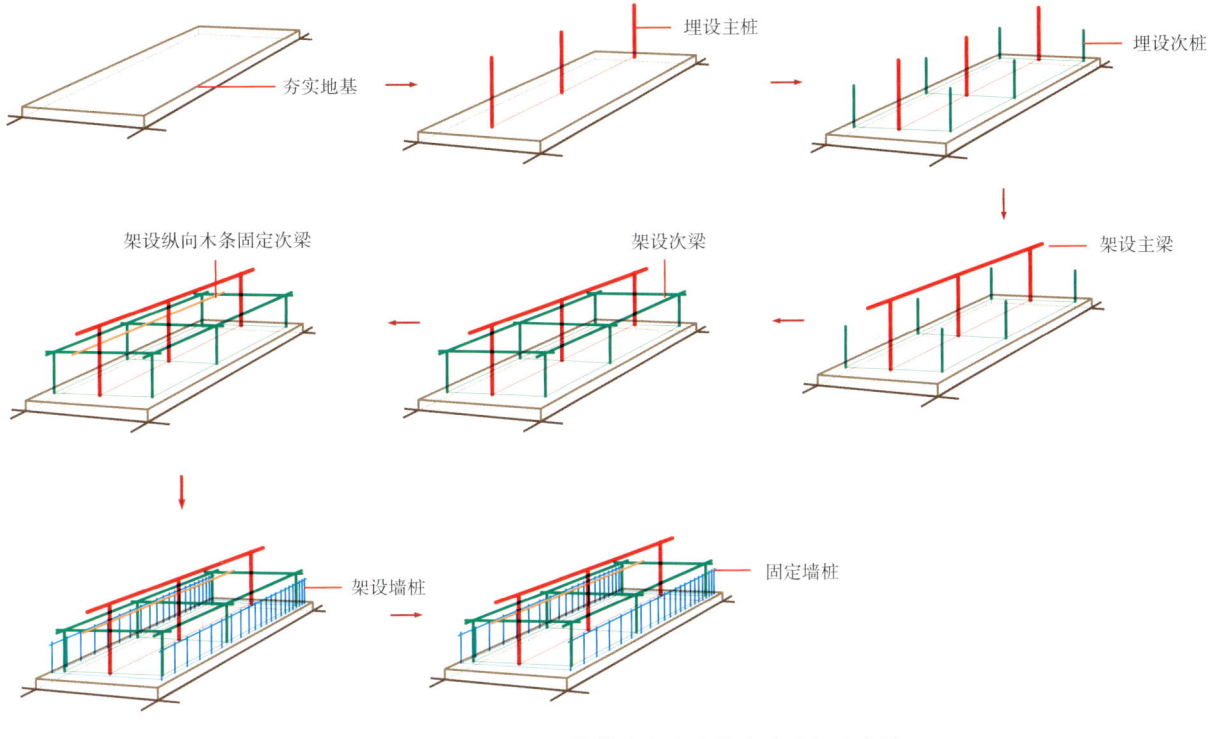

图七 黎族落地式船形茅草屋主体结构建造流程示意图

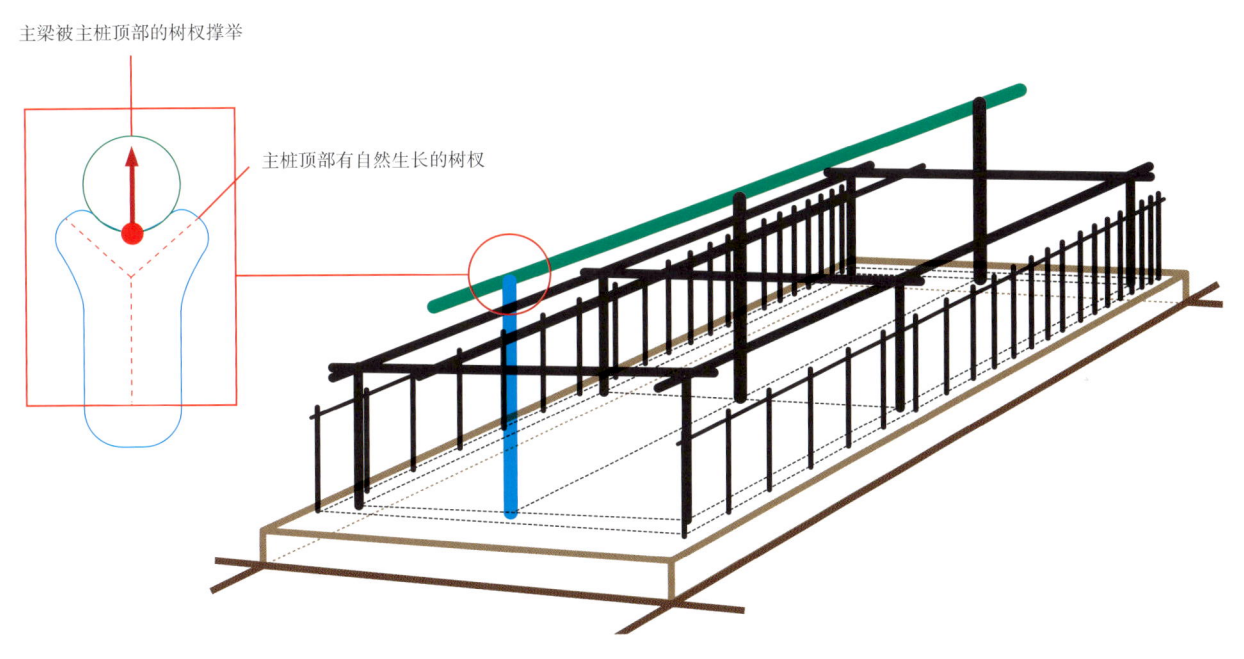

图八 黎族落地式船形茅草屋主梁架设方式示意图

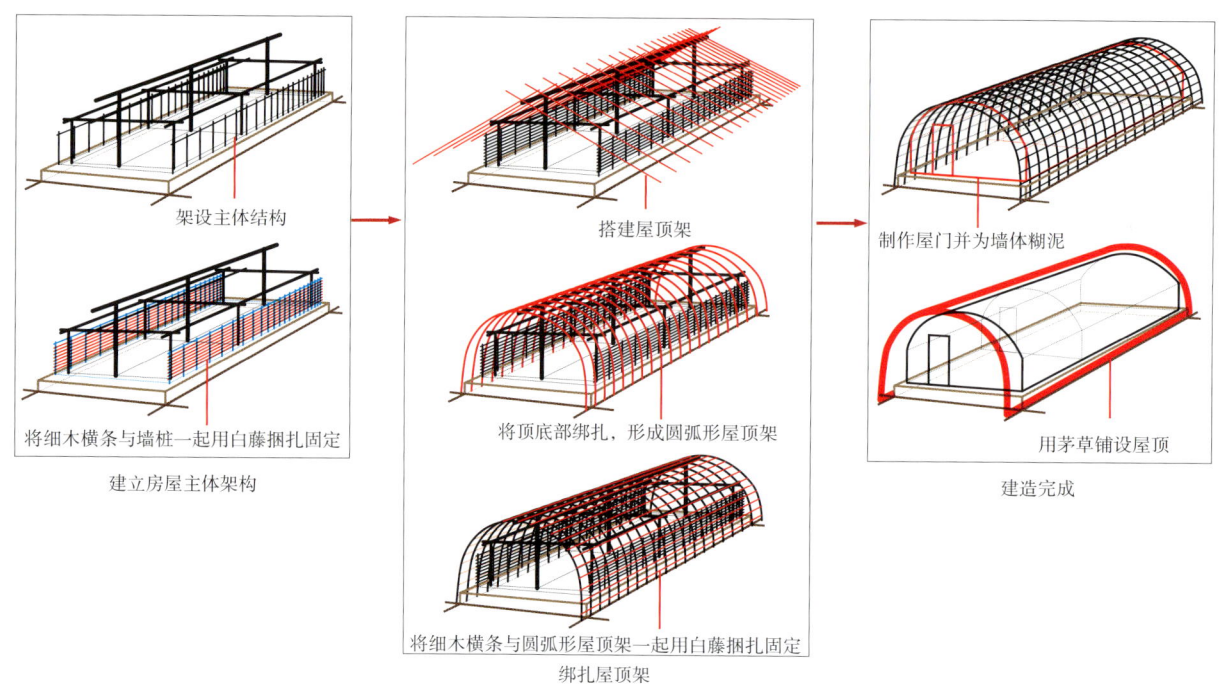

图九　黎族落地式船形茅草屋建造流程示意图

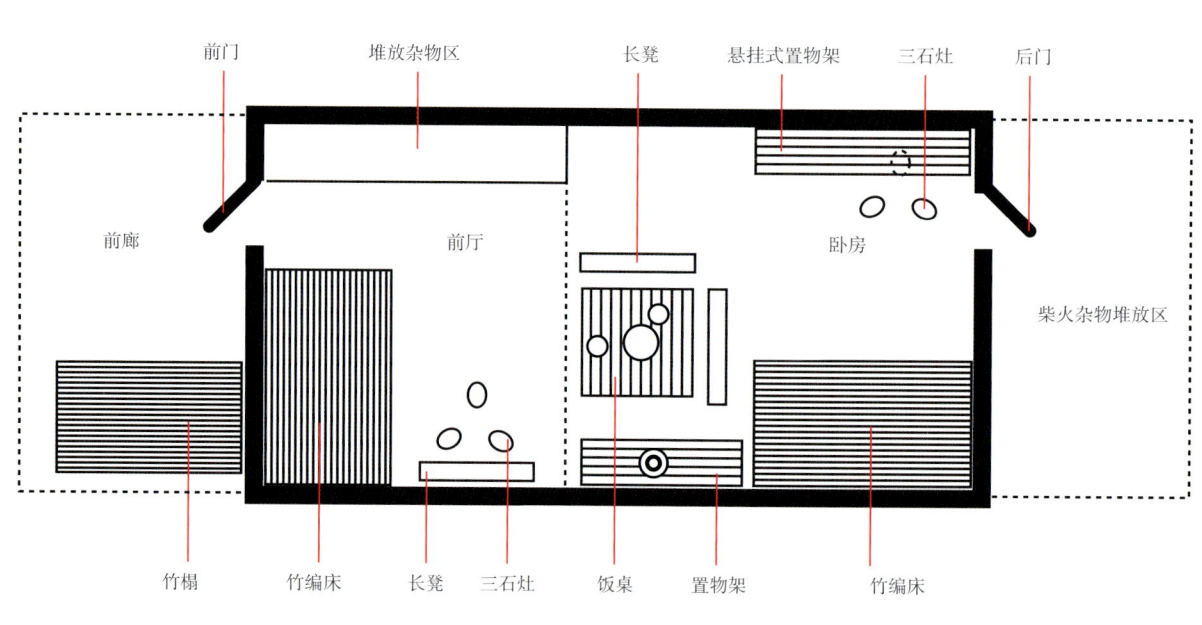

图十　黎族落地式船形茅草屋延展图1

图十一　黎族落地式船形茅草屋延展图 2

黎族金字形茅草屋

图一　黎族金字形茅草屋主图1

黎族传统金字形茅草屋并不是黎族原始的茅草屋样式，而是受汉族金字形建筑样式影响发展而来，是黎族人在原先落地式船形屋的建造基础上，利用原始的建筑材料，结合了汉族金字形建筑的营造技艺和房屋造型的优点创造出的房屋样式。本案例采选自乐东县山荣乡、昌江县王下乡洪水村、保亭县甘什村、五指山市番茅村以及初保村的传统茅草屋，是典型的黎族传统金字形茅草屋的样式。

黎族传统金字形茅草屋是黎族传统落地式船形屋向汉族金字形屋的过渡样式，外形与金字形屋相似，但入口仍在山墙处。内部间隔也与船形屋相似，大多呈纵长方形，金字形屋顶，屋檐较高，正门在正前方山墙上，竹编抹泥墙，与落地式船形屋最为典型的区别在于屋顶用金字形顶代替了原始的圆拱状船形顶。室内通常由前廊、客厅、卧室和厨房组成，入门后就是客厅，入厅两侧为卧室和厨房。居室形状可分为矩形和L形两种，房屋的墙壁分为竹编墙、抹泥墙以及上半截竹编下半截抹泥的墙型。主体结构采用主桩支承人字架的形式，保留了传统船形屋设立三根主桩支承主梁的特点。

1949年以前的黎族传统金字形茅草屋仍保留着落地式船形屋不开窗的建造习俗，1949年以后建造的房子大多会在山墙一侧开一扇长、宽约40厘米的窗户，多为没有窗扇的洞口，少数为模仿汉族窗户的结构简单、可开合的走马窗。开窗的黎族传统金字形茅草屋一定程度上解决了透气通风以及透光性差的问题。

图片来源
图一至图四、图八、图九　鞠斐　摄影
图五至图七　鞠斐　制图

图二　黎族金字形茅草屋主图 2

依照屋形分类

图三　黎族金字形茅草屋分类示意图 1

依照墙体材质分类

抹泥墙体		
	乐东县山荣乡	
竹编墙体		
	五指山市初保村	
两种墙体相结合		
	昌江县王下乡洪水村	

图四　黎族金字形茅草屋分类示意图 2

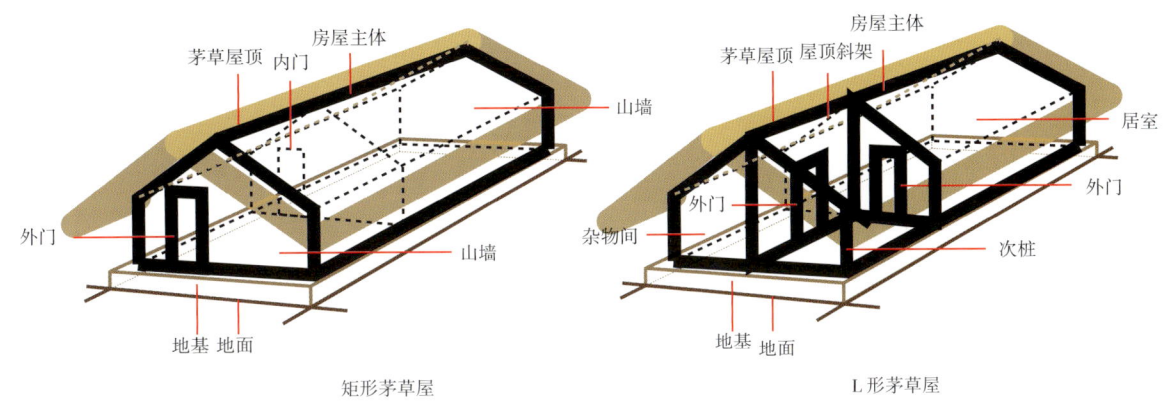

图五 黎族金字形茅草屋结构名称图

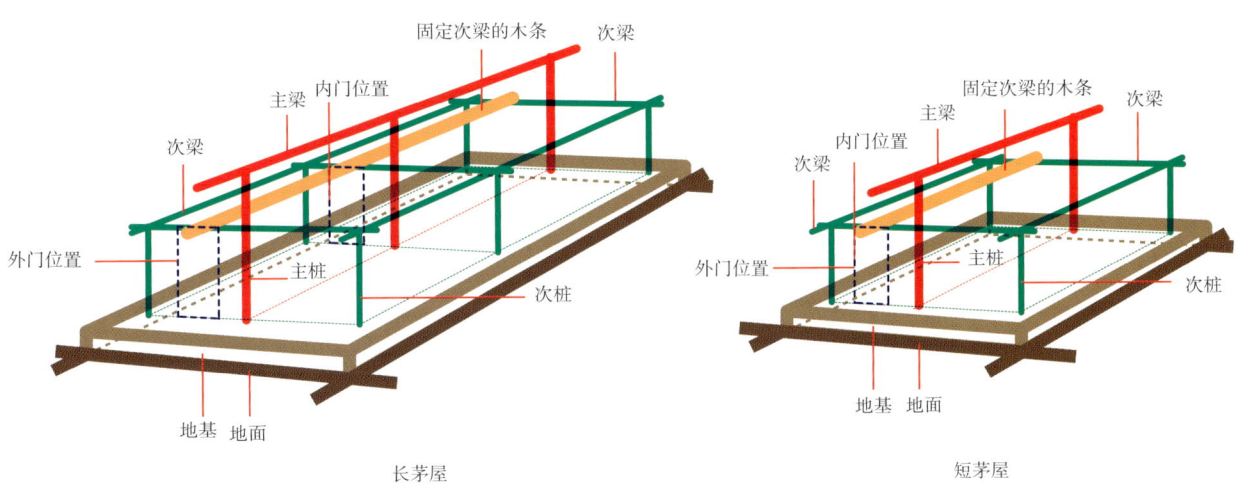

图六 黎族金字形茅草屋主体结构分析图

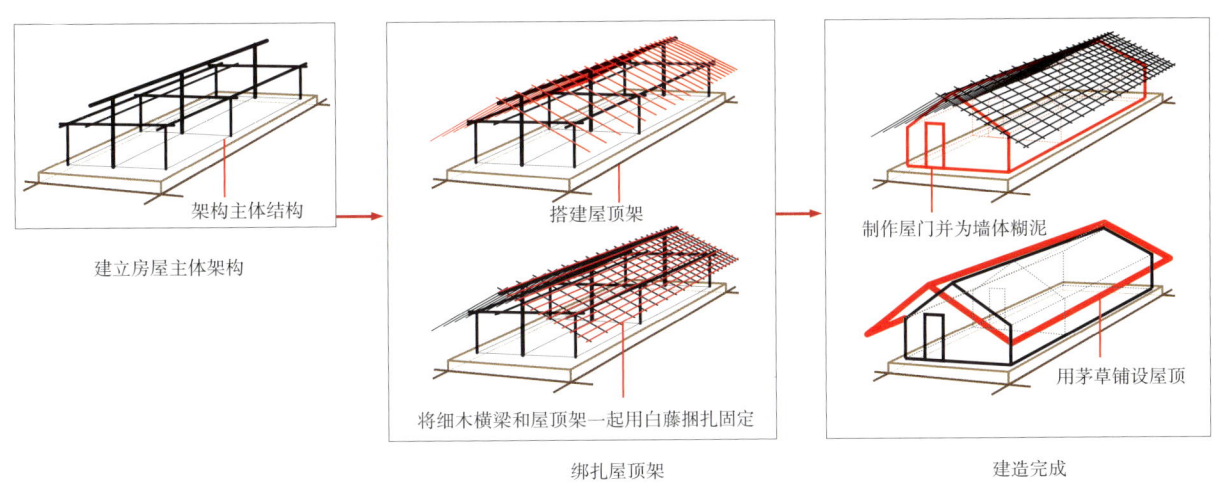

图七 黎族金字形茅草屋建造流程示意图

图八　黎族金字形茅草屋框架结构图

图九　黎族金字形茅草屋延展图

保亭县甘什村黎族竹编窗户

图一　保亭县甘什村黎族竹编窗户主图

竹编窗户是保亭地区黎族传统村落中常见的建筑组成部分，由天然的竹子制成，安装在改良后的黎族传统船形屋窗洞外侧，用来遮挡光线。本案例是采选自海南保亭县甘什村黎族传统船形屋窗外的竹编窗户，其设计方法受现代窗户的影响，是典型的现代建筑设计民族化的体现。

本案例窗户由窗框、窗芯和活动构件组成，由于黎族船形屋窗洞较小，因此黎族竹编窗户采用垂直方向开启的悬窗形制。窗框为木质，中间装订十字形木质窗框夹板，窗页是用竹篾采用挑一压一的编织方法制成，转轴安装在窗户上方，由木棍活动窗轴和固定窗轴的竹筒组成。安装时首先用竹篾编织四片窗页，用两层木质窗框前后夹住窗页并用铁钉固定；再将木棍活动窗轴套入竹筒中，并用铁钉从侧面固定木质窗框夹板和木棍活动窗轴；最后将窗户上方的墙壁掏出两个洞，露出墙体内的木架结构，用细竹篾将竹筒窗轴和窗洞上方的横木固定在一起。使用时，在屋内用手推动窗户，在竹筒窗轴固定不动的情况下，木棍活动窗轴带动窗户向上掀起。

黎族传统船形屋的窗户是在墙上开个通风透光的空洞，受现代窗户的影响，部分黎族人将现代窗户中的竹编窗户安装在窗洞外面，采用悬窗的设计，将原生态的材料完美地融入现代窗户设计中。

图片来源
图一　鞠斐　摄影
图二至图六　鞠斐　制图

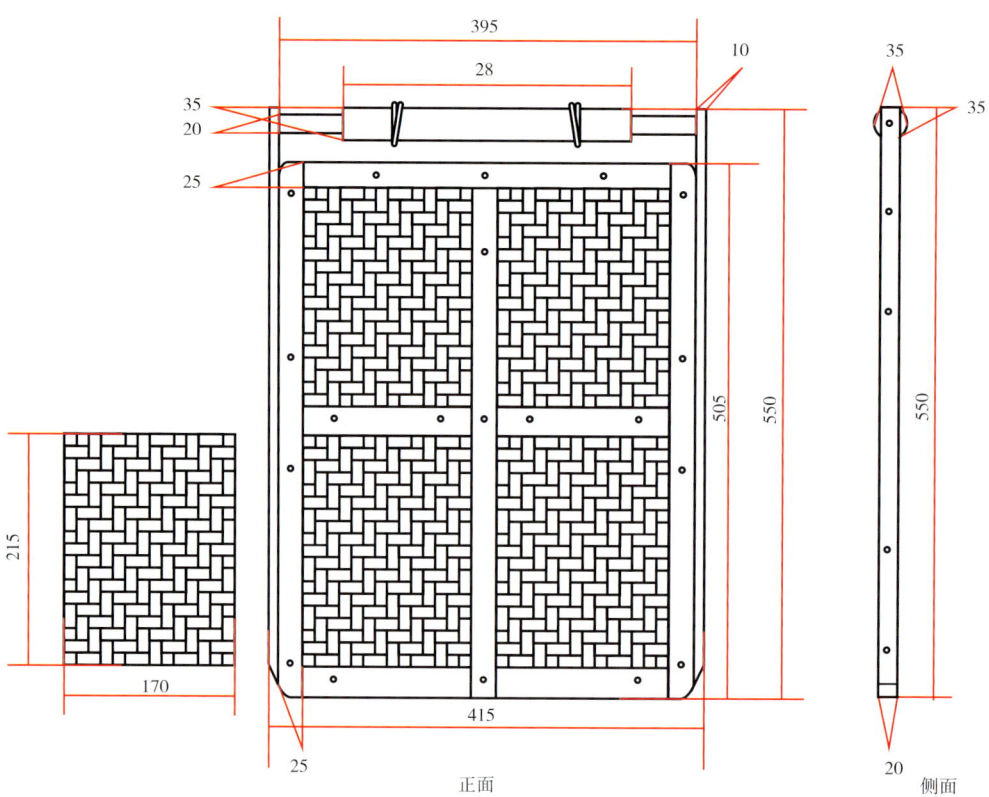

图二　保亭县甘什村黎族竹编窗户视角、尺寸图（单位：mm）

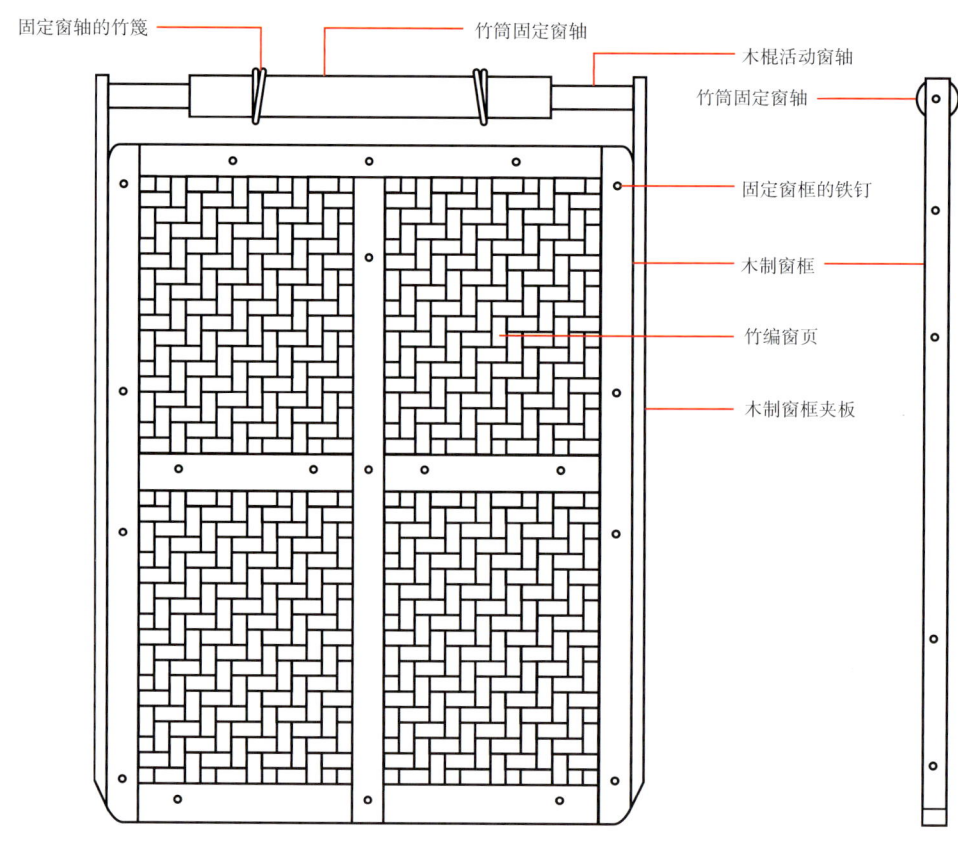

图三　保亭县甘什村黎族竹编窗户结构名称图

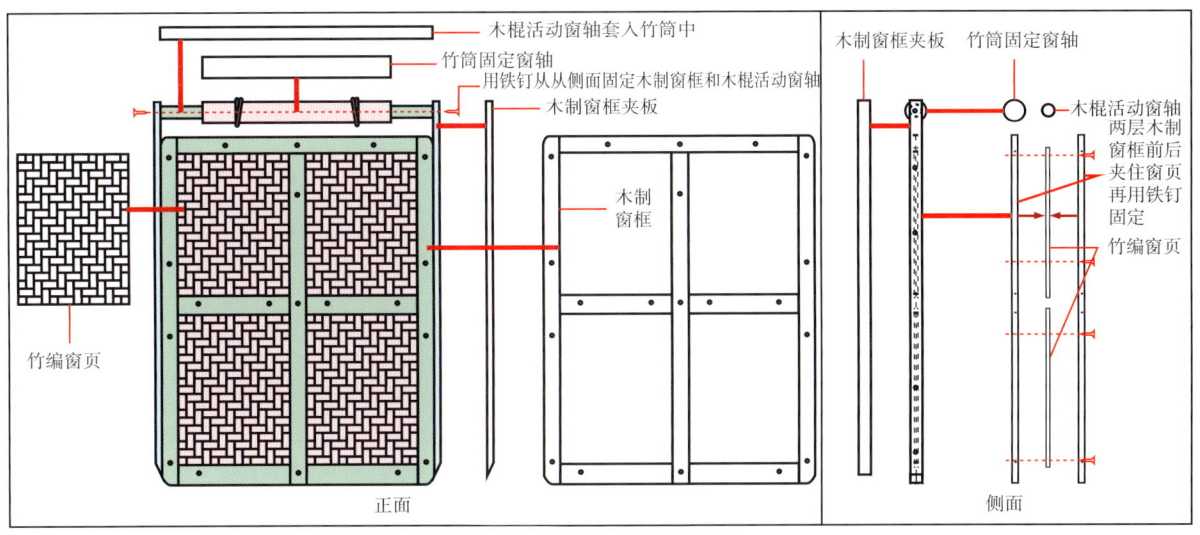

图四 保亭县甘什村黎族竹编窗户设计结构分析图

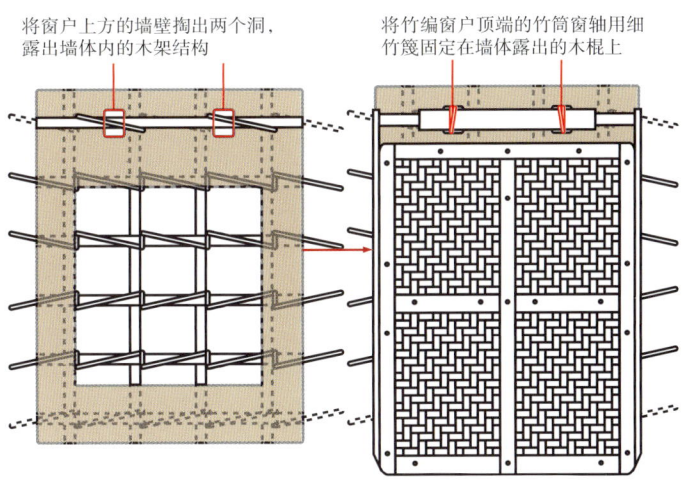

图五 保亭县甘什村黎族竹编窗户安装示意图

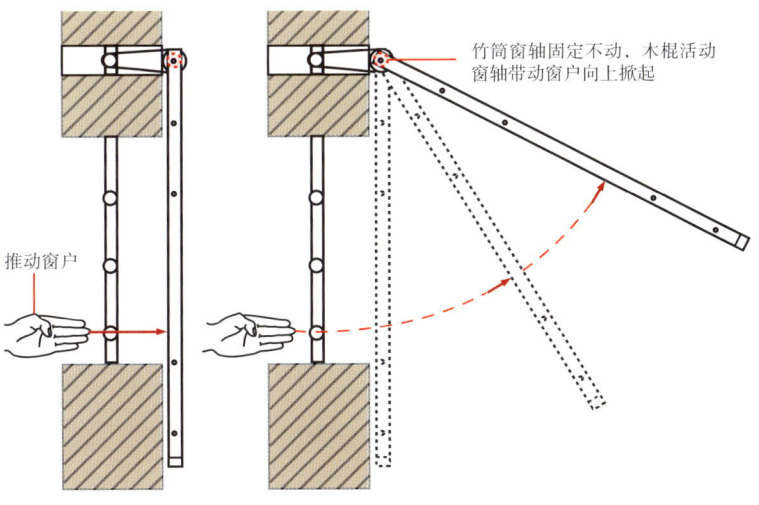

图六 保亭县甘什村黎族竹编窗户使用方式示意图

保亭县甘什村黎族木栏窗户

图一　保亭县甘什村黎族木栏窗户主图

黎族传统窗户通常指的是黎族传统茅草屋的墙壁上的洞口，是最为原始的窗户样式。茅草屋墙壁较厚，且较为低矮，屋内光线很暗，在墙壁上开窗可以用来透气和采光。本案例是采选自海南保亭县甘什村黎族传统茅草屋的木栏窗户，是黎族传统窗户最具代表性的形制。

黎族传统木栏窗户通常出现于传统落地式茅草屋的建筑墙面上，并且只有通过木结构框架搭建的稻草抹泥墙墙面上才有木栏窗户，造型十分简陋，窗户的外形大多为简单掏空而成的方形，窗框内通过墙体木栏划分出窗格。黎族传统木栏窗户在搭建时通常有两种方式，一种是在搭建稻草抹泥墙时，先将木栏杆框架结构搭建好，在用稻草和泥抹墙时空出窗户的部分，形成木栏窗户；第二种方式是在建成稻草抹泥墙的墙体后，将需要开窗的位置掏空，裸露出墙体木架形成窗格。本案例窗户形制为十二格木栏窗户，除此之外，五指山地区黎族传统村落的船形屋墙面上也设有木栏窗户，常见的窗户形制根据木栏的形状和窗洞的大小，还有九格式木栏窗户、六格式木栏窗户、四格式木栏窗户和三格式木栏窗户。

黎族传统木栏窗户是最为原始的建筑窗户形态，即在缩小的门洞形式基础上保留墙体内部的木栏，没有窗扇，只能通风照明，不能抵挡风雨，如同记载窗户发展历史的活化石。

图片来源
图一、图四至图六　鞠斐　摄影
图二、图三　鞠斐　制图

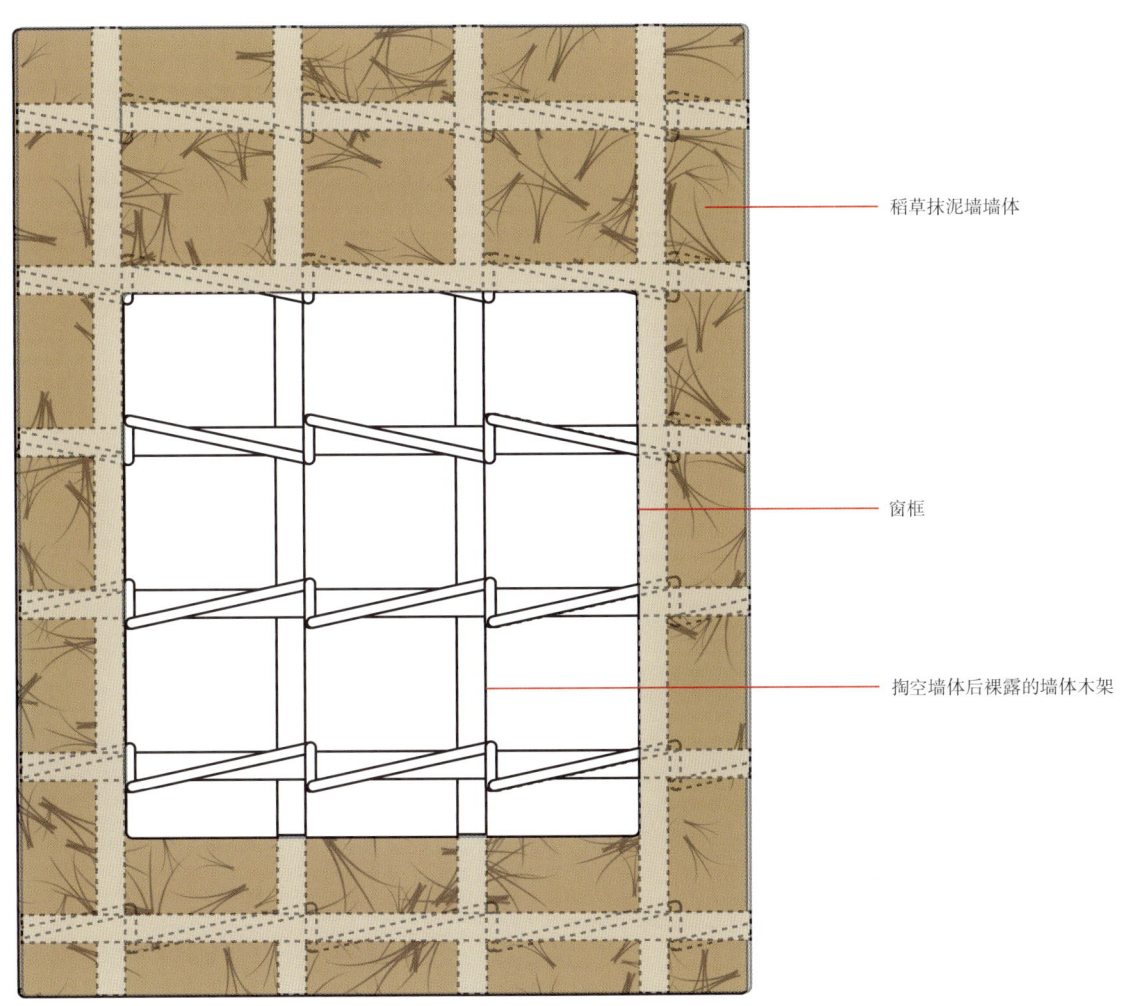

图二　保亭县甘什村黎族木栏窗户结构名称示意图

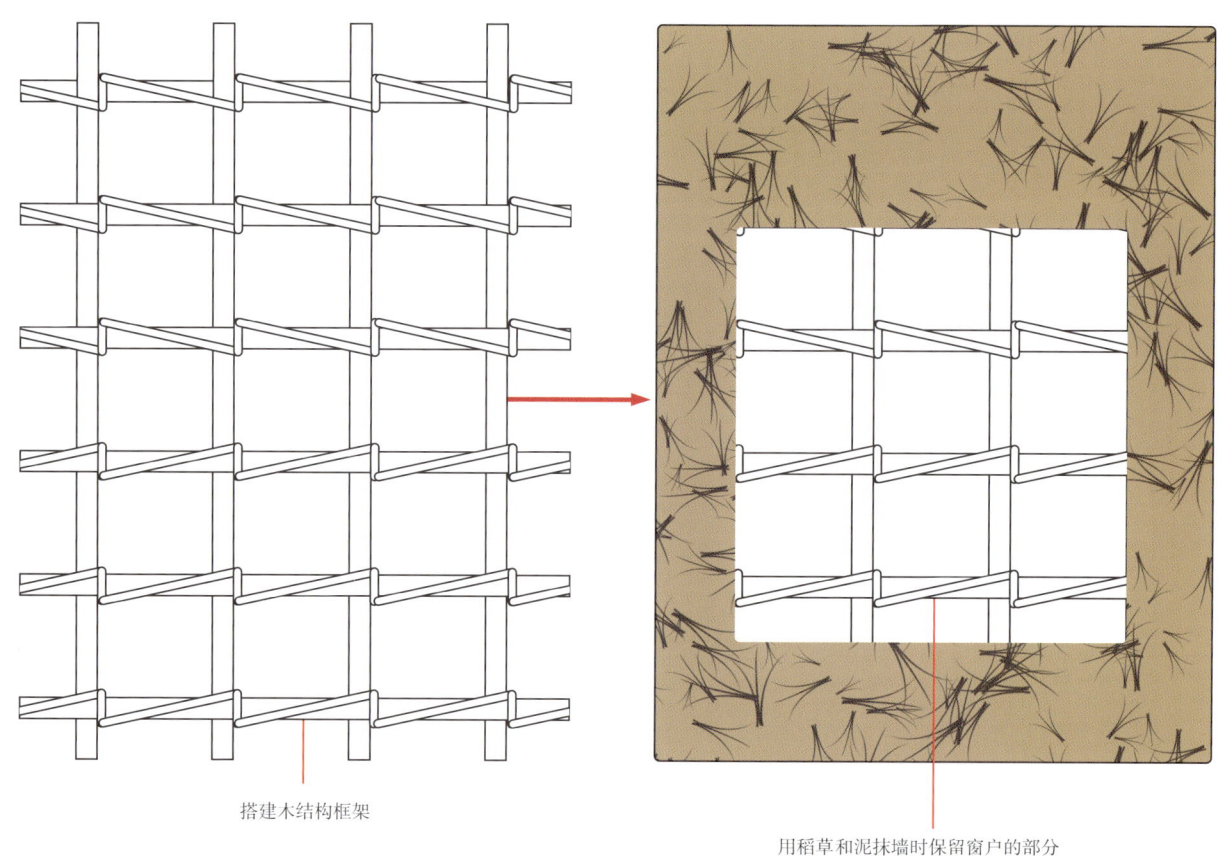

搭建木结构框架　　　　　　　　　用稻草和泥抹墙时保留窗户的部分

图三　保亭县甘什村黎族木栏窗户工艺分析示意图

九格式木栏窗户　　　六格式木栏窗户　　　四格式木栏窗户　　　三格式木栏窗户

图四　黎族其他形制木栏窗户

图五　黎族木栏窗户使用情境图

图六　黎族木栏窗户延展图

黎族稻草抹泥墙

图一　黎族稻草抹泥墙主图

　　黎族传统稻草抹泥墙是黎族建筑常见的墙体结构之一，墙体的主体结构为竹竿或木杆搭建而成，再用黄泥将竹编墙体与木头墙桩黏合成一体。本案例是分别采选自昌江县王下乡洪水村、五指山市初保村以及东方市俄查村、白查村的落地式茅草屋墙体，是典型的黎族传统稻草抹泥墙。

　　根据不同地区的稻草抹泥墙裸露的墙体骨架结构可以看出，黎族传统稻草抹泥墙大致分成两种式样：其中昌江县王下乡洪水村和五指山市初保村的稻草抹泥墙式样相同，均为间隔较近的墙桩结合细木横条搭建的方格状骨架结构；而东方市俄查村和白查村的稻草抹泥墙则是第二种样式，以细长的木棍或竹竿结合间隔较远的墙桩横向搭建成长条状骨架结构。黎族传统稻草抹泥墙的做法是先用立柱作为墙桩将墙壁根据固定的间隔隔出空档，用白藤将细木横条从上往下、间隔或大或小与墙桩捆扎固定。再将黏性较好的黄土加水搅拌成黄泥，将晒干的稻草和牛粪通过脚踏、揉搓，和成墙泥，由两人内外配合由下到上一层层将和好的稻草黄泥抹在墙体内外，并抹平整。最后在室内生火熏墙，令墙泥加速干燥，墙泥干燥大约需要十天至半个月。

　　黎族传统稻草抹泥墙通常用于搭建久居的船形屋墙体，由于加了牛粪，黎族传统稻草抹泥墙十分坚硬强韧。搭建时又简单易行，建造速度快，另外又能很好地隔湿隔热，因此黎族人搭建传统茅草屋时通常都会选择稻草抹泥墙作为墙壁。

图片来源
图一、图二、图六　鞠斐　摄影
图三至图五　鞠斐　制图

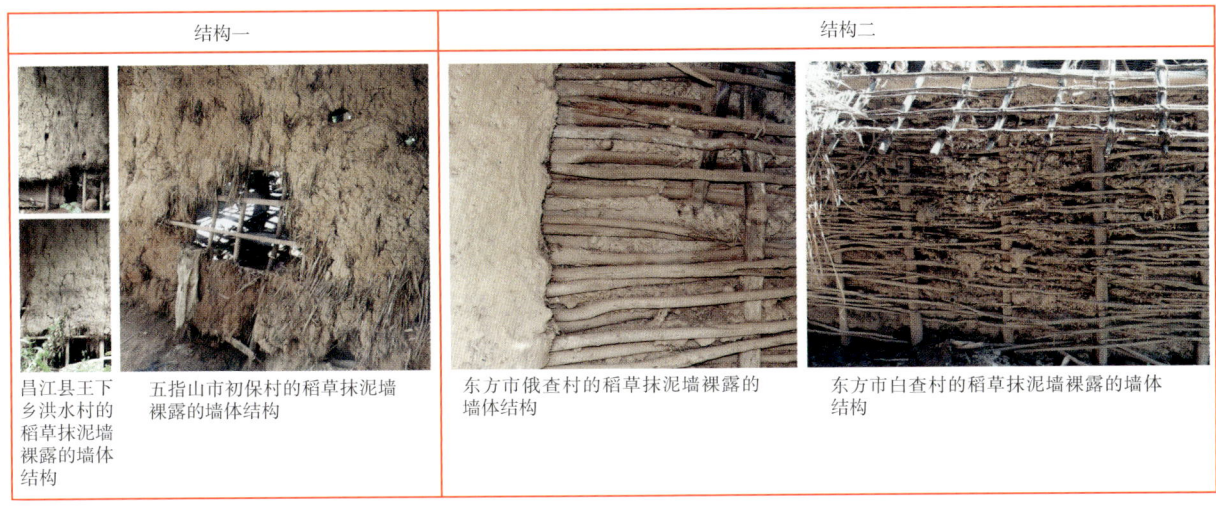

图二　黎族稻草抹泥墙裸露墙体示意图

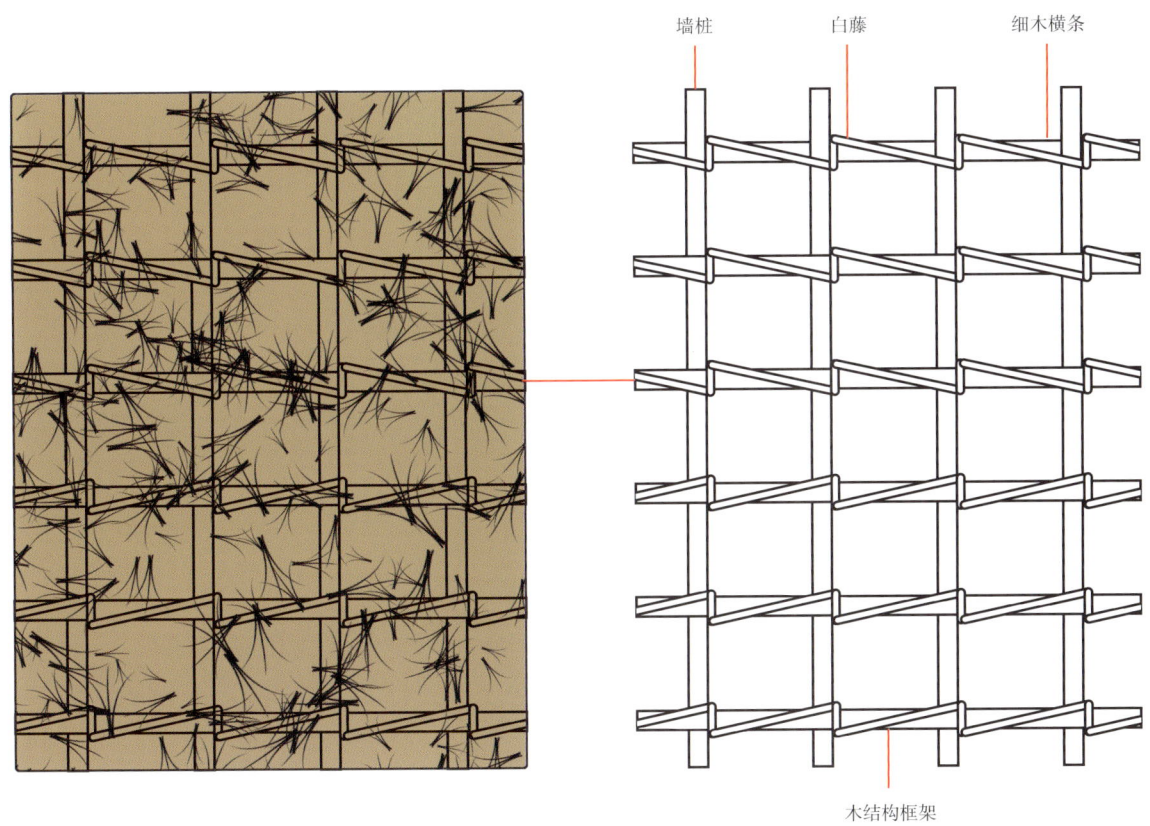

图三　黎族稻草抹泥墙结构名称图1

第一章　黎族传统建筑

027

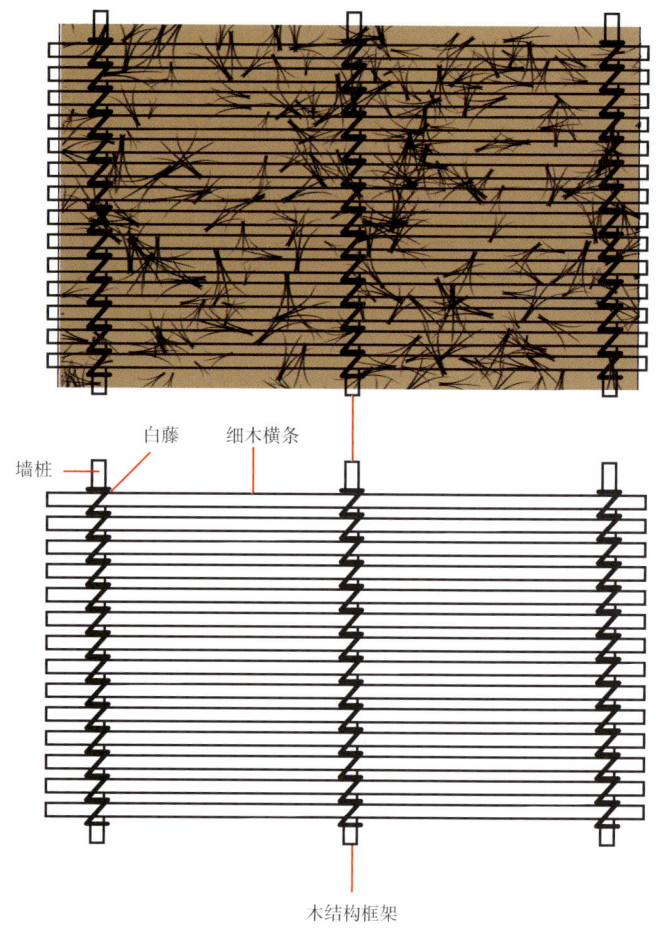

图四 黎族稻草抹泥墙结构名称图2

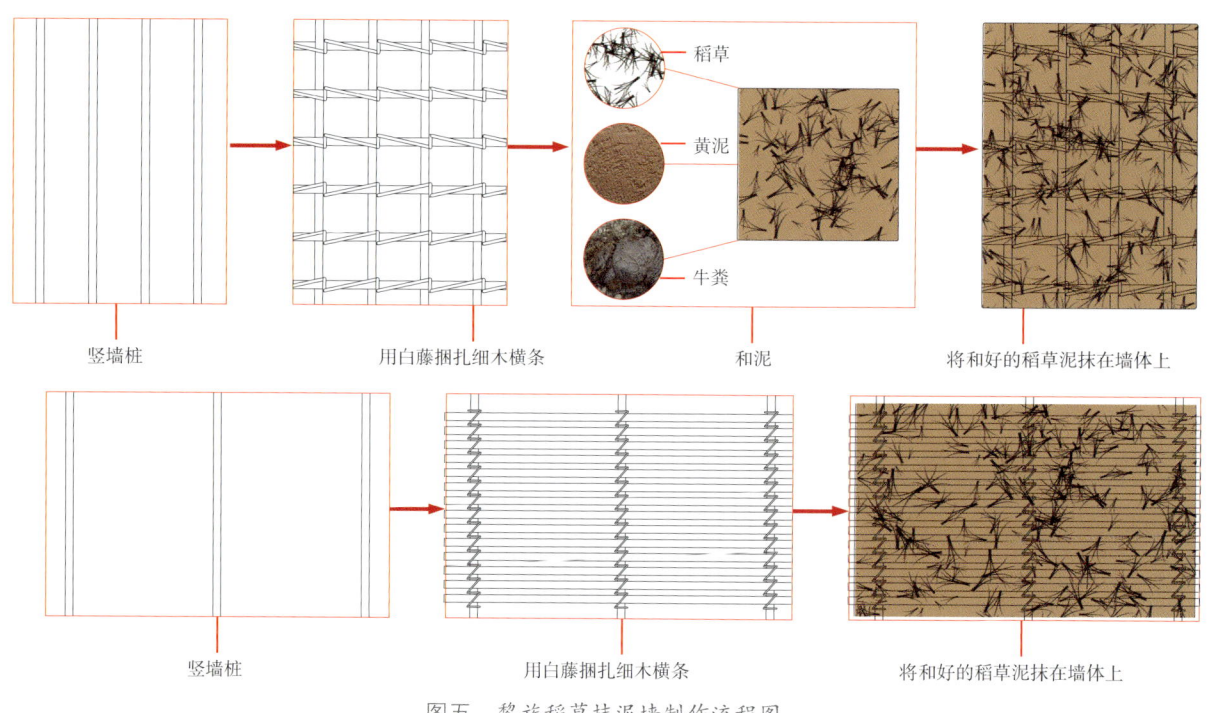

图五 黎族稻草抹泥墙制作流程图

图六　黎族稻草抹泥墙延展图

五指山市初保村黎族竹编墙

图一　五指山市初保村黎族竹编墙主图

黎族传统船形屋的墙壁通常有两种，一种为竹编墙壁，一种为稻草抹泥墙壁，本案例是采选自五指山市初保村船形屋的竹编墙壁，是典型的黎族传统竹编墙。

黎族传统竹编墙在搭建时通常选用一些竹壁较薄的竹子，根据墙壁的尺寸，砍成相应的长度，再用木棒将竹子敲裂，裂开的竹条作为制经纬的竹篾，然后用挑一压一的技术编织成竹面。竹面的样式通常有两种，一种为人字形肌理，另一种为纵向竹篾相隔较宽的十字形肌理。编好的竹面需平放在平整的木板上修整，把四周参差不齐的竹篾砍齐，修正成规整的长方形墙面，最后将竹面固定在柱子上成为竹墙。固定墙面时有两种方式，使用第一种方式固定墙面时，首先将竹编墙的两端直接用稻草依次从竹编产生的缝隙中穿过，将竹编墙捆扎在房屋一侧左右两端的次桩或立柱上，再使用稻草直接穿过竹编墙的缝隙将墙体捆扎在墙桩上进行固定。使用第二种方式固定墙面时，则将竹编墙的两端夹在竹条和次桩之间，用稻草从竹编产生的缝隙中穿过，将竹编墙、次桩和竹条捆扎在一起，再将三根竹条从上到下依次横向加在竹编墙的外侧，用稻草从竹编产生的缝隙中穿过，将竹编墙夹在墙桩和竹条之间捆紧，最后将竹编墙固定在墙桩上。

黎族传统竹编墙就地取材，墙体轻薄，墙壁建造速度快，且通气性能好；缺点是隔热性能差，对海南岛湿热的空气起不到阻隔作用，且易损坏，需要经常修整。因此更多地应用在临时搭建的船形屋上，便于拆卸搬迁。

图片来源
图一　鞠斐　摄影
图二至图六　鞠斐　制图

竹编墙样式一　　　　　　　　　　竹编墙样式二

图二　五指山市初保村黎族竹编墙样式展开图

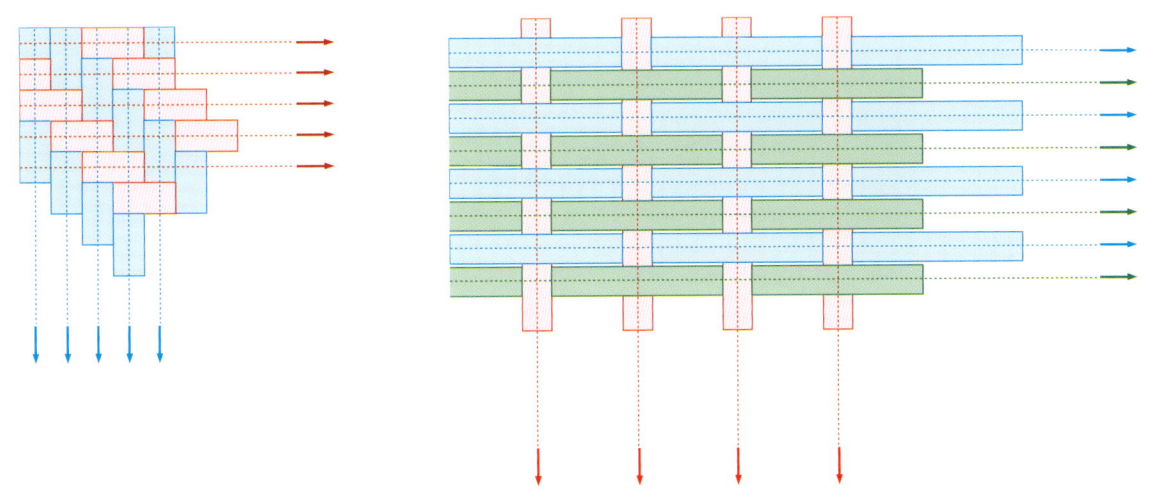

图三　五指山市初保村黎族竹编墙制作流程图

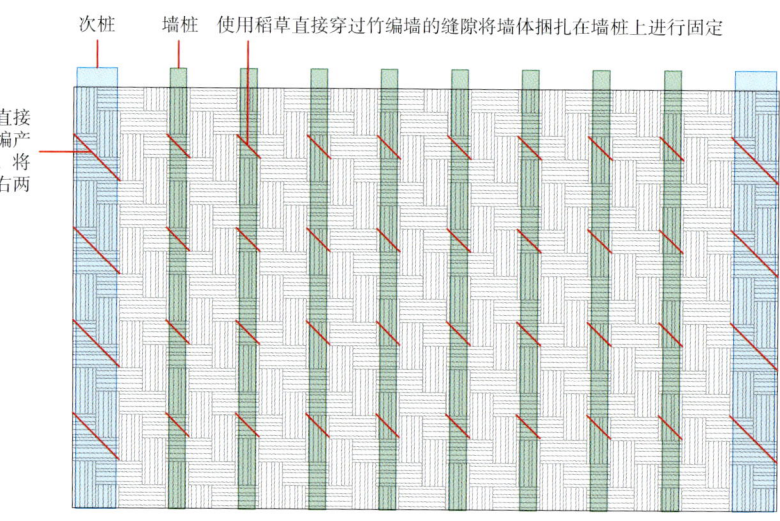

图四　五指山市初保村黎族竹编墙固定方式示意图 1

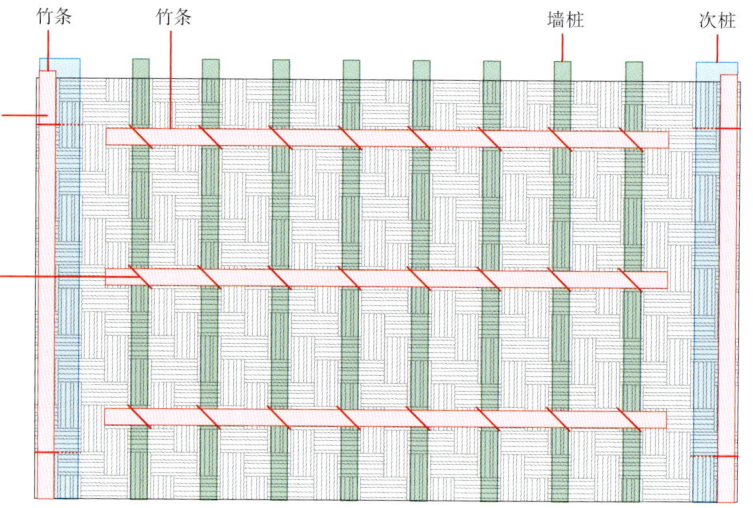

图五　五指山市初保村黎族竹编墙固定方式示意图 2

图六　五指山市初保村黎族竹编墙固定方式示意图 3

黎族木门栓木门

图一　黎族木门栓木门主图

黎族传统木门栓木门是黎族传统茅草屋的主要屋门形制之一，通常用于茅草屋的外门，本案例是采选自昌江县王下乡洪水村的落地式茅草屋外门，是典型的近现代黎族传统茅草屋常用的木门栓木门。

本案例木门由一道木门和一道门栅组成，主体结构有门框、门扇、门枕、门槛和门栅，门扇在室外，向外开，门栅在室内，向内开，两道木门均由合页与墙体固定控制开合。门扇由两条竖枋夹六块门芯板组成，背面用上、中、下三条横枋固定，一侧竖枋安装两个合页与墙体固定，另一侧竖枋正中挖孔用来插入门栓。门栅由多条竖栏和三条横栏合订而成，竖栏下部对齐，上部长短不一，与门扇于同一侧装订一个合页固定在门框上，门框另一侧正中挖插栓孔，与门扇的插栓孔对齐。合页由左页、右页和轴承组成，左页和右页分别用螺丝钉固定在门和门框上，以轴承为轴心进行开合。进门时首先抽出门栓，将第一道门扇向外开后露出第二道门栅，再将门栅向内推开，关门后从门内插上门栓。出门时首先抽出门栓，向内拉开门栅，再向外推开门扇，依次关门后从外插入门栓固定门扇与门框。插门栓时将门栓竖起，手持门栓由外向内插入门扇和门框的插孔，门栓插入插孔后，横向扭转将门栓放平卡住栓孔。

早期的黎族传统木门是将长度相近的木棍用白藤相邻捆扎而成，后逐渐受汉族房屋木门方材和卯榫结构的影响演变成近现代的木门形制。

图片来源
图一、图二、图七、图八　鞠斐　摄影
图三至图六　鞠斐　制图

图二　黎族木门栓木门门栓放大图

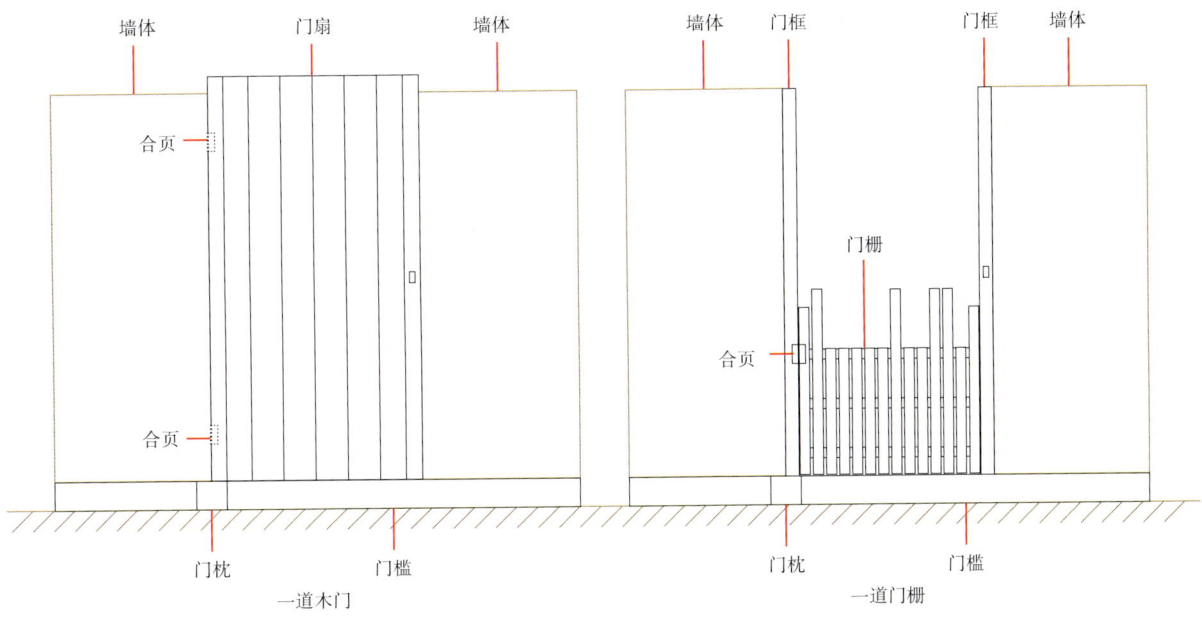

图三 黎族木门栓木门整体结构名称图

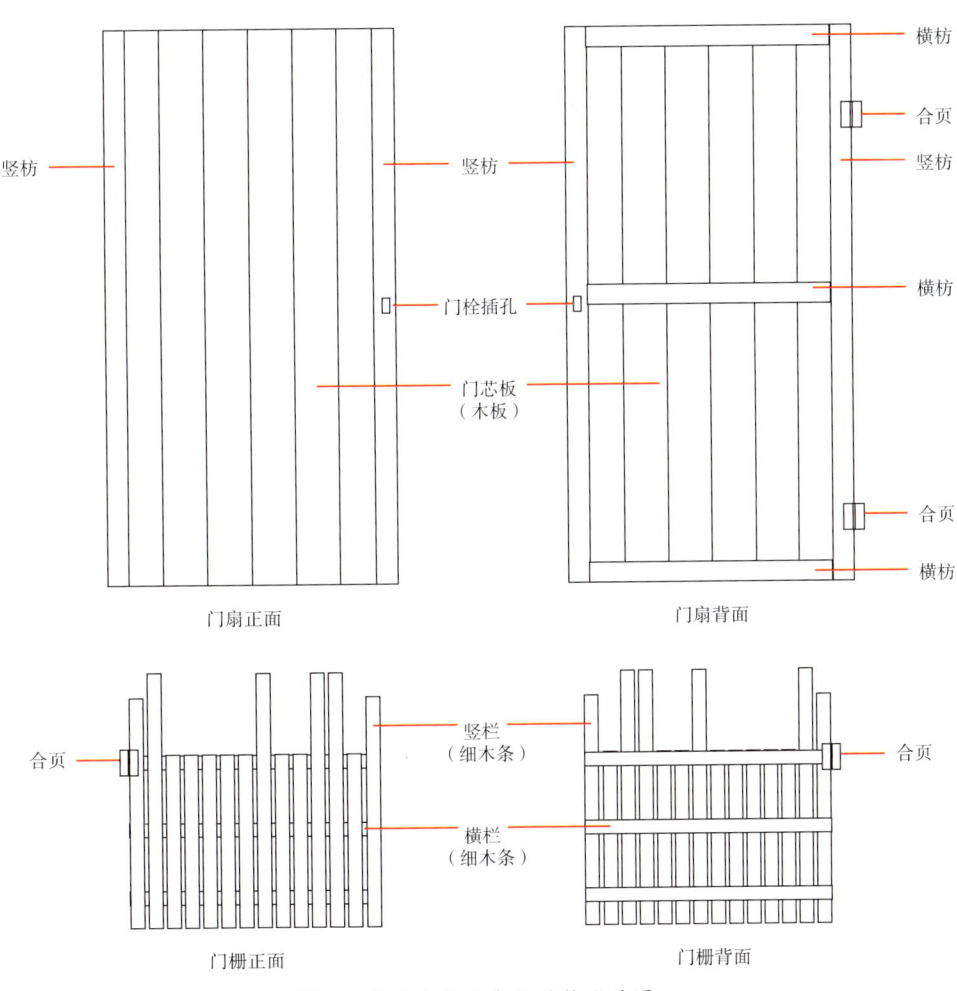

图四 黎族木门栓木门结构名称图

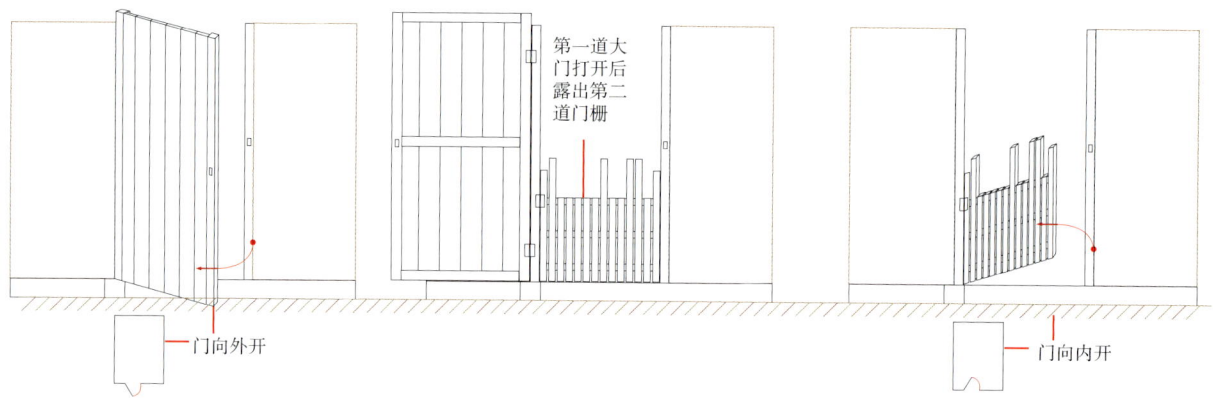

图五　黎族木门栓木门及门栅开合方式示意图

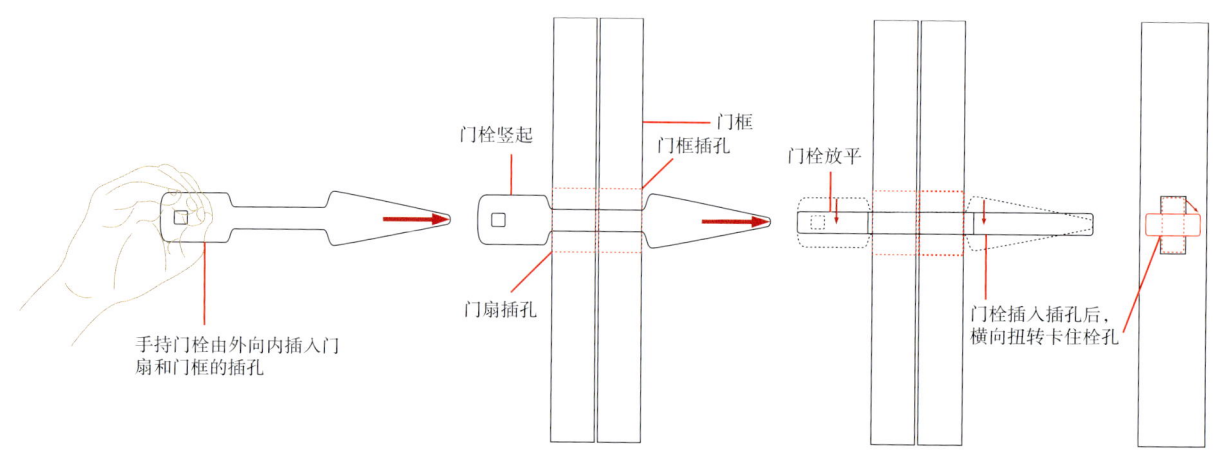

图六　黎族木门栓木门门栓使用方式示意图

图七　黎族木门栓木门使用情境图 1

图八　黎族木门栓木门使用情境图 2

黎族室外竹编门

图一 黎族室外竹编门主图

黎族传统竹编门是黎族传统船形屋的重要组成部分，本案例是采选自东方市俄查村、白查村，五指山市，昌江县以及保亭县典型的黎族传统竹编门。

黎族传统竹编门大致分为两种形制，一种带有门栅，常见于东方市江边乡俄查村、白查村地区的美孚方言黎族房屋使用；一种不带门栅，如五指山地区、昌江地区以及保亭地区杞方言黎族房屋使用的竹编门。

黎族传统竹编门由门框、门扇和门槛组成，门扇由横枋、竖枋（轴承）和竹编门芯组成，通过白藤条捆扎固定，轴承插入地面，并与墙桩固定在一起。门栅有两种样式：一种为竹轴承，横栏使用细竹条，栏网则使用竹篾编织而成；另一种门栅为木轴承，横栏、竖栏均由细木条组成。两种门栅中部靠近门框的部位均空出方形便于开合操持。有门栅的竹编门使用时向外拉开门栅，向内推开门扇，没有门栅的竹编门向内、向外推拉均可。

黎族聚居地的路旁、村边和山里常见茂密的竹林，因此竹子是黎族传统室外门常用的材料。黎族传统竹编门制作时通常选用一些竹壁较薄的竹子，将竹子劈成宽竹篾作为经纬，以挑一压一的编织方法编织成密不透光的门芯。编好后，把四周参差不齐的竹条砍齐，横枋、竖枋、轴承和门框则根据墙壁上门洞的尺寸，挑选粗壮的竹竿砍成相应的长度，再劈成两半夹住门芯，并用白藤条捆扎固定，最后将轴承固定在墙桩上成为竹门。

图片来源
图一、图五、图六　鞠斐　摄影
图二至图四　鞠斐　制图

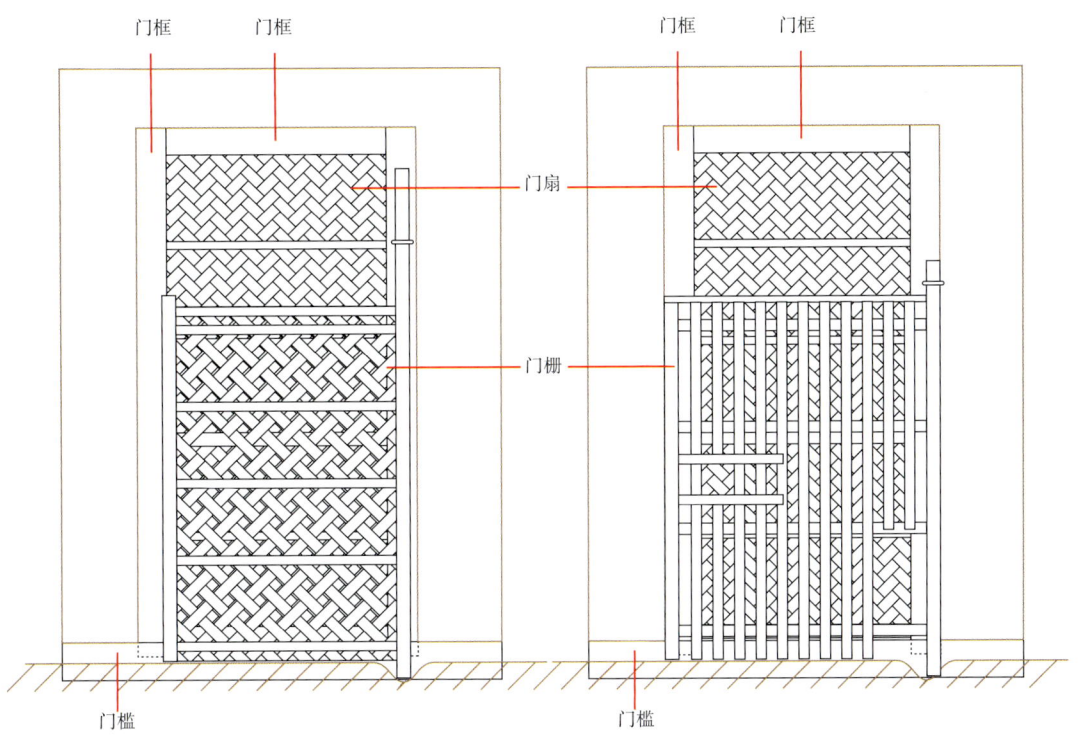

图二　黎族室外竹编门结构名称图

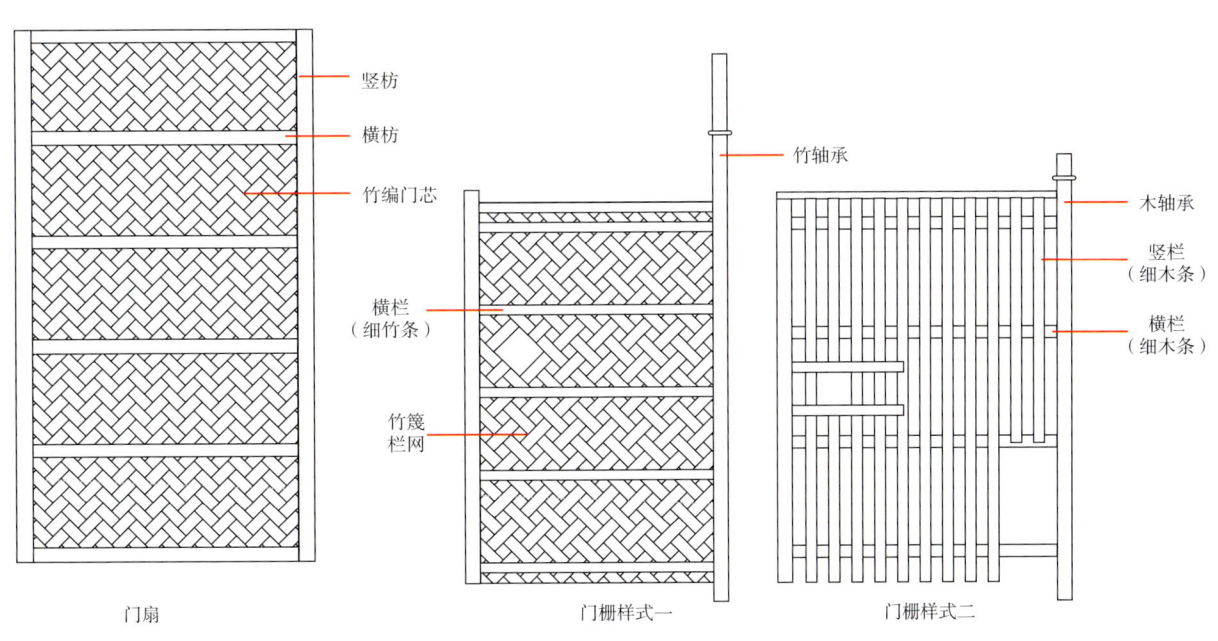

图三　黎族室外竹编门结构分析图

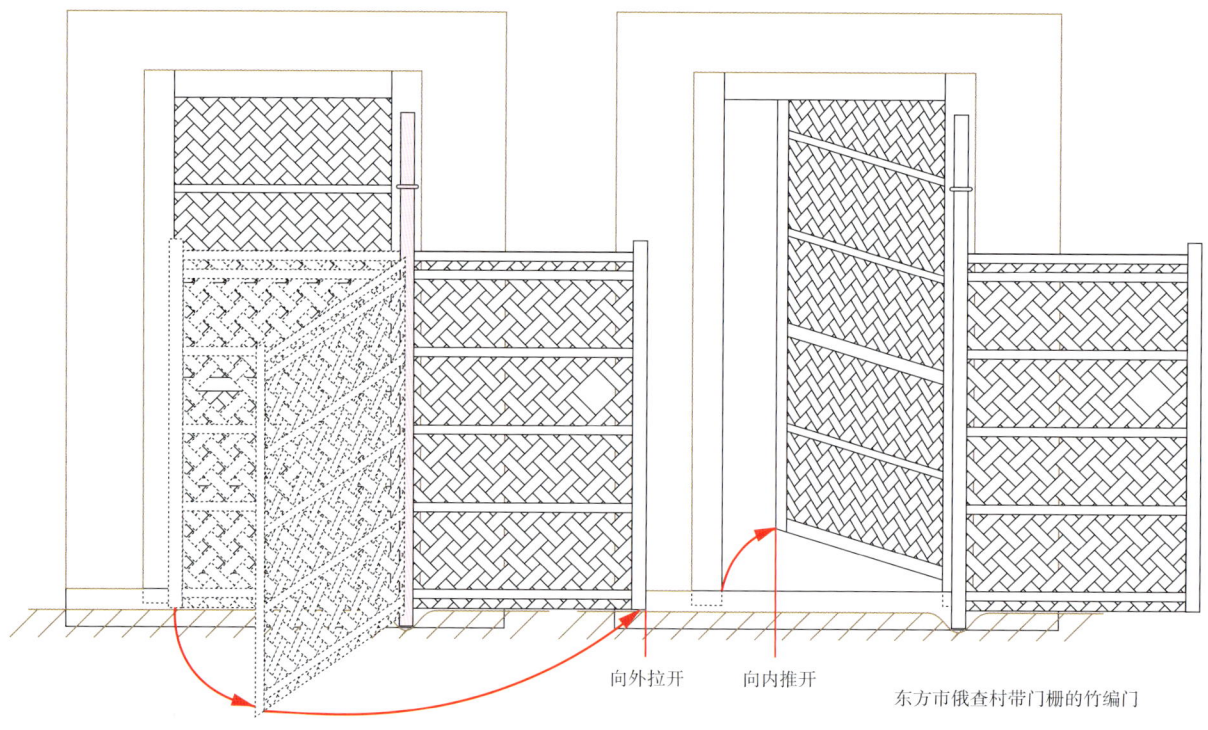

向外拉开　向内推开　　　　东方市俄查村带门栅的竹编门

图四　黎族室外竹编门开门方式示意图

五指山市初保村竹编门

昌江县王下乡洪水村竹编门

保亭县甘什村竹编门

图五　黎族室外竹编门延展图

图六　黎族室外竹编门使用情境图

黎族室内竹编门

图一 黎族室内竹编门主图

竹编门是黎族传统船形屋内常见的室内屋门，制作传统的竹编门时，黎族人通常将竹壁较薄的竹子用木棒敲裂，并将裂条作为编织经纬的竹篾，然后用挑一压一的技术编织成门芯，再将编好的门芯修整平齐，最后将直径较粗的竹竿对半劈开再合并夹住门芯作为门框，并用竹篾或藤条捆扎牢固。本案例采选自东方市俄查村，是典型的黎族传统室内竹编门样式。

本案例竹编门由门框、门扇、门栓和门槛组成。安装门框时，门框顶端用白藤与横梁绑紧固定，门框一半隐藏在墙体之中，门框底部插入门槛的凹槽中。门扇由粗竹竿制作的轴承，细竹条、木条制成的横枋，粗竹竿、木条制成的竖枋，竹编门芯和木门栓组成。安装门扇时，先将竖枋对穿挖空使出现缝隙，将竹编门芯插入缝隙中,再用藤条捆紧,然后用藤条捆扎固定横枋和竹编门芯,最后用粗藤条和细藤条固定捆扎横枋和竖枋。安装轴承时,先将地面挖一个坑把轴承底部埋入坑中固定位置,再使用白藤将门扇轴承捆扎在门框上,使之固定好位置的同时不影响轴承开合旋转。门扇开合时,可将门从外向内推开,或从内拉开,门扇向内拉开可达180度。门栓呈梭形,通过正中木轴连接木栓和横枋,门栓可通过木轴上下扭转,开门时将门栓竖向扭转,松开门栓,闭合时将门栓向上提,横向扭转卡住门和门框。

黎族传统室内竹编门就地取材,制作方便,外形朴素大方,承载了黎族传统竹编文化,在传统习俗保留完好的黎族村落中至今仍在使用。

图片来源

图一、图六、图八　鞠斐　摄影
图二至图五、图七　鞠斐　制图

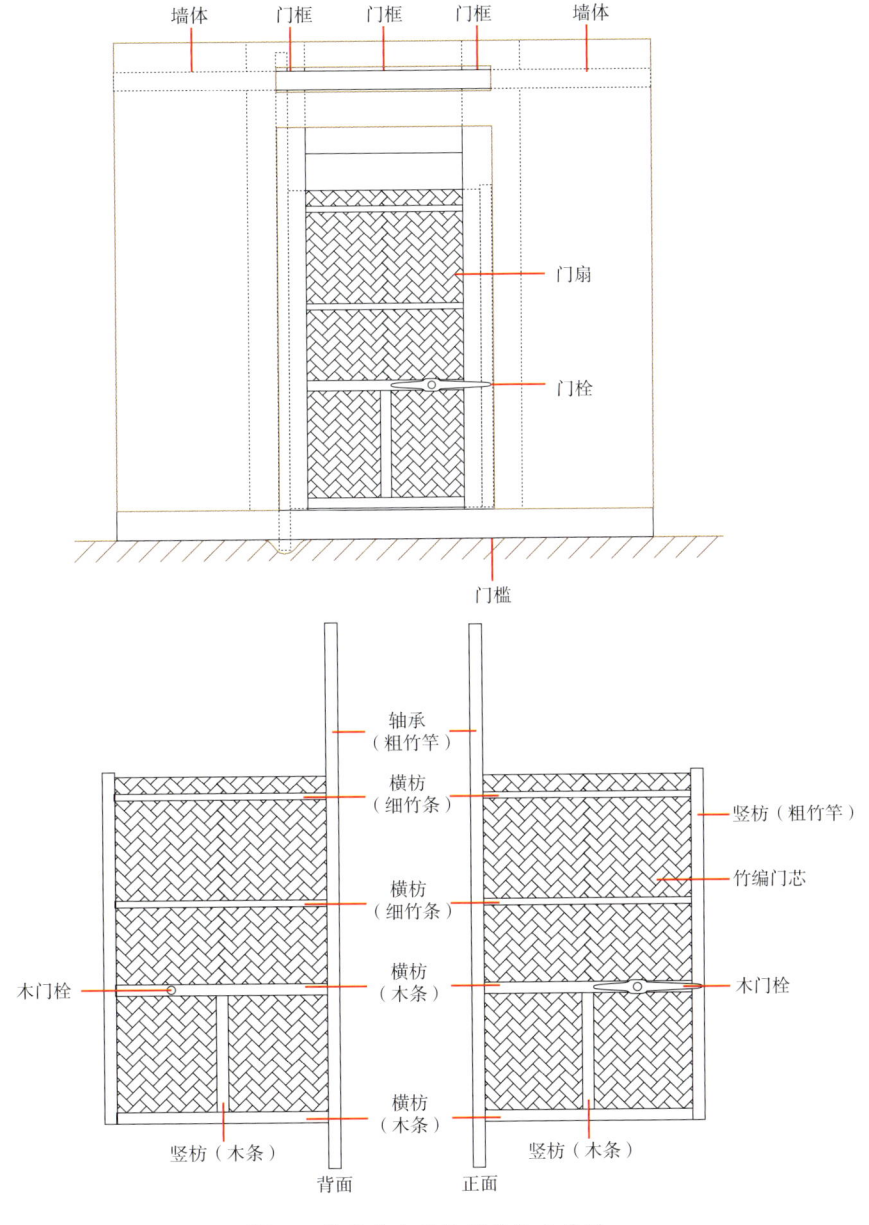

图二　黎族室内竹编门结构名称图

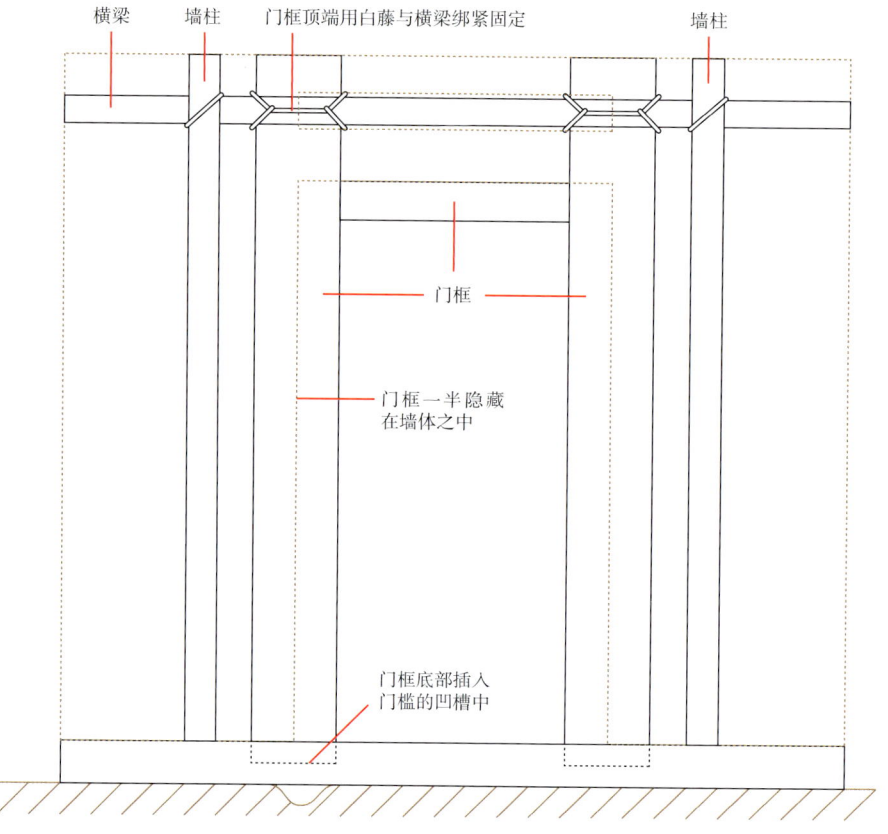

图三 黎族室内竹编门门框结构分析图

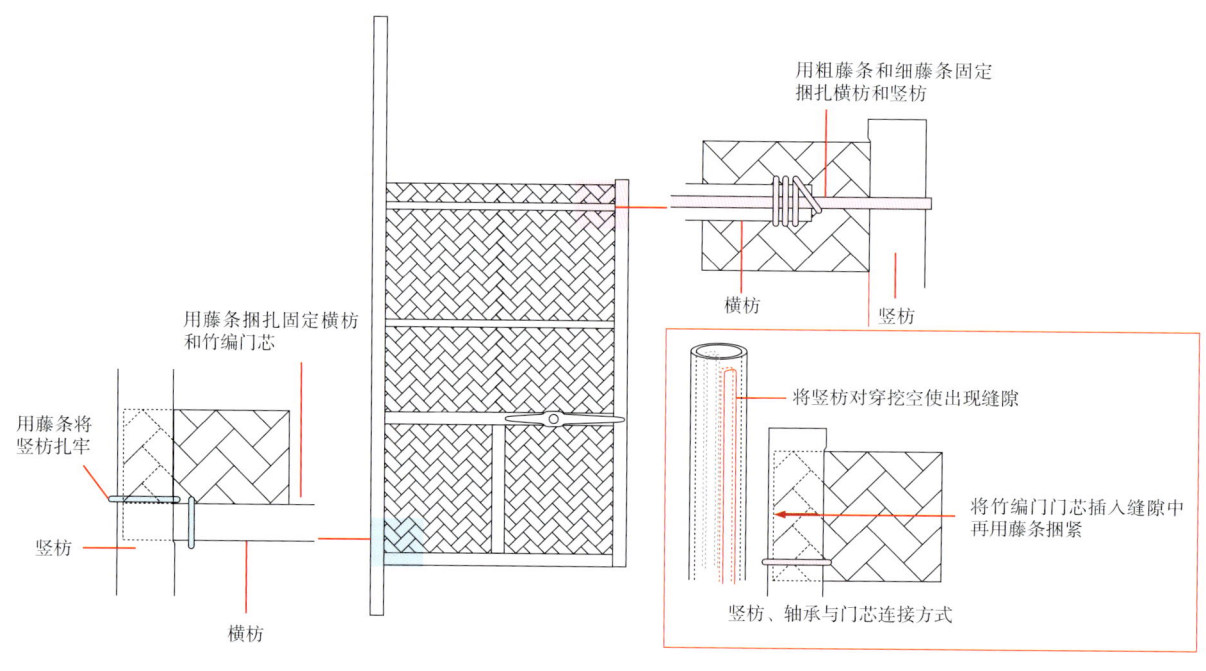

图四 黎族室内竹编门门扇结构分析图

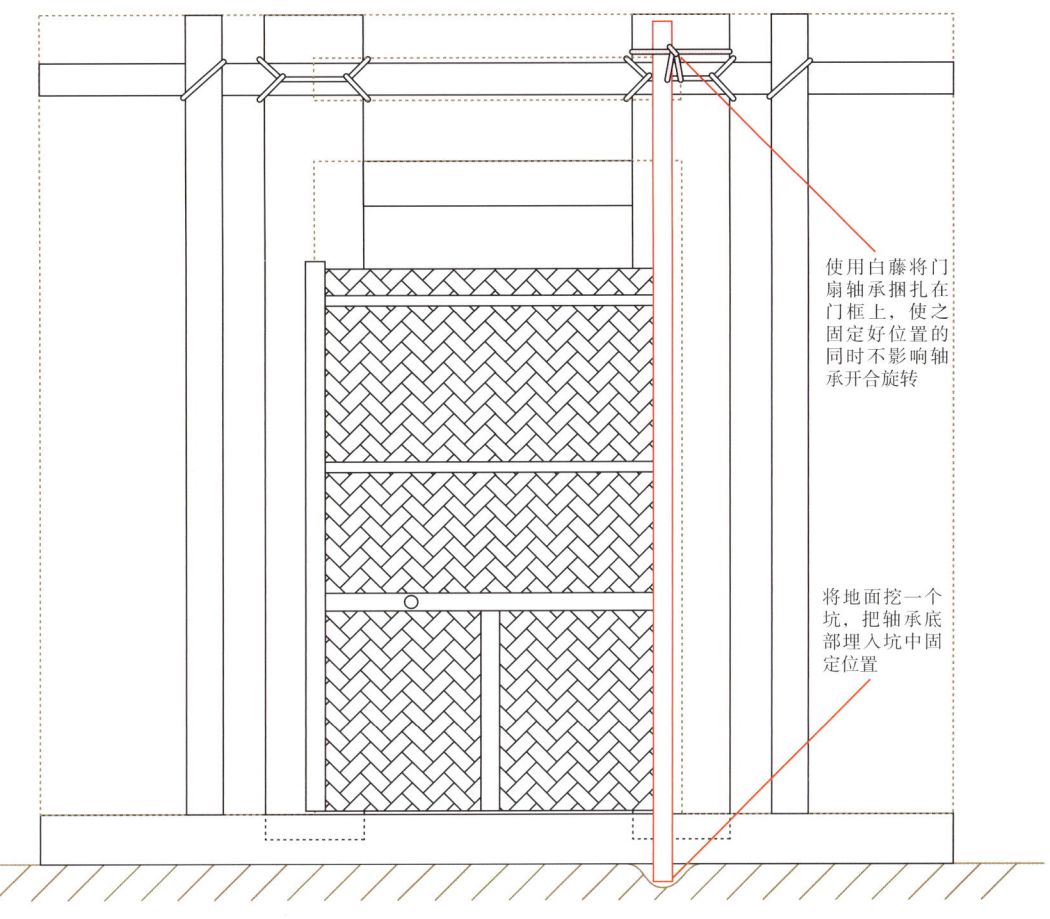

图五　黎族室内竹编门门扇与门框连接方式示意图

图六　黎族室内竹编门门栓

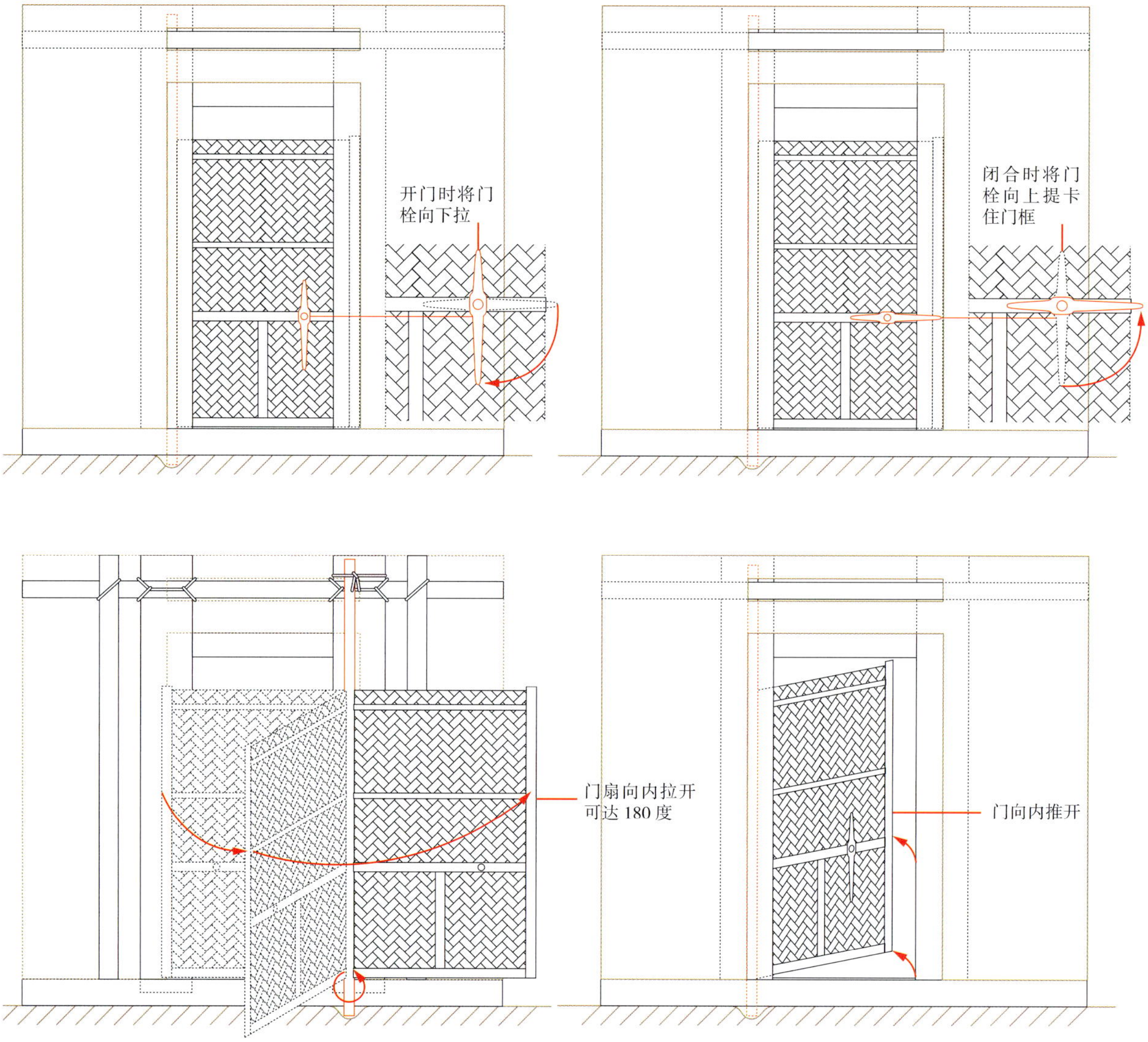

开门时将门栓向下拉

闭合时将门栓向上提卡住门框

门扇向内拉开可达180度

门向内推开

图七 黎族室内竹编门开合方式示意图

图八 黎族室内竹编门延展图

黎族葵叶遮阳伞

图一 黎族葵叶遮阳伞主图

本案例是采选自五指山市黎锦坊庭院中装置的葵叶遮阳伞，是由五指山市黎族人卢少仙老师设计制作的，设计的特点在于就地取材。由于海南岛植物资源丰富，卢少仙所在的五指山地区蒲葵和竹子随处可见，根据这两种植物特有的形态加以设计，便产生了黎族设计师当代设计的作品。

本案例由伞柄、底座和伞面组合而成，其中伞柄和底座均为竹竿制成，伞柄略细，长出底座一节，伞柄上端有三个对穿孔从上到下错开排列。底座较粗，将底座与地面固定之后，细伞柄插入粗竹竿制成的底座中固定伞柄，起到加固作用。伞面由三片葵叶组成，每一片伞叶均保留长长的叶柄，编结成葵叶扇的形状，自上而下分别从三个对穿孔中穿过，令伞叶紧挨伞柄。葵叶扇需倾斜插入，令相邻的扇面相互覆盖住一小部分，起到固定伞叶的作用。制作伞叶时，先将葵叶采下，在地上铺平晒干之后，再将晒干的葵叶叶尖散开的部分编结在一起形成扇子的形状,最后将三只葵叶扇插入打穿孔的竹竿中即可。

黎族葵叶遮阳伞是运用自然材料打造的户外遮阳设施,选材绿色环保,又能与环境相协调。竹子和葵叶的天然材质保留了原本的质朴特色,经过少许的加工融入庭院里种植的植物和竹篱形成的氛围中,营造出浓郁的自然气息,朴实大方的造型,与整个庭院的环境相得益彰。

图片来源
图一、图六 鞠斐 摄影
图二至图五 鞠斐 制图

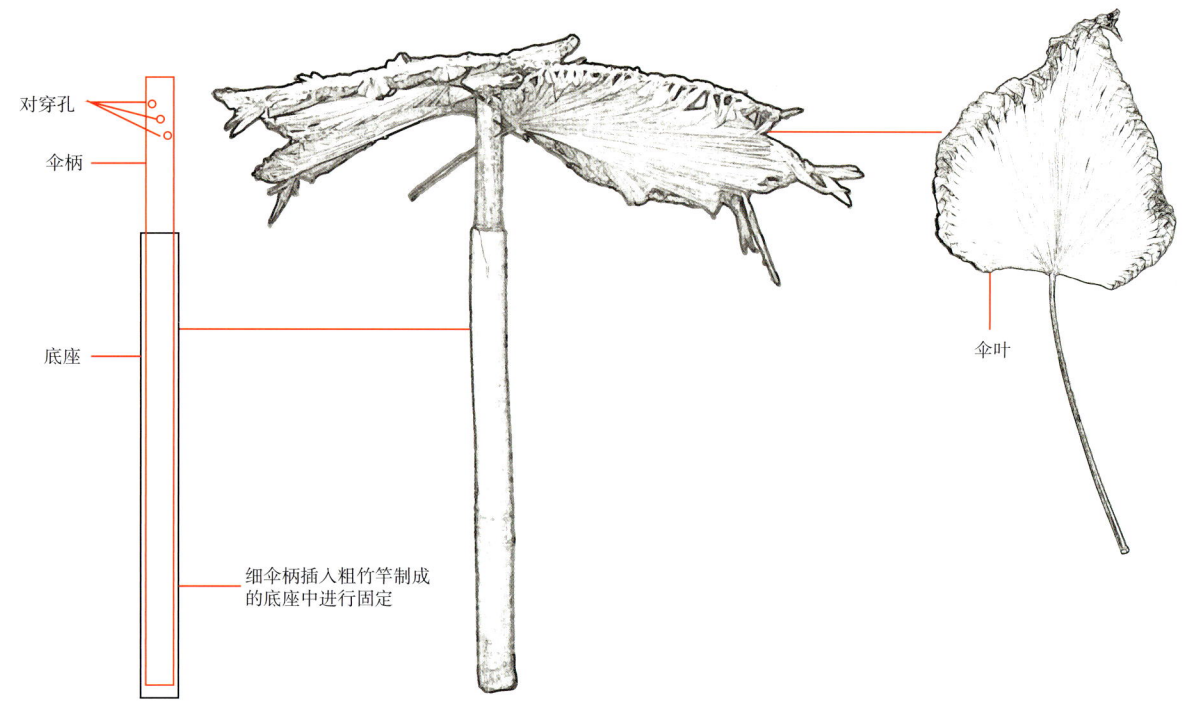

图二 黎族葵叶遮阳伞结构名称图

图三 黎族葵叶遮阳伞制作流程图

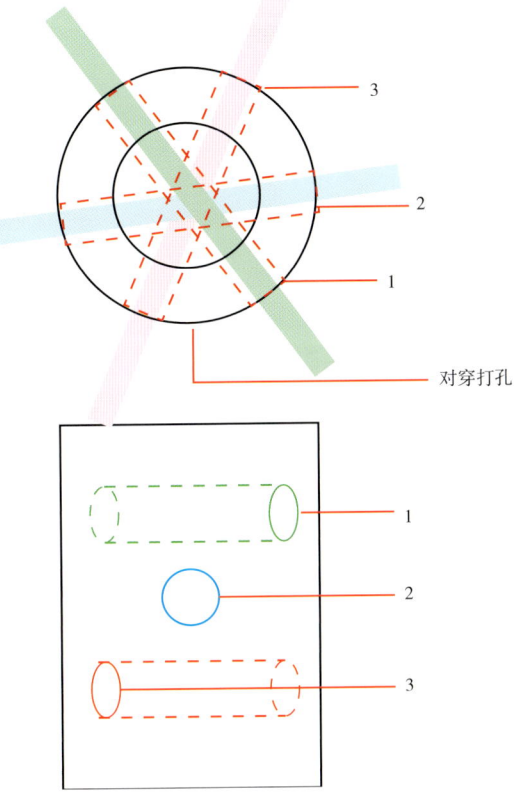

图四　黎族葵叶遮阳伞竹竿穿孔方式示意图

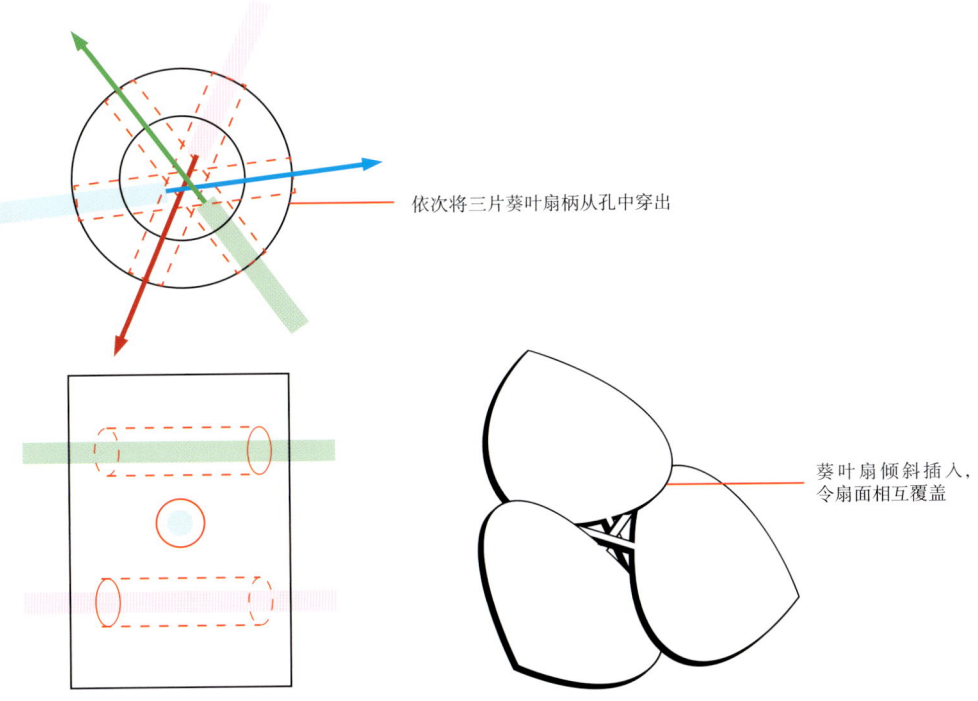

图五　黎族葵叶遮阳伞伞冠葵叶扇安装示意图

图六　黎族葵叶遮阳伞使用情境图

黎族木栅栏鸡舍

图一 黎族木栅栏鸡舍主图

黎族传统木栅栏鸡舍是黎族人搭建在自家船形屋门边，紧挨墙壁的小型建筑。本案例是采选自保亭县甘什村黎族传统船形屋门边的黎族传统木栅栏鸡舍，是最为典型的黎族传统家庭鸡舍形制。

本案例外形为长方体，长约1.6米，宽和高均约80厘米，由木栅栏搭建的顶棚、墙壁和方形的出入门组成。木栅栏由横向细木棍搭建而成，木棍之间形成的空隙起到透气的作用，顶棚上方可以摆放稻草团成的鸡窝或铺满稻草，出入口的大小刚好满足一只成年鸡出入。搭建时首先砍伐粗细相近的细木棍，使用长短合适的木棍搭建成框架，底部框架搭建时离地面保持一定的距离，再将其余面根据框架除底面以外不同立面的宽度，将长短不同的木棍分别横向用铁钉或白藤整齐固定在框架上，在出入口处的木棍略短，空出方形的空间。除了横向木棍搭建的木栅栏鸡舍之外，还有竖向木棍搭建的木栅栏鸡舍，以及稻草抹泥墙体搭建的鸡舍，除材料和搭建方式不同之外，鸡舍的大小和使用功能基本相近。

黎族传统木栅栏鸡舍作为几乎家家必备的养鸡建筑物，承载了黎族传统木作文化，是简单的木栅栏结构搭建的建筑形式。选取黎族村落周边山林中常见的树木为建筑材料，完全不加修饰，体现了黎族人就地取材、利用材料自然形态进行简单加工的朴素设计理念。

图片来源
图一、图五、图六　鞠斐　摄影
图二至图四　鞠斐　制图

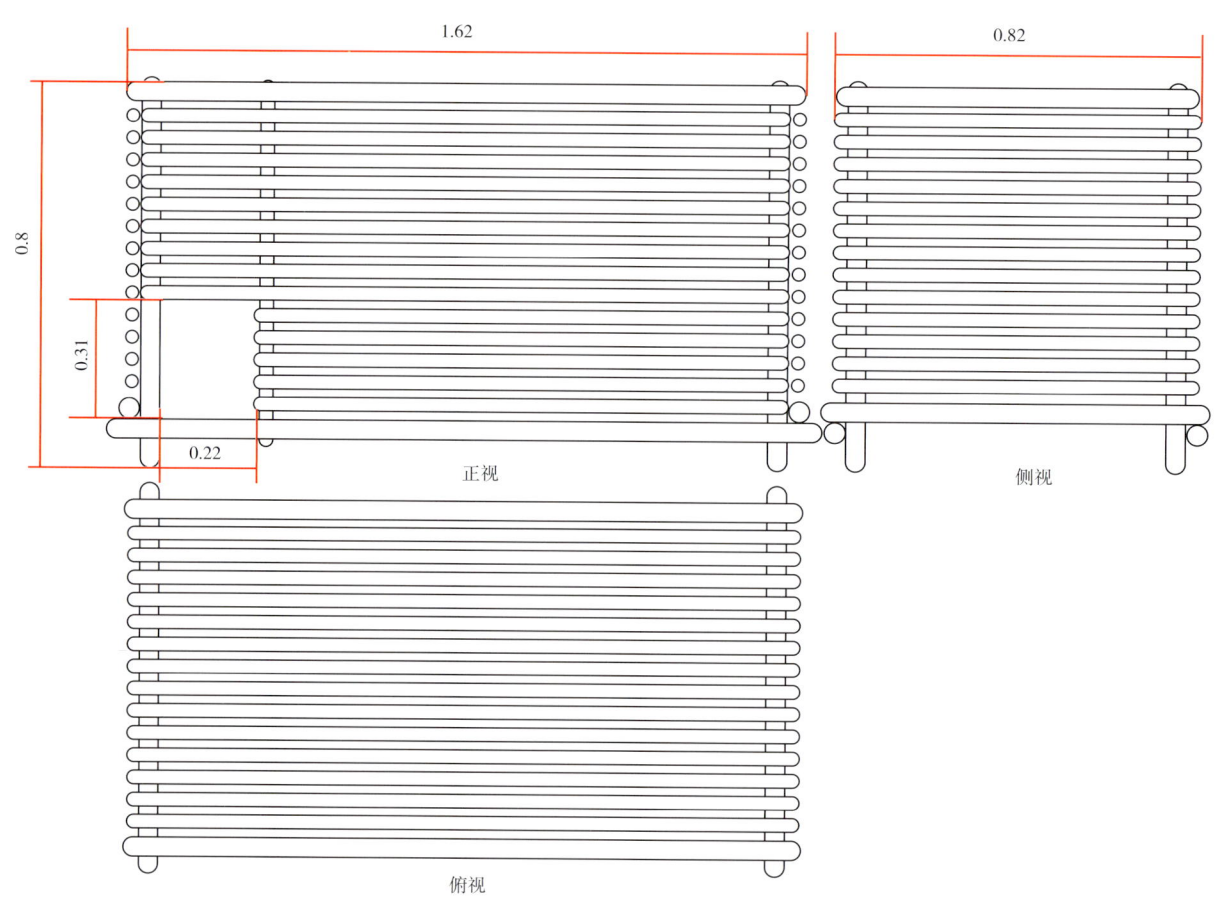

图二　黎族木栅栏鸡舍三视、尺寸图（单位：m）

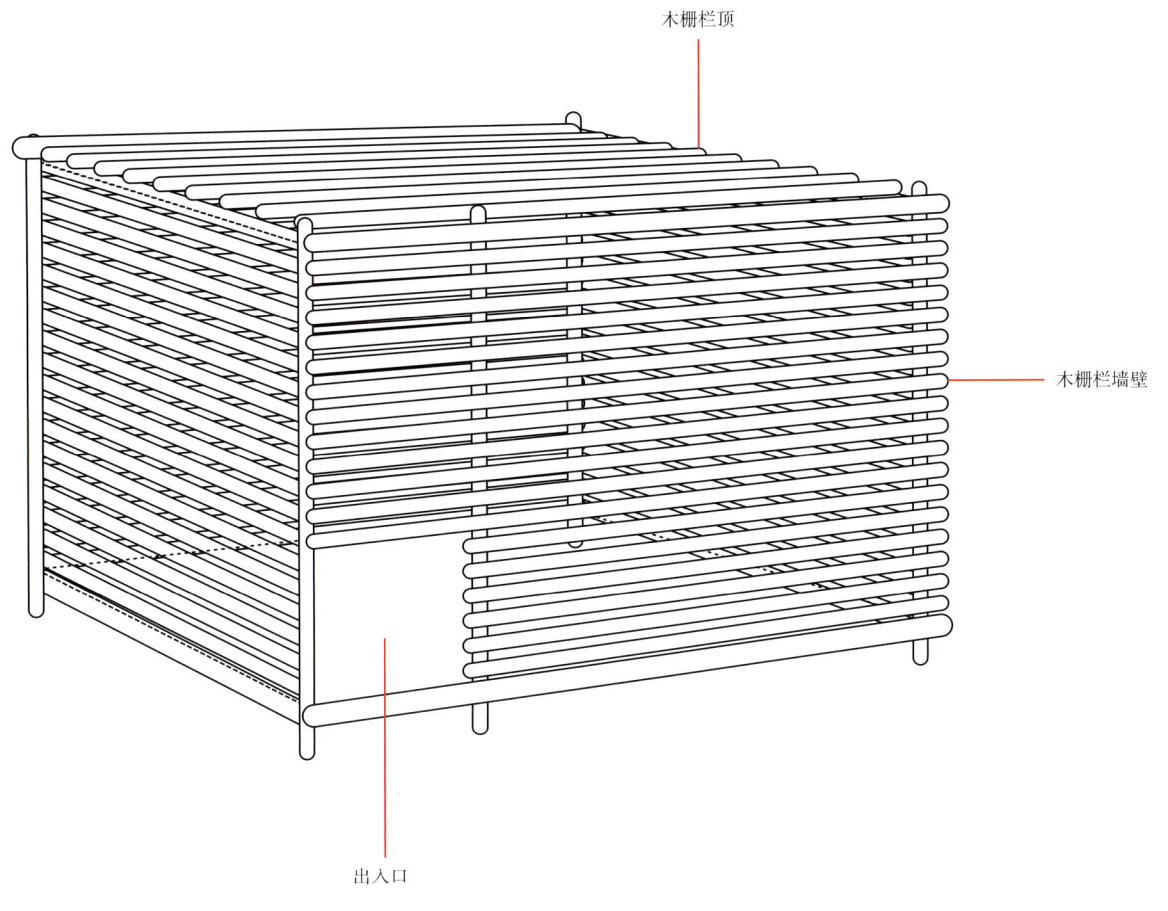

图三　黎族木栅栏鸡舍结构名称图

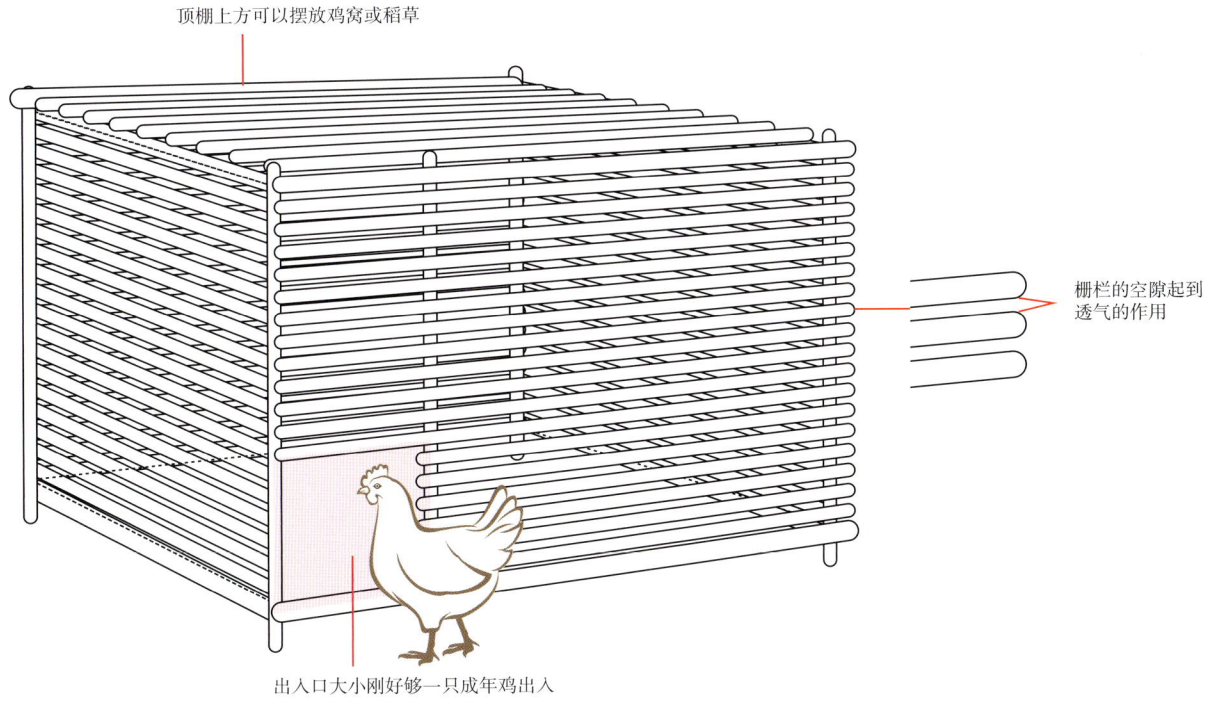

图四　黎族木栅栏鸡舍设计分析图

第一章　黎族传统建筑

图五　延展图：黎族纵向木栅栏鸡舍

图六　延展图：黎族稻草抹泥墙鸡舍

黎族落地式猪舍

图一　黎族落地式猪舍主图 1

猪是黎族人日常生产生活中主要的家畜之一，黎族传统落地式猪舍是由落地式船形茅草屋简化而来，是黎族传统猪舍典型的样式。本案例采选自东方市江边乡俄查村，属于典型的原始木作技艺营造下的落地式船形屋样式。

黎族传统落地式猪舍大多为方形或近方形，相较黎族人居住的落地式船形屋更为矮小，高度通常不足 1.5 米，屋内宽度不足 2 米。与人居船形屋不同的是，猪舍四周墙壁并不使用抹泥墙，仅仅使用长条的圆木与次桩捆绑成木栏杆，长木棍自下而上合围，墙体高度仅到主桩的一半，上半部分完全敞空，便于四面通风。此外，猪舍的地面也不似人居船形屋需要抬高地基，仅需在正面一侧筑起一道宽宽的土坎便可。

黎族传统落地式猪舍在选址时通常紧邻主人居住的房屋，同时，猪舍正面面向主人居住的房屋。建造时首先要平整地面，然后在正面安放一根粗圆的长木棍，与猪舍同宽或宽于猪舍，再在木棍前侧用土石堆筑一条高出地面和圆木棍的土坎。建造屋架结构时，首先要埋设主桩，其中正面的主桩打在土坎正中，正面和背面的主桩两侧各打两根次桩，用来绑扎木栏杆，猪舍两侧的墙壁各在前后两端打两根次桩。绑扎墙体木栏杆时，需挑选粗细较为均匀的木棍，木棍长度需要达到整面墙宽，绑扎固定时通常先用白藤或野麻固定成排，再将木排与次桩捆绑在一起。主体结构建造完成后再在前后主桩上方架设主梁，并沿着主梁两侧搭建圆弧形的屋顶架构，编织茅草片铺设屋顶，最后选择几块长条形的木板作为搁板，搭在靠近背面的一侧木栏杆上。

黎族传统猪舍的样式除了船形屋之外，还有金字形猪舍和与人居房屋前廊相连的连体式猪舍。其中金字形猪舍由黎族传统金字形茅草屋简化而来，主体结构搭建方式也与金字形茅草屋相同，墙壁则简化成由竖直的木条排列成的木栏杆，栏杆之间间隙较大，起到良好的通风效果，屋顶的铺设也大多较人居房屋简单。连体式猪舍通常搭建在房屋前门一侧，与房屋形成L形，猪舍与房屋相连处共用一堵外墙，整体高度矮于房屋，入口处设有木门，屋顶的搭建也是较为简单的平顶，墙体通常由木板排列或用竹编，内部用水泥或砖块砌成半米多高的围墙，将猪养在围墙内，围墙一侧的底部开槽，用于排水。连体式猪舍是黎族居民受汉族猪舍影响下改良的新式猪舍，在旧式村落中并不常见，是黎族传统建筑形式与现代建筑方法结合的产物。

图片来源
图一至图四、图七、图八　鞠斐　摄影
图五、图六　鞠斐　制图

图二　黎族落地式猪舍主图2

图三　黎族落地式猪舍主图 3

图四　黎族落地式猪舍主图 4

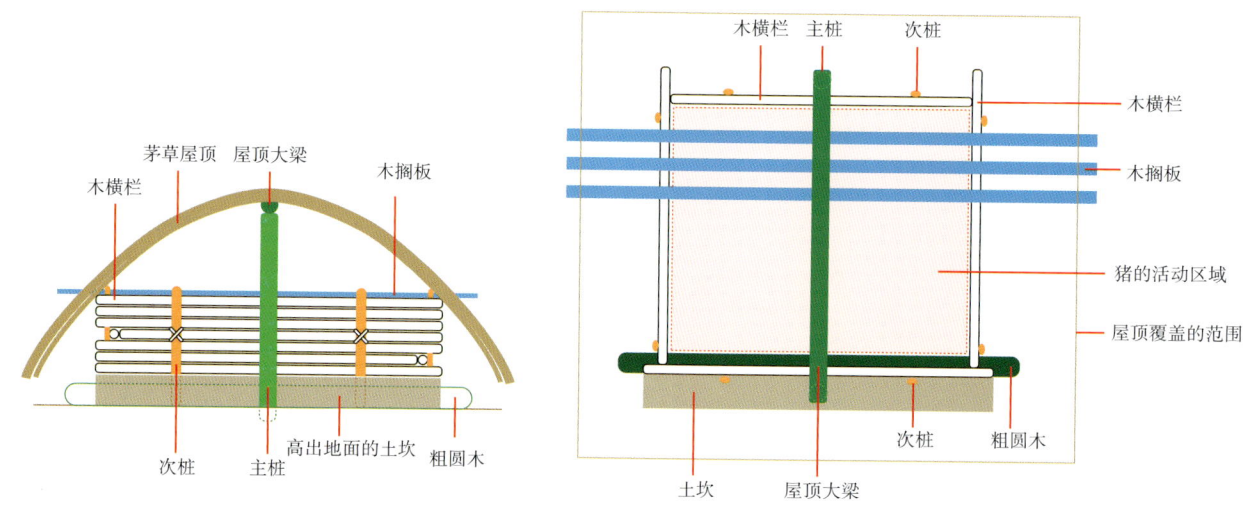

图五 黎族落地式猪舍结构名称图

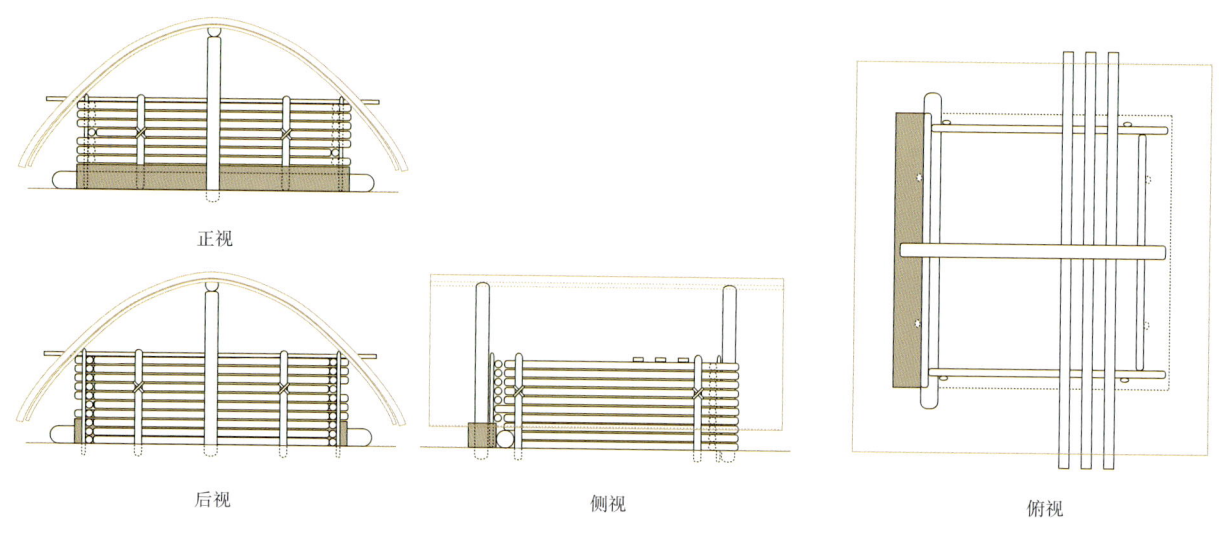

图六 黎族落地式猪舍视角图

图七　黎族落地式猪舍延展图1：金字形猪舍

图八　黎族落地式猪舍延展图 2：连体猪舍

第二章 黎族传统服饰

黎族树皮布服饰

图一　黎族树皮布服饰主图

黎族树皮布服饰曾常见于海南岛中南部，基本涵括了黎族聚居区，包括五指山、万宁、东方、三亚等市以及白沙、昌江、陵水、乐东、琼中、保亭等县。如今，虽然已不穿用，但仍有一些黎族老人熟悉树皮布的制作技术，成为传承人。黎族以见血封喉、楮树等桑科植物作为树皮布原料，与世界树皮布文化分布范围内其他地区采用的树种完全一致。由于过去树皮原料丰富易得，并且结实耐用，再加上制作技艺已完全成熟，因此树皮布一直没有被麻、棉纺织品所取代。人们用树皮布做成上衣、男子的下装吊襜，甚至是包卵布、帽子、妇女用以纺织的踞织腰带等，都是以洁白耐用的树皮布制作，另外还有树皮被、垫单等生活用品。

黎族树皮布的缝制，是用竹针系麻线，针脚较大。竹针的制作，是砍一节10厘米长的老竹子，用刀剖开，劈一根0.3厘米厚的竹条，将其整体削成圆棒后，一头削尖，另一头削成扁平状，将一根尖铁用火烧红，在扁平一头烫个眼作为针眼，竹针即成。

1. 帽子

高25厘米、下口直径为26厘米。它是由一长方形的树皮布加工而成。树皮帽最大的形象特征是上端束扎下端开口，由于树皮布的材料质感比较硬挺，因此帽子的线条整体上比较直，整个造型也趋于圆柱体，帽的下端用一个窄边收口。

2. 上衣

上衣是以一块树皮布裁剪制成（如果制作树皮布的树不够粗壮的话，则需要用两块布拼接成一块布）。树皮原素材呈长方形，裁剪方法极为简单：第一步先把树皮素材长边对半折合；第二步把两边缝合起来，但在左右两侧上方各留出一个袖孔；第三步是将衣服的前面沿正中间剪开，一直剪到领口，以将衣服的左右两片分开；第四步是用一块小树皮做一个长方形的衣领，并缝合在领口；第五步是制作两个袖子，并缝合在上衣两侧；最后把袖口和衣服开口处内折1.5厘米以线挑缝修整。此衣服由树皮内皮制成，已完全不见外皮。内皮的外面为衣服外表，内皮里面较平滑，留有密集拍打的压痕，压痕边沿呈弧线状。

3. 裙子

男子裙款式是美孚方言所特有的。裙子高度为64厘米，裙子腰口展开长度为105厘米，下摆展开长度为160厘米。整体上呈现为上窄下宽的圆筒状。此树皮衣多为后世人所制，以美孚方言男子现代服装样式制作。

4. 腰带

黎族妇女用踞腰织机织锦时，必系腰带连接卷经杆，见血封喉树皮布做的腰带最受欢迎，现在一些还在织锦的村寨仍在使用。大体来说，腰带长约50厘米，总宽12厘米左右，由约10厘米宽度的筒状树皮布制成。另外，需制作两根直径约1厘米、长12厘米的材质较硬的木棍，它们的功能在于支撑树皮布宽幅两边。每根木棍的两头做成螺帽状，每个螺帽较筒状树皮布宽出1厘米，起到卡紧布的作用。把筒状树皮布放在木垫上，用刀将两边砍平，分别向内折叠5～8厘米，将两根木棍夹在里面，木棍两头螺帽便露了出来。事先备好宽约0.3厘米的红藤或白藤篾，用一头削尖的藤篾上下缝树皮布，因为太厚，每次需用利器如锥子在树皮布上钻孔，再将藤篾穿过拉紧。缝紧夹口每边需要两道线，一道线靠近木棍，把木棍夹紧，一道线靠近树皮布边缘，避免翻翘。夹紧木棍后，在两边树皮布的中间，用刀分别割开一个口，露出木棍，其上各系1条长约80厘米的双重麻绳（黎族麻绳制作方法：先搓麻线，一头用手搓，另一头用脚趾夹住，两条麻线搓成一股，两股麻线搓成一大股，三大股再搓成一条麻绳）。织布时，两条麻绳绑缠在卷经杆上即可，这样，一条树皮布腰带便制作完成。

为了看清树皮布制作不同衣物时的过程，我们制作了图表。通过这个过程我们能够感受到，树皮服装由于受到材质物理属性的限制，其制作方式追求简约和几何化。首先，裁取尺度合适的一块树皮布；然后根据不同的款式采用不同的造型方法，帽子用圆筒形造型，衣服前后折叠，裙子左右折叠；第三步是处理局部结构，帽子主要是收顶和收口，衣服主要是处理领口、袖子和其他边角，裙子主要是处理腰带和收口。

图片来源

图一　袁晓莉　摄影
图二　叶祎祎　制图
图三　张宣乐　制图
图四　袁晓莉　制图
图五　王辉山　摄影

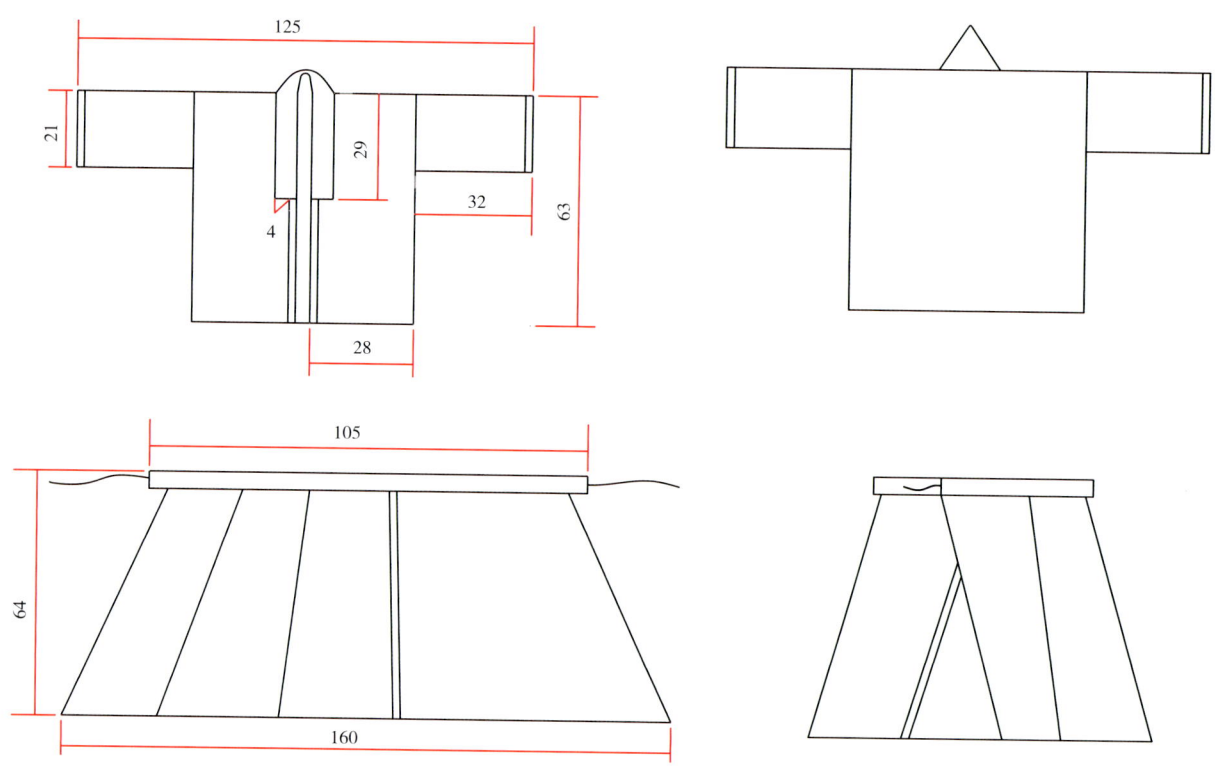

图二　黎族树皮布服饰·树皮上衣和裙子尺寸图（单位：cm）

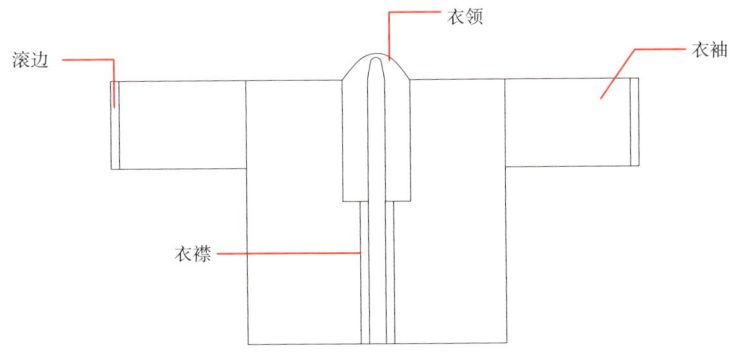

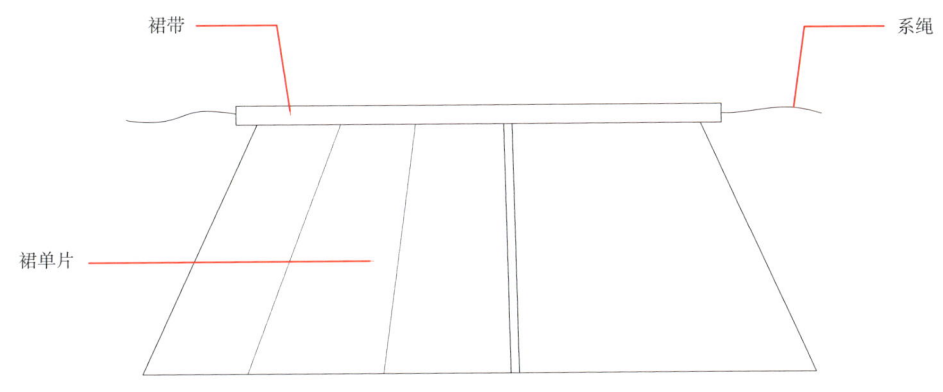

图三 黎族树皮布服饰·树皮上衣和裙子结构名称图

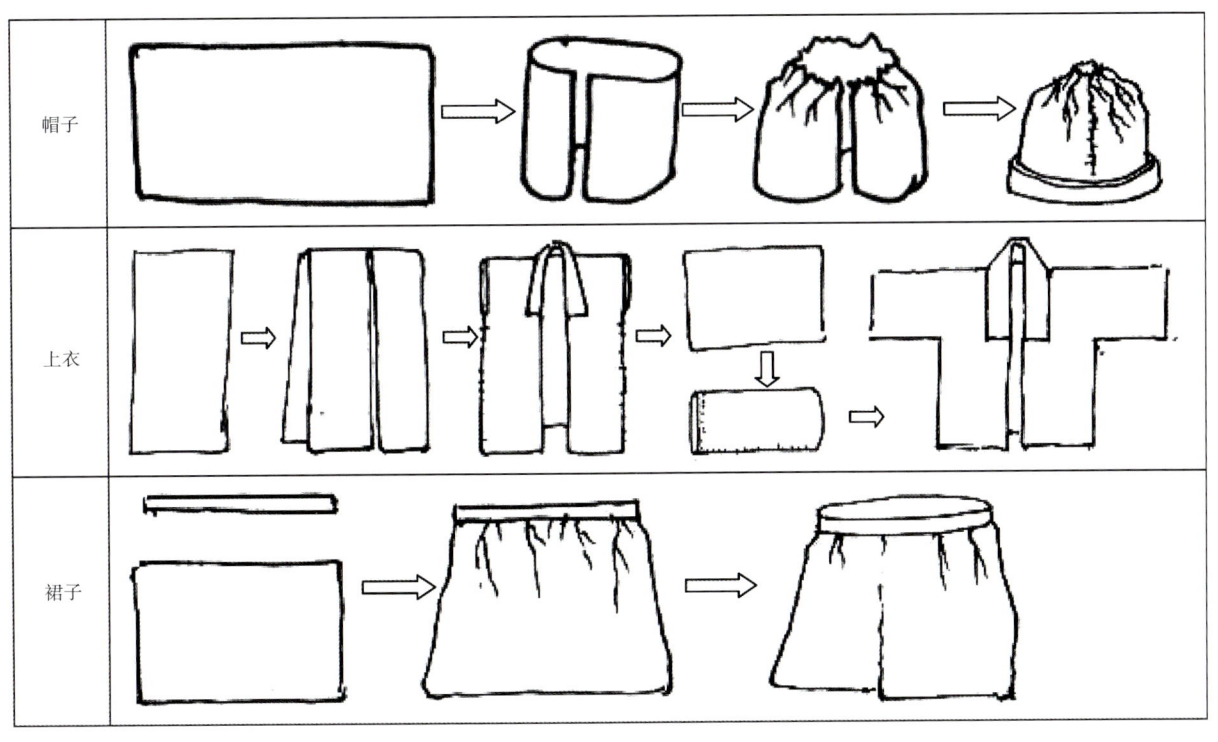

图四 黎族树皮布服饰制作流程图

图五　黎族树皮布服饰穿着效果示意图

白沙县润方言黎族女子上衣

图一　白沙县润方言黎族女子上衣主图

润方言是黎族五大方言中的一支，主要常见于海南白沙黎族自治县，白沙润方言黎族女子上衣是黎族妇女独特的传统服饰之一，除了在结构上极具特色，也是黎族传统织绣工艺的完美结合。本案例采选自海口黎锦坊收藏的白沙润方言黎族女子上衣以及白沙县润方言黎族妇女符秀英亲手制作的传统上衣。

白沙润方言黎族传统女子上衣采用最为原始的服装形态——贯首衣的结构，其正面与背面完全一致，上衣展开后呈十字形左右对称、上下对称。上衣领口为直开口，直接由衣身布幅翻折后贯口而下。因海南岛气候炎热，上衣腋下在布片连接处未完全缝合，形成气孔，起到通风、透气的作用。

白沙润方言黎族传统女子上衣采用非常丰富的装饰工艺，其中衣身领口、袖口、下摆及两侧均以白沙润方言黎族独有的双面绣进行装饰。通常上衣两侧的双面绣装饰是由润方言黎族妇女将预先完成的双面绣片，与衣身连接起来，缝制成衣。而袖口、领口、下摆以及衣背的下半部宽边横幅的花纹为上衣制作好后，直接在衣服上进行刺绣。对于衣片缝合处，润方言黎族妇女也采用在缝合线上补缀花边的形式进行处理。通常采用彩色的横向明线或沿着缝合线绣成X形纹样，然后在两侧刺绣花卉纹饰将翻在外的布边遮盖住，显得十分精巧。

白沙润方言黎族妇女还在上衣简单的形制中加入其他丰富多彩的工艺元素，如在领口和衣身前后使用彩色的珠串缀边，或在衣摆处缝缀贝壳、串珠、铜钱、流苏等装饰。润方言黎族妇女上衣所具有的正反面一致的贯首形制以及丰富多彩的装饰工艺使其呈现出了独一无二的面貌。

图片来源

图一、图八　鞠斐　摄影
图二至图六　鞠斐　制图
图七　周星悦　制图

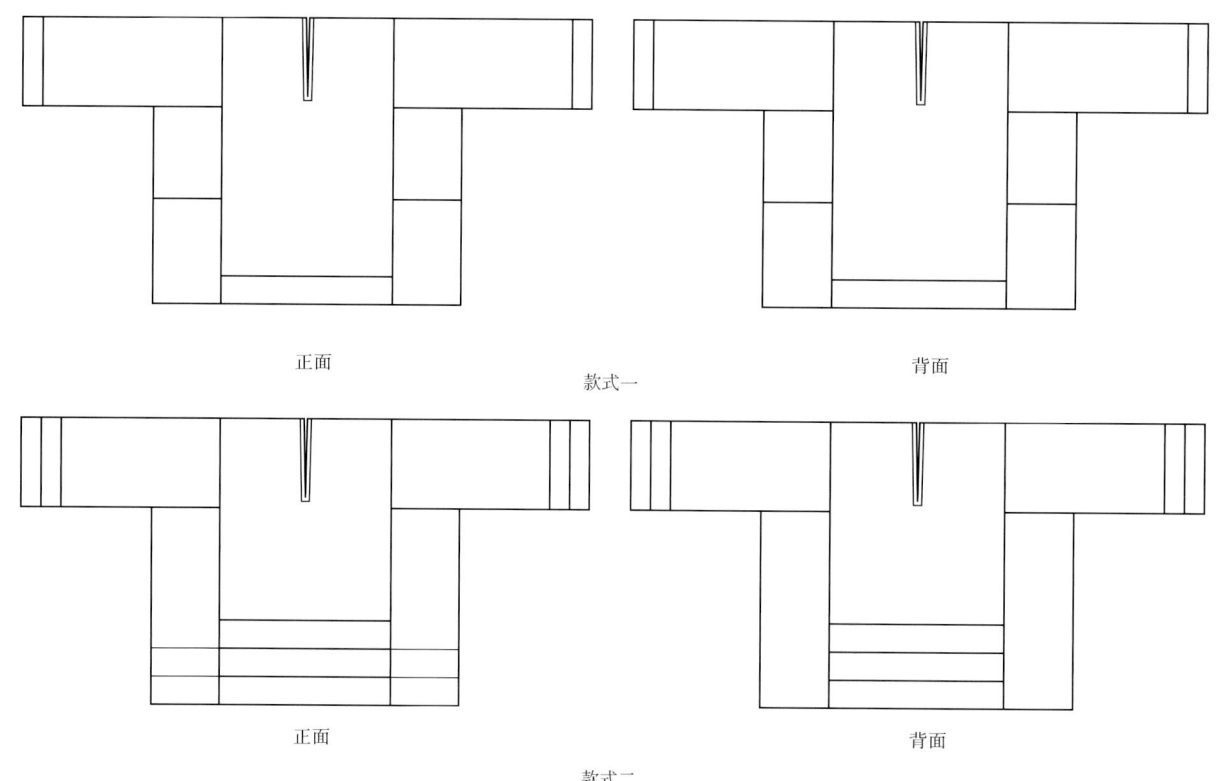

图二　白沙县润方言黎族女子上衣平展款式图

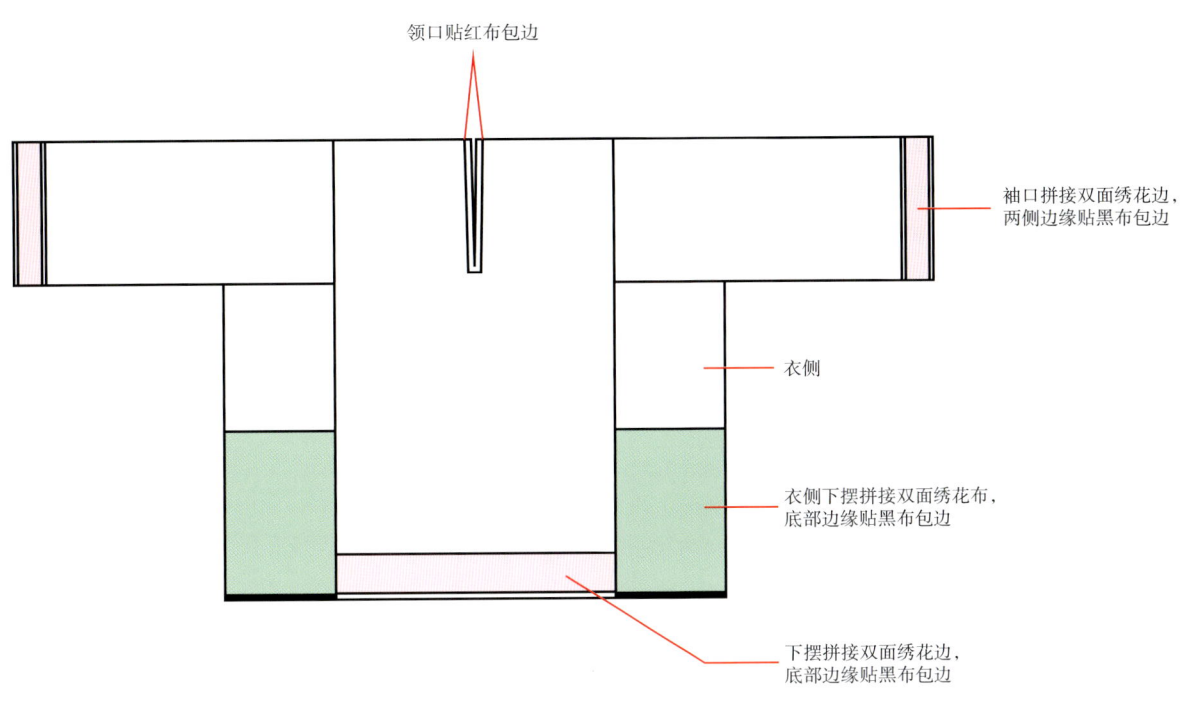

款式一

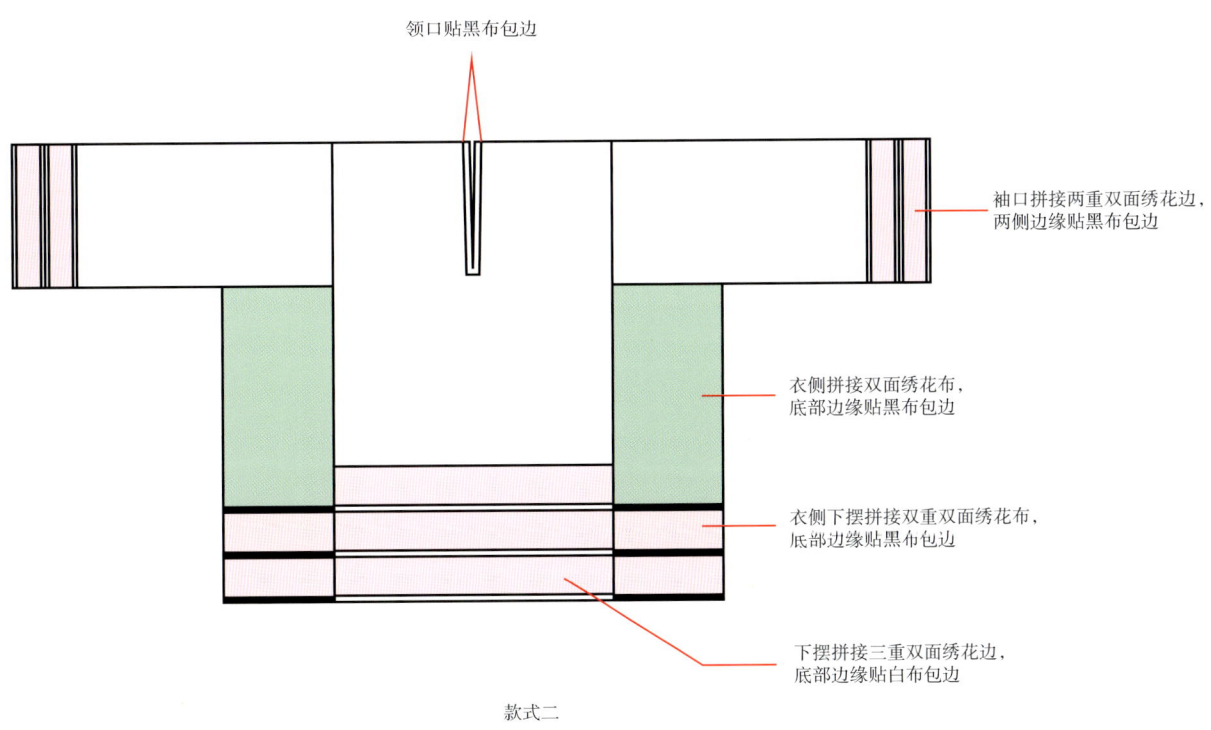

款式二

图三 白沙县润方言黎族女子上衣工艺分析图

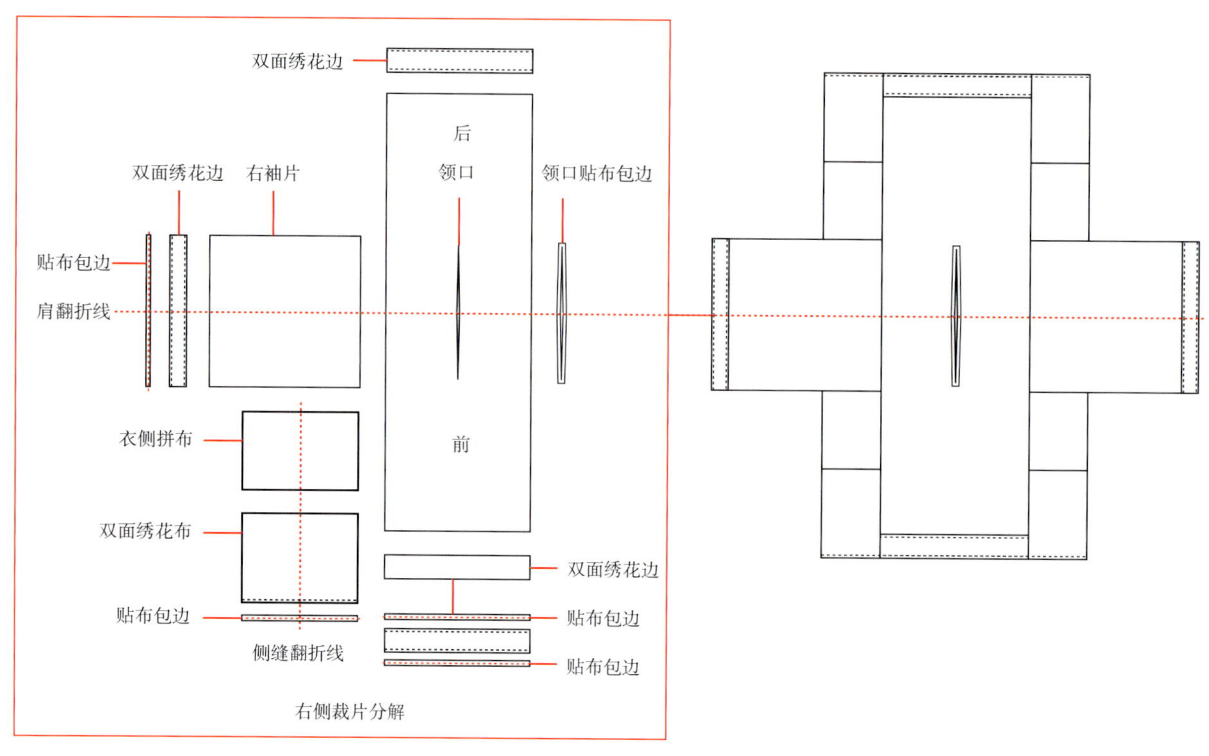

图四　白沙县润方言黎族女子上衣剪裁图1

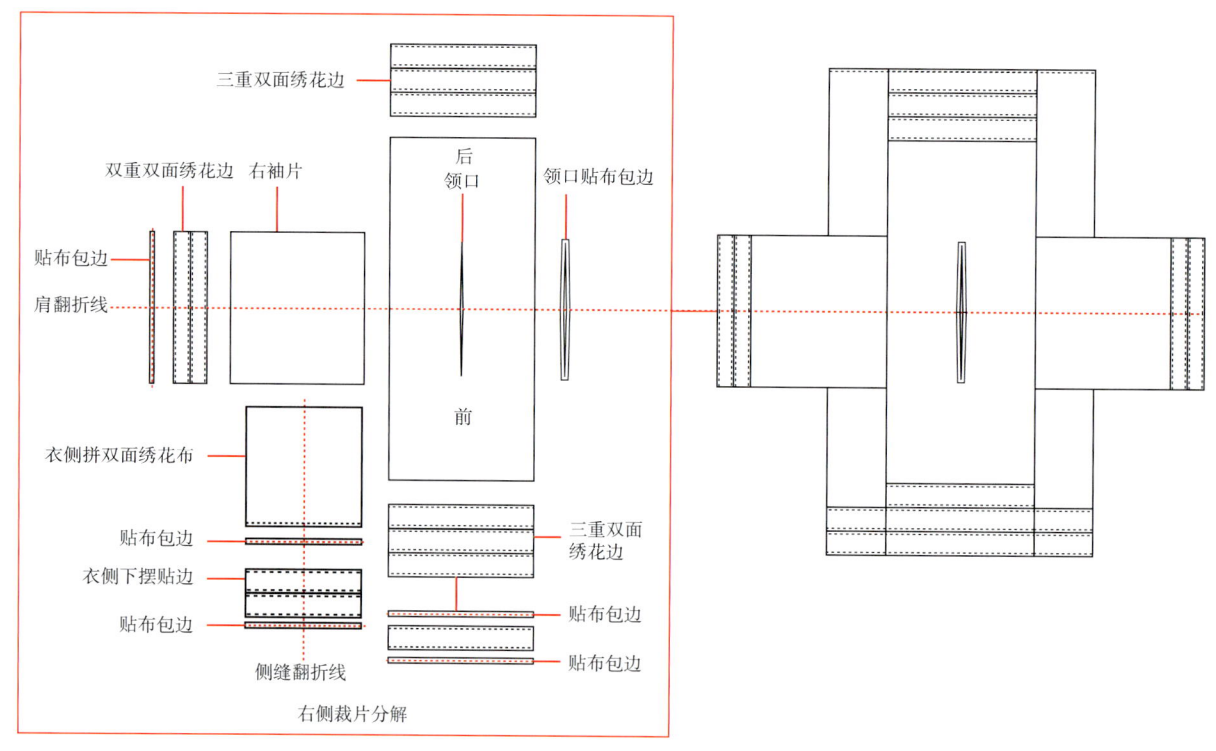

图五　白沙县润方言黎族女子上衣剪裁图2

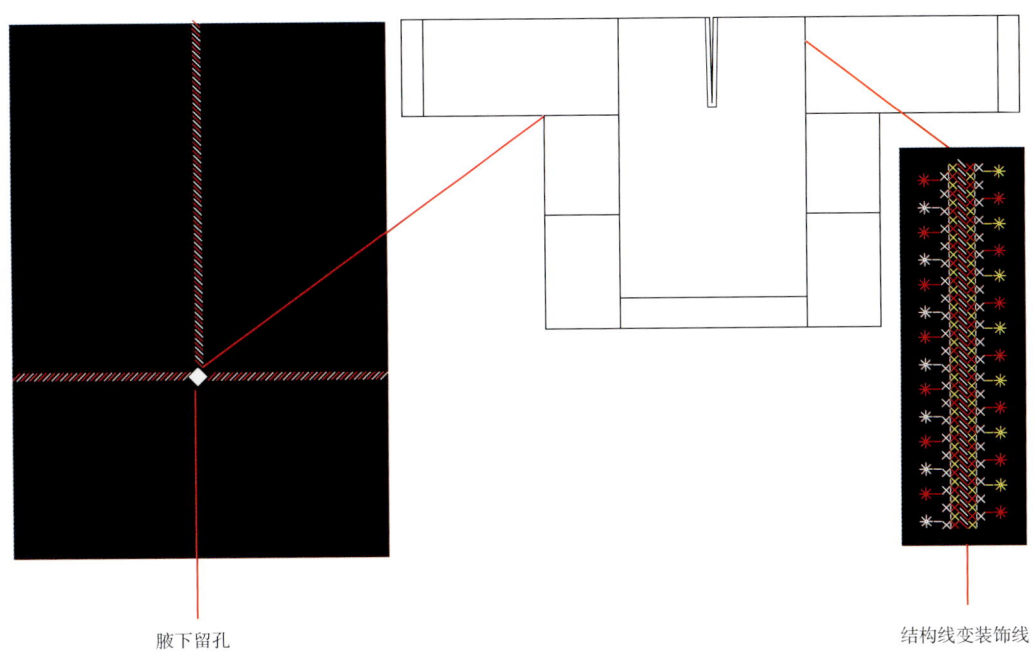

腋下留孔　　　　　　　　　　　　　　　结构线变装饰线

图六　白沙县润方言黎族女子上衣设计分析图

图七　白沙县润方言黎族女子上衣穿着效果示意图

第二章　黎族传统服饰

071

图八　白沙县润方言黎族女子上衣延展图

白沙县润方言黎族女子筒裙

图一　白沙县润方言黎族女子筒裙主图

居于海南岛的黎族按语系共分为五大方言，其中润方言又细分为白沙、元门两种土语，本案例是采选自居住在白沙县的白沙土语润方言黎族女子的筒裙，为当地黎锦技艺传承人符秀英手工织造。

本案例整体形制为简单的矩形，由裙头、裙身和裙尾三个部分组成。其中裙头和群身各为一幅带状织锦，裙尾由两幅相同纹样的带状织锦拼接缝合，均采用黎族最具代表性的织造技术——"彩纬显花"的斜纹组织织造技艺织造而成。斜纹组织是相邻经纱上连续的纬组织点排列成斜线、织物表面呈现连续斜线织纹的织物组织。彩纬显花则是用彩色纬线在经线上通过提花显出图案，织造时通经断纬，织出的图案只呈现在织物的正面。裙头图案被水平线分割成八条，每条均由谷粒纹反复构成二方连续图案。裙身由两种不同的大力神纹样和祖先纹样相邻组成单元纹样，再横行排列成二方连续图案。裙尾图案则等分成两行，每行都以祖先纹样为单元纹样，再横行排列成二方连续图案。其中裙身和裙尾上的大力神和祖先纹样构成图案的主要内容，饱满、精致，辅助纹样为竖直排列的菱形间隔纹样，简洁、抽象。

润方言的黎族妇女常年居住在深山中，为了方便在山林中行走和采集，筒裙长度仅过臀。筒裙的短小鲜艳和贯首衣的简洁宽大形成上宽下紧的服饰形态，在地域文化特征差异产生的风格混杂影响下，形成了润方言黎族传统女子筒裙独特的形式美。

图片来源
图一、图五　鞠斐　摄影
图二至图四　鞠斐　制图

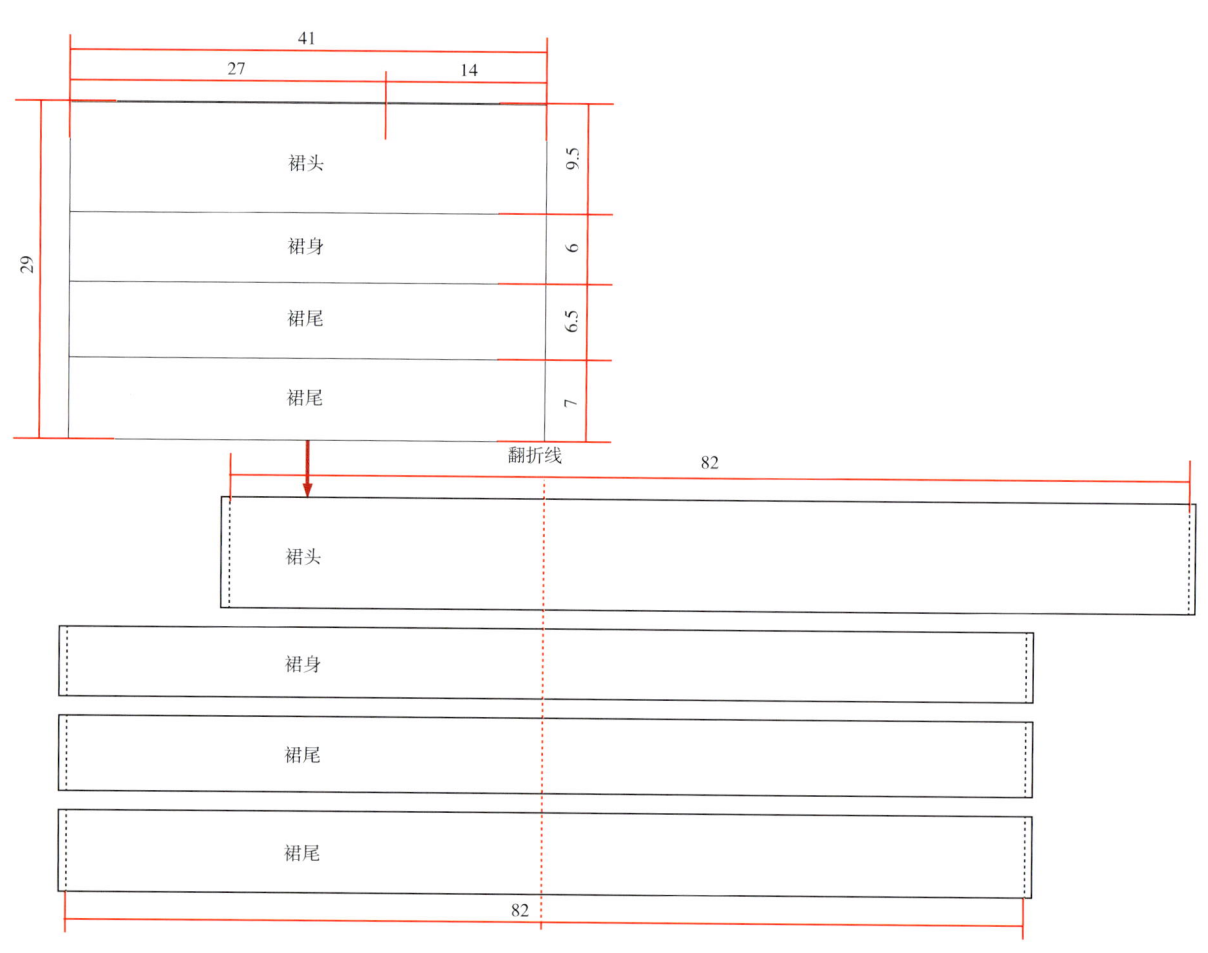

图二　白沙县润方言黎族女子筒裙尺寸图（单位：cm）

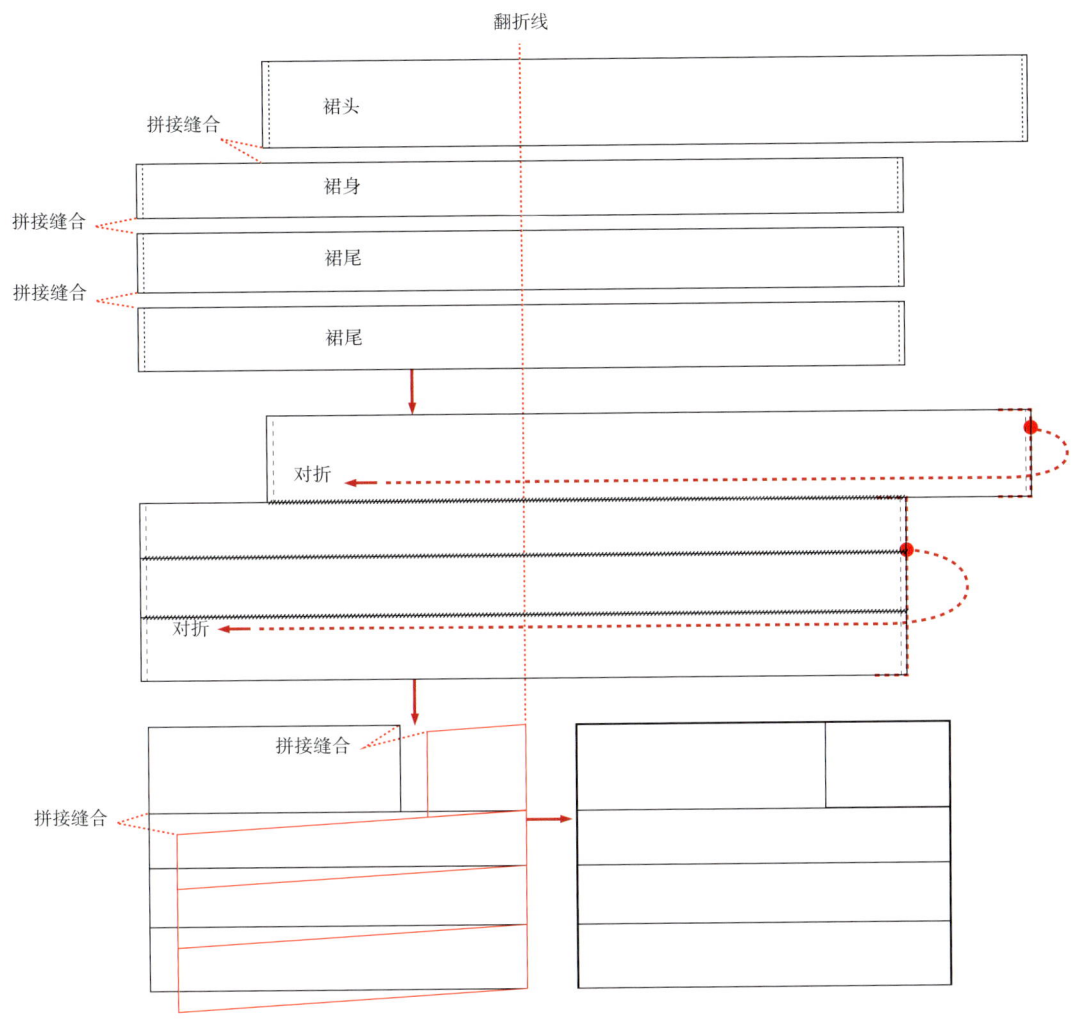

图三 白沙县润方言黎族女子筒裙制作流程图

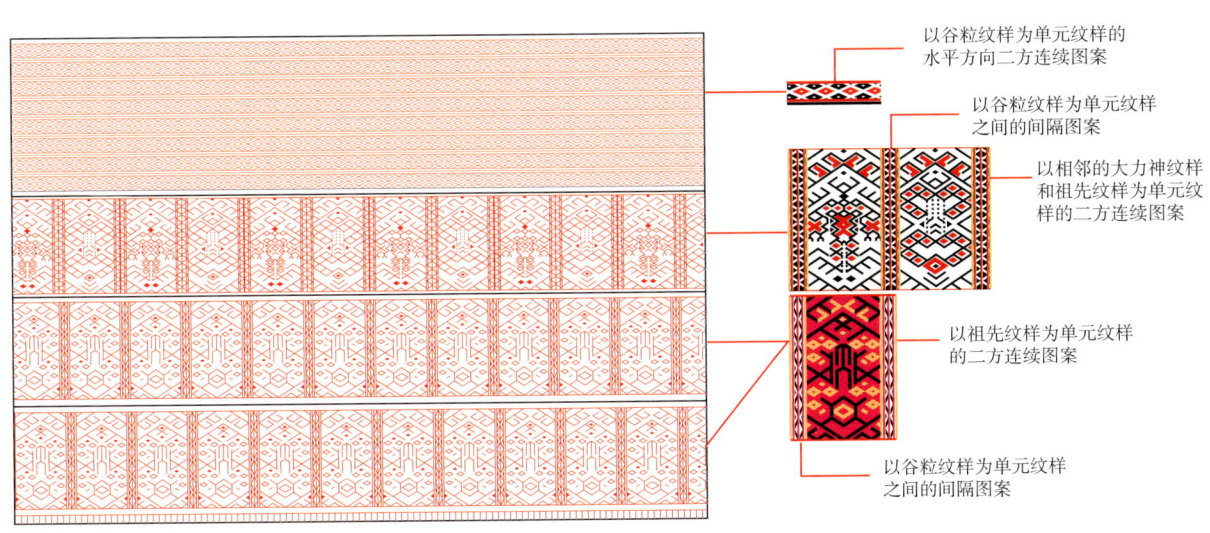

图四 白沙县润方言黎族女子筒裙装饰图案分析图

第二章 黎族传统服饰

图五　白沙县润方言黎族女子筒裙延展图

美孚方言黎族女子上衣

图一　美孚方言黎族女子上衣主图

本案例为美孚方言黎族女子上衣，为海口锦绣织贝有限公司董事长郭凯女士的收藏品，现展览于海南省图书馆黎锦文化展厅。

本案例从织布到缝纫均为美孚方言黎族妇女手工制作而成，主要面料为素织棉布。

美孚方言黎族女子传统上衣的款式与男子相同，均为有领、对襟、系绳固定，侧缝开衩，前胸上部至后背中部另附过肩的独特款式。美孚方言黎族妇女的上衣与其他方言黎族妇女的上衣相比，从色彩到装饰都较为朴素，衣身主体颜色为蓝黑色，通常使用植物蓝靛的茎叶榨出的汁液进行传统手工染色后的棉线织造而成。常服装饰十分简单，通常只袖口、衣领、过肩、衣侧边沿处进行包边装饰。已婚妇女的包边装饰较为简单，通常采用白色、红色的棉布进行包边；未婚妇女的除包边装饰外，常会在衣领处另贴红布，或在前中下摆贴布处刺绣进行装饰。美孚方言黎族妇女传统上衣的过肩和开衩结构较为特别，过肩为从前胸上一直覆盖至后背中部的贴布结构，前过肩内沿紧挨衣领与衣身缝死固定，后过肩底沿与衣背中部封死，左右通透；开衩则通常从袖下侧缝向下到衣摆的一半开始，并使用白色棉布从袖下侧缝接缝处开始一直覆盖包边至衩脚。衩脚处通常增加红色贴布包边，或间隔红、黑、白色棉布包边。衣袖为一片结构，接缝处通常在前片靠下的位置。从领面到衣摆为前襟贴布，内侧边沿及底部缝死固定，外沿从领面底部到衣摆边沿敞口，形成口袋。

美孚方言黎族女童上装和妇女盛装的装饰略为丰富，女童上装在前过肩的下沿处缀缝红线制成的流苏装饰，前襟衣领中部系红绳，红绳底端缀饰红色流苏，十分灵动可爱。妇女盛装通常在衣领外沿、过肩的前后边沿以及衩脚处缝制彩色多重贴布装饰，营造出色彩鲜明且层层叠叠的效果，前襟和过肩外沿接缝处通常会用明线装饰 X 形绣花，红黄交替十分显眼。美孚方言黎族妇女上衣色彩分布规律有序，利用红、白、黑等强烈的色彩对比营造出丰富多变的装饰效果，体现出美孚方言黎族妇女的审美情趣。

图片来源

图一、图七　鞠斐　摄影
图二至图六　鞠斐　制图

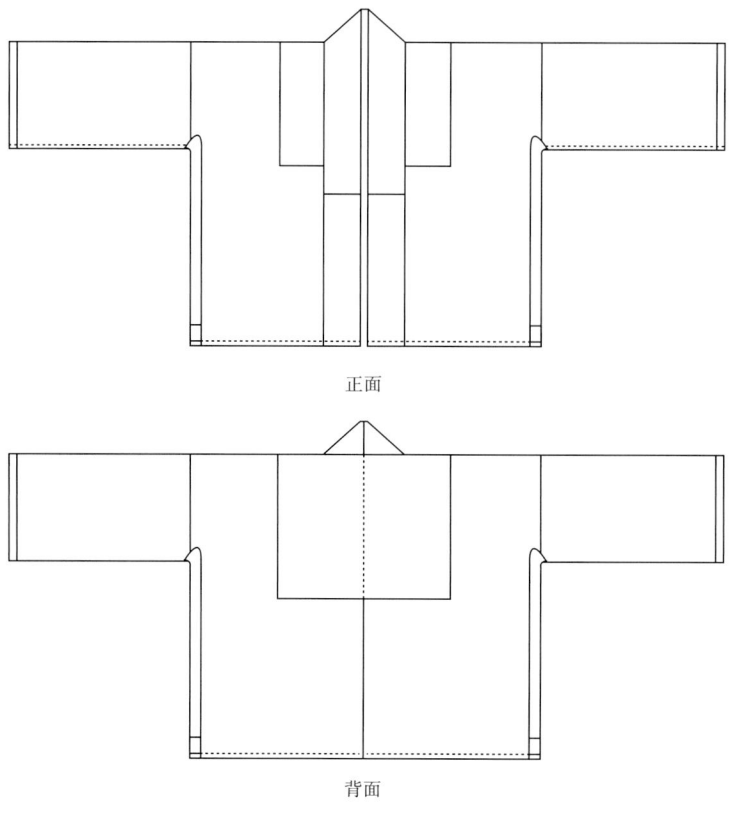

图二　美孚方言黎族女子上衣款式图

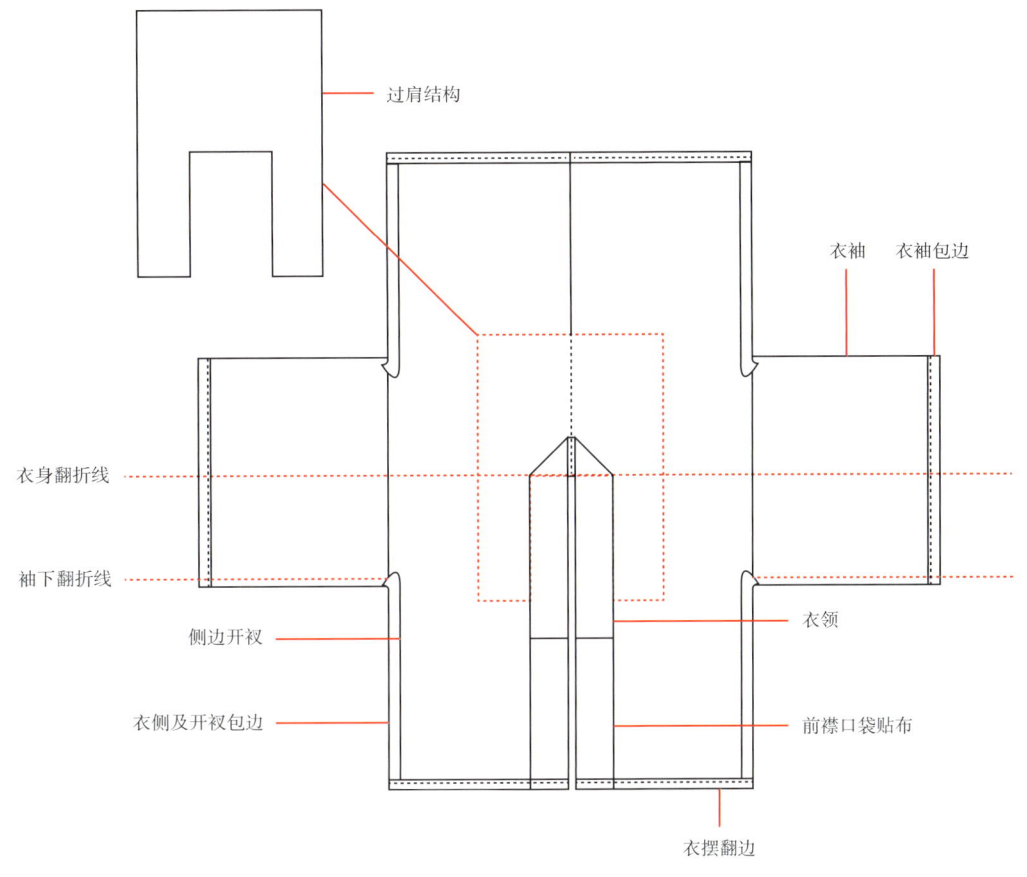

图三 美孚方言黎族女子上衣结构名称图

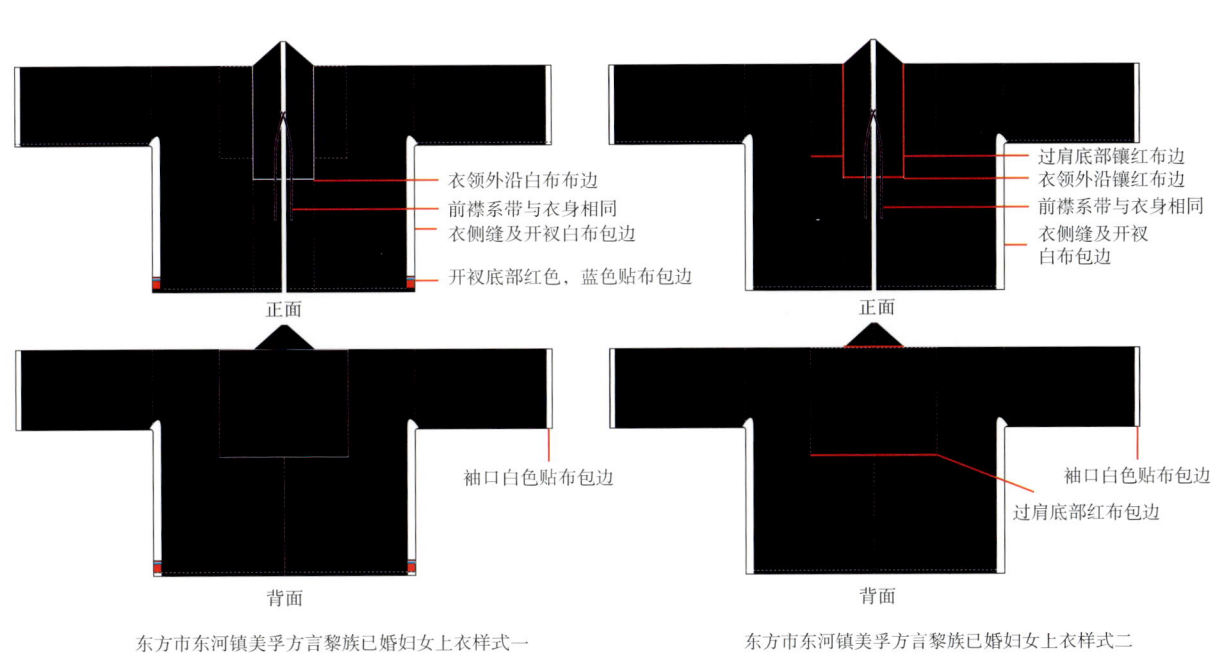

东方市东河镇美孚方言黎族已婚妇女上衣样式一　　　　东方市东河镇美孚方言黎族已婚妇女上衣样式二

图四 美孚方言黎族女子上衣设计分析图1

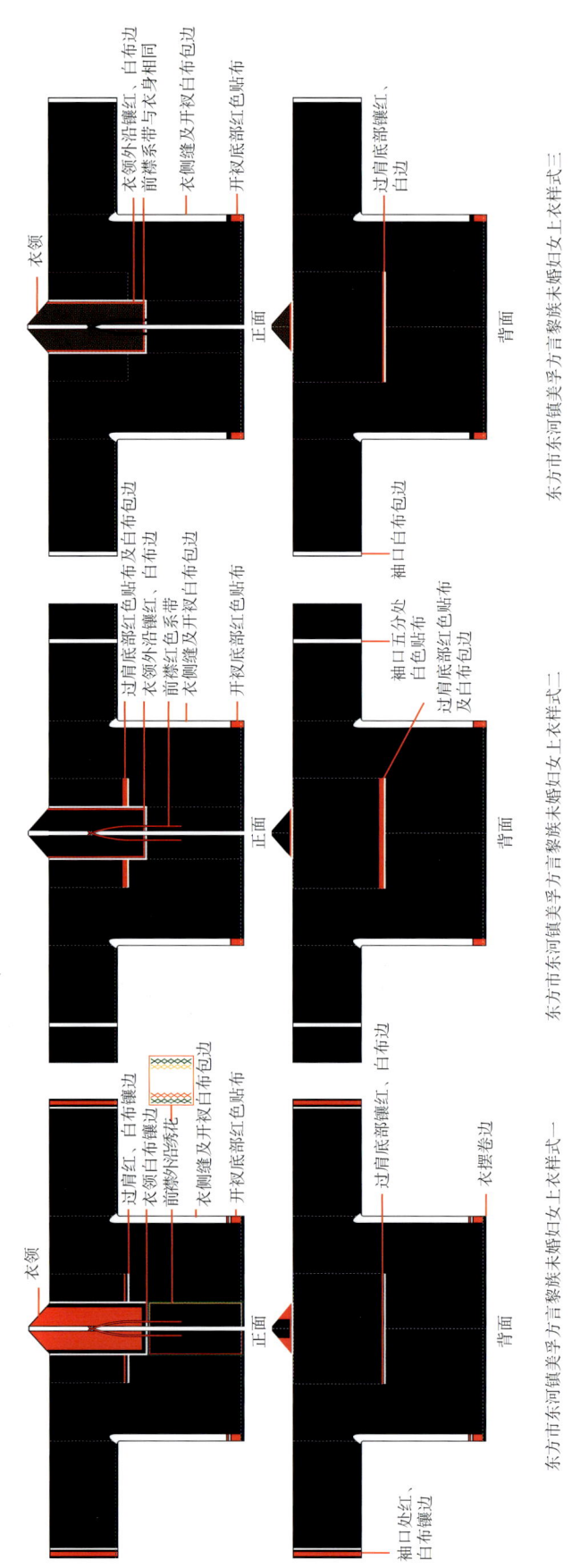

图五 美孚方言黎族女子上衣设计分析图 2

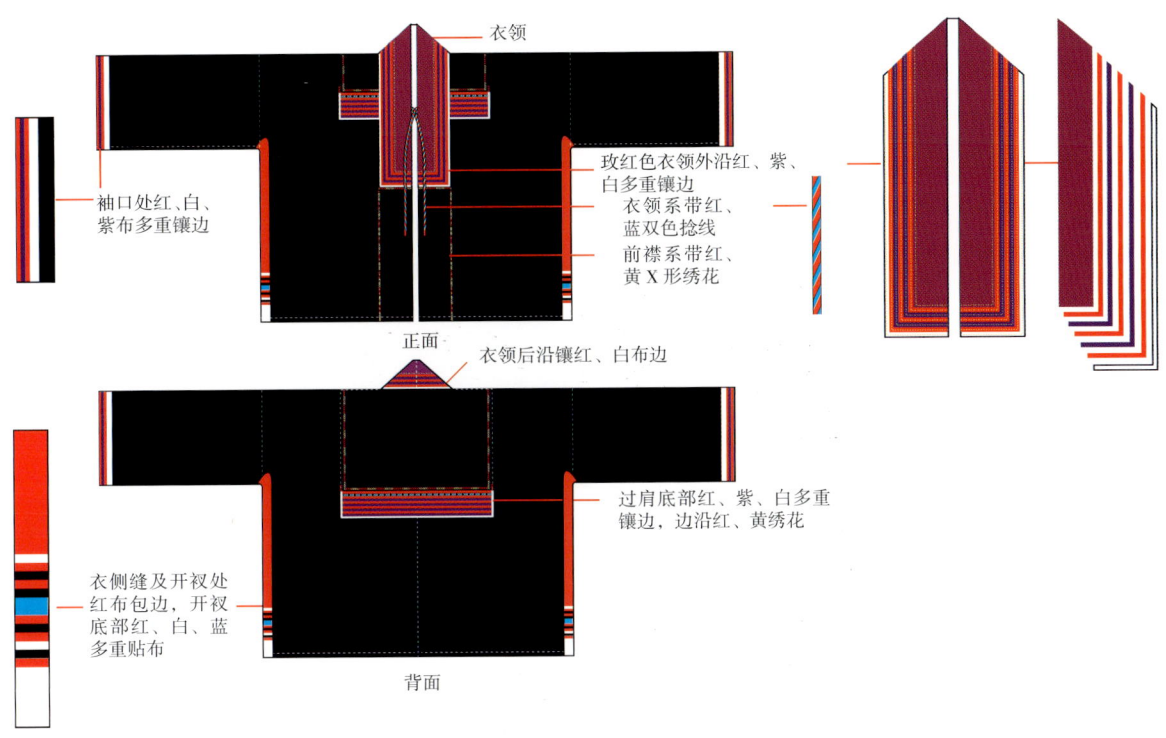

图六　美孚方言黎族女子上衣设计分析图3

图七　美孚方言黎族女子上衣穿着效果示意图

东方市美孚方言黎族女子筒裙

图一 东方市美孚方言黎族女子筒裙主图

本案例采选自海南省东方市美孚方言黎族女子筒裙，为天然植物绞缬染色并手工织造而成，现被蔡於良先生收藏。普通的黎族传统织绣工艺——平纹组织织造方法，通常在美孚方言妇女用扎染过的经线织布时使用，织造成的布匹五幅相连即可缝制成美孚方言区独有的长筒裙。

该案例为筒状结构，由五幅织锦以经线为围度，纬线为宽度，垂直拼接而成，是典型的直裁型筒状裙结构。即简单将一块面料围合人体后呈垂直圆柱状，在臀腰处重叠部分裙幅，于腰间固定，是一种叠合开口处的包裹形式，也是最简单的筒裙拼缀形式，穿着时将围度多余的部分折叠于腰间一侧，系紧腰部，再将长度上多余的部分翻折固定于腰间。本案例整体结构自上而下由五幅缝合成筒状的织锦组成，最常见的是整条筒裙都根据已经扎染完成的图案平纹组织而成。筒裙装饰图案通常是水平方向排列的二方连续图案，其中第一、三、四、五幅织锦由较小的辅助纹样作为单元形横行排列构成二方连续图案，第二幅织锦则由主体纹样填充在有规律的二方连续骨格中，如人纹鹿纹筒裙的第二幅织锦就是由人骑鹿纹、四人纹等不同的纹样分别填充在双折线式的骨格中。

美孚方言的黎族妇女居住在沿海平原地区，多行走于平地，并以渔业、纺织为主。其筒裙长度为五大方言之最，通常以五幅扎经染花布，全幅上与下紧连，四围合缝，长至脚踝，将宽幅结其半于腰间，累累如带重物，凸显了地域文化特征差异产生的影响。

图片来源
图一、图八　蔡於良　摄影
图二至图七　鞠斐　制图

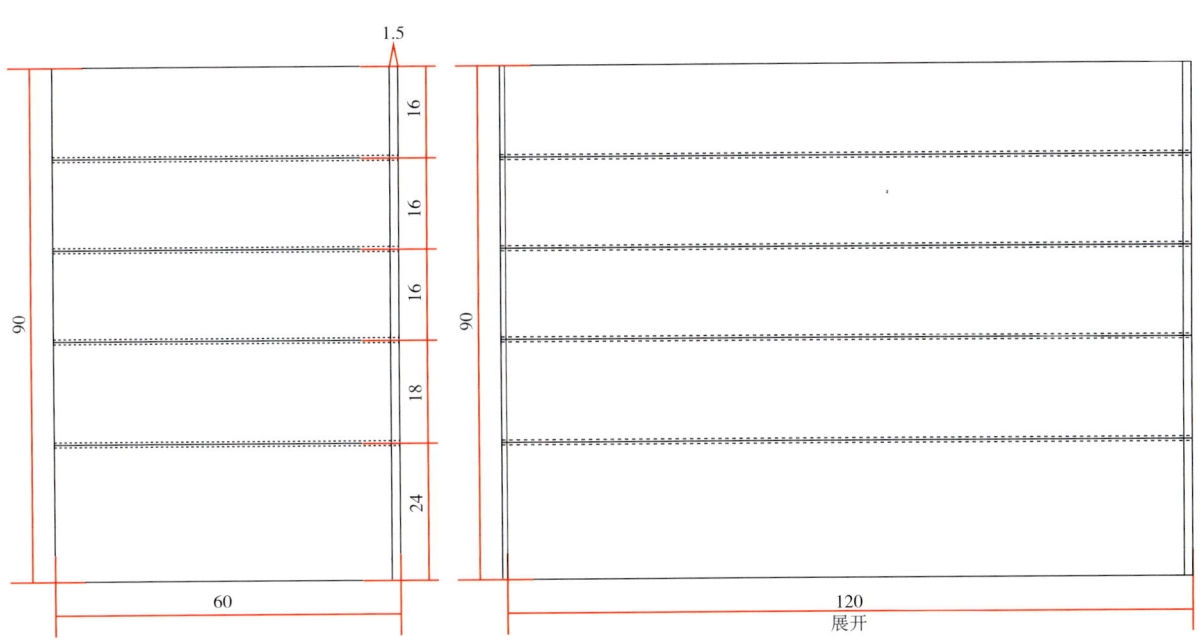

图二　东方市美孚方言黎族女子筒裙尺寸图（单位：cm）

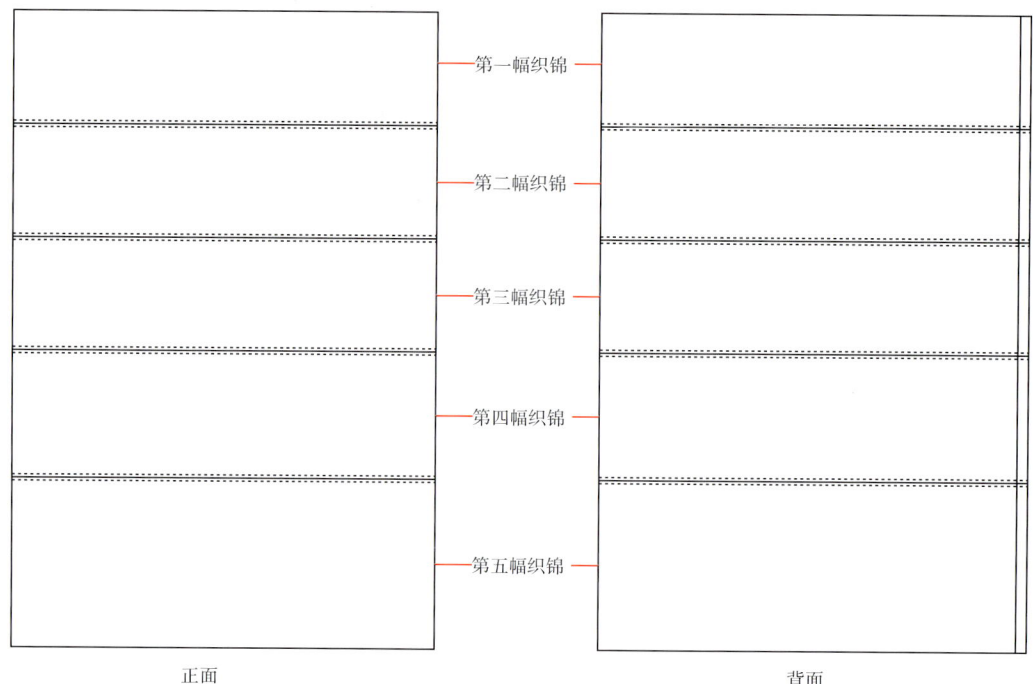

图三　东方市美孚方言黎族女子筒裙结构名称图

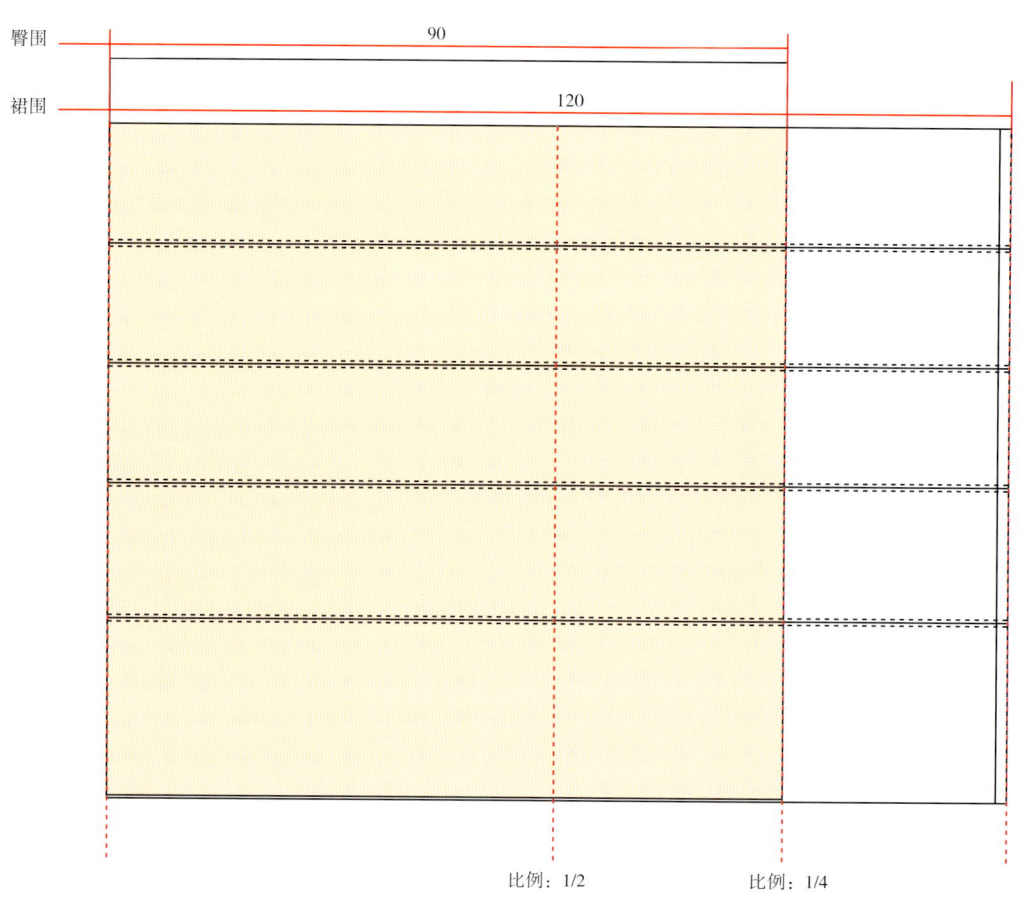

图四　东方市美孚方言黎族女子筒裙臀围与裙围比例示意图（单位：cm）

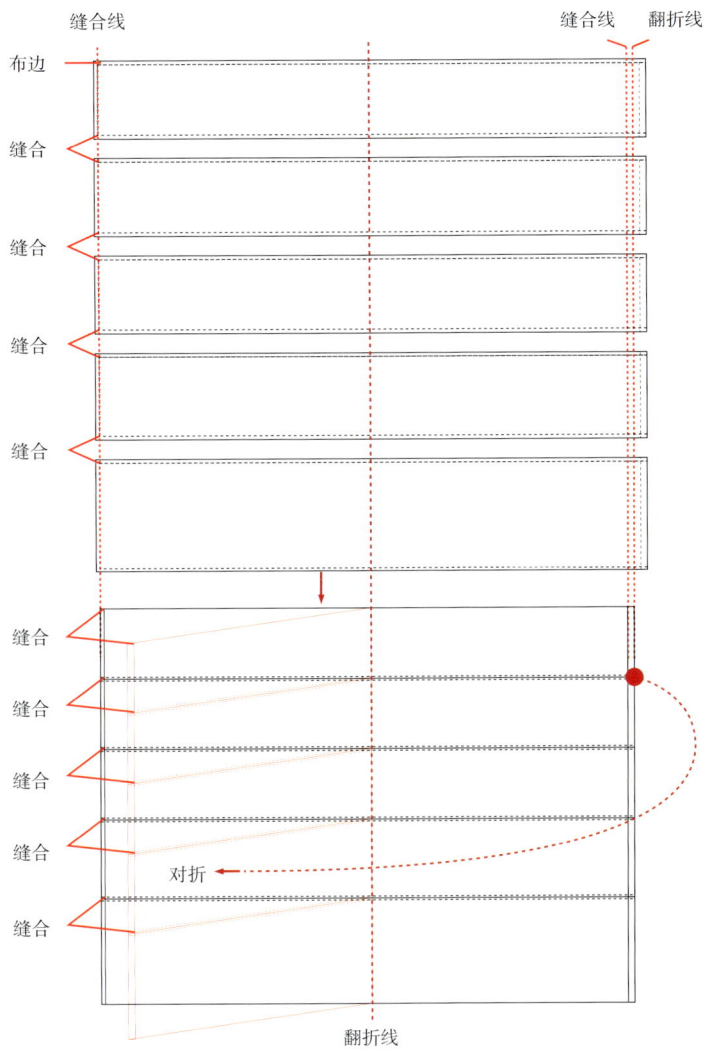

图五　东方市美孚方言黎族女子筒裙制作流程图

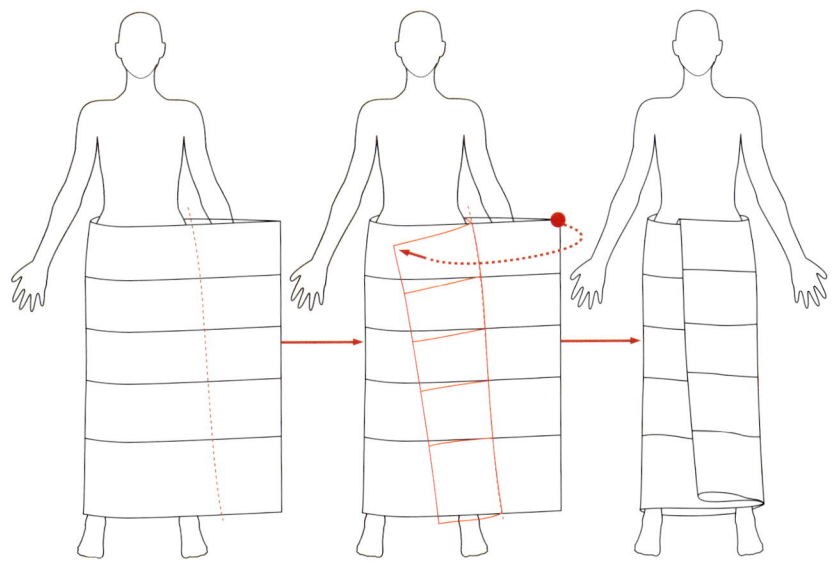

图六　东方市美孚方言黎族女子筒裙穿着方式示意图

图七 东方市美孚方言黎族女子筒裙装饰图案分析图

图八 东方市美孚方言黎族女子筒裙延展图

哈方言黎族妇女上衣

图一 哈方言黎族妇女上衣主图

哈方言黎族大多集中于海南省乐东县、陵水县、昌江县、白沙县，本案例选取自乐东县的"罗活"分支，此分支的名称来源于早先分布在乐东盆地的"罗活峒"，该分支妇女的传统上衣，是如今可见的较为典型的哈方言黎族妇女上衣的形制。

哈方言黎族妇女制作上衣通常采用海岛棉、木棉和野生麻纤维织成的布料，常见的上衣大多以黑色或深蓝为底色，有些盛装上衣会使用黑色的上衣拼接深蓝色的下摆。本案例均为典型的哈方言黎族女子对襟开衩上衣，其中主案例为盛装上衣，较为精致，其余两件延展案例为常服,较为简单粗犷。

本案例为长袖对襟、腰侧开衩的上衣形制,无扣无纽,但又与其他方言的黎族女子对襟上衣形制有所不同。哈方言黎族妇女传统上衣不挖领口,与前襟连成一片,常服通常不包边,或偶尔使用红布包边,盛装上衣通常使用红布包边,且包边至领口处。前襟的绣花装饰一直从前襟延伸到下摆,下摆绣花装饰则延伸到左右侧腰开衩处,衣摆沿边向内卷边缝合。哈方言妇女上衣通常前片长后片短,且后摆装饰较前摆更加复杂。盛装上衣的绣花较为精美,且通常装饰两层下摆,常服则通常为单层下摆,绣花图案较为简单。衣摆边缘常有装饰,如珠坠或流苏等。肩部与袖片衔接处直接缝合,缝合处用红白双线进行装饰,袖口处向内卷边缝合,同样绣彩色线进行简单装饰。左右衣片于背部缝合,两侧开衩,开衩包边且绣花进行装饰,后背中缝处贴红布条进行装饰,并在靠近下摆处左右各绣一处简单的图形加以装饰。

本案例前、后衣摆刺绣纹饰色彩鲜艳,以大红色为主,白色、蓝色、黄色加以点缀,前襟图案是以菱形为骨式向下重复排列的几何蛙纹,前片第一层下摆为四方连续的爪纹,第二层下摆则是二方连续的蛙纹,红白相间。后片衣背两侧为白色的几何鸟纹,两层下摆均为折线骨式的二方连续蛙纹,红色为主,间隔白色,并在其中点缀黄、绿、蓝色。这些图案具有装饰性的同时,蛙纹和鸟纹还体现了黎族原始宗教信仰中的图腾崇拜。

图片来源
图一、图七、图八　王辉山　摄影
图二至图六　鞠斐　制图
图九　周星悦　制图

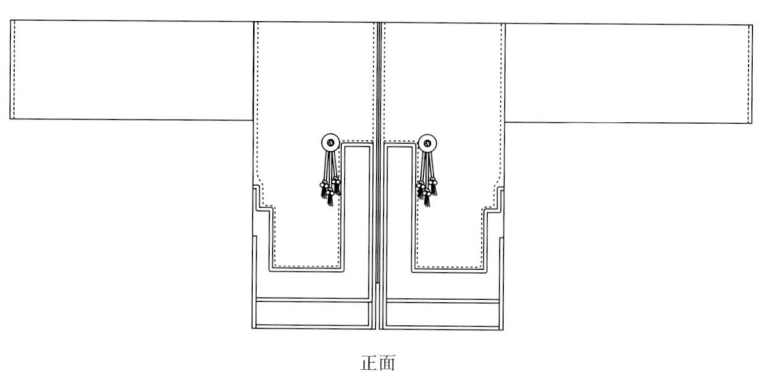

正面

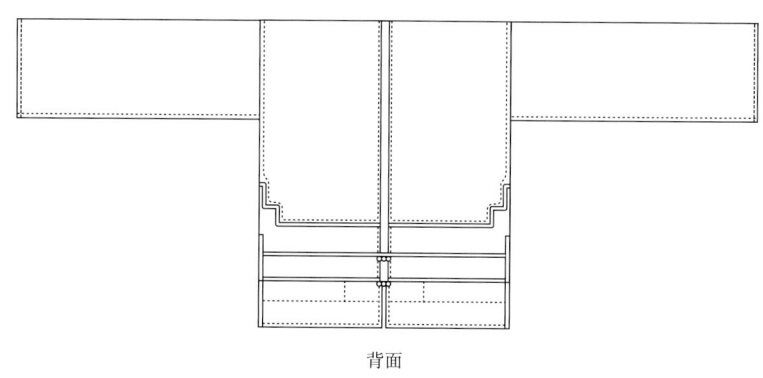

背面

图二　哈方言黎族妇女上衣款式平展图

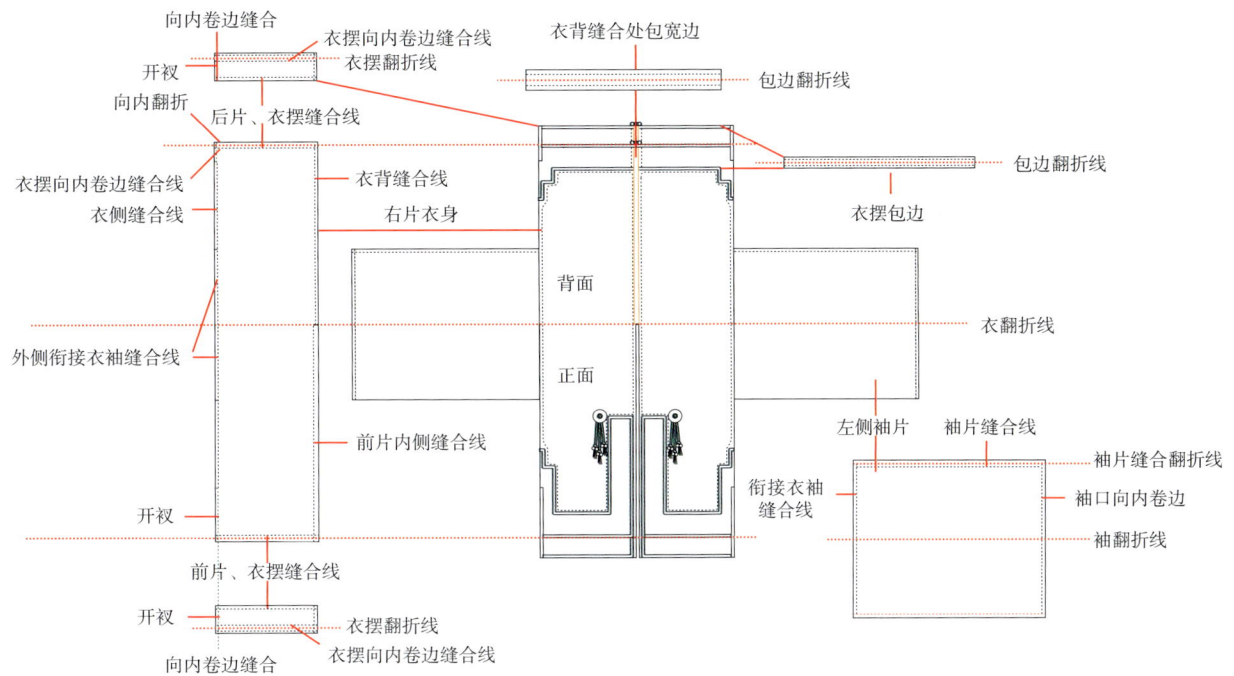

图三 哈方言黎族妇女上衣剪裁图

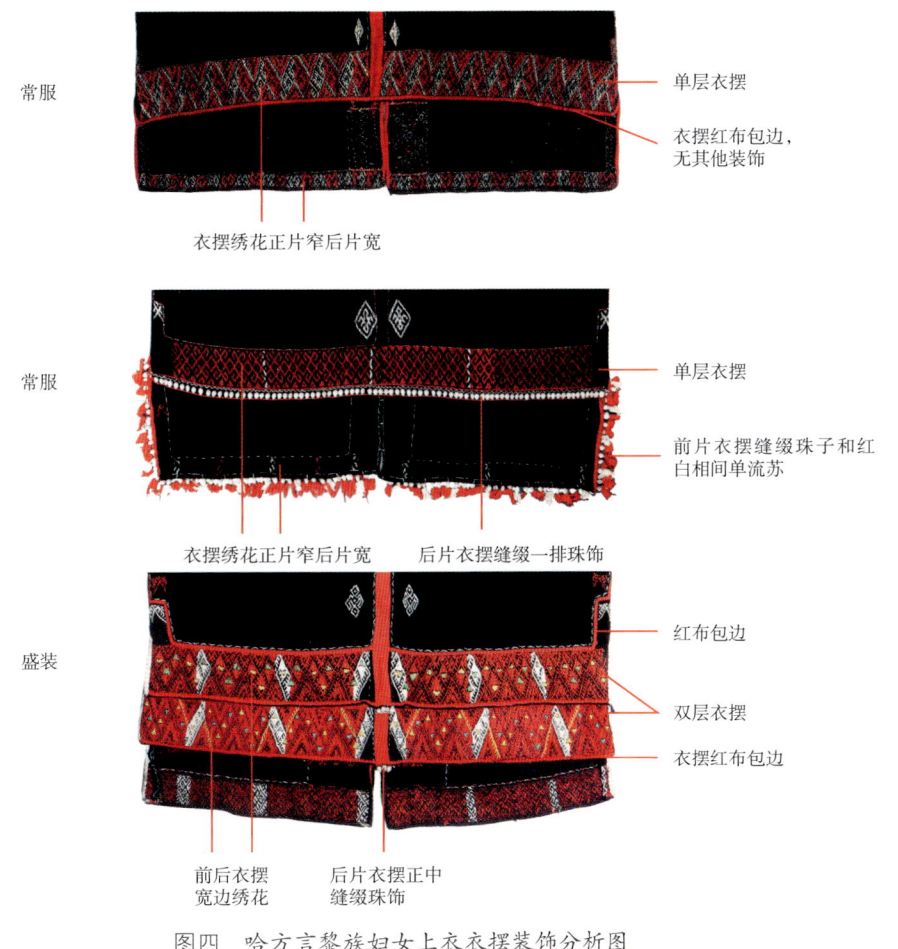

图四 哈方言黎族妇女上衣衣摆装饰分析图

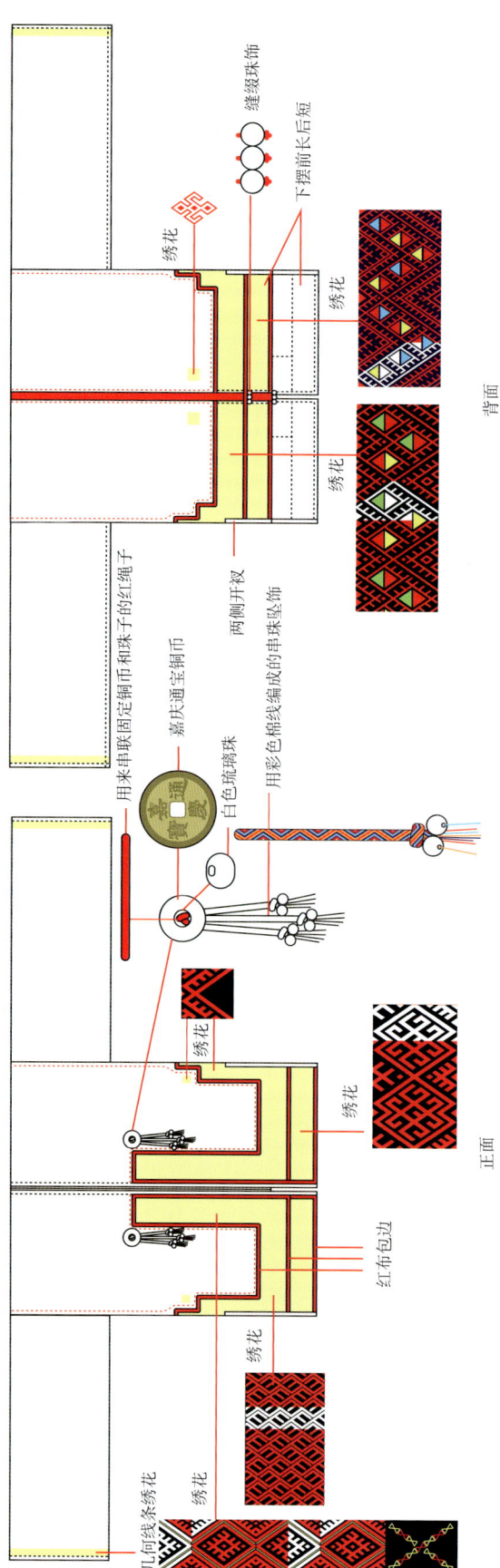

图五 哈方言黎族妇女上衣设计分析图

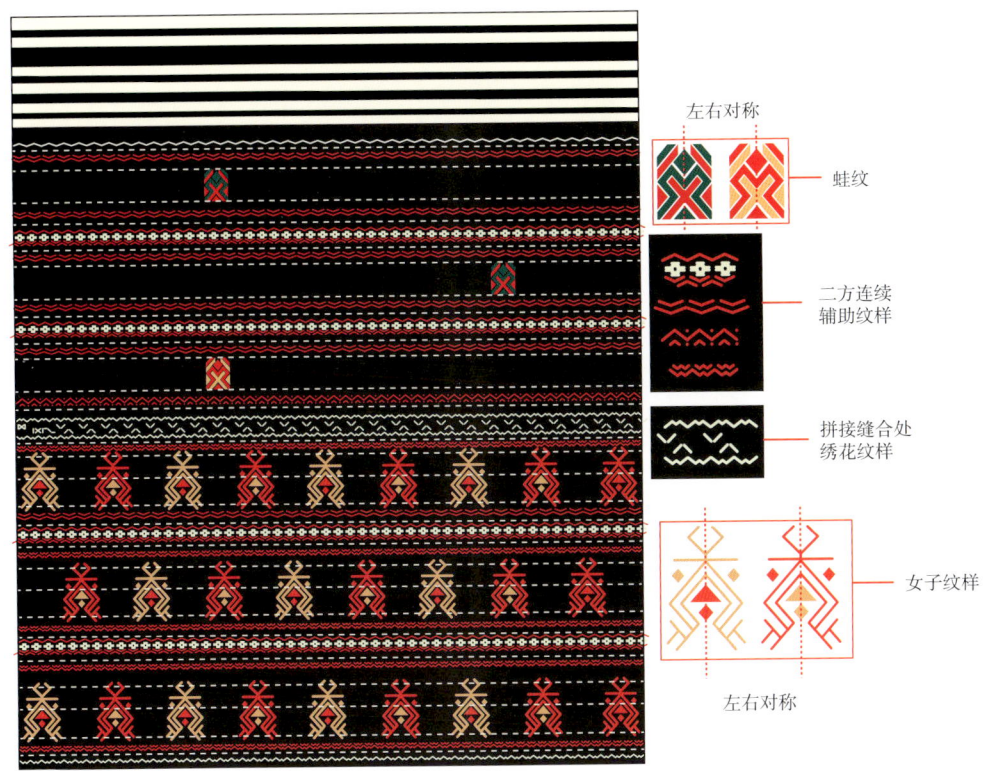

图六　哈方言黎族妇女及膝筒裙图案分析图

图七　哈方言黎族妇女及膝筒裙穿着效果示意图

第二章　黎族传统服饰

杞方言黎族女子对襟银扣上衣

图一　杞方言黎族女子对襟银扣上衣主图 1

　　杞方言黎族人主要分布在五指山及周边的琼中、保亭地区，以及昌江、陵水等黎族聚居地，居住在不同地区的杞方言黎族女子上衣款式各不相同。其中对襟银扣上衣是较为典型的五指山、保亭和陵水地区杞方言黎族妇女的上衣形制。本案例采选自保亭县非物质文化遗产陈列馆及鞠斐收藏的杞方言黎族女子对襟银扣上衣。

　　本案例选择五指山、保亭和陵水地区典型的对襟银扣上衣作为分析主体，服装主体均由黑色梭织布制成。相同处在于，均为长袖、开胸、对襟、挖圆领、前襟贴白布包边并装饰银扣（其中第二例样本前襟银扣缺失），上衣正面一侧有贴布口袋，另一侧及后背上部绣花、后背下摆处贴与衣背同宽的整幅绣片进行装饰，并贴白布包边。不同处则在于，五指山和保亭地区的杞方言上衣袖口贴两层白色棉布，再镶边，且贴布口袋通常在左侧，绣花通常在右侧，装饰银扣多为五组；而陵水地区杞方言上衣则在袖口用多色棉布进行镶边装饰，贴布口袋通常在右侧，绣花通常在左侧，且在挖圆领的基础上添加小立领，并在领口加缝系带，装饰银扣则多为六组。

杞方言黎族女子对襟银扣上衣最具特色的部分是上衣前身的贴布口袋，口袋较深，宽度与一侧衣片相同，口袋装饰丰富多彩。其中五指山、保亭地区的口袋装饰风格相似，口袋口沿处贴黑布镶边形成横排方格，格内刺绣纹饰，口沿下部为方形主体纹饰，通常贴红布镶边，内部受汉文化影响绣有双喜、福等吉祥汉字，色彩多为红、黄、绿、紫等鲜艳色彩。陵水地区的口袋则以红、紫相间的条纹织锦为底布，上面以白线刺绣二方连续或四方连续几何纹样，口沿和腰部则用红、黑棉布贴布镶边。杞方言黎族女子对襟银扣上衣的衣背刺绣图腾也独具特色，其中五指山、保亭地区上衣后背为五根柱形刺绣图腾，正中为较粗的祖宗柱纹样，柱与柱之间的间隔处绣有蛙纹、鸟纹等动物纹样。陵水地区上衣的后背则是以植物纹样、祖先纹样和田地纹样组成的半圆形刺绣图腾，花纹图案十分精美，具有浓郁的杞方言黎族服饰的装饰特征。

图片来源
图一、图二、图八至图十　鞠斐　摄影
图三至图七　鞠斐　制图

图二　杞方言黎族女子对襟银扣上衣主图2

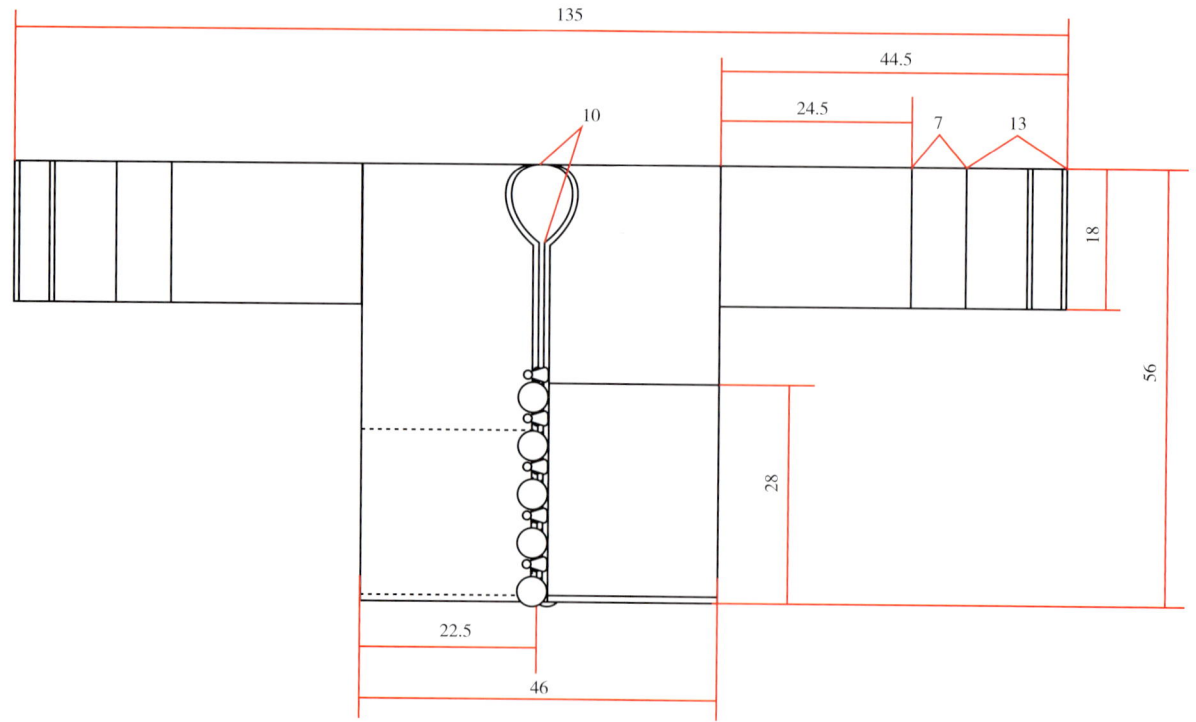

五指山地区杞方言上衣

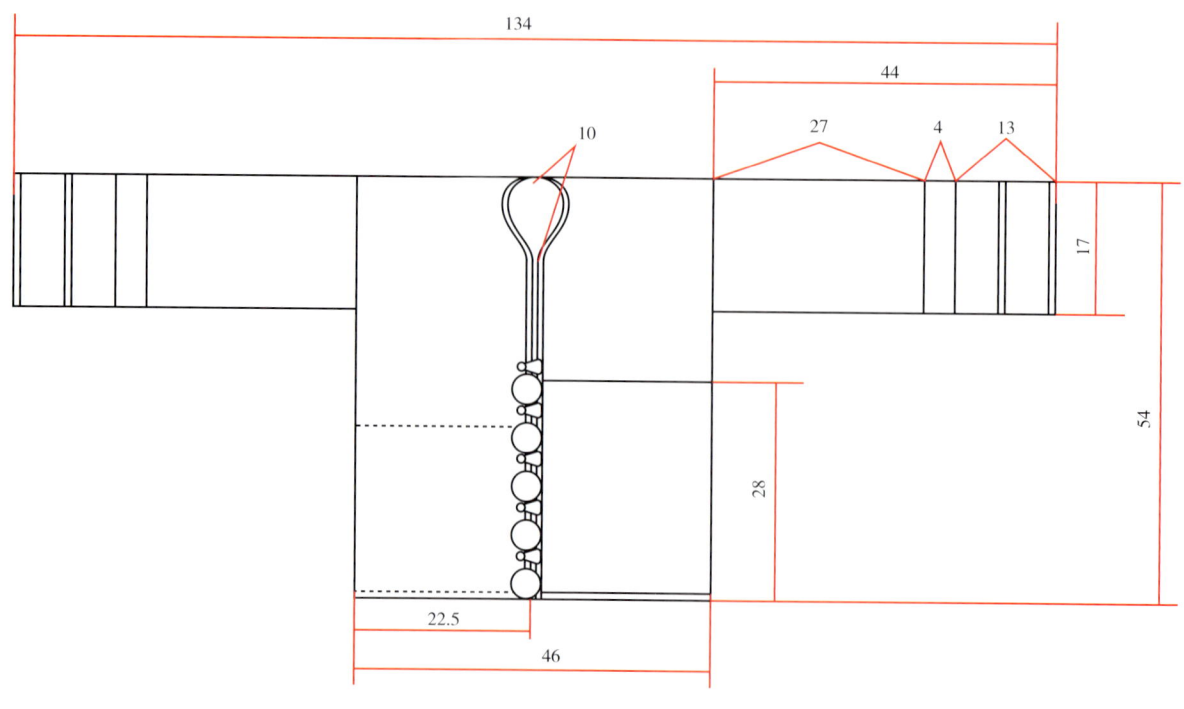

保亭地区杞方言上衣

图三 杞方言黎族女子对襟银扣上衣尺寸图（单位：cm）

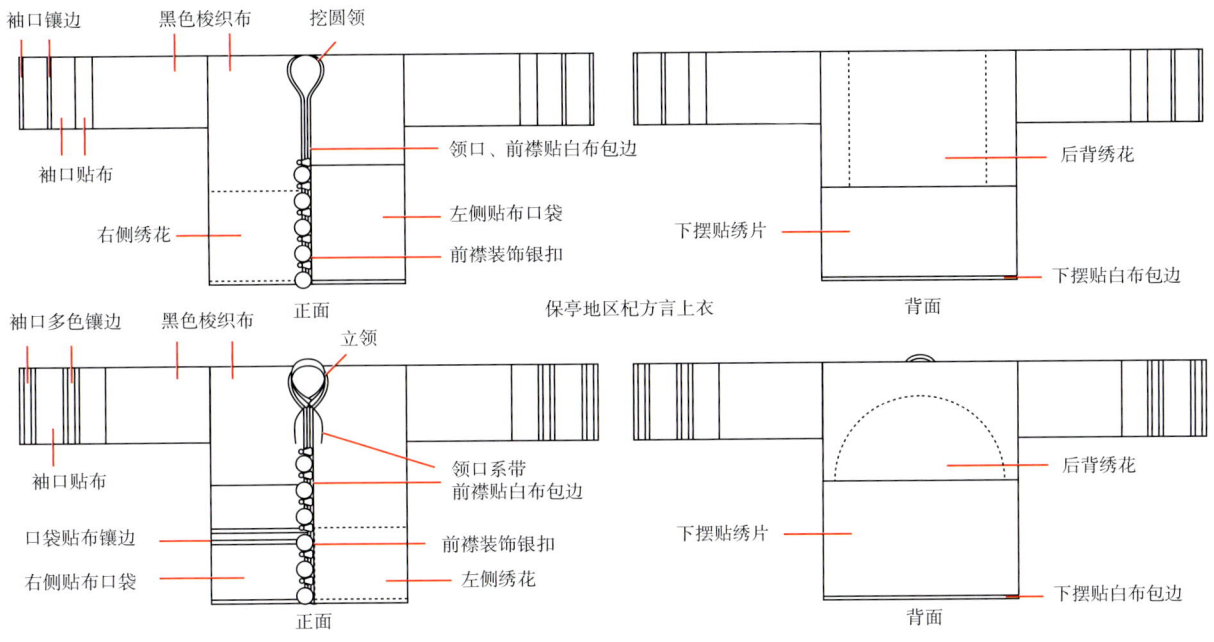

图四　杞方言黎族女子对襟银扣上衣结构名称图

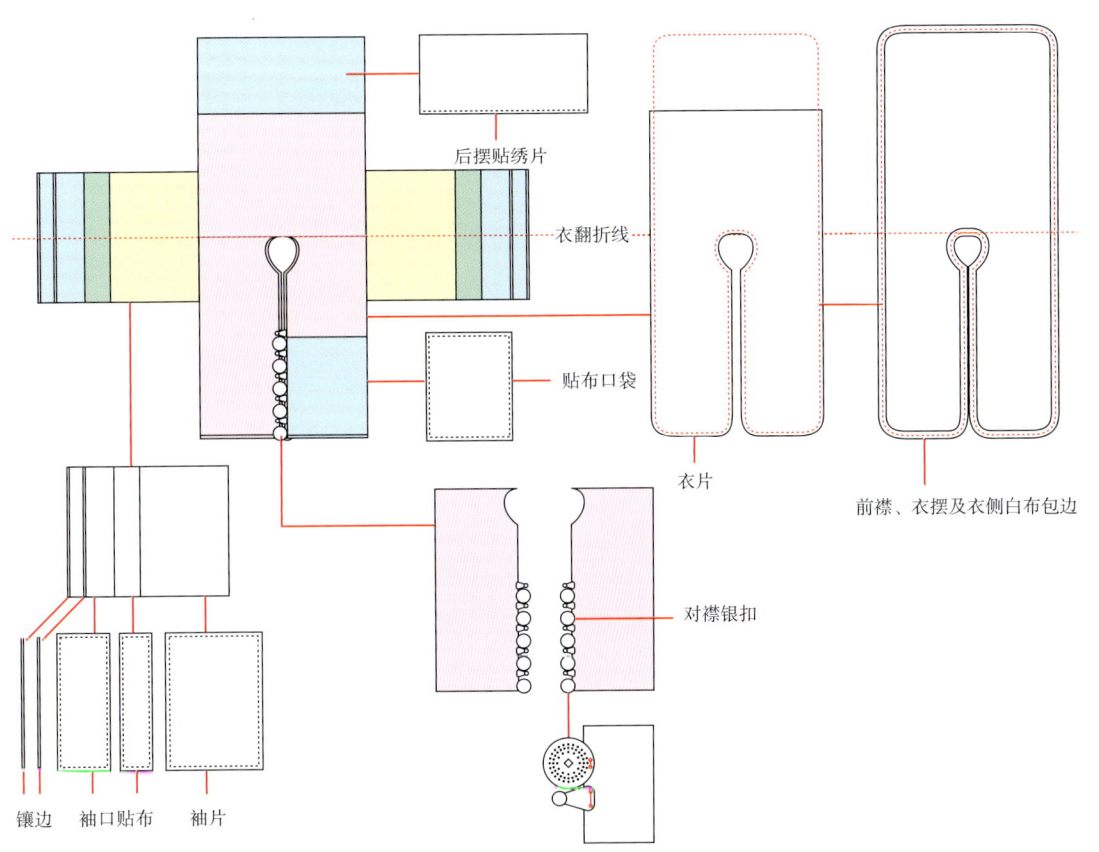

图五　杞方言黎族女子对襟银扣上衣剪裁图

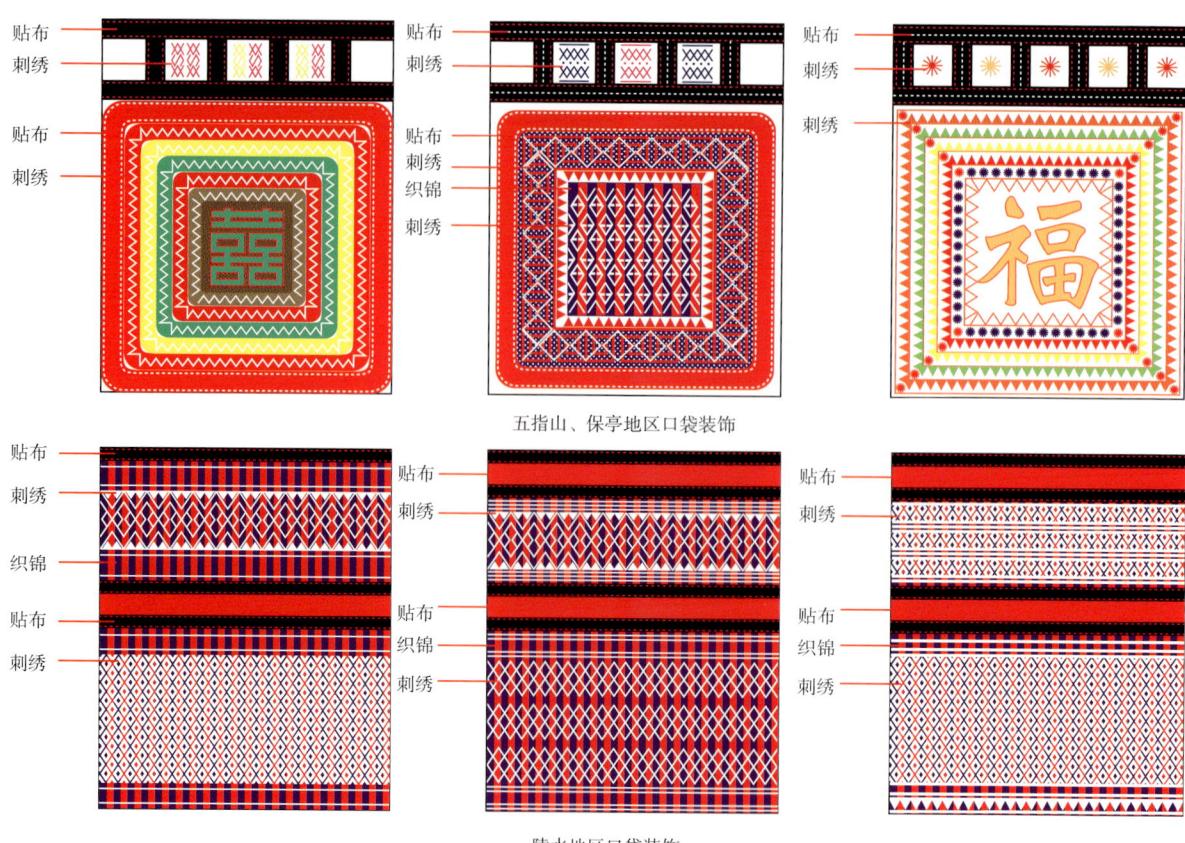

图六　杞方言黎族女子对襟银扣上衣口袋纹饰分析图

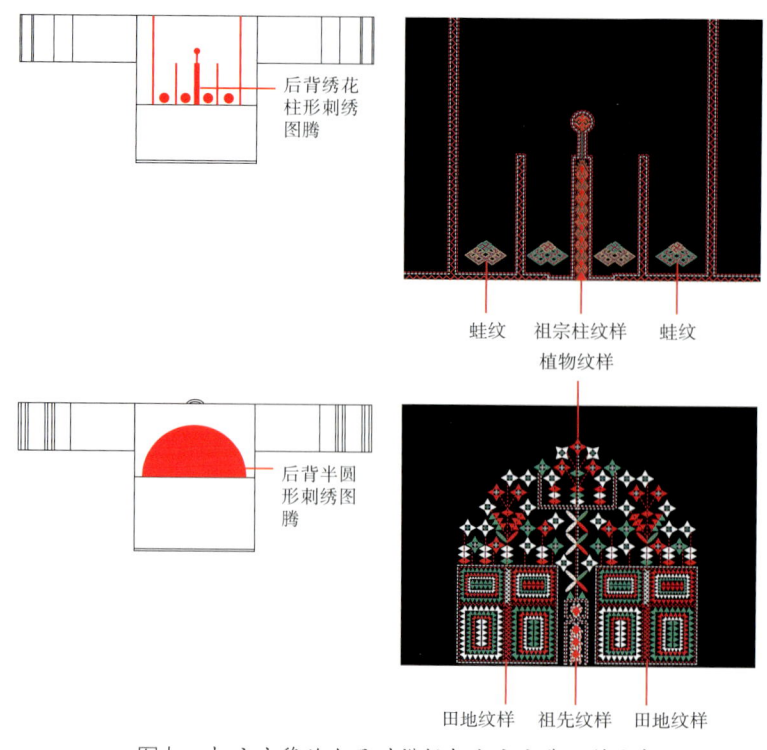

图七　杞方言黎族女子对襟银扣上衣衣背纹饰分析图

图八　杞方言黎族女子对襟银扣上衣穿着效果图

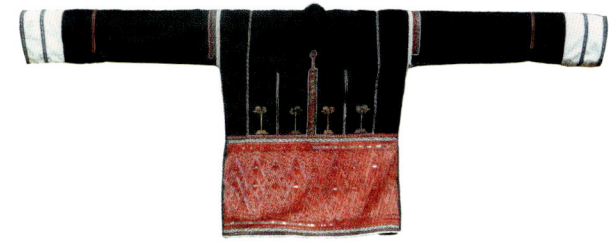

图九　杞方言黎族女子对襟银扣上衣延展图1

图十　杞方言黎族女子对襟银扣上衣延展图2

昌江县杞方言黎族女子对襟开衩上衣

图一　昌江县杞方言黎族女子对襟开衩上衣主图

昌江杞方言黎族人大多集中于昌江县王下乡，由于地理位置偏僻、交通不便，至今仍能在昌江县王下乡洪水村见到当地妇女穿着独特的民族服饰。昌江杞方言黎族妇女制作上衣通常采用海岛棉、木棉和野生麻纤维织成的布料，采用植物和泥土染成五颜六色。本案例采选自海南黎族工艺美术收藏家蔡於良先生的收藏，是典型的昌江杞方言黎族女子对襟开衩上衣。

本案例上衣与五指山、保亭地区的黎族女子上衣形制有所不同，通常为蓝靛染色棉线梭织布制成，领口为挖圆领，同色布包边，包边至领口延伸处系带。开胸设计，绣花装饰一直从前襟延伸到下摆开衩处，无扣无纽，仅靠领口处系带进行固定，衣摆沿边向内卷边缝合。肩部与袖片衔接处用白布条连接，袖片于背面缝合，袖口贴同色布片并向内卷边缝合。左右衣片于背部缝合，衣摆处贴布并两侧开衩，衣背部有大面积刺绣纹饰。

本案例前、后刺绣纹饰色彩鲜艳，前襟、下摆及开衩处纹饰由白色X形纹饰和红、白相间二方连续蛙纹组成。后背纹饰衣背正中由黄色的X形纹饰围绕红色的祖宗柱纹组成，两侧为白色的对称蛙纹、水波纹，下摆则为菱形骨式内红黄相间的飞鸟纹以及蛙纹组成。这些图案具有装饰性的同时，蛙纹和祖宗柱纹样还体现了黎族原始宗教信仰中的图腾崇拜和祖先崇拜。

图片来源
图一　鞠斐　摄影
图二至图六　鞠斐　制图

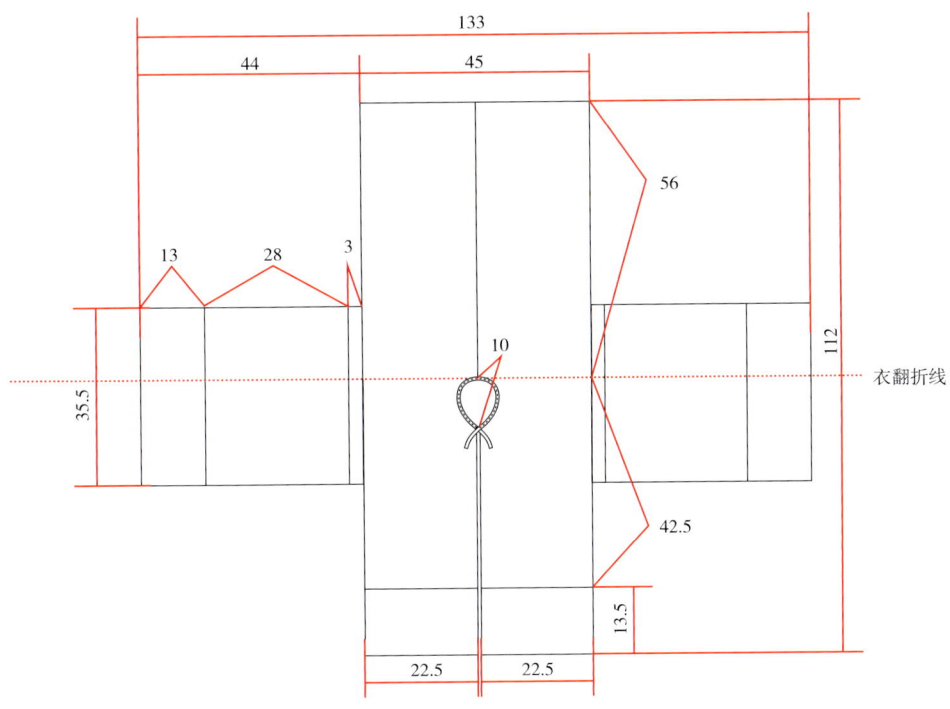

图二 昌江县杞方言黎族女子对襟开衩上衣尺寸图（单位：cm）

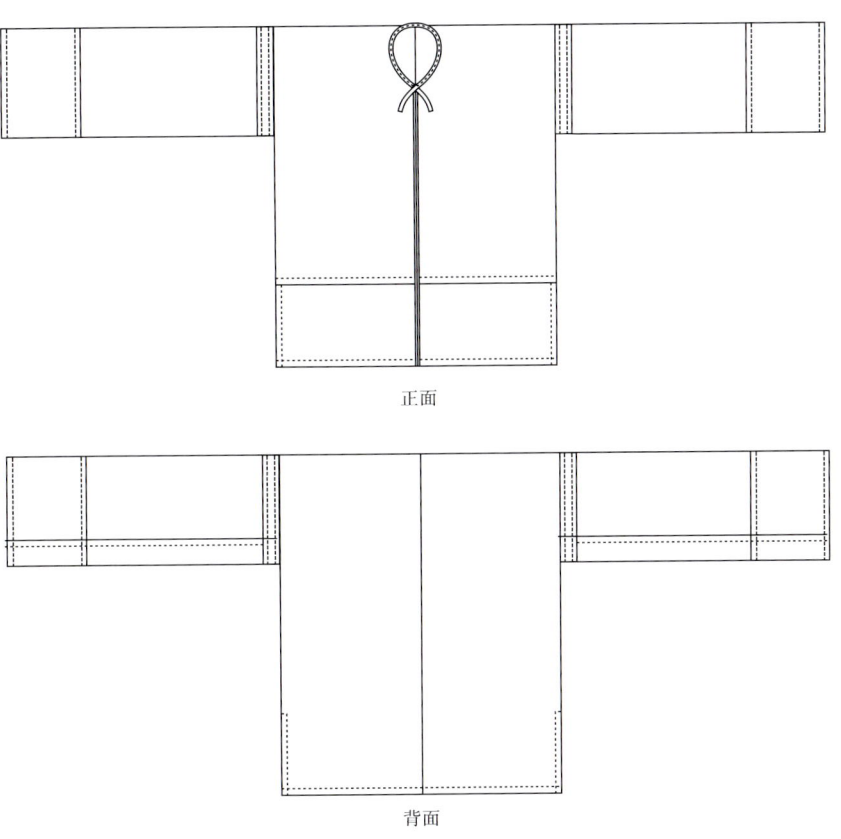

图三 昌江县杞方言黎族女子对襟开衩上衣款式平展图

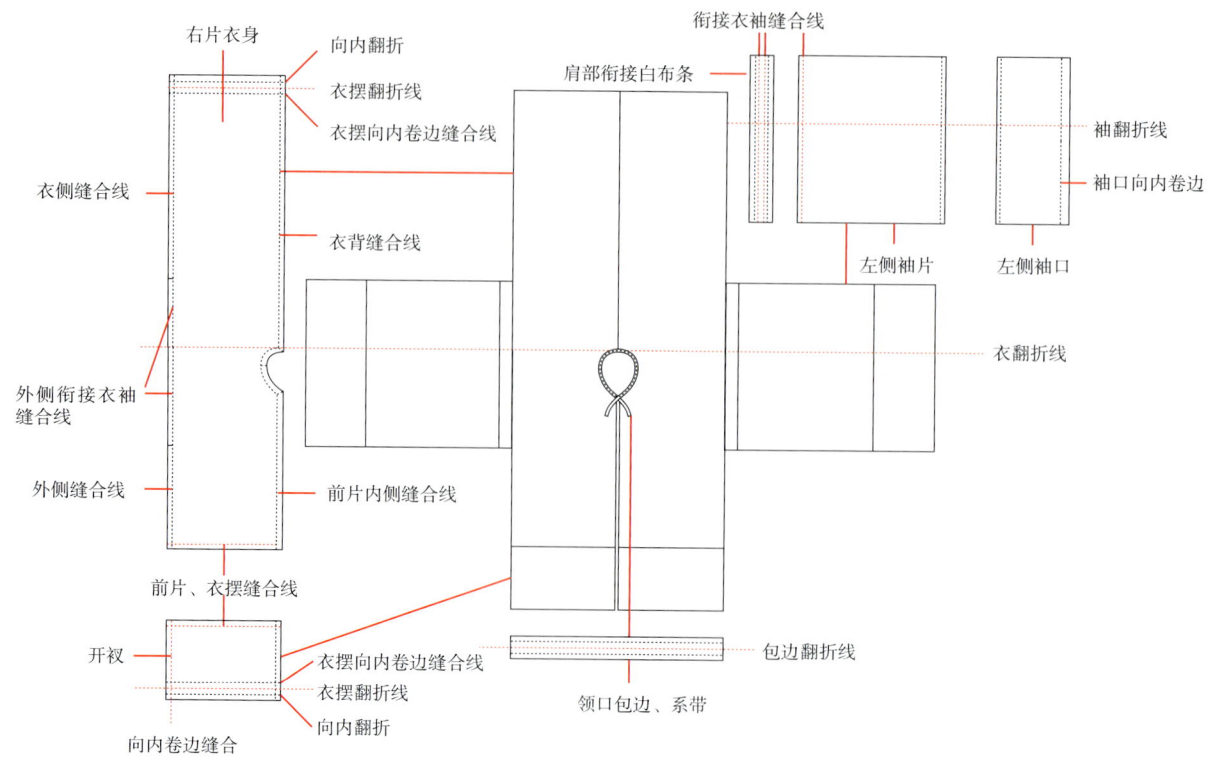

图四 昌江县杞方言黎族女子对襟开衩上衣剪裁图

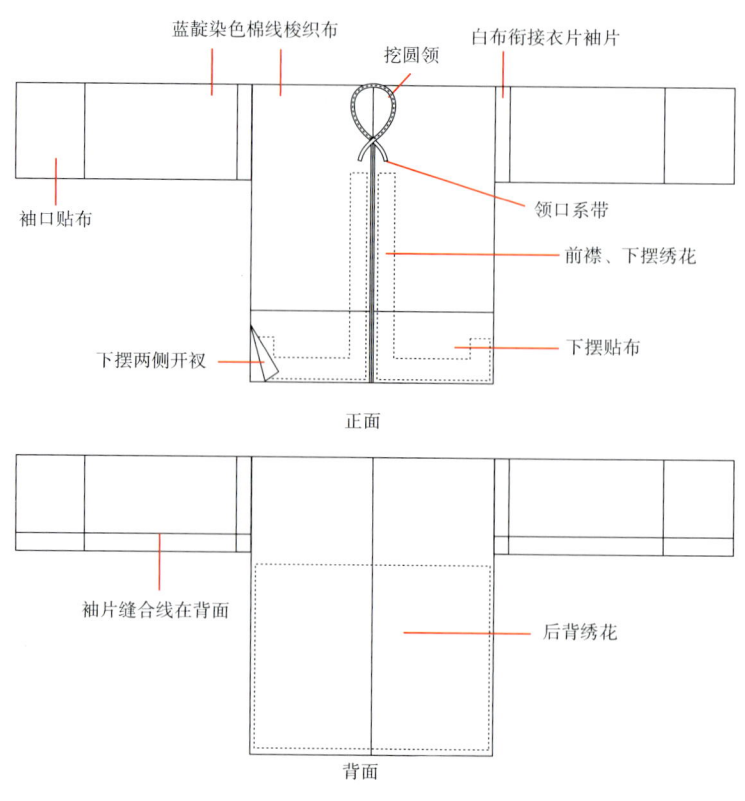

图五 昌江县杞方言黎族女子对襟开衩上衣设计分析图

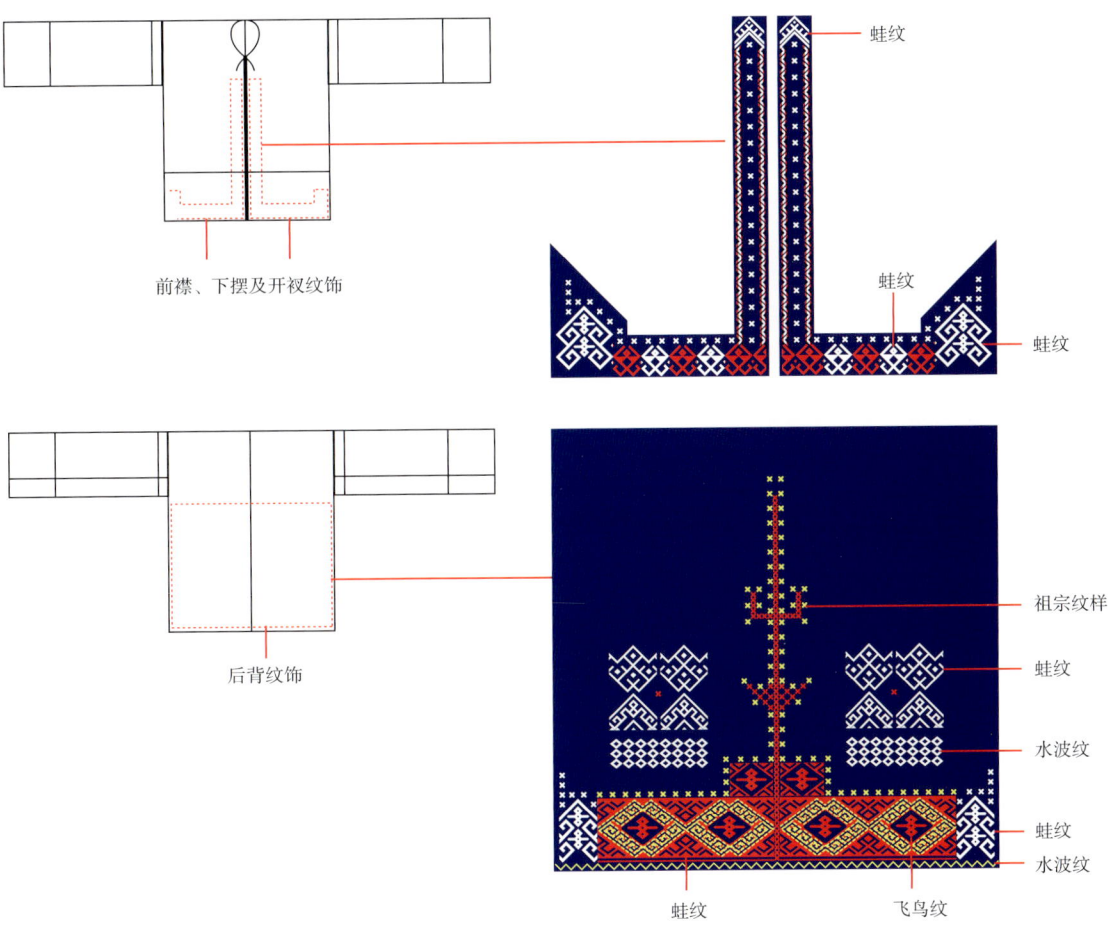

图六 昌江县杞方言黎族女子对襟开衩上衣纹饰分析图

美孚方言黎族男子上衣

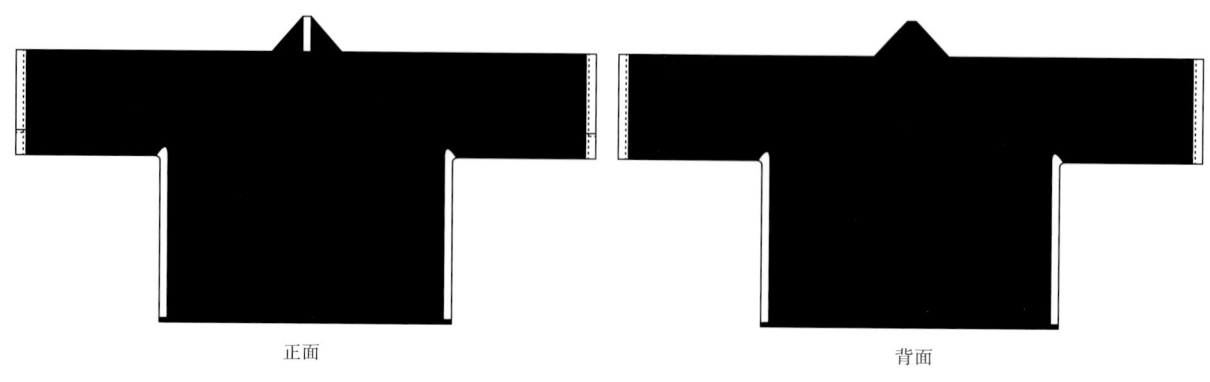

正面　　　　　　　　　　　　　背面

图一　美孚方言黎族男子上衣主图

本案例采选自海南省东方市美孚方言黎族男子上衣，现藏于北京服装学院民族服饰博物馆，收藏时间约为20世纪80年代末90年代初。该案例全手工制作，素织，材质为棉。从选材到加工都体现了黎族男子服饰简洁朴素的特征。

该案例与美孚方言女子上衣结构相似，均为直领对襟式结构，在衣领下端装订细绳，系绳固定，过肘七分袖直接接于衣身处，无肩缝，一片缝合，接缝处在前片上。后中拼接部位、袖窿拼接部位的拼接缝外露，并用素织布卷边。两侧侧缝开衩，并自下摆始贴白棉布，经过开衩截止位，并延伸至袖下衣身与袖片接缝处包边。该案例有独特的过肩结构，即从前胸上至后背另附一块与衣身颜色相同的素织布。领面为单层素织布，长度较女子短，领里内衬为白色棉布，与前襟下摆处的贴布相接，前襟下摆处各附一块素织布，一侧与前中固定，另一侧上、下固定，中间留口，形成口袋开口。下摆为外翻卷边缝。衣身主体颜色为蓝黑色，仅袖口、侧缝开衩处有白色装饰贴布，较女子上衣简单且色彩朴素。

该案例为典型的十字形平面结构服装，其上衣裁片以直线为主，结构简单，以水平衣身翻折线，即人体水平肩线为 x 轴，人体中心的垂直方向为 y 轴，呈十字形左右对称、上下对称，具有鲜明的中国传统服装十字形平面结构特征。

图片来源
图一至图七　鞠斐　制图
图八　鞠斐　摄影

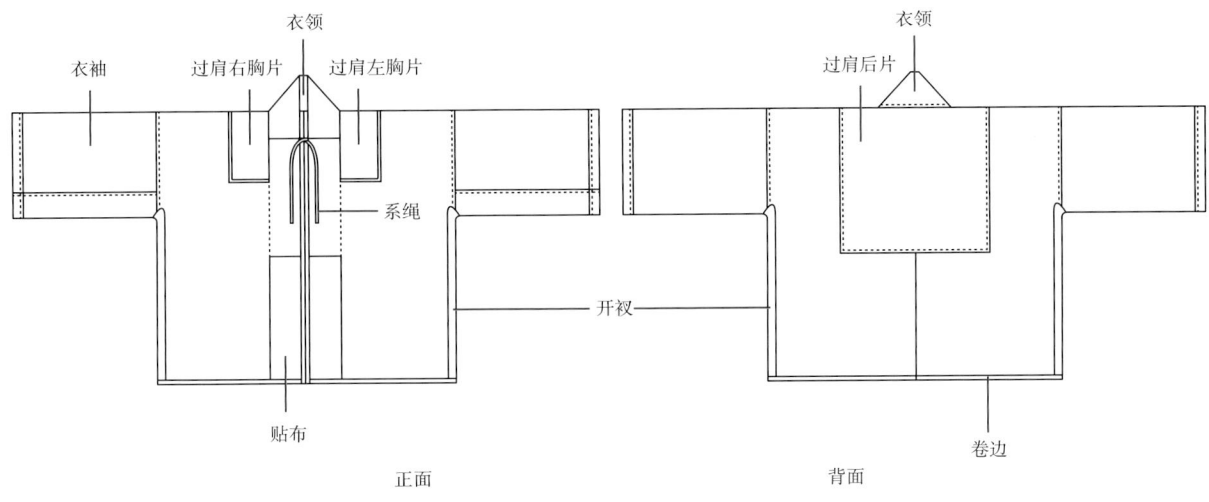

图二　美孚方言黎族男子上衣结构名称图

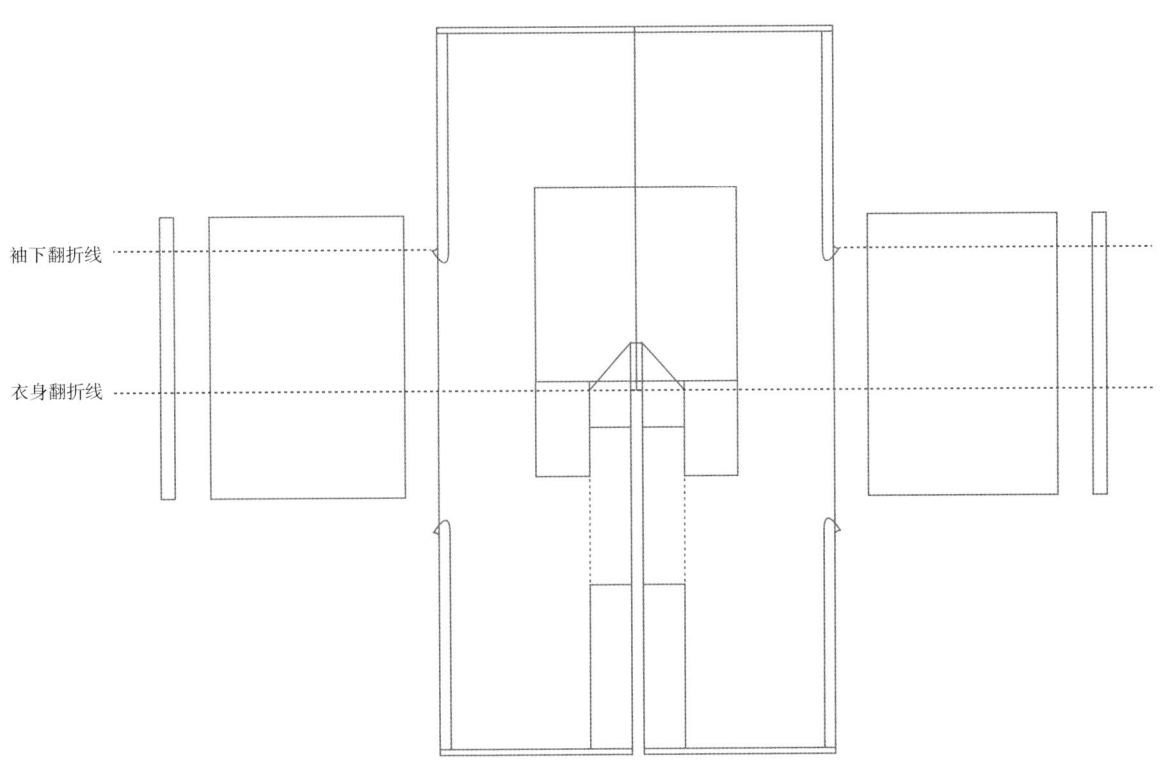

图三　美孚方言黎族男子上衣剪裁图

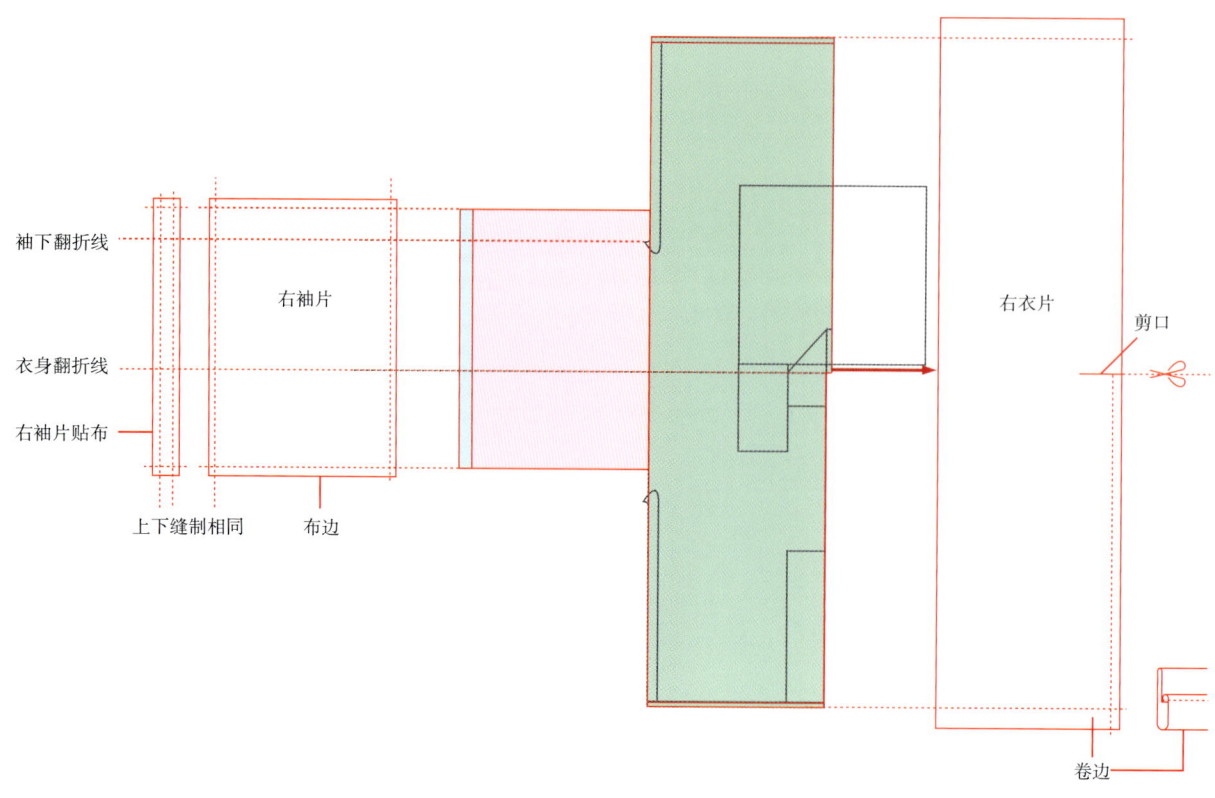

图四 美孚方言黎族男子上衣衣片、袖片结构分析图

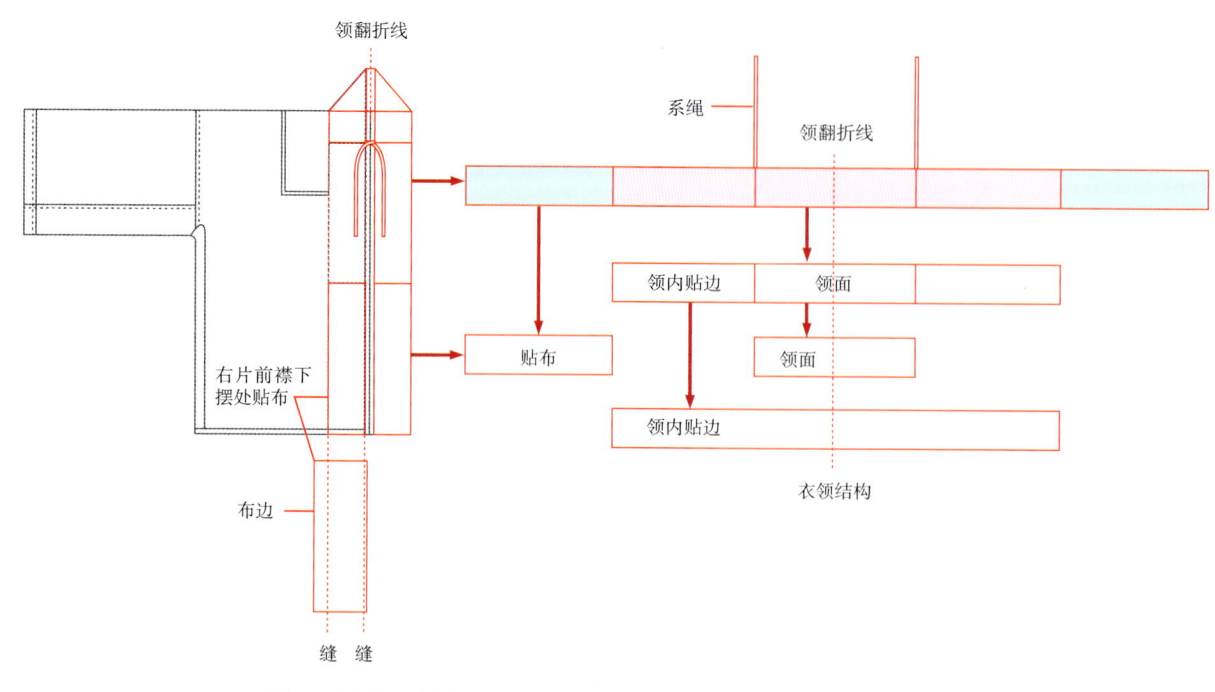

图五 美孚方言黎族男子上衣衣领结构及前襟下摆贴布结构分析图

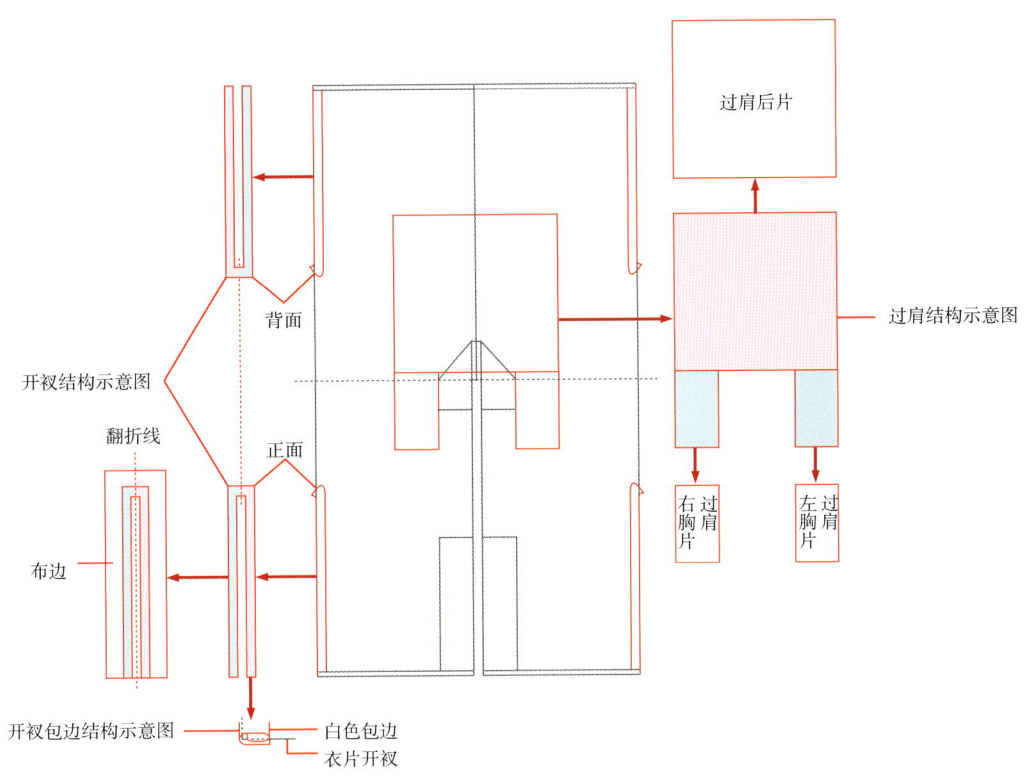

图六 美孚方言黎族男子上衣过肩、开衩结构分析图

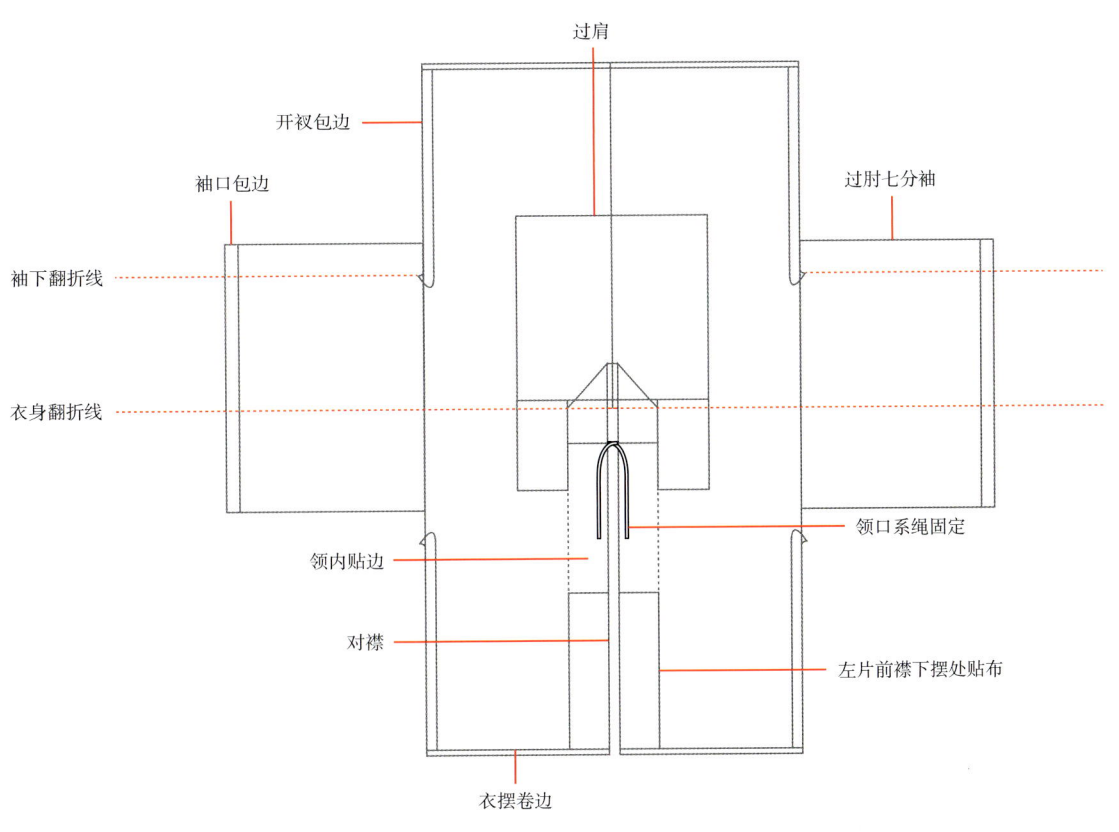

图七 美孚方言黎族男子上衣设计分析图

图八 美孚方言黎族男子上衣延展图

哈方言黎族男子盛装上衣

图一 哈方言黎族男子盛装上衣主图 1

哈方言是黎族五大方言中人口最多、分布地区最广的方言，哈方言黎族男子上衣通常分为常服和盛装，均为对襟无领的式样。其中常服上衣开胸无纽，有长袖、短袖和无袖三种款式；盛装上衣则大多为长袖，前襟安装纽扣，并在前后都装饰有精美的绣花纹饰。本案例采选自海口黎锦坊郭凯老师收藏的哈方言黎族男子在重大节日和喜庆的日子穿着的盛装上衣，是典型的哈方言男子对襟长款上衣的形制。

本案例上衣结构为直领对襟式结构，整体使用蓝靛染成的素织布制成，衣长约 88 厘米，领口处包边，包边下方绣有长条形装饰纹样直至下摆。前襟装饰银扣，银扣为左右嵌套式，共七对，扣子和扣眼分别缝订在左右两侧的前襟包边上，左侧衣襟缝合扣子，右侧衣襟缝合扣眼，扣扣子时将扣子从扣眼中套入，扣入后扣子被扣眼的卡口卡住。衣袖样式为过肘七分袖，直接接于衣身处，一片缝合，无肩缝，接缝处在正下方。衣片为前后一片式的左右两片衣片组成，于后背中部拼接缝合，后中拼接部位、袖窿拼接部位的拼接缝向内，下摆卷边缝合，衣背装饰有大面积绣花纹饰。衣摆两侧侧缝开衩，并自下摆始贴白棉布包边，直至开衩截止位。

本案例上衣装饰精美，色彩表现主要集中在刺绣纹饰上，刺绣纹饰以红、黄、蓝为主要装饰色彩，在靛蓝背景衬托下对比十分强烈。其中前襟装饰纹样由上下两部分组成，上部为以菱形为骨式的纵向二方连续鸟纹样，下部为左右对称的折线纹饰，两侧绣二方连续鸡爪纹样作为辅助纹饰。衣背处则以下摆部分纹饰为主要纹饰，以小菱形格为底，衬托三个大菱形人纹样，辅助纹饰二方连续鸡爪纹样从衣背顶部一直延伸至下摆，下摆纹样上方左右对称装饰两个蛙纹样。

图片来源

图一、图二　袁晓莉　摄影
图三至图八　鞠斐　制图

图二　哈方言黎族男子盛装上衣主图2

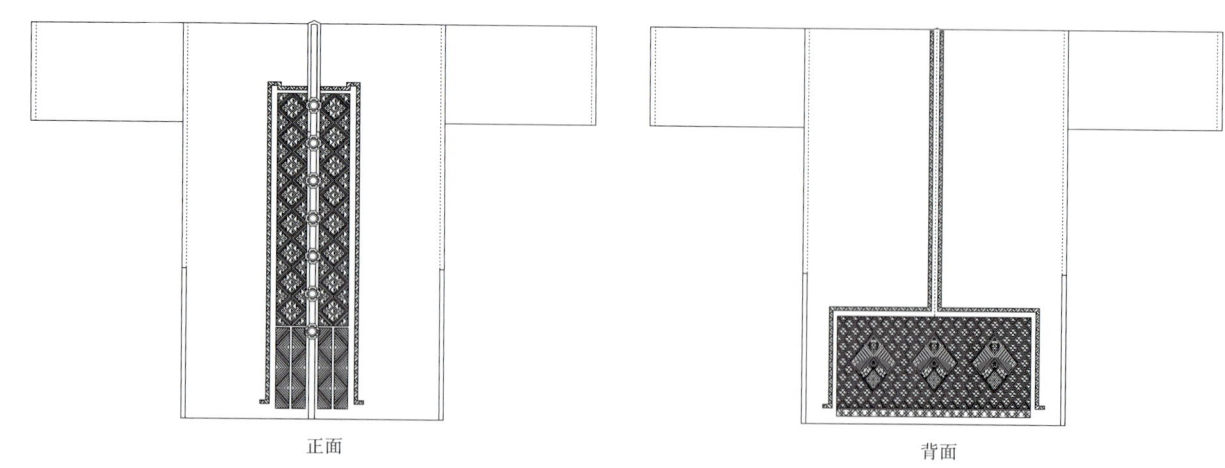

正面　　　　　　　　　　　　　背面

图三　哈方言黎族男子盛装上衣平展示意图

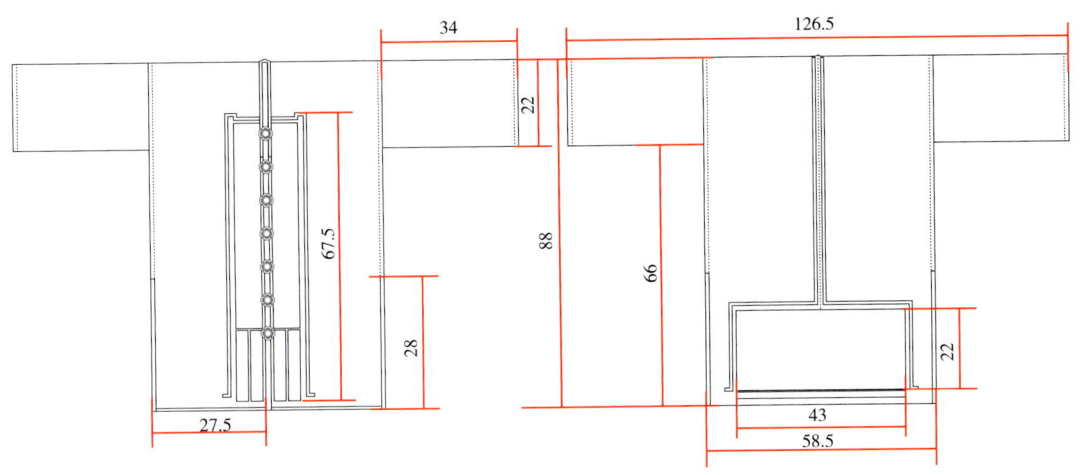

图四　哈方言黎族男子盛装上衣尺寸图（单位：cm）

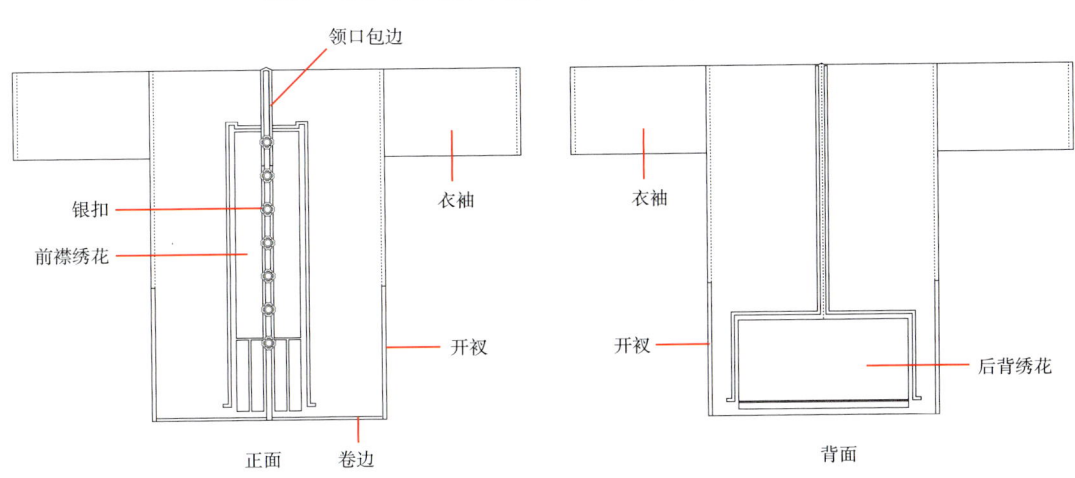

图五　哈方言黎族男子盛装上衣结构名称图

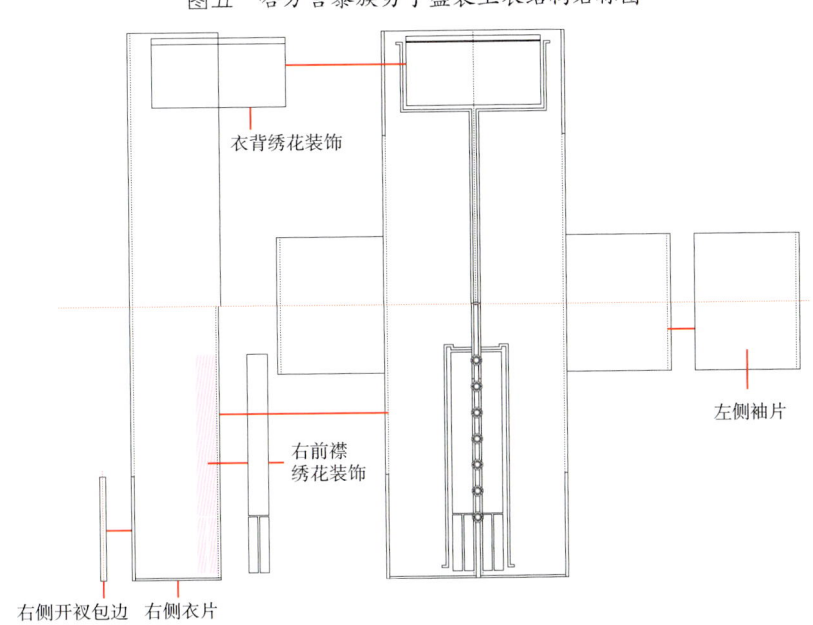

图六　哈方言黎族男子盛装上衣剪裁图

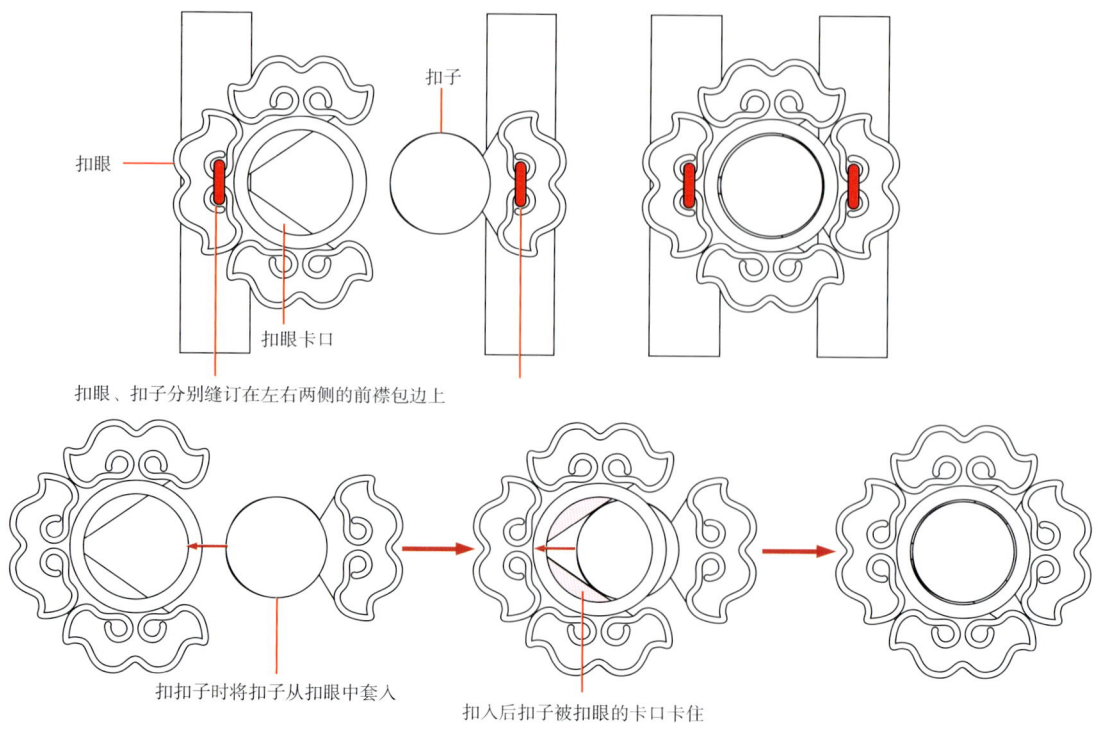

图七　哈方言黎族男子盛装上衣银扣设计分析图

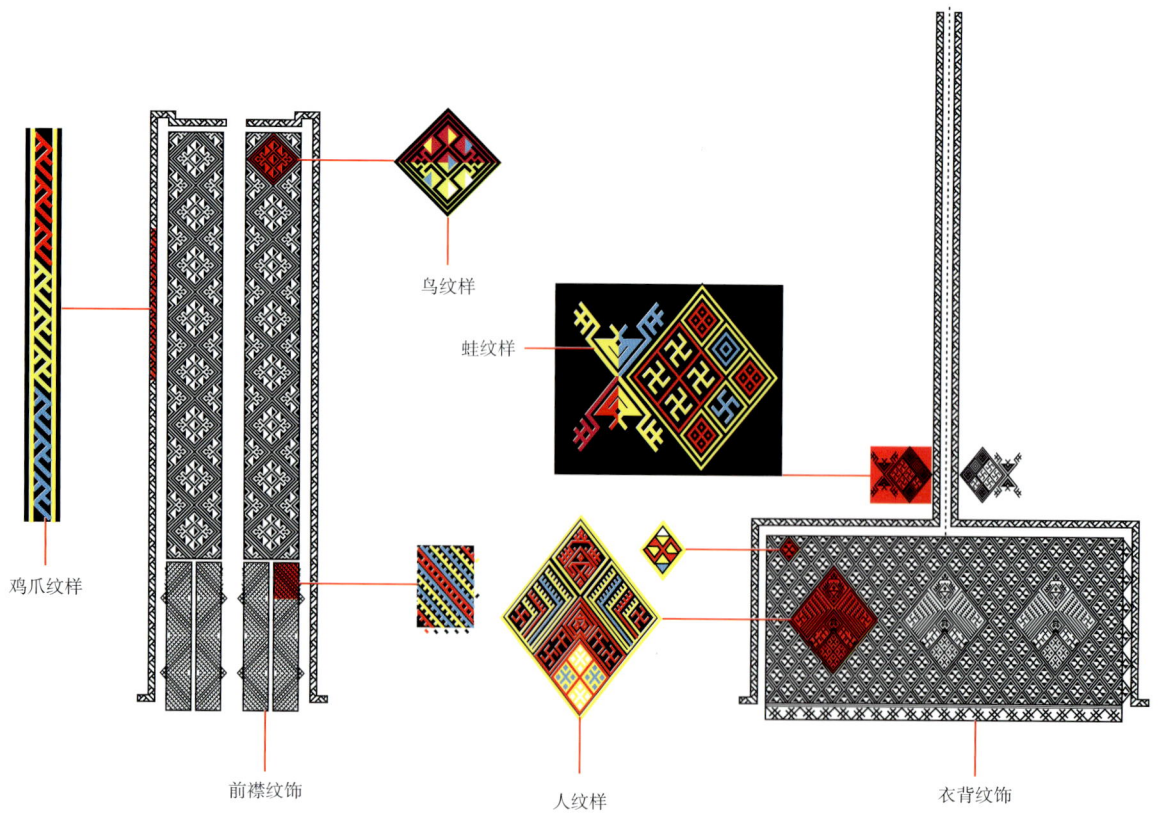

图八　哈方言黎族男子盛装上衣图案展开图

昌江县美孚方言黎族男子下装

图一　昌江县美孚方言黎族男子下装主图

该案例采选自海南省昌江县坝王岭乙劳村符勇个人日常穿着服装，制作人为符勇先生的母亲，采用美孚方言黎族男子裙装制作方法，手工缝制，材质为棉。利用简单的几何形布幅部分重叠的方法蔽体以使日常行动时身体不外露，较其他方言区男子下装具有明显的区别，更具蔽体性，具有鲜明的黎族传统男子下装特征。

该案例整体结构简单，长度及膝，由裙身和裙腰两部分组成。其中裙身使用青黑色素织布，由两片矩形裙片交错重叠部分，对齐腰线，在左侧使用白色棉布包边。裙幅腰间捏活褶，不仅便于以后更改，而且也减少了腰部因长度太长所造成的后腰部重叠量过度的问题，在日常穿着状态下便于生产活动。裙腰为白色棉布制成，使用一条对折后呈倒梯形的、对称的白色宽布条夹住两幅裙片，裙腰两侧装订细绳便于系带固定。该案例为典型的黎族服饰设色，裙腰和包边贴布的色彩大多采用棉花的天然色，裙身则使用草石染色，或用蓝靛染成深蓝，或用泥土和树皮染成黑褐色，与浅色的裙腰以及包边形成鲜明的色彩对比，反映了黎族人朴素自然的色彩心理。

该案例是早期人类下裳的典型样式,即通过由前向后围合来覆盖人体臀、腿部位,是对下体的保护和装饰,可以说是人类下装服装形式在上衣下裳服制形成基础上的一个重要的里程碑。

图片来源

图一　王辉山　摄影
图二至图九　鞠斐　制图

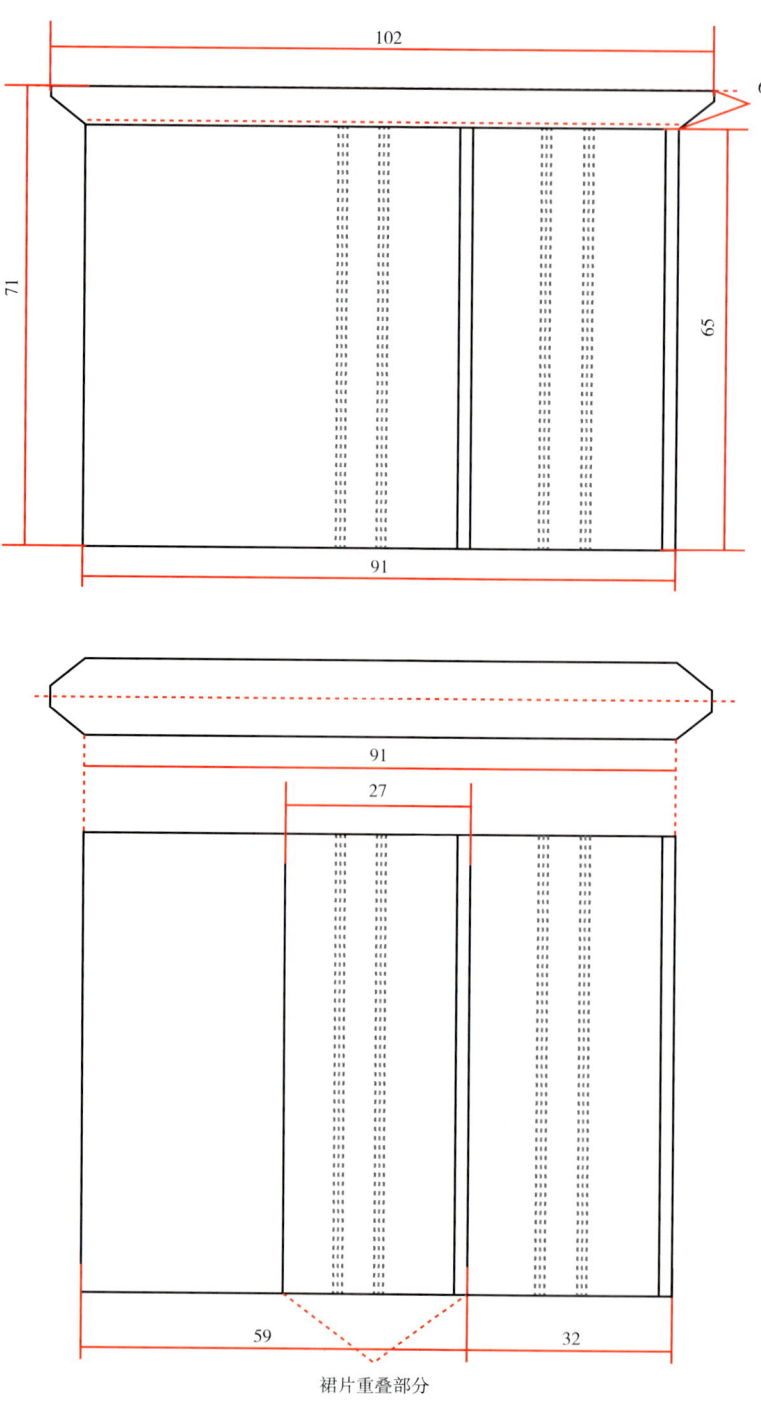

图二　昌江县美孚方言黎族男子下装尺寸图(单位:cm)

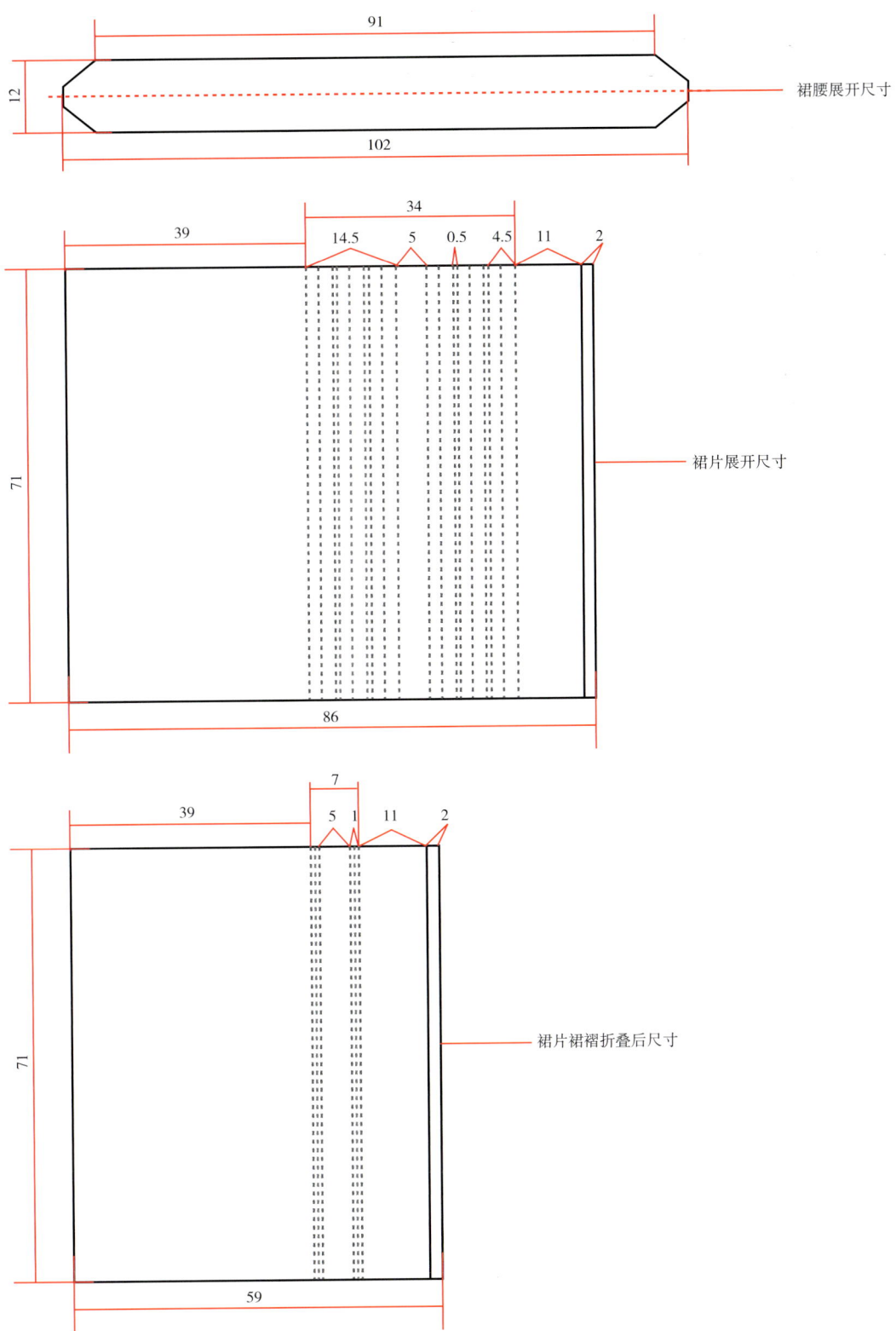

图三 昌江县美孚方言黎族男子下装裙腰、裙片尺寸图（单位：cm）

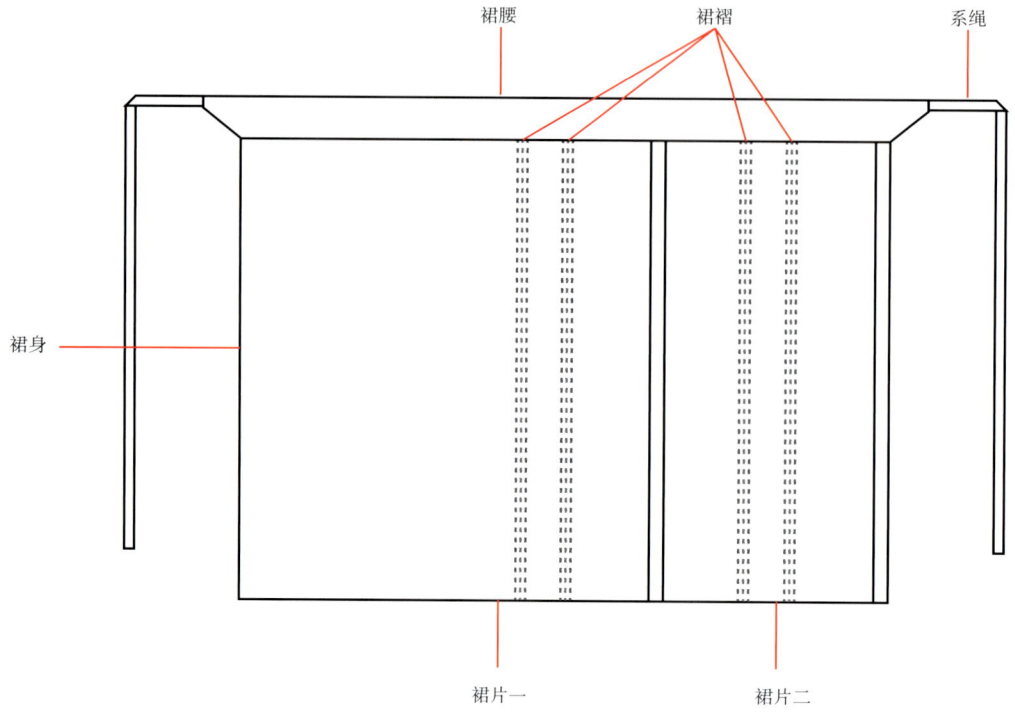

图四 昌江县美孚方言黎族男子下装结构名称图

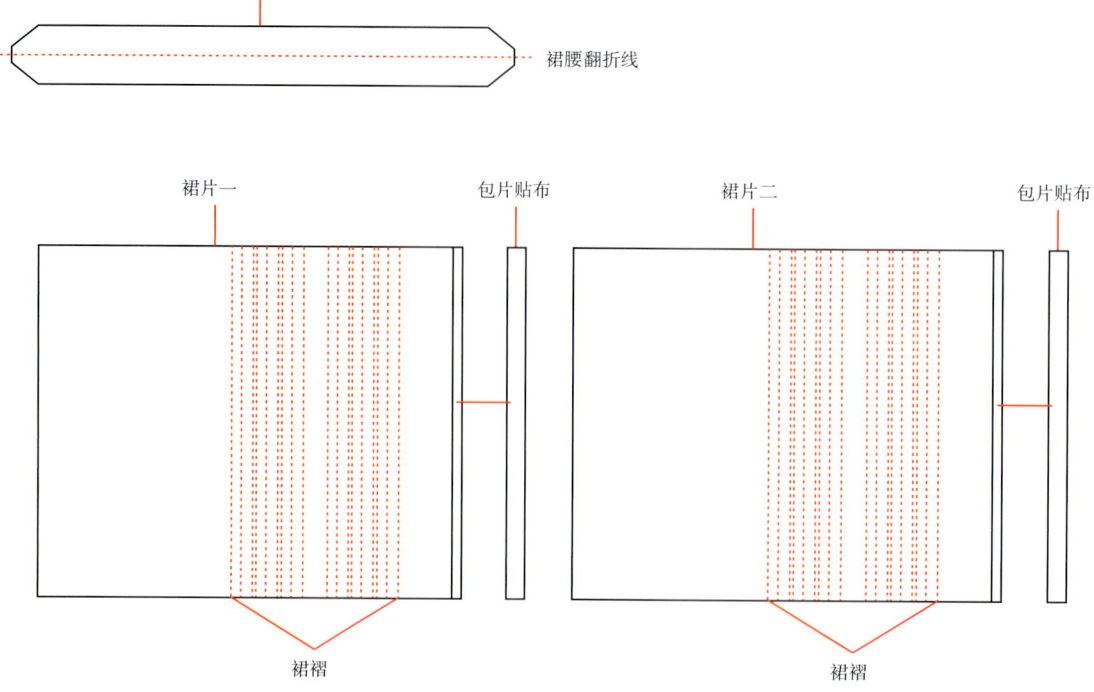

图五 昌江县美孚方言黎族男子下装剪裁图

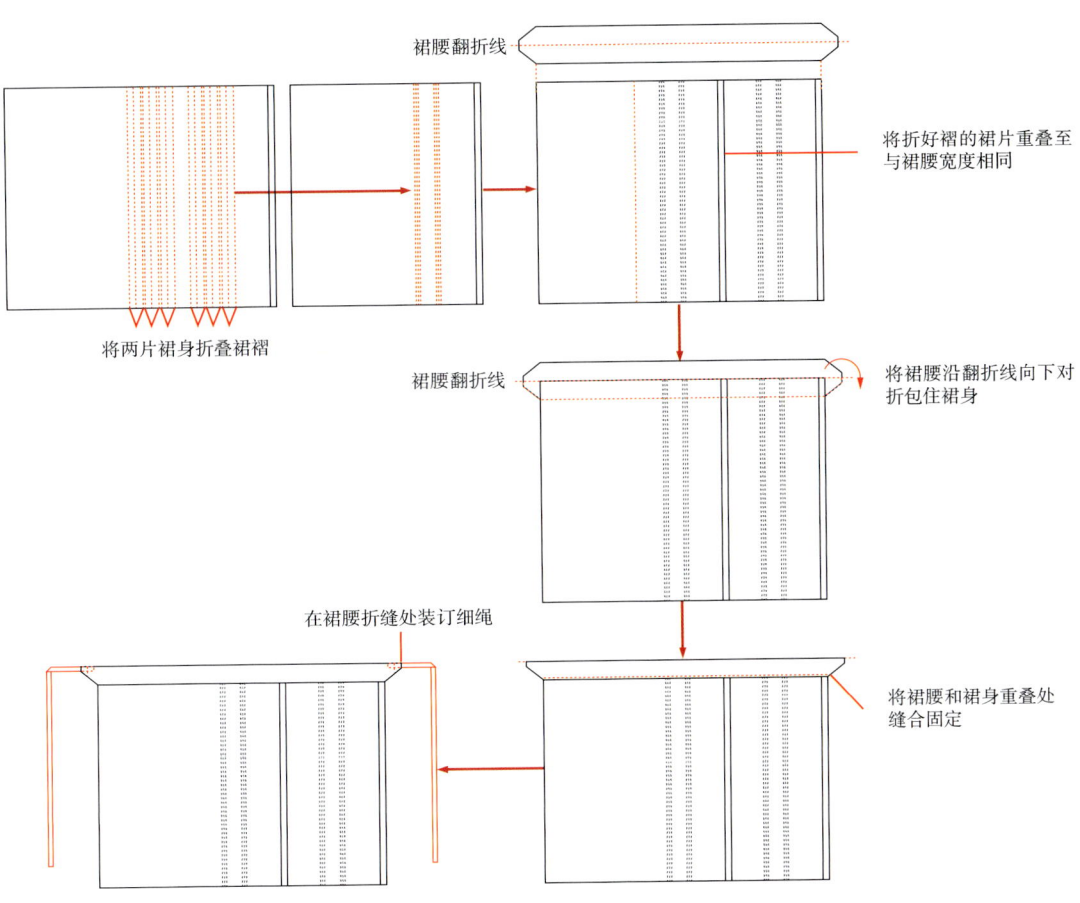

图六　昌江县美孚方言黎族男子下装制作流程图

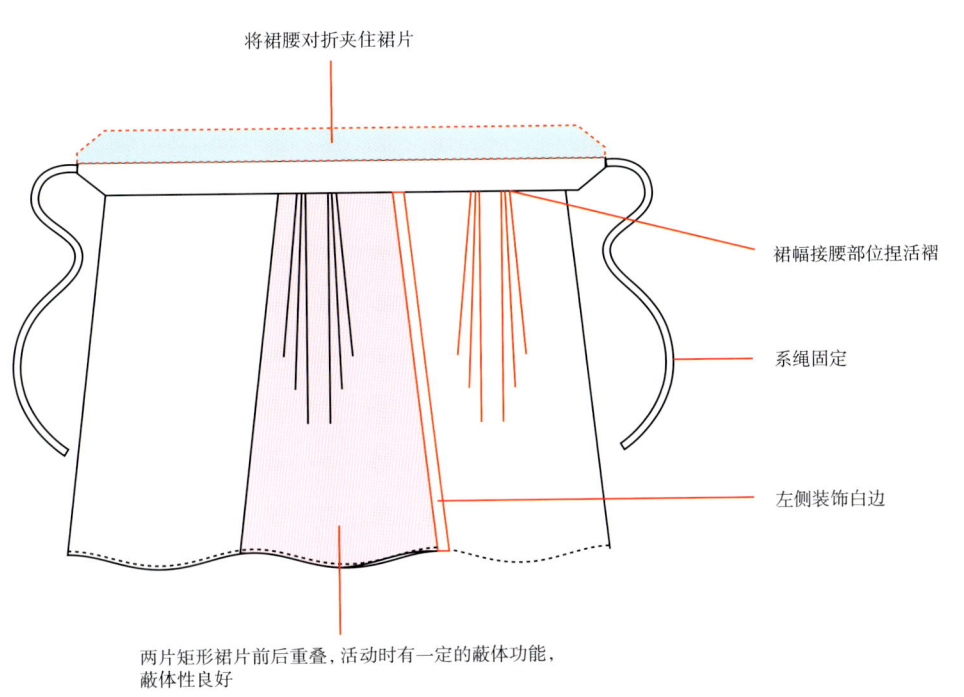

图七　昌江县美孚方言黎族男子下装设计分析图

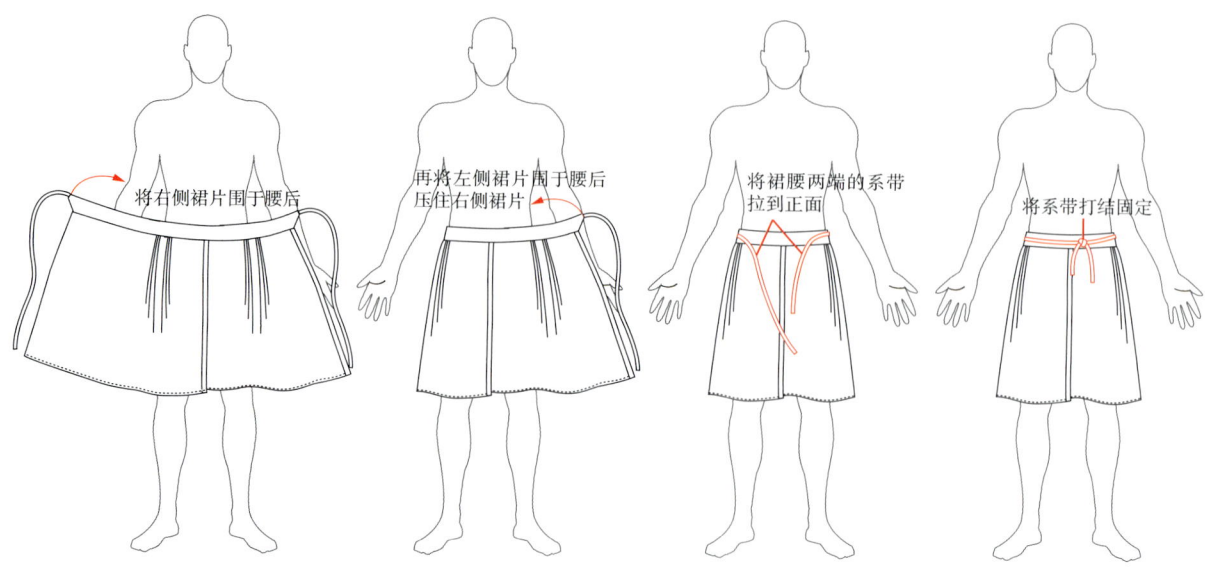

图八 昌江县美孚方言黎族男子下装穿着方式示意图

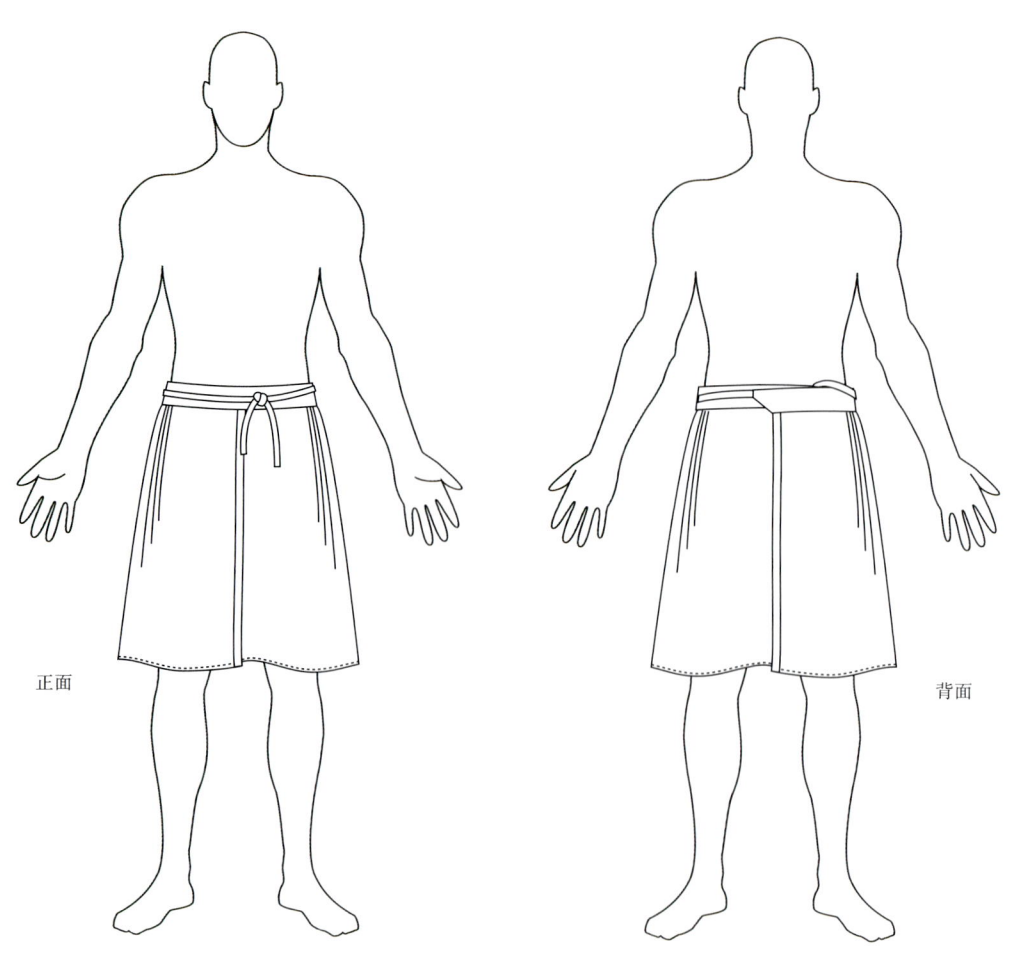

正面　　　　背面

图九 昌江县美孚方言黎族男子下衣穿着效果示意图

乐东县哈方言黎族男子犊鼻裤

图一　乐东县哈方言黎族男子犊鼻裤主图

乐东县哈方言黎族男子犊鼻裤又被称作犊鼻裈或包卵布，是哈方言黎族男子传统下裳，为一块形如犊鼻的丁字形兜裆布。本案例采选自北京服装学院博物馆以及海南省博物馆收藏的乐东哈方言黎族男子犊鼻裤，分为一片式犊鼻裤和两片式犊鼻裤两种形制。

乐东哈方言黎族男子犊鼻裤采用素织棉、麻布，一片式犊鼻裤由单幅裤片组成，而两片式犊鼻裤则由前、后两幅相同的裤片部分重合缝合而成。单幅裤片通常由四个部分自上而下缝合组成，最上方为上宽下窄的梯形，依次向下拼接两块长度相同、宽度与梯形底端相同的方形裤片，最下方通常拼接一块彩色的织片或绣片作为装饰。而整体外轮廓采用包边的形式，包边缝合处使用犬牙形花纹加以装饰，有些犊鼻裤在底端环绕缝缀一圈彩色珠串进行装饰。一片式犊鼻裤通常在梯形上端将一条系带采用包边缝合的方式与裤片相连，系带两端长出梯形的左右两角之外，而两片式犊鼻裤则需先将前、后裤片上端的一角进行重合，再包边缝合系带。

一片式犊鼻裤穿着时首先将犊鼻裤围在

身体背后,再将裤鼻的底端从胯下向前拉提到身体前侧并高于后侧,最后将犊鼻裤左右两端从背后合围于身体前侧并将系带在身体前侧系紧。两片式犊鼻裤穿着时首先将前裤片遮挡住身体前侧,再将后裤片从身体背后绕到身体左侧并与前片的左角对齐,最后将前后两片的系绳绕胯部一周在身体右侧绑紧。

图片来源

图一　鞠斐　摄影
图二至图七　鞠斐　制图
图八　袁晓莉　摄影
图九　王辉山　摄影

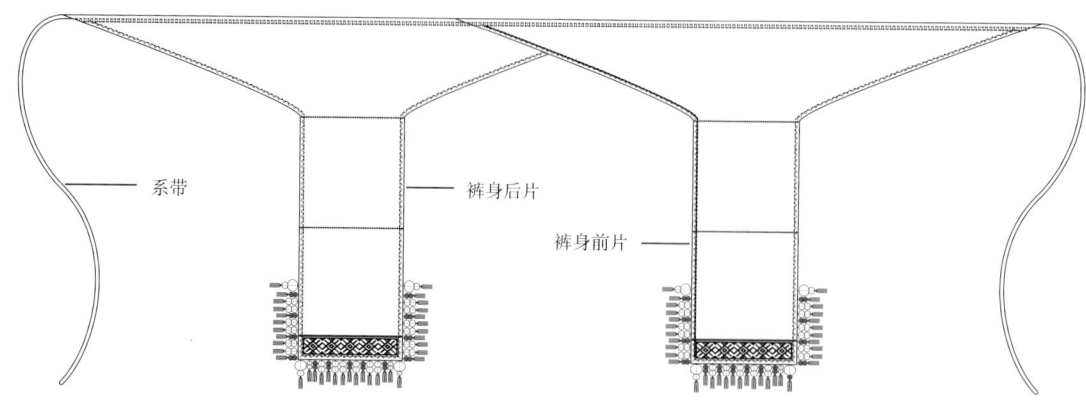

两片式犊鼻裤

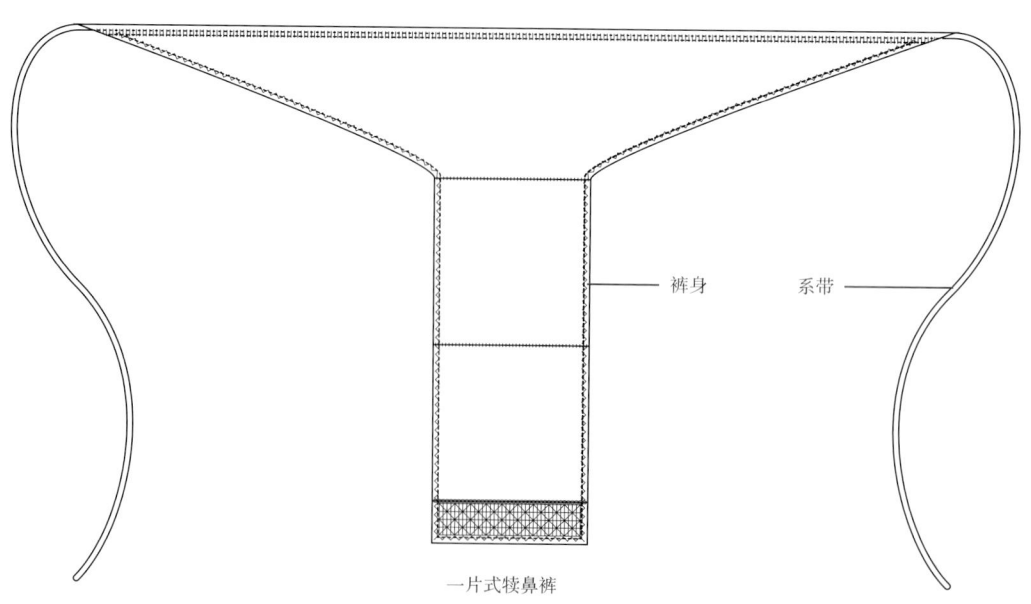

一片式犊鼻裤

图二　乐东县哈方言黎族男子犊鼻裤款式图

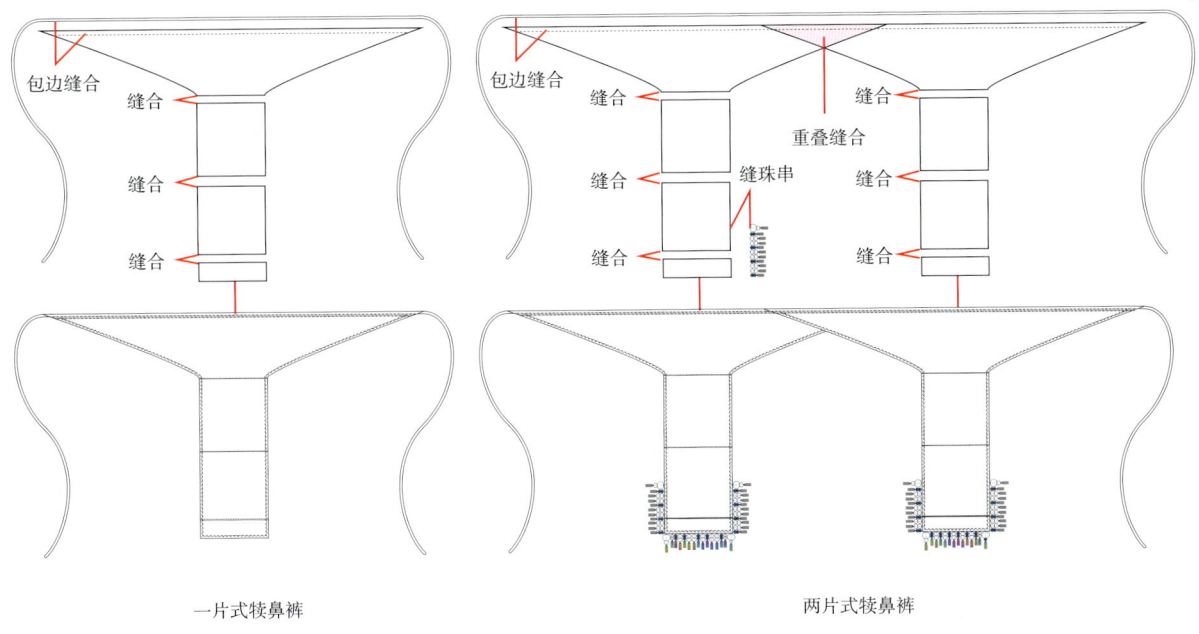

图三　乐东县哈方言黎族男子犊鼻裤剪裁图

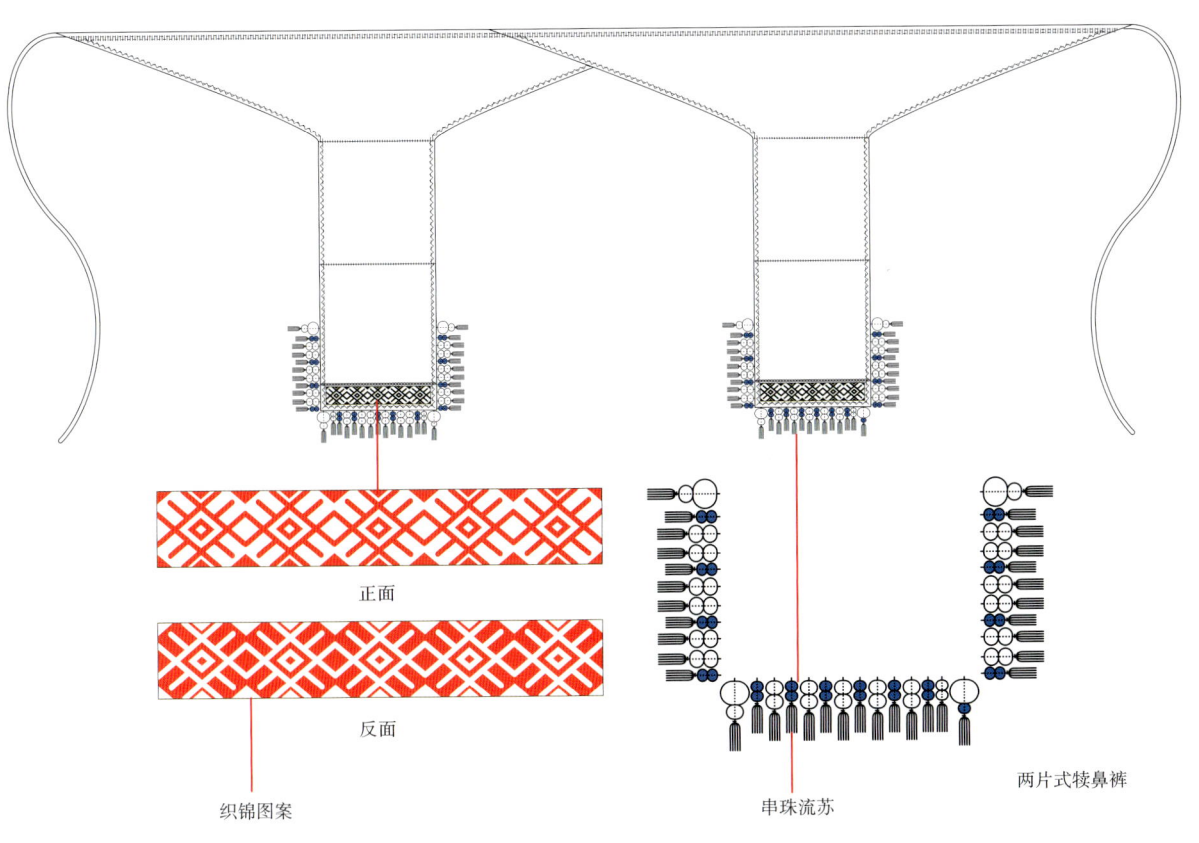

图四　乐东县哈方言黎族男子犊鼻裤装饰分析图1

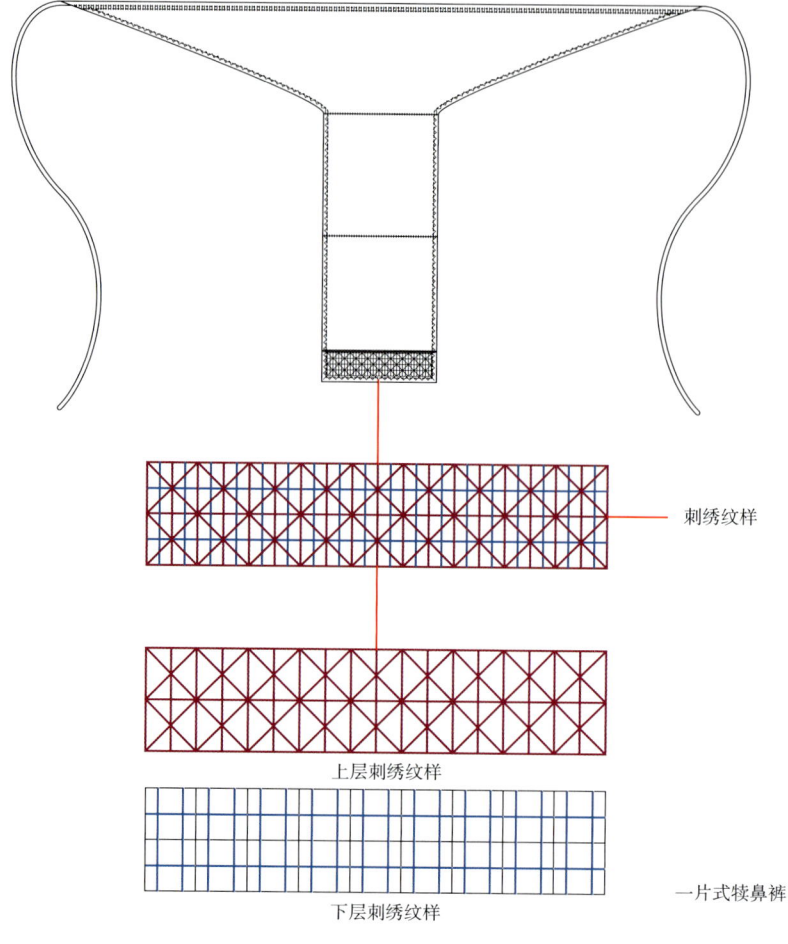

图五 乐东县哈方言黎族男子犊鼻裤装饰分析图 2

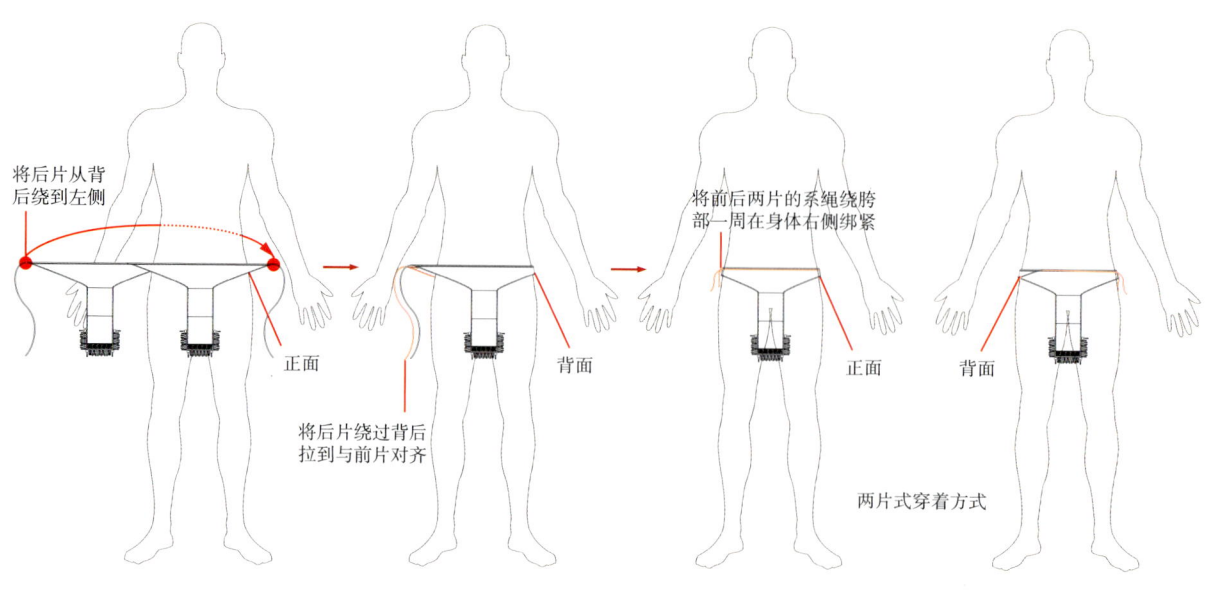

图六 乐东县哈方言黎族男子犊鼻裤穿着方式 1

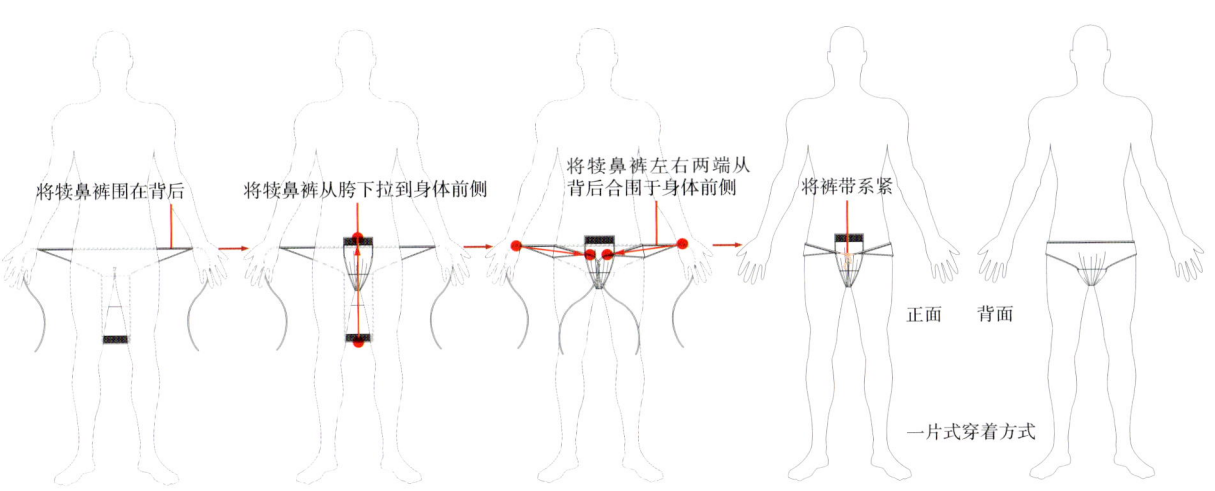

图七　乐东县哈方言黎族男子犊鼻裤穿着方式2

图八　延展图：黎族男子蔽体葫芦

图九　延展图：黎族男子吊纤

第二章　黎族传统服饰

杞方言黎族女子葵叶雨披

图一 杞方言黎族女子葵叶雨披主图

雨披是一种传统雨具，可像披风那样穿在身上遮雨，由于黎族人使用的传统雨披是用天然材料——棕榈科植物蒲葵的叶子编织而成，因此被称为葵叶雨披。本案例采选自五指山地区杞方言黎族女子葵叶雨披，使用单张巨大葵叶编织而成，生产劳动时披在身上既可挡雨，又可遮阳。

海南岛五指山地区气候较为复杂，降雨丰富的同时日照十分强烈，因此五指山地区的杞方言黎族妇女历来头戴夹葵叶斗笠、身披葵叶雨披来遮阳挡雨。本案例雨披由葵叶、固定铁圈和挂脖系绳组成，五指山地区普遍生长的蒲葵为葵叶雨披的制作提供了最关键的材料——葵叶。制作葵叶雨披时，要选择叶面宽大圆正、尾端自然开裂的葵叶，平铺后经过日晒干燥处理过的葵叶具有一定的耐水性，是制作雨披的天然材料。将处理过的葵叶去掉长出叶面的叶柄，并将截口处修剪光滑，再将散开的叶尾剪去，整体轮廓修剪成整齐的团扇形，并在靠近尾部的地方用麻线或细藤缝合一圈，以防止叶尾进一步开裂，同时令雨披更加牢固。缝合完后葵叶的高度要高于黎族妇女从肩膀到膝盖的长度，通常穿戴时叶柄部分高过肩膀，底部则会长出膝盖，宽度约为双手微展时能覆盖指尖的宽度，能将整个人在有限的动作范围内笼罩其中。

为了便于日常穿脱，黎族妇女将粗铁丝环弯曲成U形，用粗绳缠绕固定铁丝的形状，用粗线将铁圈和葵叶缝订在一起，在铁丝环长出叶面的两端系绳。使用时，只需将雨披上并系上系绳即可，闲置时可将挂脖系绳系于挂钩上悬挂。雨披整体具有一定的弧度，在身上形成一个壳状，能有效阻挡两侧的风雨和阳光，同时能便于雨水顺着弧形轮廓流淌滴落。

其他黎族地区的葵叶雨披形制与结构略有不同：三亚地区的葵叶雨披比五指山地区的葵叶雨披更加宽阔；保亭地区的葵叶雨披则将叶片撕开成条状，再将叶片一条条拼合成排，用草绳编结固定，再一层层重叠缝合在一起，整体雨披呈扇形，十分厚重，这种葵叶雨披通常为黎族男子使用。

图片来源
图一、图八、图九　鞠斐　摄影
图二至图七　鞠斐　制图

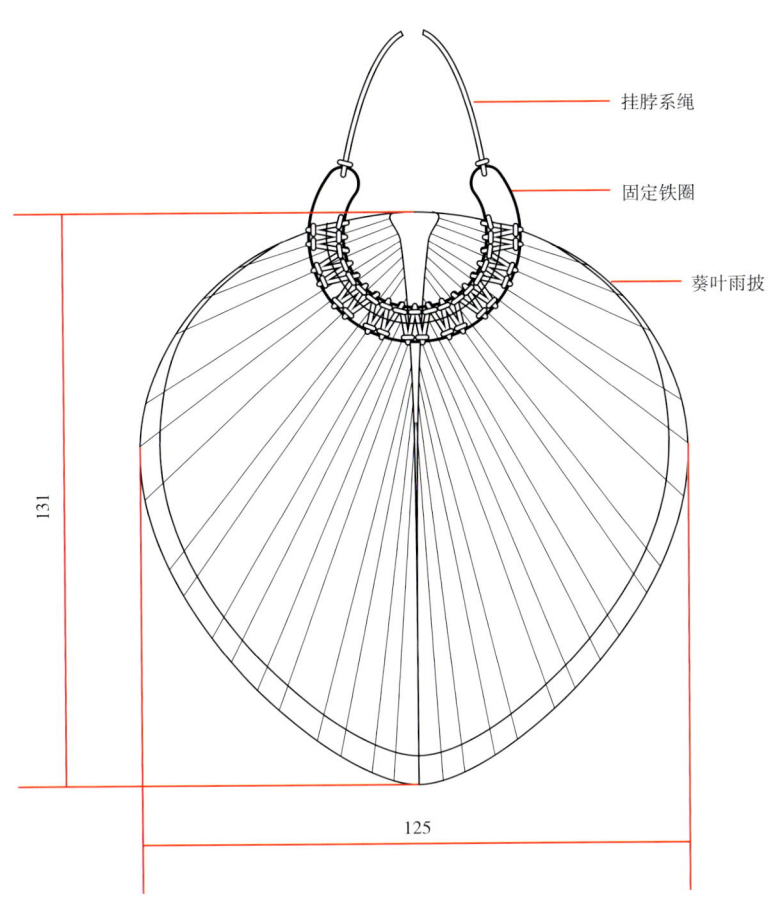

图二　杞方言黎族女子葵叶雨披结构名称、尺寸图（单位：cm）

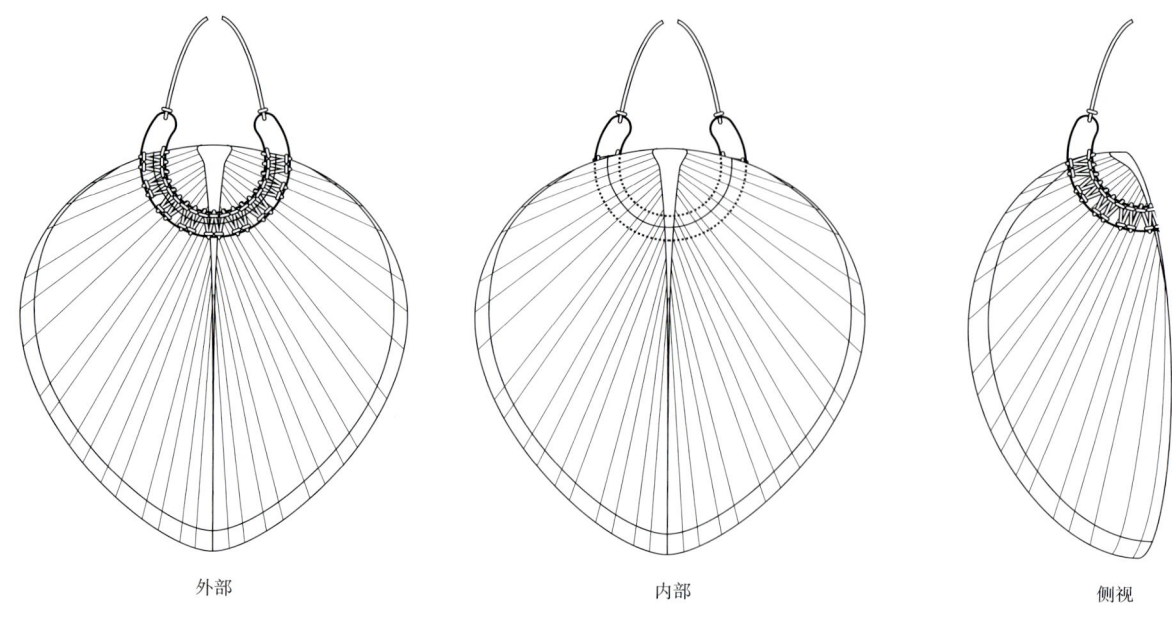

外部　　　　　内部　　　　　侧视

图三　杞方言黎族女子葵叶雨披视角图

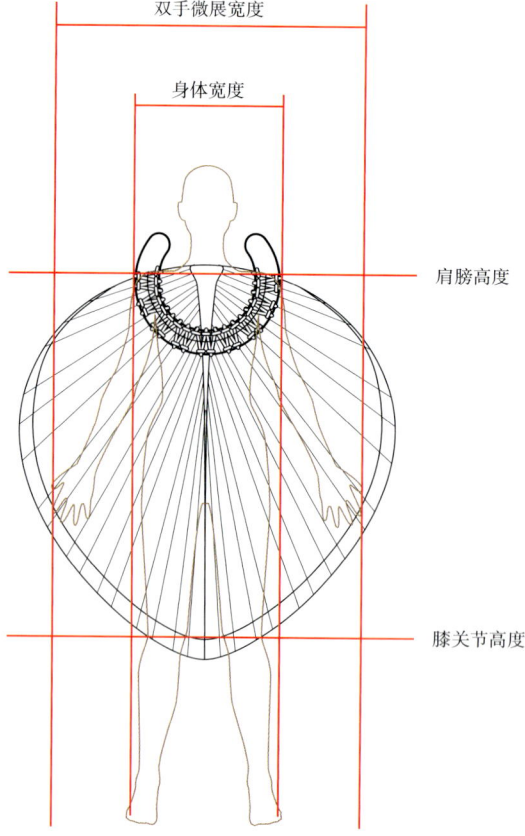

图四　杞方言黎族女子葵叶雨披与人体比例示意图

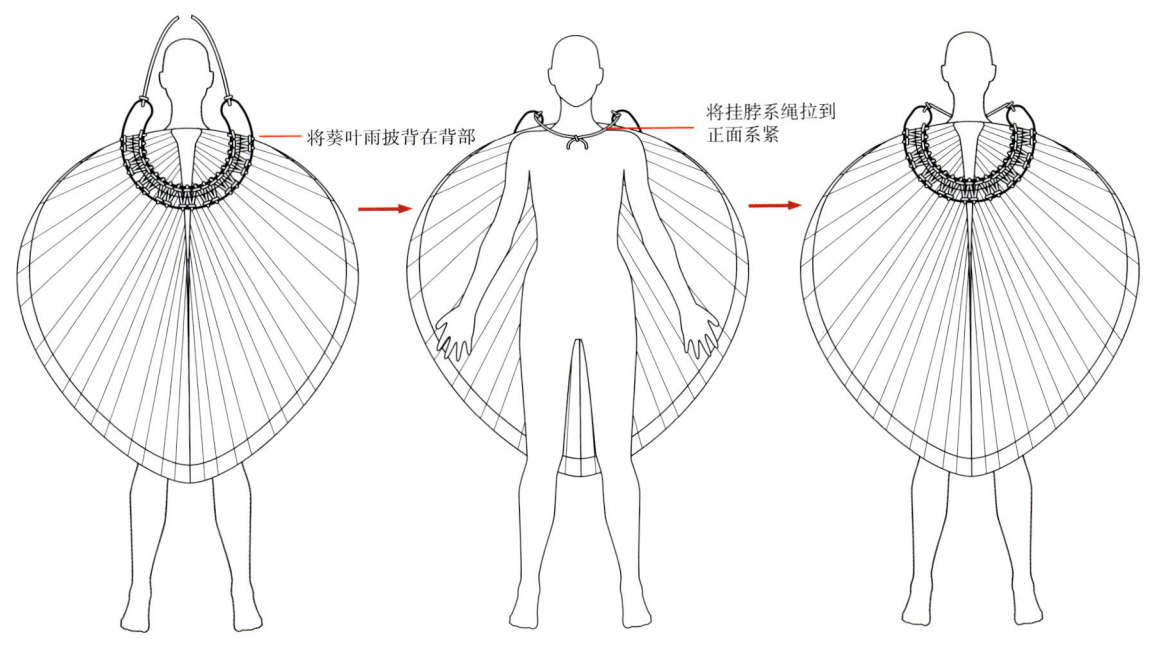

图五　杞方言黎族女子葵叶雨披穿戴方式示意图

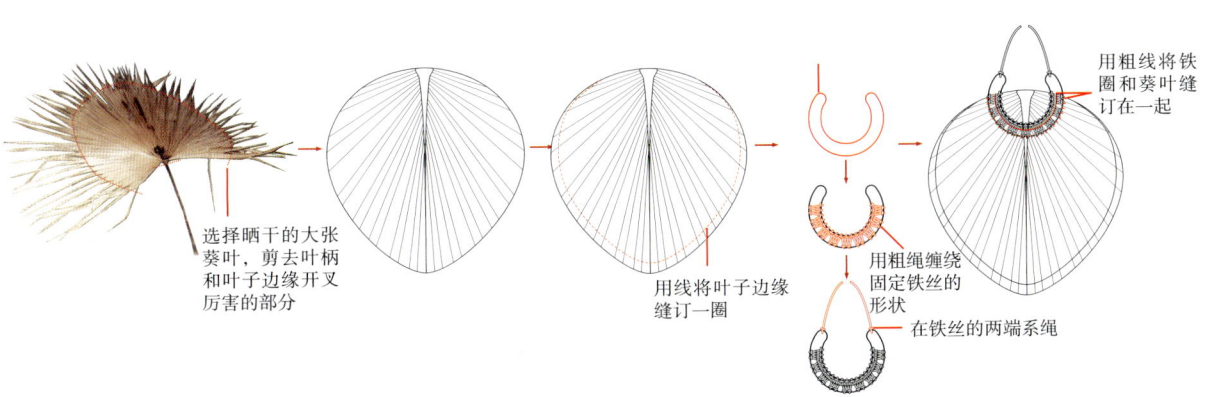

图六　杞方言黎族女子葵叶雨披制作流程图

图七　杞方言黎族女子葵叶雨披穿着效果示意图

图八　延展图：其他形制黎族女子葵叶雨披

图九　延展图：黎族男子葵叶雨披

黎族夹葵叶斗笠

图一　黎族夹葵叶斗笠主图

圆形、尖顶的斗笠是常见的黎族妇女日常服饰之一，通常在户外行走、劳作时佩戴，用来遮阳避雨以抵挡海南岛酷热多雨的气候。黎族传统斗笠有竹编、藤编、蒲叶编织等多种样式，本案例采选自海南保亭黎族苗族自治县文化馆黄呈馆长收藏的黎族传统夹葵叶斗笠，是较为典型的黎族传统斗笠。

黎族传统斗笠通常有两种形制，一种为单层斗笠，由竹篾、藤条交织一层或由葵叶与骨架结合而成。另一种为双层斗笠，分为里、外两层，里外骨架通常由竹篾支撑，外层的编纹组织结构复杂，通常编织出各种凹凸变化起到装饰作用；里层通常编织简单，网格较细，平整光滑以防刮带头发和皮肤，里外两层套叠在一起用麻线或细藤篾扎牢。黎族人通常在双层斗笠的里外层之间夹衬大片的葵叶、竹叶或椰子叶，用来更好地防水挡雨。

本案例为黎族传统竹编夹葵叶斗笠，笠顶用粗竹篾搭十字形骨架进行支撑，再用细竹篾根据十字形框架编结进行加固。里外层斗笠外沿部分各有五圈粗竹篾骨架支撑，并用细竹编以挑一压一的编织方法编成笠沿；里外层中间夹铺葵叶层，重合之后最外层边沿用两圈粗竹篾加固并用细竹篾编结固定。系带通常为藤编或草编细绳，捆扎固定在里层最内一圈粗竹篾骨架上，佩戴时用系带挂住下巴来固定斗笠。黎族传统斗笠样式、材质、编结方法多种多样，是黎族传统藤编、竹编工艺的集中体现。

图片来源

图一　鞠斐　摄影
图二至图五　鞠斐　制图

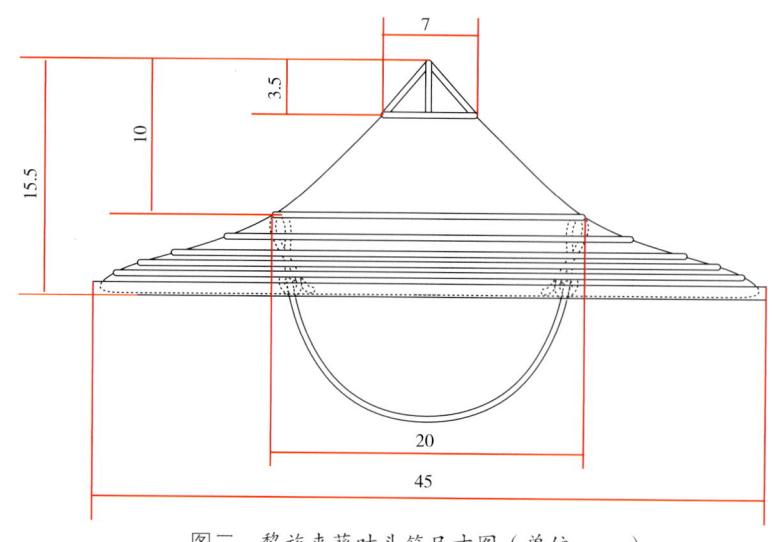

图二　黎族夹葵叶斗笠尺寸图（单位：cm）

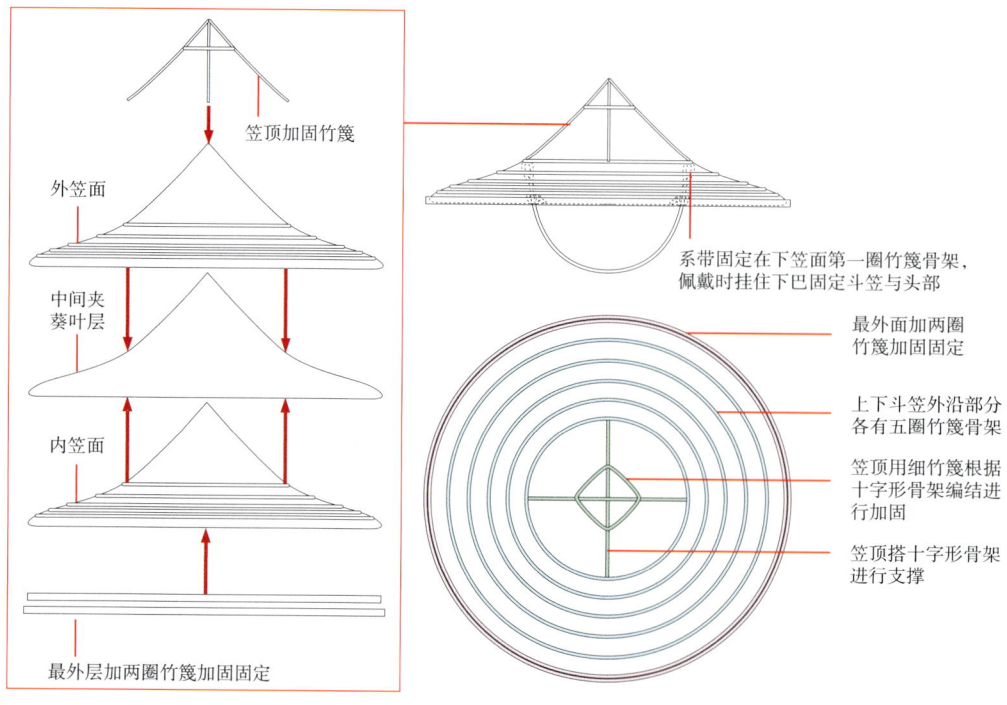

图三　黎族夹葵叶斗笠设计分析图

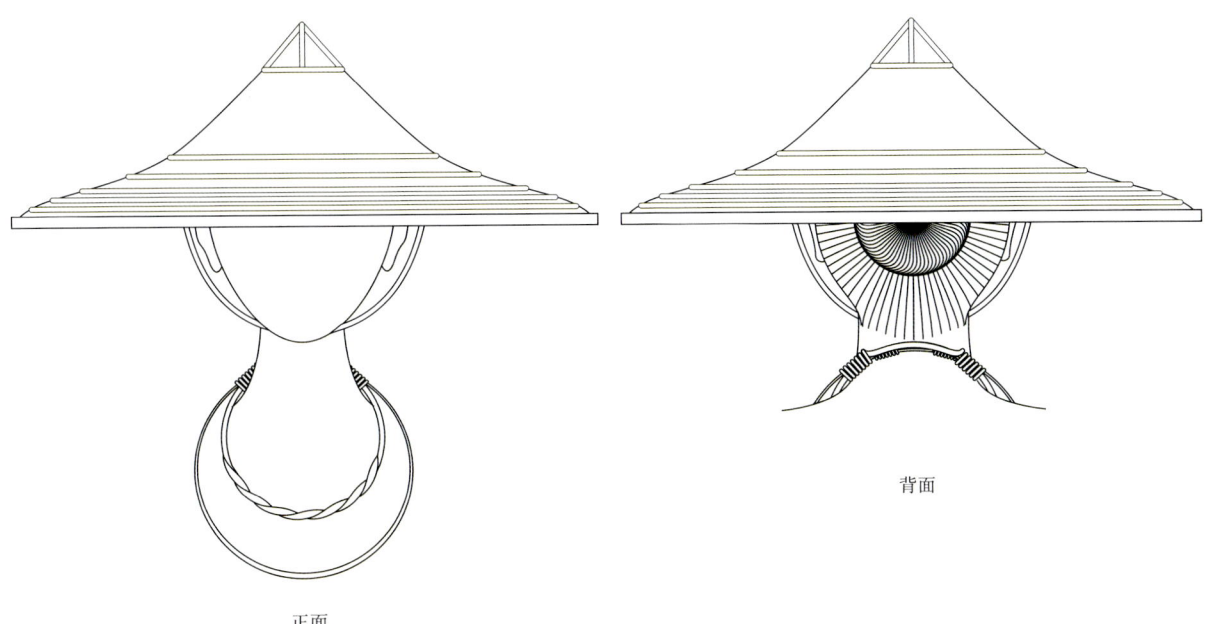

正面　　　　　　　　　背面

图四　黎族夹葵叶斗笠佩戴效果示意图

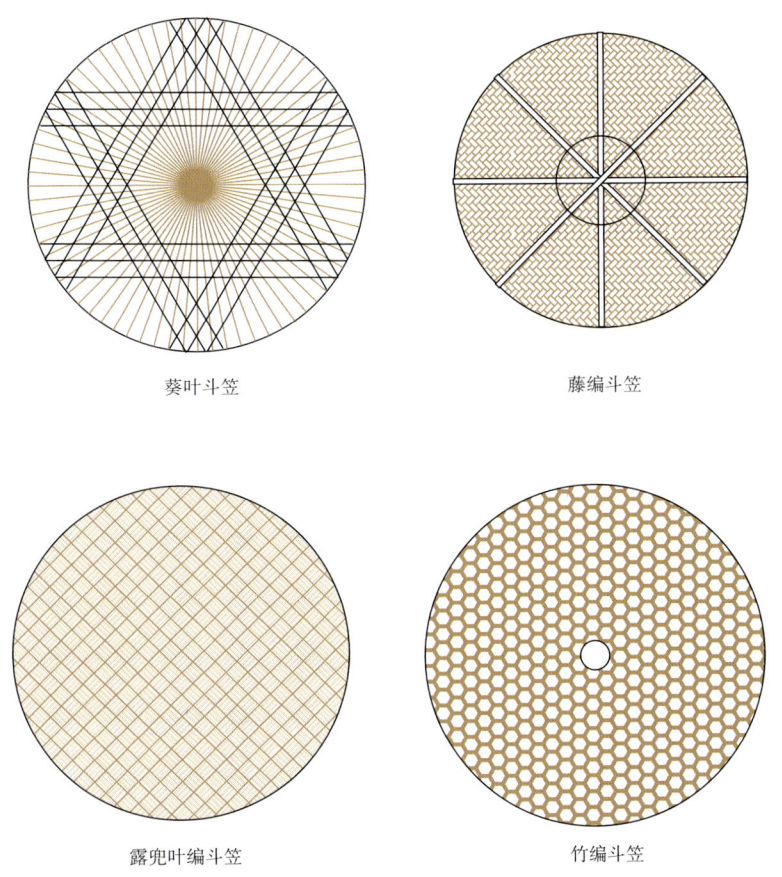

葵叶斗笠　　　　　　藤编斗笠

露兜叶编斗笠　　　　竹编斗笠

图五　延展图：其他类型黎族斗笠

黎族牛皮人字屐

图一　黎族牛皮人字屐主图

　　黎族牛皮人字屐是黎族人字夹脚平底拖鞋，又称为夹趾牛皮拖鞋，既穿脱方便，又能适应当地炎热的气候。本案例采选自海南保亭县文化馆黄呈馆长收藏的黎族传统牛皮人字屐，以麻纤维搓捻成绳作为鞋面，整张牛皮作为鞋底。

　　本案例由牛皮底板、牛皮横插片、夹脚麻绳系带和脚背麻绳系带构成，海南黎族人传统的耕种方式中多使用耕牛踩田，故当地牛皮材料十分易得。制作皮屐时，首先在一张整牛皮上绘制出符合人脚的边缘轮廓的底板形状和横插片的轮廓，再将底板和横插片沿轮廓切割下来，并将屐面中段两侧根据插片的宽度各切一条长口，准备插入用来固定系绳的插片。再为屐面拇趾和食趾之间以及插片的左右两侧各打一个圆孔，用来穿绳固定夹脚和脚两侧宽度的位置，并将插片穿过屐面两条长条切口。同时准备一长一短两条麻绳，将短麻绳一端编结固定成圈，将长麻绳从圈中穿过，再将短麻绳另一端穿过屐面前段的圆孔，并在背面打结固定，然后将长麻绳的两端穿过插片两端的圆孔，并在插片和屐面之间的夹缝处打结固定。

在穿黎族牛皮人字屐时，夹脚麻绳起到固定脚趾位置和拉扯脚背麻绳的作用，长绳的两端穿过鞋底圆孔的宽度正好适合脚底的宽度，插片的位置正好在脚心的位置。行走时插片被脚背麻绳带动，产生轻微的弹力，可以减轻人脚着地时的受力，同时增加行走时的稳定性及底板的牢固性。鞋底背面的插片设计可以减小鞋底的触地面积，延长鞋子的使用寿命，同时令鞋底更加贴合脚弓的形状。穿着牛皮人字屐可以防止行走或劳作时脚被凹凸不平的地面或带刺植物划伤，一定程度上起到保护脚部的作用。

图片来源
图一、图六　鞠斐　摄影
图二至图五　鞠斐　制图

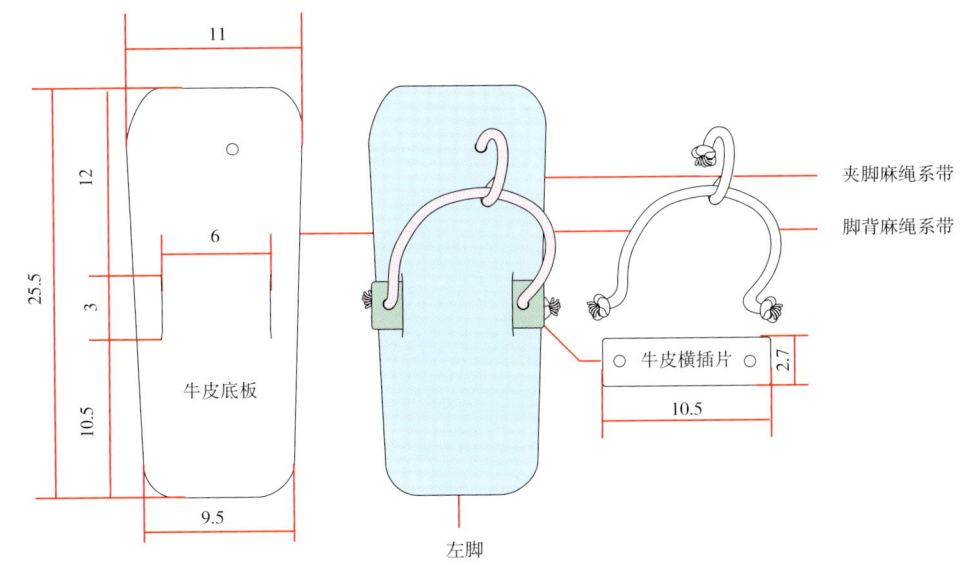

图二　黎族牛皮人字屐结构名称、尺寸图（单位：cm）

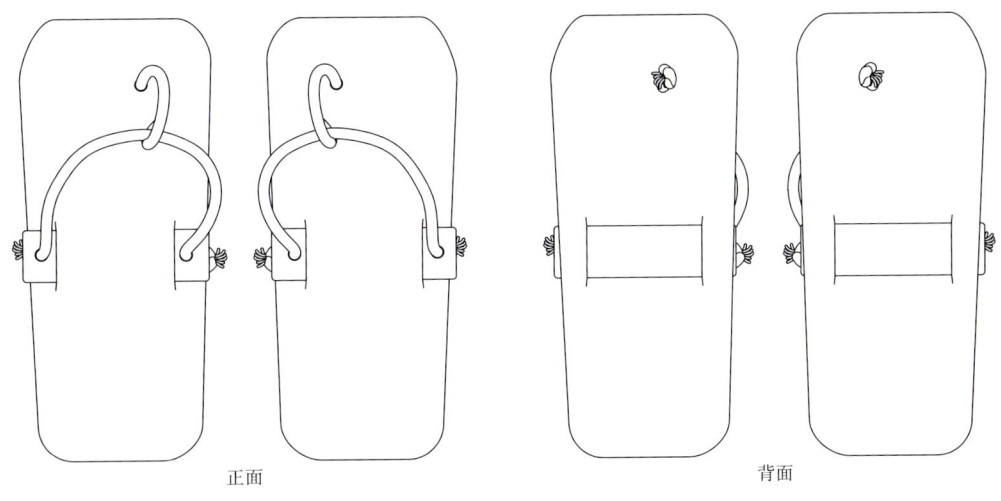

图三　黎族牛皮人字屐结构示意图

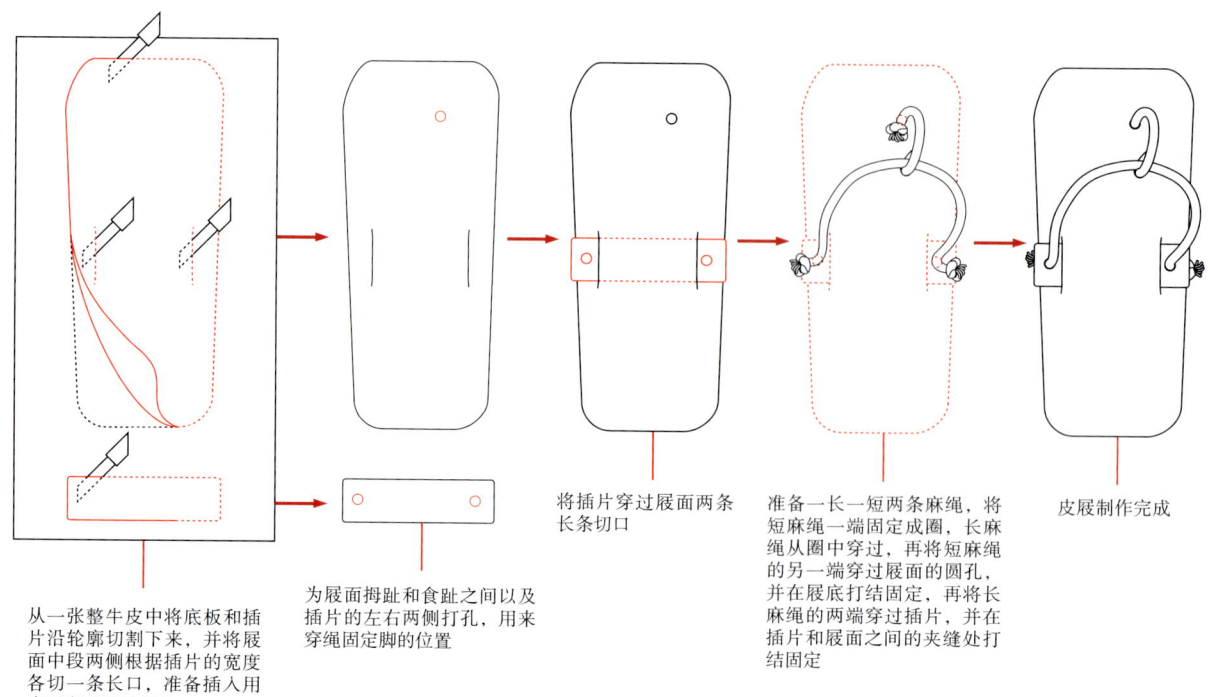

图四 黎族牛皮人字屐制作流程图

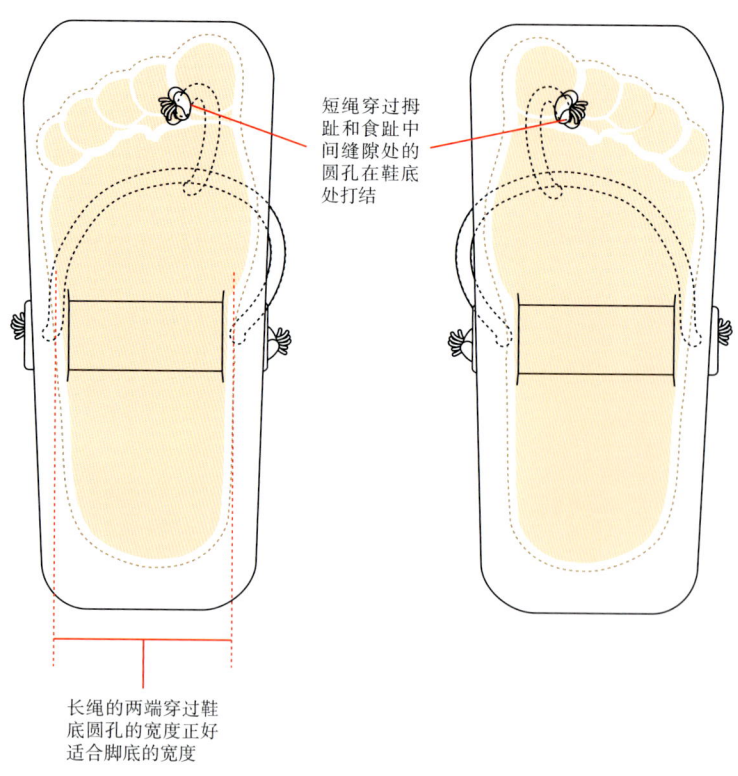

图五 黎族牛皮人字屐设计分析图

图六　黎族牛皮人字屐延展图

润方言黎族骨梳

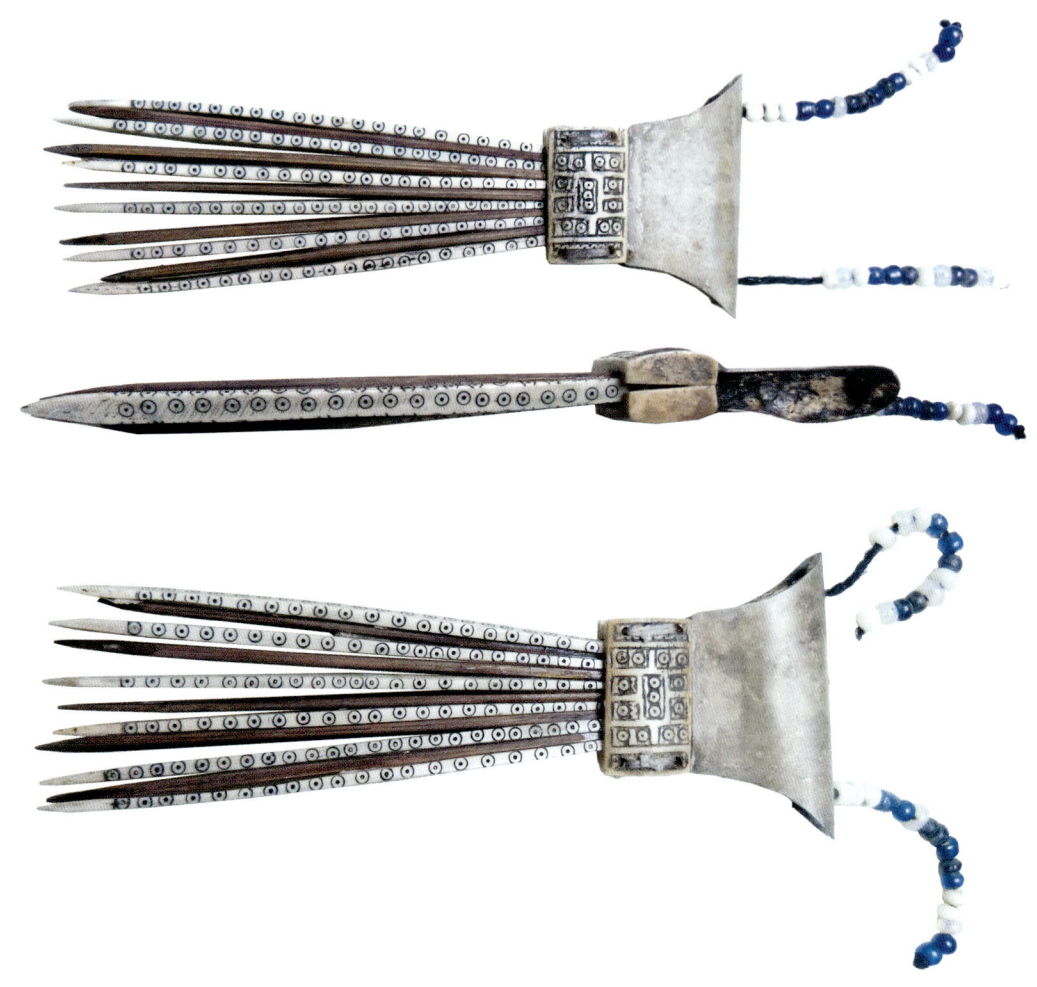

图一 润方言黎族骨梳主图1

骨梳是黎族最复杂的骨器,既可梳发又可盘发,深受黎族妇女的喜爱。它一般由梳身与梳齿两部分组合而成。修整两块平直的长方形骨料作为梳身,两块骨料上端夹着一个对折呈倒梯形的银柄,下部钻出一条空隙用以插梳齿;梳齿是磨得很细很匀的骨针,多则二十几根,少则八九根,一端插进梳身,另一端呈锥状,方便梳理头发。两块梳身骨料上各有四个孔,都在靠边的位置,用麻线穿孔,将两块骨料包合,夹紧了梳齿与头部的银柄,实际银柄是将插进梳身的梳齿包裹隐蔽起来。还有一种骨梳是直接将梳齿插进梳身的钻孔中。在梳身上都刻有均匀的几何图案,一般是方框里带点的圆纹,而梳齿上也刻有带点圆圈或者是棋盘纹,整个骨梳都是黑白相间的色饰,有时会在几根梳齿上涂以红色。

黎族人没有经过青铜时代而在近现代直接从石器跨至铁器领域，使用铁器后的骨器制作从质量到精度上都有所提高。铁制的砍刀、锯子、铁锥、凿子发挥了巨大作用，使骨器从破料到精雕细琢变得相对容易，骨梳就是最好的例证。虽然黎族的现代化导致传承下来的骨器越来越少，但是在其漫长的旅程中还是留下了清晰的记忆，为我们回看历史中的设计留下了深刻的影子。

图片来源
图一、图二、图九　鞠斐　摄影
图三至图八　鞠斐　制图

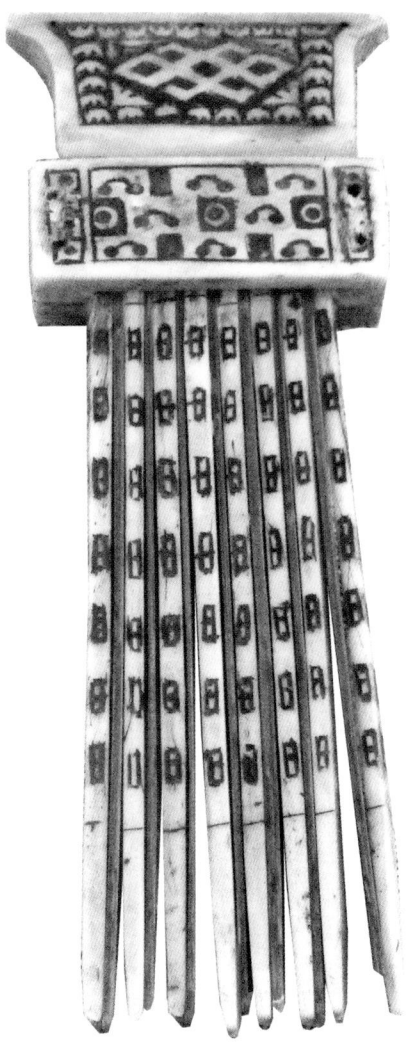

图二　润方言黎族骨梳主图 2

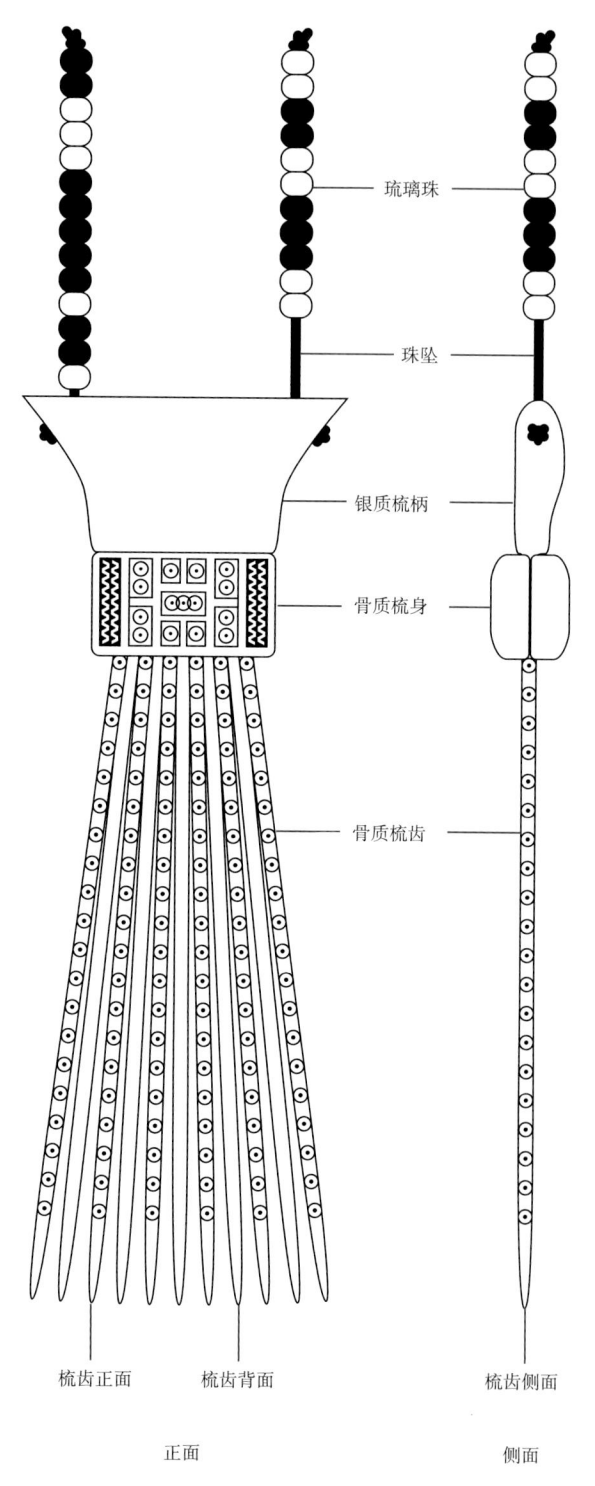

图三 润方言黎族骨梳结构名称图1

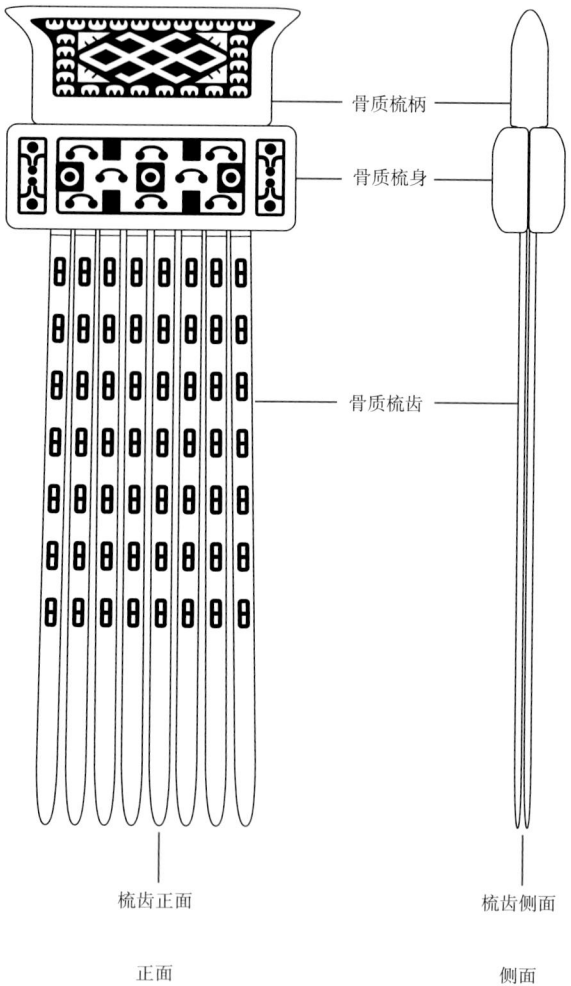

图四 润方言黎族骨梳结构名称图2

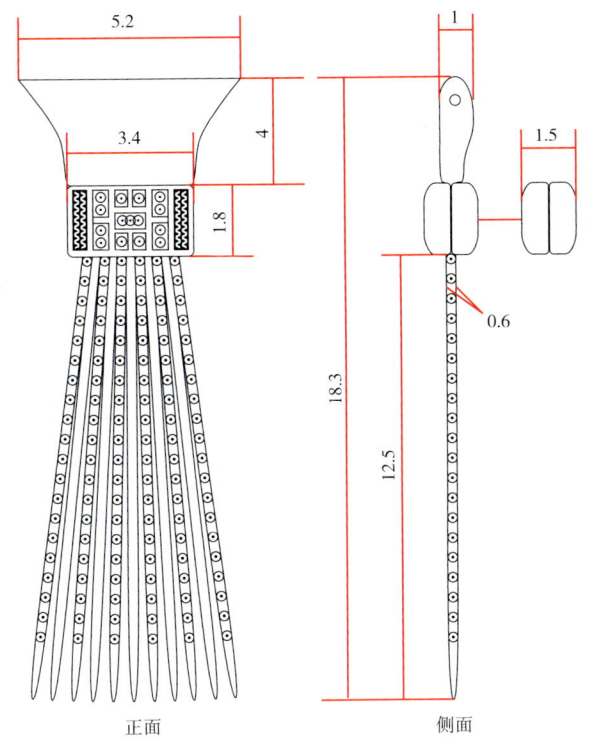

图五 润方言黎族骨梳尺寸图（单位：cm）

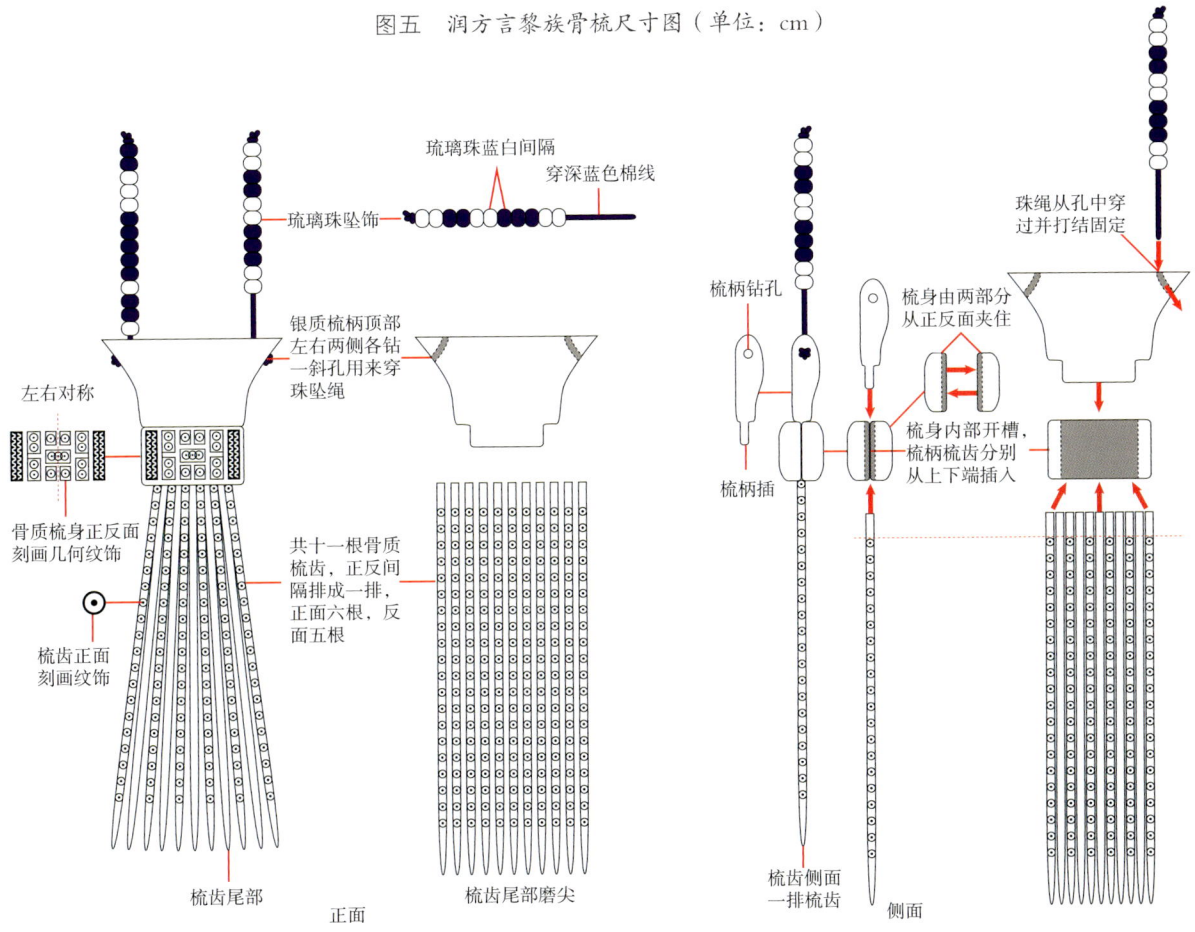

图六 润方言黎族骨梳设计分析图1

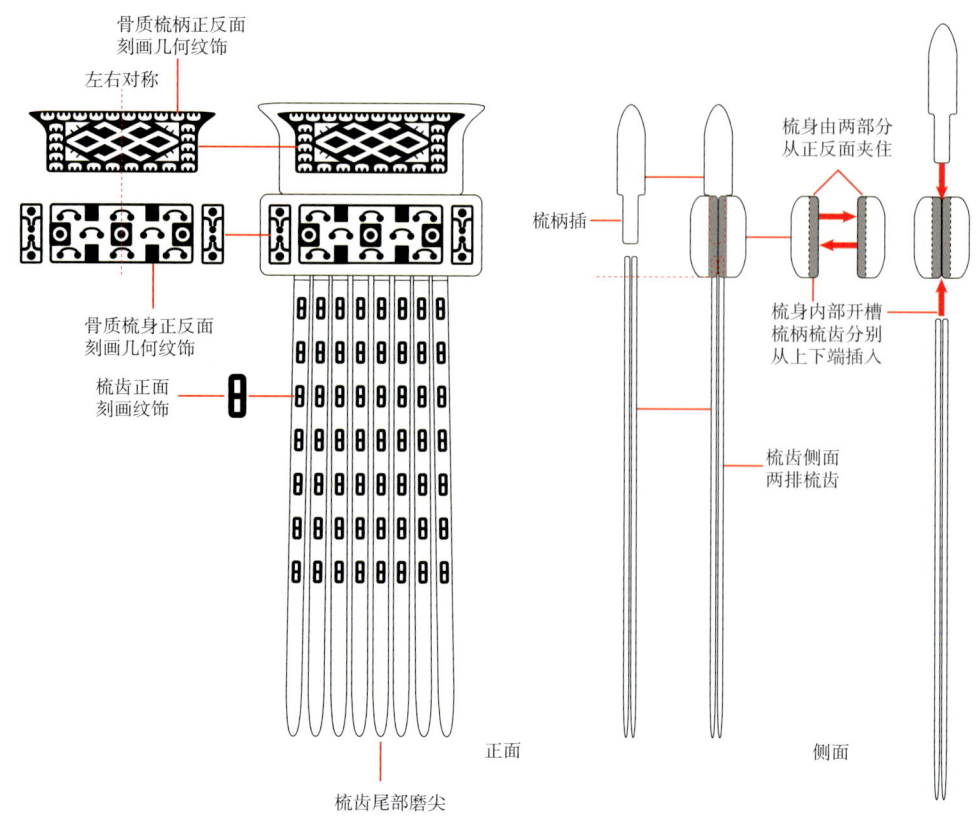

图七 润方言黎族骨梳设计分析图2

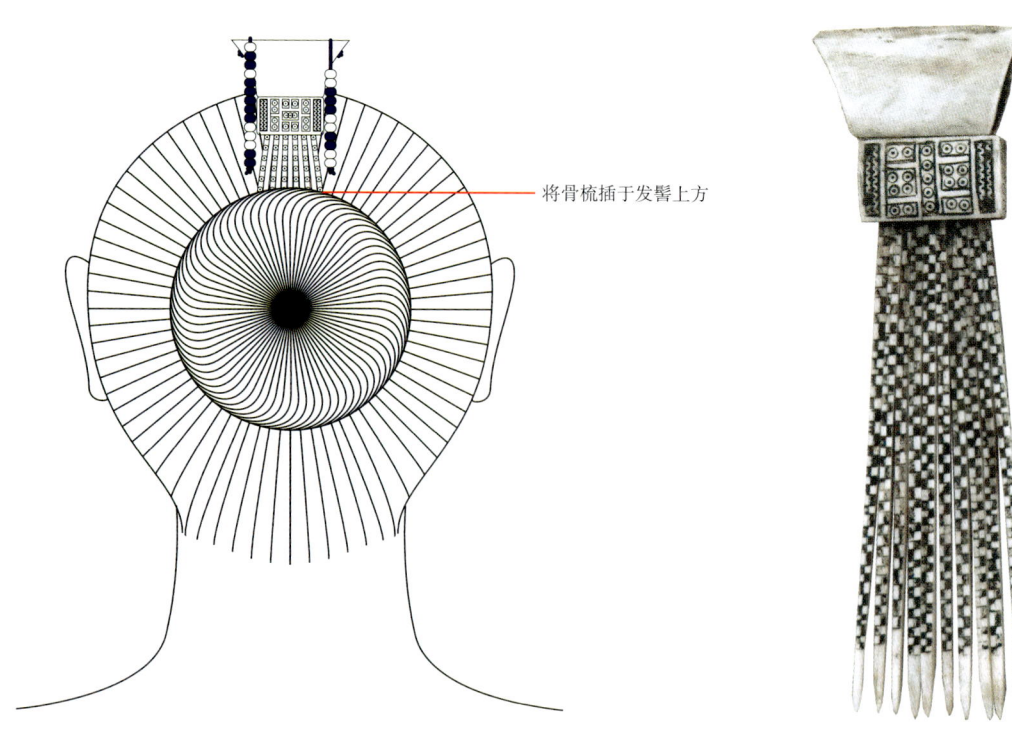

图八 润方言黎族骨梳佩戴方式示意图

图九 润方言黎族骨梳延展图

杞、赛方言黎族女子发簪

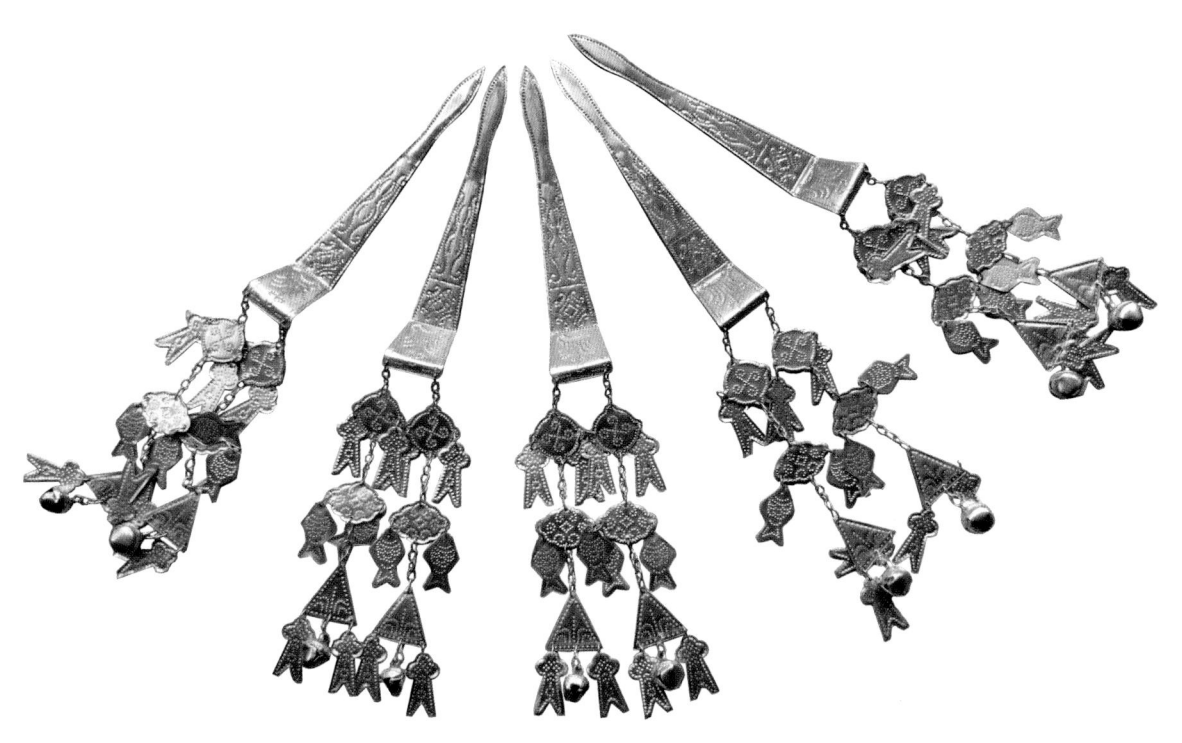

图一　杞、赛方言黎族女子发簪主图 1

发簪是五指山和保亭地区的杞方言、赛方言黎族女子喜爱佩戴的发饰之一，或精美、或朴拙，样式十分丰富。本案例采选自鞠斐女士和蔡於良先生收藏的杞、赛方言黎族女子传统发簪，有当代加工的新发簪，也有近代加工的老发簪，形制不一。

本案例选择了两种最为典型的发簪形制加以分析。第一种样式在五指山和保亭地区的杞方言、赛方言黎族地区都较为常见，通常四到五只发簪为一组，单只发簪为扁长形，由簪头、簪体、簪尾和坠饰组成。通常簪头、簪体和簪尾为一体化的薄片，簪头向上拱起，以錾刻点组合成左右对称花卉纹饰。簪体以錾刻点组合成对称菱形几何纹饰以及左右对称曲线纹饰，簪尾无装饰。簪头坠饰左右各有一条，样式完全相同，依次由具有以錾刻点组合成的旋转对称几何纹饰的圆形银片、以錾刻点组合成的左右对称几何纹饰的币形银片、以錾刻点组合成的左右对称纹饰的鱼形银片和三角形银片等组成，末端悬挂铃铛。第二种式样发簪簪头由錾刻了几何形纹饰的相同花纹和大小的圆柱呈扇形展开，簪体为半圆，錾刻二方连续几何形纹饰，与簪头相连接，簪尾为有一定厚度的扁长形，没有装饰，第二种式样的发簪的体量比第一种更加厚重结实。

　　五指山地区的杞方言黎族妇女佩戴发簪时通常将第一种样式的发簪五只为一组，在发髻上方以扇形的样式展开佩戴。而保亭地区的赛方言黎族妇女则喜爱将第二种样式的发簪插于发髻正上方中间的位置，再取四只第一种样式的发簪佩戴在左右两侧，整体造型古朴典雅、美观大方。

图片来源
图一、图二、图九　鞠斐　摄影
图三至图八　鞠斐　制图

图二　杞、赛方言黎族女子发簪主图 2

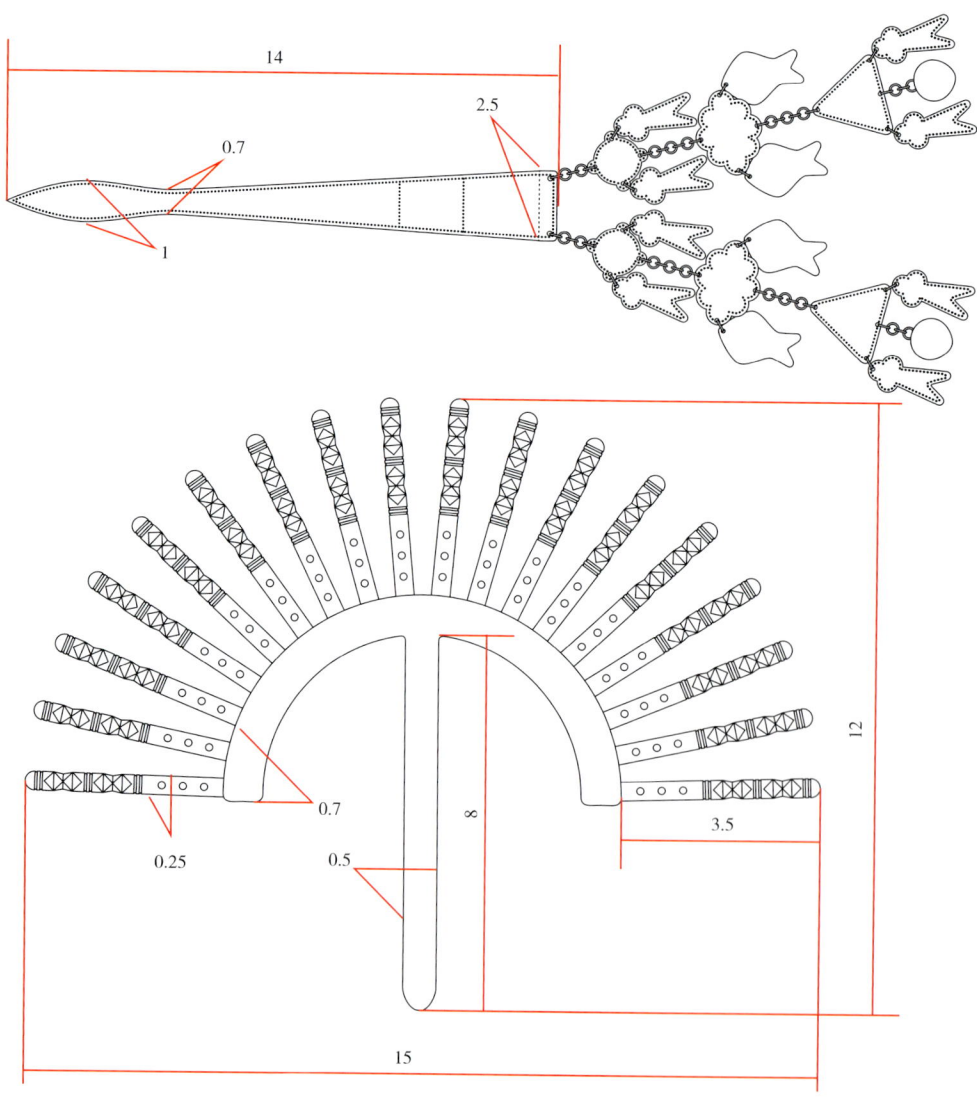

图三　杞、赛方言黎族女子发簪尺寸图（单位：cm）

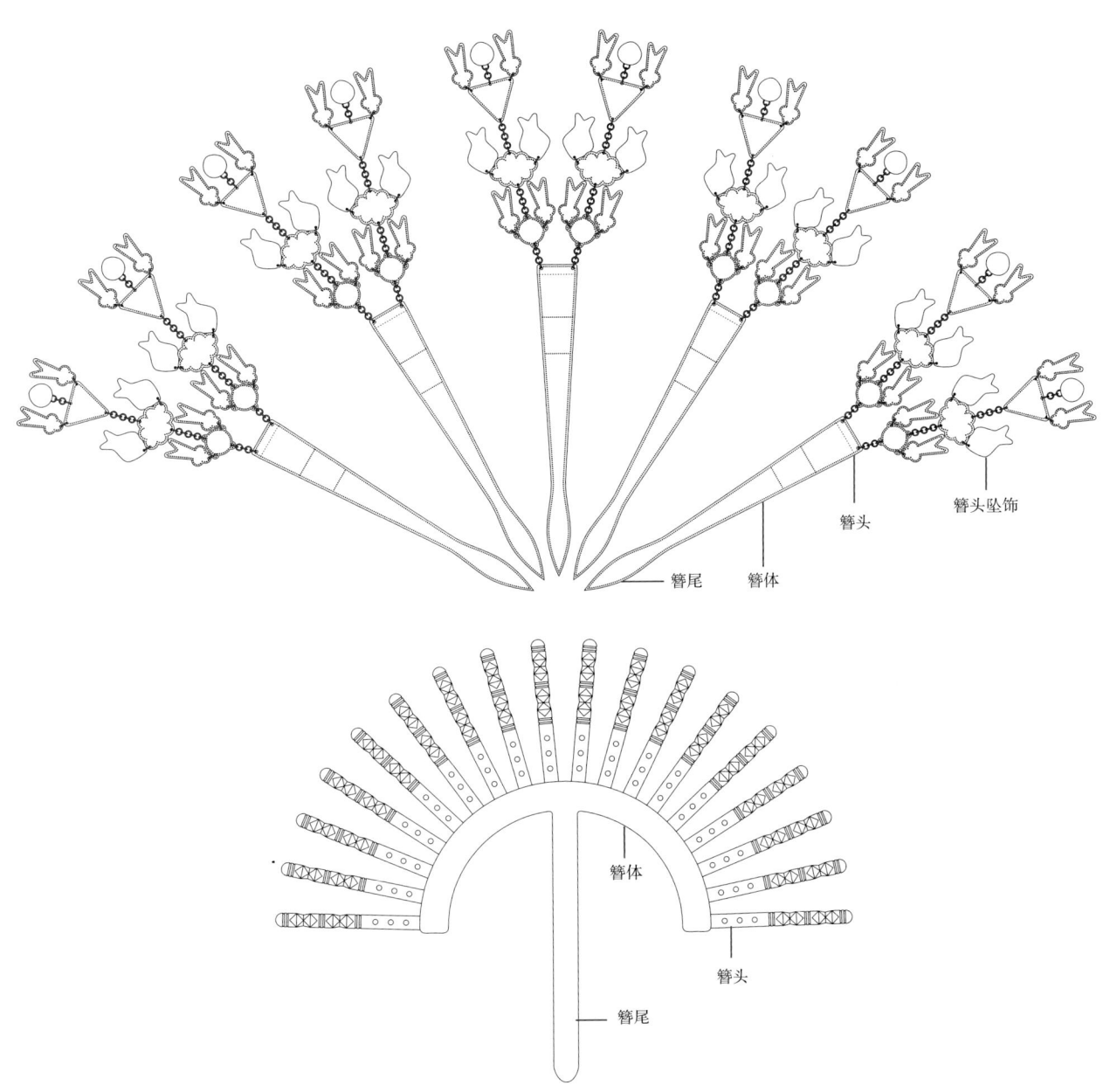

图四 杞、赛方言黎族女子发簪结构名称图

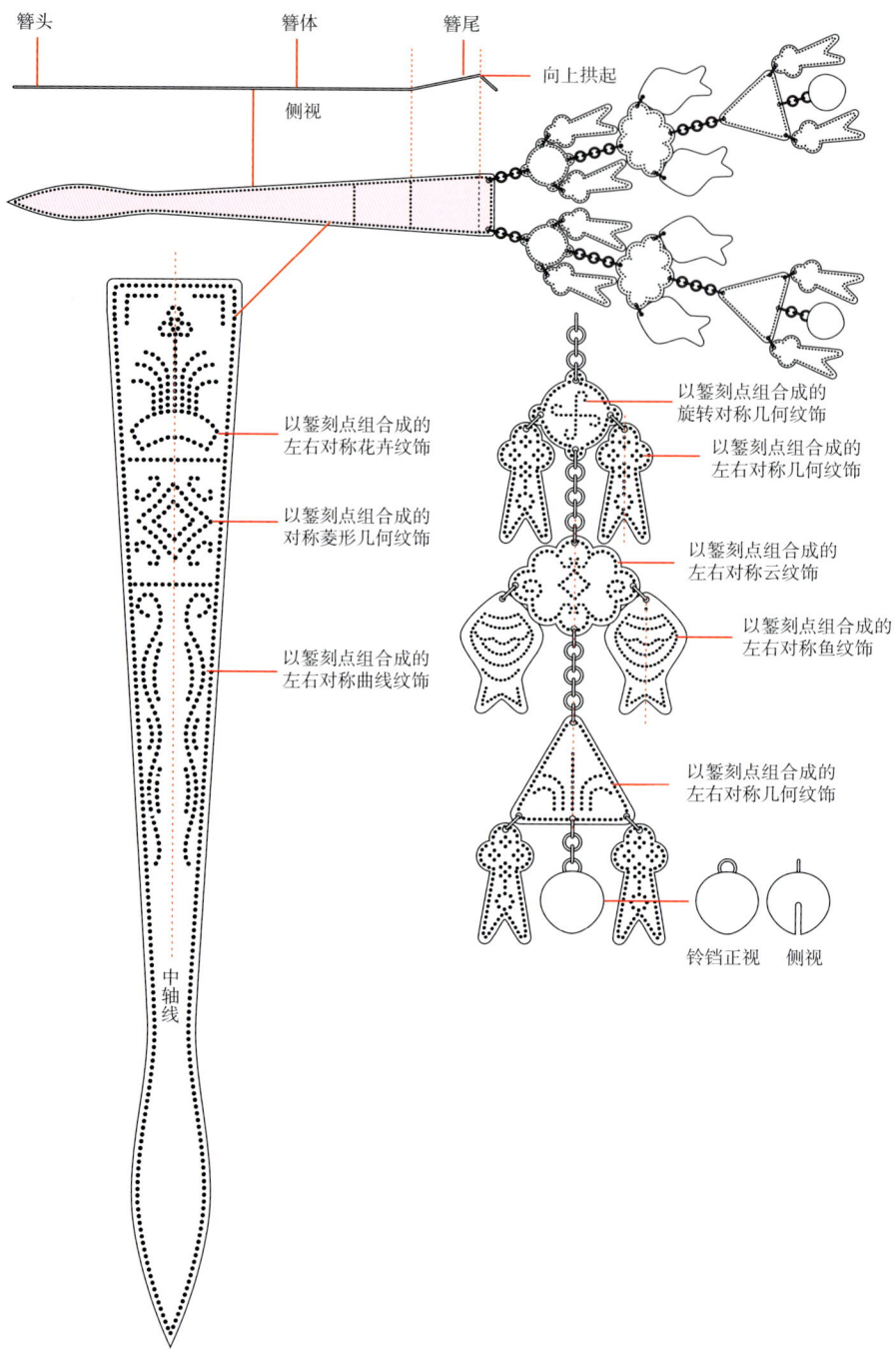

图五　杞、赛方言黎族女子发簪设计分析图1

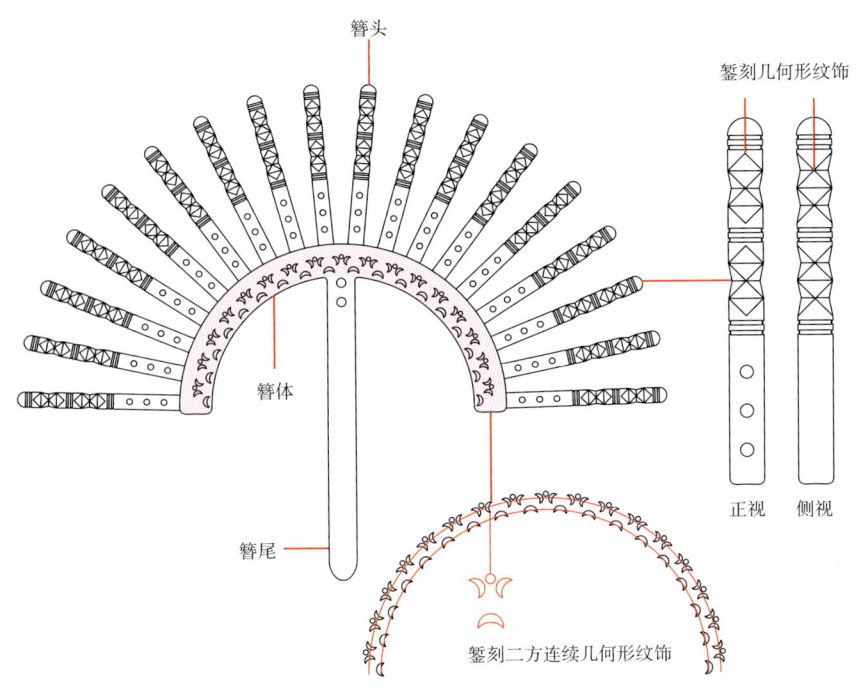

图六　杞、赛方言黎族女子发簪设计分析图2

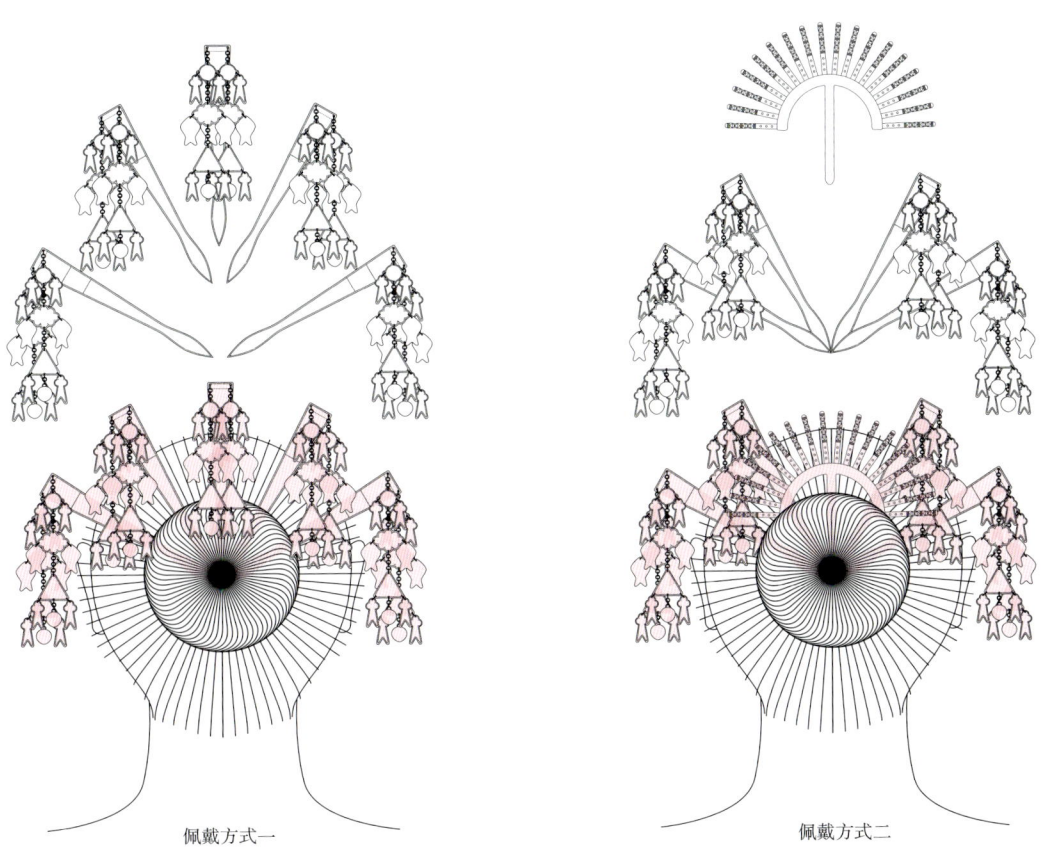

佩戴方式一　　　　　　　　　　　　佩戴方式二

图七　杞、赛方言黎族女子发簪佩戴方式示意图

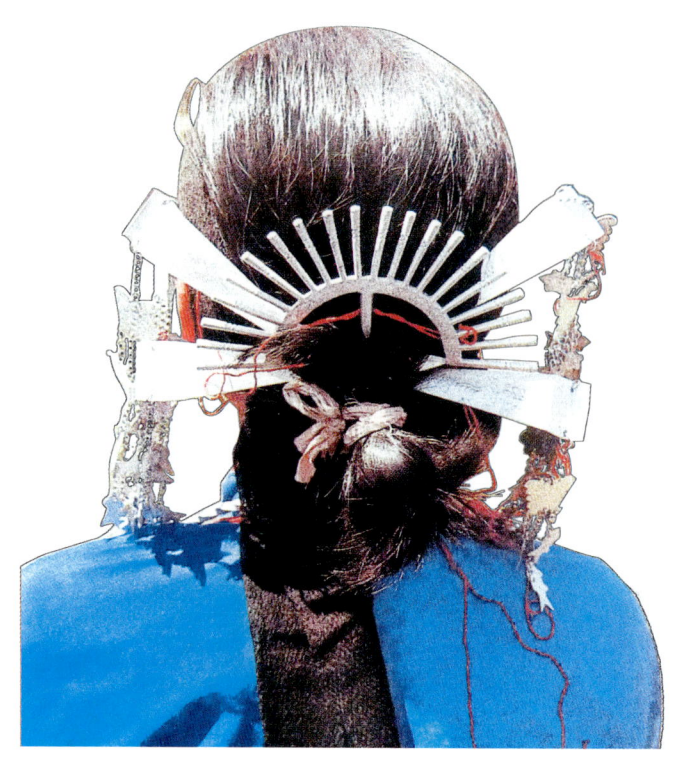

图八　杞、赛方言黎族女子发簪使用情境图

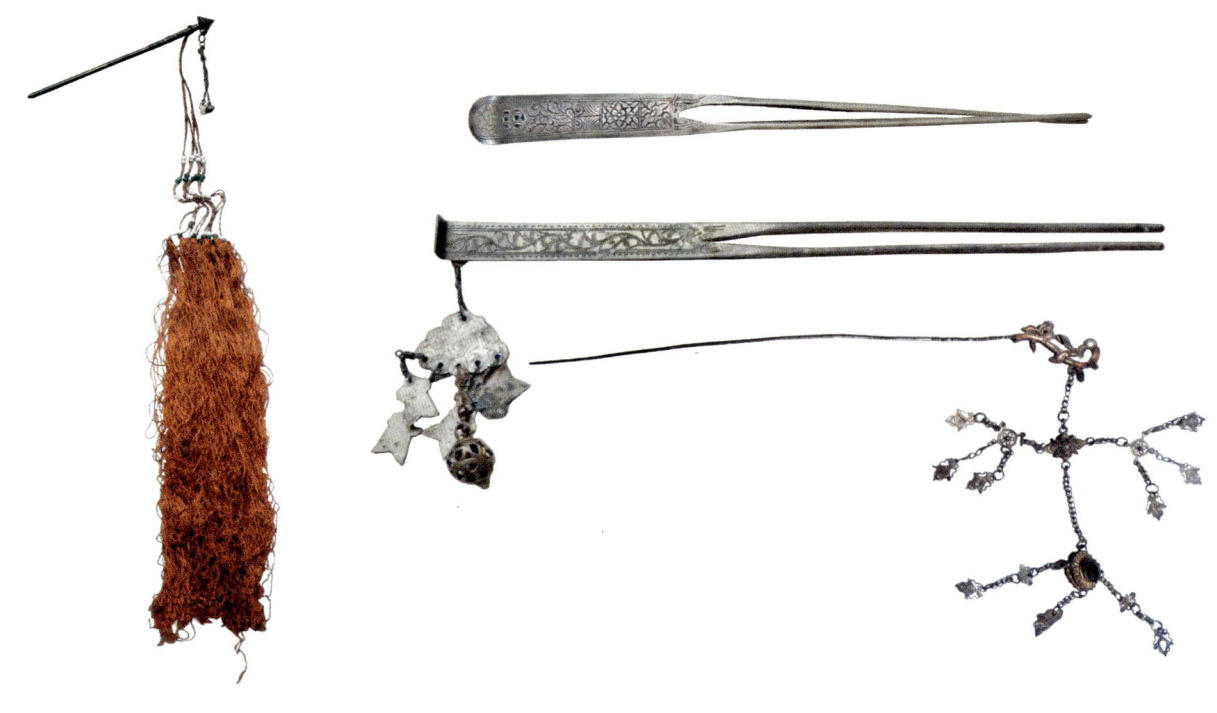

图九　杞、赛方言黎族女子发簪延展图

乐东县哈方言黎族妇女穿套式耳坠

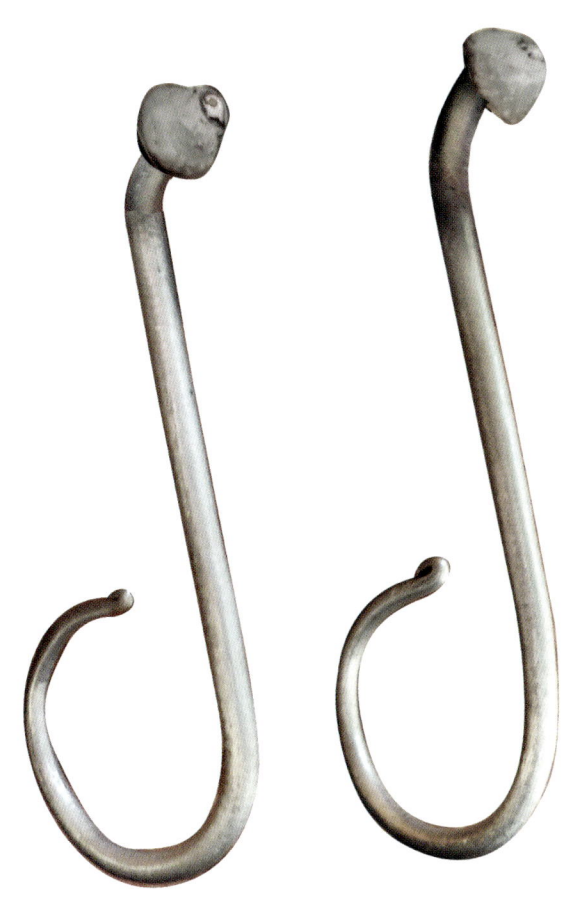

图一 乐东县哈方言黎族妇女穿套式耳坠主图

本案例采选自乐东县哈方言罗活乡黎族妇女日常生活中佩戴的耳坠，是典型的罗活乡黎族妇女传统穿套式耳坠的形制。

本案例由耳坠、穿耳弯钩和牛骨耳堵组成，长度在8厘米左右，耳坠整体为弯S形弯钩造型的圆柱银条，末端逐渐变细，耳坠银条较粗导致耳坠体量较大，不易摆动但容易拉长耳垂。穿耳弯钩处加有耳堵设计防止耳坠向后滑脱，传统耳堵通常由牛骨打磨成一端大一端小的扁圆锥形，穿套时大的一端贴近耳垂。这种穿套式耳坠的佩戴共有两种方式，一种为耳坠和耳堵分离，在佩戴时首先将穿耳弯钩从耳朵背面穿出耳洞，再将耳堵套上穿过耳洞的弯钩头部固定耳坠；另一种将耳坠的穿耳弯钩处与耳堵预先黏合固定在一起，再将穿耳弯钩连同耳堵利用耳洞的张力直接从耳洞中穿出，穿过后耳洞重新缩小，将耳堵在耳洞外卡住固定耳坠。

此外还有一种穿套式耳坠也较为常见，耳坠由两部分组成，上部与耳朵接触的部分为弯钩状，由穿耳弯钩和耳坠挂钩组成，下部的坠饰由铜丝、铁丝或粗线串联各色珠子编结而成，可以自由更换花样，通常在使用时将坠子系在耳坠挂钩上即可。佩戴时直接将穿耳弯钩穿过耳洞，行走时耳坠下方的坠饰前后晃动，十分美观。

图片来源

图一、图六、图七　鞠斐　摄影

图二至图五　鞠斐　制图

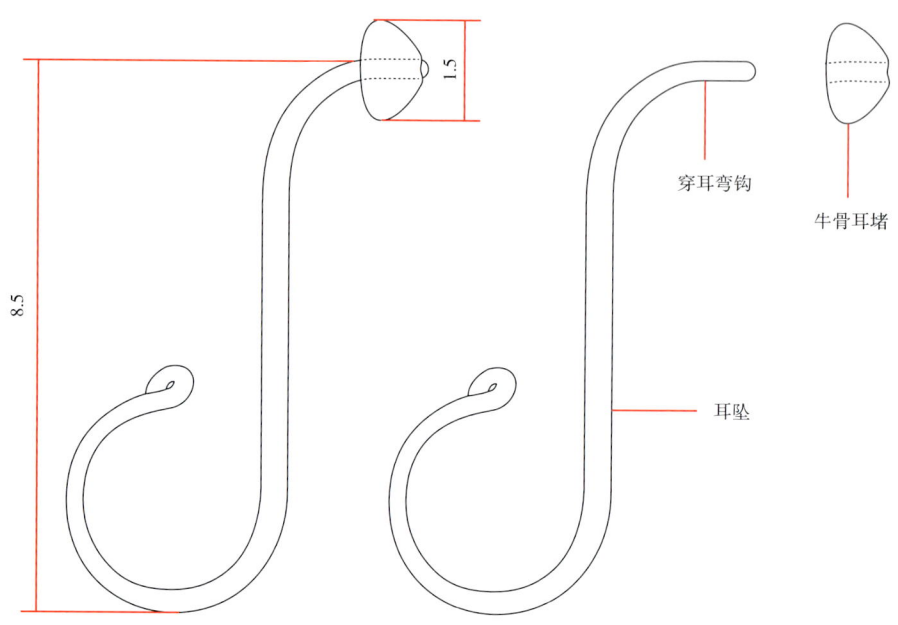

图二　乐东县哈方言黎族妇女穿套式耳坠结构名称、尺寸图（单位：cm）

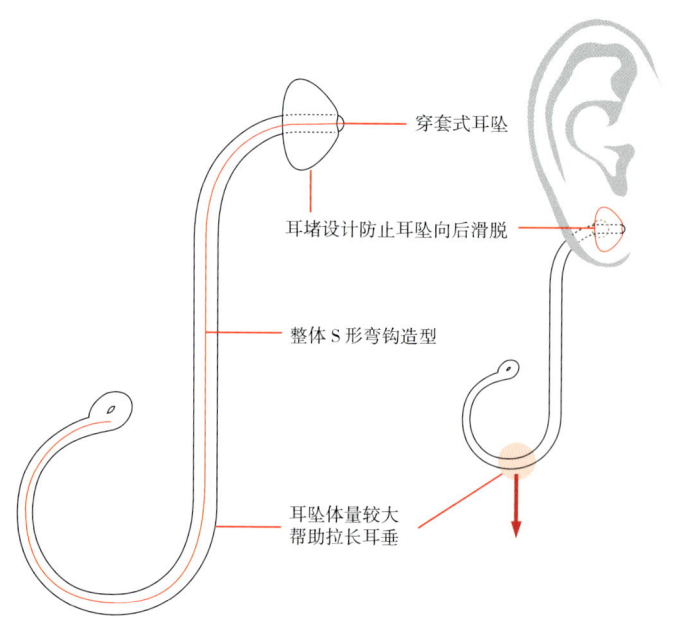

图三　乐东县哈方言黎族妇女穿套式耳坠设计分析图

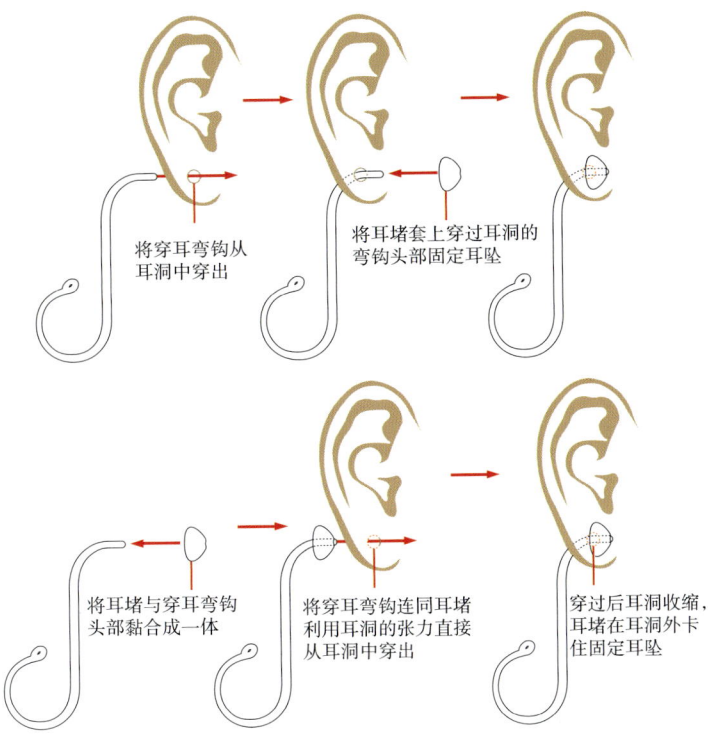

图四　乐东县哈方言黎族妇女穿套式耳坠佩戴方式示意图

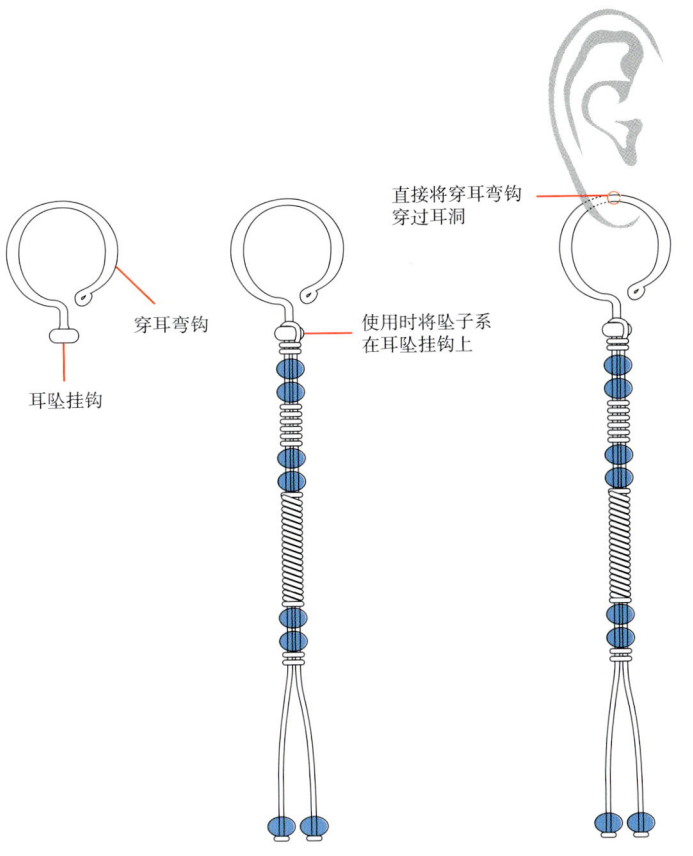

图五　乐东县哈方言黎族妇女穿套式耳坠其他形制分析图

第二章　黎族传统服饰

153

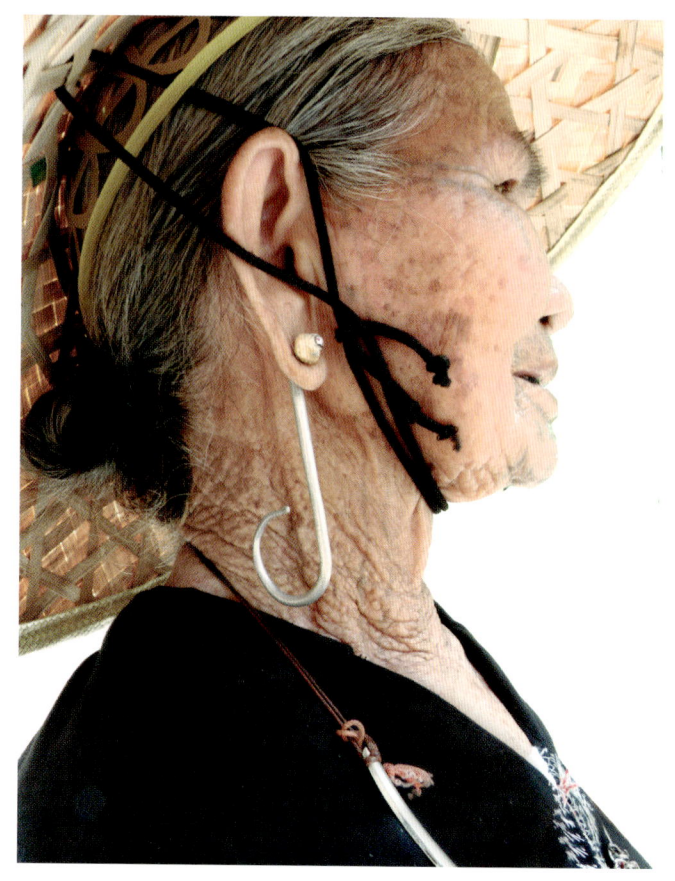

图六　乐东县哈方言黎族妇女穿套式耳坠佩戴效果示意图

图七　乐东县哈方言黎族妇女穿套式耳坠延展图

哈方言黎族妇女耳环

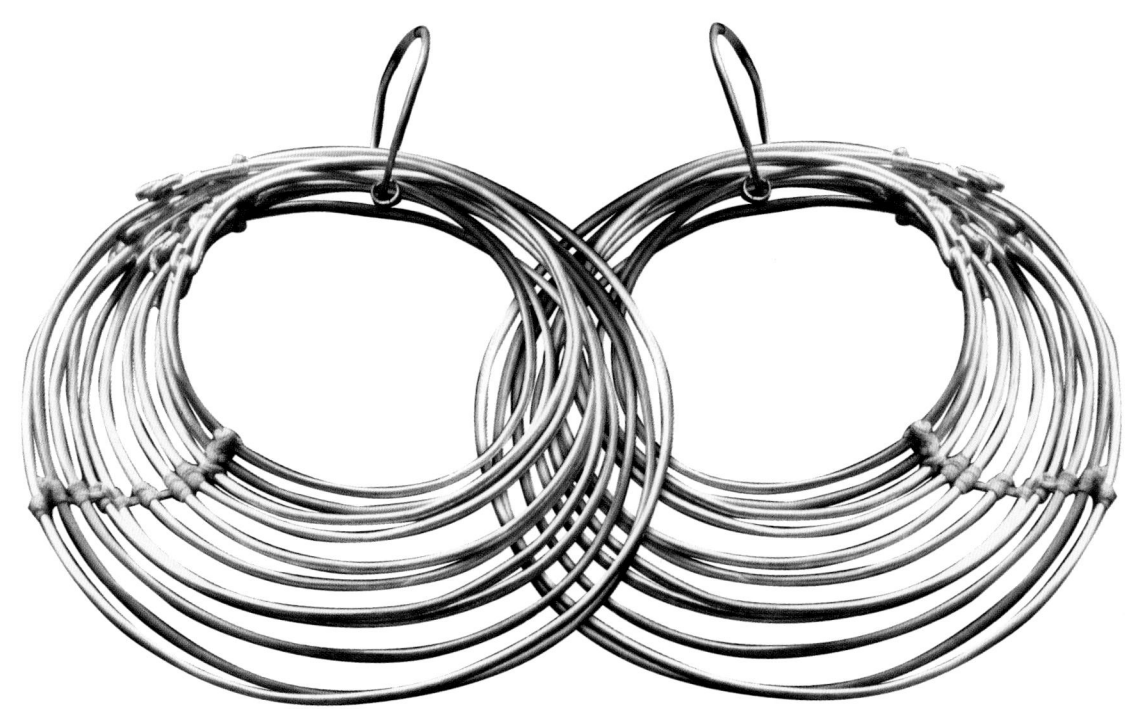

图一　哈方言黎族妇女耳环主图

耳环是黎族妇女日常装扮以及盛大节日装扮中必不可少的装饰品，不同方言的黎族妇女甚至同一方言不同地区、不同土语的黎族妇女所佩戴的耳环样式都有所不同。本案例采选自海南省博物馆收藏的哈方言罗活乡黎族妇女耳环，是一种典型的生活在乐东县罗活乡的哈方言罗活土语黎族女子的装饰，同时也是最具特色的黎族妇女传统耳饰之一。

本案例单个耳环由穿耳圆环、衔接圆环和数个耳坠圆环组成，其中穿耳圆环直径最小，衔接圆环其次，耳坠圆环最大。单只耳环由衔接圆环穿套耳坠圆环组成，耳坠圆环的直径由小到大逐渐递加，相邻的圆环之间使用棉绳编连固定，佩戴时直接将穿耳圆环穿过耳洞。哈方言罗活妇女通常将耳环直接垂于胸前，劳动时则将耳环束于头顶，出远门时将耳环挂在胳膊上便于行走。

哈方言罗活妇女耳环通常从女子幼年时便开始佩戴，随着年龄的增长，大圆环的数量逐年增加，成年后通常一只耳坠挂有10到20个不等的耳坠圆环。耳环的材质普遍使用银或白铜、白铁，一副耳环常常重达三四斤，耳环本身自重会向下拉扯耳洞，长年累月地悬挂佩戴会坠长耳坠，甚至会将耳洞坠裂，因此哈方言罗活土语的黎族妇女在日常生产生活中佩戴时会将两侧耳环上的大圆环提起，交叠覆盖在头顶上，用头顶住耳环来减轻重量。

图片来源
图一、图六　鞠斐　摄影
图二至图五、图七　鞠斐　制图

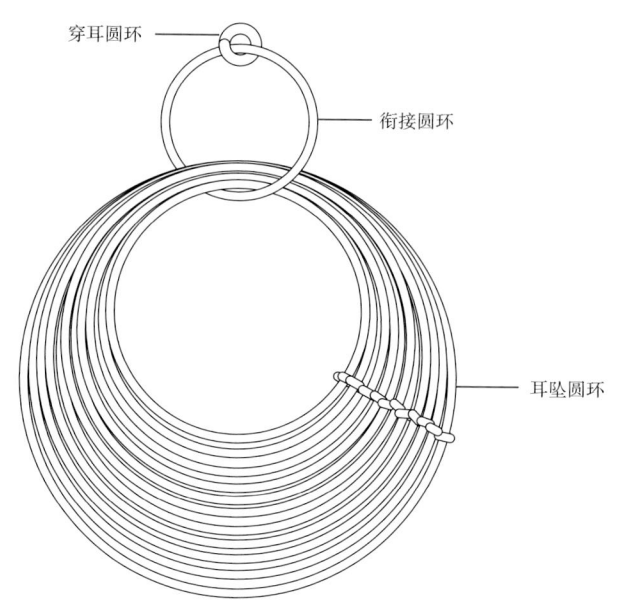

图二　哈方言黎族妇女耳环结构名称图

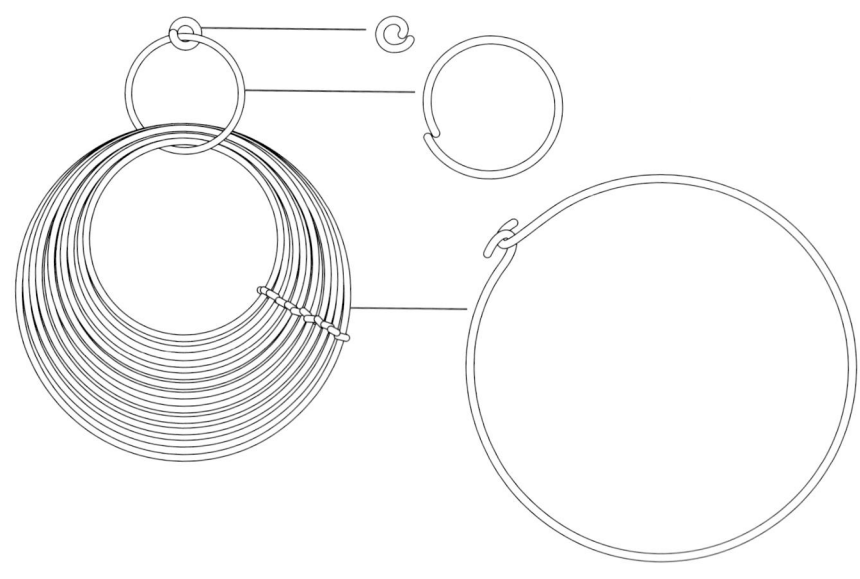

图三　哈方言黎族妇女耳环衔接接口示意图

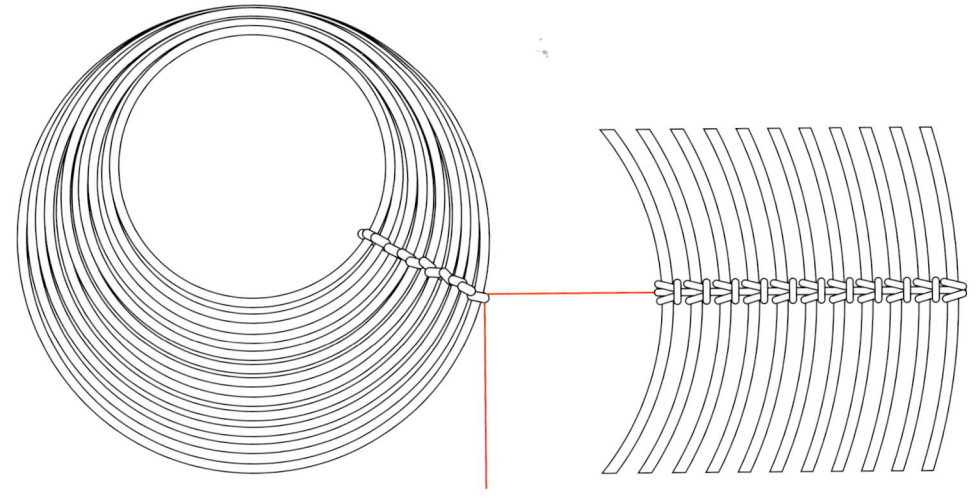

相邻的银环使用棉绳编连

图四　哈方言黎族妇女耳环编连方式示意图

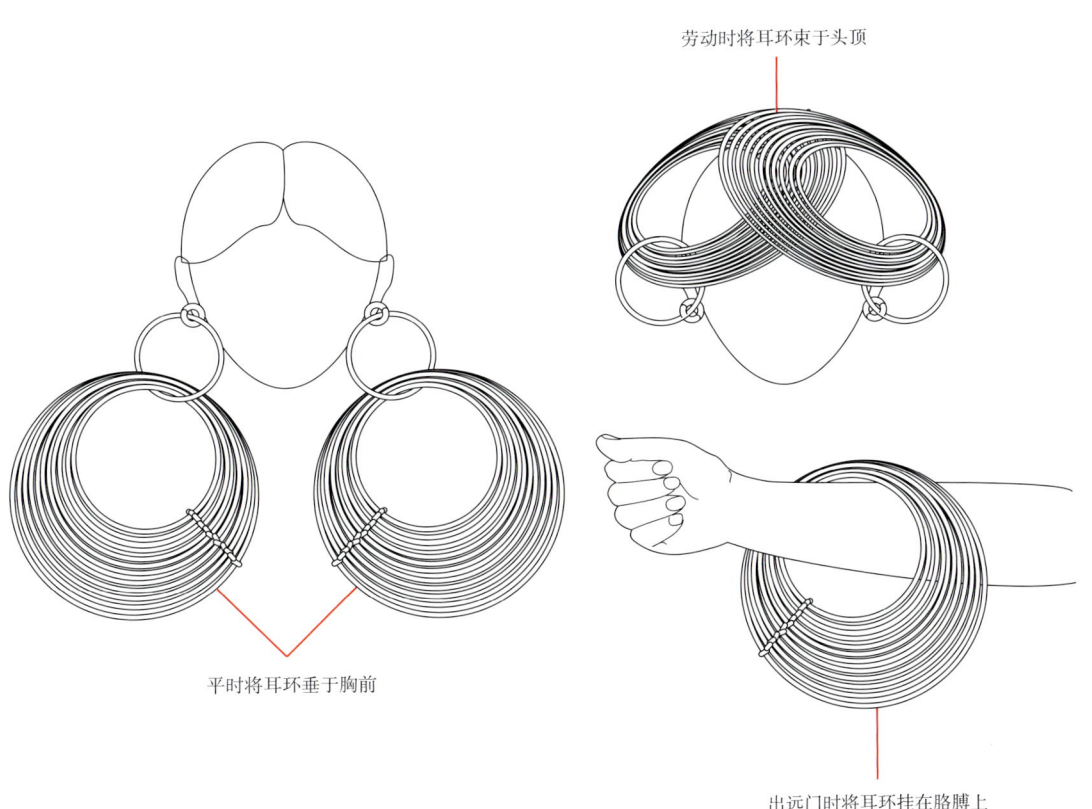

劳动时将耳环束于头顶

平时将耳环垂于胸前

出远门时将耳环挂在胳膊上

图五　哈方言黎族妇女耳环佩戴习惯示意图

图六　哈方言黎族妇女耳环日常佩戴效果示意图

图七　哈方言黎族妇女耳环劳动佩戴效果示意图

黎族男子胸挂

图一 黎族男子胸挂主图

胸挂是黎族男子着盛装时佩戴的饰物,通常佩戴在上衣前襟的银扣上,常见于乐东哈方言黎族地区。本案例采选自海南省博物馆研究员王辉山收集的黎族男子传统胸挂,长约45厘米,使用时将胸挂的挂环扣在扣子上卡住即可。

本案例由挂环以及挂环下方依次悬挂的三个挂坠组成,每一个挂坠均由银牌和坠饰组成。三个银牌均使用锤薄、錾花工艺,锤薄成圆形并分别錾刻有适合圆形外框的书法字体"福""禄"和团花的主体纹饰,辅助纹饰则是环绕主体纹饰的二方连续边框纹样。挂环与第一组挂坠之间采用单个小圆环连接,第一组和第二组挂坠之间采用双链连接,第二组和第三组挂坠之间采用单链连接。第一组挂坠下方左右两侧分别对称悬挂两组坠饰,依次为银针、银剑、银刀(拆线钩刀)和银挖耳勺;第二组挂坠下方左右两侧分别对称悬挂三组坠饰,依次为银剑、银芭蕉扇(银铲)、两只银挖耳勺、银线圈和银叶子;第三组挂坠下方左右两侧分别对称悬挂两组坠饰,依次为银线圈、银挖耳勺、组合银坠和银铲,底部正中则用长链悬挂一颗圆铃铛,其中组合银坠由银币、如意、白菜和铃铛组成,具有中国传统吉祥寓意。

本案例的坠饰从图案到形状都充满了中国民间传统吉祥美好的寓意,从形式特征上看,深受汉族民间吉祥文化的影响,尤其是挂坠银牌上的"福""禄"吉祥文字,和挂坠下方悬挂着的杂件,如银刀、银线圈、银针、银铲、银挖耳勺等,这些小挂件受汉族男子挂在鞶带(腰带)上的八件小工具的影响,不仅具有装饰作用,还具有实用功能。

图片来源

图一、图七　王辉山　摄影
图二至图六　鞠斐　制图

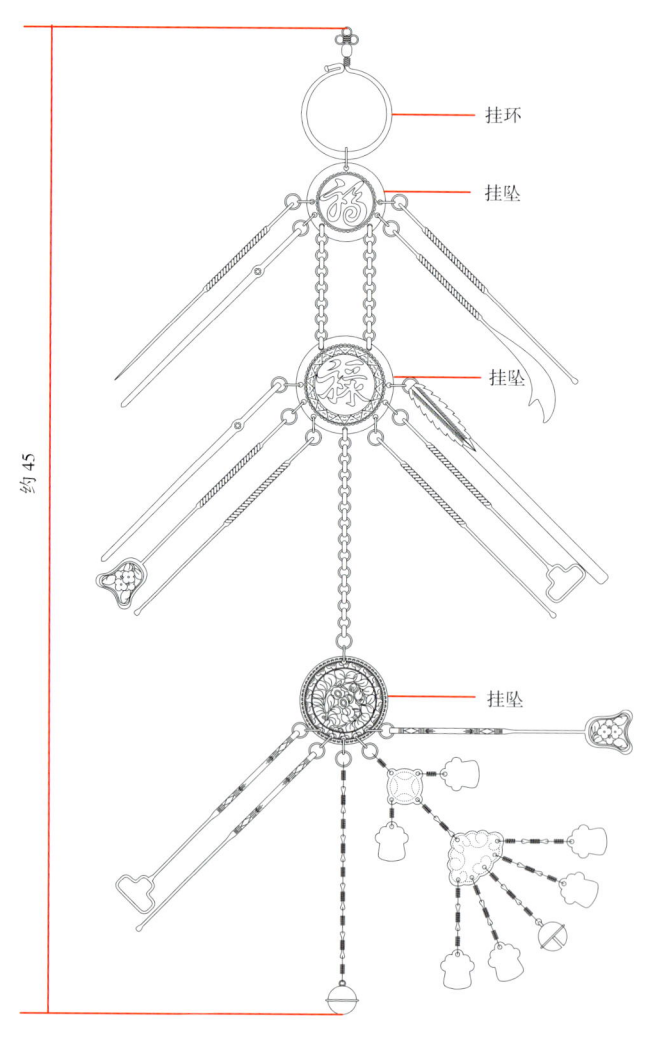

图二　黎族男子胸挂结构名称、尺寸图(单位:cm)

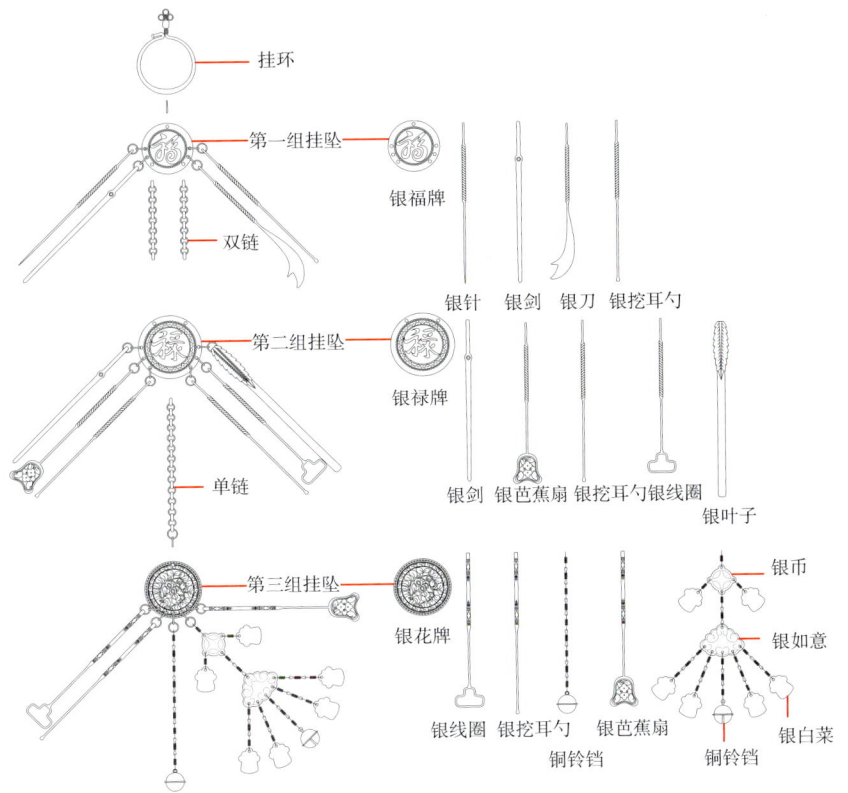

图三 黎族男子胸挂结构分析图

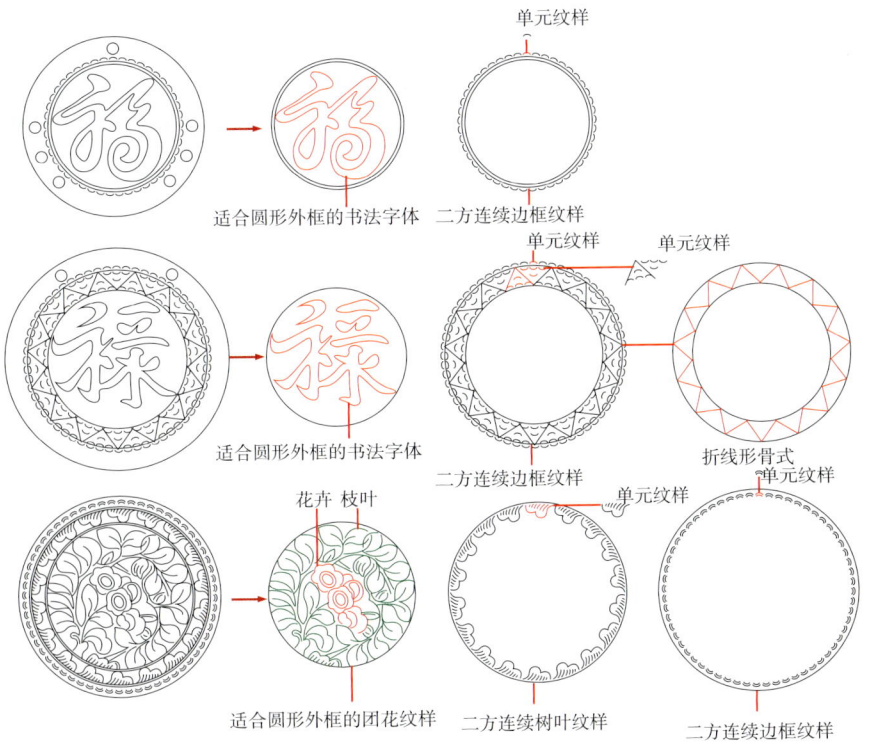

图四 黎族男子胸挂银牌纹饰分析图

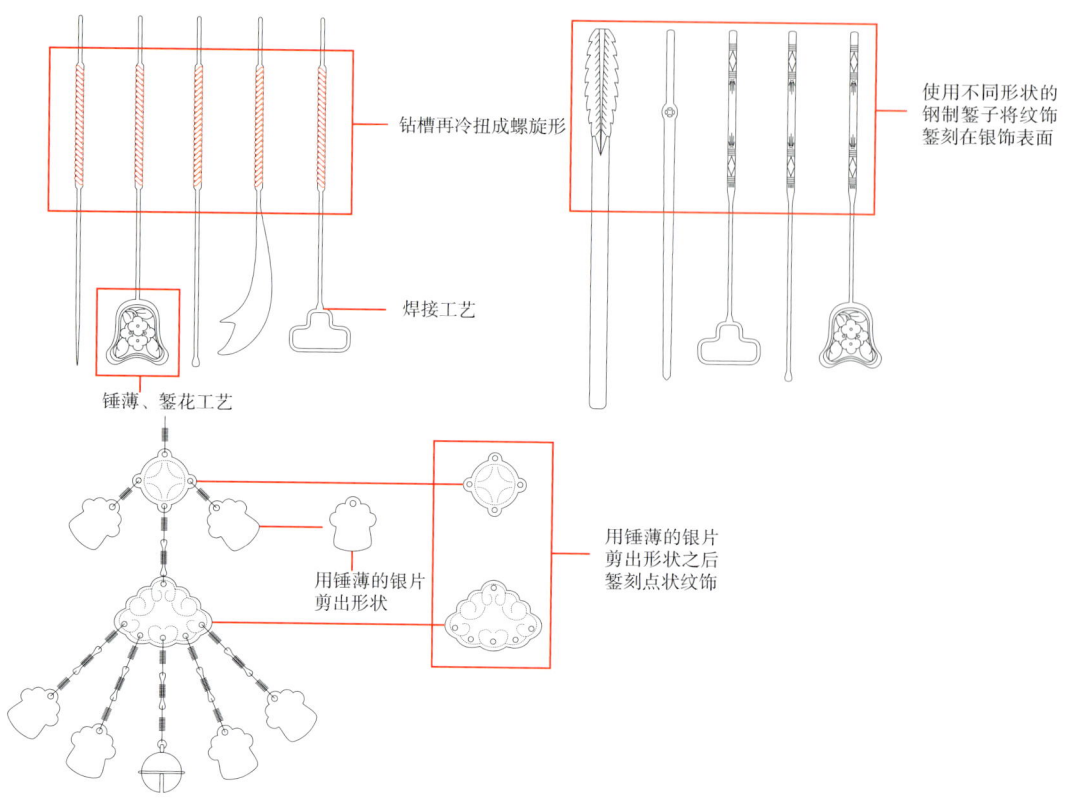

图五　黎族男子胸挂加工工艺示意图

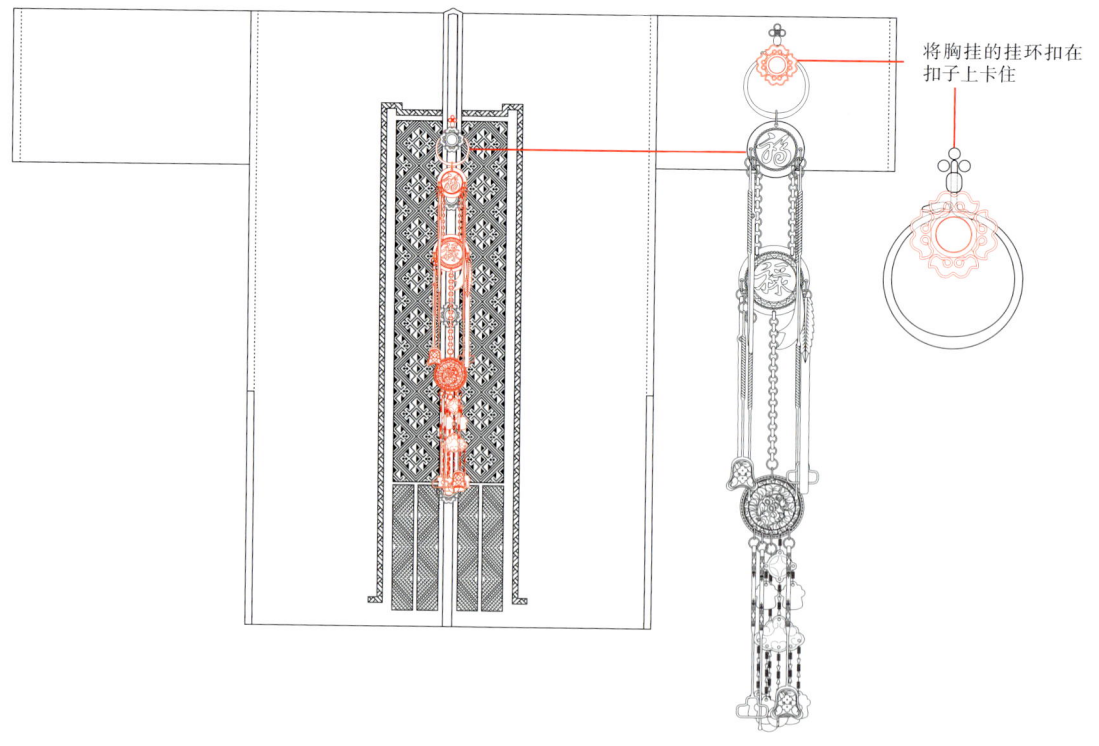

图六　黎族男子胸挂佩戴方式示意图

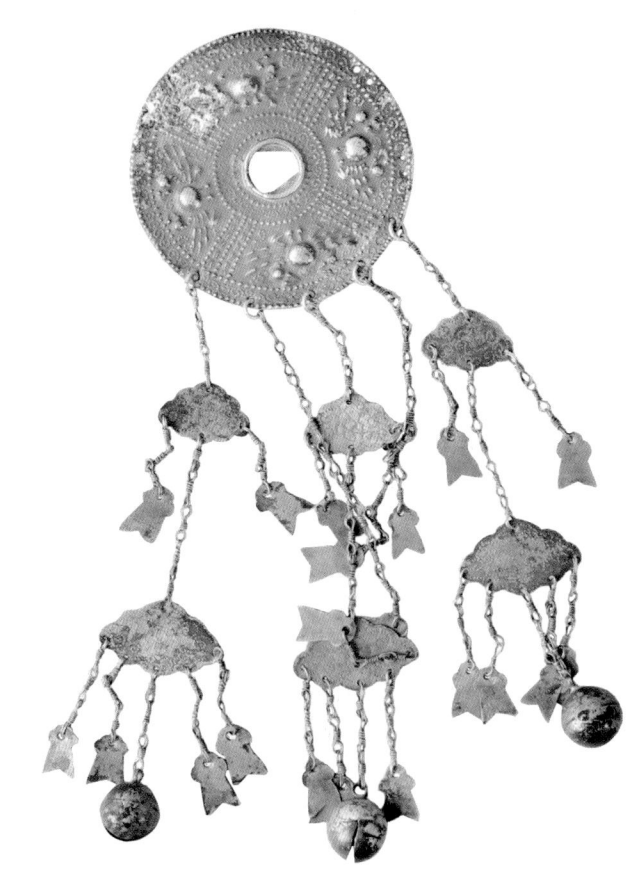

图七　黎族男子胸挂延展图

赛方言黎族女子银胸挂

图一　赛方言黎族女子银胸挂主图

　　银胸挂是赛方言黎族女子的盛装配饰，通常在重大节日或喜庆的日子里佩戴。本案例采选自黎族传统工艺美术收藏家蔡於良先生收藏的赛方言黎族女子银胸挂，是典型的保亭地区黎族妇女胸前佩戴的胸挂式样之一。

　　本案例银胸挂由黎族银匠采用纯银手工打制而成，总长约53厘米，项圈宽约25厘米，由扭丝银项圈挂脖、片状装饰银片和项圈坠饰三部分组成。其中最上方挂脖处为两节筷子般粗细的圆条，通常以银条或锡条为材质，前段略粗，末端较细，末端连接处打孔用来装挂扣，挂扣采用S形弯钩的形式。靠前一段圆条逐渐锤扁，扭弯成麻花形状，与五层片状装饰银片焊接在一起，两端焊接处各有一片银叶片覆盖在焊接处。装饰银片锤薄成弯月形，由小到大五个组成一组，两端头部依次相叠焊连在一起。五层装饰银片上均用锥子凿刻出圆点组成的传统纹饰，常见花卉、飞鸟和鱼，以银片正中为中轴，左右对称。其中第一、二、四、五层银片上均钻孔用来悬挂项圈坠饰，每一条坠饰的末端都悬挂铃铛，坠饰的数量同样以中心为轴左右对称。

第五层坠饰正中还有一块刻有福字的银牌，整体造型精美华丽，在行走时，胸前铃铛声音悦耳，搭配传统赛方言服饰异常美观大方。

传统的赛方言黎族女子银胸挂采用纯银材质，近几十年来，随着金属工业的发展，胸挂的材质有所变化，由于铝、锡材质轻薄，容易塑形且价格比银材质要低，因此很多新加工的胸挂大多采用铝或锡材质代替传统的银材质，物美价廉。

图片来源
图一、图七、图八　鞠斐　摄影
图二至图五　鞠斐　制图
图六　王辉山　摄影

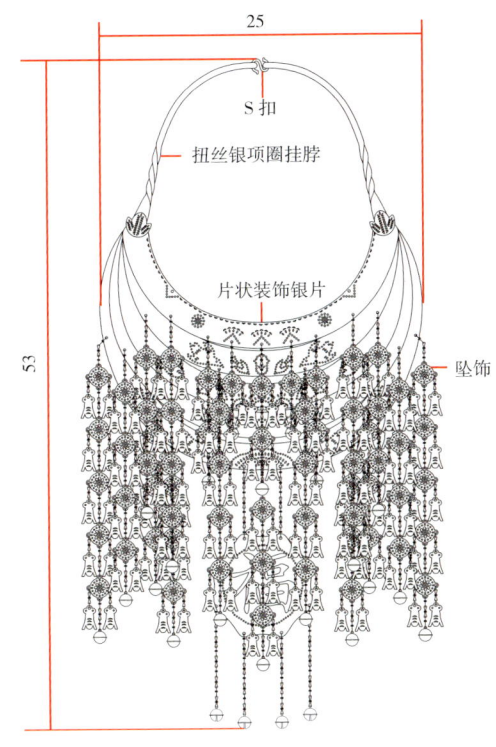

图二　赛方言黎族女子银胸挂结构名称、尺寸图（单位：cm）

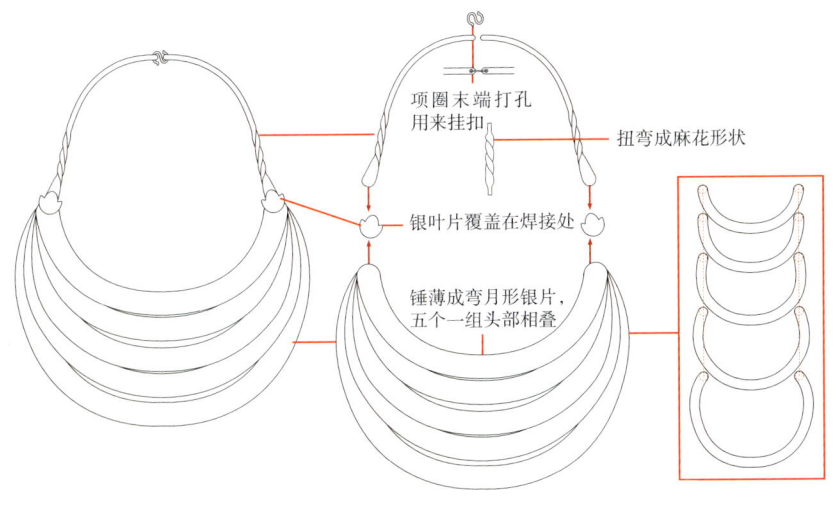

图三　赛方言黎族女子银胸挂项圈结构分析图

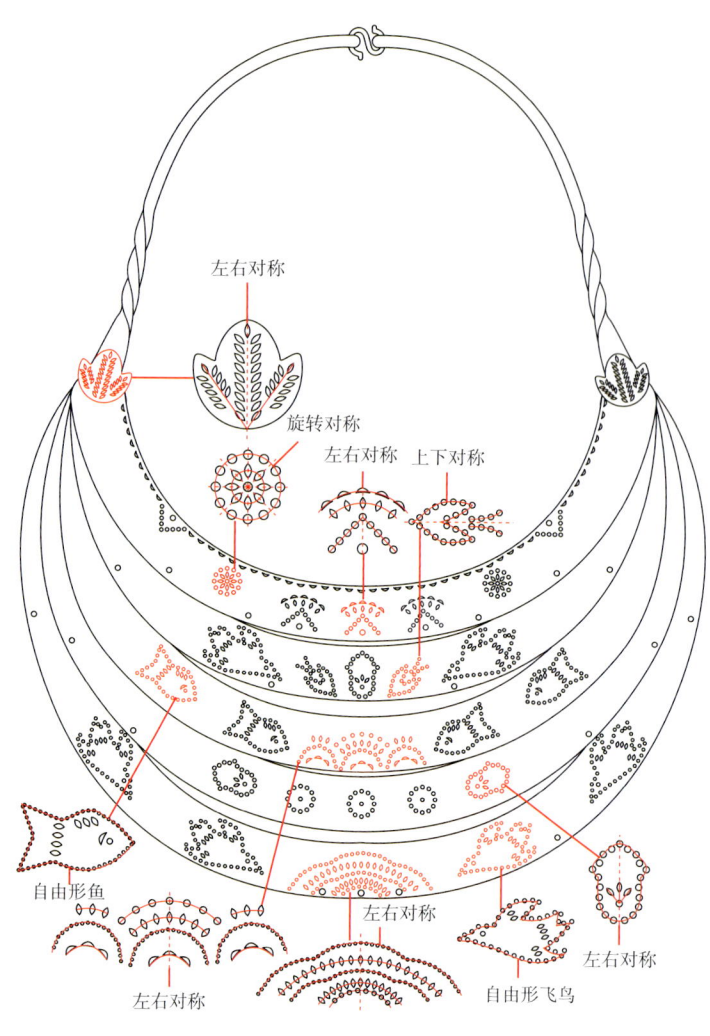

图四 赛方言黎族女子银胸挂银片纹饰分析图

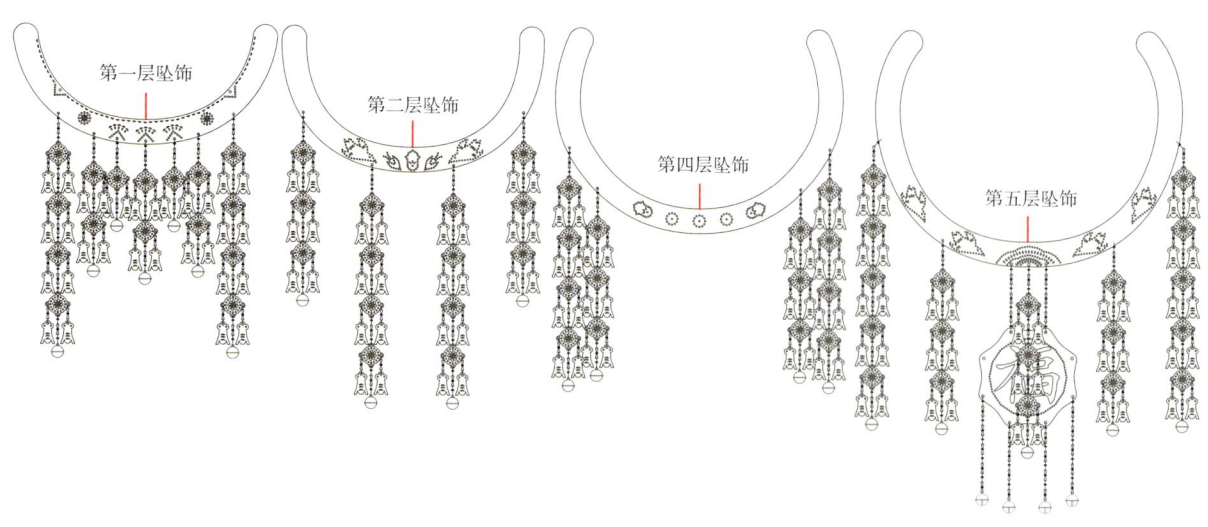

图五 赛方言黎族女子银胸挂坠饰层次分析图

图六　赛方言黎族女子银胸挂其他形制分析图 1

图七　赛方言黎族女子银胸挂其他形制分析图 2

图八　赛方言黎族女子银胸挂使用情境图

第二章　黎族传统服饰

琼中县杞方言黎族妇女银项圈

图一 琼中县杞方言黎族妇女银项圈主图1

银项圈是黎族妇女的传统颈饰之一,尤其在琼中地区的杞方言黎族妇女间最为常见,本案例采选自黎族传统工艺品收藏家蔡於良先生以及五指山市黎锦坊收藏的琼中杞方言黎族妇女银项圈。

琼中杞方言黎族妇女银项圈通常分为两种形制,一种是筷子般粗细的圆条项圈,通常以银条或锡条为材质,前段略粗,末端较细,一般同时佩戴圆条项圈三到五个,直径从十多厘米到二十多厘米不等。这种类型项圈的圈扣制作较为复杂,大多使用活扣,即将项圈的末端拉细拉长,分别在项圈的末端两侧相互环绕数圈形成活扣,活扣与项圈之间需保留一定空隙用来活动,这样可以根据头部的围度调节项圈的大小。还有些圆项圈将前端变化成四棱扭丝项圈,即将圆条塑造成四棱，再在四棱的基础上均匀扭弯成麻花形状。另一种是前扁阔后细圆的环形片状项圈，即从末端到前端逐渐变成扁平的环形项圈，通常戴三到五个，直径同样从十多厘米到二十多厘米不等，这种类型的圈扣较为简单，通常在末端使用钩扣正反相互钩住。

琼中杞方言黎族妇女在佩戴银项圈时或单独佩戴其中一种，如单独佩戴一至三只圆条项圈、单独佩戴四只片状银项圈，或两种项圈搭配套在一起，如三只片状银项圈加一只或两只圆条项圈。还有些地区的黎族妇女在佩戴时喜爱将琉璃串珠项链与银项圈搭配在一起，以遮住颈部为美。

图片来源

图一至图四　鞠斐　摄影
图五至图八　鞠斐　制图

图二　琼中县杞方言黎族妇女银项圈主图 2

图三　琼中县杞方言黎族妇女银项圈主图 3

图四　琼中县杞方言黎族妇女银项圈主图 4

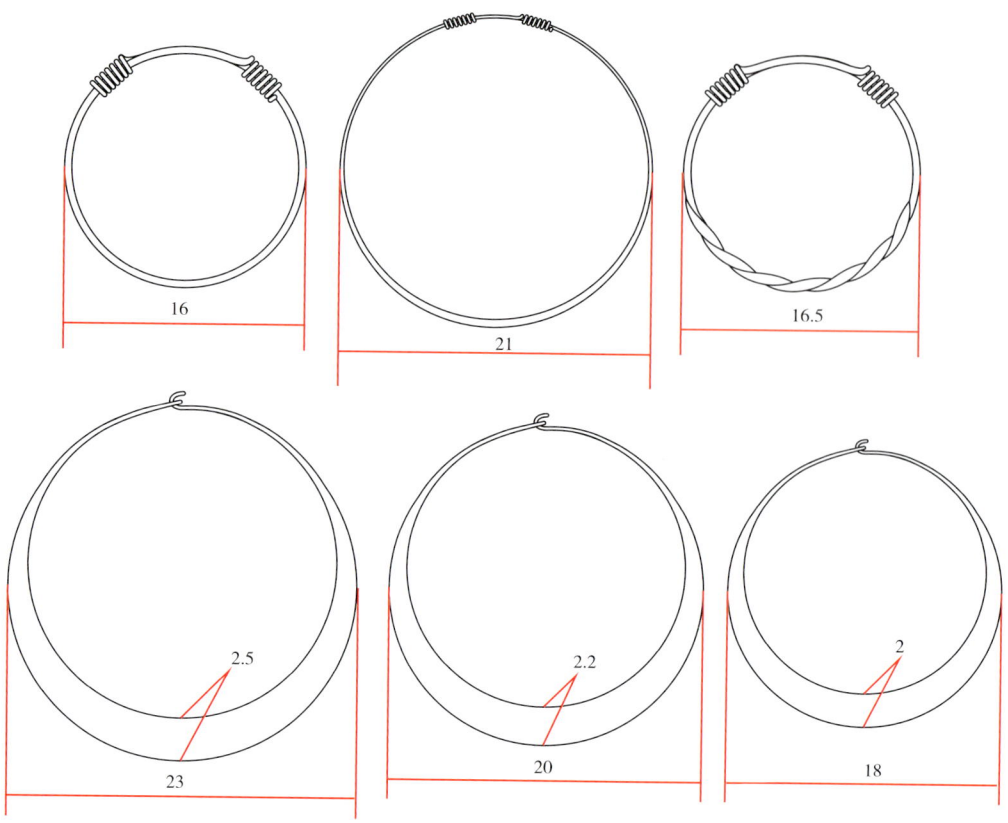

图五 琼中县杞方言黎族妇女银项圈尺寸图（单位：cm）

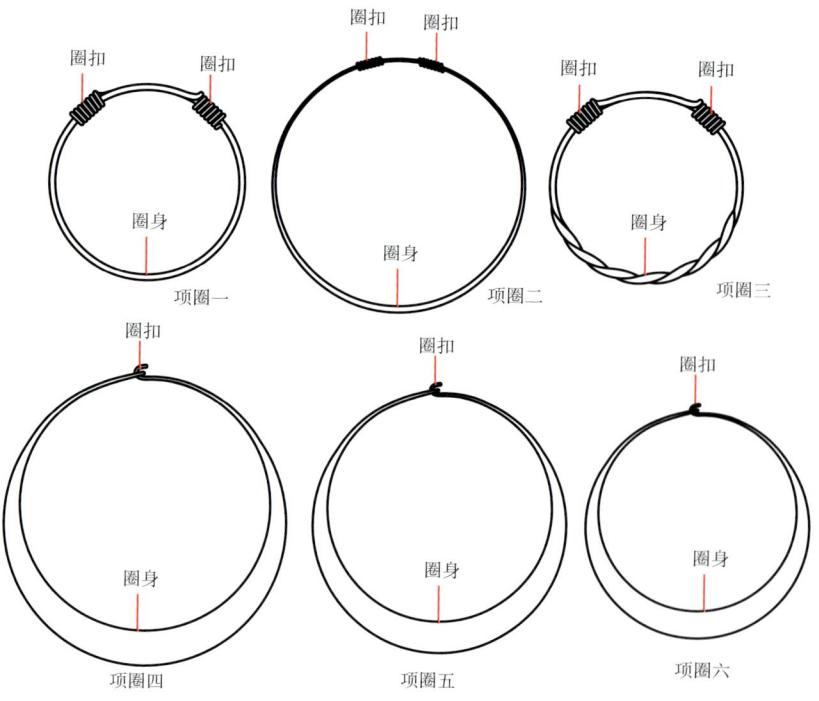

图六 琼中县杞方言黎族妇女银项圈结构名称图

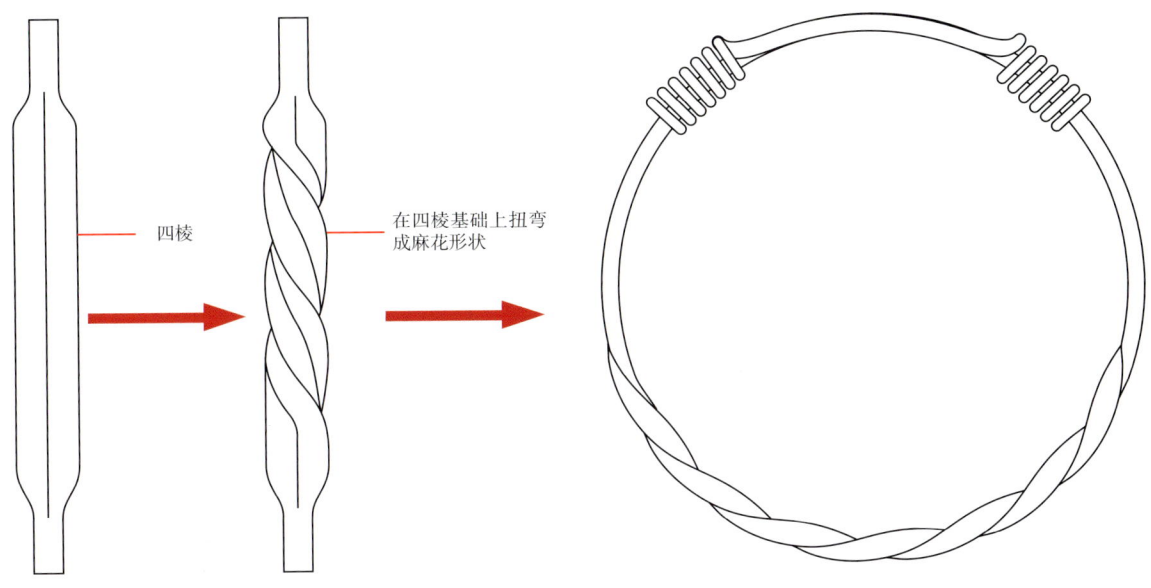

图七 琼中县杞方言黎族妇女银项圈工艺分析图

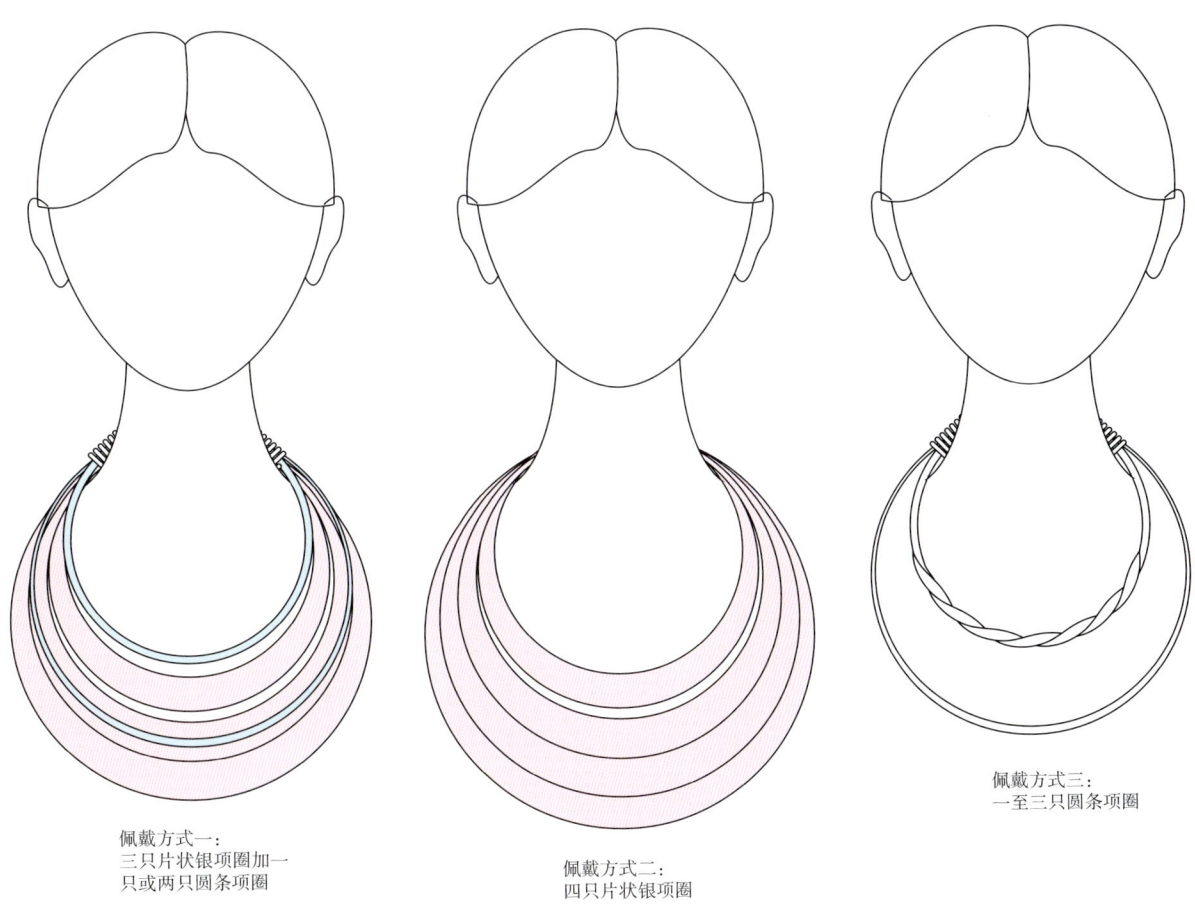

佩戴方式一：
三只片状银项圈加一只或两只圆条项圈

佩戴方式二：
四只片状银项圈

佩戴方式三：
一至三只圆条项圈

图八 琼中县杞方言黎族妇女银项圈佩戴方式示意图

第二章 黎族传统服饰

琼中县杞方言黎族女子琉璃串珠项链

图一　琼中县杞方言黎族女子琉璃串珠项链主图 1

琉璃串珠项链是琼中杞方言黎族妇女常见的颈部饰品，项链或长或短，均由线串联琉璃制成的对穿孔圆珠组成。本案例的四条琉璃串珠项链均采选自海南黎族艺术品收藏家蔡於良先生的珍藏，代表了琼中杞方言黎族妇女颈部常见的四种琉璃串珠项链样式。

杞方言黎族妇女颈部佩戴的琉璃串珠项链，通常是由用古法制成的带有对穿孔的琉璃圆珠以及金属丝或棉线组成，琉璃珠的直径通常在 3 到 9 毫米之间，总长从 40 厘米到 160 厘米不等，短的琉璃串珠项链只能绕颈一两圈，长者通常能绕颈六七圈，最长的琉璃串珠项链甚至能绕颈 20 圈以上。琉璃珠通常为蓝白二色有秩序地串联而成，或不同的大小、色彩间隔组合，如用一颗大白色琉璃珠间隔一颗小蓝色琉璃珠；或同样大小、不同色彩按固定的数量间隔组合，如用四颗白色琉璃珠间隔三颗同样大小的蓝色琉璃珠，或者用三颗白色琉璃珠间隔三颗同样大小的蓝色琉璃珠；还有些项链使用白色琉璃珠间隔深棕色椰壳珠组合而成，如用四颗大椰壳珠间隔六颗略小的白琉璃珠。

琉璃珠的搭配组合根据黎族妇女的喜好而具有丰富的样式变化，如用红绳穿两颗白色大琉璃珠间隔两颗蓝色小琉璃珠、用红绳穿蓝色小琉璃珠以及用红绳穿两颗白色琉璃珠间隔两颗蓝色琉璃珠的珠串样式。使用红棉线串联的琉璃珠项链较为柔软垂坠，因此较为常见，而使用金属线如铁丝、铜丝串联的琉璃珠项链容易固定形状，但较为少见。

图片来源

图一至图四　鞠斐　摄影
图五至图七　鞠斐　制图

图二　琼中县杞方言黎族女子琉璃串珠项链主图 2

图三　琼中县杞方言黎族女子琉璃串珠项链主图 3

图四　琼中县杞方言黎族女子琉璃串珠项链主图 4

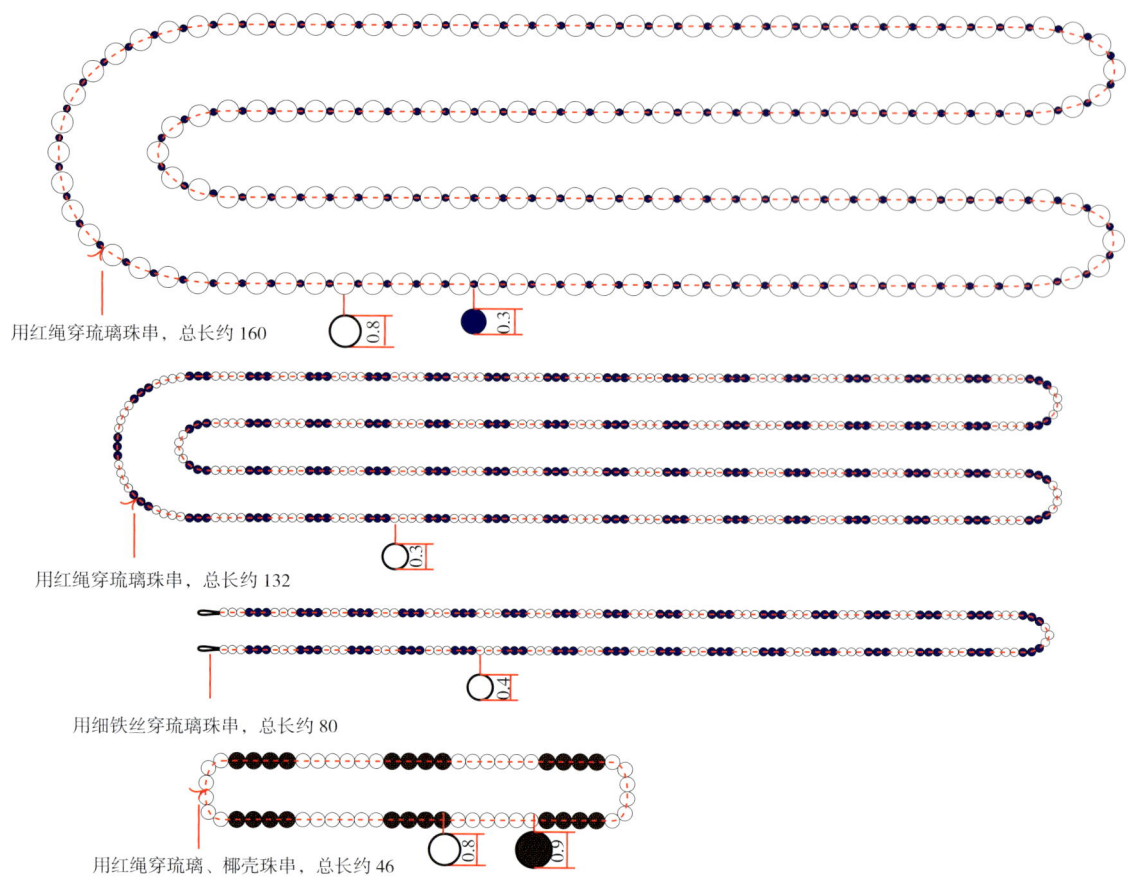

图五 琼中县杞方言黎族女子琉璃串珠项链平展尺寸图（单位：cm）

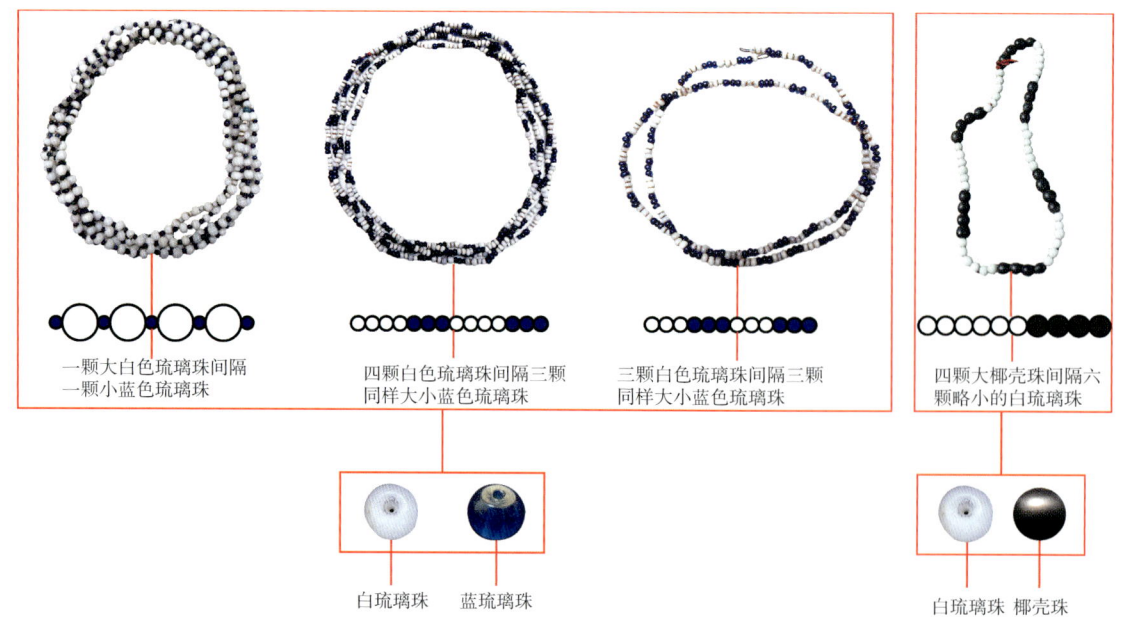

图六 琼中县杞方言黎族女子琉璃串珠项链设计分析图

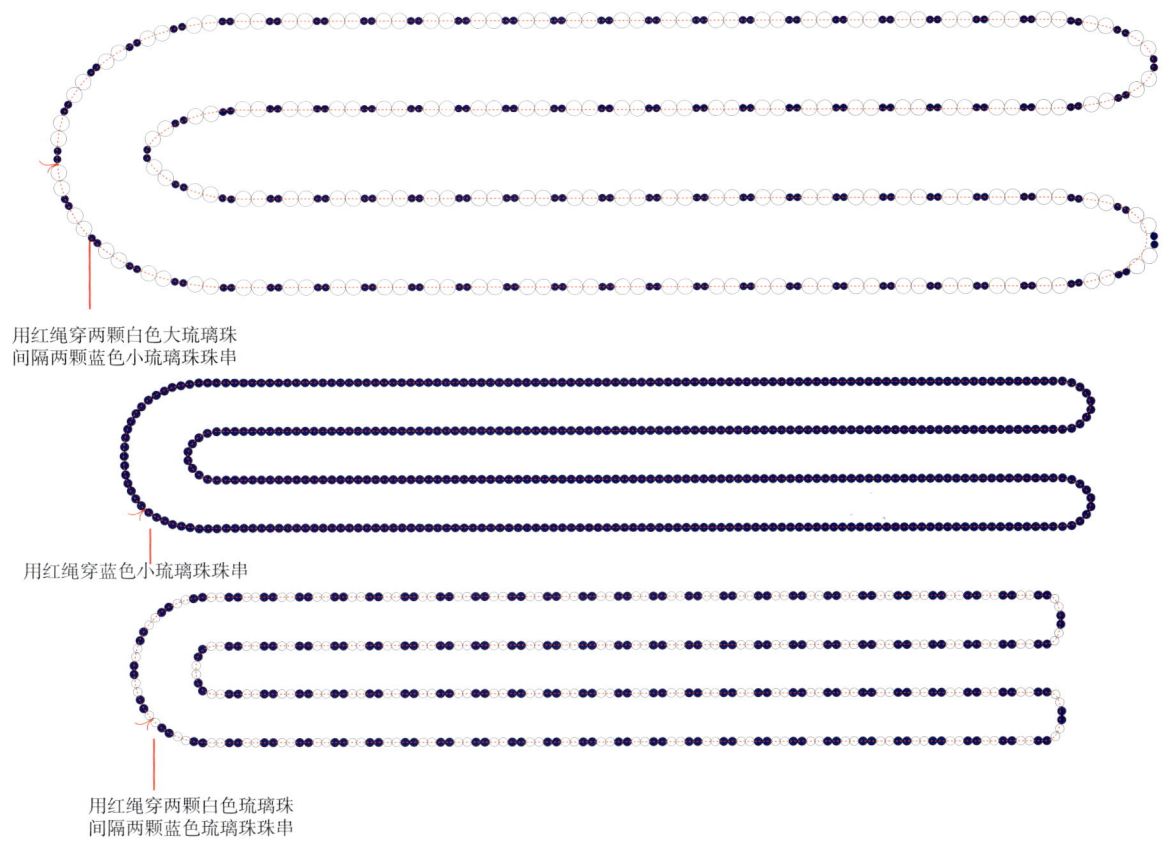

图七　琼中县杞方言黎族女子琉璃串珠项链其他串珠样式示意图

黎族银手镯

图一 黎族银手镯主图 1

手镯是黎族妇女喜爱佩戴的银饰之一，黎族银镯形制多为圆镯，采用纯银打造，外形朴拙粗犷。本案例采选自海南省工艺美术大师蔡於良先生收藏的黎族传统银手镯，为典型的黎族传统银手镯的式样。

本案例鱼嘴扭纹对镯和十二生肖刻花圆镯两种式样，分别体现了两种典型的黎族传统银镯制作工艺。由于昌江和五指山地区的黎族聚居区交通闭塞，银饰工艺相对落后，当地的银手镯仍然保留着黎族原始的银饰工艺和装饰图案，如本案例中的鱼嘴扭纹对镯，整体设计成开口的样式，手镯在四棱镯的基础上增加深深的刻槽，再扭弯成麻花状，开口处刻画鱼纹，开口合拢时鱼嘴相碰，十分朴拙大方。而乐东、东方、保亭和白沙等地的黎族银饰工艺受汉族银饰工艺影响较深，因此较为发达，如本案例中的十二生肖刻花圆镯，整体设计成由宽变窄、走马圈口的样式，镯面受汉文化影响刻画了十二生肖纹样，纹样造型形态各异，十分简单有趣。这种以十二生肖为题材的圆镯还有更加精细的镂空圆雕工艺，如蔡於良先生收藏的十二生肖镂空圆镯，是以镂空十字花纹为基础，再焊上采用圆雕工艺制成的银十二生肖制成。除此之外，黎族妇女还会佩戴多个银环串联组成的银手环作为手部装饰物，这种银手环与银手镯相比工艺更加简单，造型也更加简洁。

黎族传统银手镯作为黎族妇女最常佩戴的装饰物，体现了黎族的银饰制作工艺，反映了黎族妇女的审美倾向。银手镯上的纹饰是黎族本民族文化和汉族文化的结合，具有独特的民族风情。

图片来源
图一、图二、图八　鞠斐　摄影
图三至图七　鞠斐　制图

图二　黎族银手镯主图 2

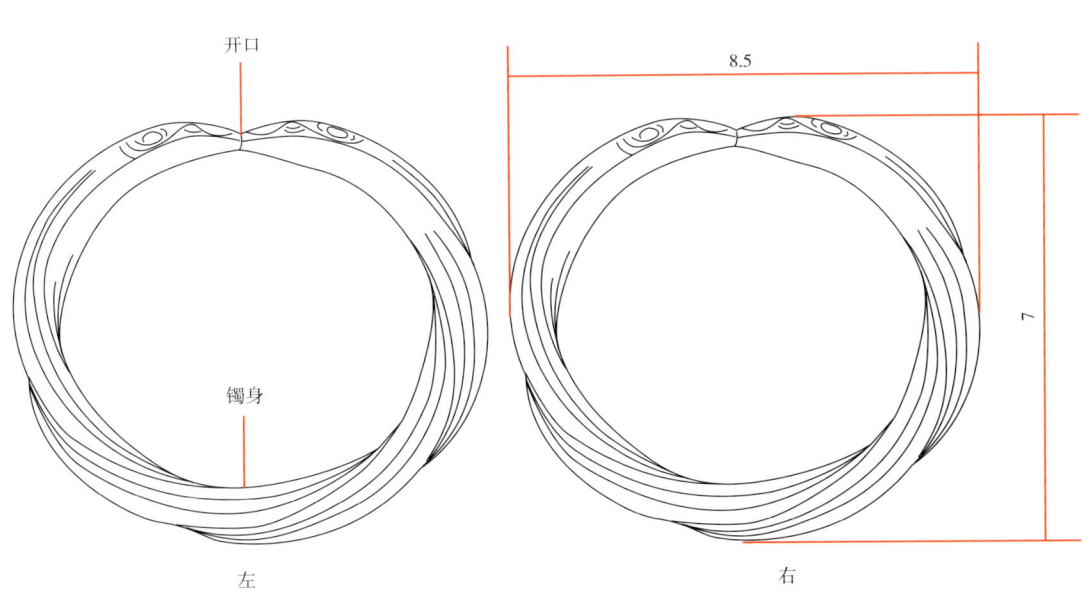

图三　黎族银手镯结构名称、尺寸图（单位：cm）

工艺	示例
四棱扭纹	鱼嘴扭纹镯
刻绘	十二生肖刻花圆镯
圆雕镂空	十二生肖镂空圆镯

图四 黎族银手镯工艺分类示意图

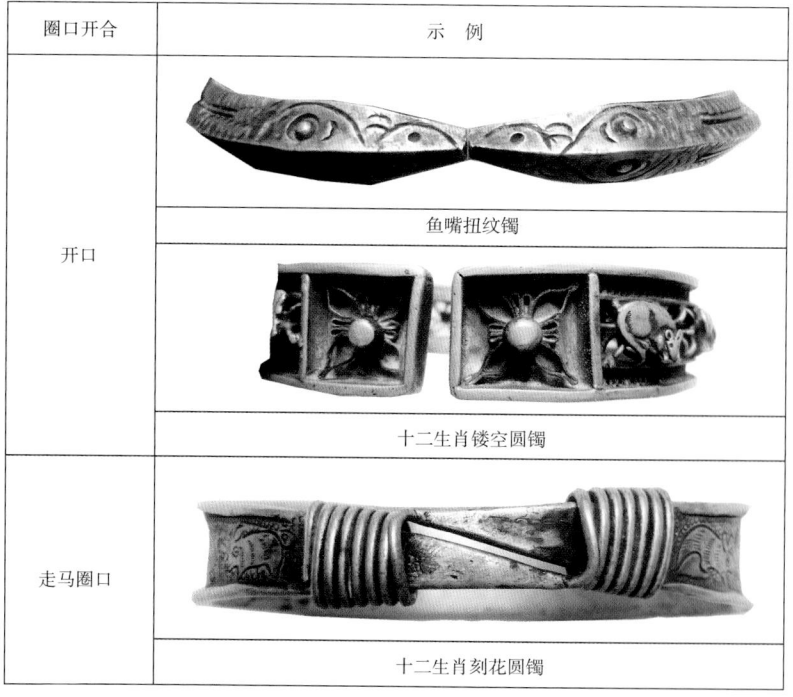

圈口开合	示例
开口	鱼嘴扭纹镯
	十二生肖镂空圆镯
走马圈口	十二生肖刻花圆镯

图五 黎族银手镯圈口开合分类示意图

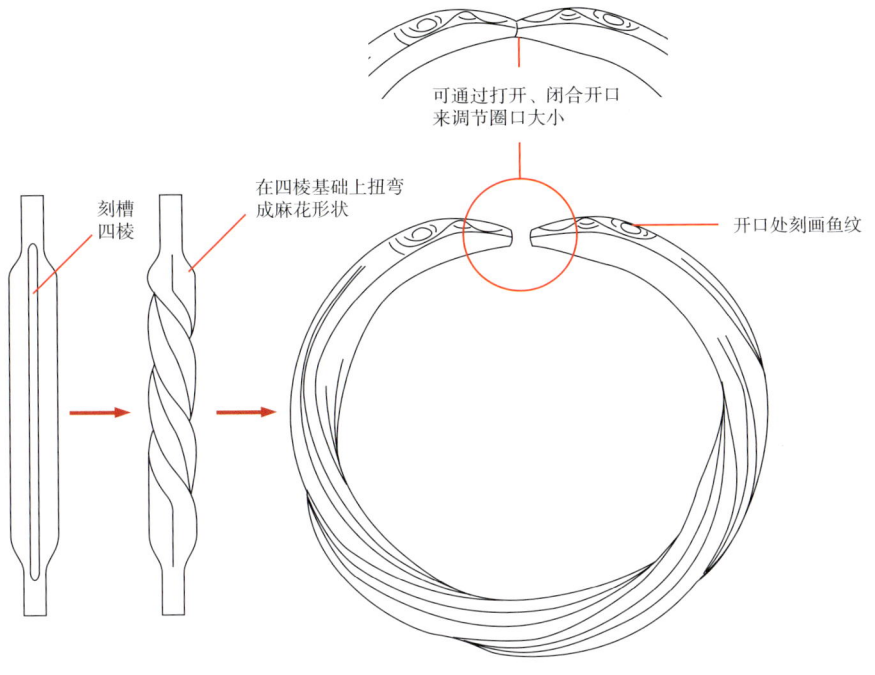

图六 黎族银手镯设计分析图

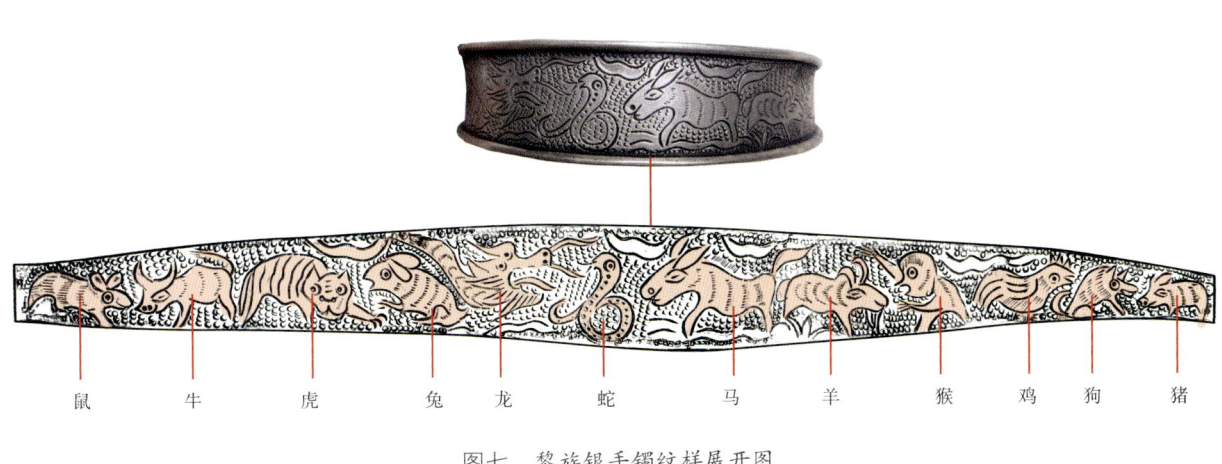

鼠　牛　虎　兔　龙　蛇　马　羊　猴　鸡　狗　猪

图七 黎族银手镯纹样展开图

第二章 黎族传统服饰

图八　黎族银手镯延展图

第三章 黎族传统餐饮

杞方言黎族品字形灶

图一　杞方言黎族品字形灶主图

在黎族传统的船形屋的厨房内几乎家家可见使用三块石头摆成品字形的烧火灶，这种烧火灶被称为品字形灶或三石灶。本案例采选自五指山市初保村杞方言黎族的船形屋中，是黎族典型的品字形灶。

本案例共由三块打磨光滑的石块组成，三块石头分为座石和走石。其中一块座石作为灶魂石，体积略大，一大截露出地面，剩余的部分埋入地下固定，不可随意移动，另外两块平底的灶石体积略小，平放在地面上，通常可以根据使用的锅的大小而向内、向外移动，调节炉灶的大小，因此被称为走石。三块灶石露在地面上的高度相同，架锅时起到稳定支撑的作用，同时，三角形的灶石摆放结构也是非常稳定的支撑结构，三块灶石之间以自身高度形成的空隙中均可塞入柴火。

合亩地区和山区的黎族传统品字形灶通常设在船形屋内，火灶旁边放着吹火用的竹制风箱。石灶设于室内一方面可以方便照顾火种，同时便于熏制屋内悬挂的肉食，另一方面有驱除蚊虫的功效。沿海平原地区的黎族于屋外盖小厨房，以三石灶和汉区土灶并用。

不同地区的品字形灶形制和使用方法略有区别，五指山地区杞方言黎族的传统品字形灶为一座石两走石；保亭地区的杞方言黎族传统品字形灶则为两座石一走石，使用时只需挪动一块灶石来调节炉灶大小；而东方市俄查村、白查村一带的美孚方言黎族传统品字形灶则由三块座石组成，炉灶的大小在建造时就固定住，不能进行调节。

图片来源
图一、图五　鞠斐　摄影
图二至图四　鞠斐　制图

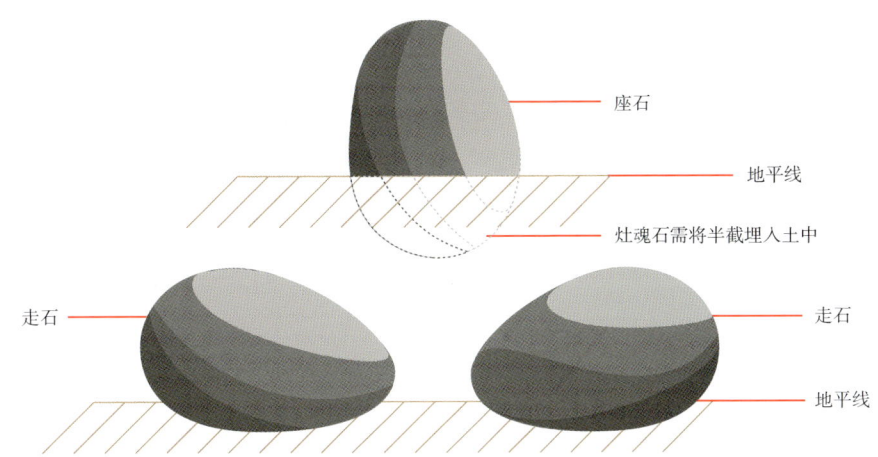

图二　杞方言黎族品字形灶结构名称图

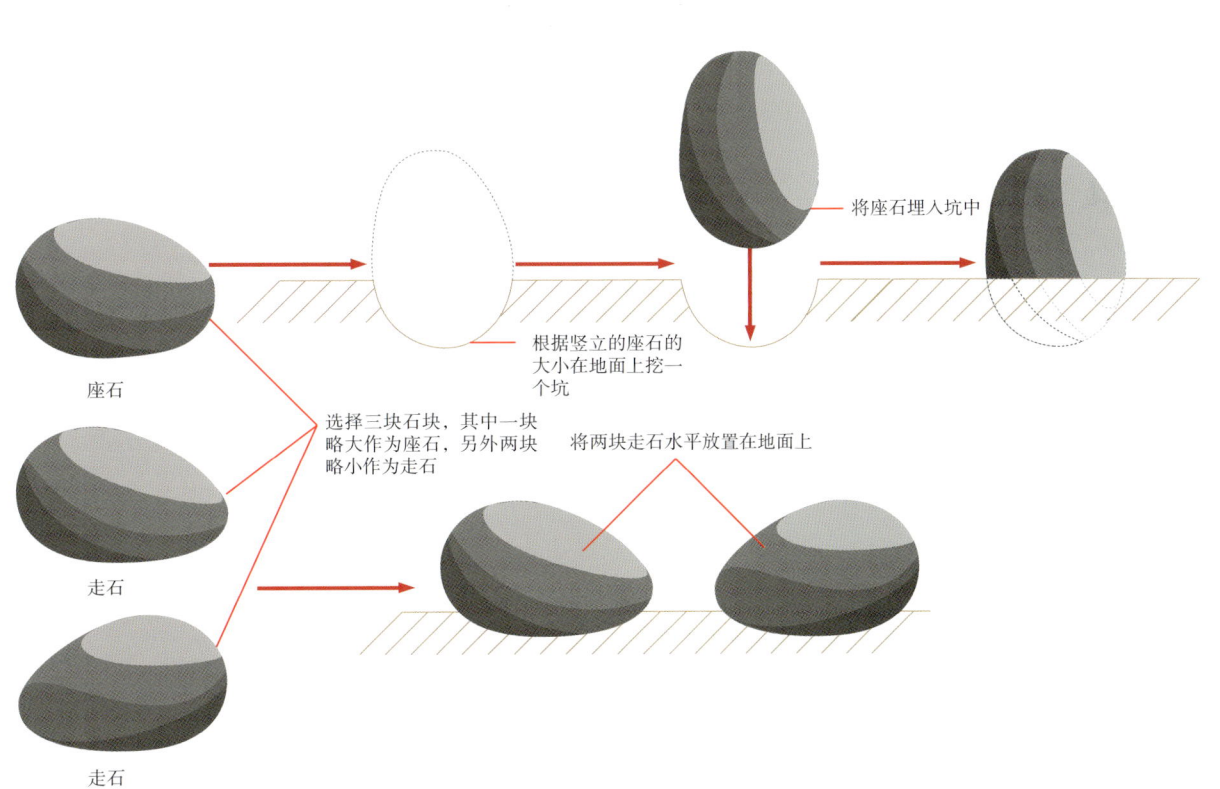

图三　杞方言黎族品字形灶制作流程图

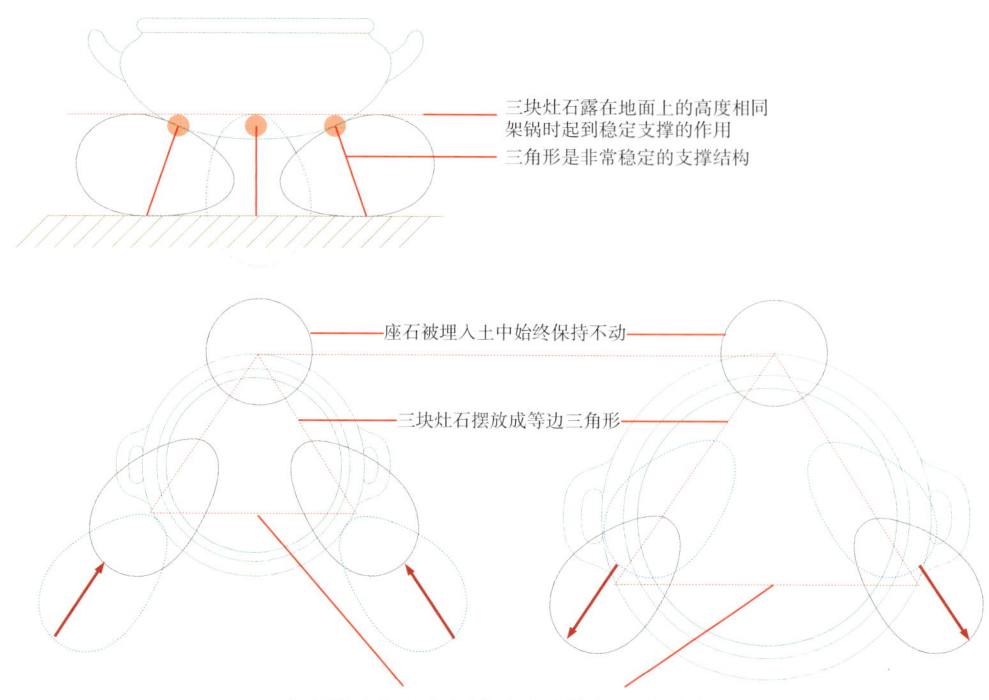

图四　杞方言黎族品字形灶设计分析图

图五　杞方言黎族品字形灶使用情境图

美孚方言黎族带盖印纹陶锅

图一 美孚方言黎族带盖印纹陶锅主图

迄今发现的黎族印纹陶器最早制于新石器时期，它承载了黎族原始制陶技艺，这项黎族传统手工技艺于2006年6月2日被正式列入中国非物质文化遗产名录。本案例采选自五指山市番茅村黎族人购买的带盖印纹陶锅，由东方市东河镇的美孚方言黎族妇女制作。

本案例由锅身和锅盖组成，锅身敞口、平沿、双耳、圆底，锅盖平宽沿，顶部有粗提纽便于握抓。美孚方言黎族陶锅在制作时常用的制陶工具有用来打碎陶土的木质杵臼，用来挑筛陶土的木耙和竹筛，用来塑造成型的石拍、木拍，用来平滑表面的竹木刮刀和蚌壳等。制陶过程十分复杂，有挖取白色陶土、耙陶土、晒陶土、舂陶土、筛陶土、和陶泥、制陶坯、阴干、制作树汁、搭建烧陶木架、钻木取火、烧陶、取陶、加固等十来道工序。使用时，将陶锅架在品字形灶的灶石上，将灶石之间空隙内塞入柴火点燃来加热锅内食物。

美孚方言黎族带盖印纹陶锅的模印纹饰特征体现在锅盖上，趁做好的锅盖陶坯未干用藤席作为印模将人字形斜纹编织肌理用石拍或木拍拍印在整个锅盖表面后再进行烧制。黎族妇女在陶器表面拍印纹饰除了装饰之外还起到加固的作用，很多黎族传统陶器的表面都拍印有布纹、席纹或绳纹。

黎族传统制陶技艺犹如一块记录了黎族先民造物手段的活化石，是黎族几千年生产方式、生活方式的积淀。黎族传统陶器在现代文明的冲击下已逐渐远离当代黎族人的日常生活。今天，仅在昌江、东方一代的黎族村庄里仍有黎族妇女保留着用世代心口相传的古老制陶工艺烧制陶器的习惯。

图片来源

图一、图六　鞠斐　摄影

图二至图五　鞠斐　制图

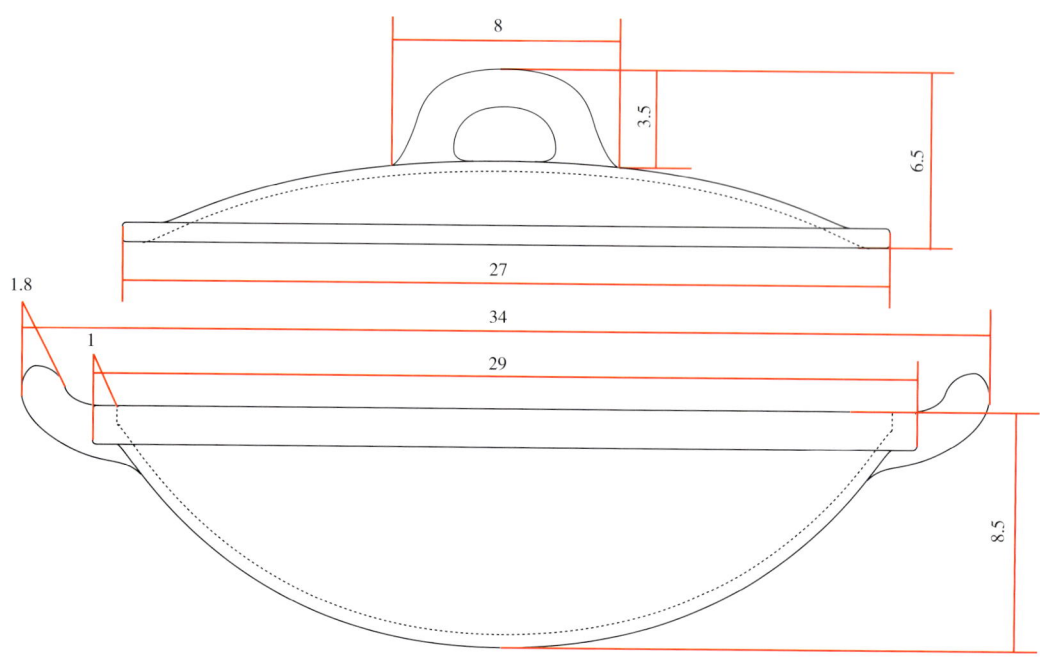

图二　美孚方言黎族带盖印纹陶锅尺寸图（单位：cm）

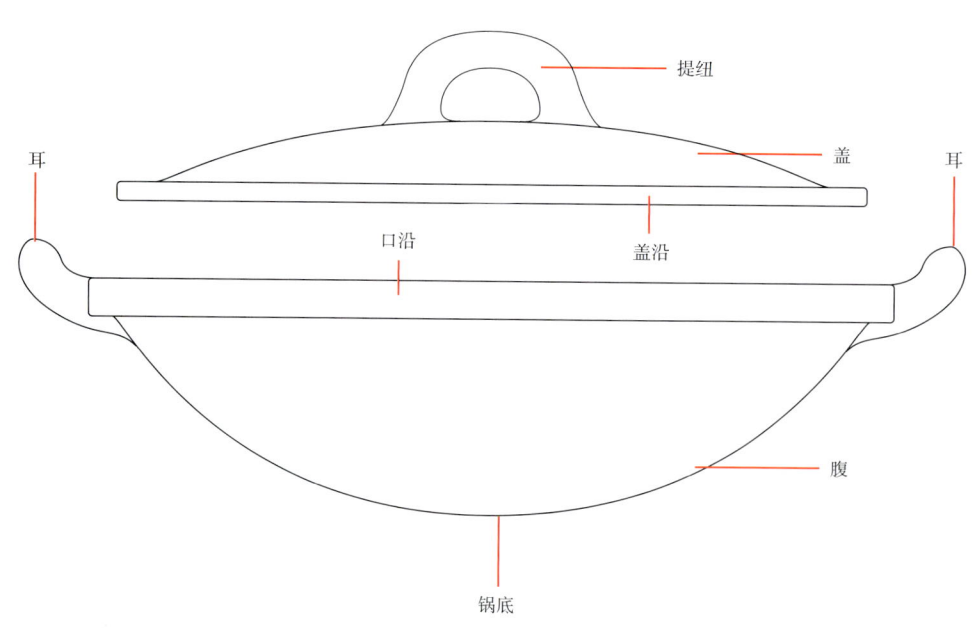

图三　美孚方言黎族带盖印纹陶锅结构名称图

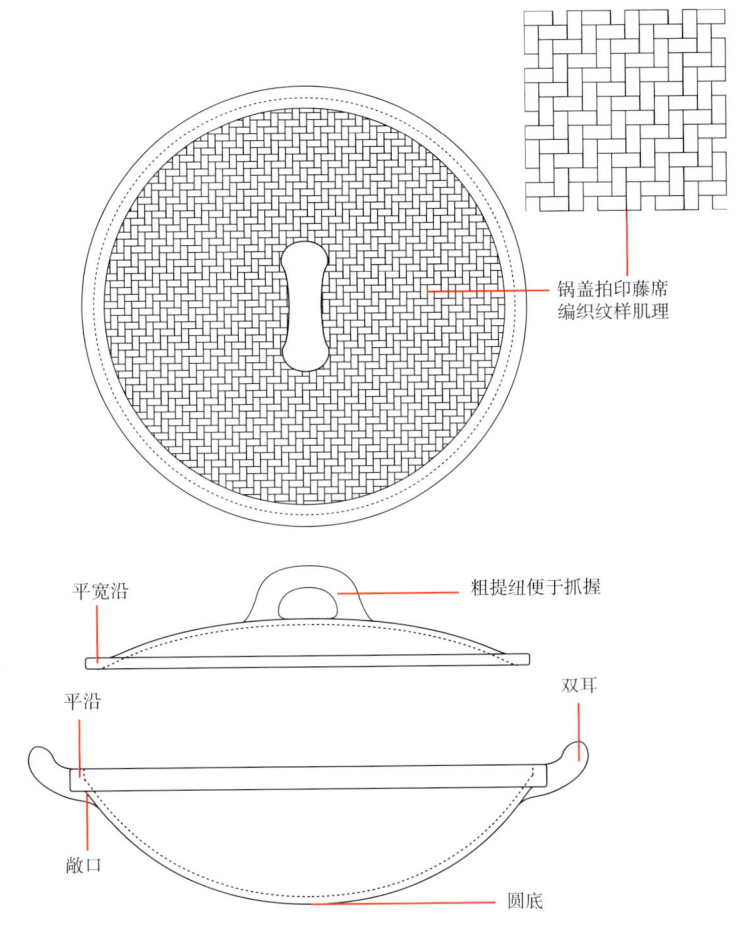

图四 美孚方言黎族带盖印纹陶锅设计分析图

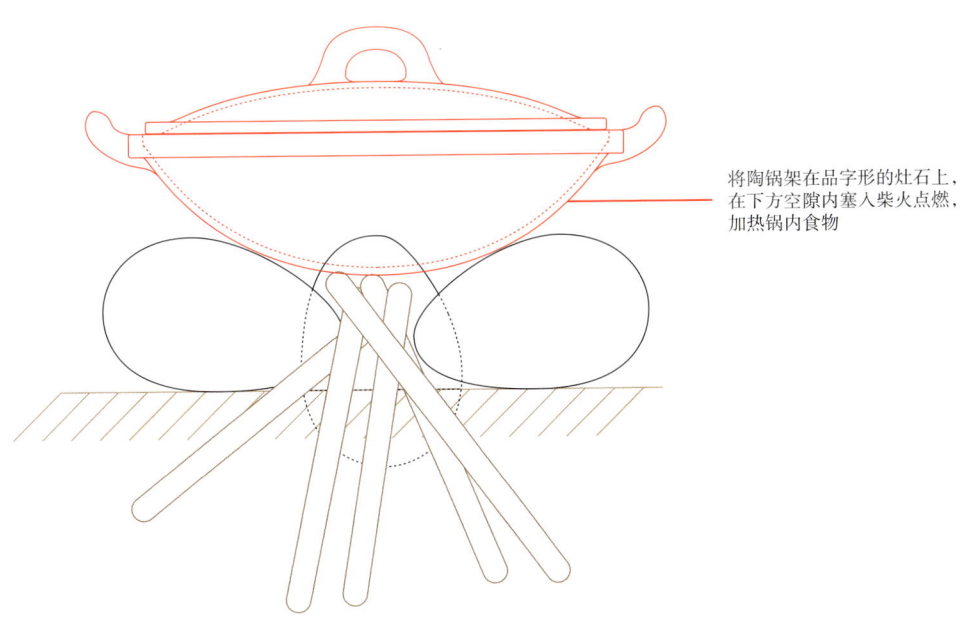

图五 美孚方言黎族带盖印纹陶锅使用方式示意图

图六 延展图：美孚方言黎族无盖陶锅

黎族单柄陶锅

图一　黎族单柄陶锅主图

单柄陶锅是保留传统餐饮习俗的黎族家庭中常见的炊具之一，由黎族妇女手工盘筑并露天烧制而成。本案例采选自海南省博物馆收藏的黎族传统单柄陶锅，案例来源于昌江县石碌镇。石碌镇位于海南岛昌化江沿岸，是目前仅存的传承原始制陶工艺的黎族地区之一，主要采用原始的泥条盘筑法制成陶器，是反映黎族先民原始制陶技艺的"活化石"。

本案例单柄、敛口、鼓腹、圆底，整体形状为圆形，口沿处卷沿圆唇，粗长的把柄便于握取。黎族传统单柄陶锅在拿取时可以用手直接握住把柄，烹饪时用陶锅盛水或食物放在品字形灶上。由于陶锅直径较小，因此需将灶石向内移动到合适位置架住陶锅。陶锅底部为圆底，因此平时存放时无法直接放在平坦的地方，通常摆放在篮筐内，防止锅底歪斜滚动。

本案例陶锅制作时要经过春筛陶土、和泥制坯、阴干、取火烧陶、取陶加固等多道工序，在烧制过程中独具特色的一点在于加固的过程。黎族传统陶器通常露天烧制两个多小时后，将陶器挨个挑出，再把事前备好的树汁淋洒在陶器上进行淬火冷却，这种树汁是黎族妇女将一种黎语称为"塞柴涯"的植物树皮捣烂后，取其汁液与一种黎族称为"柴构仁"的植物一起浸泡而成的汁液，在陶器即将烧制完成时洒在器物表面可以增加器物的硬度。洒过树汁的陶器经过淬火后若发出嗞嗞的响声，则预示陶器制作成功，烧制成功的陶器表面被树汁淋洒过的地方呈现出斑驳的黑色点状或片状色彩，令黎族传统陶器在陶器品种中显得独一无二。

图片来源
图一　鞠斐　摄影
图二至图六　鞠斐　制图

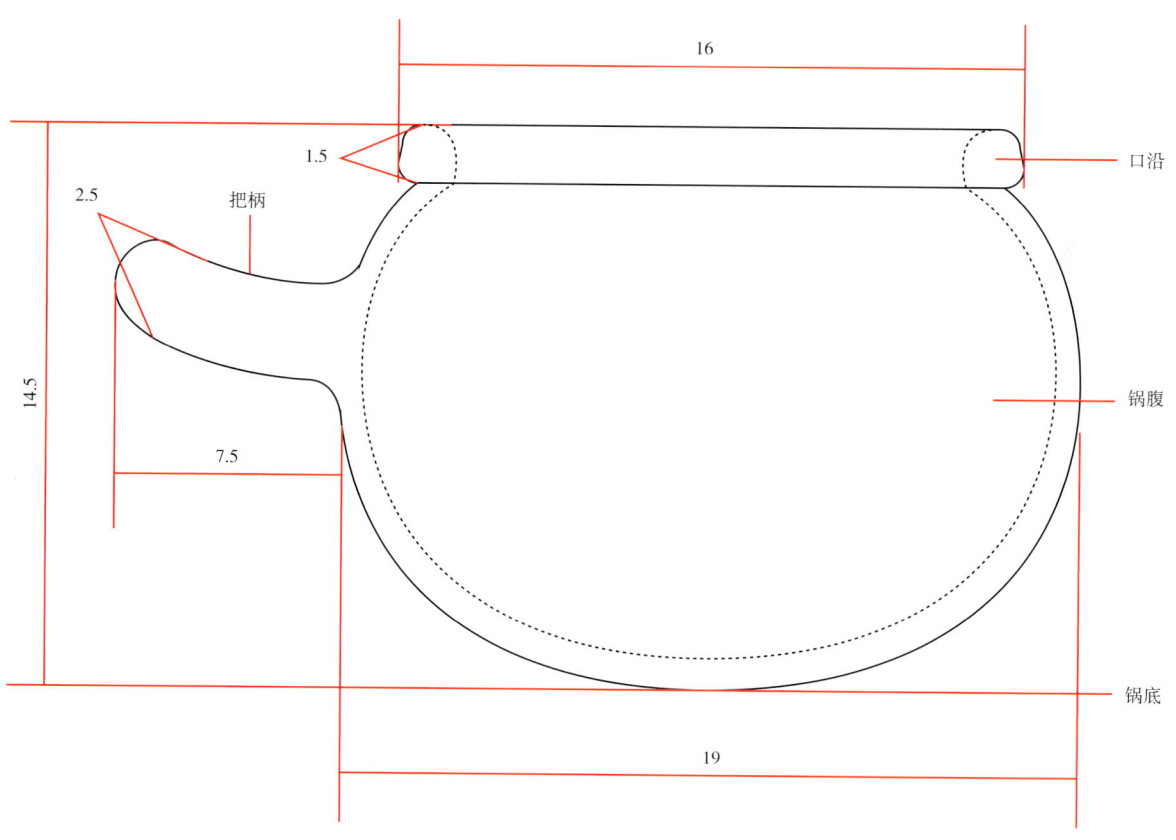

图二　黎族单柄陶锅结构名称、尺寸图（单位：cm）

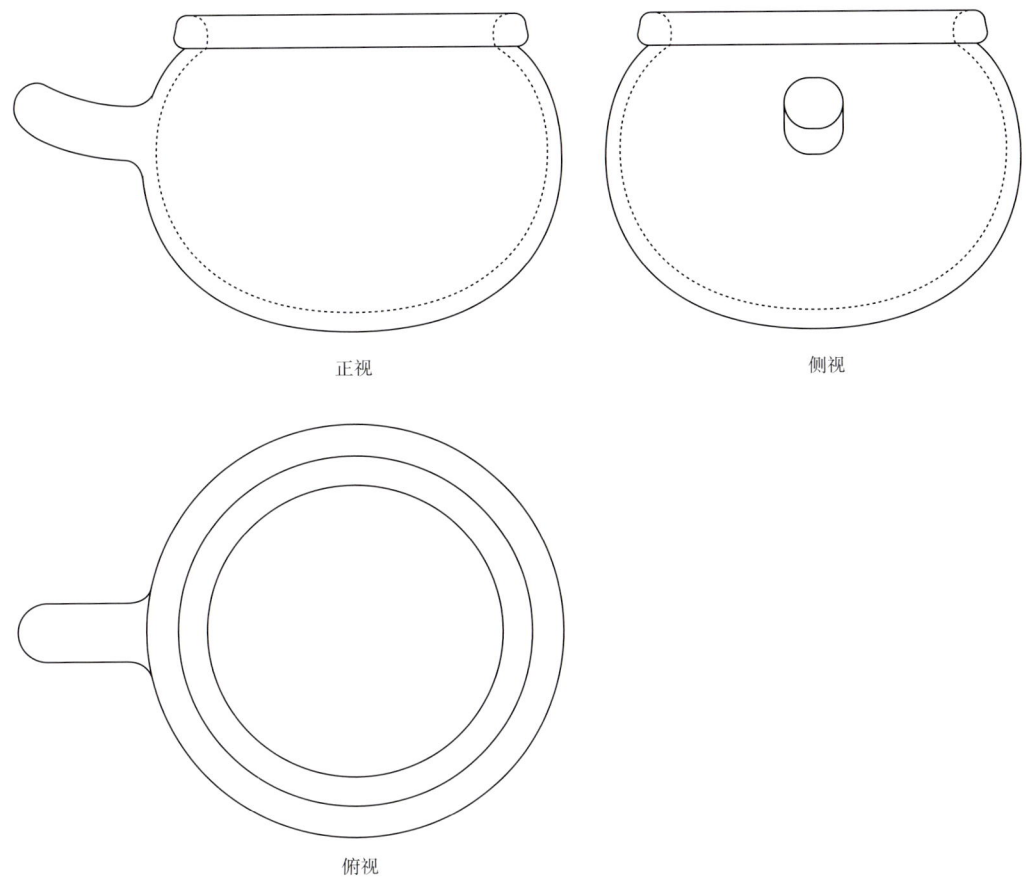

图三　黎族单柄陶锅视角图

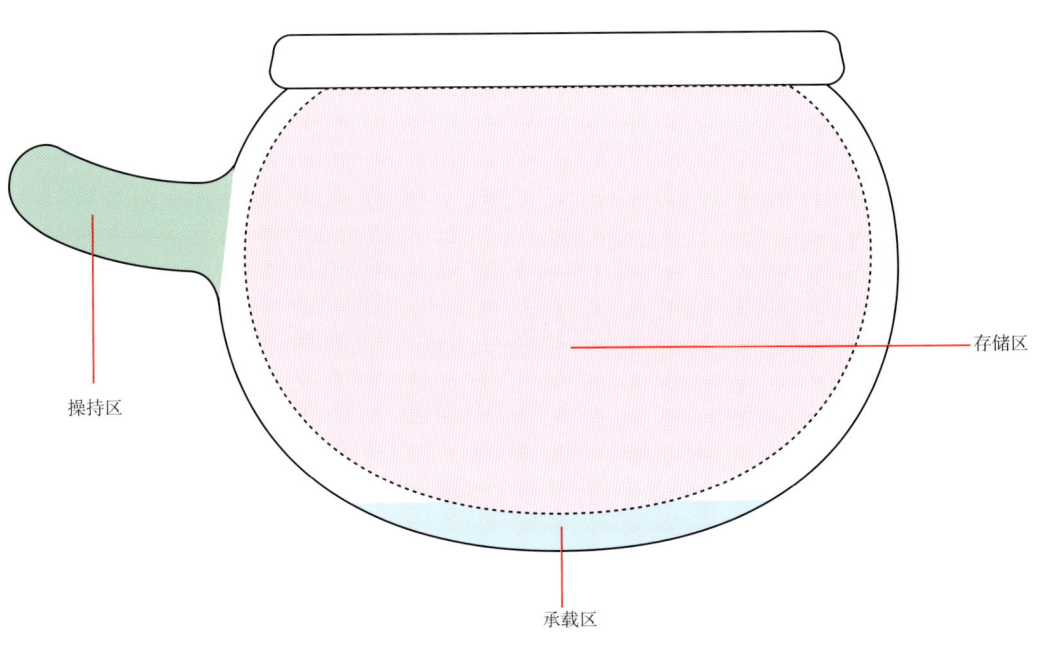

图四　黎族单柄陶锅功能分区示意图

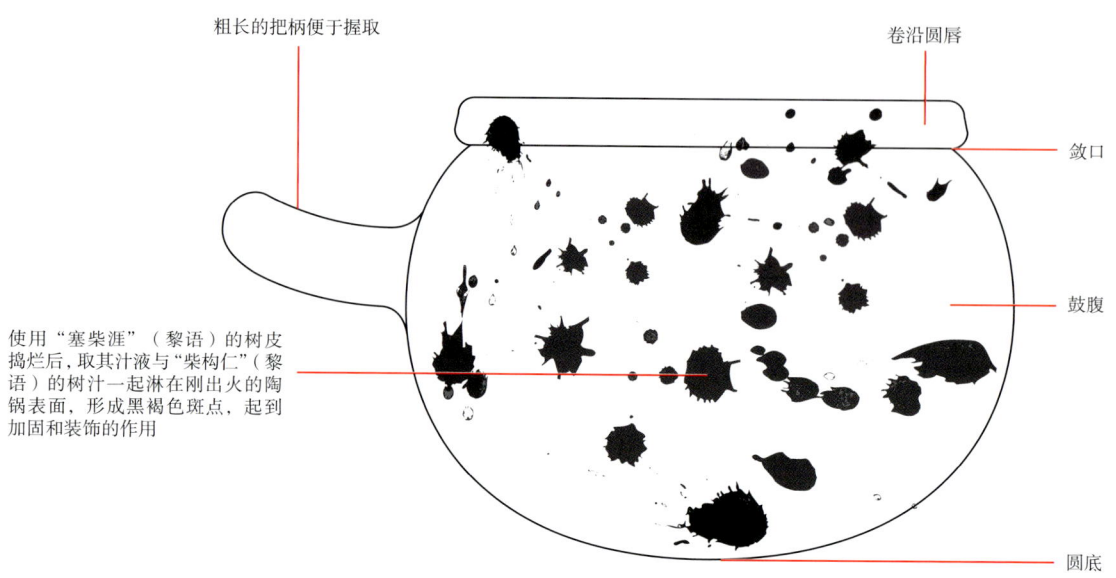

图五　黎族单柄陶锅设计分析图

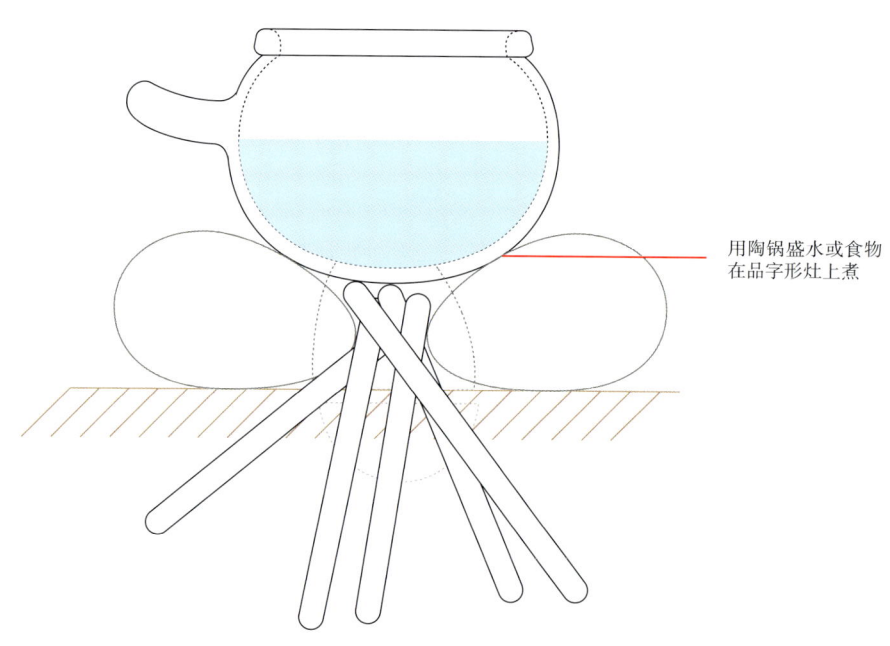

图六　黎族单柄陶锅使用方式示意图

黎族藤编圈足椰壳碗

图一　黎族藤编圈足椰壳碗主图

黎族藤编圈足椰壳碗是黎族椰壳器制作技艺和藤编技艺完美结合的载体，体现了黎族人精巧的设计创意和高超的手工技艺。本案例采选自海南省保亭县博物馆收藏的黎族传统藤编圈足椰壳碗，是塑料炊具普及前家家户户常见的天然材料制成的餐具。

本案例由椰壳碗身、藤编外壳、拎环和碗底圈足组成，长老的红椰椰壳形状自然，形成自然的碗形，质地坚硬，长时间使用不易磨损。藤编外壳起到隔热防护作用的同时，藤编肌理更能在手握时防止滑脱，圈足设计令圆底碗避免放置不稳的问题，也令手握时更易把持，同时还可以保护碗底不受磨损。拿取时可以用双手分别捏住两个拎环，还可以在拎环上系绳，将碗悬挂起来。

黎族传统藤编圈足椰壳碗制作时，首先选择一颗长老的椰子，晒干后去除椰壳外皮，得到红椰特有的光滑椰壳，将顶部锯掉，挖去椰肉并将内部处理干净。接着以椰壳为模型在外围用藤条编织成藤编外壳，藤编外壳采用黎族人编织摇篮和鸡笼常用的孔洞编织法，即将藤条劈成数条薄厚、宽窄均相同的经条和纬条，然后进行斜行交叉，同时每个斜行相交之处再横穿一根纬条，从而令藤编外壳表面形成六边形四方连续孔洞肌理。在碗底加装圈足并打四个孔用于穿过固定圈足的藤绳，然后用藤绳连接藤编外壳和碗底圈足，令圈足和藤编外壳牢牢固定在一起。最后在藤编外壳上部左右两侧各固定一个藤环，如同双耳，

第三章　黎族传统餐饮

可以用双手捏住拎起碗身或穿系绳悬挂于挂钩或墙体木架上。

图片来源
图一 鞠斐 摄影
图二至图六 鞠斐 制图

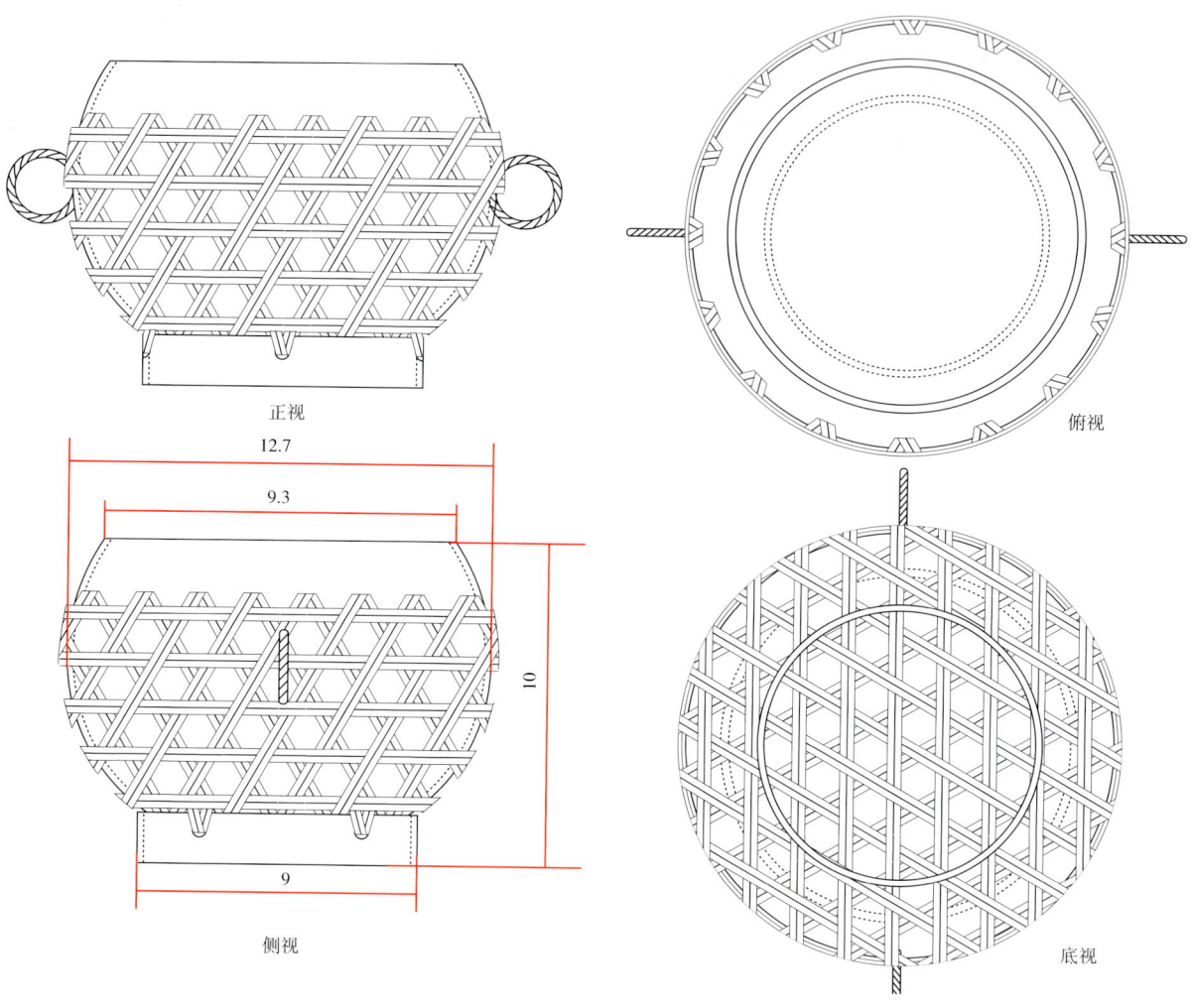

图二 黎族藤编圈足椰壳碗视角、尺寸图（单位：cm）

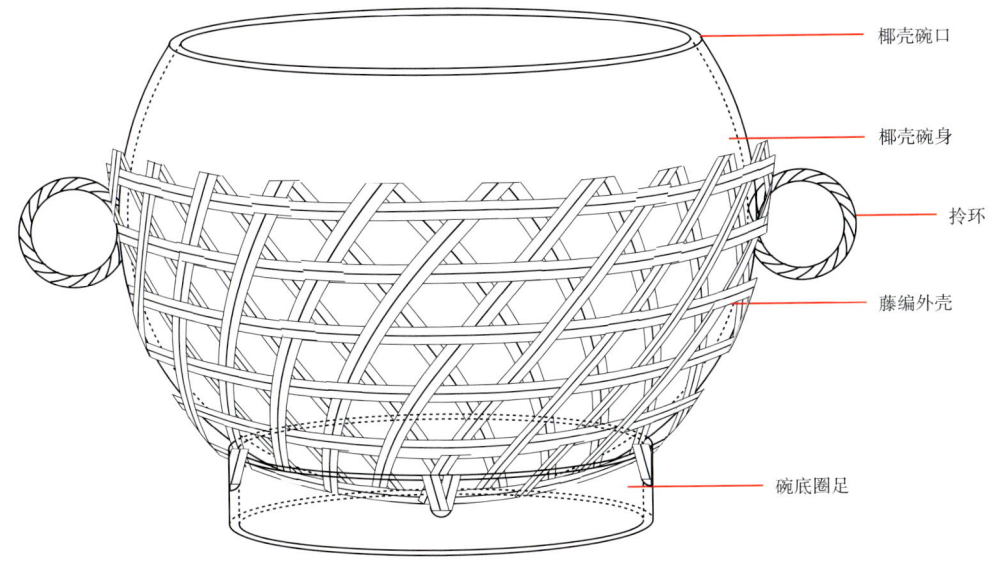

图三　黎族藤编圈足椰壳碗结构名称图

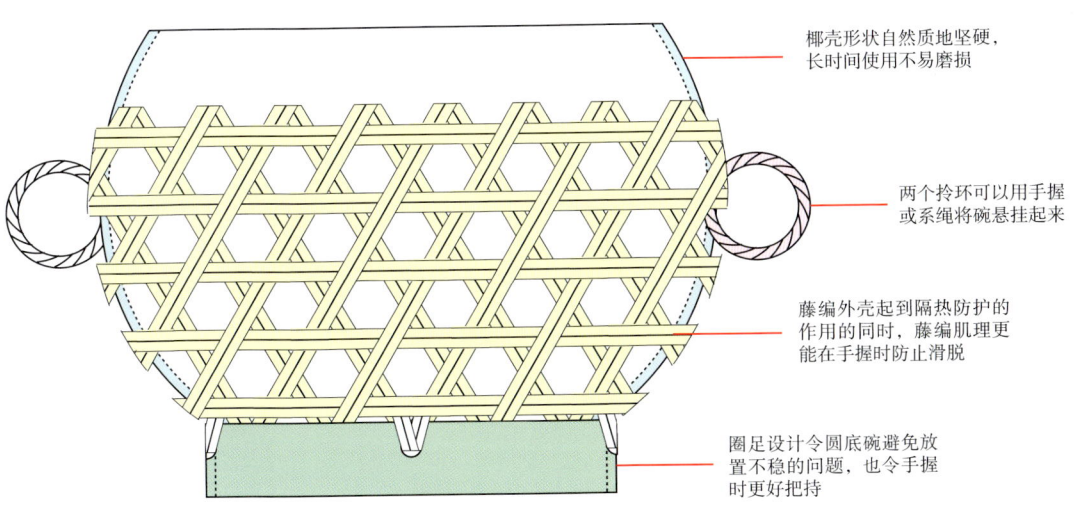

图四　黎族藤编圈足椰壳碗设计分析图

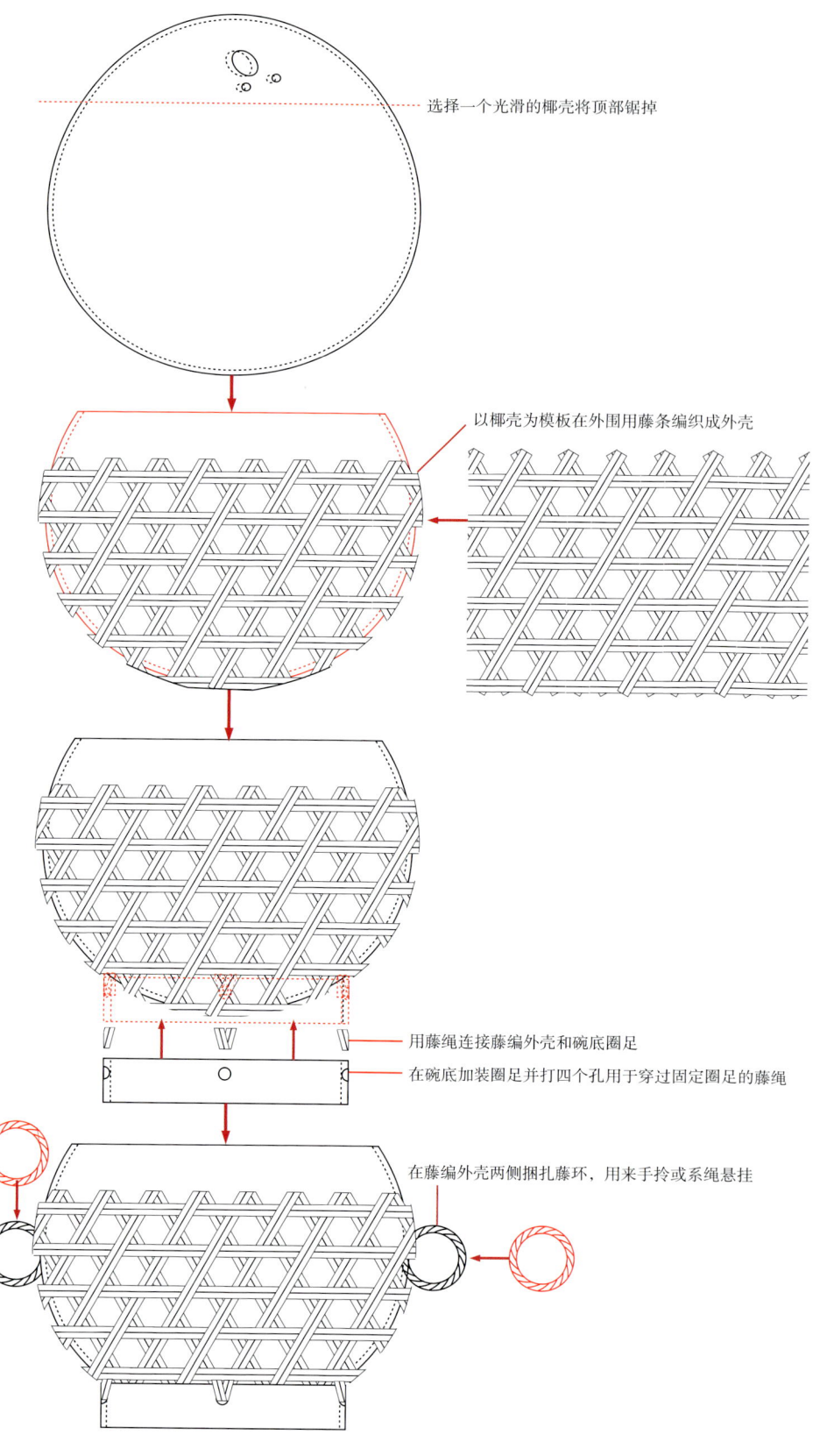

图五　黎族藤编圈足椰壳碗制作流程图

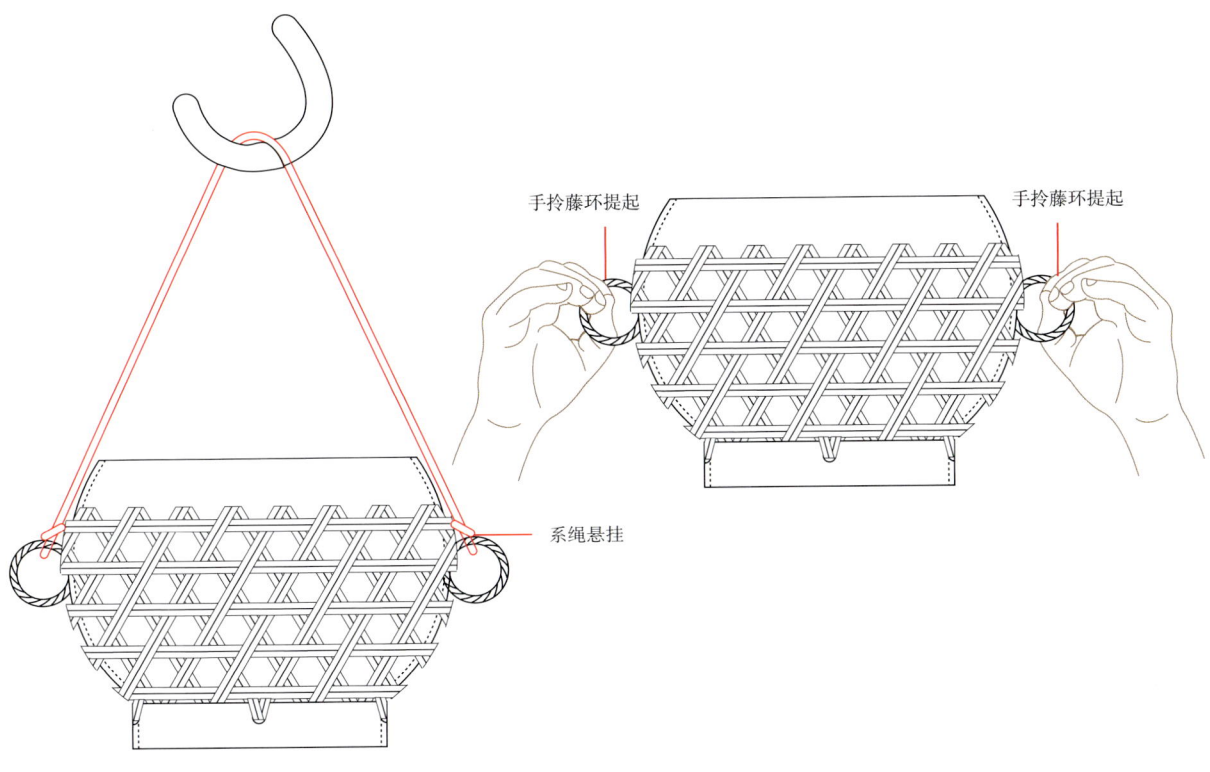

图六 黎族藤编圈足椰壳碗拿取方式示意图

黎族双耳鼓腹陶盆

图一　黎族双耳鼓腹陶盆主图

黎族双耳鼓腹陶盆是黎族传统的饮食器具之一，通常用于加热或煮制食物，在黎族传统村落随处可见。本案例采选自昌江县石碌镇美孚方言黎族妇女手工制成的陶盆，现由保亭县文化馆黄呈馆长收藏。

本案例陶盆高约13厘米，腹部直径约为30厘米，口径约为26厘米，是典型的敛口、卷沿、圆唇、双耳、鼓腹、圆底器形，采用黎族传统制陶技艺加工而成。制作时首先用泥条盘筑法制作盆身，再使用陶拍整理器形，并搓泥条制成盆口和盆耳，用竹签采用阴线刻画的方式，在陶盆肩部刻画一圈双层的水波纹装饰，线条的高低长短十分规整。完成后露天低温烧造，即将烧制完成时在陶盆的内、外壁均使用"塞柴涯"（黎语）的树皮捣烂后，取其汁液，与"柴构仁"（黎语）的树汁一起淋在刚出火的陶盆表面，烧制完成后形成黑褐色斑点，起到加固和装饰的作用。陶盆底部为圆底，不易平放储物，因此通常被用作烹饪食物，使用时通常将陶盆架在三块灶石上，令其稳定，圆底设计有利于增大受热面。双耳设计令拿取方便。

由于黎族人传统的饮食习惯，煮成为黎族人加工食物的主要手段，因此可以用来烧水煮饭的黎族传统双耳鼓腹陶盆成为黎族最为常见的日用炊具之一。其器形质朴，体现了黎族原始制陶技术，同时陶盆肩部的水波纹装饰体现了黎族人对于水的喜爱和崇拜。

图片来源
图一　鞠斐　摄影
图二至图六　鞠斐　制图

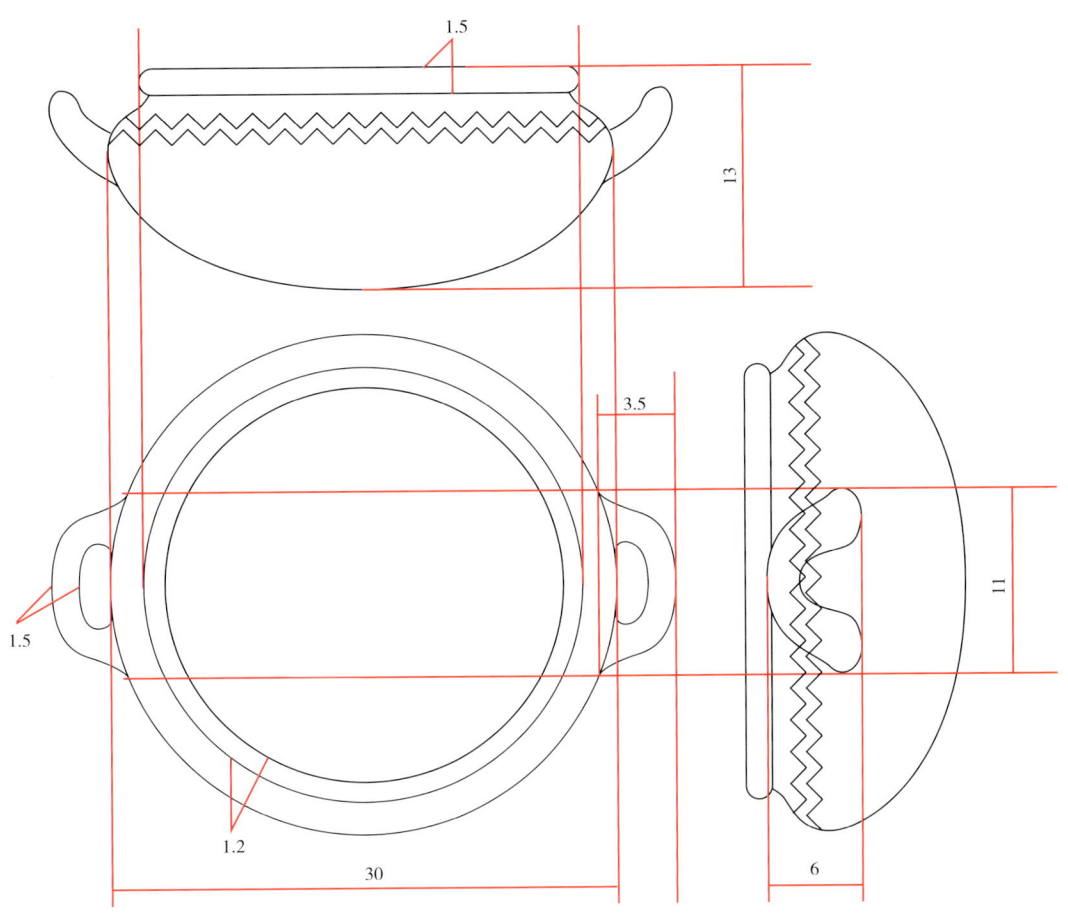

图二　黎族双耳鼓腹陶盆尺寸图（单位：cm）

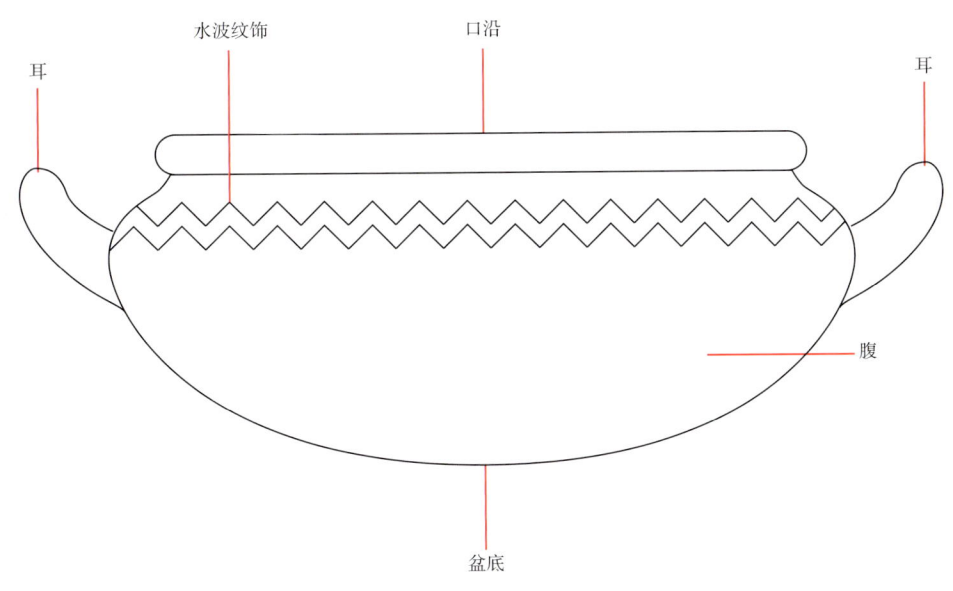

图三　黎族双耳鼓腹陶盆结构名称图

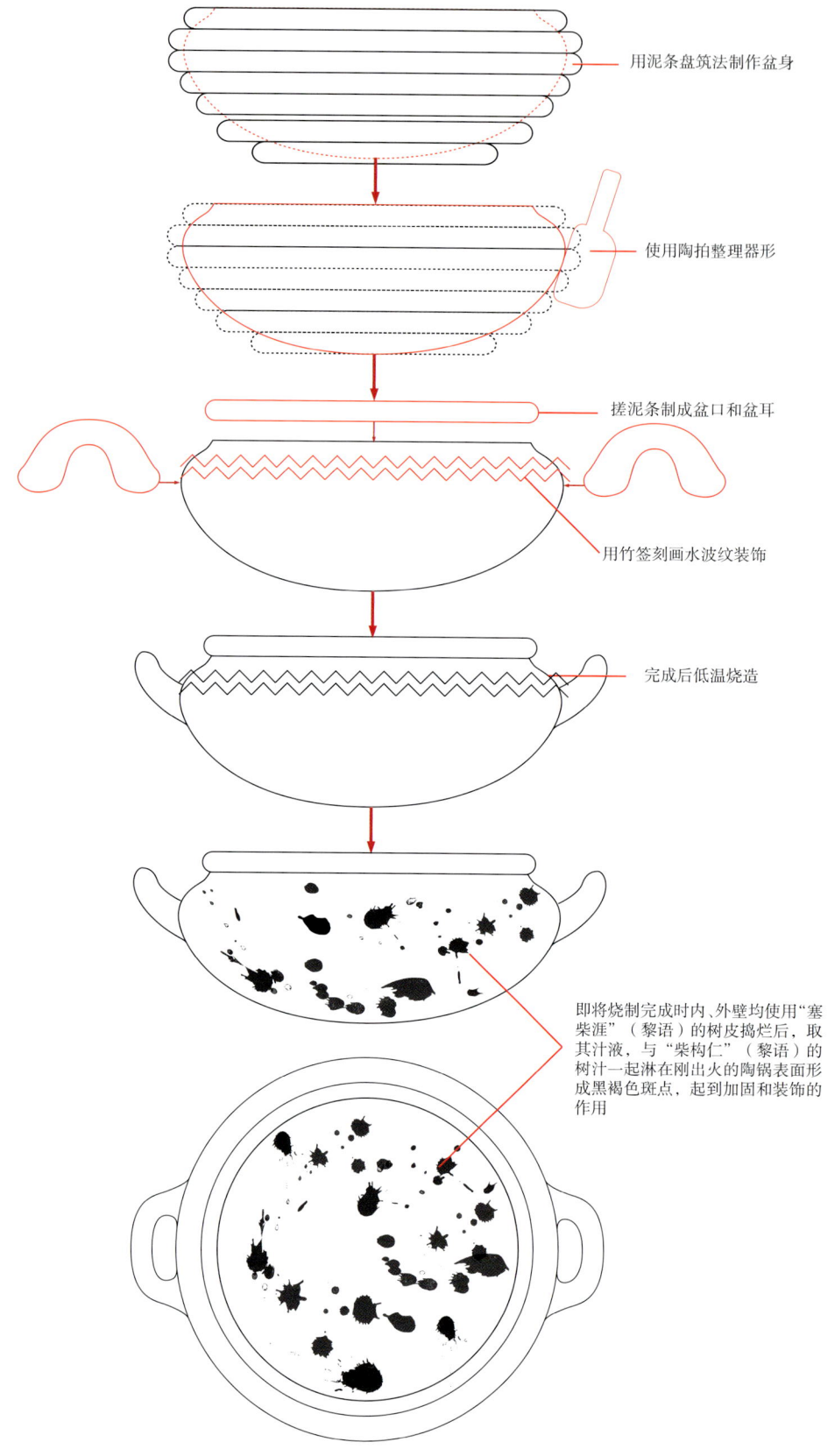

图四 黎族双耳鼓腹陶盆制作流程图

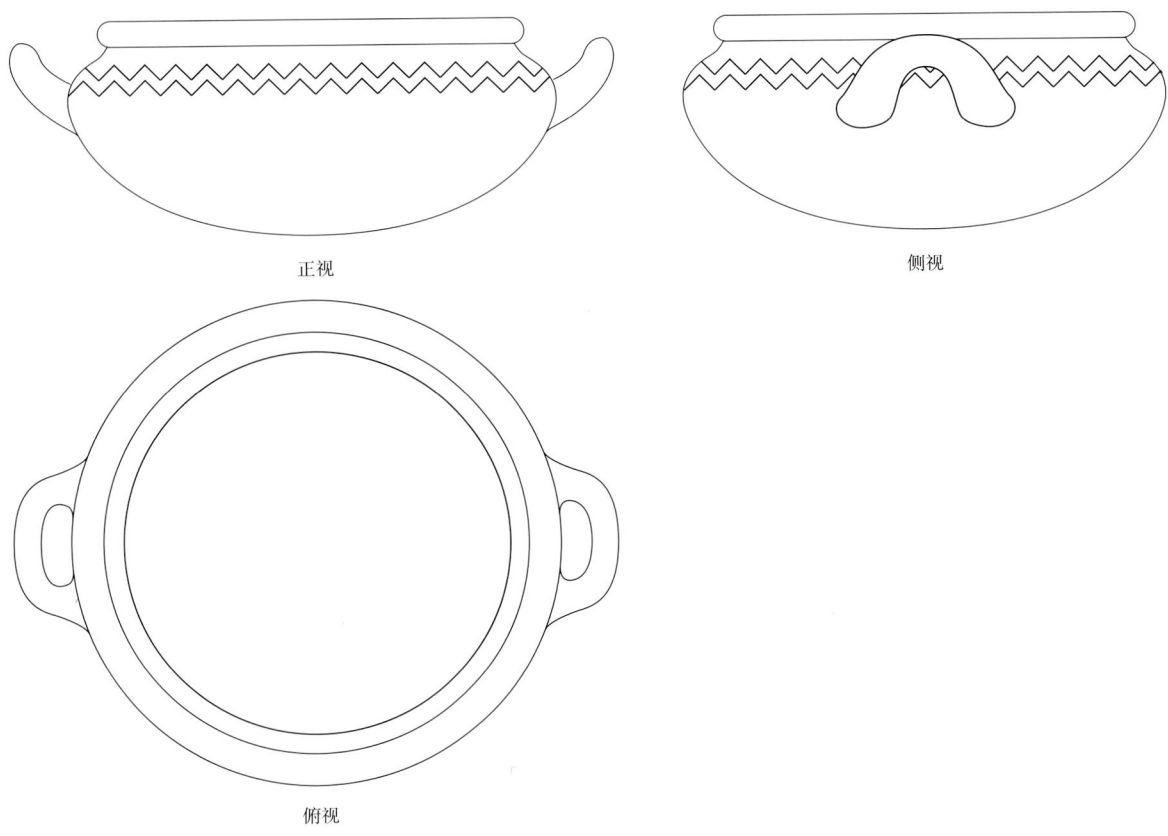

正视 侧视

俯视

图五　黎族双耳鼓腹陶盆视角图

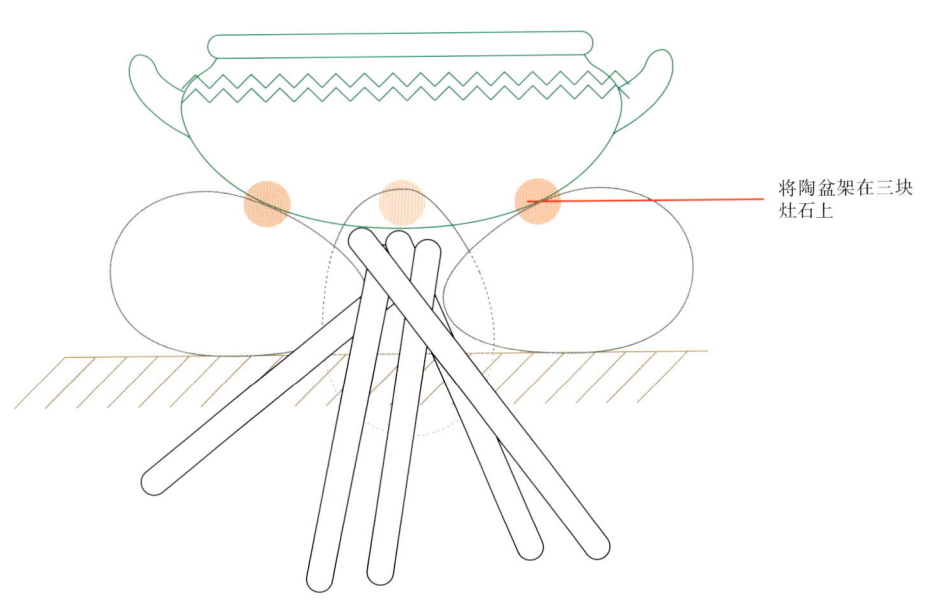

将陶盆架在三块灶石上

图六　黎族双耳鼓腹陶盆使用方式示意图

第三章　黎族传统餐饮

黎族蒸饭陶甑

图一　黎族蒸饭陶甑主图1：鼓腹蒸饭陶甑

陶甑是黎族较大的陶器，也是最难制作的陶器，分蒸饭甑与蒸馏酒甑，它们原理相同，器形却有差别。黎族人也曾使用木甑，但现在很少使用。蒸饭陶甑是由陶釜演变而来的炊具，也是最主要的陶器。器形一般束腰，上鼓腹如釜，下侈口高圈足或柱形器座，腰间为一多孔箅层放置食物。

鼓腹蒸饭陶甑，考察于昌江县孔车村，灰陶，口径23厘米，底径23厘米，腹径25厘米，高18厘米，内部有一多孔箅层，孔径约1厘米。使用时架在大锅内，下层煮水，上层靠热气蒸物，是黎族必备的蒸饭炊具。每逢喜庆佳节、探亲访友、婚丧嫁娶、祭拜祖先都要用陶甑制作糯米类食品，如糯米粽、糯米团等，以山栏糯米为上品。

黎族山区里的野生植物非常丰富，块茎类的植物既可与大米煮饭，也可放在陶甑里蒸食。如挖出的一块白薯便有三四斤左右，淀粉含量很高,适合水蒸。白薯蒸熟后,用木臼春烂,加上适量盐巴,捏为饼状,即可做成黎族人喜欢吃的食物。

蒸饭陶甑的生产,使黎族先民的饮食种类更为丰富,这是对基础炊具的改革创造所带来的具体进步。

图片来源

图一、图二　袁晓莉　摄影
图三、图四　张宣乐　制图
图五、图六　叶祎祎　制图
图七　　　　陈翔宇　制图
图八　　　　胡亚玲　摄影

图二　黎族蒸饭陶甑主图 2：鼓腹高足陶甑

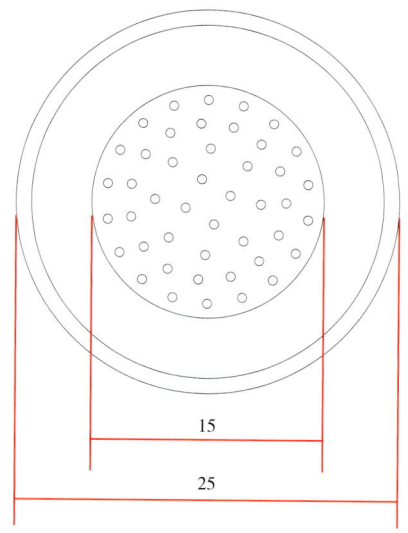
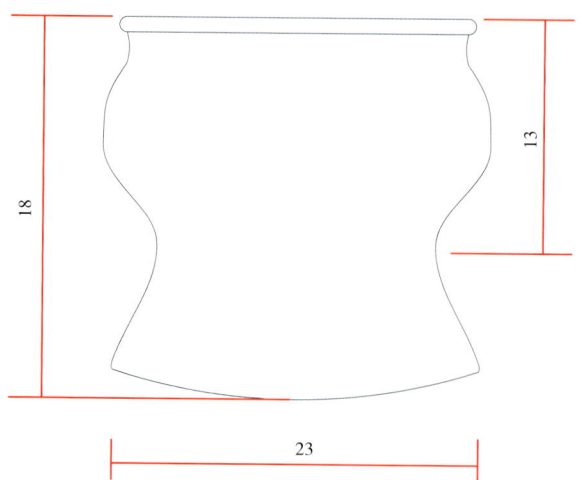

图三 黎族蒸饭陶甑尺寸图 1（单位：cm）

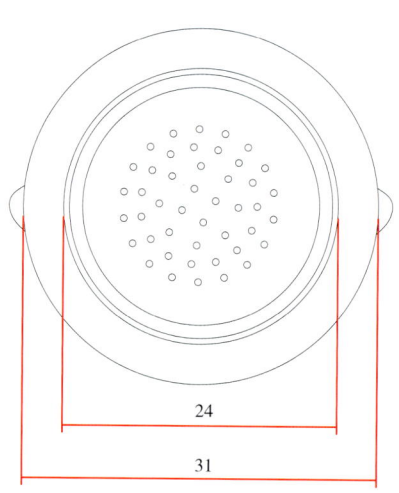
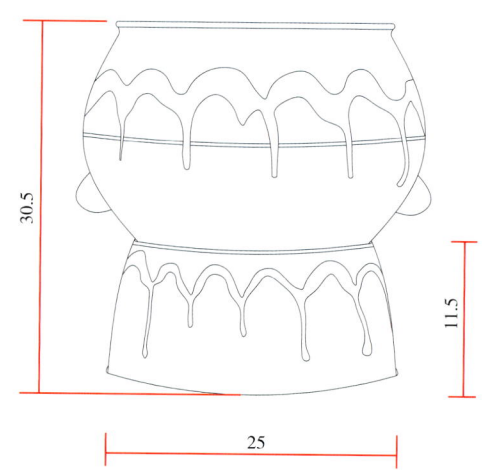

图四 黎族蒸饭陶甑尺寸图 2（单位：cm）

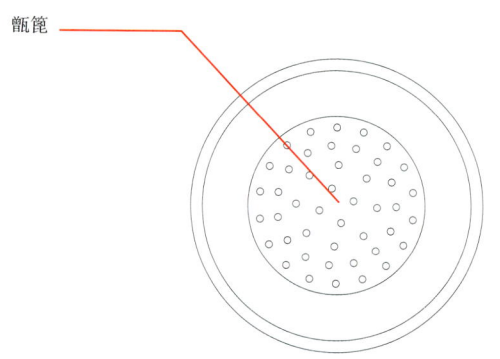
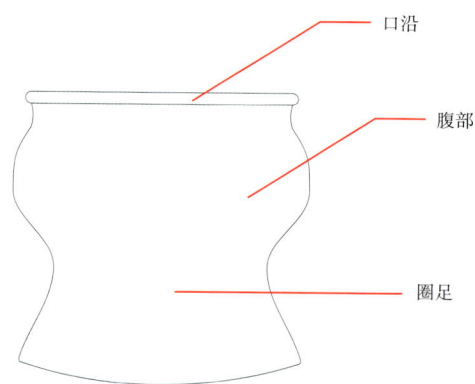

图五 黎族蒸饭陶甑结构名称图 1

图六　黎族蒸饭陶甑结构名称图 2

图八　黎族蒸饭陶甑使用情境图

图七　黎族蒸饭陶甑解析图

黎族竹编锅盖

图一 黎族竹编锅盖主图

黎族传统锅盖通常由独木制成或陶土烧成，而黎族传统竹编锅盖则是黎族人根据斗笠的形状创造出来的特殊的锅盖种类。本案例采选自海南省保亭县甘什村，是当地独有的竹编锅盖样式。

本案例由盖顶和盖沿组成，高约19厘米，外沿直径约57厘米。盖顶由一根竹管制成，将竹管保留5厘米高度作为手持部分。盖沿的框架是盖顶竹管的延伸，制作时将盖顶竹管5厘米以下的延伸部分等分成十八条竹篾，作为锅盖主体的第一层框架；再由中心向四周将整体盖沿用几十根细竹篾一圈圈与竹篾框架相互叠压，以平纹编织方法盘成圆形，编织成同心圆肌理，在盖沿内里加入第二层竹篾框架为内部框架；最后再编织锅盖边沿，还要再加入一圈较短的竹篾经条，编成之后锅盖十分硬挺，不易变形。本案例使用时，可直接将竹编锅盖盖在敞口的陶锅上，经过水蒸气长期的熏蒸仍不会变形。拿取时用手握住盖顶向上便能掀起锅盖,十分简单方便。

在竹编锅盖创造出来之前,黎族人常随手使用斗笠来覆盖锅口,黎族传统竹编锅盖在创造之初便模仿了竹编斗笠编织方法和样式。同时由于锅盖顶部是上下贯通的竹筒,可以用来释放水蒸气,解决了锅内因蒸煮食物产生的热气排放问题,表现出黎族人的聪明才智。编织出的锅盖精美大方,既有实用价值又体现了黎族人高超的手工技艺和朴素自然的审美情趣。

图片来源
图一、图六　鞠斐　摄影
图二至图五　鞠斐　制图

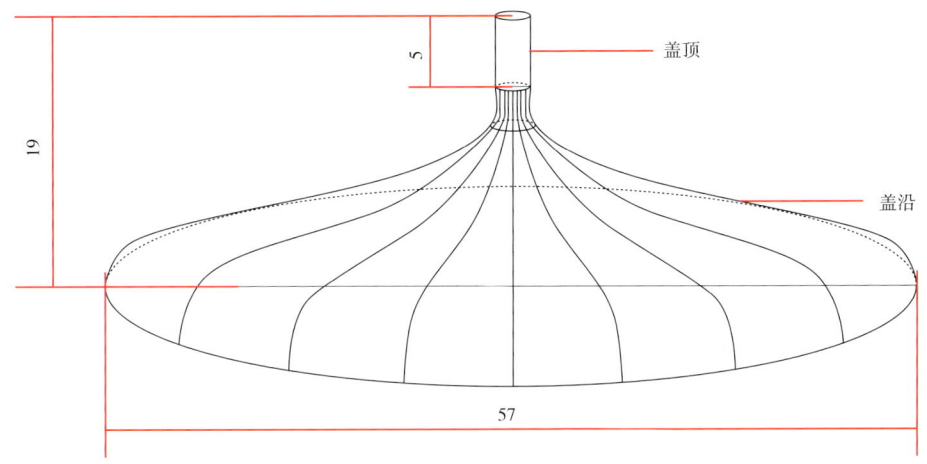

图二　黎族竹编锅盖结构名称、尺寸图(单位:cm)

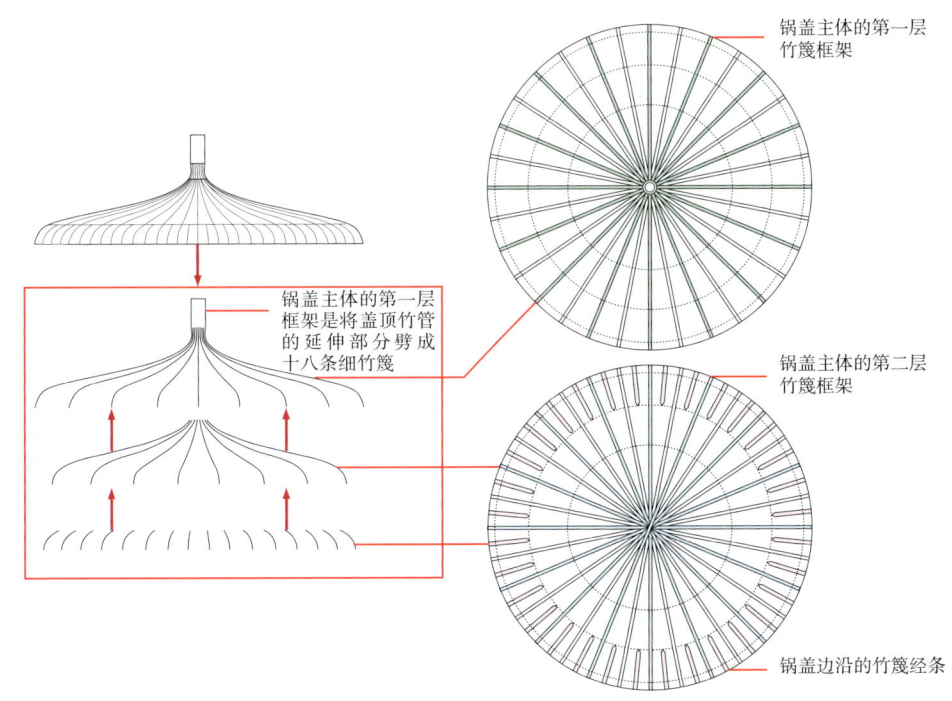

图三　黎族竹编锅盖设计分析图

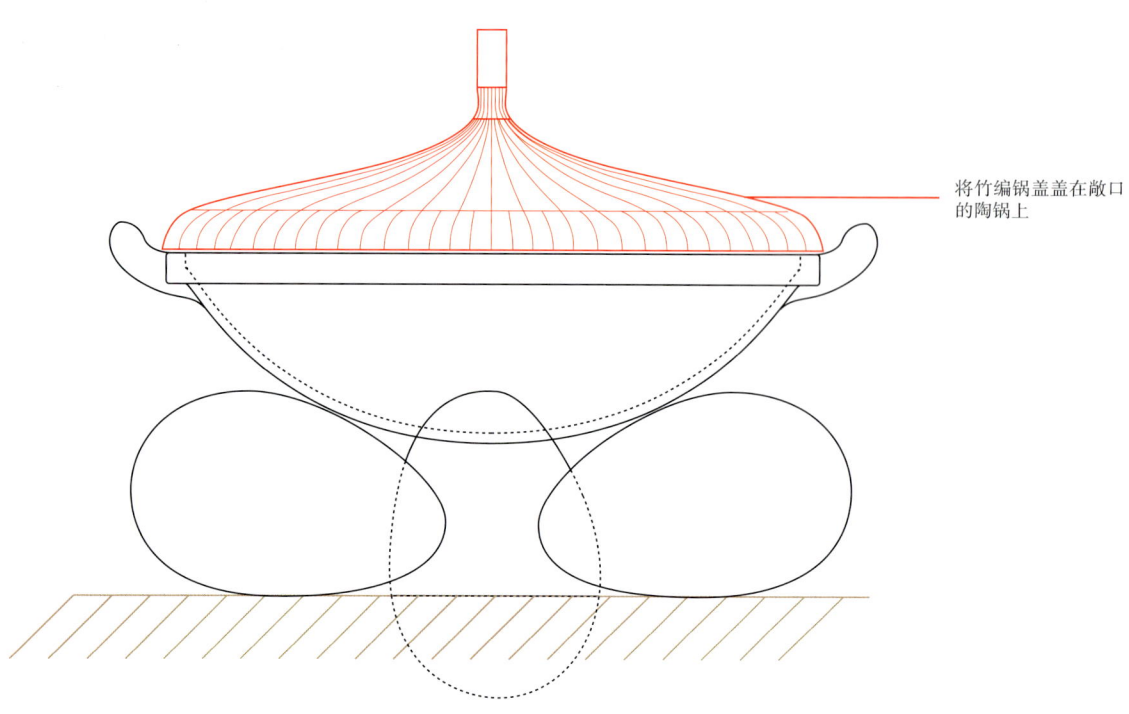

图四 黎族竹编锅盖使用方式示意图

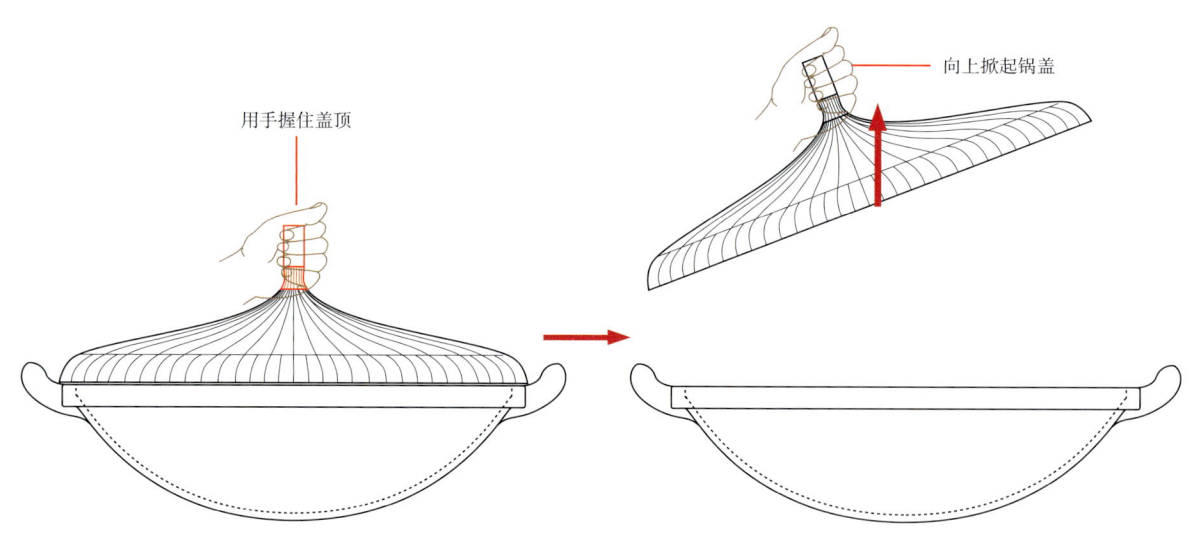

图五 黎族竹编锅盖拿取方式示意图

图六　黎族竹编锅盖使用情境图

黎族主食

图一　黎族主食主图1：大米饭

黎族人的一日三餐中大多食用米饭和稀饭，因此，大米是黎族人日常饮食中的主食。本案例以保亭县甘什村黎族人日常生活中食用的白米饭和黄姜饭为例，研究黎族传统主食常见的制作方式。

黎族人加工米饭通常使用煮的形式，大米的来源有水稻和旱稻（也就是黎族传统的山栏稻）。刚收割下来的稻谷通常储存于谷仓中等待脱壳，黎族传统的稻谷脱壳方式是用木臼舂或用竹磨碾去稻壳，脱壳之后的稻米被存入家家户户必备的独木桶或陶缸中保存。常见的稻米有白米和糯米，白米通常用来制作米饭，糯米则大多用来包粽子和酿酒。在制作时米饭首先要在厨房的三石灶上生好柴火，取一柄带盖的深陶锅，加入清水煮沸后，根据水量加入大米，然后用长柄勺搅拌均匀。在米饭煮至半熟时，将锅盖盖上，并将灶里的柴火取出，用木炭余热将大米继续焖熟。

除了白米饭之外，黎族常见的主食还有

黄姜饭、红米饭和黑米饭,这三种饭最常见于农历三月三的黎族传统节日期间,都是白米被天然植物汁液染色后呈现出色彩。以黄姜饭为例,制作时首先将生黄姜洗净,用小号杵臼舂烂,得到黄色的汁液,再倒入锅中加入清水用慢火熬煮,制成黄姜汁,放凉过滤后浸泡大米,将浸泡成黄色的大米通过煮或者蒸的方法制成呈现明亮的黄色的米饭。红米饭和黑米饭制作方式与黄姜饭相似,是采用红草汁和发酵成黑色的枫叶汁将大米浸泡过后再加工成红色和黑色的米饭。

图片来源
图一、图二、图九　鞠斐　摄影
图三至图八　鞠斐　制图

图二　黎族主食主图 2:黄姜饭

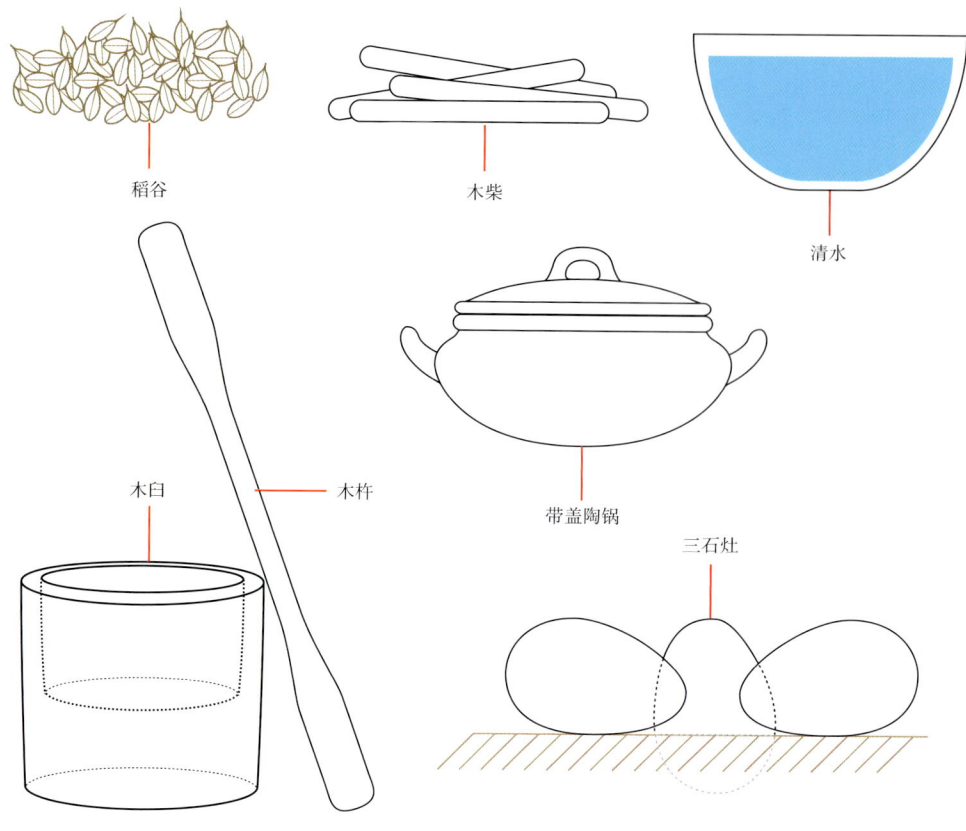

图三　黎族大米饭制作材料及工具示意图

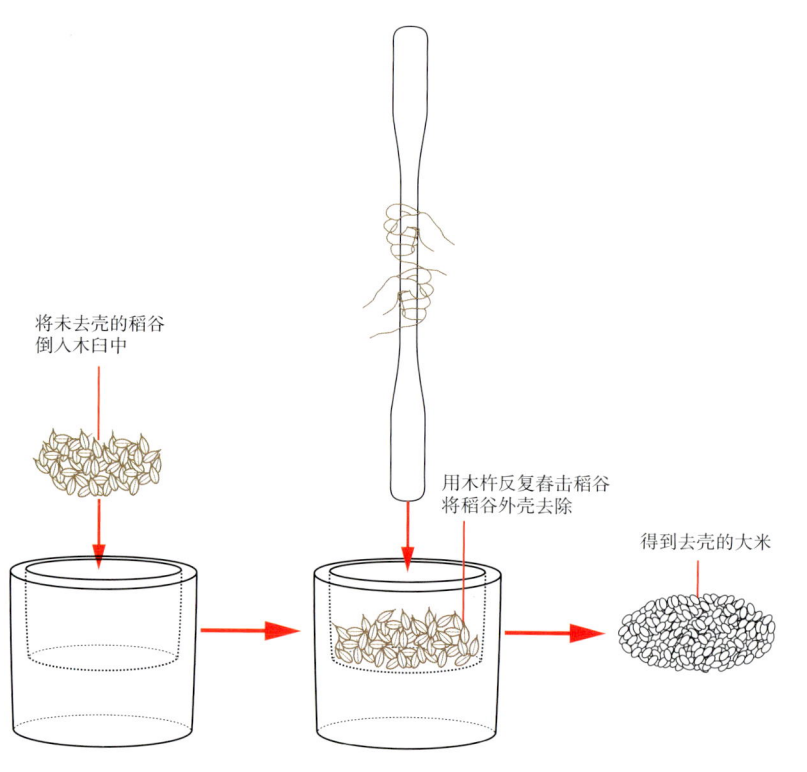

图四　黎族大米饭加工示意图

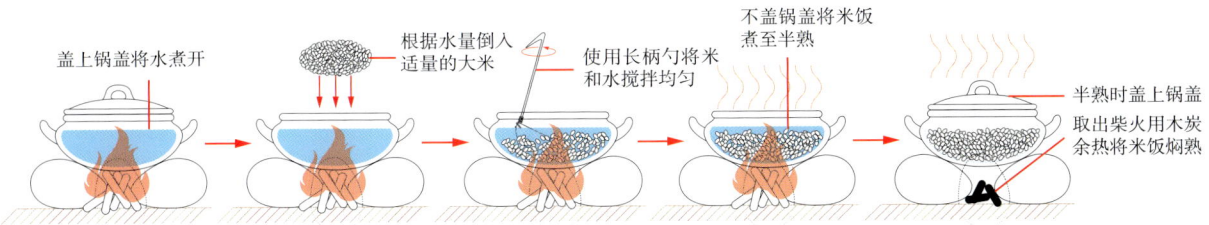

图五　黎族大米饭制作流程图

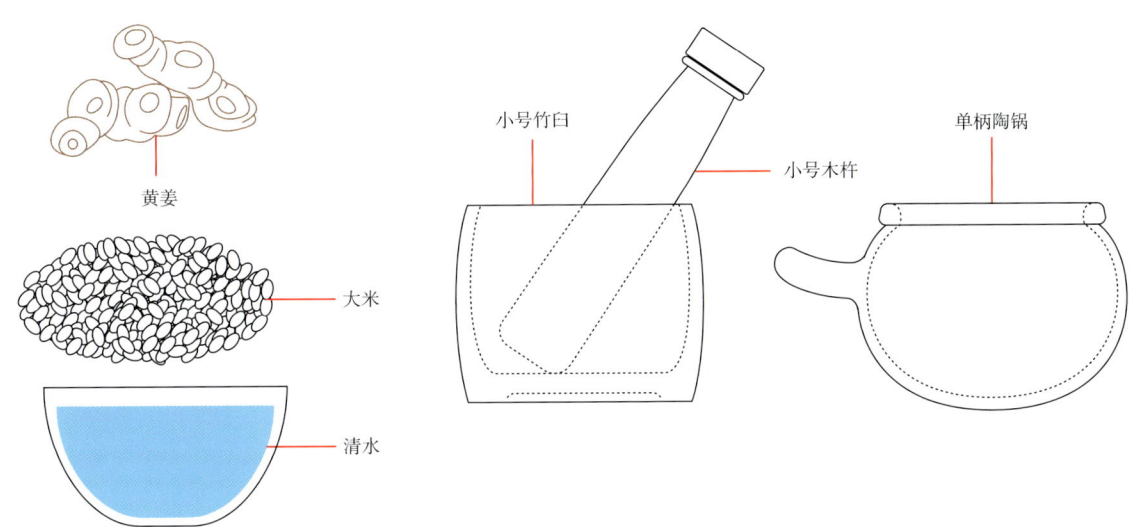

图六　黎族黄姜饭制作材料及工具示意图

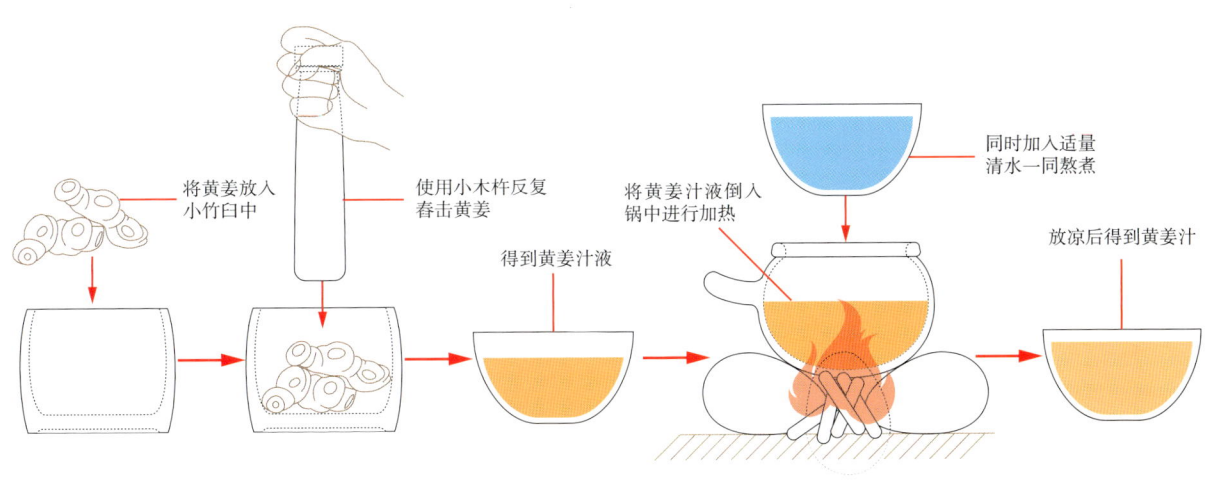

图七　黎族黄姜汁加工方式示意图

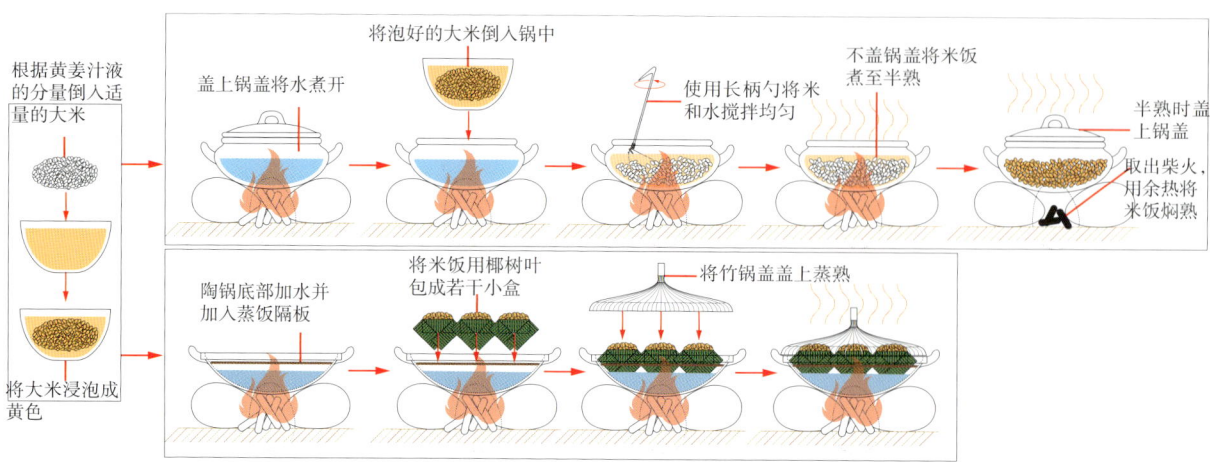

图八　黎族黄姜饭制作流程图

图九　黎族主食延展图：黎族三色饭

黎族竹筒饭

图一　黎族竹筒饭主图

海南独特的地理环境、自然资源和黎族人独特的生活习惯，令黎族具有独特的饮食文化，其中将大米做成竹筒饭便是黎族人流传已久的饮食方式之一。本案例采选自保亭县甘什村黎族村民亲手制作的竹筒饭，是黎族传统竹筒饭典型的制作形式。

制作竹筒饭首先需要加工盛米的竹筒，黎族聚居区竹林密布，盛米竹筒通常使用年幼的山竹或云竹砍削制成。制作时需砍下一根完整的竹节将其中一端砍掉，得到一根细长的竹筒，或选择一根较为粗长的完整竹节，从中间砍断一分为二，得到两根略微粗短的竹筒。本案例使用的米是黎族地区种植的稻米，制作简单的竹筒饭在制作时首先用水将米浸泡软，然后直接加入水和食盐灌入竹筒；制作复杂的竹筒饭则须在米滤干后加入肉丁、五香料和适量的食盐搅拌均匀填入竹筒，再灌入适量的清水，最后用芭蕉叶折叠起来堵住筒口，如此制成的竹筒饭便于携带、不易变质，通常可保存一周时间。加热时如在家中则需生好灶火，在田间野外则先用干柴生火，然后将竹筒直接放进火堆中慢慢烧烤，绿色的竹皮经火烤变色时米饭半熟，此时取出柴火或将柴火熄灭，用灶上的余温再焖一段时间,将米饭彻底焖熟。食用时需用刀将竹筒从开口处劈开一截,将劈开的部分取下即可食用。

本案例是典型的将大米借由天然的盛装器皿填充之后再进行烧制的加工方式,与此相同的还有黎族传统椰壳饭,采用类似的方法将大米填入椰壳中再进行烧制。由于本案例易于加工易于携带的特点,过去常常作为黎族人上山打猎或种稻时的饮食方式,由于米饭中可混入肉类、豆类等多种食材,且食用时米饭和食材会散发出竹子特有的清香,如今常被黎族人用作喜庆佳节或招待客人的风味食品。

图片来源
图一、图八　鞠斐　摄影
图二至图七　鞠斐　制图

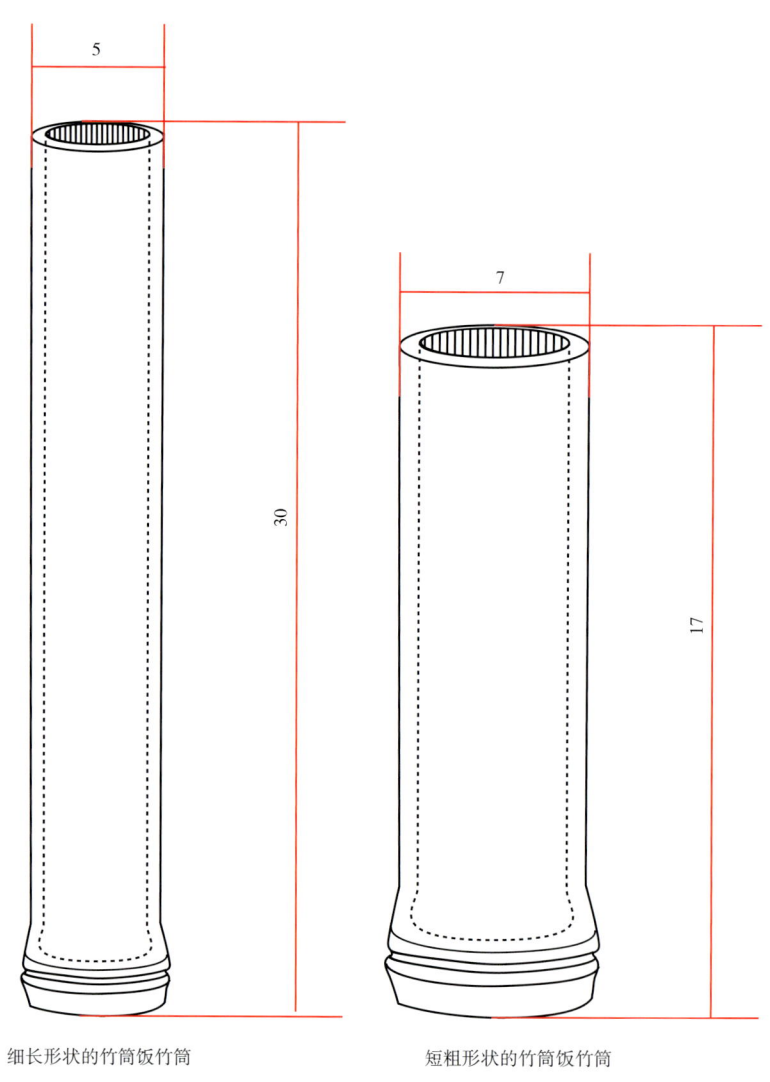

细长形状的竹筒饭竹筒　　　　短粗形状的竹筒饭竹筒

图二　黎族竹筒饭竹筒尺寸图(单位:cm)

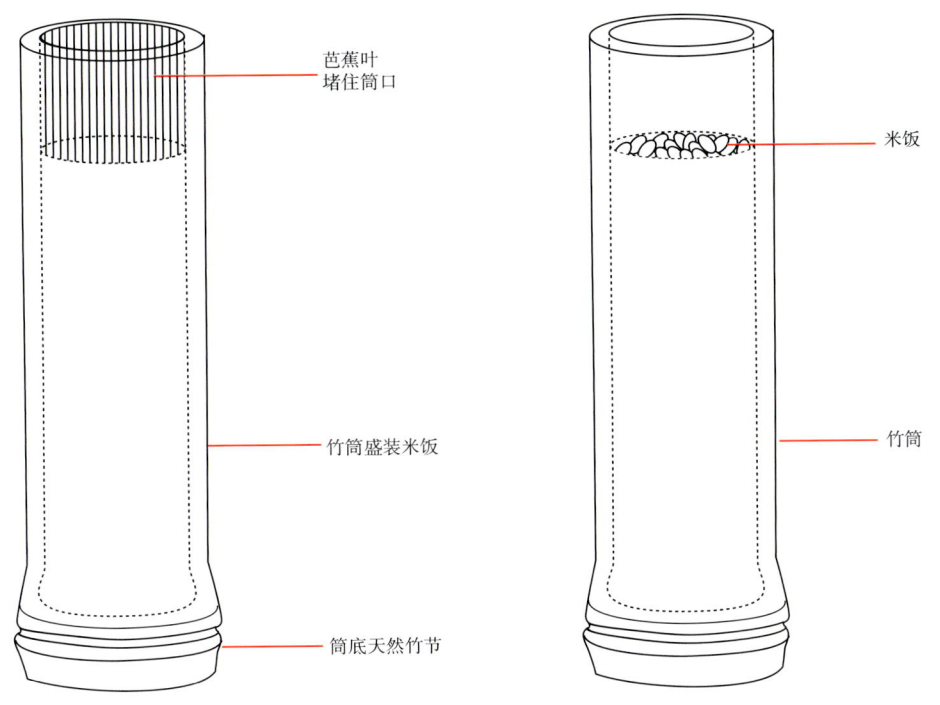

图三 黎族竹筒饭结构分析图

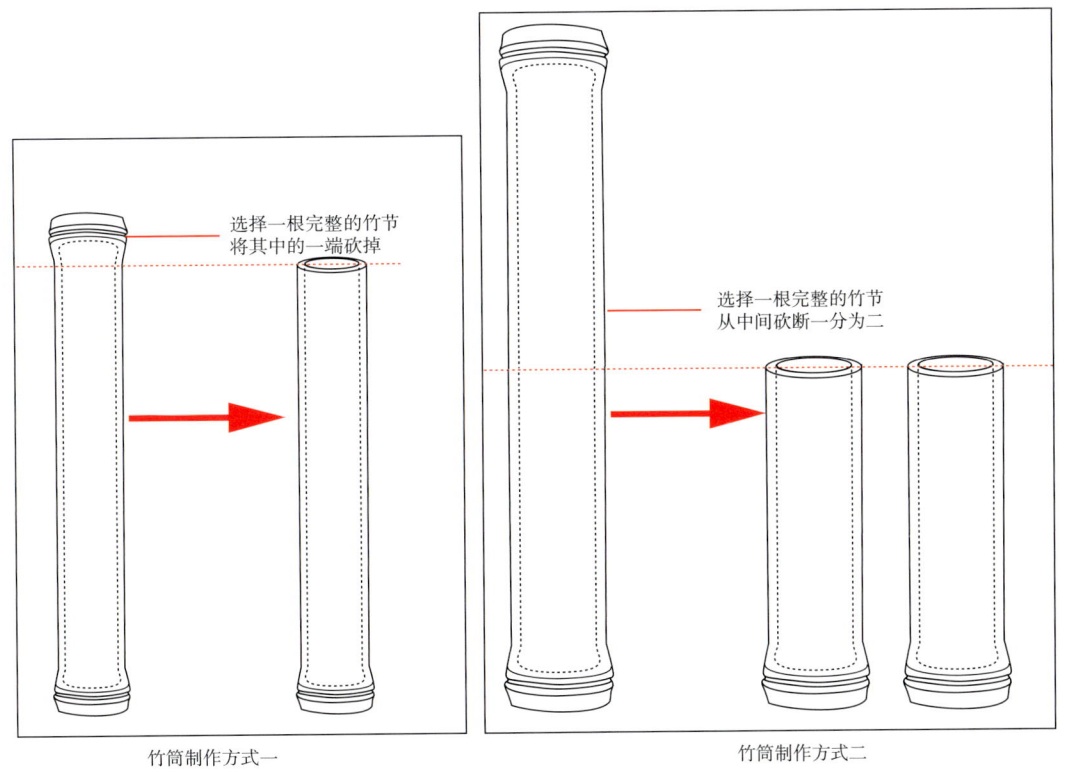

图四 黎族竹筒饭竹筒制作方式示意图

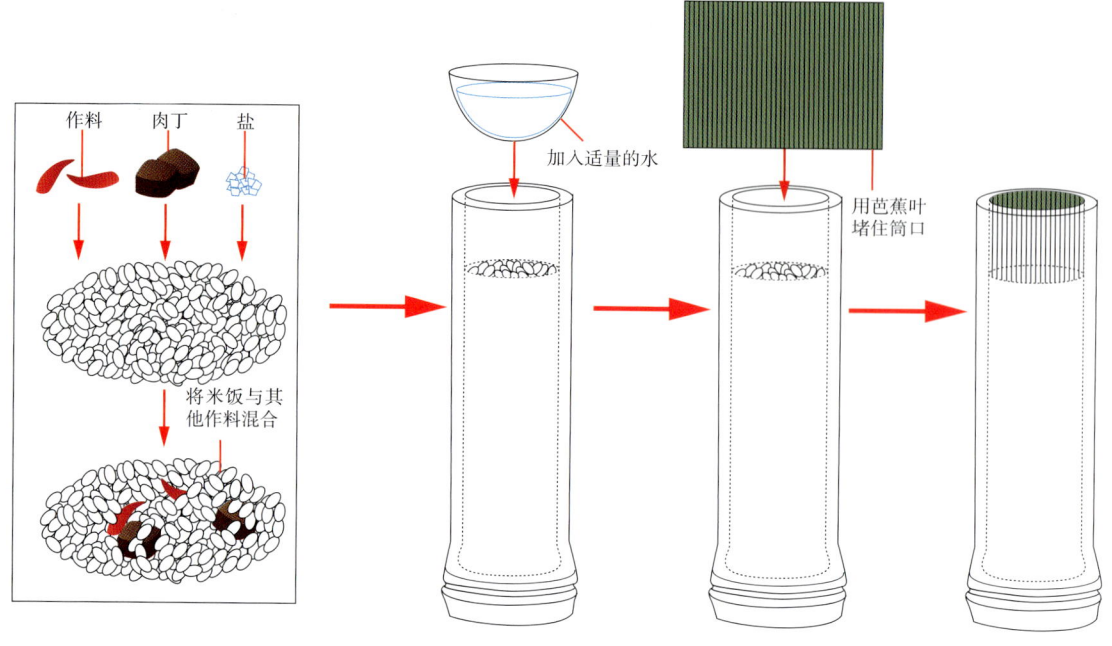

图五 黎族竹筒饭制作流程图

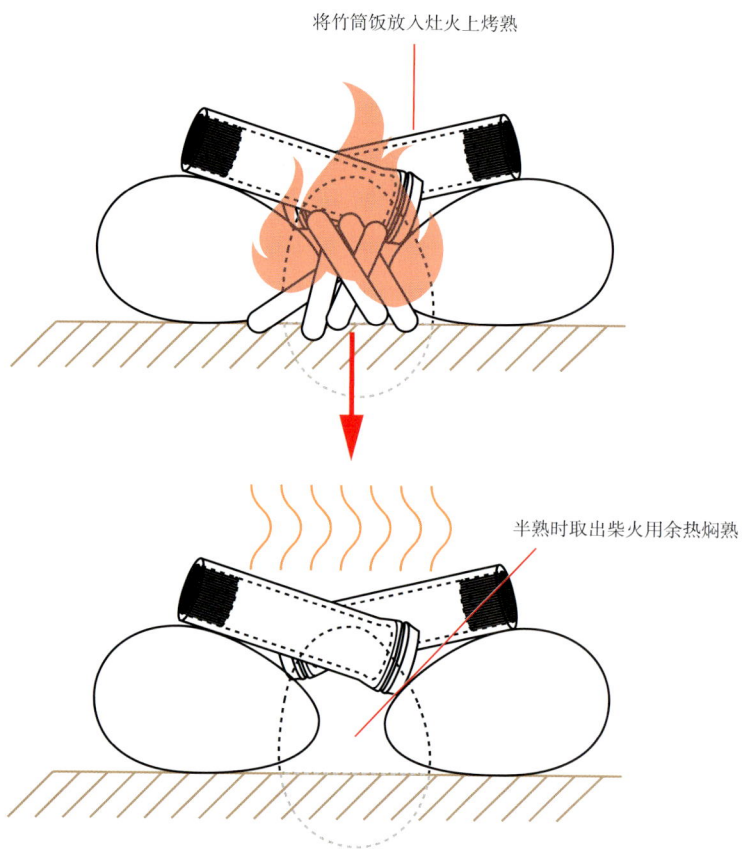

图六 黎族竹筒饭加热方式示意图

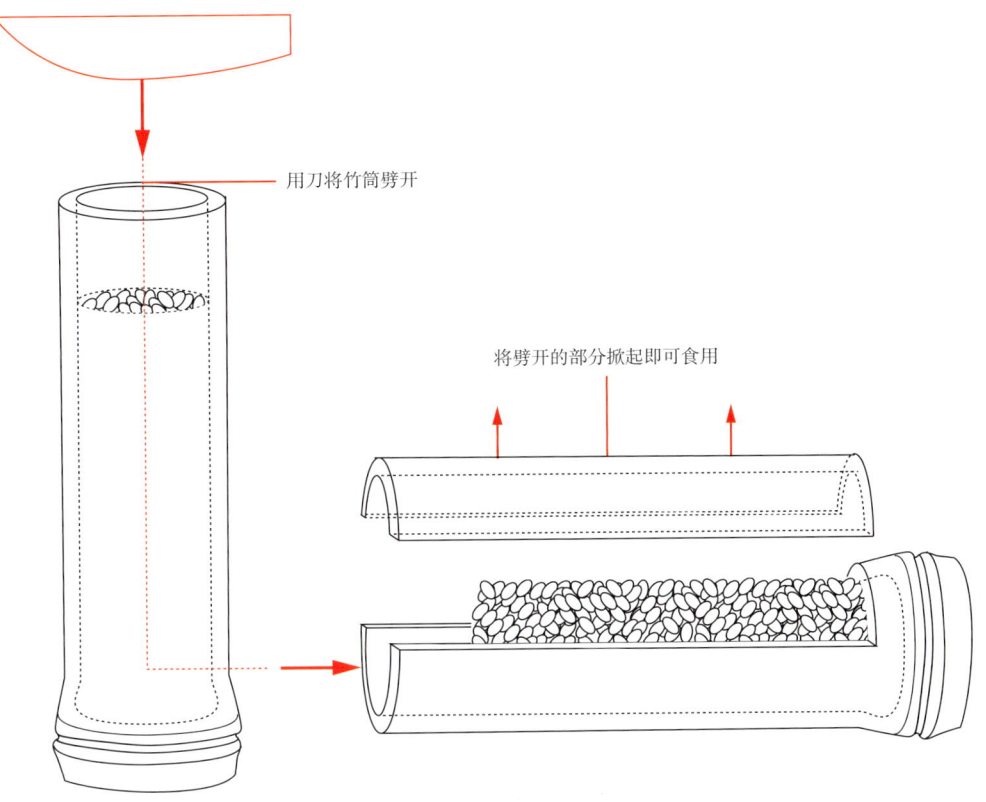

图七 黎族竹筒饭食用方式示意图

图八 黎族竹筒饭延展图：黎族椰壳饭

黎族蒸酒陶甑

图一 黎族蒸酒陶甑主图

本案例蒸酒陶甑考察于保亭县槟榔谷，灰陶，口径34.5厘米，底径44厘米，高37.5厘米，厚约1.5厘米；束腰，腰上部有长7厘米、直径约2厘米的导酒管，腰下部贴塑系，系长5厘米，腰内箅层有三个椭圆孔洞，均长12厘米，直径3厘米。

蒸酒陶甑与蒸饭陶甑原理相同，但形制有所区别。酒甑上下两头侈口敞开，束腰，上小下大，上有一导酒管。酒甑是黎族最大、最难烧的器具，中间箅子与饭甑不同：饭甑为排列整齐的若干圆孔，而酒甑箅上有三个椭圆形长孔，组成三角形，挖空的孔泥并没有被去掉，而是被抬起，与箅子形成沟槽，并且箅子中间高、四周低。蒸酒时，把酒甑放入大锅，上面压一个陶锅，盛满冷水。当酒气通过箅孔上升，遇到冷却锅的冷气时，冷凝为液态的酒，由于箅子特殊的结构，蒸馏酒水便会流入沟槽，通过导酒管与外接的竹竿进入酒瓮。

这种酒甑不仅因形制大而难做，同时也是黎族结构最复杂的陶器，人们以前也使用独木甑，用沉香刻成，但陶甑更为普遍。

蒸酒陶甑对于好酒饮酒的黎族人来说，不仅是制酒器具，更是一种民族文化与尚礼重义的个性表达。

图片来源

图一　袁晓莉　摄影
图二　张宣乐　制图
图三　叶祎祎　制图
图四　陈翔宇　制图
图五　鞠斐　摄影
图六　周星悦　制图

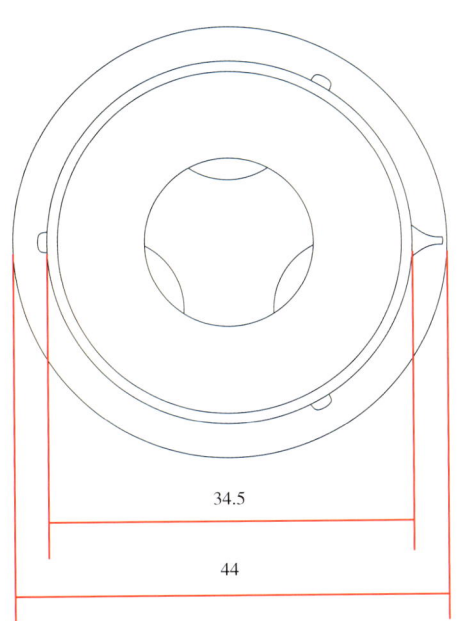
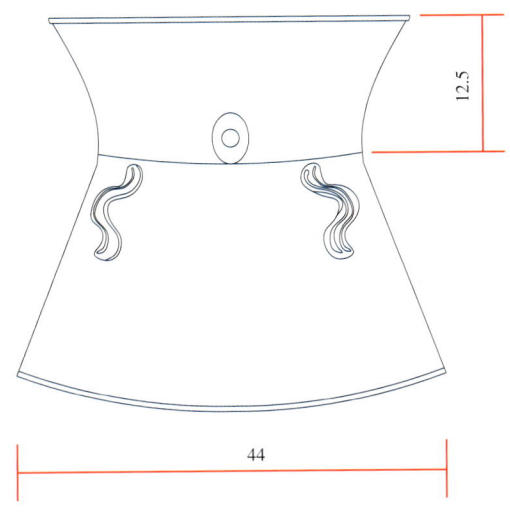
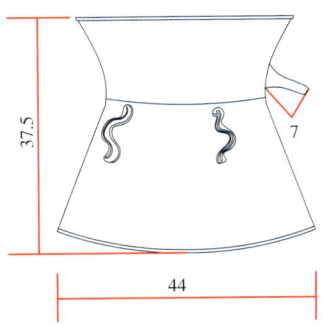

图二　黎族蒸酒陶甑尺寸图（单位：cm）

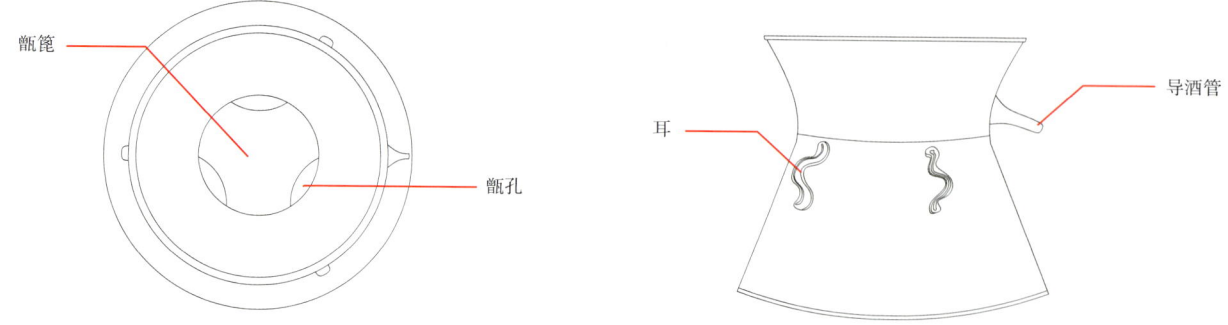

图三 黎族蒸酒陶甑结构名称图

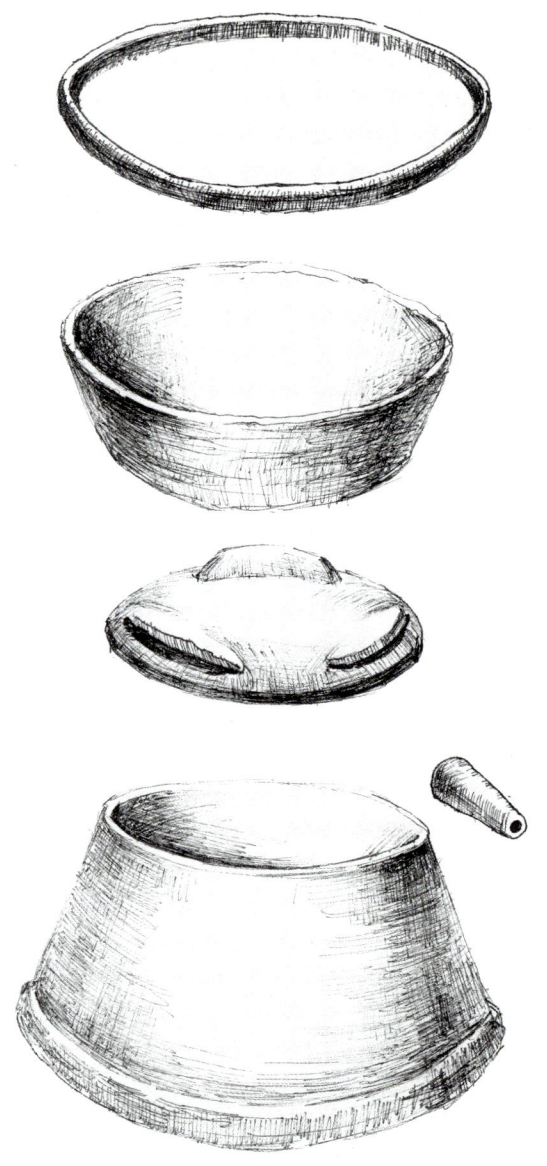

图四 黎族蒸酒陶甑解析图

图五 黎族蒸酒陶甑蒸酒操作示意图

图六 黎族蒸酒陶甑使用情境图

第三章 黎族传统餐饮

223

黎族发酵酒

图一 准备山栏米

黎族人最喜欢饮山栏糯米酿成的甜酒——"biang",它是一种发酵酒。一般选用上好的山栏糯米浸泡半天后,用陶甑蒸成干饭,晾凉后即成酒料,放入酿酒的箩筐内。箩筐编成尖底锥形,口径宽大,约70厘米,以芭蕉叶将箩筐铺垫整齐。在陶盆中用温水将捣碎的酒饼化开,然后将其倒入箩筐的米饭中,多余的水由箩筐底部排出,最后用芭蕉叶封住箩筐口。经过3天的发酵后,便能闻到芳香的酒味,此时可以取酒。用筷子在箩筐底部的芭蕉叶上捅一个孔,浓厚甘醇的"biang"汁,便一滴一滴地落入箩筐下的陶罐里,发出"biang、biang"的声音,所以称为"biang"酒。7天后,从箩筐内取出酒糟装入陶瓮,将陶罐里的"biang"汁倒进小陶罐。此时,酒糟和"biang"汁的酒度数很低,所以要装瓮装罐封存。用黏性很强的红泥与螺灰混合封口密闭,或者以烤过的芭蕉叶层层封盖,再系以麻绳,埋于地下3年或5年。再次取出后,酒色黑褐、质甘醇,便用清水冲调饮用。在乐东哈方言地区,这种酒是德高望重的奥雅(黎语,村中最有威信的老人或村主任)去世时饮用。

"biang"还有另一种简单的做法。在陶釜中煮好糯米饭，晾凉后装入陶罐，与酒饼搅拌均匀后，用芭蕉叶封住罐口，三四天后便闻见其酒香，7天可以直接饮用。当酒水饮完后，还可以在罐里冲入凉开水封存，酒糟再次发酵，几天后又酿成了醇香的山栏酒。每隔10天左右，妇女们便会酿一次酒，这也是她们的一项家务。酿酒时门口会挂上树叶，表示外人禁止入内，她们认为否则酒不会甘甜。

饮酒的方法也具有特色。黎族将盛"biang"的陶罐叫"kai"，向罐中倒进清水，放入筷子粗细、长约66厘米的竹管吸饮。竹管下端被编成细小网竹篾，过滤酒糟，防止堵塞竹管，黎族称此物为"luoshui"。陶罐有大有小，平时待客只用小罐饮酒，一席酒用一两个，大家轮流吸饮，或是把陶罐吊在酒席上方的屋顶上，人们推转轮饮。过去，五指山地区的合亩制杞方言、白沙润方言和东方美孚方言的黎族喝酒都是如此，称为"哑酒"。另有"座酒"，黎语叫"kaichong"，用大陶瓮饮酒，一般不移动，只对插两支更长的竹管。婚宴时，酒席中间设置"座酒"，称"福酒"。新郎、新娘面对面就座饮福酒，随后，男女众人轮流饮福酒，场面热烈。清代《琼黎风俗图》中便曾描绘黎族婚嫁时的宴饮场面，注文："黎人……或遇婚配吉事，名为作亲家，亦群聚宴饮。择空地置酒数坛……男女席地而坐，饮以竹竿，就坛而吸，互相嬉闹，尽醉为节。"描写的就是这种饮酒的方式与场面。当然，也有用陶碗、椰壳碗饮酒，由主人先喝以示敬重客人。

图片来源

图一、图二、图五至图八　胡亚玲　摄影

图三、图四　周星悦　制图

图九　袁晓莉　摄影

图二　酒饼

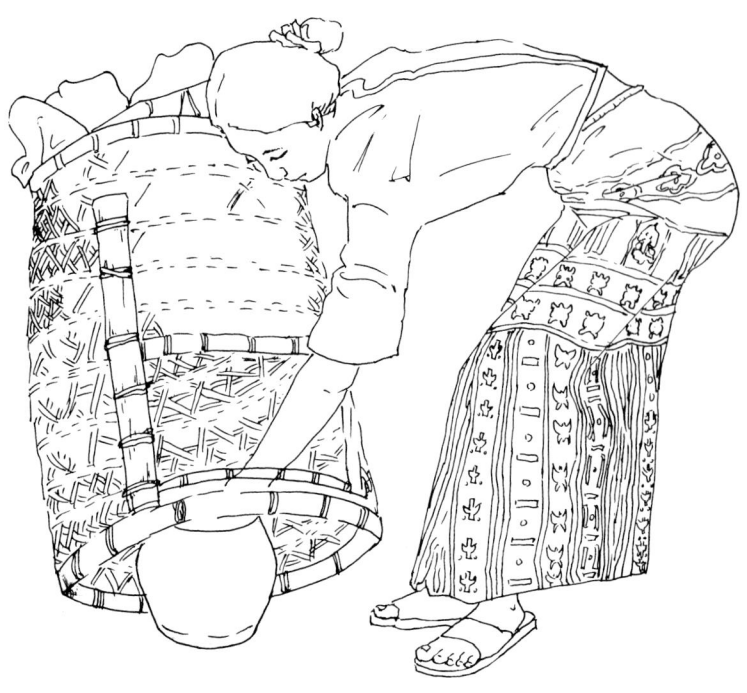

图三　将酒罐放入锥形箩筐

图四　筐内铺好芭蕉叶

图五 放入拌好酒曲的米饭

图六 发酵酒滴入陶罐

第三章 黎族传统餐饮

图七　芭蕉叶封存酒罐发酵酒

图八　山栏酒

图九　哑酒管

黎族蒸馏酒

图一　制作蒸馏酒的酒饼

与发酵的"biang"酒相比，黎族有些地区还以稻、玉米、薯类、芭蕉为原料，用蒸酒陶甑做出白酒。原料煮熟、蒸熟均可，拌上自制的酒饼经数日发酵，制成酒料，再经热蒸、冷却，导出蒸馏酒。此外，"biang"酒的酒糟也可以做蒸馏酒，但出酒量少。

酒，在黎族的生活中具有非常重要的地位。海南岛瘴气弥漫，史书记载颇多，《琼中府志·地志》气候篇曰："……黎峒中有瘴气……阴湿之气常盛。……一日之内气候屡变，昼则多燠，夜则多寒，天晴则燠，阴雨则寒，此寒热瘴疠所由也。"《本草纲目》"酒"条说："惟米酒入药用。"曲亦入药，有"合阴阳"之功，黎族常把糯米"biang"酒与鸡蛋同煮，为体弱多病者与产妇补身。所以，对于黎族而言，饮用适量的酒既能驱赶瘴气，又能消除疲劳，强身健体。更重要的是，男女饮酒皆酣畅淋漓，是黎族人性格豪放、热情好客的外在表达。日常生活、待客过节、婚丧嫁娶、祭祖祈告，酒成为人与人交流、礼尚往来的重要纽带。只黎族婚嫁用酒，便有10种。在各种酒中，两家彼此了解、沟通感情，说说笑笑，好上加好。

即使在离婚之际，双方还要各饮半碗酒，俗称"分手酒"。遂将覆在碗口的黑布一分为二，双方各取一块，作为脱离关系的凭据。招待客人时，对男客先酒后饭，对女宾先饭后酒。请酒时，除喝"哑酒"外，主人双手举起酒碗向客人请酒,一饮而尽。再将米酒逐个捧给客人,客人喝完后,主人还为每位客人嘴里送一口肉菜,表示尊敬。另外,在五指山地区,村中或家里有人过世,成年人以酒代食,禁饭、喝酒治丧3~7天。因此,黎族人的美酒与酿酒陶器,不仅是饮食方式的体现,更是一种民族文化与尚礼重义的民族个性之具体表达。

图片来源
图一　胡亚玲　摄影
图二至图七　周星悦　制图

图二　用棉条封闭

图三　接管输酒

图四 插露兜叶"镇酒魂"

图五 向冷却锅内加冷水

图六 等待蒸酒

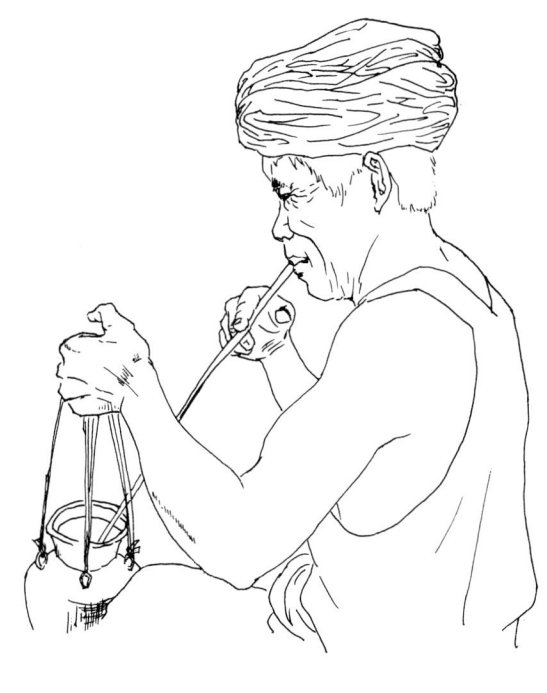
图七 试酒

第三章 黎族传统餐饮

黎族汲水葫芦

图一　黎族汲水葫芦主图

汲水葫芦是黎族传统挑水用具之一，常见于五指山地区，由于河流密布，水源丰富，河边常见使用汲水葫芦取水的黎族妇女。本案例采选自海南岛中部的五指山地区，是典型的黎族传统汲水葫芦。

黎族人通常将成熟的大葫芦蒂部劈开，露出葫芦口，做成水壶，再用白藤编织成网状套住壶身，并在上端编结提手。本案例壶身颈部和底部各套有一个藤环，壶身有三角形藤编肌理，颈部藤环上系有较长的手拎提绳，壶底藤环上系有藤条把柄。制作时首先选取成熟的葫芦，刮去肉质表皮，将葫芦壳风干或晒干后，削去顶部形成壶口，最后从内部掏去果瓤。用藤条编两只藤环分别从壶口和壶底套在壶身的颈部和底部，再用藤条直接根据壶身编结制成藤框架，将上下两只藤环联结固定，最后在颈部藤环上以十字形交叉系一对藤条。使用时，用手握上部藤条引导壶口、壶身没入水中，灌满水后再向上提起，行走时可用手提拎绳提起葫芦，或取两个汲水葫芦分别挑于扁担两头。同时在底部的藤环上也系上粗藤绳作为把柄，可将汲水葫芦反过来用手提握把手。

在工业化批量生产的塑料水桶尚未普及之前，汲水葫芦和挑水竹筒一样，是黎族人生活中最重要的挑水工具，承载了黎族人原始朴素的造物手段，是典型的黎族葫芦器文化代表性器具之一。

图片来源
图一　鞠斐　摄影
图二至图六　鞠斐　制图
图七　周星悦　制图

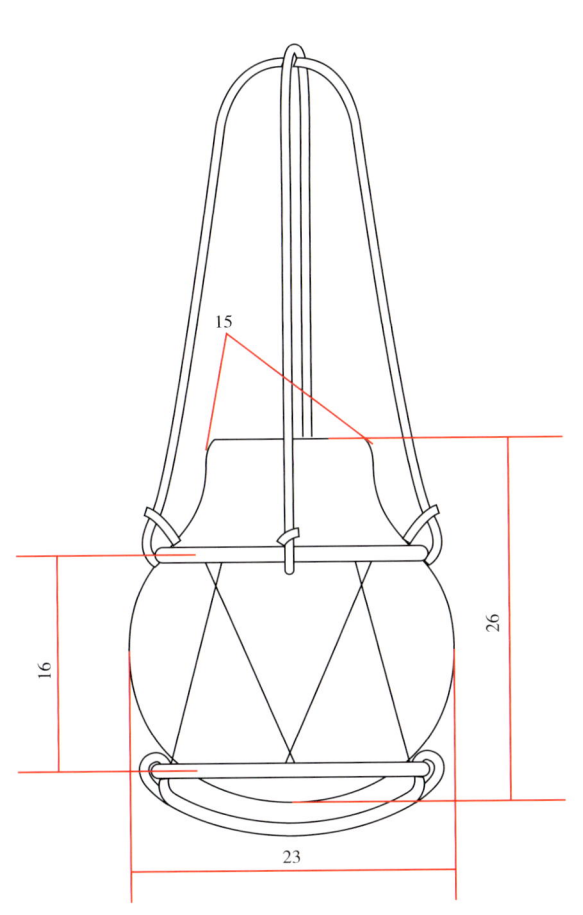

图二　黎族汲水葫芦尺寸图（单位：cm）

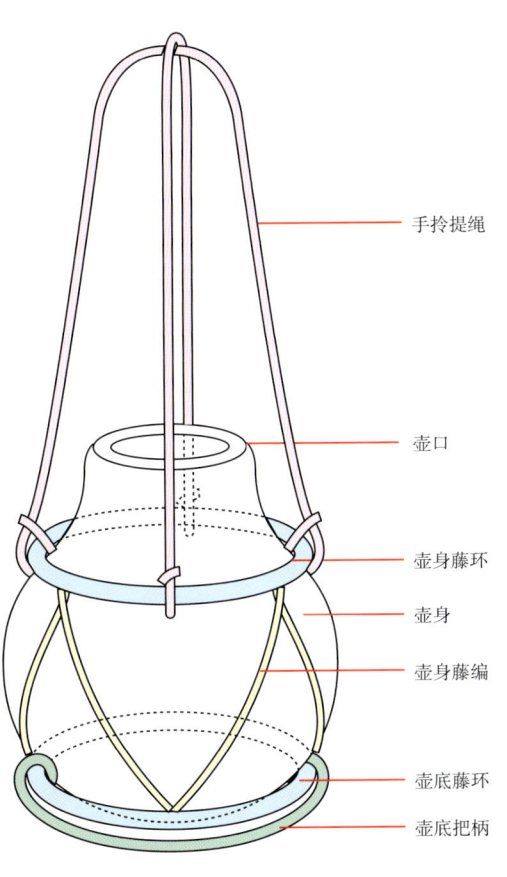

图三　黎族汲水葫芦结构名称图

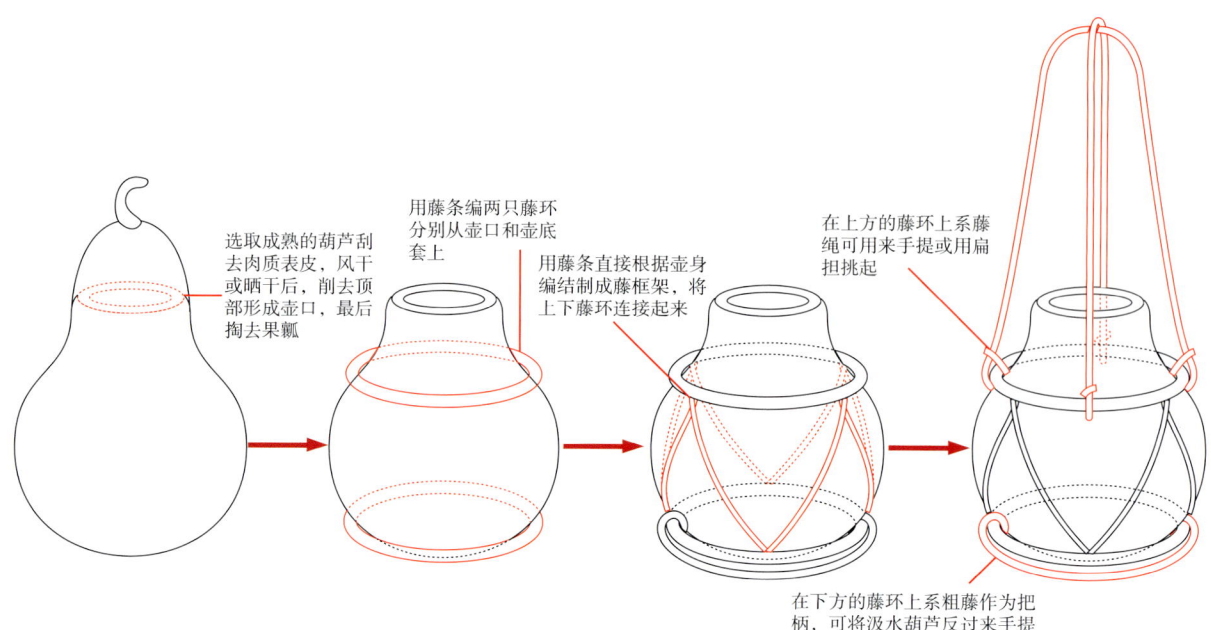

图四 黎族汲水葫芦制作流程图

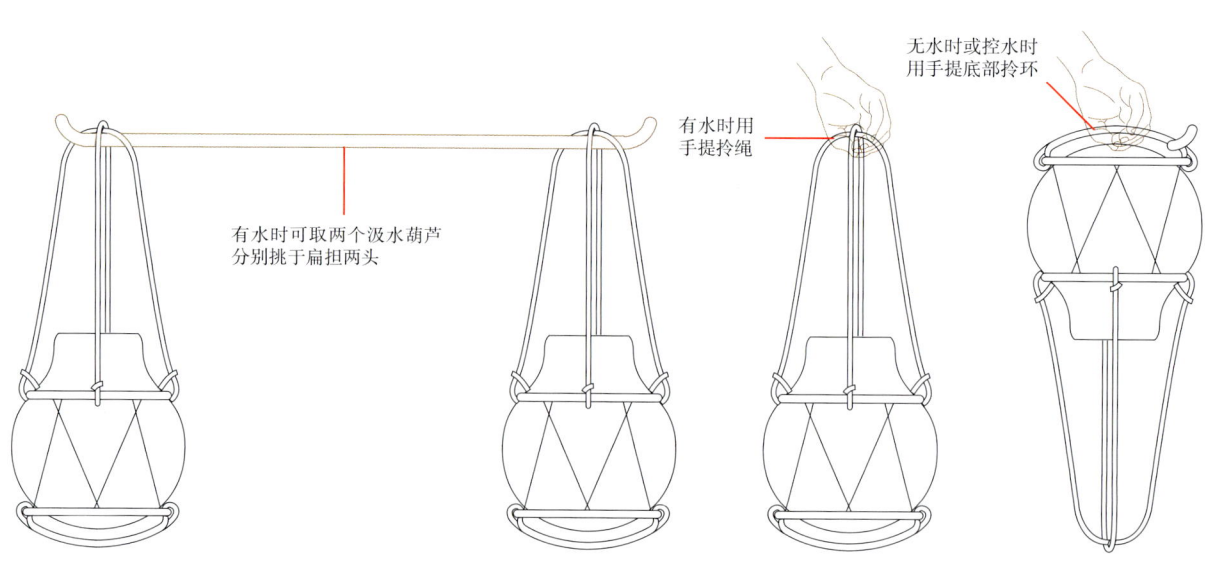

图五 黎族汲水葫芦提取方式示意图

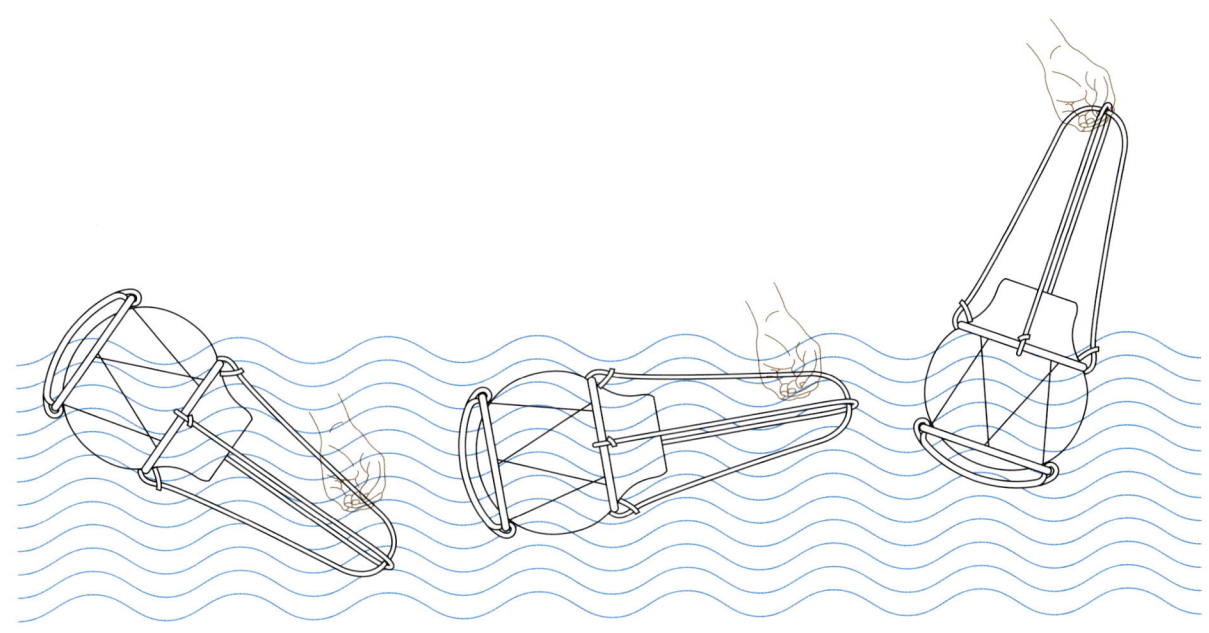

图六　黎族汲水葫芦使用方式图

图七　黎族汲水葫芦使用情境图

黎族挑水竹筒

图一　黎族挑水竹筒主图

挑水竹筒是黎族人的日常用具，通常被用来从溪流中取水，挑水竹筒的产生与黎族人居住的自然环境息息相关。本案例采选自保亭县甘什村，由三根舀水竹筒组合而成。

挑水竹筒通常取材自直径较粗的凤尾竹，取一段竹节完整的竹子，竹节以上的部分保留一短节作为舀口，并将舀口削成倾斜的角度，便于取水，再将此节闭合的部分打通。舀口以下的部分保留完整的一节，利用竹节处自然闭合作为竹筒的底部，再将三根竹筒作为一组，用麻绳捆扎固定竹筒。使用时，可在其中两个麻绳编结处系拎绳用于手提或悬挂，也可以用扁担分别挑于两端。舀水时可将挑水竹筒从扁担上卸下，单手握住竹节，令倾斜的筒口向下沉入水中，感觉水灌进竹筒中后，再将筒口向上快速提起，将水舀出；也可一只手扶扁担，另一只手下压一侧筒口，等水灌入后提起扁担，再下压另一侧筒口挑水。五指山地区杞方言黎族人使用的挑水竹筒则选取单个粗壮的竹节，打通上部竹节后，在筒肩部用藤绳捆紧并在两侧结成提手用于拿取。

黎族聚居地拥有相当丰富的竹资源，村寨周围通常竹林环绕。因此黎族人的生产生活用具的选材与竹子息息相关，从门窗、墙体的搭建到碗、臼等生活器具大多取材自竹子，在此基础上，黎族人创造出自己独特的竹器文化。黎族人居住的崇山峻岭之间有无数大大小小的山涧溪流，挑水竹筒便是黎族人在此自然环境的基础上就地取材创造出来的舀水器具。直到如今，一些保留着传统生活习惯的黎族村落仍然沿用这种传统的挑水竹筒作为日常舀水工具。

图片来源
图一、图七　鞠斐　摄影
图二至图五　鞠斐　制图
图六　周星悦　制图

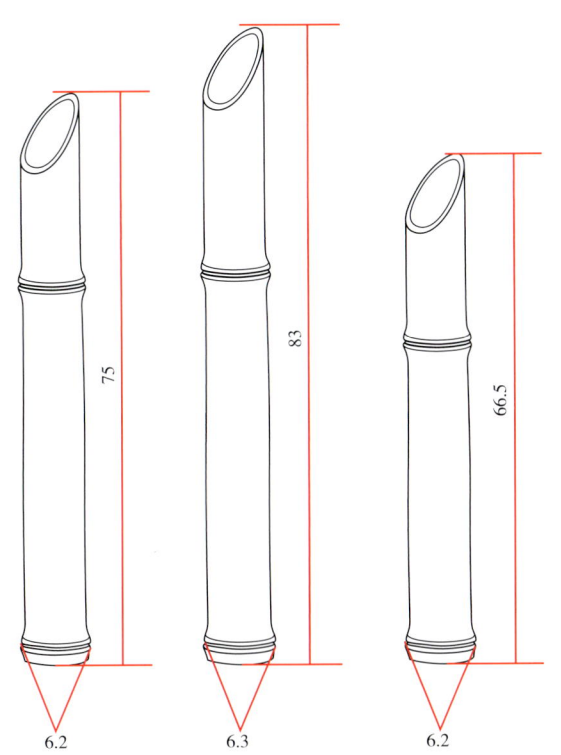

图二　黎族挑水竹筒尺寸图（单位：cm）

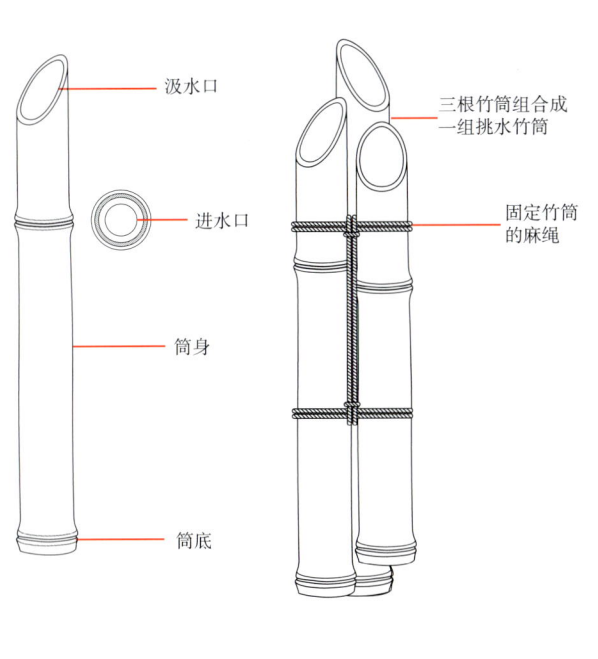

图三　黎族挑水竹筒结构名称图

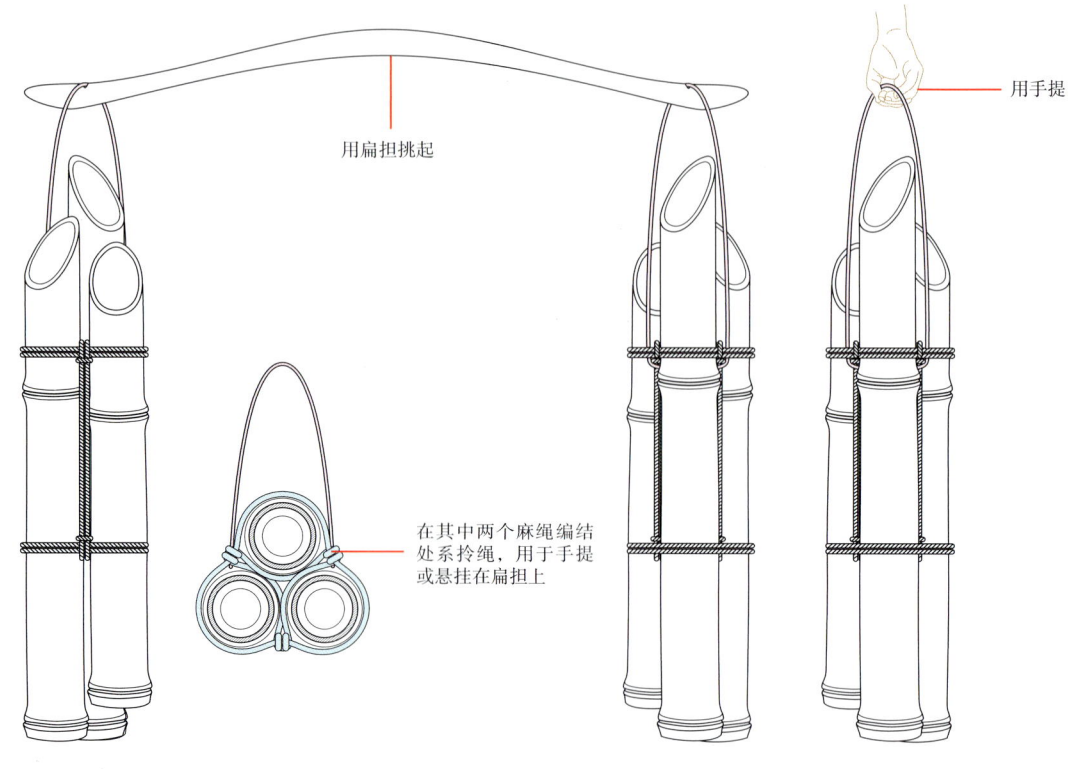

图四 黎族挑水竹筒提取方式示意图

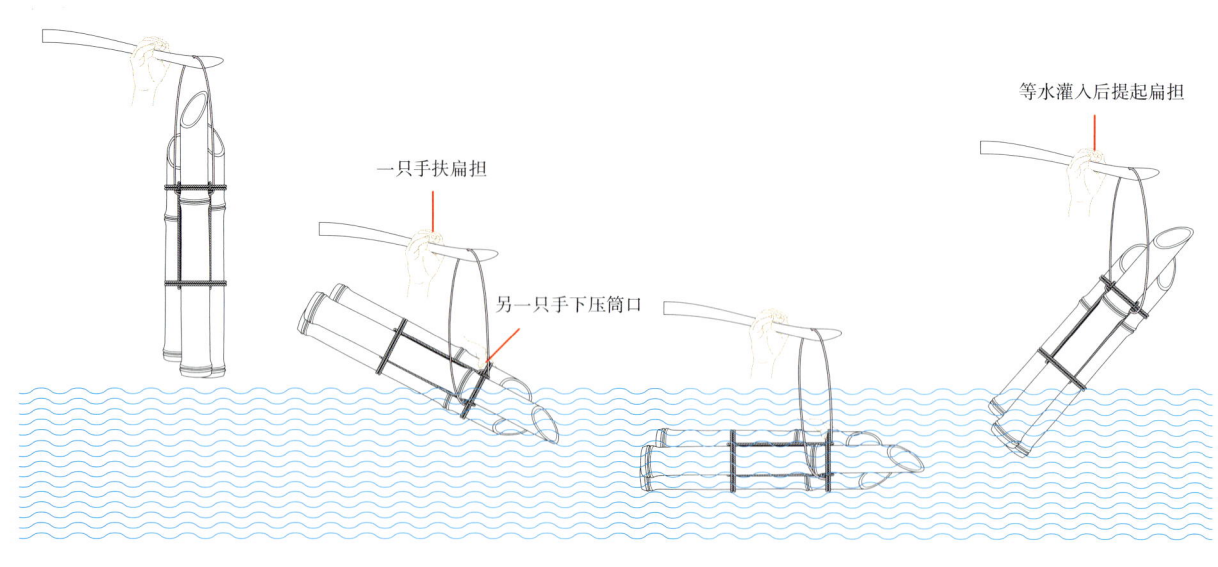

图五 黎族挑水竹筒使用方式示意图

图六　黎族挑水竹筒使用情境图

图七　延展图：五指山市杞方言黎族挑水大竹筒

第三章　黎族传统餐饮

哈方言黎族葫芦形双耳陶壶

图一　哈方言黎族葫芦形双耳陶壶主图1

在陶器创造出来之前，葫芦是黎族先民最常使用的储水器具之一，这种天然的便于储水的器形令黎族人设计储水陶器外形时深受影响，黎族葫芦形陶壶的造型灵感就来源于葫芦的天然形状。本案例采选自海南省保亭县文化馆黄呈馆长收藏，以及五指山市番茅村黎族人购买的由哈方言黎族妇女制作的葫芦形双耳陶壶。

本案例双耳陶壶共有两种器形，一种是带盖葫芦形陶壶，由壶盖、壶身两部分组成，其中壶盖为半球形，顶部装有桥形壶纽，嵌盖设计，壶盖的外沿压盖在壶口外侧，子口卡在壶口内部。壶身分为上下两层，收腰鼓腹，壶口为敛口圆唇设计，正好嵌入壶盖边沿，壶耳位于两层之间的腰部，中间有圆孔，壶底为平底，壶盖和壶口下部采用阴线刻画的方式装饰两道折线形水波纹，下层壶身的腹部装饰有一圈网格形菱格纹。另一种为不带盖的三层葫芦形陶壶，敛口平底，由壶身和壶耳组成，壶身为上、中、下三层鼓腹形状上下叠加，上小下大，周身圆润光滑，外表无装饰，壶耳位于第二层腹部，可系绳方便提拿。

哈方言黎族传统葫芦形双耳陶壶是哈方言黎族妇女对于葫芦的模仿创造，具有仿生设计模仿自然形态结构的特征，葫芦上小下大的特殊形制启发了黎族妇女器形设计的审美观念，制造出来的陶壶既美观又实用。

图片来源
图一、图二、图八　鞠斐　摄影
图三至图七　鞠斐　制图

图二　哈方言黎族葫芦形双耳陶壶主图 2

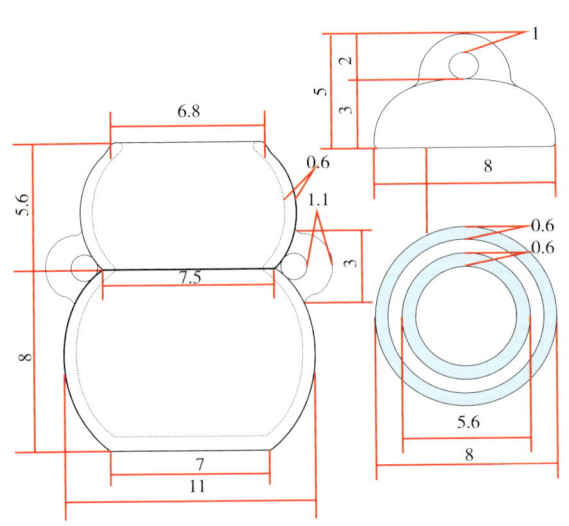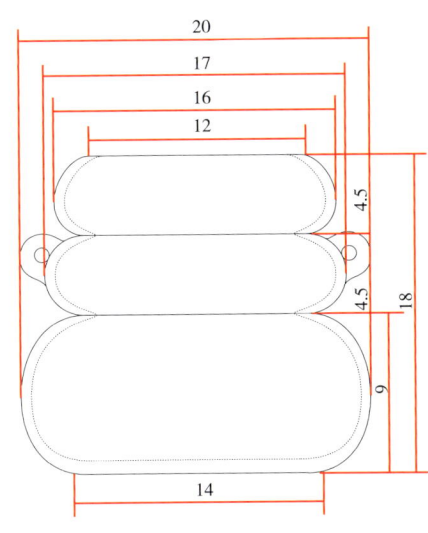

图三　哈方言黎族葫芦形双耳陶壶尺寸图（单位：cm）

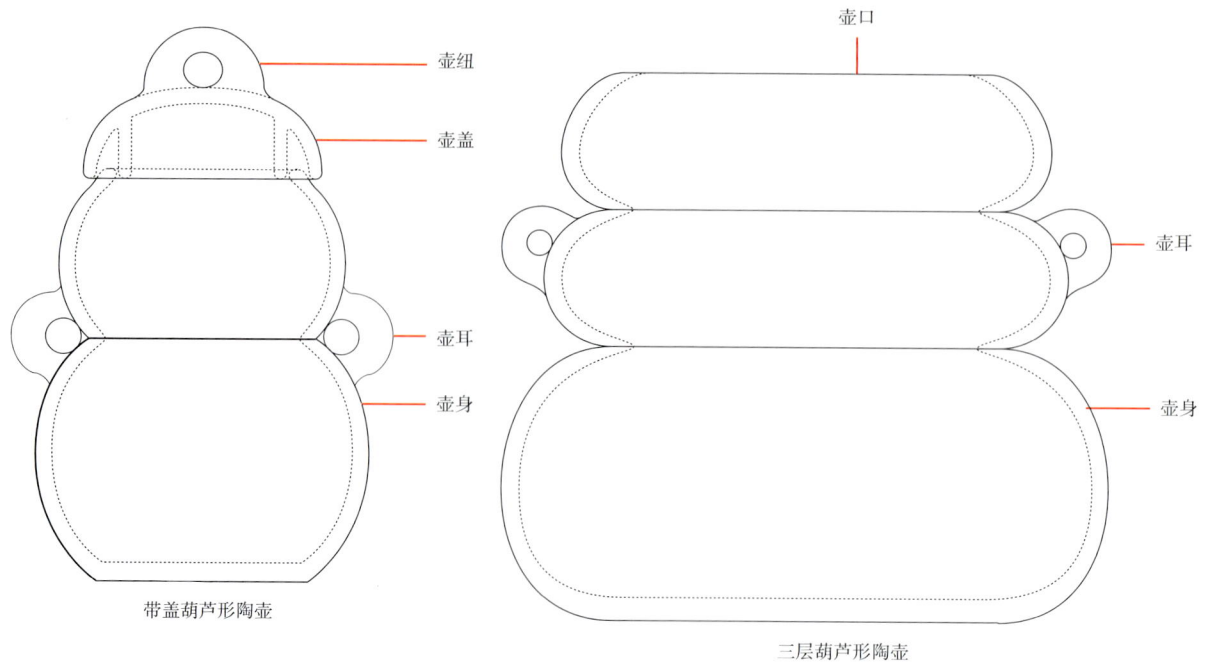

图四 哈方言黎族葫芦形双耳陶壶结构名称图

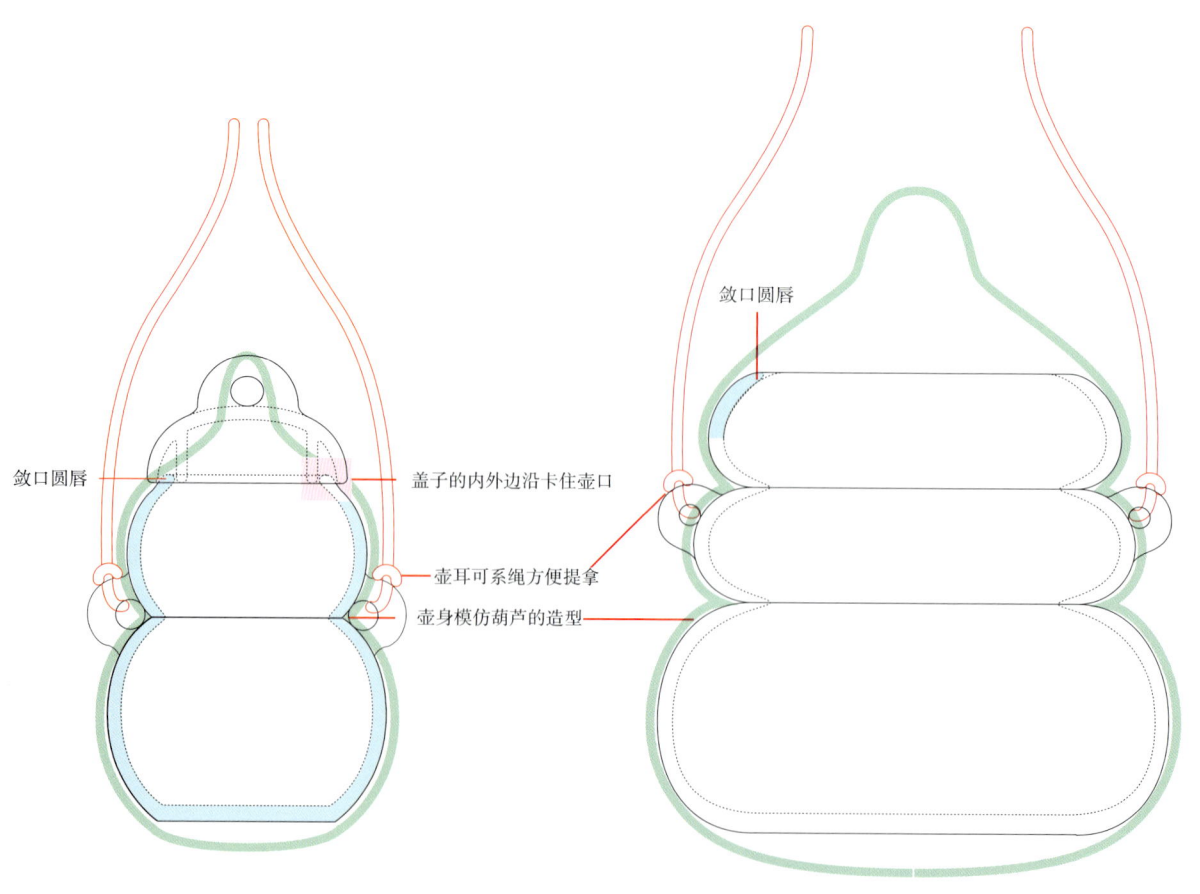

图五 哈方言黎族葫芦形双耳陶壶设计分析图

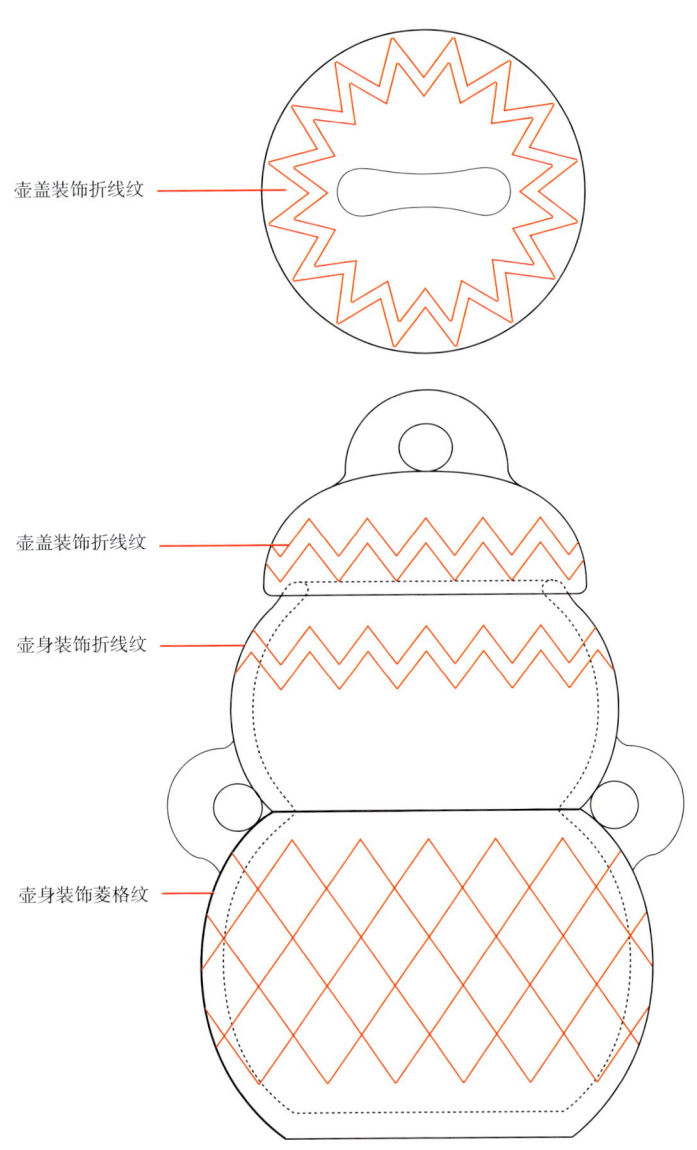

图六 哈方言黎族葫芦形双耳陶壶纹饰分析图

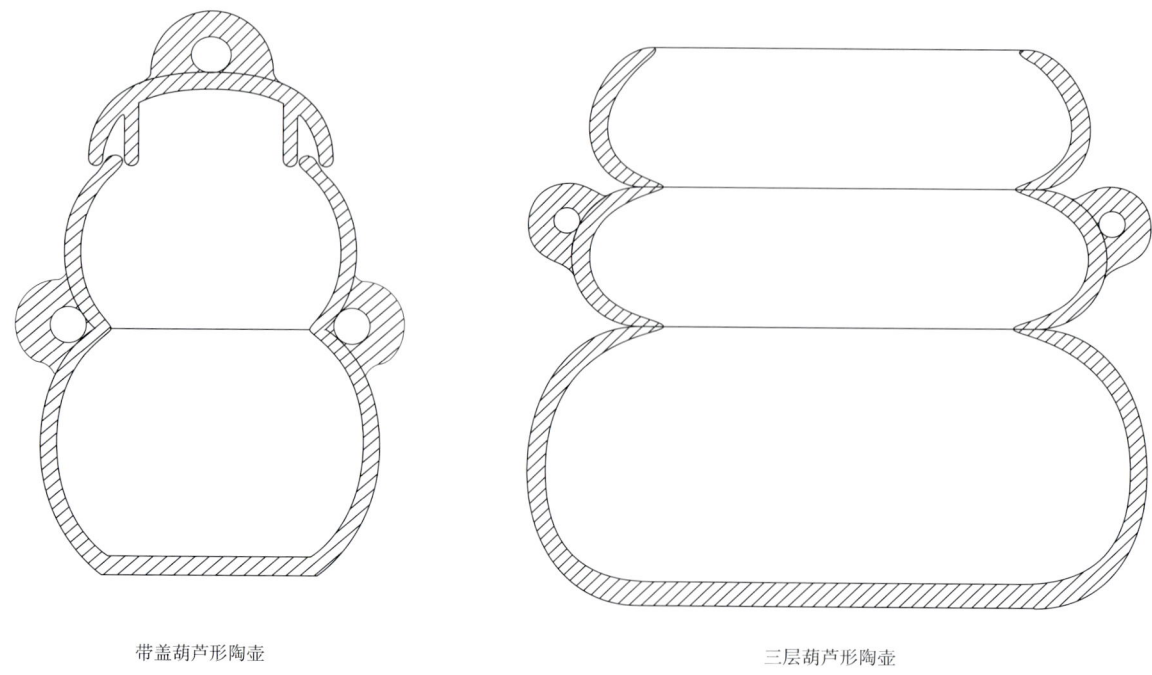

带盖葫芦形陶壶　　　　　　　　　三层葫芦形陶壶

图七　哈方言黎族葫芦形双耳陶壶剖面分析图

图八　延展图：哈方言黎族葫芦形陶壶

黎族木柄椰壳勺

图一 黎族木柄椰壳勺主图 1

黎族木柄椰壳勺是典型的黎族椰壳器，椰壳勺种类很多，常见的品种有椰壳汤勺和椰壳水勺，本案例采选自保亭县甘什村黎族人自制自用的椰壳汤勺和海南省博物馆收藏的带挂钩椰壳水勺。

椰壳汤勺由勺身和木柄组成，其特点是柄长，勺小且浅，全长约 30 厘米，勺长约 7 厘米，宽约 6.5 厘米，木柄两端打磨圆润，通过细藤条和勺身固定在一起。带挂钩椰壳水勺由勺身和木柄组成，其特点是勺柄末端带挂钩，挂钩为木柄所在树枝长成的天然枝杈，勺大且深，全长从 40 厘米到 50 厘米不等，勺身直径从 13 厘米到 19 厘米不等，木柄杆部削薄，通过细藤条将勺身和木柄固定在一起。椰壳汤勺制作时，首先取一个完整的晒干椰壳，从中砍削出一块扁圆形椰壳形状，并将边缘打磨光滑。砍削一段扁木条作为勺子的木柄，在勺柄顶端钻一个圆孔用来拴绳，将木柄底部紧贴在勺身上端内部，令勺身顶部和木柄重复一部分。然后在椰壳勺与木柄接触的部分，沿木柄两侧各钻一个圆孔，用来系固定勺和木柄的藤篾，最后使用细藤篾将勺身和木柄编结固定。椰壳水勺的制作方法与汤勺总体步骤相似，不同之处在于，勺身制作时通常将长老的椰壳砍去带有椰眼的一半，留下另一半作为勺身，木柄的顶端处理时需将枝杈尾部磨尖形成挂钩。

椰壳汤勺在不用时，可用绳子系住木柄顶端的圆孔进行悬挂，也可将勺柄插入筷筒中斜靠。带挂钩椰壳水勺摆放时通常将水勺的挂钩钩在三杈木撑上的水瓢的边沿进行悬挂。

图片来源
图一、图二、图八 鞠斐 摄影
图三至图七 鞠斐 制图

图二　黎族木柄椰壳勺主图 2

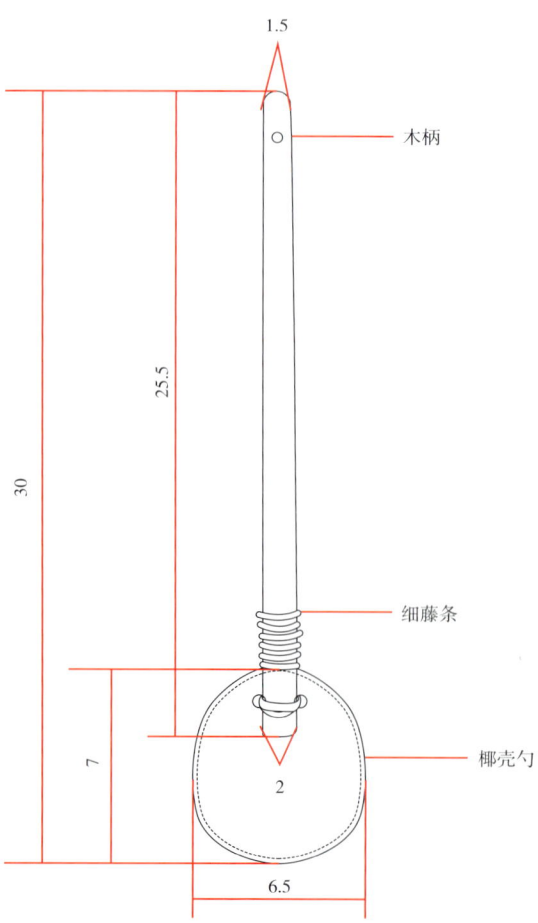

图三　黎族木柄椰壳勺结构名称、尺寸图 1（单位：cm）

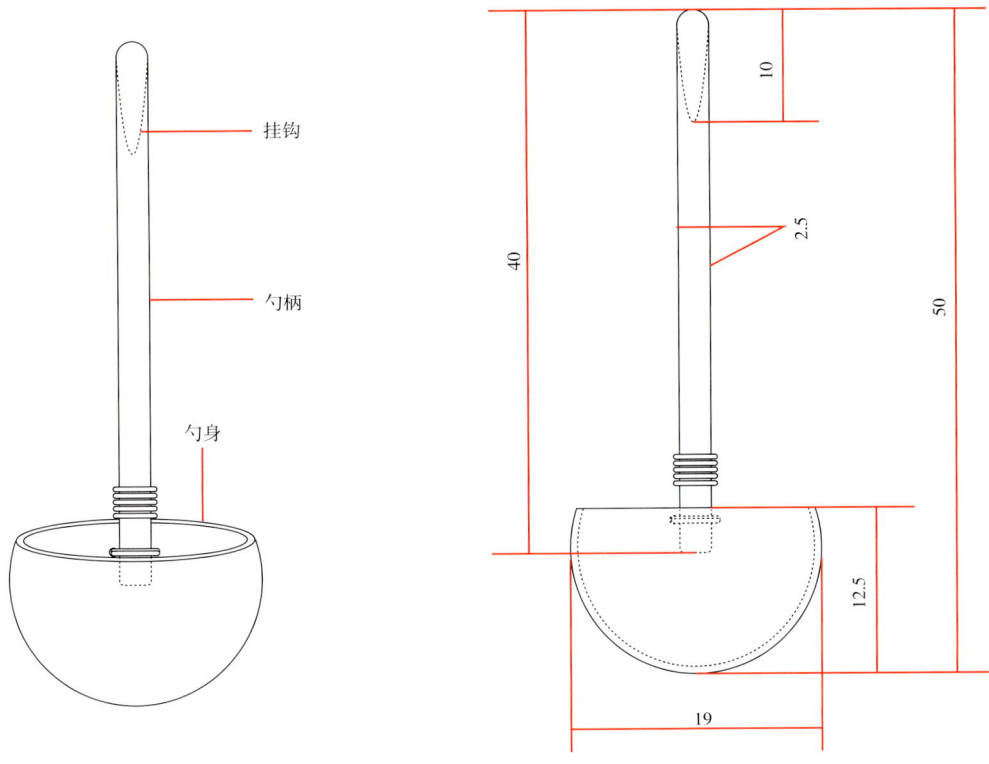

图四　黎族木柄椰壳勺结构名称、尺寸图2（单位：cm）

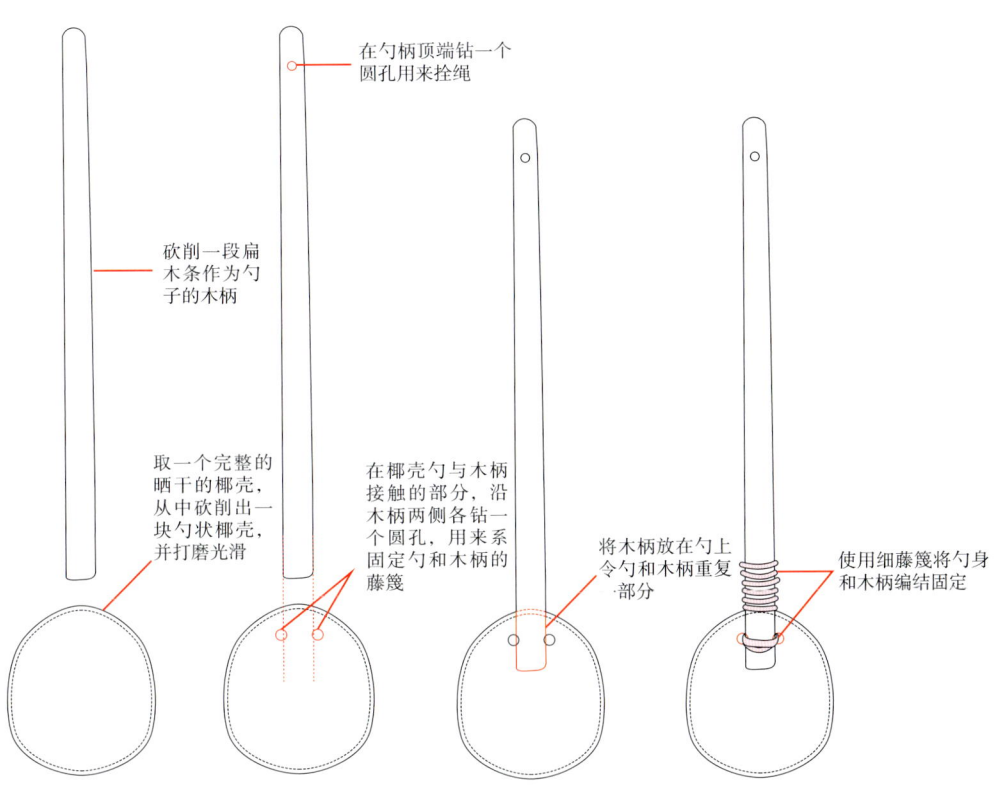

图五　黎族木柄椰壳勺制作流程图

247

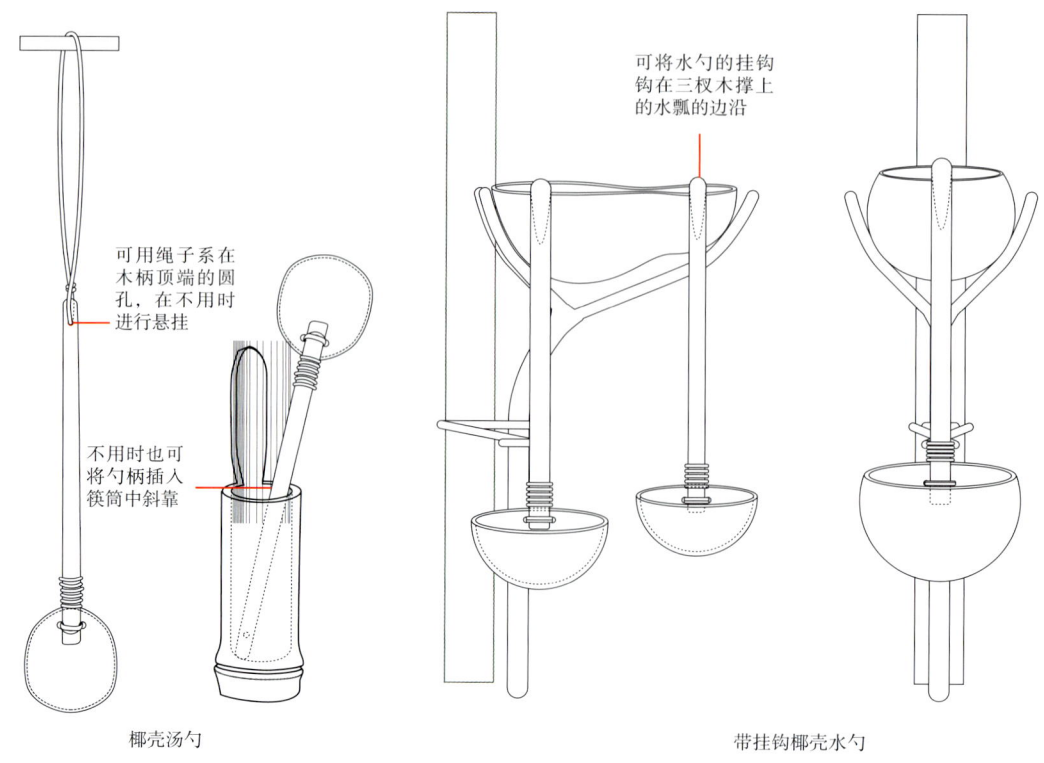

图六　黎族木柄椰壳勺悬挂方式示意图

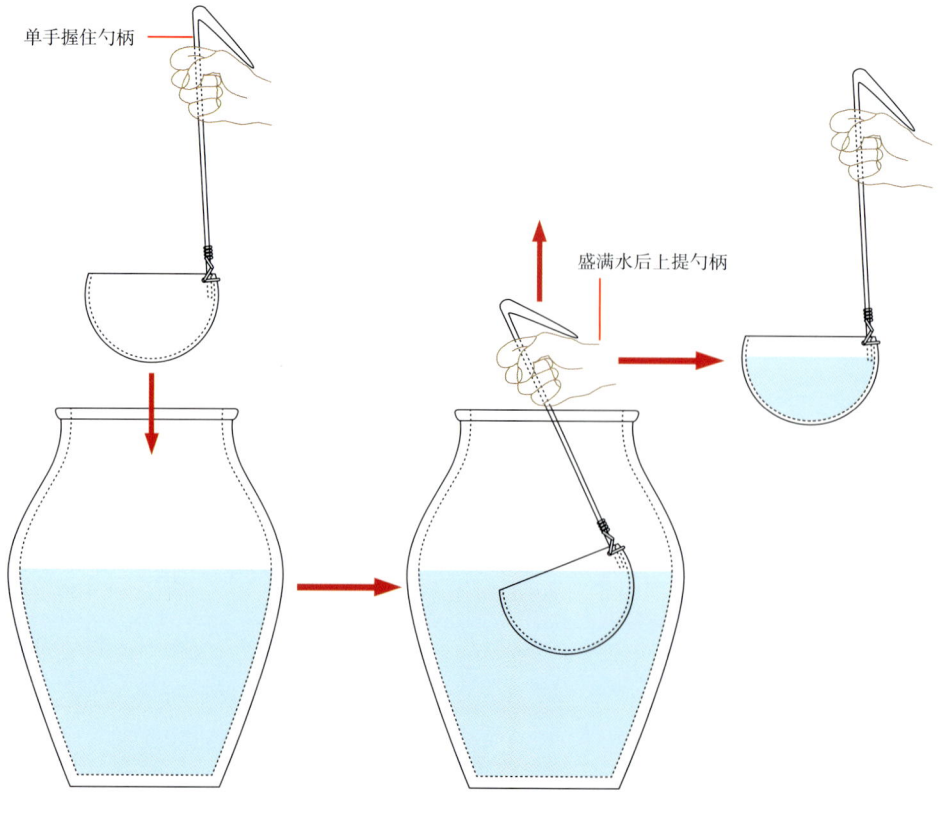

图七　黎族木柄椰壳勺使用方式示意图

图八 延展图：黎族木柄果壳勺

黎族椰壳漏勺

图一　黎族椰壳漏勺主图 1

黎族椰壳漏勺是黎族人家中常见的餐饮工具，主要通过漏勺底部的漏孔令食物和水分离。本案例采选自海南省博物馆以及海南省民族博物馆收藏的由白沙黎族自治县南开乡润方言黎族人制作的椰壳漏勺。

本案例以两种常见的黎族传统椰壳漏勺进行设计分析，其中一把为长柄椰壳漏勺，另一把为短柄椰壳漏勺。勺身均用长老的椰壳切掉带有椰孔的半截，然后在底部钻孔制成，勺柄均为木质。两种形制的漏勺除了深浅和把柄长短不同之外，使用原理基本相同。长柄椰壳漏勺柄长 30 厘米左右，漏勺直径约 15 厘米，由勺身和勺柄组成，漏勺底部有大小相同的数个圆形漏洞，勺柄底部有 X

黎族竹编漏勺

图一 黎族竹编漏勺主图

由于竹子不惧热的特性，黎族人常将竹子作为日常盛放或加工食物的器具，竹编漏勺是黎族人日常生活中常用的餐饮器具之一，通常用来将煮好的食物与水分离。本案例采选自海南省博物馆收藏的竹编漏勺，是典型的黎族传统竹编漏勺的样式。

本案例由勺把和勺身组成，勺身为扁圆形，由竹篾粗编制成，表面形成无数个三角形和四边形孔洞，是黎族典型的孔洞编织法。编织时，首先将一根竹竿劈成薄厚、宽窄规格相同的竹篾，将经条与纬条以挑一压一的方式斜行交叉，构成三角形孔洞，其中漏编的一行便构成四边形孔洞；孔洞产生的空隙形成天然漏孔，孔洞的大小需根据食物的大小来进行编织，用竹篾编织到近似圆形，构成漏勺的基本形状后，由外向内用藤条通过编织同心圆的方式将漏勺轮廓箍编成圆形。勺把柄部长出漏勺之外，底部一直延伸到漏勺底部，加工时将竹竿劈成扁宽的竹条，再将竹条的下半段通过加热弯曲成贴合漏勺轮廓的弧度，将勺柄紧靠漏勺背部，位置居中，最后使用藤条在漏勺和把柄的正背部交叉捆扎，将把柄和漏勺固定在一起。

竹编漏勺是黎族人自编自用的竹编器具，通常用于打捞口沿宽阔的陶锅或陶盆中的食物，使用时直接用手握住把柄，将漏勺伸入锅中舀起食物，捞起时水从漏孔中漏下流回锅中，食物停留在漏勺上。

图片来源
图一　鞠斐　摄影
图二至图六　鞠斐　制图

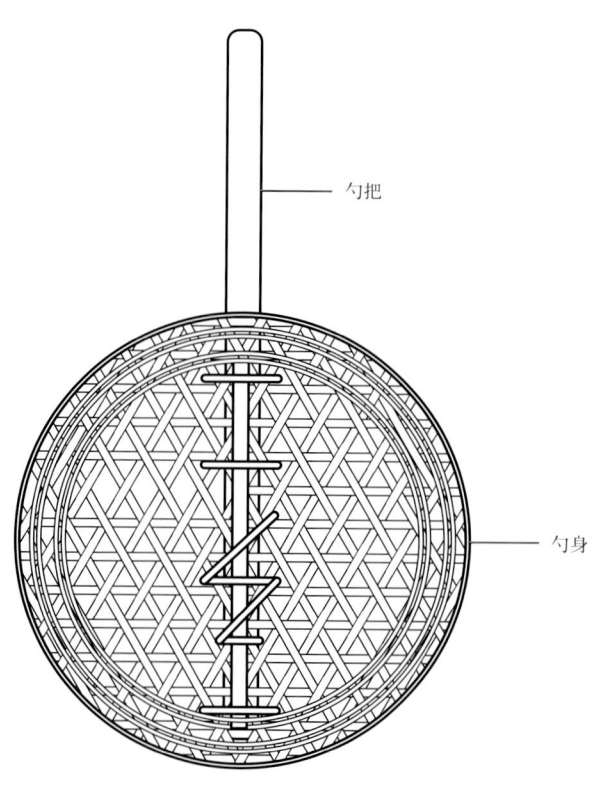

图二　黎族竹编漏勺结构名称图

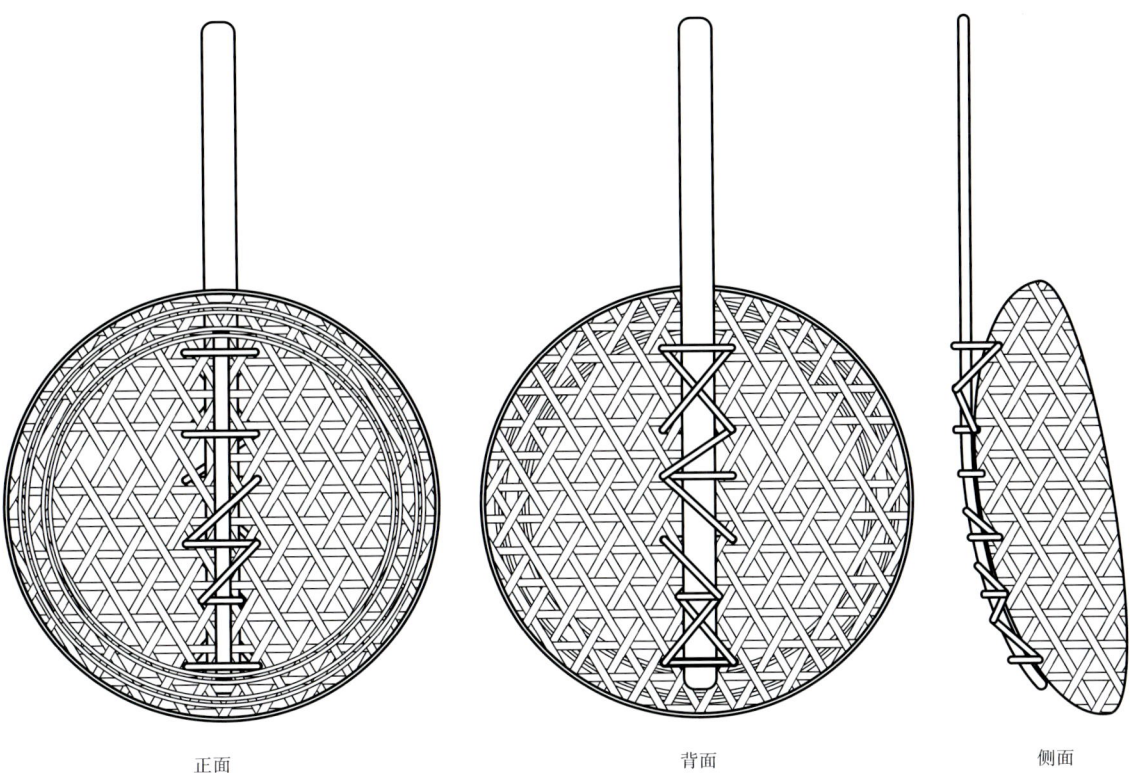

图三　黎族竹编漏勺视角图

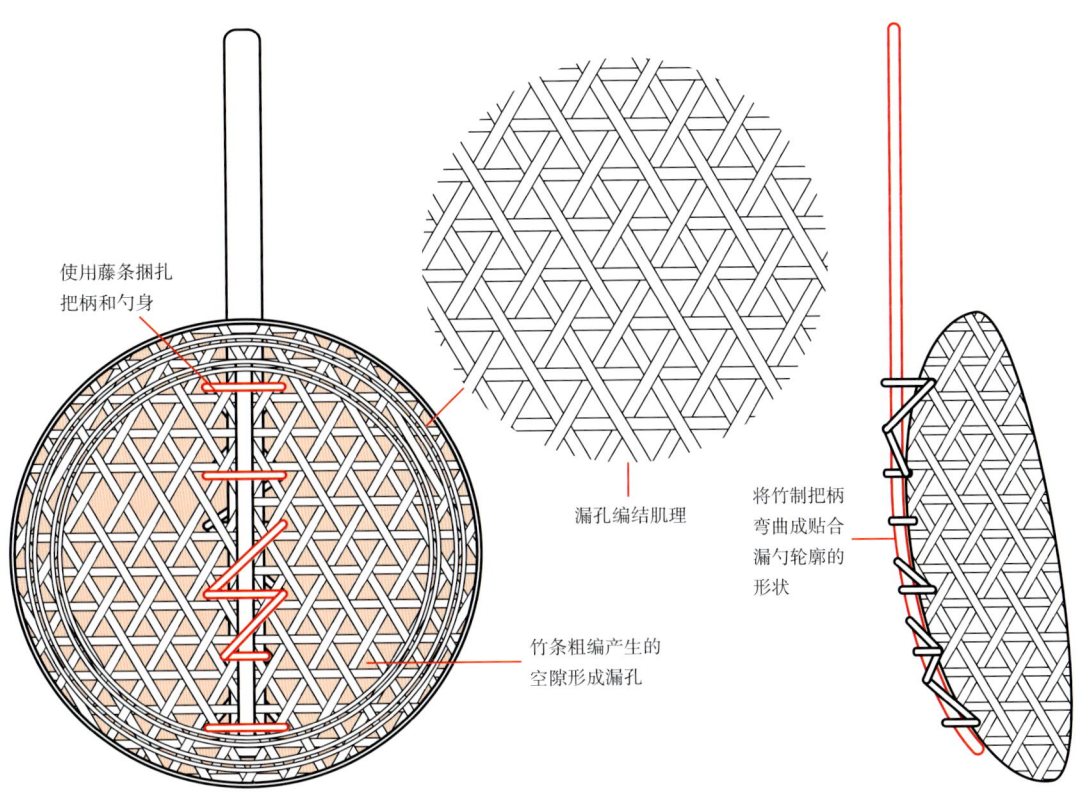

图四　黎族竹编漏勺设计分析图

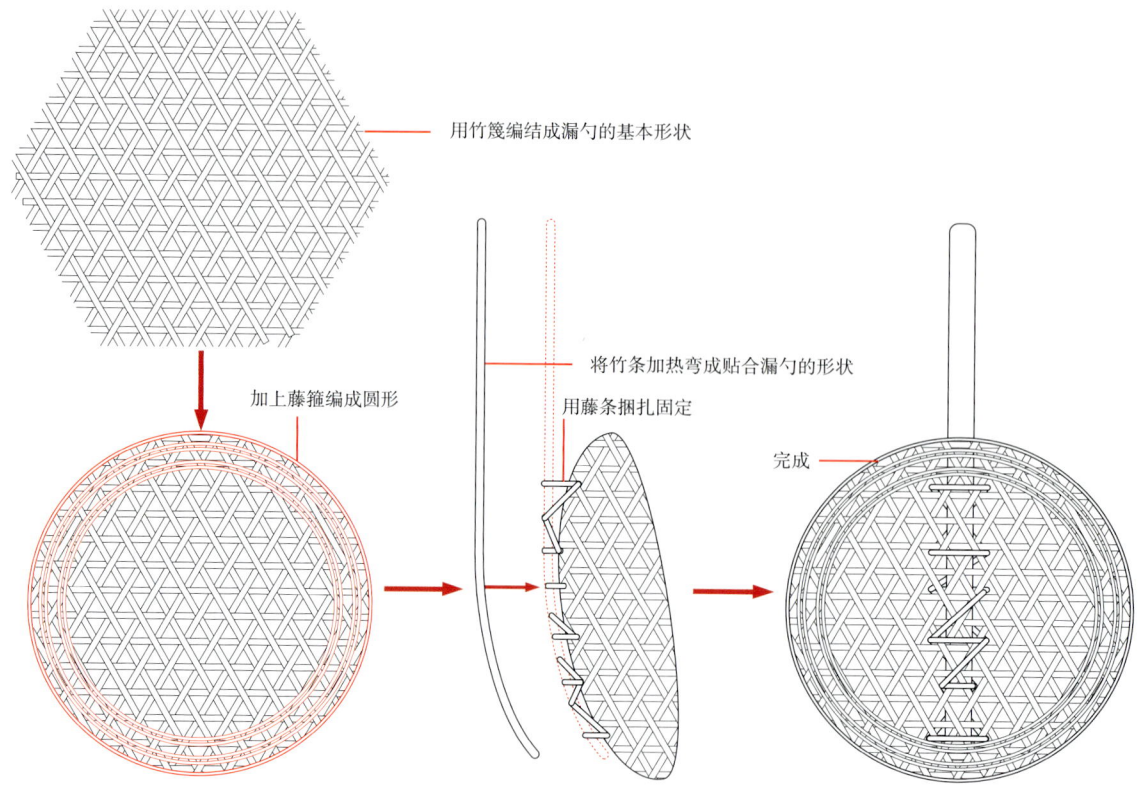

图五 黎族竹编漏勺制作流程图

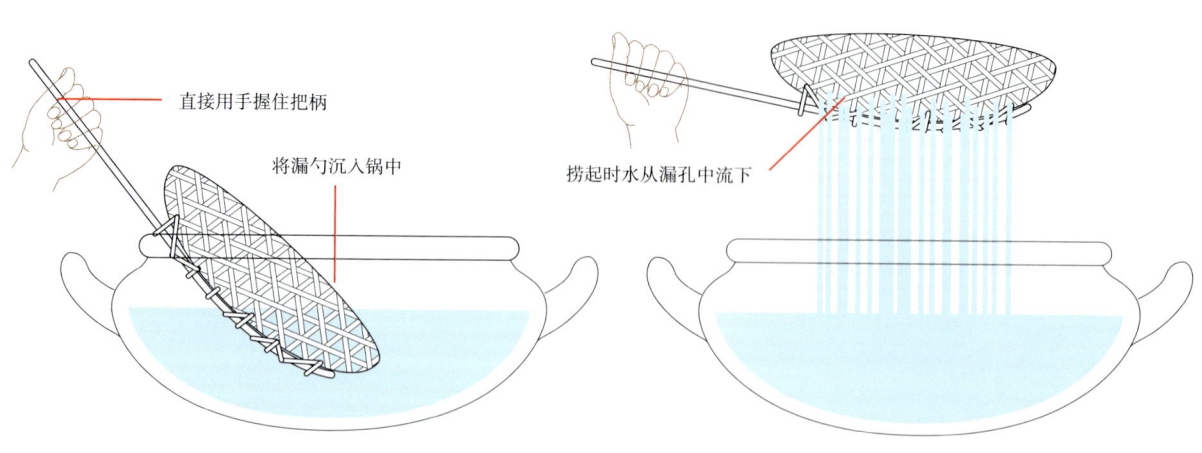

图六 黎族竹编漏勺使用方式示意图

黎族长柄舀酒勺

图一 黎族长柄舀酒勺主图

酒是黎族社会生活中重要的饮品之一，舀酒勺作为黎族传统的盛酒器具，是黎族传统酒文化的组成部分。本案例采选的是海南省博物馆收藏的两只舀酒勺，案例来源于东方市，是黎族人饮酒时用来从酒罐中盛装酒水的工具。

本案例有竹制舀酒勺和果壳舀酒勺两种形制，均采用天然的植物原料制成勺体和勺柄，其中竹制舀酒勺的勺体和勺柄是从一段带竹节的完整竹竿中切削出来的独竹酒器，

勺柄扁而长，勺身为直筒形，舀口为直口，舀底保留天然竹节。果壳舀酒勺由坚硬的果壳制成勺体，勺身通常由天然的圆形果壳砍去一半，为敞口的自然形成的半球体，在勺体与勺柄接触部分的左右两侧各打一个圆孔，用来穿过细藤条捆扎牢勺柄与勺体。拿取时手握长柄，由于盛酒器有坛有罐，大小、高矮不同，长短不一的舀柄便于从深浅不同的储酒器具中舀酒出来。竹制舀酒勺柄较短，通常在较浅的储酒器中舀酒，果壳舀酒勺柄

较长，通常在较深的储酒器中舀酒。

黎族传统长柄舀酒勺属于较为原始的盛酒器具，选材自黎族聚居地周边山林中生长的天然植物，是黎族人就地取材、将自然界植物物尽其用的体现。通过舀酒勺除了可以了解黎族传统酒文化，还能够从中看出黎族人崇尚自然的造物风格，承载了黎族传统竹木器具文化。

图片来源
图一　鞠斐　摄影
图二至图四　鞠斐　制图

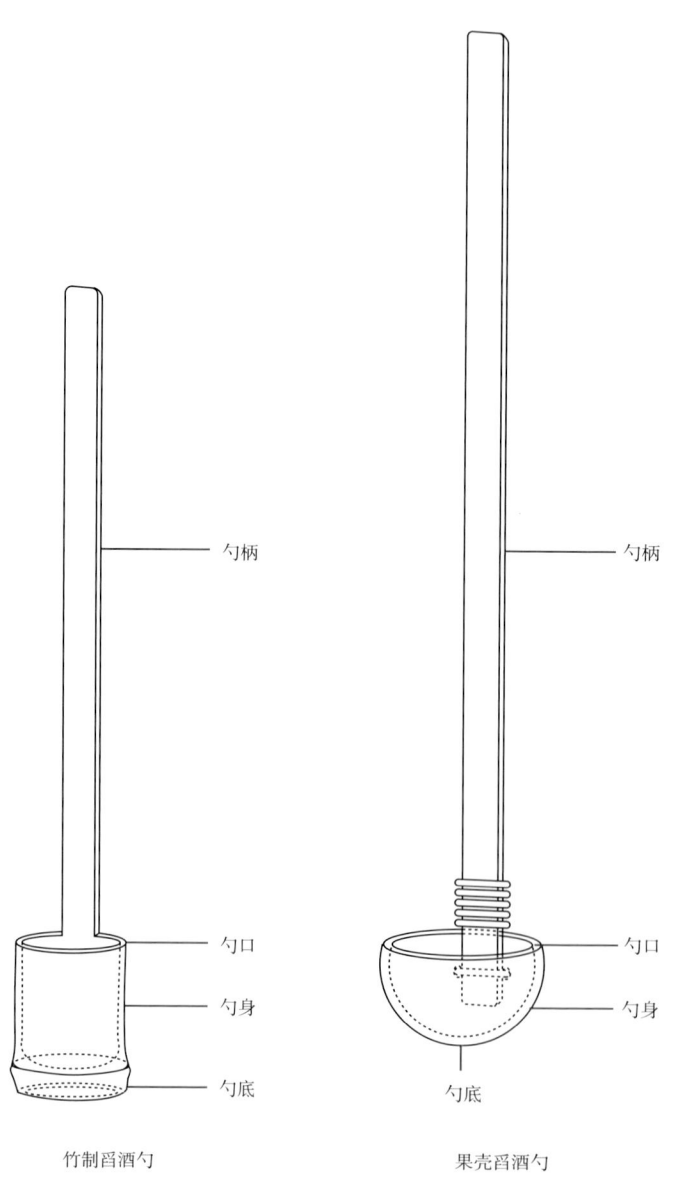

图二　黎族长柄舀酒勺结构名称图

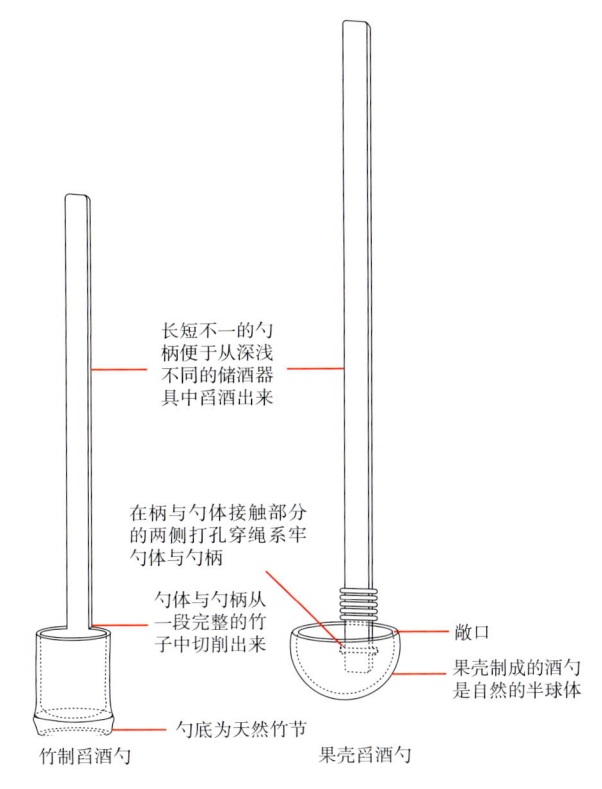

图三　黎族长柄舀酒勺设计分析图

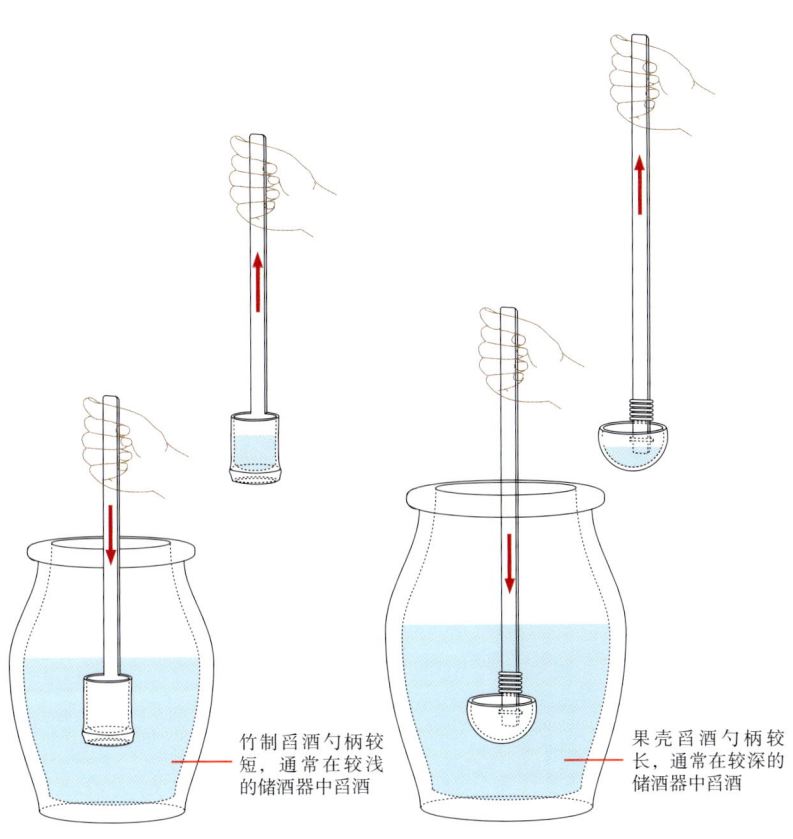

图四　黎族长柄舀酒勺操作示意图

黎族竹吸管

图一　黎族竹吸管主图

使用特制的竹吸管直接从盛酒陶罐中吸酒，是黎族人独特的饮酒方式，这种竹吸管通常长达半米以上，底部用藤篾细细编结，造型十分独特。本案例采选自保亭县甘什村及海南省博物馆收藏于乐东抱由村的黎族传统竹吸管，是现存的黎族传统竹吸管典型的样式。

本案例由管口、管身和管尾组成，其中管尾部分采用红藤环绕编结。管身细长且上下贯通，用来吸取较深的陶罐中的酒水，打磨圆润光滑的管口可以防止在饮酒时割伤口部，竹管尾部割出数条裂缝用来过滤酒渣，管尾藤编用来固定管尾的裂缝，同时藤编缝隙也可起到过滤酒渣的作用。由于黎族人酿酒盛酒的陶罐通常高度在半米左右，因此竹吸管的取材通常都要选取一支完整的长度在半米以上的细长竹管，砍去较细一端的竹节作为管口，并向内打磨成光滑圆润的圆口；竹管较粗的一端作为管尾，尾部竹节不打通，并将尾部靠近底端竹节上方的一段竹节，按同等的距离和长度环绕管身劈开数条裂缝，形成开口缝隙，并将缝隙中部以下用光滑的藤篾环绕编结，将缝隙撑大并将底端加固，作为酒水的吸入口。使用时用嘴含住吸管管口，稍用力吸，便可吸取陶罐中的酒。

由于黎族人喜爱使用粮食酿酒，因此酿

好酒水的陶罐底部通常会沉淀大量的酒渣，如果直接用普通的吸管饮用，则很容易吸入酒渣。因此，黎族人创造出可以过滤酒渣的竹吸管，将酒水吸入吸管的同时，酒渣被挡在吸管底部裂缝形成的吸口之外。

图片来源

图一　鞠斐　摄影

图二至图七　鞠斐　制图

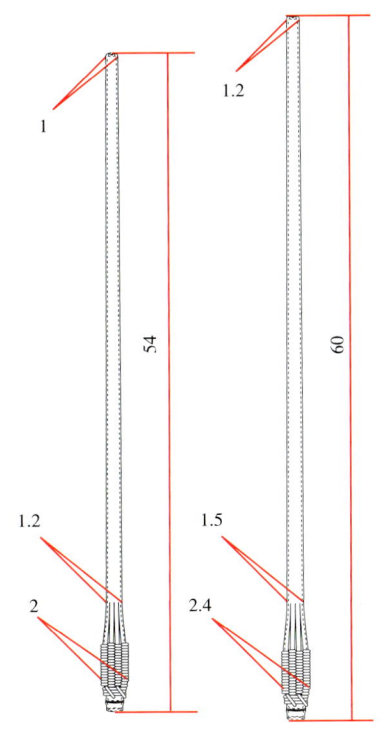

图二　黎族竹吸管尺寸图（单位：cm）

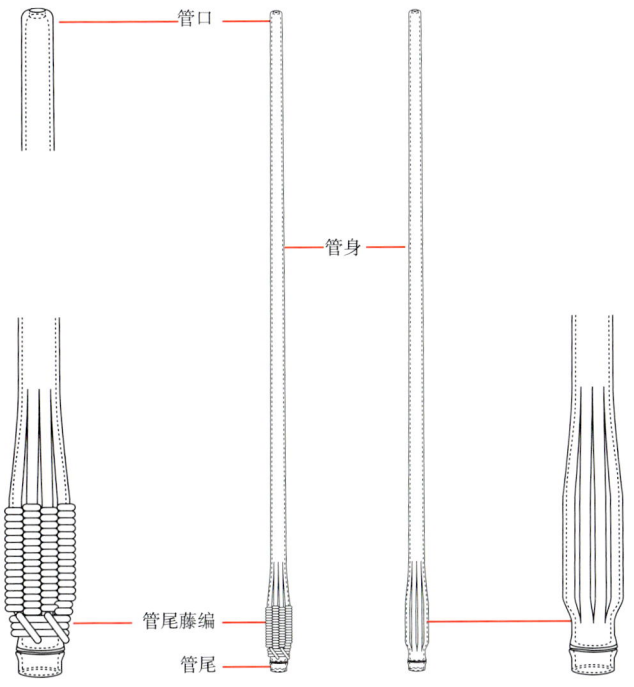

图三　黎族竹吸管结构名称图

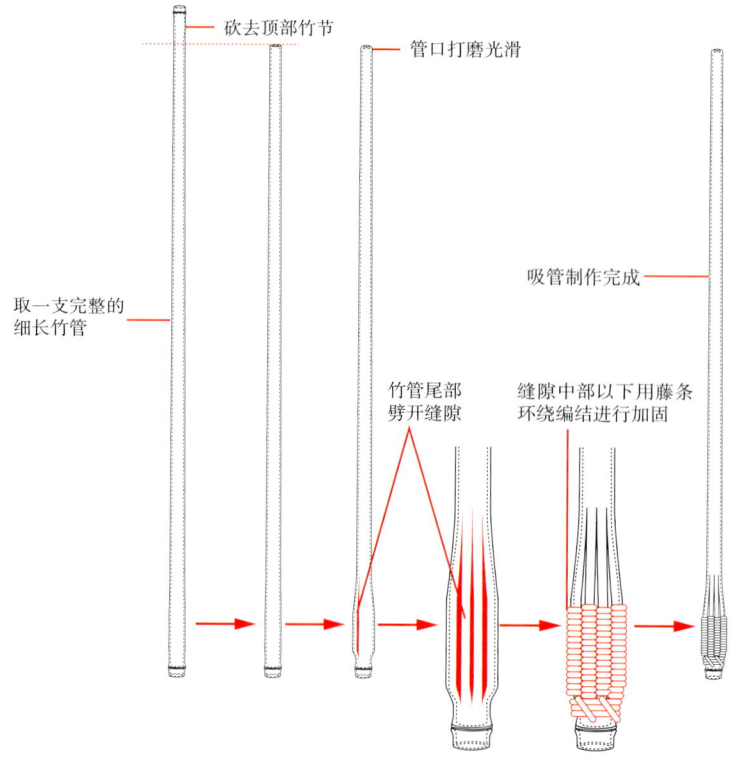

图四　黎族竹吸管制作流程图

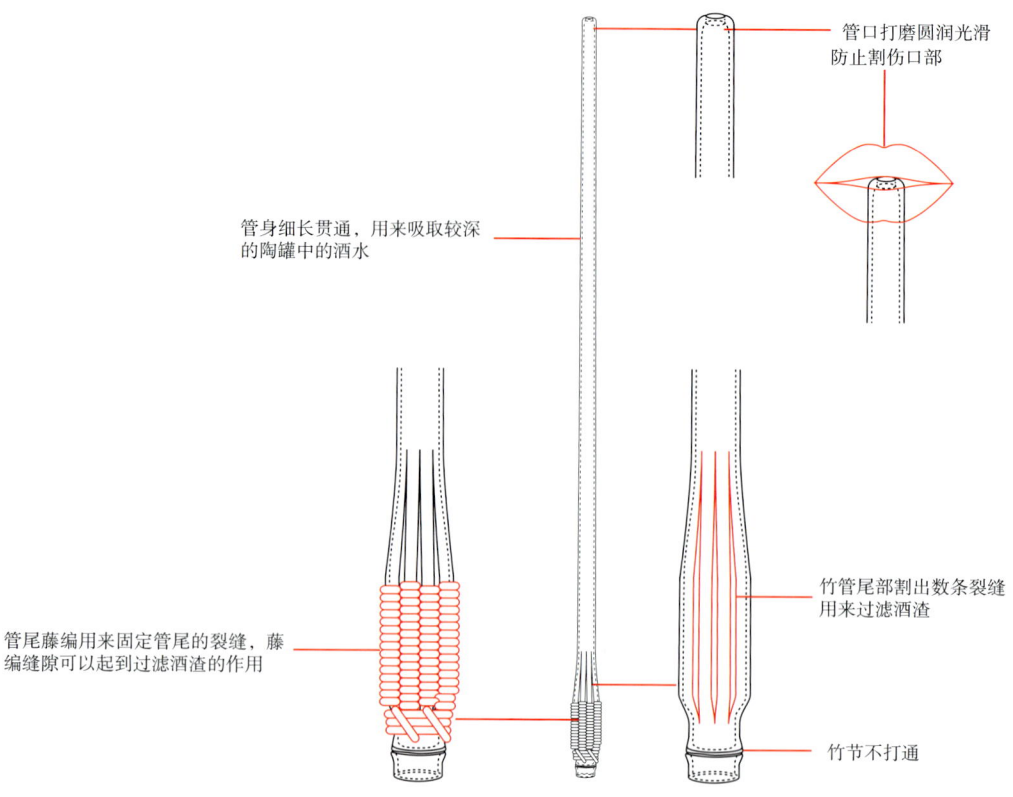

图五　黎族竹吸管设计分析图

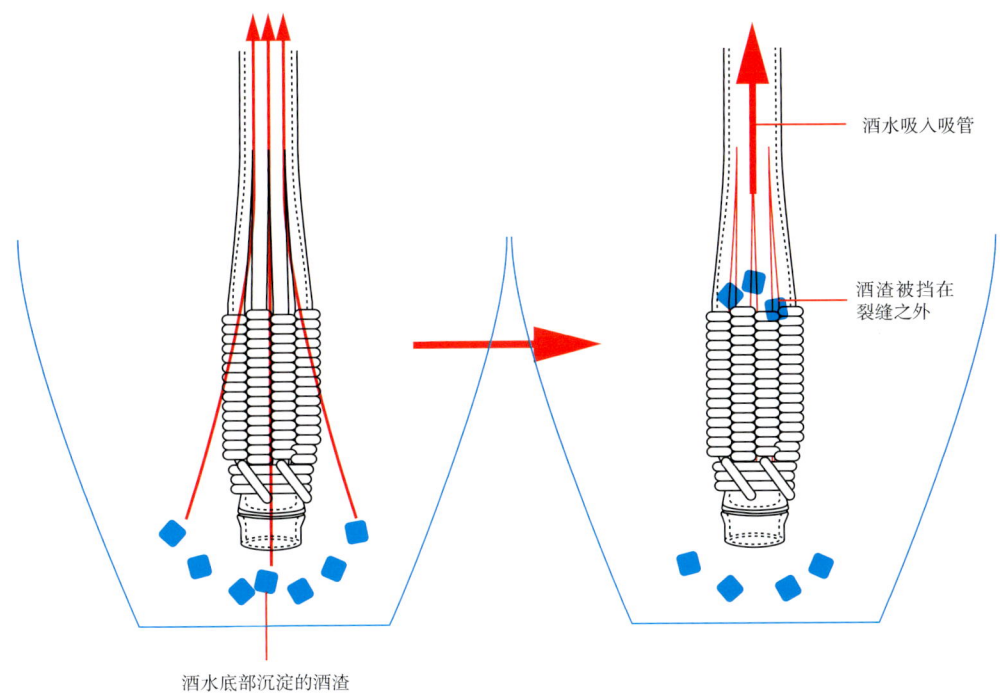

图六　黎族竹吸管工作原理示意图

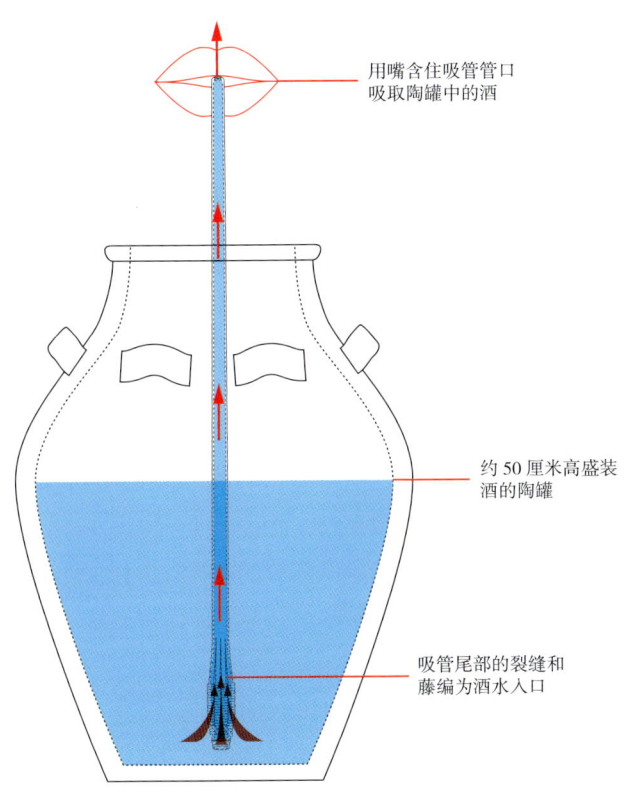

图七　黎族竹吸管饮酒方式示意图

黎族竹质带把筷筒

图一　黎族竹质带把筷筒主图

黎族聚居地周围山林密布，盛产各种各样的竹子，竹器制作原料丰富，优质竹材随手可得。筷筒是黎族船形屋内常见的餐具盛装器具，通常由竹筒制成，本案例采选自保亭县甘什村黎族传统船形屋墙桩上捆绑的竹质带把筷筒，外形古朴自然。

本案例由从同一根竹子上削出的筒身和把手组成，总高度约为35厘米，筒身高度约为21厘米，筒口直径约为9厘米，筒身为直筒型，筒口为直口，筒底保留天然竹节。

制作时，首先选择一根长老的竹竿，选取一端带有竹节的部分，从中部剖开，保留一半作为筒身，另一半不完全锯断，保留长条形竹片作为把手，把手顶端打磨成剑形或圆角，周边打磨光滑，防止毛糙的竹刺扎手，同时增加了筷筒的美观度。本案例安装时，通常选择主桩或餐桌附近的墙桩，在合适的高度打造对穿孔，使用藤条或竹篾从孔中穿过，并系住竹筷筒的把手，将竹筷筒与梁柱固定住。

黎族传统竹质带把筷筒是典型的黎族传统餐饮器具，仅用竹子作为原料，不加任何辅助材料制成，就地取材，原料源于自然，具有实用价值。作为黎族传统手工制品，体现了黎族的传统竹器文化内涵和黎族人独特的审美价值，记录了黎族民间餐饮竹器的发展历史，凝聚着黎族人的聪明才智。

图片来源
图一、图六　鞠斐　摄影
图二至图五　鞠斐　制图

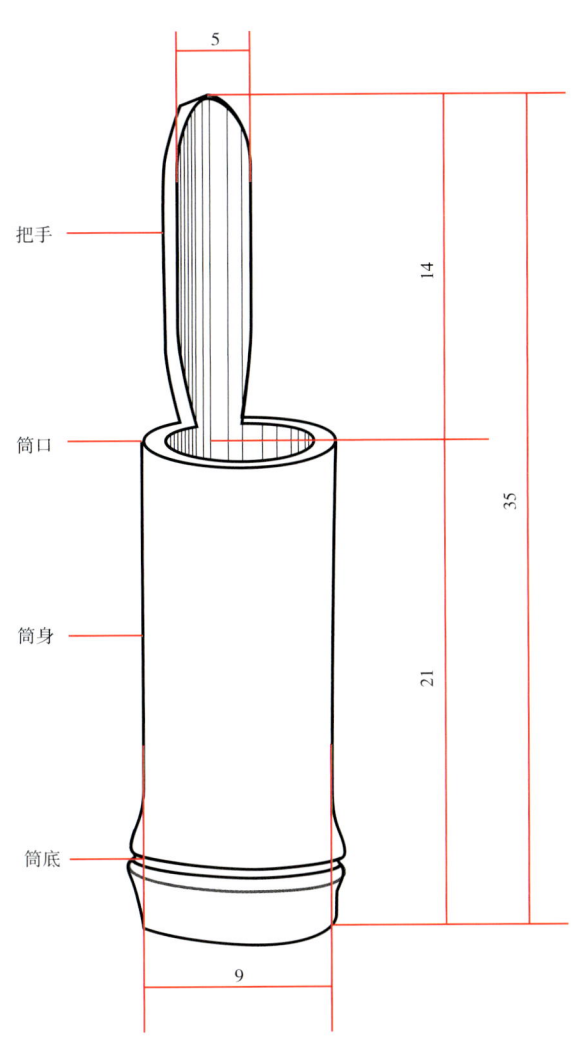

图二　黎族竹质带把筷筒结构名称、尺寸图（单位：cm）

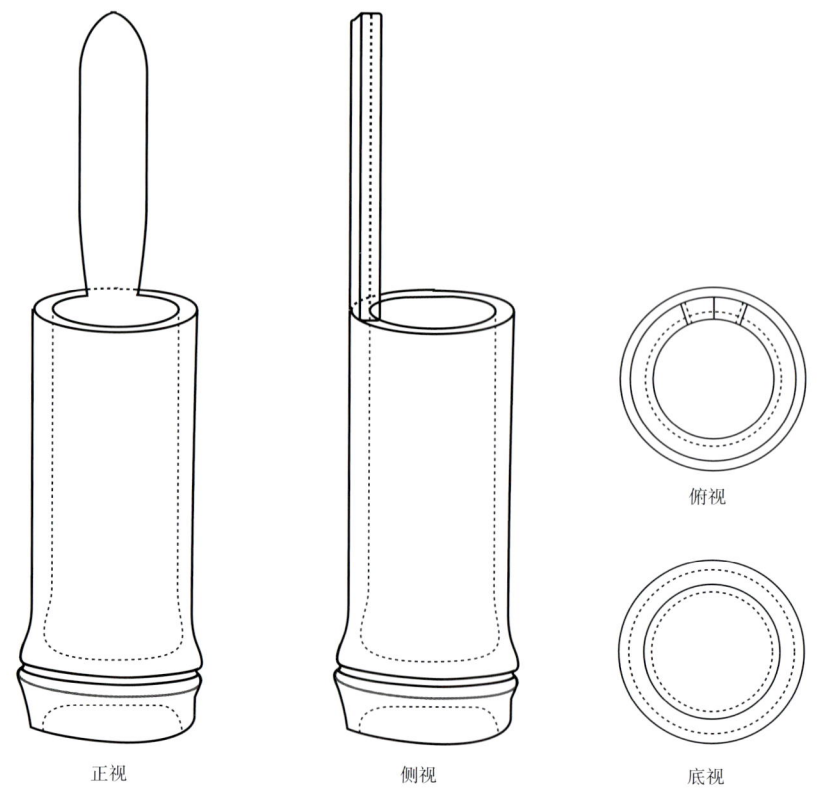

图三　黎族竹质带把筷筒视角图

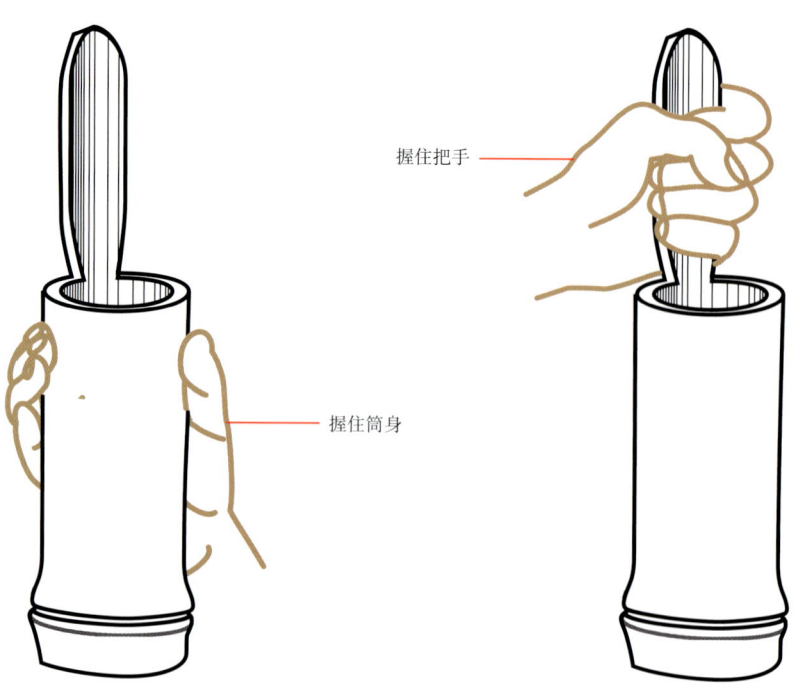

图四　黎族竹质带把筷筒握取方式图

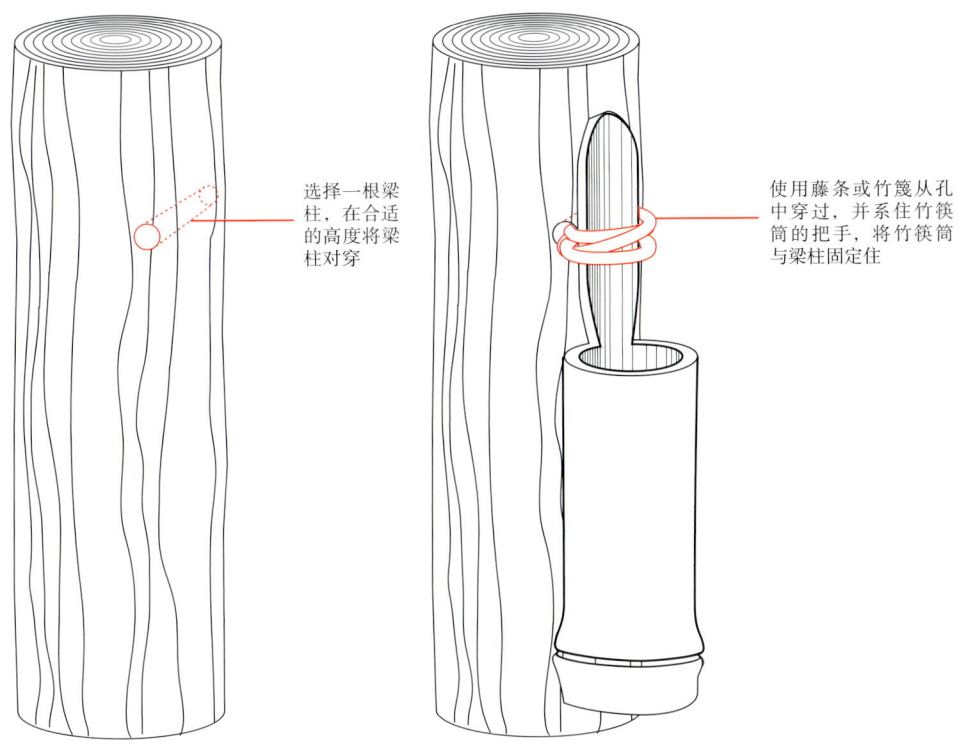

图五 黎族竹质带把筷筒使用方式示意图

图六 黎族竹质带把筷筒使用情境图

第三章 黎族传统餐饮

黎族竹杯

图一　黎族竹杯主图

竹杯是黎族人生活中不可缺少的饮水、盛水器皿，它的特别之处在于利用了竹子天然的竹节和空心的竹管，是运用简单的加工方式制作而成的天然器皿，体现了黎族人就地取材的造物特征。本案例采选自海南省博物馆收藏的黎族传统竹杯，是典型的黎族人常用的竹杯形制。

本案例的造型模仿带竹节的竹子外形，将外壁分上下两段，上段较短，下段较长，两段之间的凸起为竹节形状的装饰，两段在装饰时分别向内刳去一部分，形成向内的圆滑的凹槽，起到装饰和便于手指抓握的作用。抓握时单手握住杯体，拇指和食指卡住上段凹槽，其余三根手指卡住下段凹槽，加上竹根材质本身毛糙的表面增加的摩擦力，可以让单手牢牢握住竹杯防止滑脱。本案例在制作时就地取材，首先选择一根两端带有完整竹节的竹根，由于竹根的竹节较短，因此单节竹根便能制作成竹杯,较粗的直径也适合于盛装较多的饮用水,同时,竹根比起上部竹节更为粗糙的质感更适合单手抓握。然后将选好竹根两端竹节,外侧多余的部分砍去,挖通竹根上端的竹节,与竹根的空心内壁上下贯通,并将竹节削薄作为杯口,下端保留较厚的竹节作为杯底。再将竹根口沿和杯底边缘多余部分刳削光滑,打磨成平直的形状。最后将杯身外壁向内挖出上下两个凹槽,并将整体打磨光滑。

本案例的加工方式与黎族传统独木器的加工方式有异曲同工之处,都是采用完整的天然材料,根据其本身的造型特征经过简单的刳削加工而成的日常生产、生活器皿。由于竹子本身体积和容积的限制,使得竹器不能像木器和竹编器具一样形成变化丰富的造型和容积。因此不会在黎族人生产生活中占有主要的地位,而是大多处于辅助的地位,如制作简单的杯具、插放勺筷的筷筒、打酒的酒勺等等,尽管只是黎族人日常生活的辅助器具,但仍能体现出黎族人在进行造物行为中蕴含的巧思。

图片来源
图一　鞠斐　摄影
图二至图五　鞠斐　制图

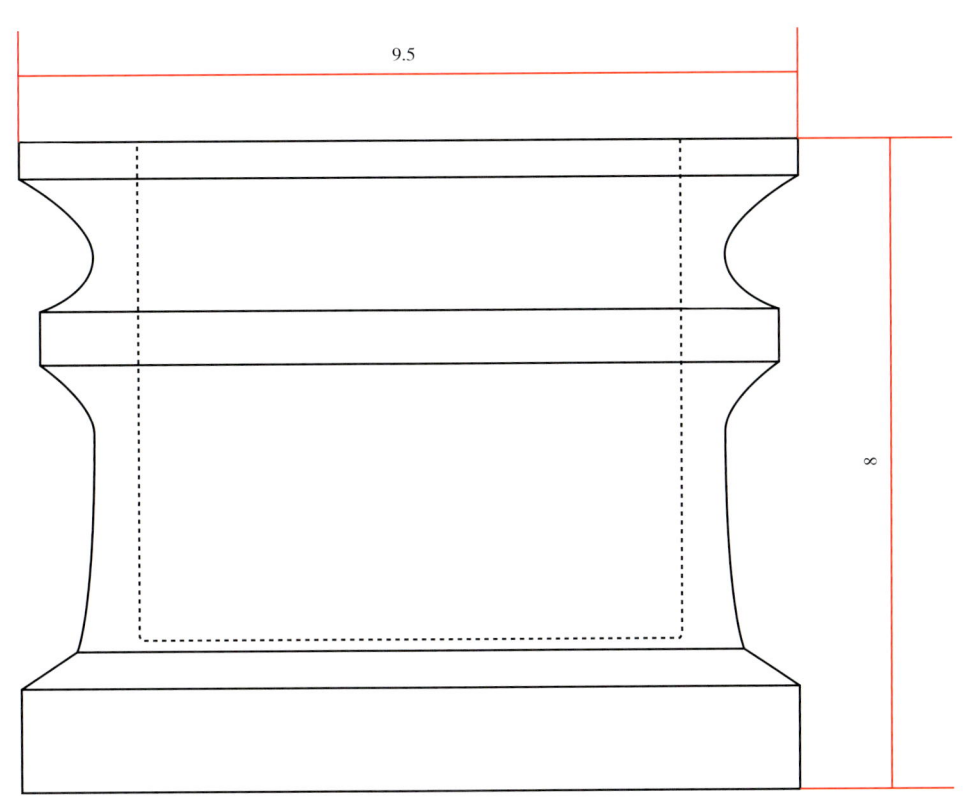

图二　黎族竹杯尺寸图(单位:cm)

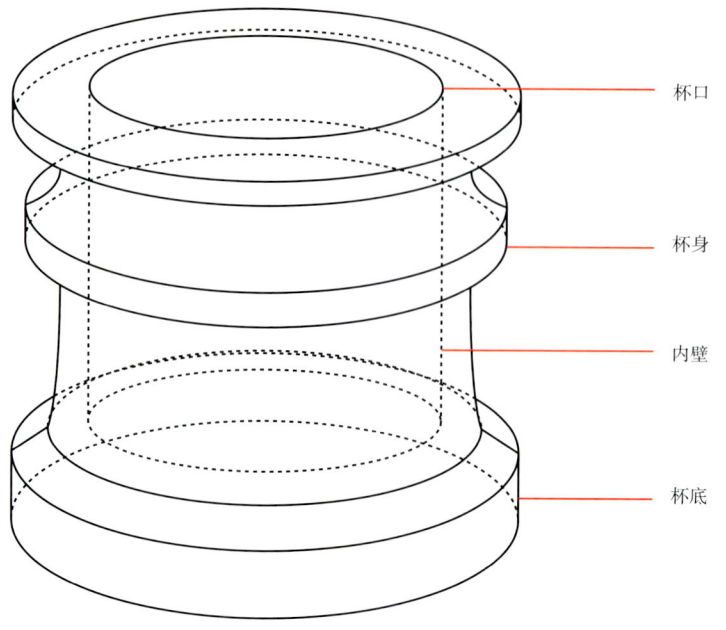

图三 黎族竹杯结构名称图

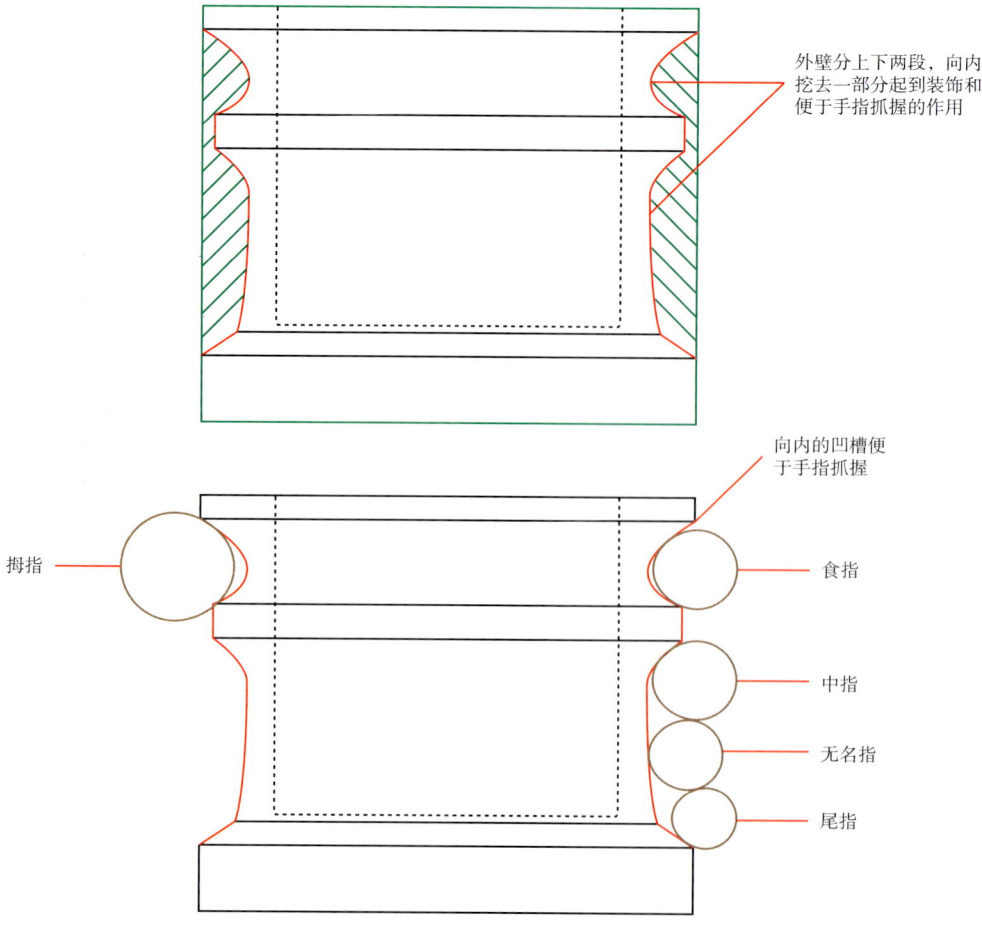

图四 黎族竹杯设计分析图

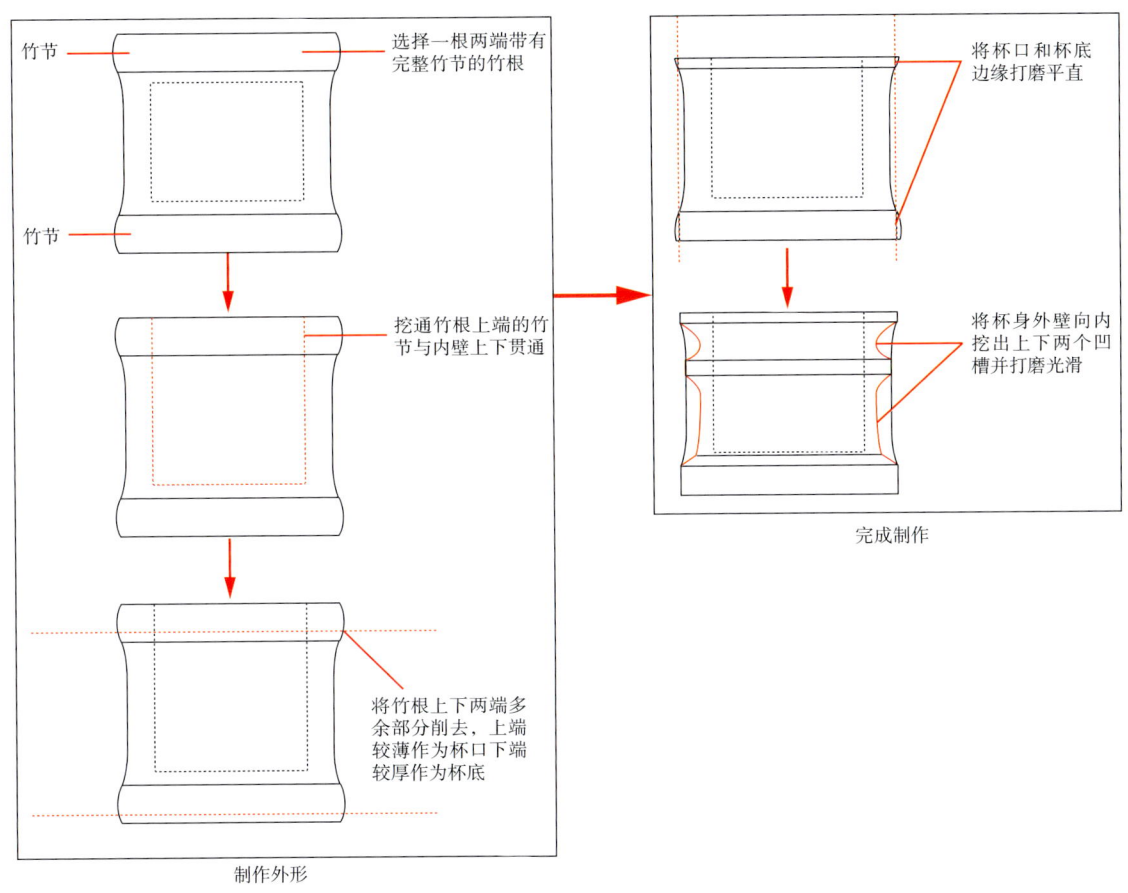

图五 黎族竹杯制作流程图

黎族竹臼

图一　黎族竹臼主图 1

黎族传统竹臼是较为小型的舂碾器具,体型通常受到竹子本身生长宽度和竹壁厚度的限制,十分小巧。本案例采选自海南省博物馆收藏的黎族传统刻花竹臼,以及保亭县博物馆收藏的三足竹臼。

黎族传统竹臼通常采用竹子根部扁宽的竹节雕刻而成,共有两种形制,一种为略高的鼓形,另一种为南瓜形碗状并带有三足。刻花竹臼由木杵和竹臼组成,木杵为短小的棒槌形、顶端雕刻出扁圆柱形的把手,便于握取,把手下方的木杵颈部磨细便于系绳提挂。竹臼由臼盖和臼身组成,整体为鼓形,竹臼的盖子使用竹子的天然竹节部分制成,平顶,盖口与臼口刚好卡住。臼身的内壁打磨成鼓状,臼口内敛,臼身鼓腹,表面用刻刀刻画有网状纹饰,并用漆树汁染黑,起到装饰作用,常年使用也不会褪色。臼底为天然竹节形成的圈足。三足竹臼由臼身和臼足组成，造型模仿三足陶鼎，臼口内敛，臼身鼓腹，内壁打磨成碗形，臼底由天然竹节打磨成圆底。三只臼足位于竹臼底部，与臼身连为一体，从一个整体竹段削磨而成，三足设计是较为稳定的立足结构。

刻花竹臼使用时，先在臼内放入需要舂碎的食物，然后使用木杵上下舂击，舂完之后盖上竹盖保存食物；三足竹臼使用时，一手握住木杵，一手扶住臼壁，使用木杵上下舂击或转圈碾磨。

图片来源
图一、图二　鞠斐　摄影
图三至图八　鞠斐　制图

图二　黎族竹臼主图 2

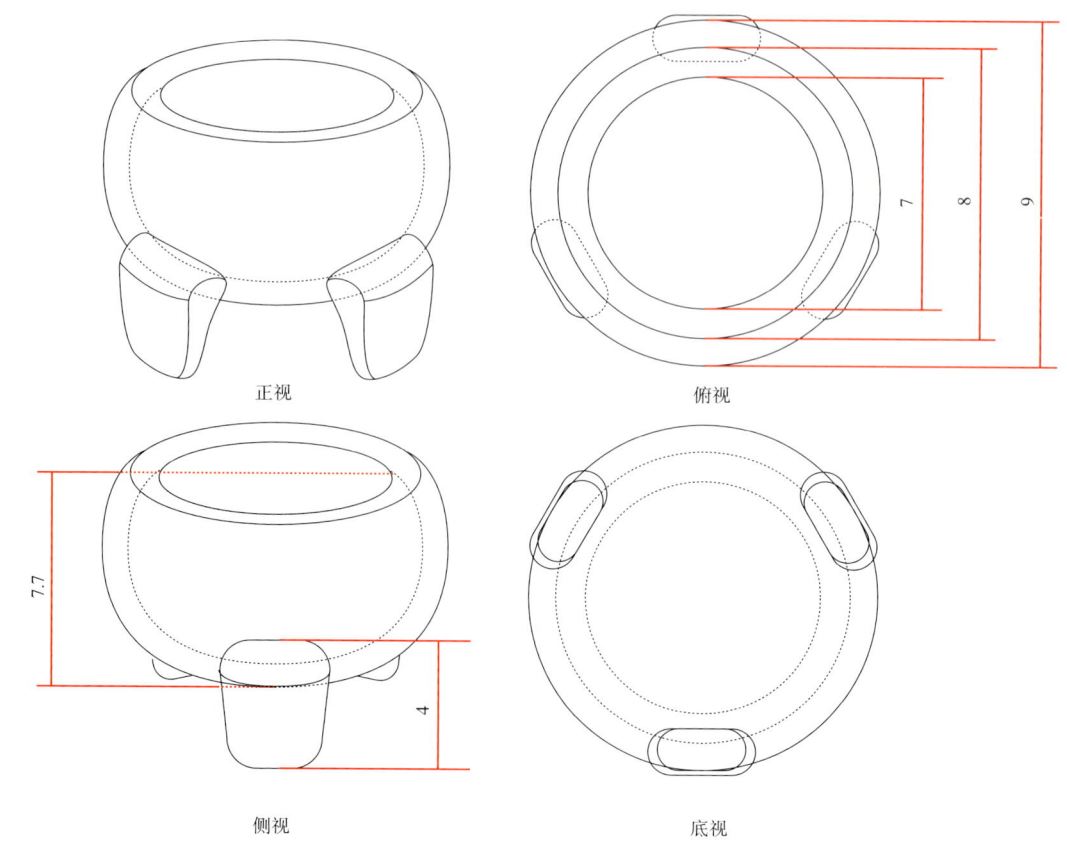

图三 黎族竹臼视角、尺寸图（单位：cm）

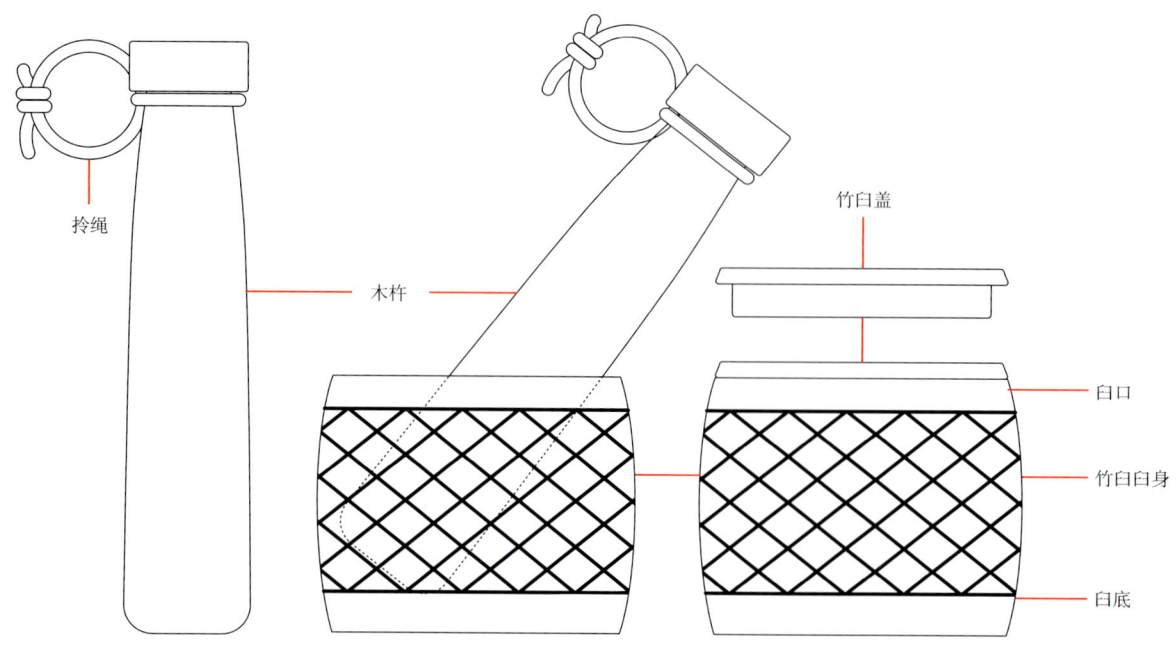

图四 黎族竹臼结构名称图1

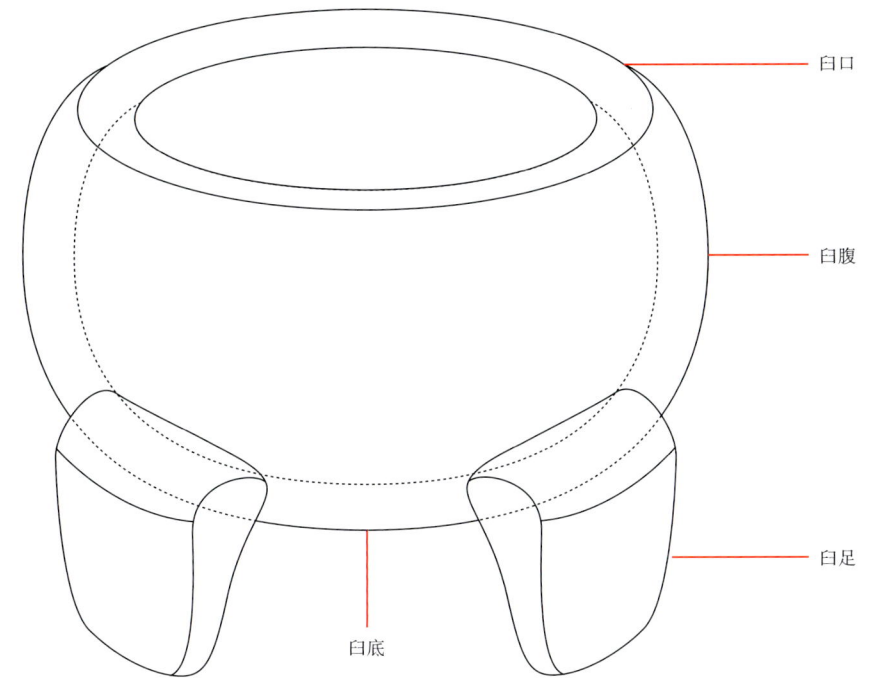

图五 黎族竹臼结构名称图2

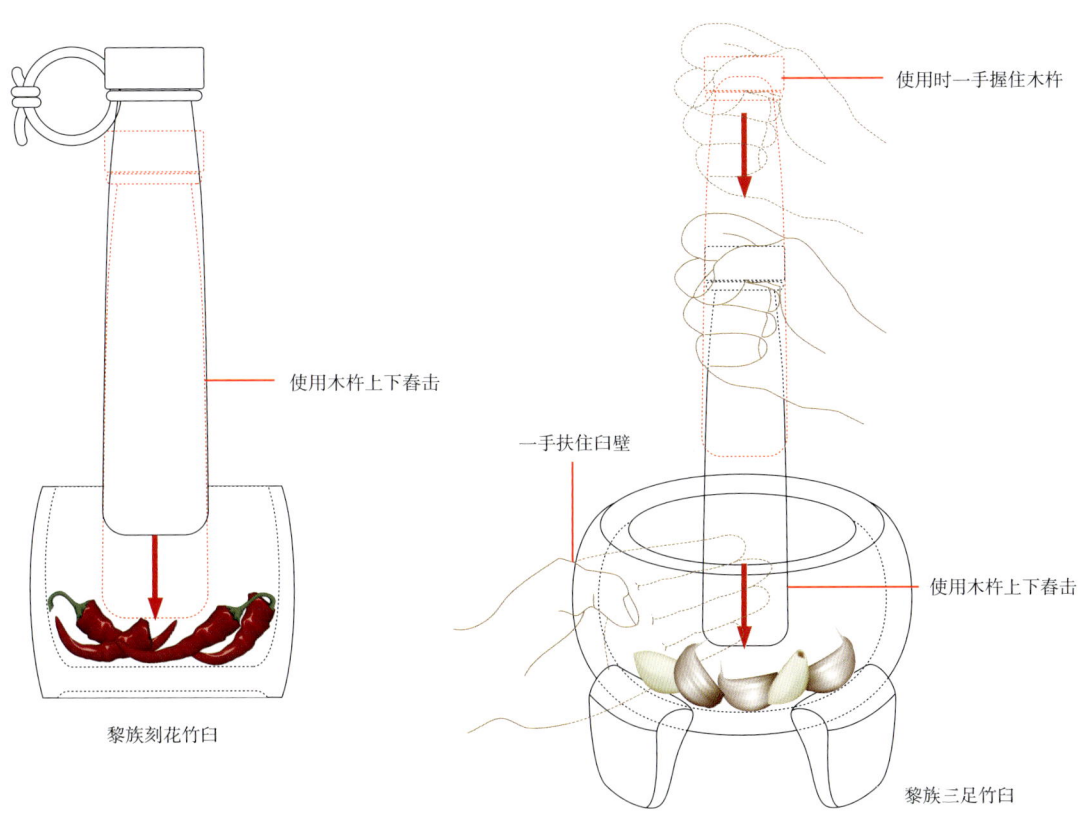

图六 黎族竹臼操作示意图

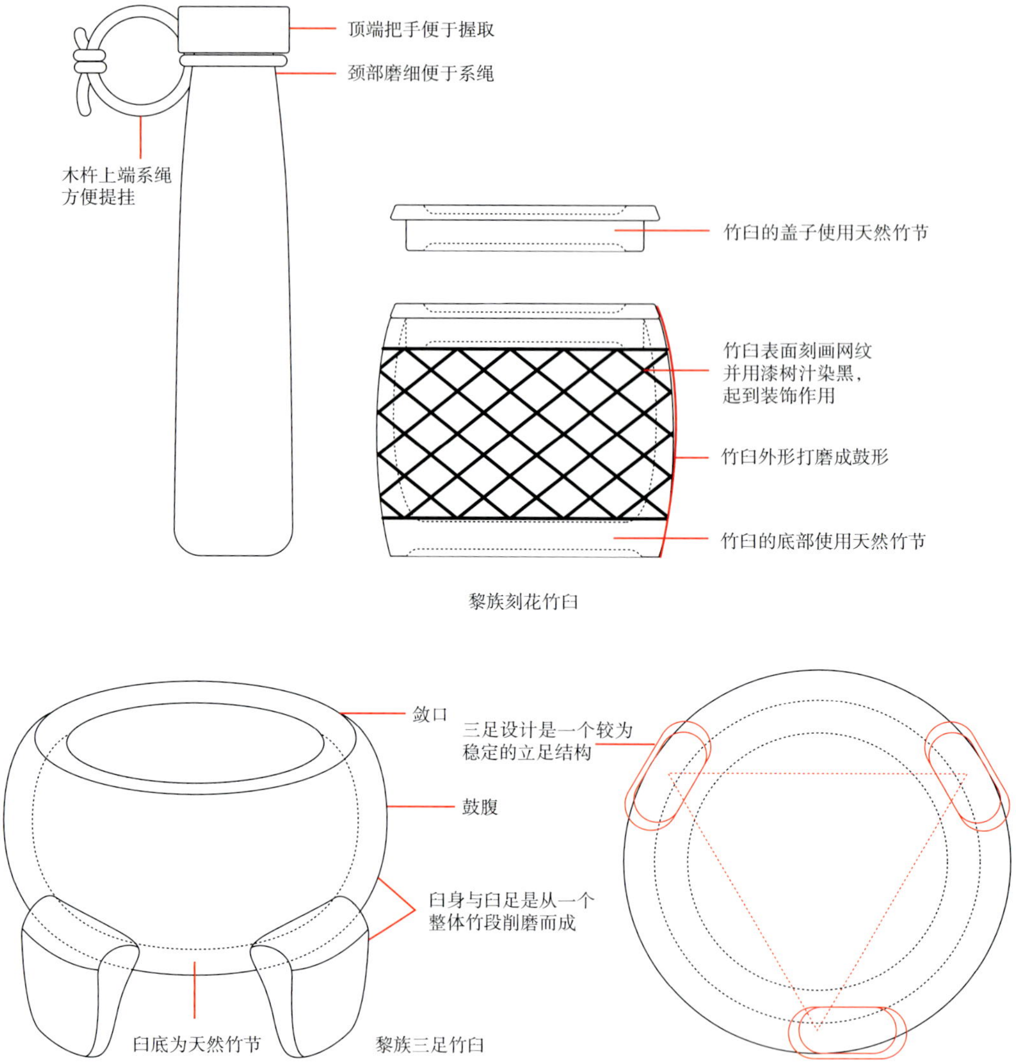

图七 黎族竹臼设计分析图

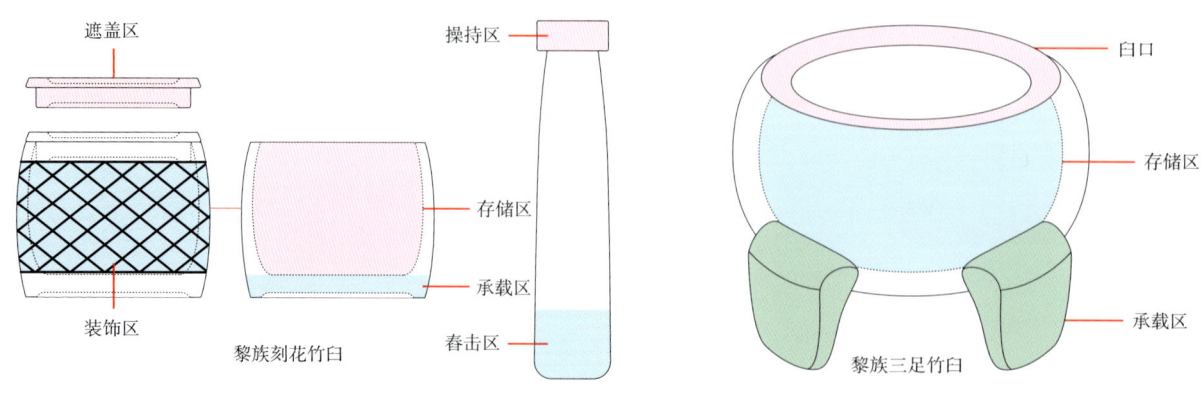

图八 黎族竹臼功能分区示意图

黎族悬挂式竹刀架

图一 黎族悬挂式竹刀架主图

黎族聚居地附近竹类资源十分丰富，村落周边几乎都生长着大片的竹林，为黎族竹器加工提供了丰富的原料来源。本案例采选自保亭县甘什村船形屋内的悬挂式竹刀架，是典型的竹制器具。

黎族传统悬挂式竹刀架通常根据家中所需插放刀具的数量来决定刀架的刀槽数量和长度，通常有双槽竹刀架和单槽竹刀架两种形制，其中双槽竹刀架较长，全长约为87厘米，由竹架、插槽和挂绳组成。双槽竹刀架在加工时首先砍下一段保留完整的两段竹节的竹竿，竹竿两头要长出竹节之外，再将两节竹节中部均劈开一块长条形的区域，上下贯通，用来插放刀具，最后将长出竹节之外的部分对穿孔，用来穿藤条。安装时将竹刀架两端钻孔，将粗白藤从孔中对穿，再将粗白藤绕挂在墙桩上悬挂刀架。

单槽竹刀架较短，全长约为54厘米，由竹架、插槽、挂绳和抵住墙的细木棍组成，制作时只需选择保留完整的一段竹节的竹竿，两端长出竹节之外，破出长条形刀槽即可。安装时，直接用麻绳系住刀架两端，将麻绳系在与墙桩固定在一起的细木横条上悬挂刀架，再将细木棍刺入墙壁中固定刀架。使用时手持刀柄直接插入刀架的插槽中，由于插槽较宽，刀具插入后容易晃动，因此黎族人通常使用藤条或麻绳缠绕刀和刀架，防止刀具滑动。

图片来源

图一、图二　鞠斐　摄影
图三至图七　鞠斐　制图

图二　黎族悬挂式竹刀架细节图

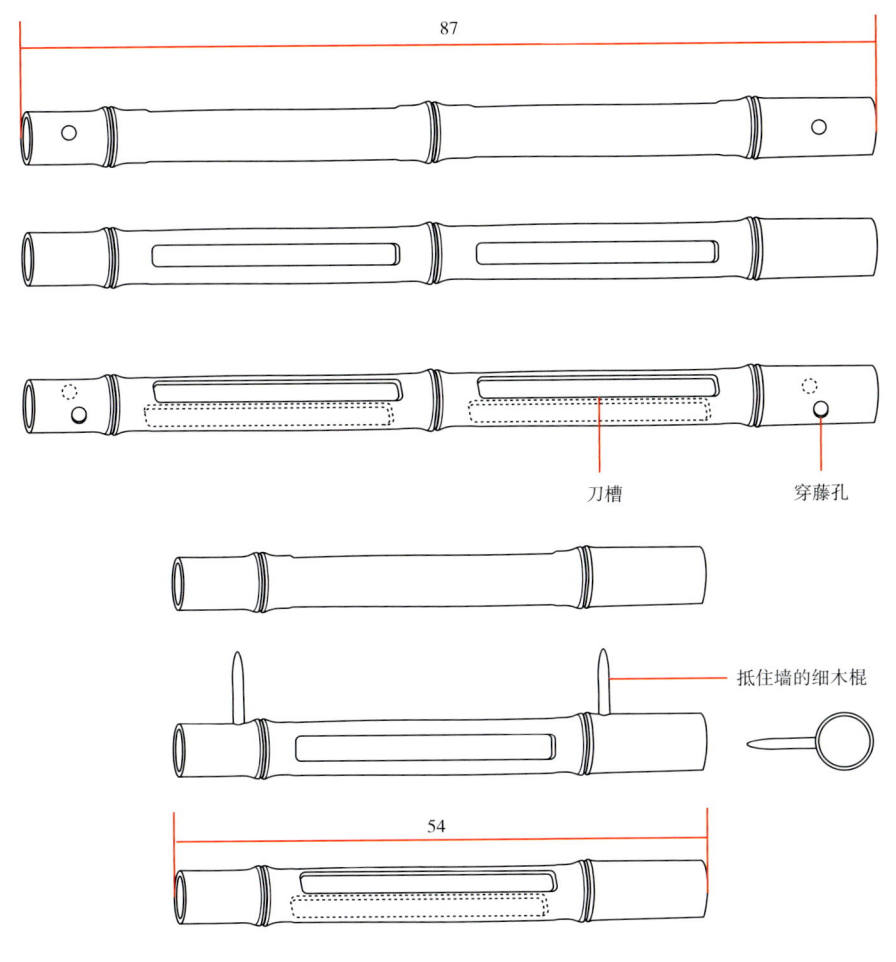

图三 黎族悬挂式竹刀架视角、尺寸图（单位：cm）

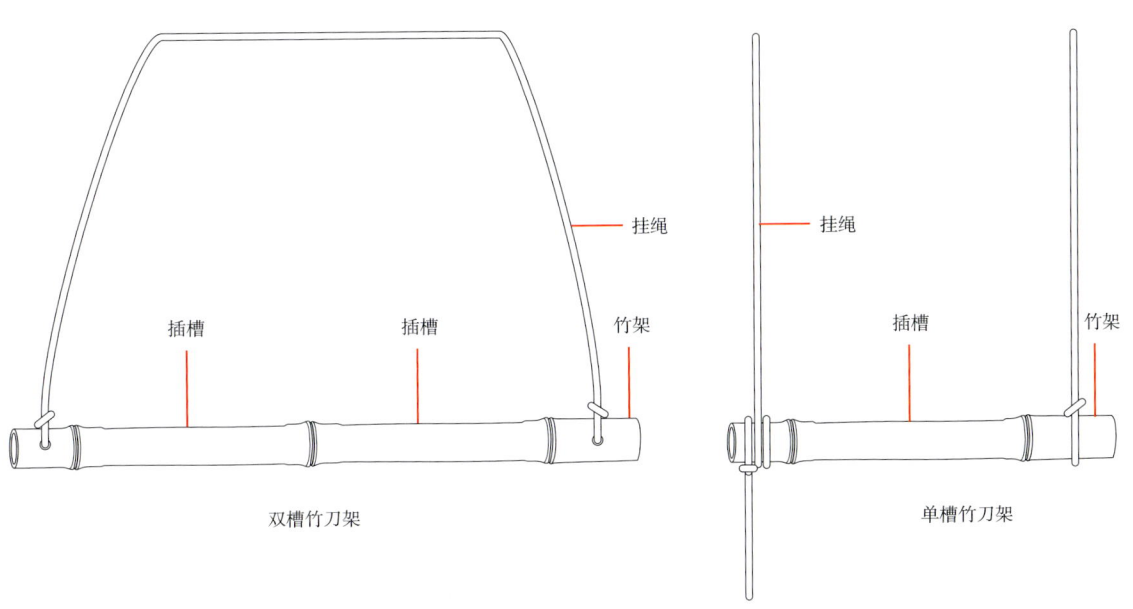

图四 黎族悬挂式竹刀架结构名称图

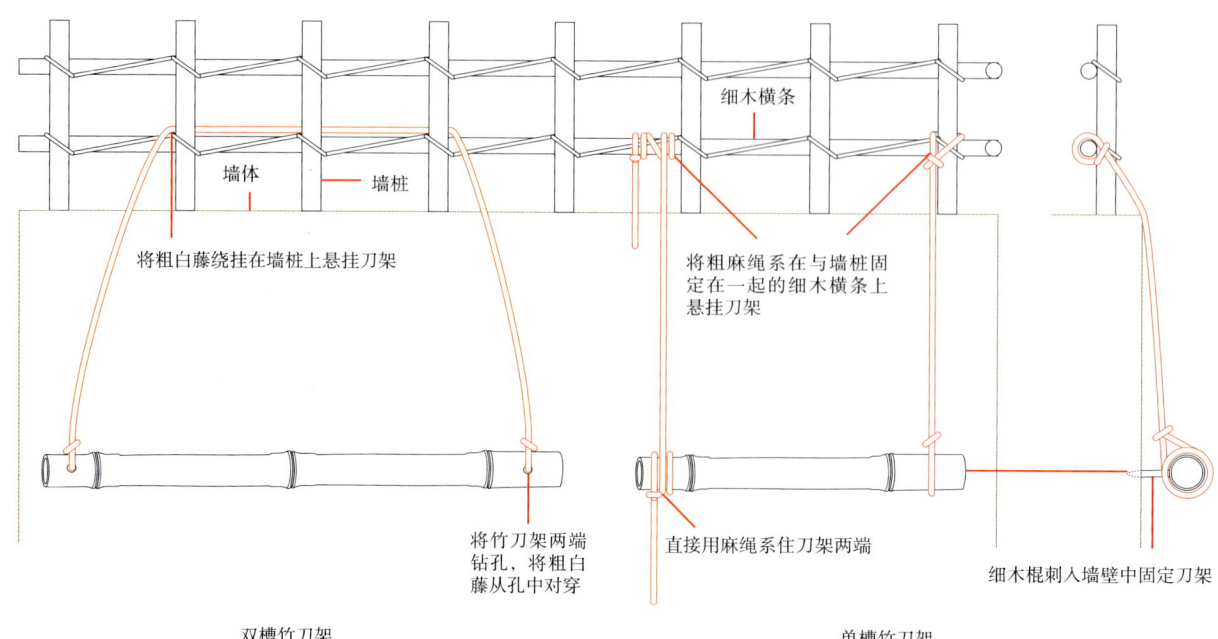

图五　黎族悬挂式竹刀架悬挂方式示意图

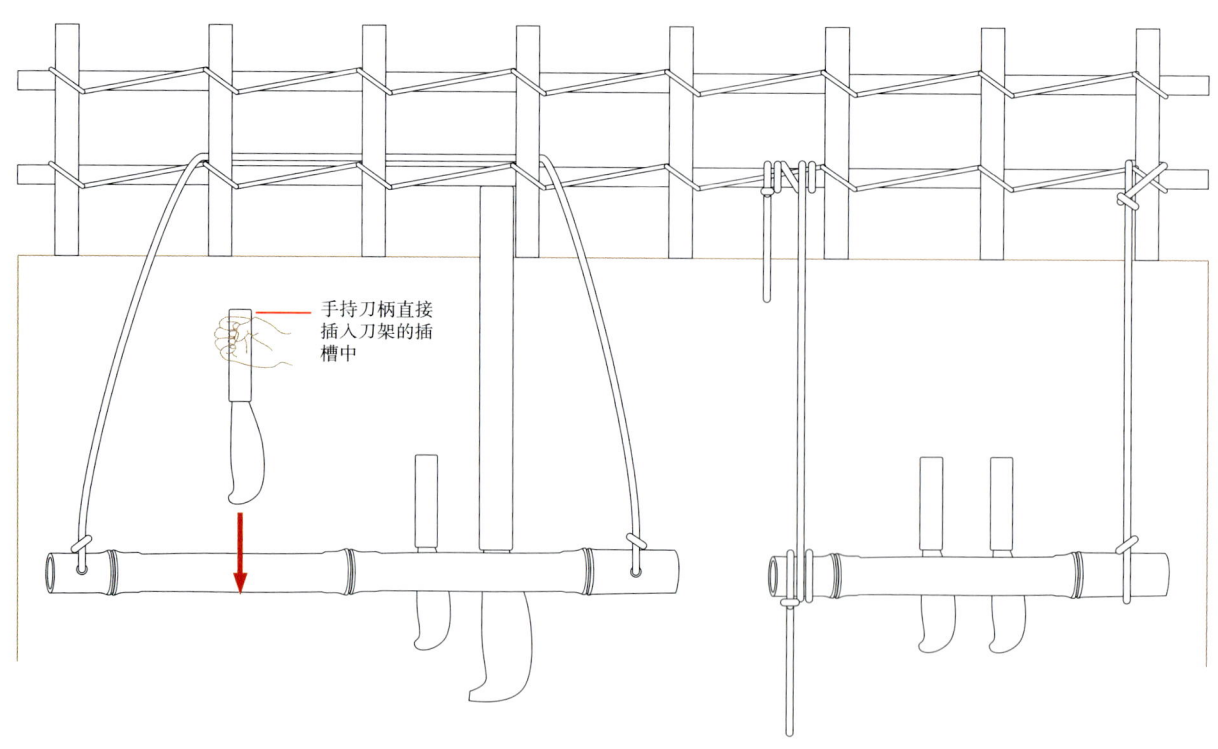

图六　黎族悬挂式竹刀架使用方式示意图

后一边用燃烧的火棍点燃烟叶一边用鼻孔吸气。吸烟时烟从细竹管进入水中变成气泡上升至水面，再通过烟筒筒口进入鼻中，烟筒中的水起到过滤烟叶中杂质的作用，另外，还可以在水中添加薄荷等有气味的材料改变烟叶的味道。

图片来源

图一、图五　鞠斐　摄影
图二至图四　鞠斐　制图

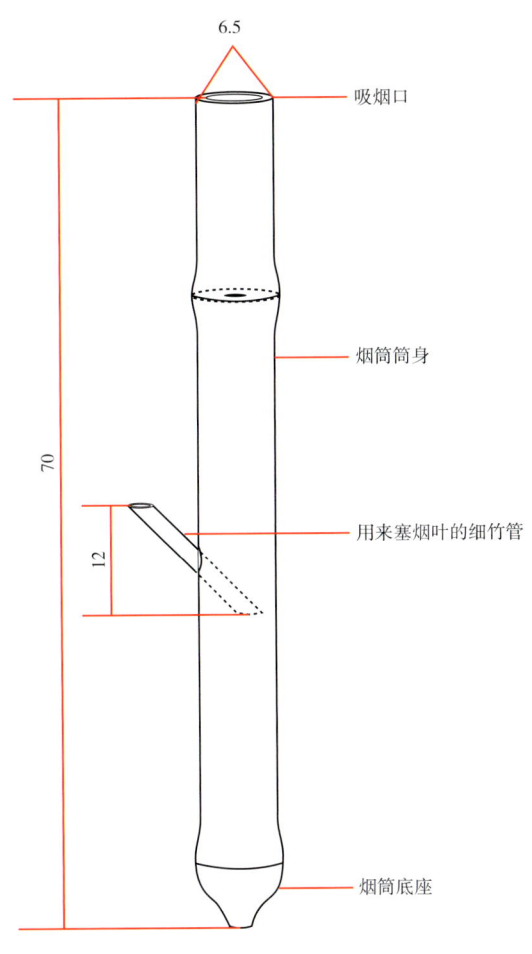

图二　保亭县黎族男子水烟筒结构名称、尺寸图（单位：cm）

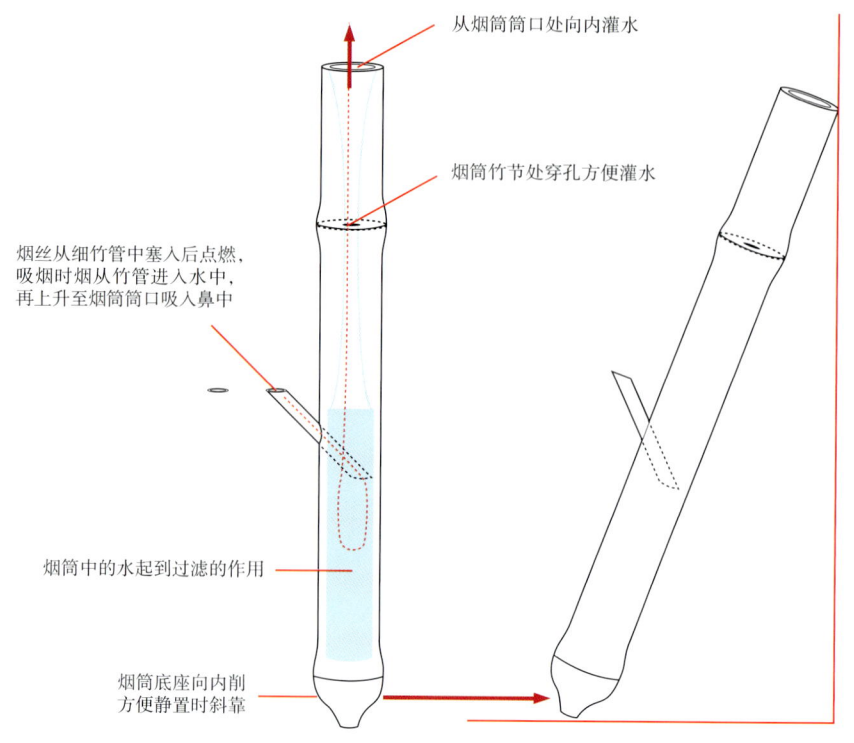

图三　保亭县黎族男子水烟筒设计分析图

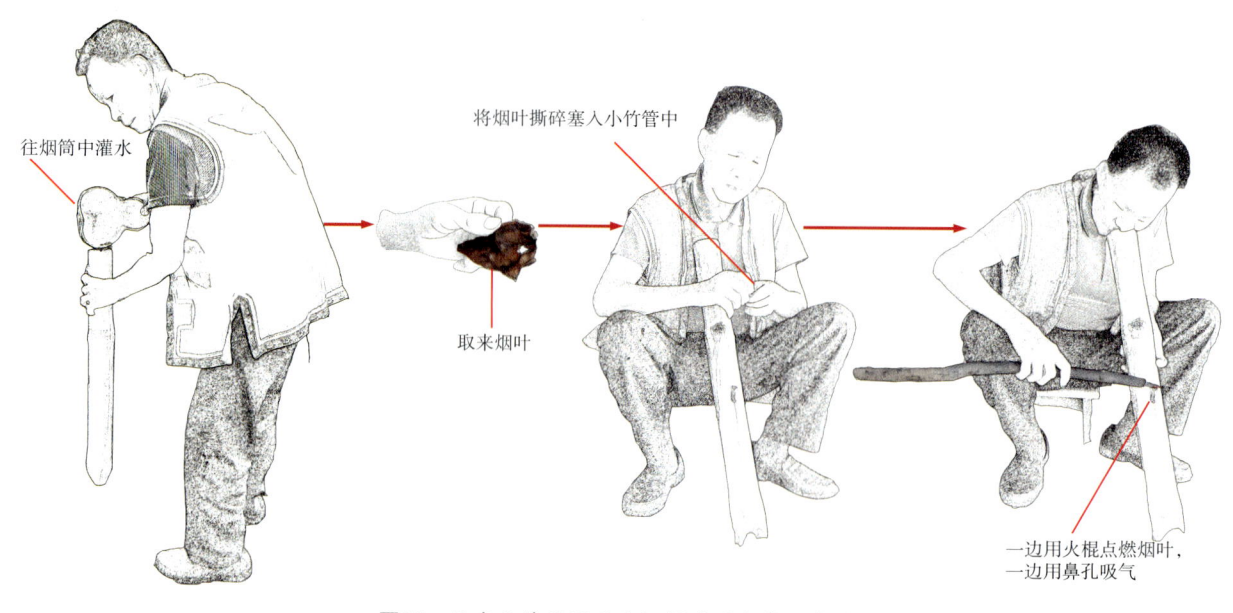

图四　保亭县黎族男子水烟筒使用方式示意图

图五　保亭县黎族男子水烟筒使用情境图

黎族槟榔叶鞘扇

图一　黎族槟榔叶鞘扇主图

海南岛气候炎热，槟榔叶鞘扇是黎族人用来趋热的必备物品，本案例采选自保亭县甘什村赛方言黎族妇女使用的槟榔叶鞘扇，是当地黎族妇女用自然掉落的槟榔叶鞘手工制成。

本案例由扇面和扇把组成，扇面长约38厘米，宽约23厘米，扇把宽约9厘米。本案例制作时取十到十五年生的槟榔，选取其长老或自然掉落的叶鞘，根据其自然形状，剪掉过长的叶柄叶梢，以叶柄为扇把，用剪刀将扇面剪成四边圆角的长方形扇子轮廓，并将扇子的边缘修剪平整。黎族妇女使用槟榔叶鞘扇时手持扇柄通过上下扇动或左右摇动产生微风，使其成为海南岛炎热的夏季必备的物品。本案例外观简单随意，不加修饰却又显出了黎族人民的智慧。与槟榔叶鞘扇同样就地取材制作而成的天然扇面还有葵叶扇，采用晒干的大张葵叶将末端修剪圆滑或编结光滑，再将叶柄修剪成合适的长度即可。

黎族人用槟榔叶制成的物品在黎族地区十分常见，除了槟榔叶鞘扇之外，还有用来盛放针线、棉花等零碎物品的槟榔叶鞘盒，乐东地区千家村的哈方言黎族女子用此工具装海岛棉、纺坠等，也用此工具搓染棉线——染色时，将棉线放置在盒内倒入植物染料汁水并用手搓棉线，用完后将盒子刷干净晾在槟榔树上。

图片来源
图一、图四至图六　鞠斐　摄影
图二、图三　鞠斐　制图

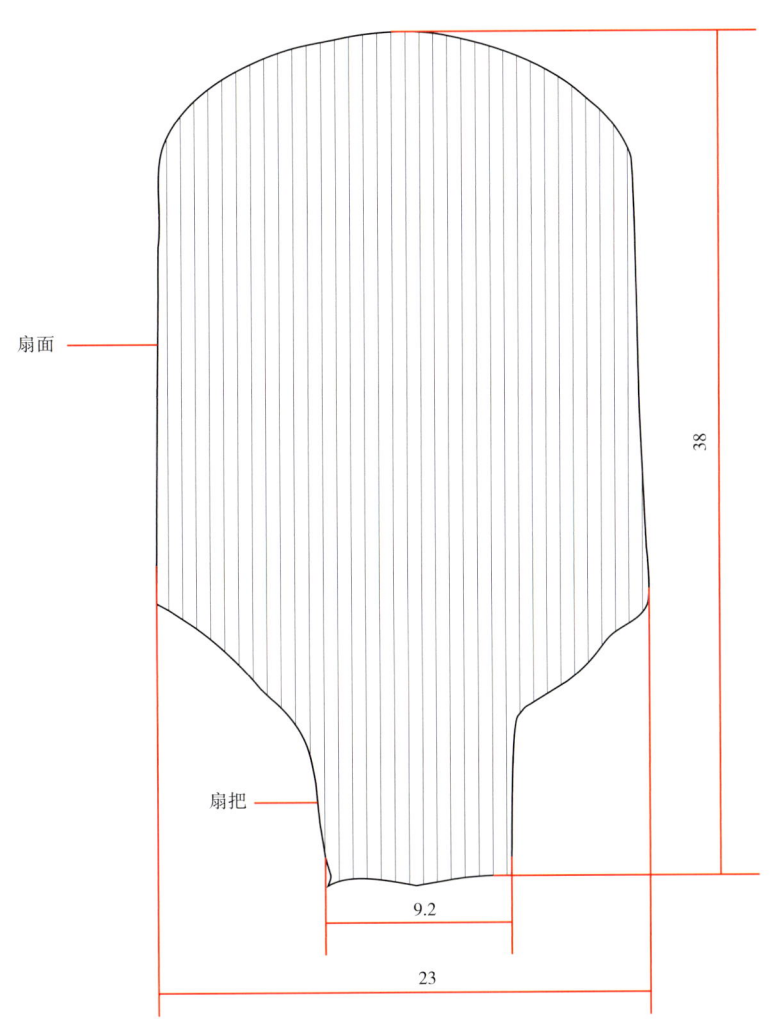

图二　黎族槟榔叶鞘扇结构名称、尺寸图（单位：cm）

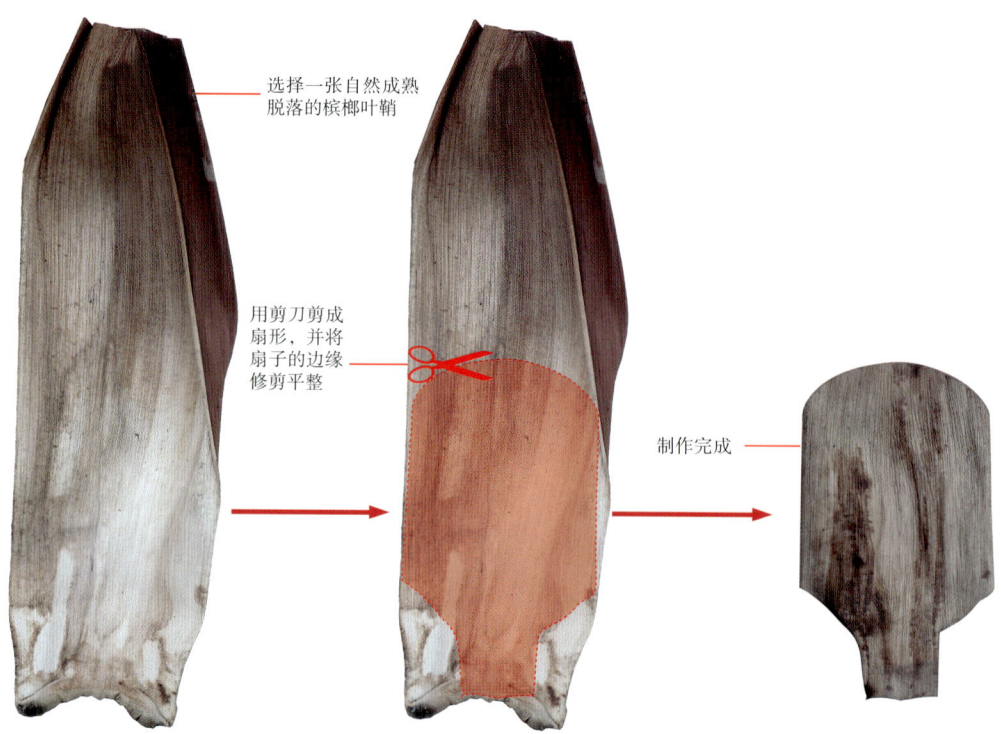

图三　黎族槟榔叶鞘扇制作流程图

图四　黎族槟榔叶鞘扇使用情境图

图五 延展图：黎族葵叶扇

图六 延展图：黎族槟榔叶鞘盒

第四章 黎族传统生活用具

黎族鼻箫

图一　黎族鼻箫主图

本案例采选自海南省保亭县黎族乐器的收藏者、制作者、演奏者和传承人黄照安家中。该案例两只鼻箫皆为黄照安亲手制作。

鼻箫是黎族传统吹奏乐器之一，与汉族用嘴来吹奏的洞箫不同，黎族鼻箫是通过鼻孔吹奏的气鸣乐器，黎语称其为"虽劳""屯卡""拉里各丹""圆哈"等。鼻箫采用石竹管径1.6～2.5厘米的竹竿制成，其长短、粗细规格不一，传统的鼻箫较短，多为长64～75厘米的无节竹竿，管径较细，一般1.6～2厘米，吹孔和开孔在竹管的两端节隔中央，在距离两端约9厘米处各开一个圆形按音孔，按音孔既可开在管身一侧，也可开成前后各一。吹奏时，双手持鼻箫向身体的一侧倾斜，左手在上方，拇指按上音孔，右手在下方，拇指、食指分别按下音孔和底部开孔。将上端吹孔斜放在一侧鼻孔，鼻孔堵住吹孔的1/3，靠鼻孔呼气的强弱激振管内空气柱而发音，一共可吹奏6个音。现代改良的鼻箫较长，多为长90～100厘米的多节竹管，制作时需打通竹节，让气流上下贯通。吹孔与开孔位置与传统鼻箫相同，前开6个按音孔，后开4个定音孔，共能吹奏8个音。最长的鼻箫长达160厘米，需要结合脚趾抵住鼻箫下端进行吹奏。

鼻箫与黎族男女青年的恋爱生活关系密切，没有固定的曲调，多为即兴演奏的抒情短曲，音量较小，音色清幽、低沉、婉转动听。传统的鼻箫音孔少，气息较难控制，改良的现代鼻箫增加了音孔，更容易吹奏，音色更加柔和。

图片来源
图一　鞠斐　摄影
图二至图九　鞠斐　制图

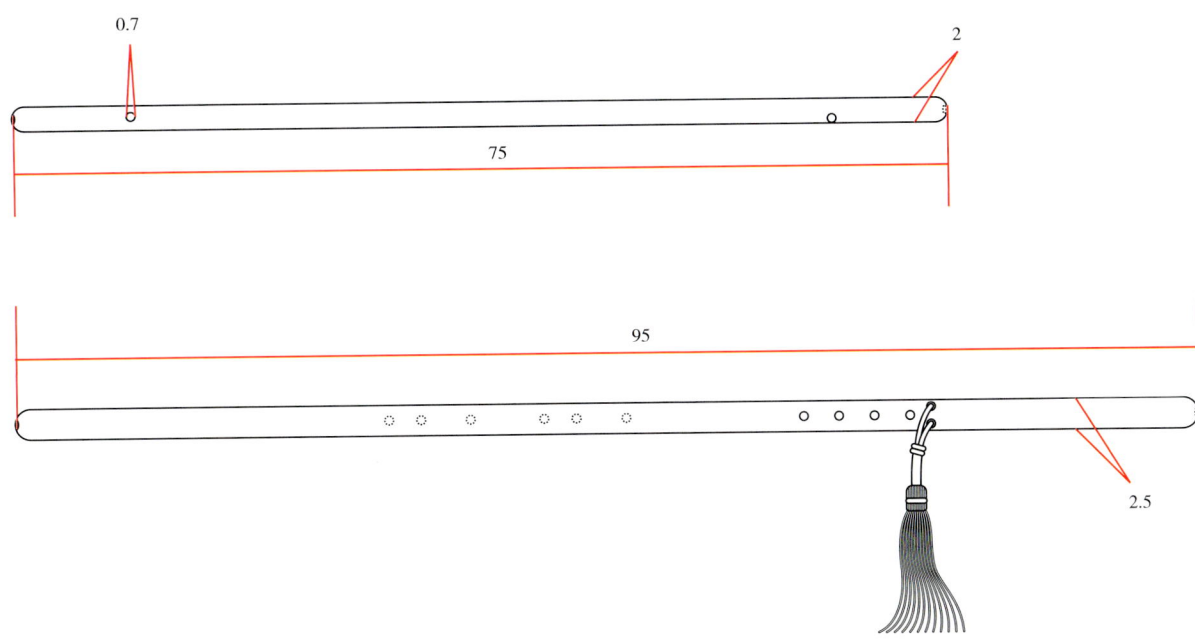

图二 黎族鼻箫尺寸图（单位：cm）

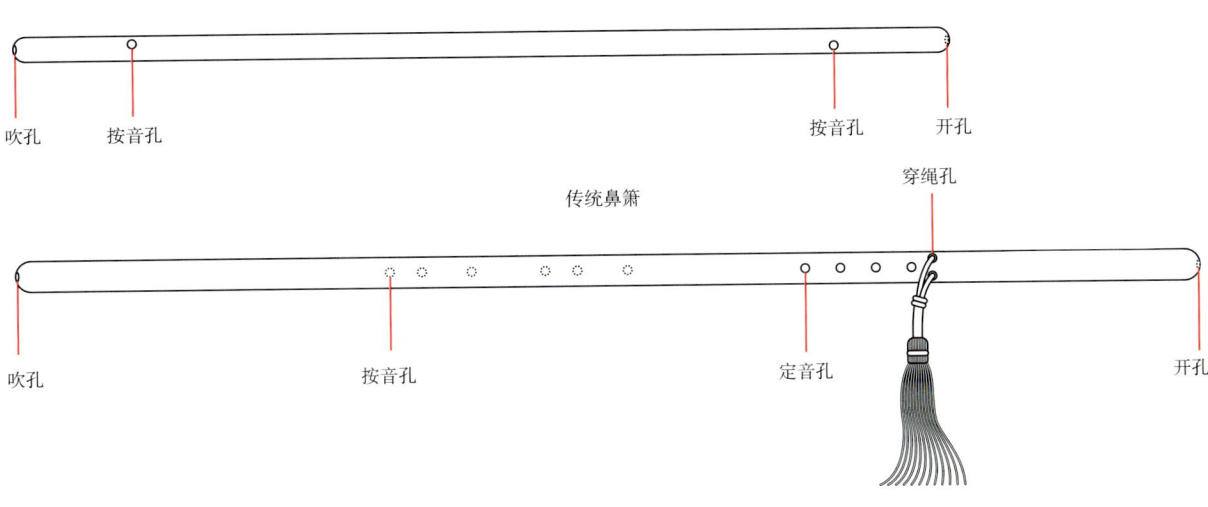

传统鼻箫

现代改良鼻箫

图三 黎族鼻箫结构名称图

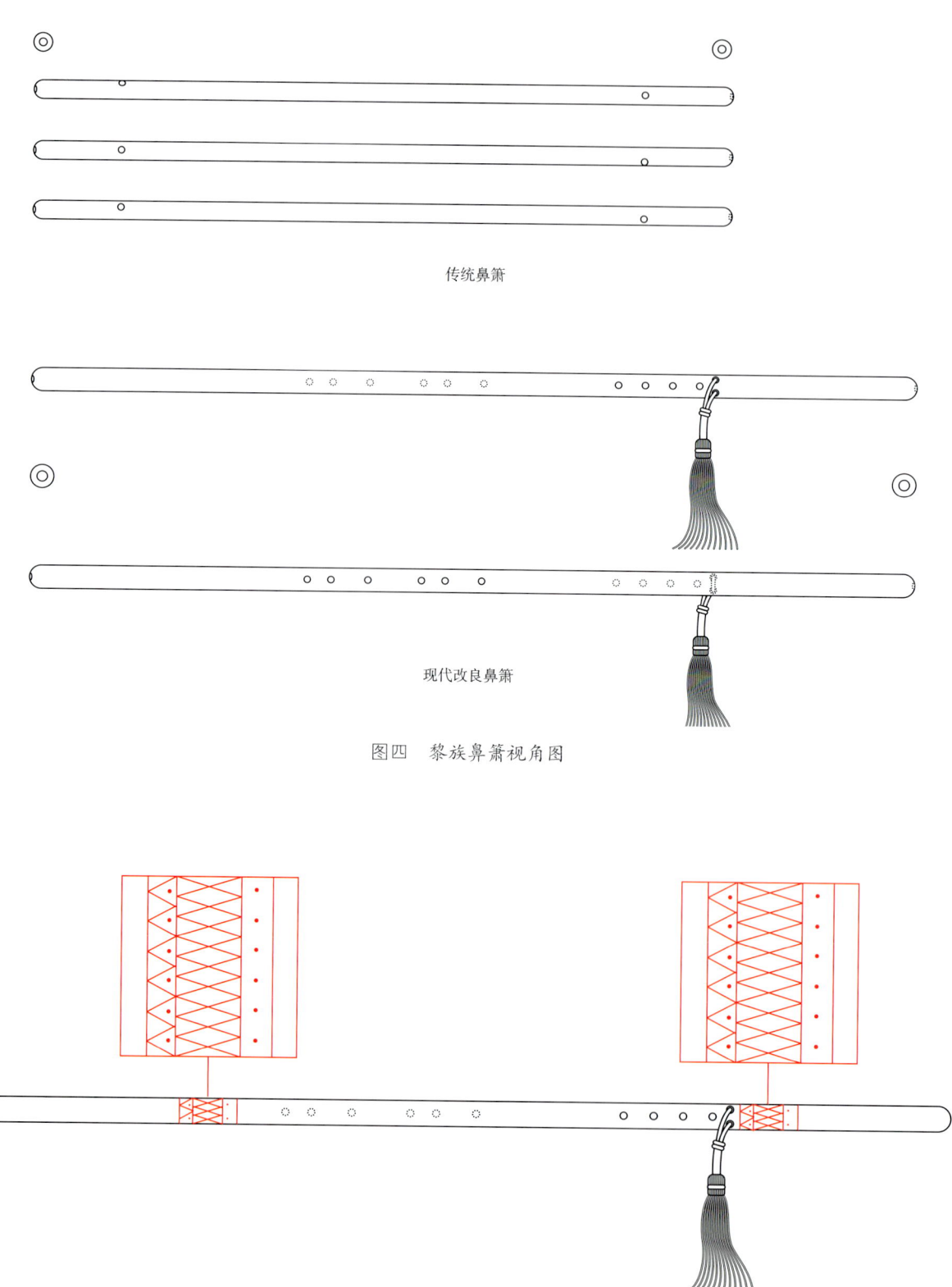

传统鼻箫

现代改良鼻箫

图四 黎族鼻箫视角图

图五 黎族鼻箫图案展开图

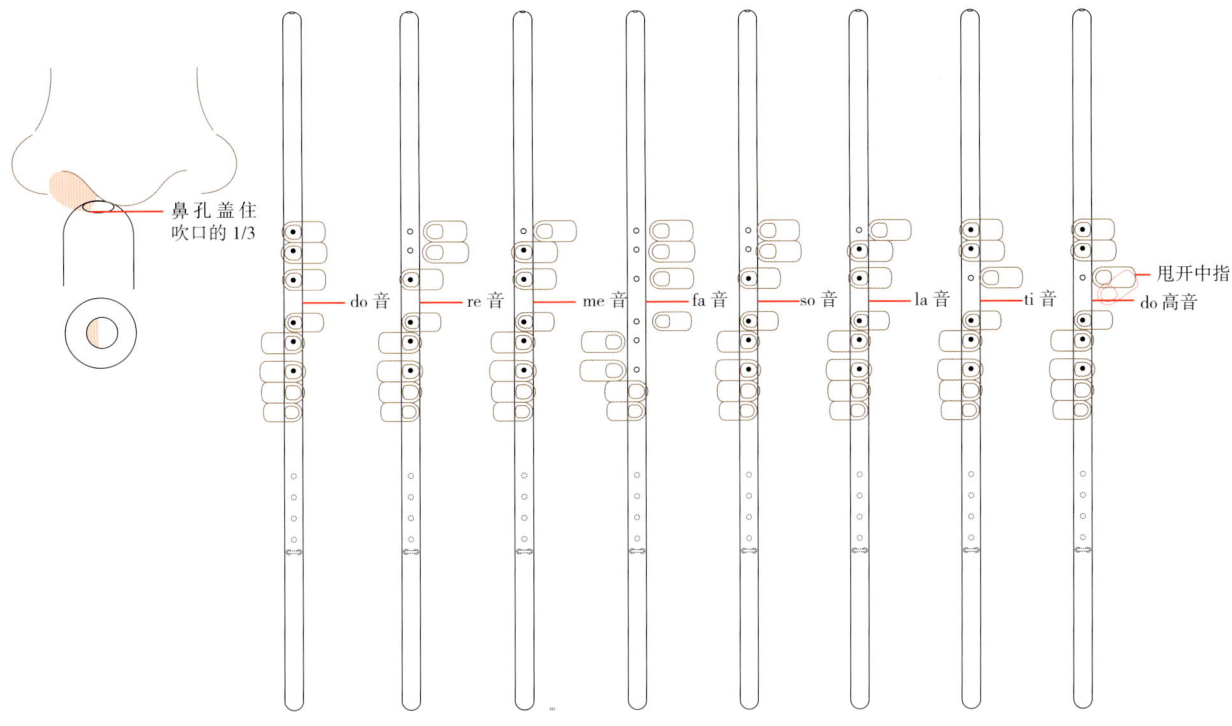

图六　黎族鼻箫吹奏方式示意图

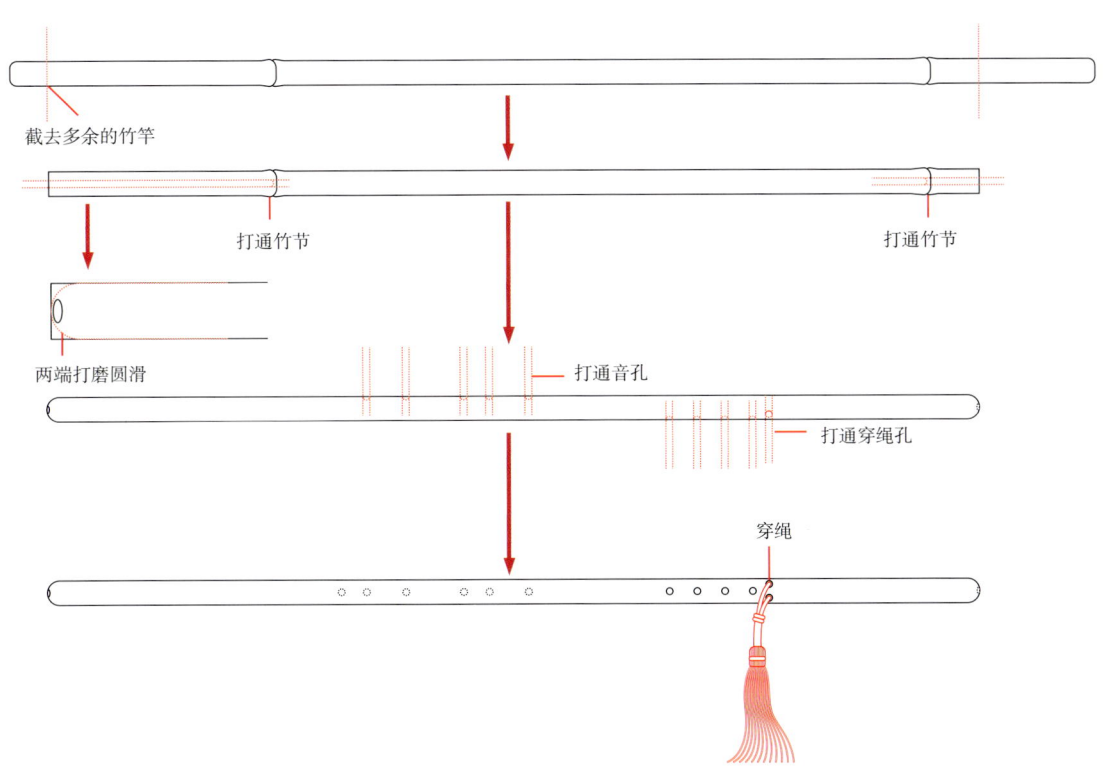

图七　黎族鼻箫制作流程图

图八　黎族鼻箫吹奏情境图 1

图九　黎族鼻箫吹奏情境图 2

黎族唎咧

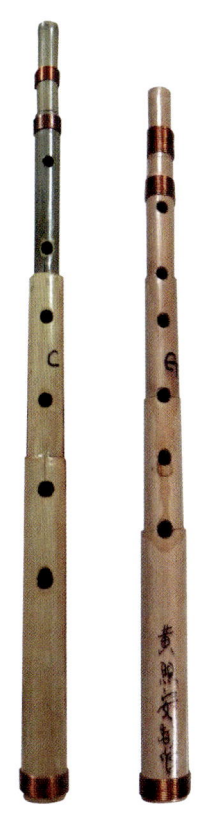

图一 黎族唎咧主图

唎咧，又被称为哩咧、口箫，通常采用质优、纹细的水竹制成，是黎族民间传统吹奏乐器之一，中华人民共和国成立前流行于五指山黎族合亩制地区。本案例采选自保亭县黎族传统音乐及乐器制作传承人黄照安亲手制作的唎咧。

本案例选取一支C调唎咧和一支G调唎咧进行分析，C调唎咧较长，长约27厘米，G调唎咧较短，长约25厘米。唎咧由数节音管、一节插簧管和一只簧片组成，从头到尾逐节增大。音管以大管套小管，节节相套，传统唎咧通常一节一个小音孔，共有5到8节，其中乐东、昌江和东方一带的西路唎咧有6节音管，没有插簧管；通什、保亭一带的东路唎咧则在6节音管上方有插簧管。本案例为经过黄照安改良后的唎咧，由3到4节音管组成，正面自上到下共有6个发音孔，反面音孔根据音调不同，少则上下各1个，多则上部1个发音孔，底部3个发音孔。音管尾端、音管与插簧管交界处以及插簧管的中部均用细黄铜丝缠紧。制作唎咧时，先选择几段大小合适的竹竿砍去上下两端的竹节得到音管，用烧热的金属棒在音管的正反面分别烫出音孔，将音管由细到粗依次紧紧嵌套在一起；再选择一段合适的细竹竿，砍去上下两端的竹节制作插簧管，将插簧管的顶部削尖形成扁长的隙口，并用细铜丝捆紧竹管中部；最后将插簧管嵌套入音管上方，并用细铜丝将衔接处捆紧扎牢。

唎咧吹奏时需先将簧片插入插簧管，传统的插簧管通常使用芦苇管制成，左手按上方音孔，右手按下方音孔，利用管的吸吐气技巧发出声音，音色响亮粗犷，优美动听。在黎族人的日常生活中，唎咧作为便于取材加工且易于携带的乐器，占有重要的位置。

图片来源

图一、图七　鞠斐　摄影
图二至图六　鞠斐　制图

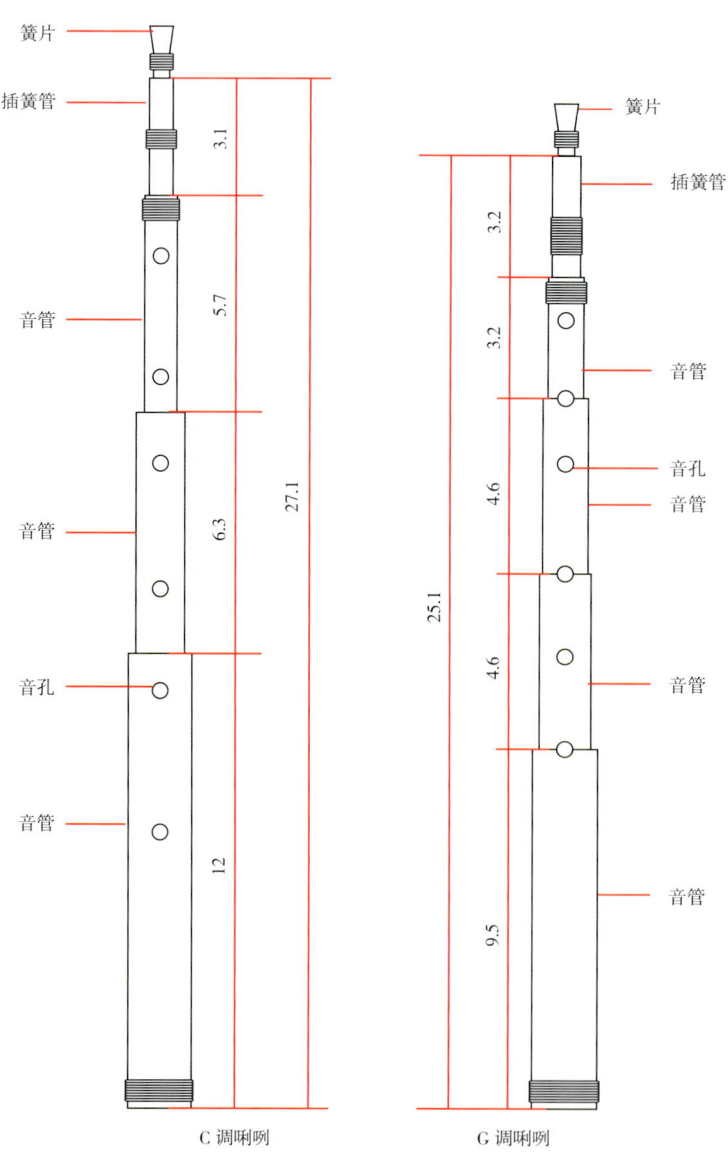

图二　黎族唎咧结构名称、尺寸图（单位：cm）

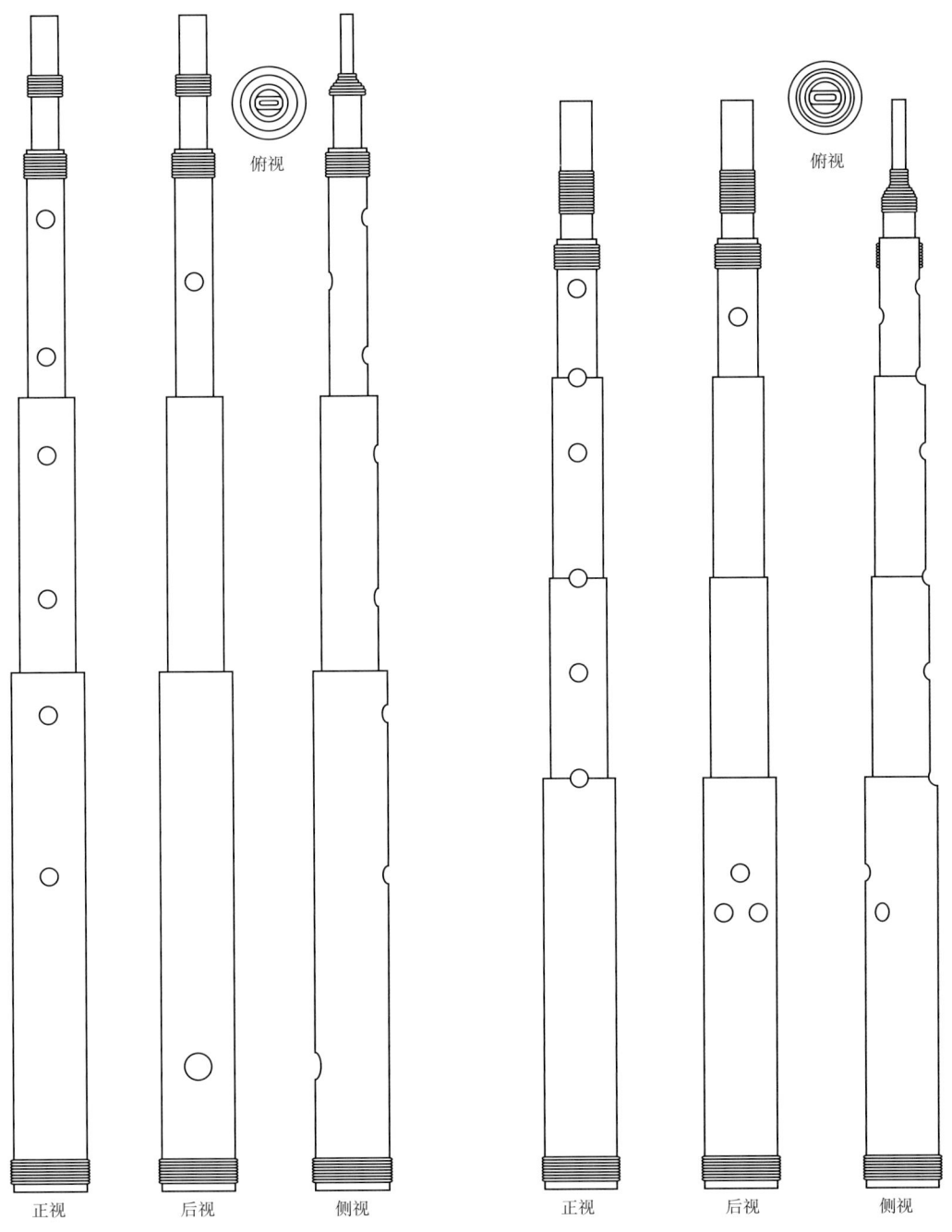

图三 黎族唎咧视角图

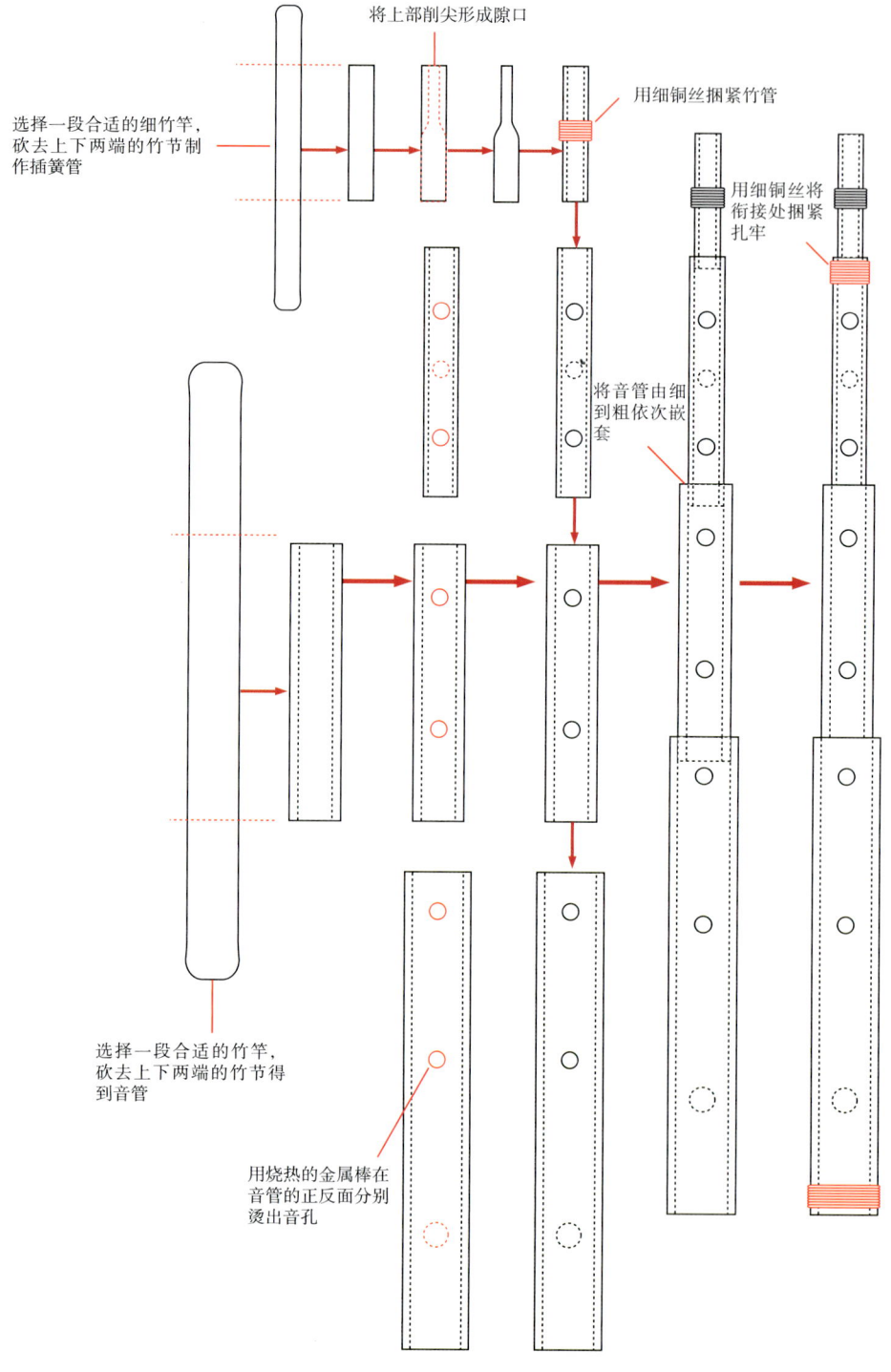

图四 黎族唎咧制作流程图

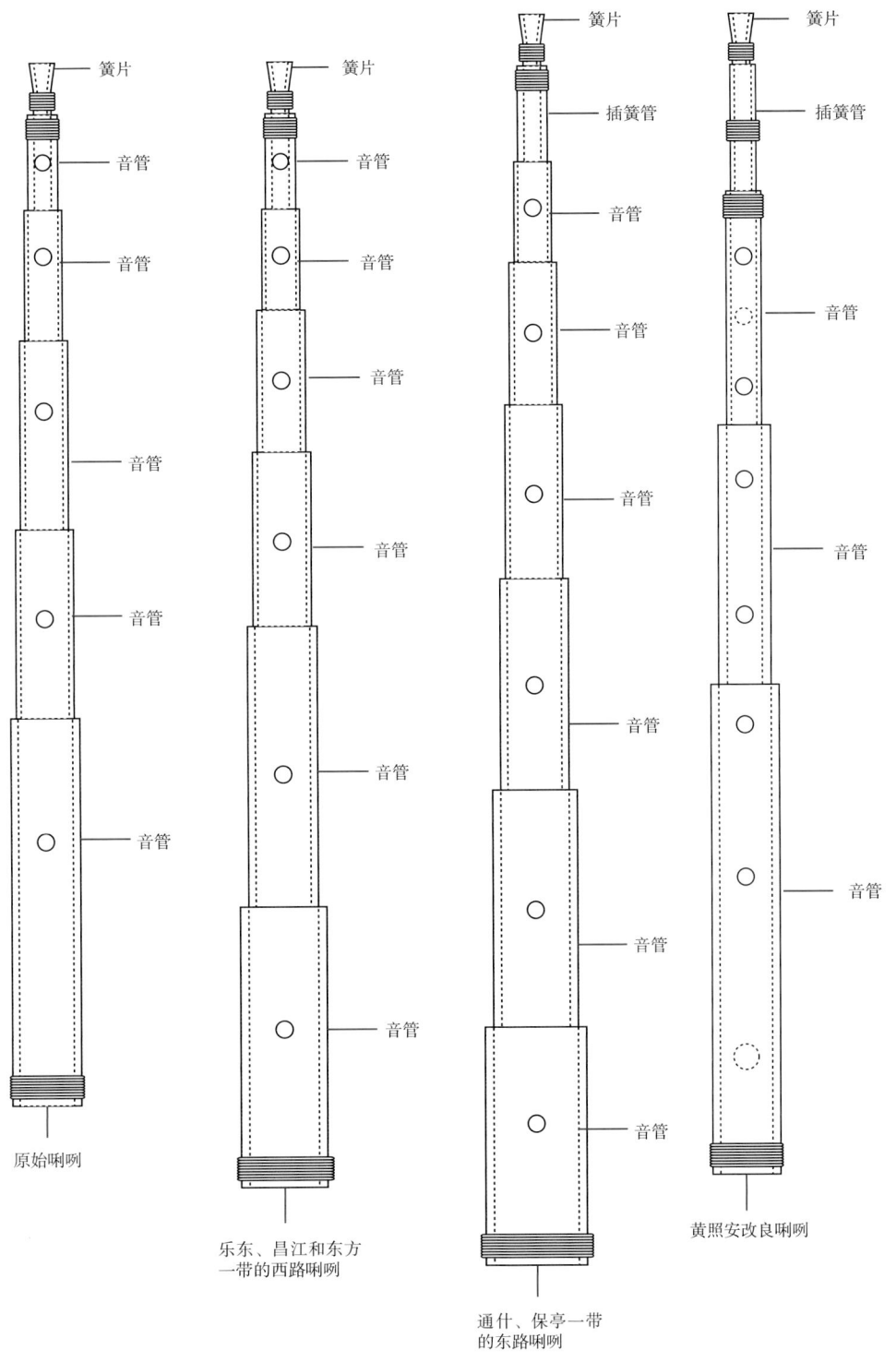

图五 黎族唎咧改良分析图

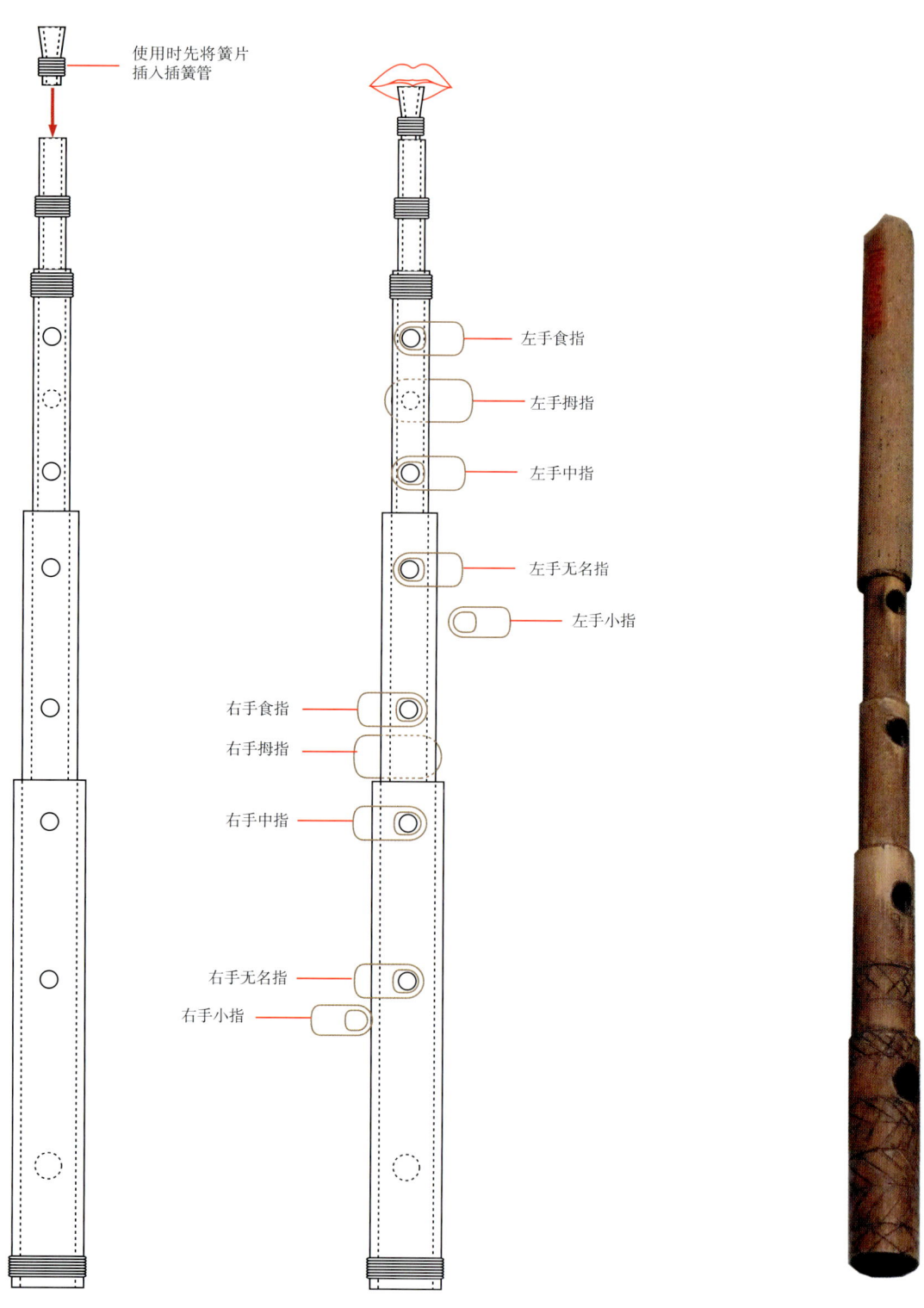

图六　黎族唎咧使用方式示意图

图七　黎族唎咧延展图

黎族灼吧

图一 黎族灼吧主图 1

灼吧是流行于海南保亭黎族苗族自治县的黎族传统吹奏乐器之一，是一种竹制竖吹管乐器。本案例采选自海南保亭黎族苗族自治县的黎族乐器的收藏者、制作者、演奏者和传承者黄照安先生亲手制作的黎族灼吧。

黎族灼吧常见的有两种形制，一种为竹制灼吧，由竹制管身和吹管组成，传统灼吧用一根长竹管制成，音孔为前三后一，现代改良灼吧用三根竹管嵌套制成，音孔前后各为六个。管身由两粗一细三节竹管组成，较细的竹管为中管，头尾两端都挖通，较粗的两节竹管分别套于细竹管上下两端，上管靠近顶端开有一个吹音孔，再把一支细长的竹管作为吹管插进吹音孔中，中管正面有六个按音孔，背面有六个出音孔。另一种为椰壳制灼吧，由竹制音管上下两端各套一只椰壳组成，上椰壳背面开一吹音孔并插入细竹吹管，音管正面有六个按音孔，背面有一个出音孔。

竹制灼吧制作时首先选择一段较粗的竹竿砍出两节，一节保留竹节，一节上下贯通。再选择一段略细的长竹竿去掉两端竹节作为音管，用烧热的金属棒给音管的正反面分别烫出音孔，再将略粗的两节竹管分别套在音管的上下两端，其中保留竹节的竹管套在音管顶端，上下贯通的竹管套在音管底部。在顶端竹管反面靠上的部位打一个圆孔，插入吹嘴竹管，最后用细铜丝将竹管各部分衔接处捆紧固定。椰壳灼吧制作时同样选择一段较细的竹竿，砍去上下两端的竹节得到音管。再用略粗的竹节制作三根套管，将其中一根套管套在音管上端，选取两只红椰的椰壳根据竹管的尺寸钻孔，再将椰壳一横一竖分别卡在竹管顶端和底端。最后将另外两只套管与吹管一节一节套在一起，并将吹管卡入上椰壳背面的吹音孔中，再将接口处使用细铜丝捆紧扎牢。

黎族现代灼吧通常采用正坐或站姿演奏，双手持竹管立于身前，口含住吹管并用手指按音孔进行吹奏。黎族传统灼吧大多用于黎族民间八音队，竹制灼吧音色柔美低沉，椰壳灼吧音色更加明亮清晰，通常用于与其他乐器合奏。

图片来源
图一、图二　鞠斐　摄影
图三至图七　鞠斐　制图

图二　黎族灼吧主图 2

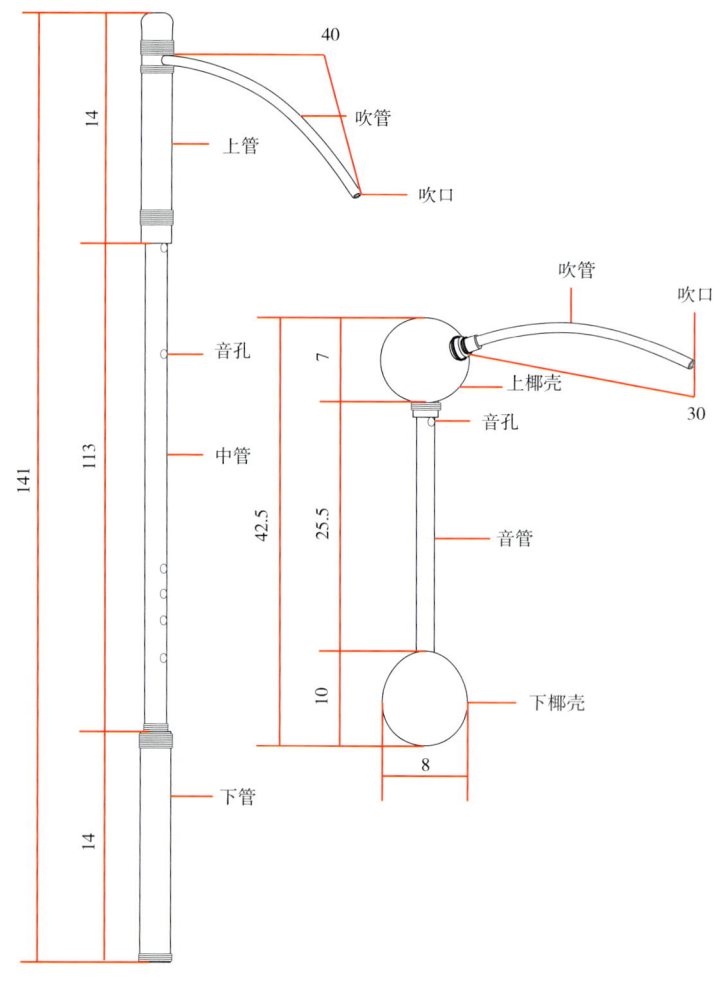

图三　黎族灼吧结构名称、尺寸图（单位：cm）

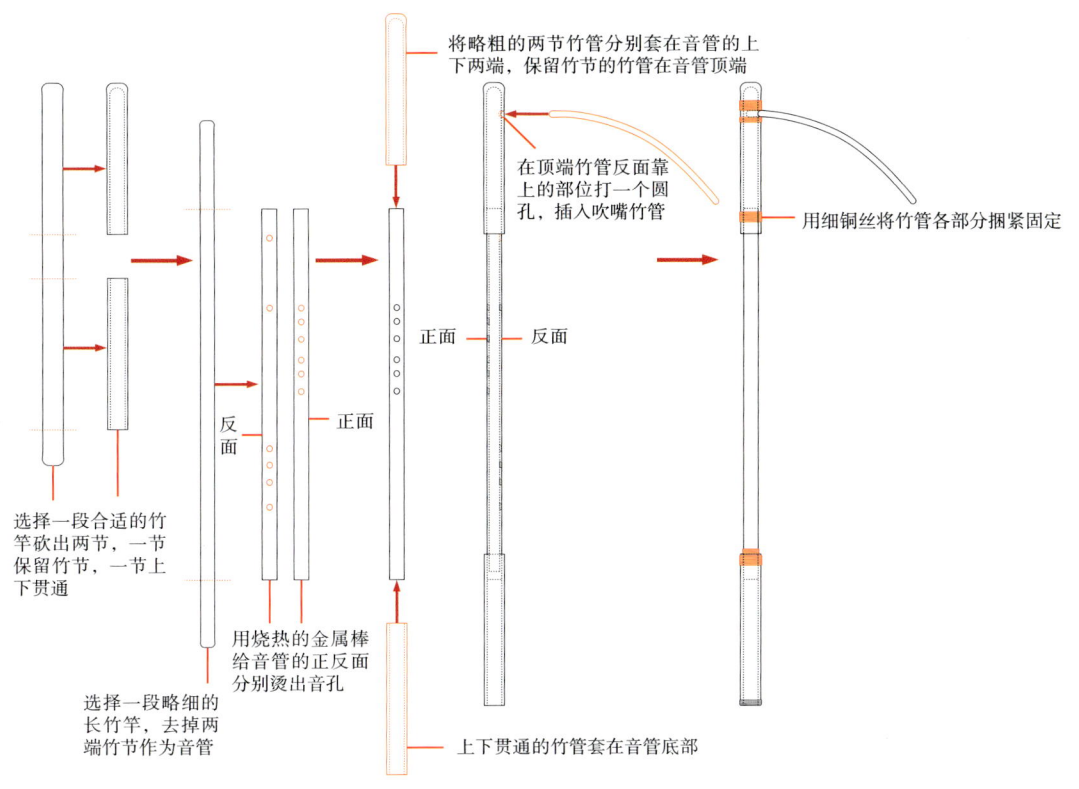

图四　黎族灼吧制作流程图 1

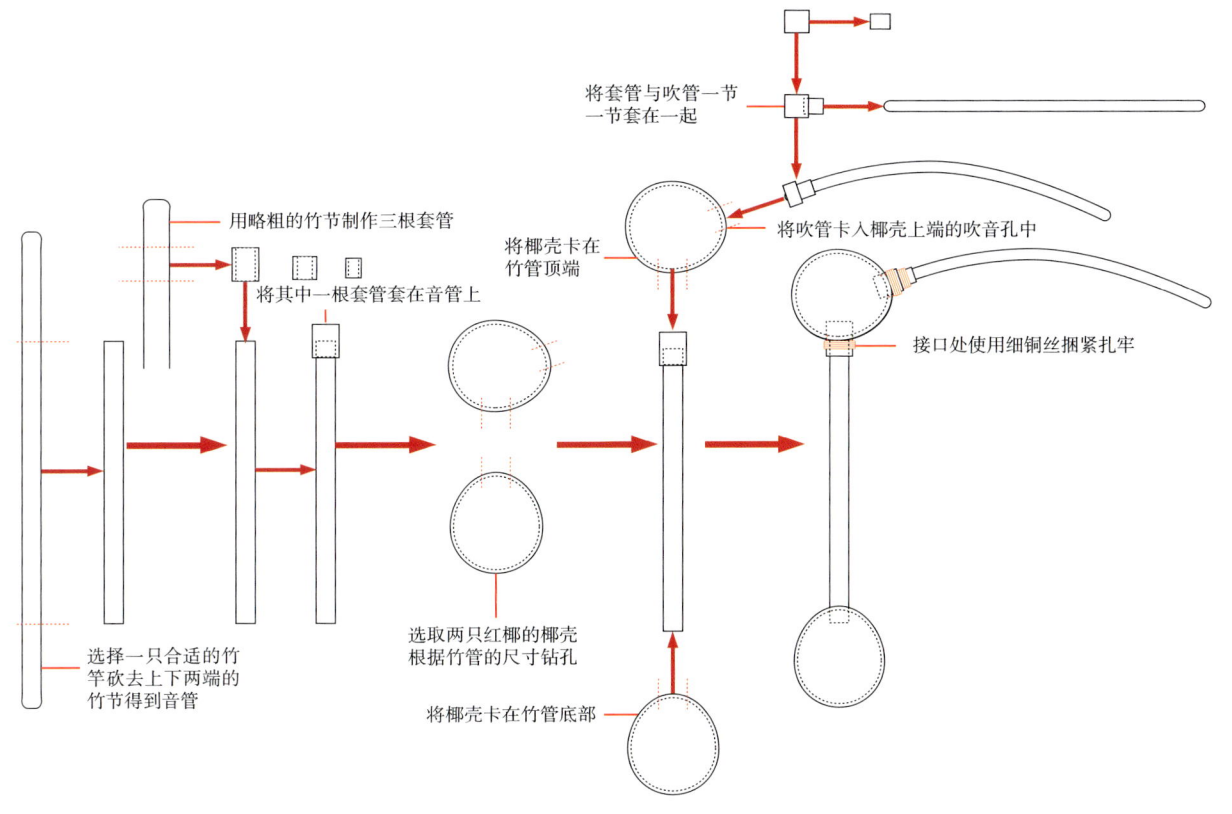

图五　黎族灼吧制作流程图 2

第四章　黎族传统生活用具

307

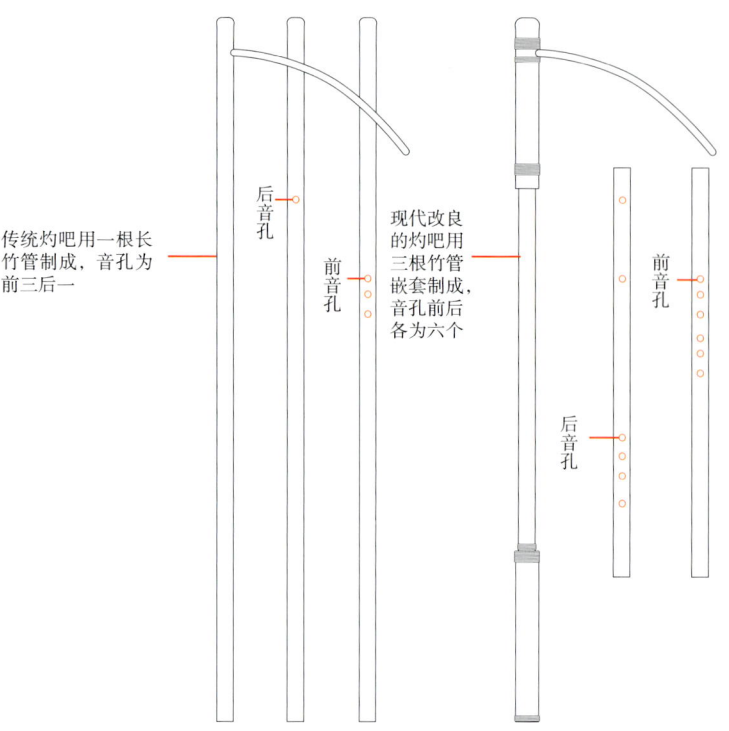

图六 黎族灼吧改良分析图

图七 黎族灼吧演奏情境图

图八　黎族口簧弹奏情境图

黎族三弦琴

图一　黎族三弦琴主图

三弦琴是黎族传统的弹拨乐器，是主要依靠拨片和指甲弹拨发音的弦鸣乐器，本案例采选自保亭县黎族音乐及乐器制作传承人黄照安收藏制作的三弦琴。

黎族传统三弦琴形制接近汉族的三弦，但是琴杆比汉族三弦要短，琴箱比汉族更大。黎族三弦琴的全长约70厘米，体量较小，其构造比较简单，自上而下依次为琴头、琴杆和琴箱。其中琴头由两头圆润的长条形弦槽、棒槌形弦轴和山口组成，侧面对穿三组圆孔用来插放弦轴，下部的凹槽用来插放山口，弦轴头部根据琴弦的位置来确定捆绑琴弦的凹槽位置。琴杆上有十三节品柱，划分成十二位音品，竖直插入琴箱中并穿出底部。琴箱为正圆形鼓状，是桐木制成的共鸣箱，周围有一圈旋转重复的几何形单元纹样。琴箱上部有八个出音孔，下部为桥形琴马和缚弦，琴马上系一根红绳，另一端系住一枚三角形拨片，缚弦前端有三个穿弦孔，后端有一个穿琴杆孔穿过琴杆底部固定。琴弦共有三根，从琴头缚在弦轴上向下延伸至缚弦处。

黎族传统三弦琴通常用于独奏或与其他黎族传统八音乐器合奏，弹奏时采用坐姿或站姿，坐姿弹奏时两腿自然分开，或将右腿搭在左腿上，琴箱置于右腿上，琴头斜向左上方。站姿弹奏时，在琴头和琴尾系一背带，将琴斜背在身前。弹奏时左手握琴杆按弦，右手食指和拇指捏住拨片拨弦，音色较柔和，音域宽广，适合弹奏活泼欢快的乐曲，具有丰富的表现力。

图片来源

图一　鞠斐　摄影

图二至图七　鞠斐　制图

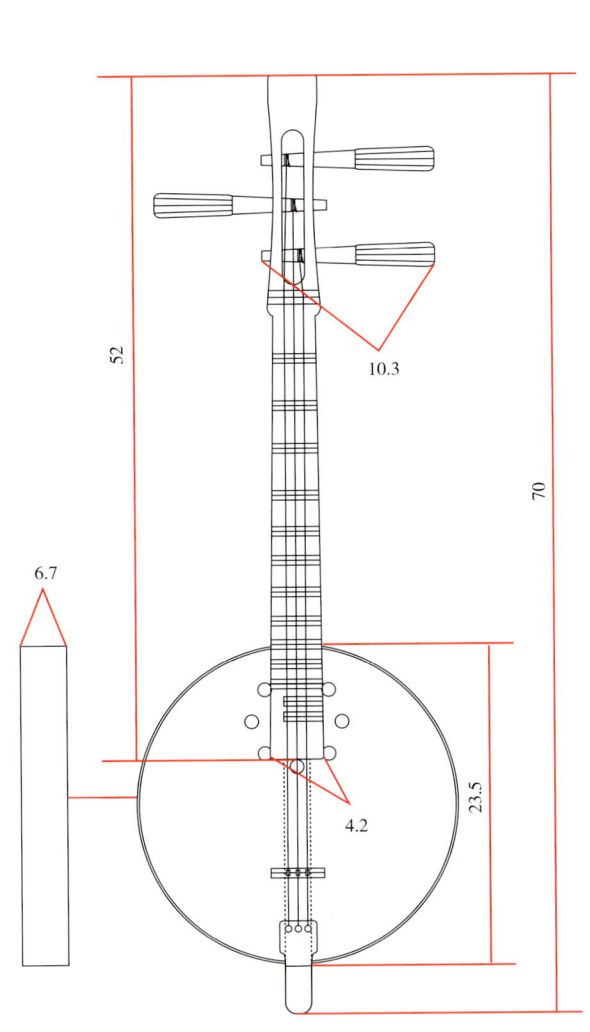

图二　黎族三弦琴尺寸图（单位：cm）

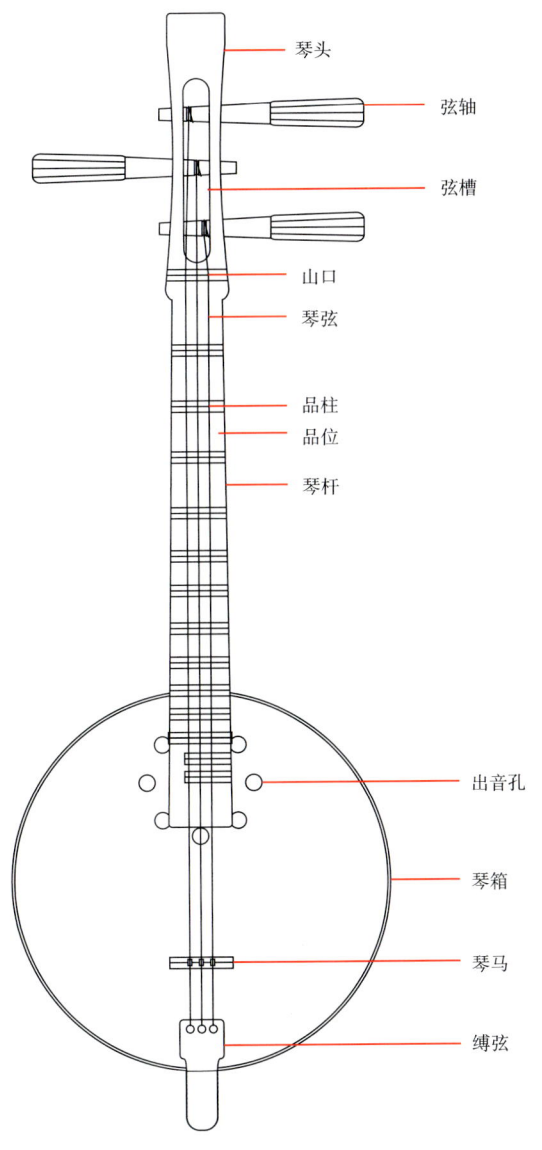

图三　黎族三弦琴结构名称图

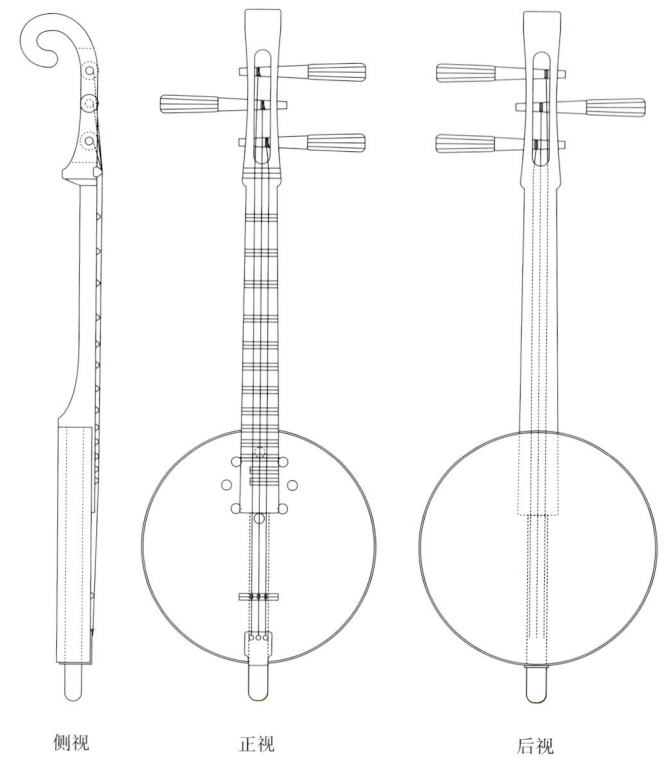

图四 黎族三弦琴视角图

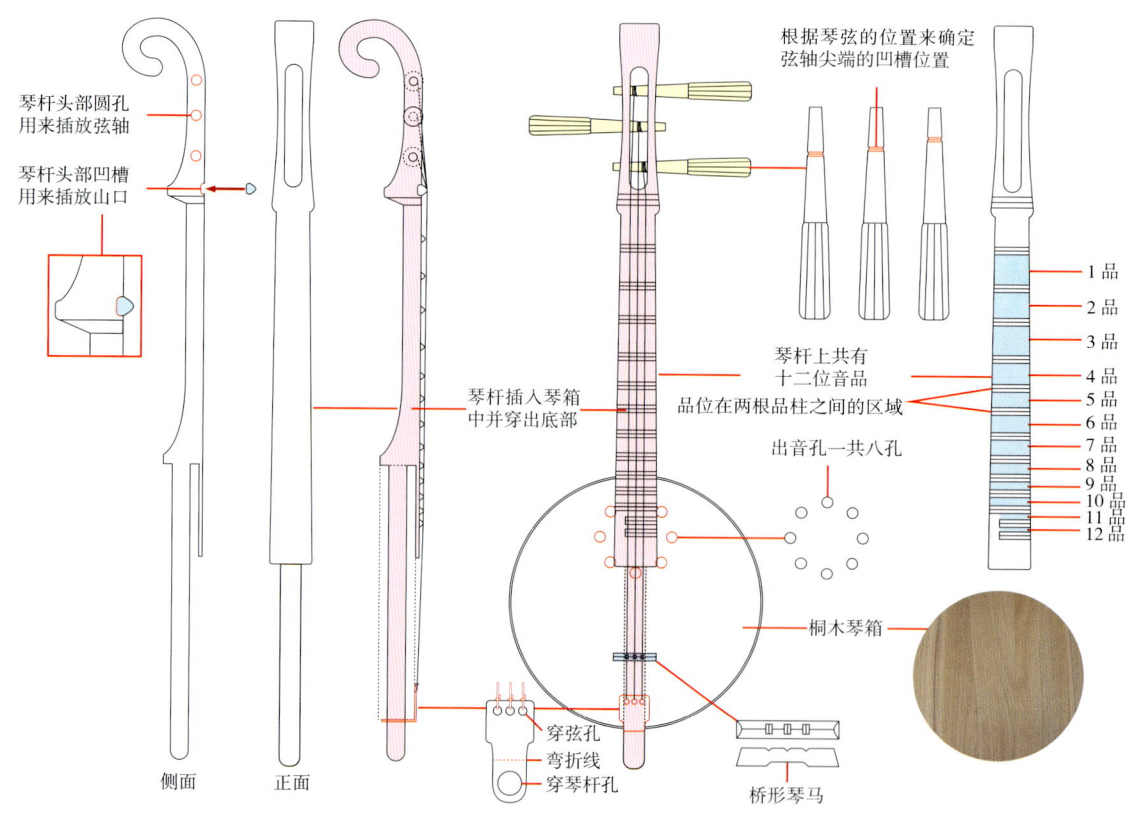

图五 黎族三弦琴结构分析图

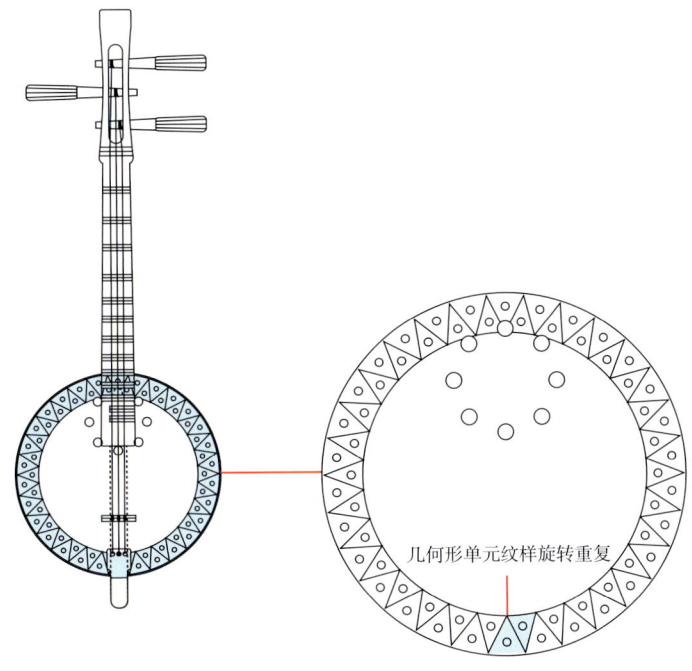

图六 黎族三弦琴装饰分析图

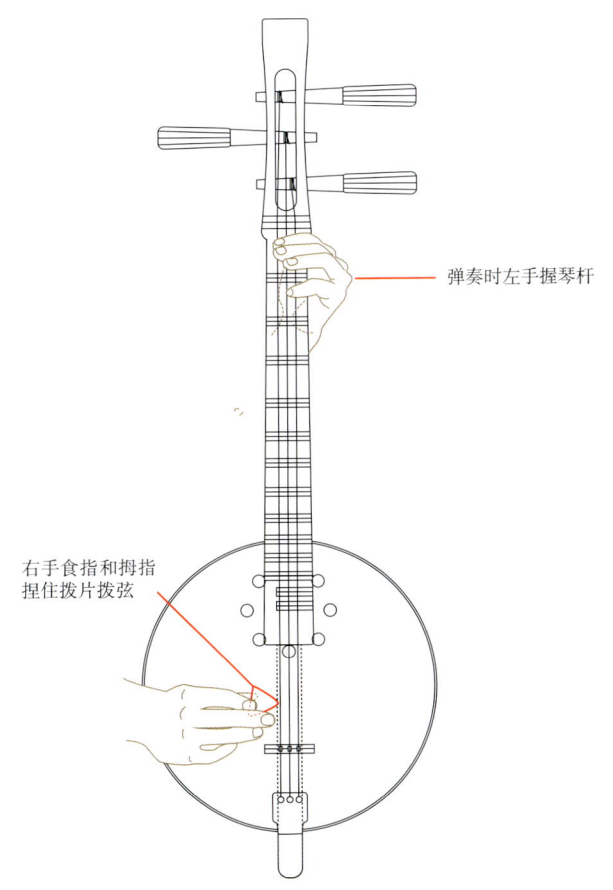

图七 黎族三弦琴演奏方式示意图

黎族朗多依

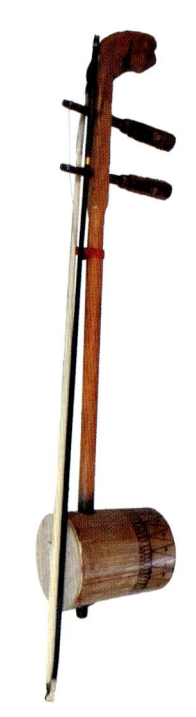

图一　黎族朗多依主图1

朗多依是黎族传统的拉奏乐器，流行于海南黎族地区。本案例采选自海南保亭黎族苗族自治县的黎族乐器的收藏者、制作者、演奏者和传承者黄照安先生亲手制作的朗多依。

黎族传统朗多依常见的有两种形制，一种为单竹琴筒朗多依，外形和拉奏原理与二胡相似，由琴杆、单竹琴筒、琴面、弦轴、千斤、琴马、琴弦和琴弓等组成，全长约78厘米。另一种为双竹琴筒朗多依，除琴筒外，其他部件与单竹琴筒朗多依构造相同，全长在84厘米左右。黎族传统朗多依的琴筒和弓杆均为竹制，琴杆由木制或竹制，弦轴则为木制。琴筒前后相通，前口通常用竹笋壳制成的面板蒙制或由削薄的木板黏合而成，尾部敞口。琴身共有两条琴弦，琴弓用细竹制作弓杆，琴弦和弓弦均采用当地生长的一种称作"鸡螺丝"的棕色细藤制作而成。

黎族传统朗多依造型古朴，单竹琴筒通常使用当地生长的不加修饰的粗竹筒制成，在靠近敞口处刻画几何线条装饰琴筒。双竹琴筒则由两根差不多直径的竹管将需要拼接的部分削去，再将竹管头部不平整的部分削去，最后将拼接处用木胶黏合制成。竹制琴杆通常选取连根的竹竿，削去竹节，将竹竿带根的一端作为琴头，保留天然竹根的不规则形状作为装饰。木制琴杆的琴头则使用简单的圆雕工艺雕刻成马头装饰。琴杆上端设有两根弦轴，将弦轴系弦的一端削尖并刻出凹槽便于系弦，柄部削扁或削成圆锥形便于捏握。琴杆中部使用红线捆住琴弦作为千斤，琴杆下端插入琴筒并外露，底部刻凹槽便于系琴弦。琴面中央置竹制空心琴马。

黎族传统朗多依通常采用坐姿演奏，琴身置于左腿上方，左手靠上持琴按弦，右手执弓进行拉奏。黎族传统朗多依大多用于独奏，其发音原理是由细藤弓摩擦细藤弦并通过琴筒发音、传音，音量较小，且较为粗糙尖锐，音色也不及二胡圆润、饱满，通常用于独奏。

图片来源

图一、图二　鞠斐　摄影
图三至图六　鞠斐　制图

图二　黎族朗多依主图 2

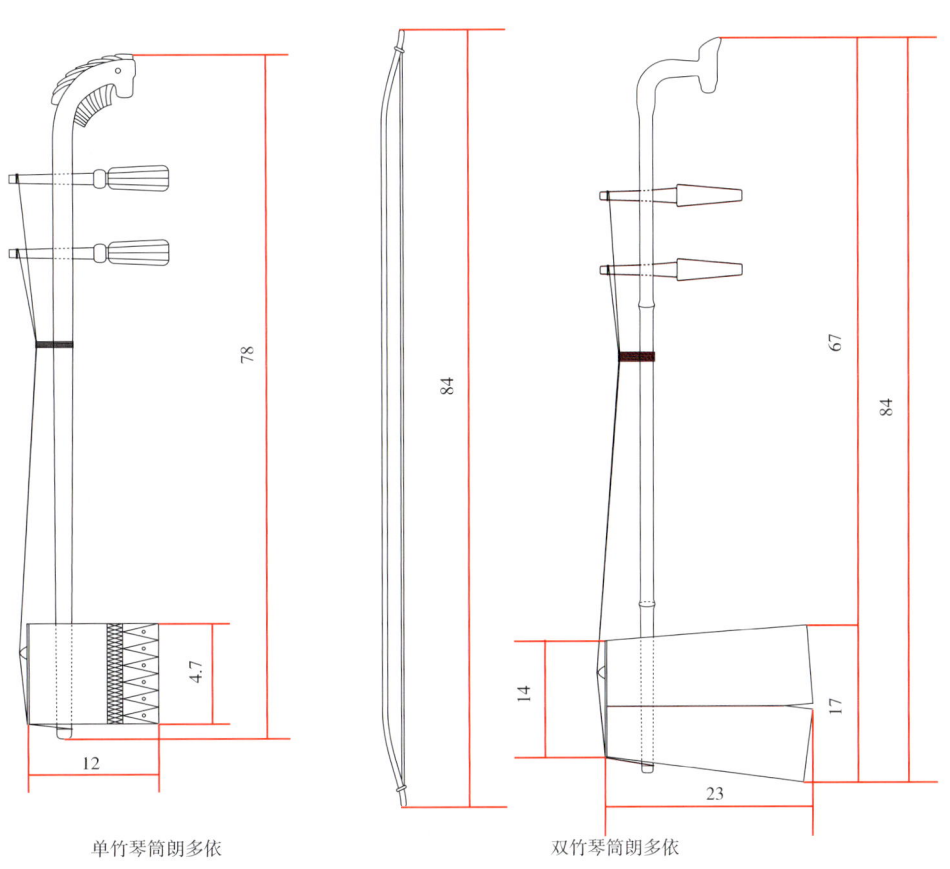

单竹琴筒朗多依　　　　　　双竹琴筒朗多依

图三　黎族朗多依尺寸图（单位：cm）

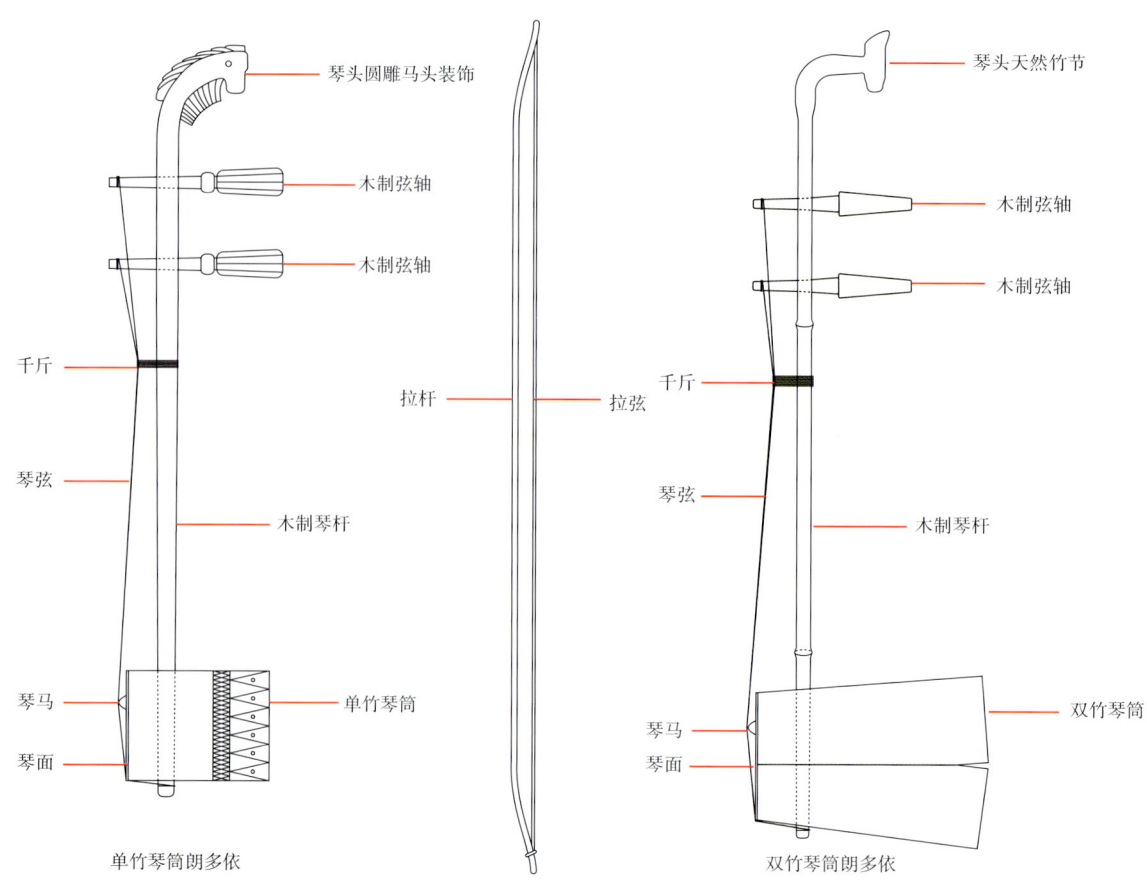

图四 黎族朗多依结构名称图

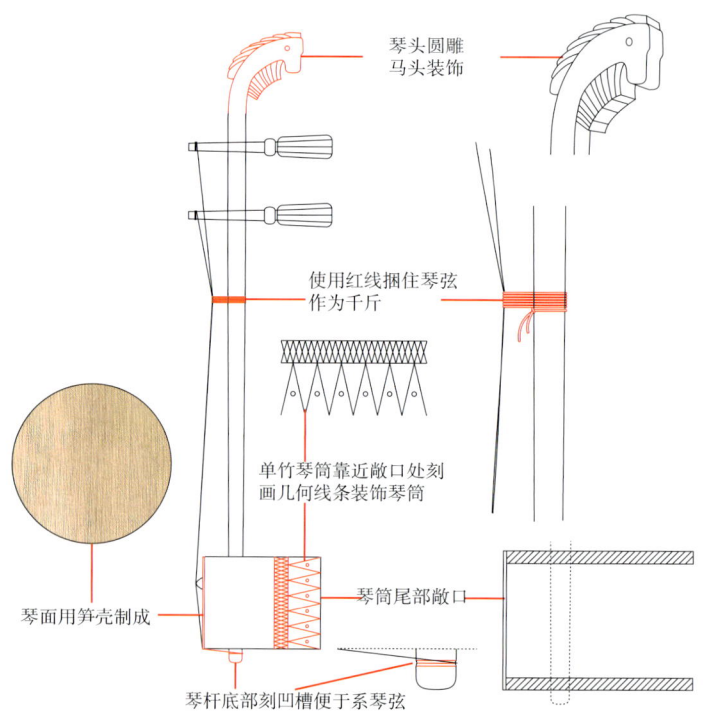

图五 黎族单竹琴筒朗多依设计分析图

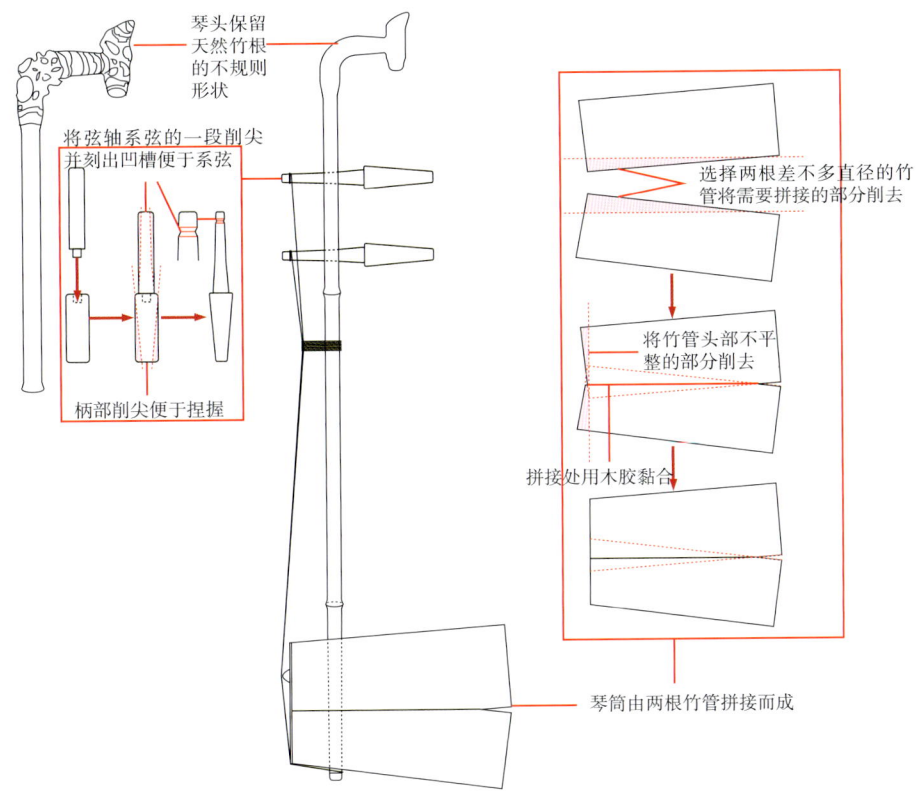

图六 黎族双竹琴筒朗多依设计分析图

黎族牛角胡

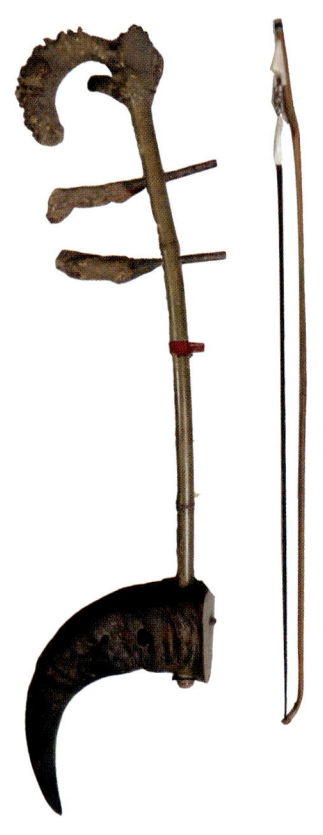

图一 黎族牛角胡主图

牛角胡是黎族传统的拉奏乐器之一。流行于海南岛保亭黎族苗族自治县的黎族地区。本案例采选自海南保亭黎族苗族自治县的黎族乐器的收藏者、制作者、演奏者和传承者黄照安先生亲手制作的黎族传统牛角胡。

牛角胡由琴杆、琴筒、面板、弦轴、千斤、琴马、琴弦和琴弓等组成，全长约90厘米。黎族传统牛角胡的琴筒使用黎族当地的口径较大的牛角，制作时先把牛角锯平留牛角尾端，尾端向下作为琴筒，琴筒通常保留天然牛角表面的不规则肌理，再把牛角一侧挖一大五小共六个圆孔用于音量的振动共鸣，其中五个小孔一个居中，其余四个分别位于四周并与中间的小孔进行十字形镂空连接。琴筒的前口通常用竹笋壳制成的面板蒙制或由削薄的桐木木板黏合而成。琴杆上端设有两根弦轴，琴杆、弦轴和弓杆大多为竹制，选取连根的竹竿，削去竹节，并保留天然竹根的不规则形状作为琴头装饰和弦轴把柄。琴身共有两条琴弦，琴弓用细竹制作弓杆，琴弦和弓弦均采用当地生长的花剑麻纤维拧成细线制作而成。琴杆中部使用红线捆住琴弦作为千斤，琴杆下端插入琴筒并外露，底部刻凹槽便于系琴弦。琴面中央置竹制空心琴马。

黎族传统牛角胡通常采用坐姿演奏，琴身垫于左腿上方靠近身体，左手靠上持琴按弦，右手执弓进行拉奏，其发音原理是由细麻弓摩擦细麻弦并通过牛角琴筒上的发音孔进行发音、传音，发音明亮、音色优美，大多作为保亭黎族民间八音队演奏乐器之一，与黎族其他传统乐器合奏。

图片来源
图一　鞠斐　摄影
图二至图六　鞠斐　制图

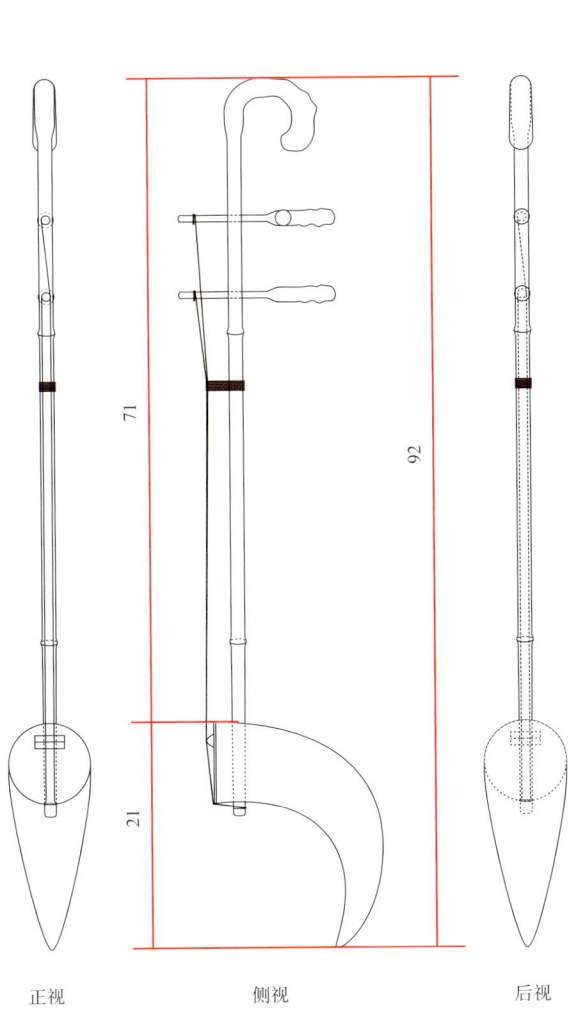

正视　　　侧视　　　后视

图二　黎族牛角胡视角、尺寸图（单位：cm）

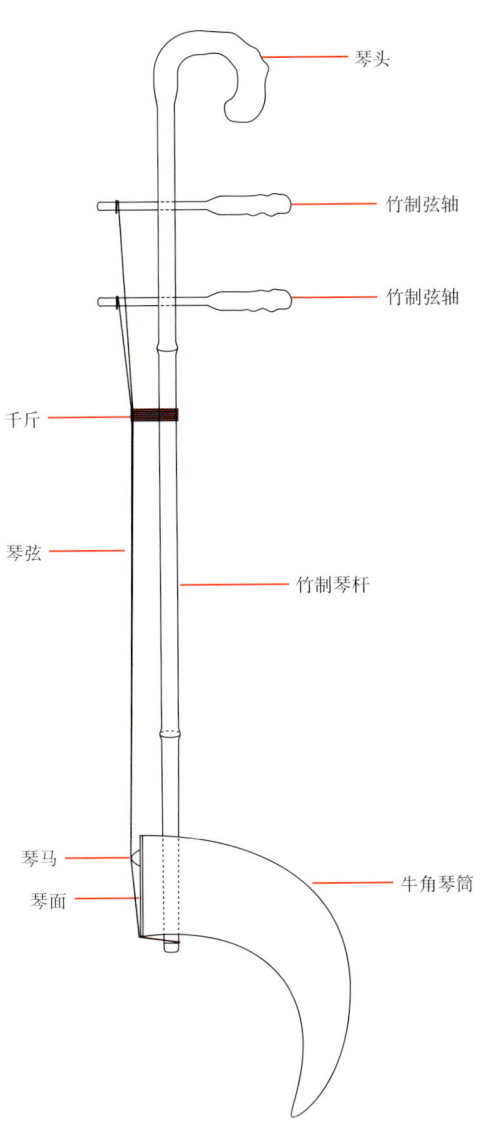

图三　黎族牛角胡结构名称图

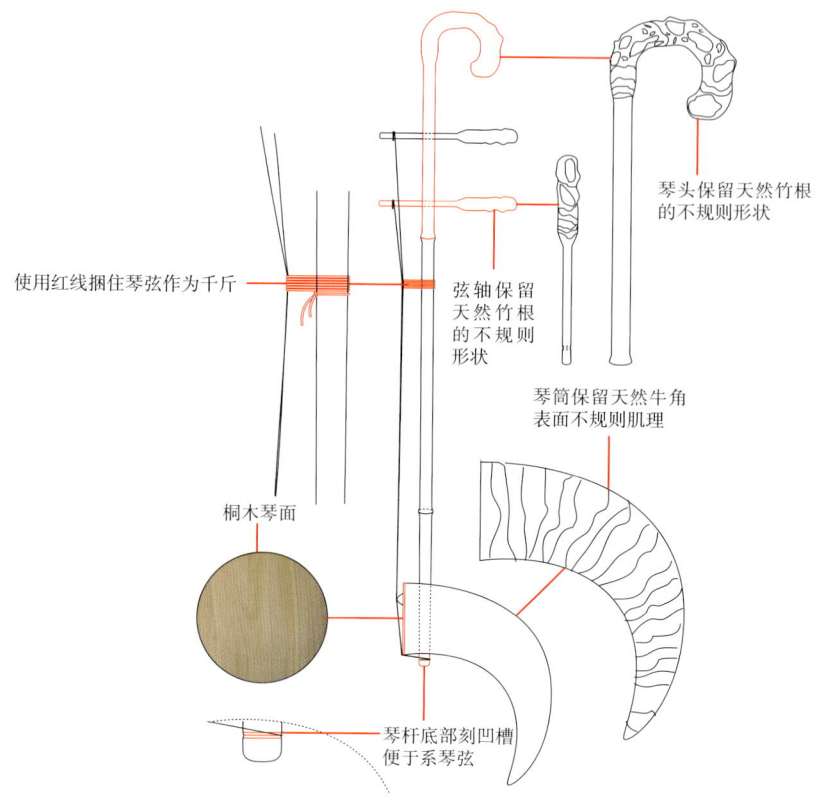

图四　黎族牛角胡设计分析图

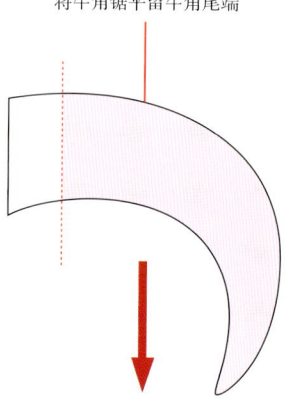

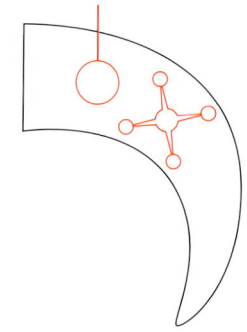

图五　黎族牛角胡牛角琴筒制作流程图

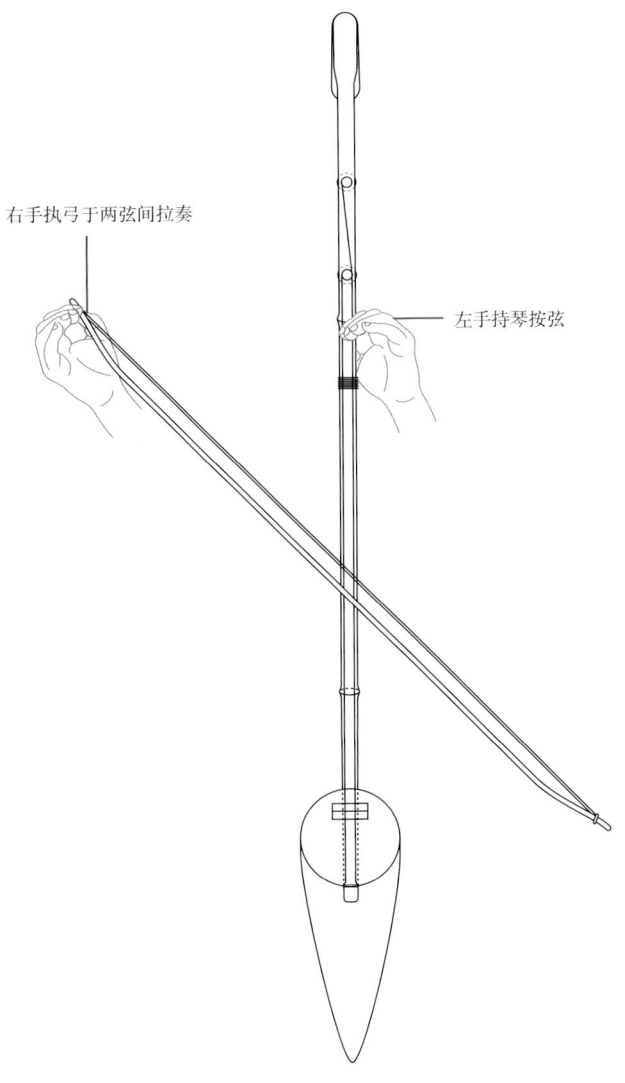

图六 黎族牛角胡拉奏方式示意图

黎族椰壳胡

图一　黎族椰壳胡主图1

椰壳胡是流行于海南五指山市和保亭黎族苗族自治县黎族地区的传统拉奏乐器之一。本案例采选自海南保亭黎族苗族自治县的黎族乐器的收藏者、制作者、演奏者和传承者黄照安先生亲手制作的椰壳胡。

椰壳胡常见形制与朗多依相似，都有两种，一种为单椰壳琴筒椰壳胡，由琴杆、单椰壳琴筒、琴面、弦轴、千斤、琴马、琴弦和琴弓等各部件组成，全长约80厘米。另一种为双椰壳琴筒椰壳胡，除琴筒外，其他部件与单椰壳琴筒椰壳胡构造相同，全长在90厘米左右。椰壳胡的琴杆、弦轴均为木制。

琴筒为椰壳制成，单椰壳琴筒通常选择一只长老的椰壳，去掉外皮，锯掉底部1/3，掏空椰肉并削平前口制成，在靠近琴面处刻画一圈几何线条与圆点装饰琴筒。双椰壳琴筒则选两只老椰子同样锯掉1/3，再将两只椰子锯去一部分后上下拼合并用木胶黏合拼接而成。琴筒尾部正中为椰壳天然出气孔，并在此基础上继续挖多个用于共鸣的不同形状的音孔。琴面通常用削薄的榕树木板制作而成，用牛皮胶与琴筒黏合。琴身共有两条琴弦，外弦较粗，内弦较细。木制琴杆的琴头使用简单的圆雕工艺雕刻成马头装饰。琴杆上端设有两根弦轴，将弦轴系弦的一端削尖并刻出凹槽便于系弦，柄部削成圆锥形便于捏握并挖通四个圆孔进行装饰。琴杆中部使用红线捆住琴弦作为千斤，琴杆下端插入琴筒并外露，底部刻凹槽便于系琴弦。琴面中央置竹制空心琴马。琴弓和琴弦的制作方法与黎族其他拉奏乐器相同。

椰壳胡通常采用坐姿演奏，琴身置于左腿上方，左手靠上持琴按弦，右手执弓进行拉奏。黎族传统椰壳胡大多用于黎族民间八音队，其发音原理是由细麻弓摩擦细麻弦并通过琴筒的发音孔进行发音、传音，音色明亮清晰，通常用于与其他乐器合奏。

图片来源

图一、图二　鞠斐　摄影
图三至图七　鞠斐　制图
图八　周星悦　制图

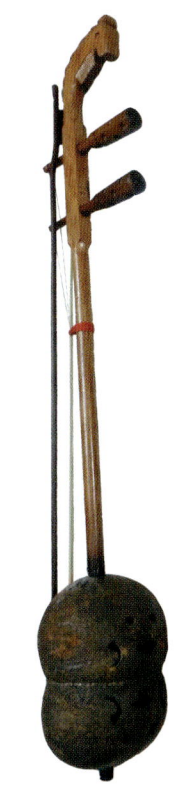

图二　黎族椰壳胡主图 2

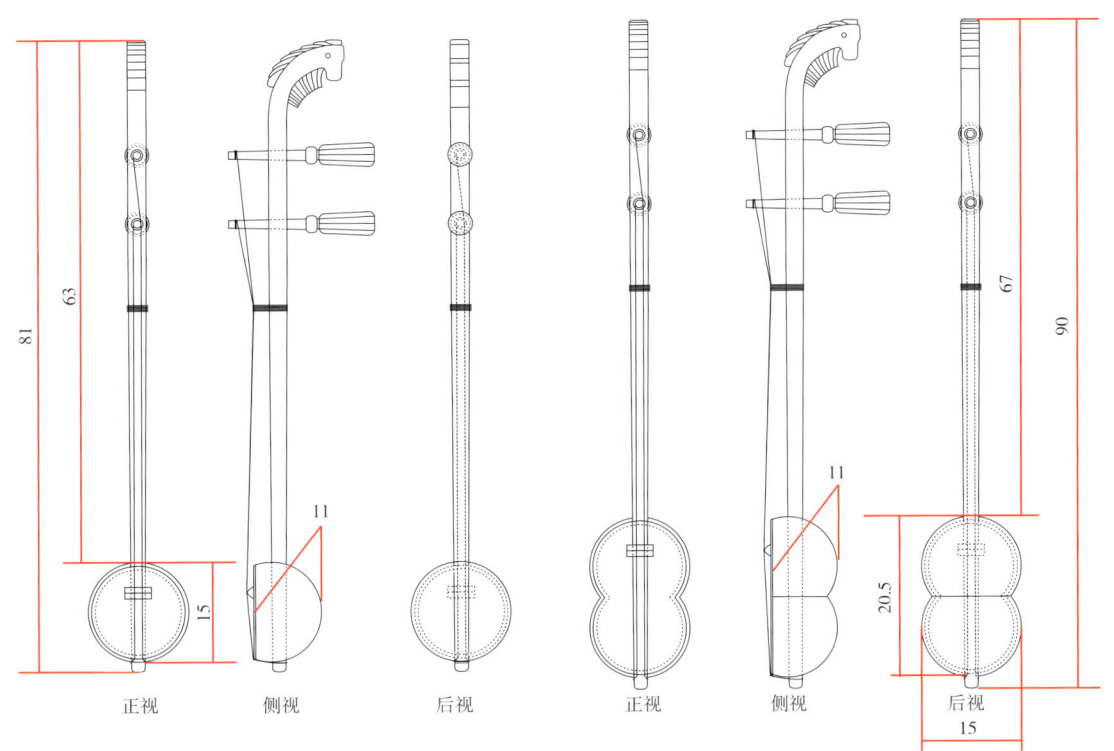

图三　黎族椰壳胡视角、尺寸图（单位：cm）

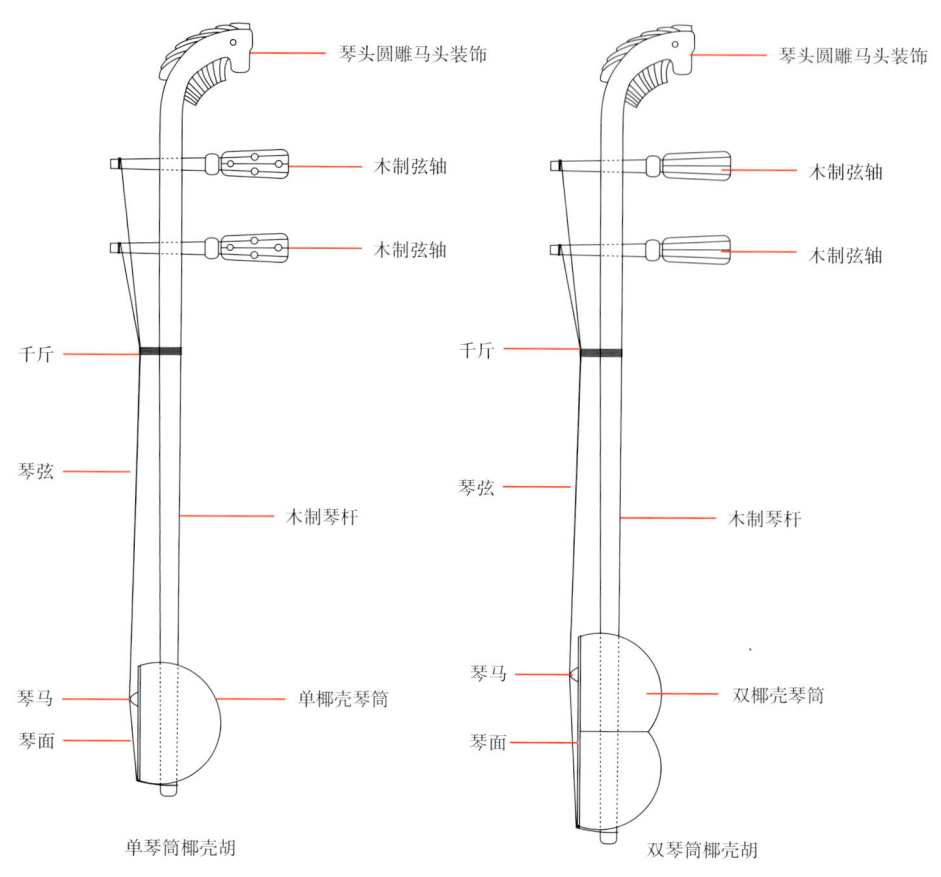

图四 黎族椰壳胡结构名称图

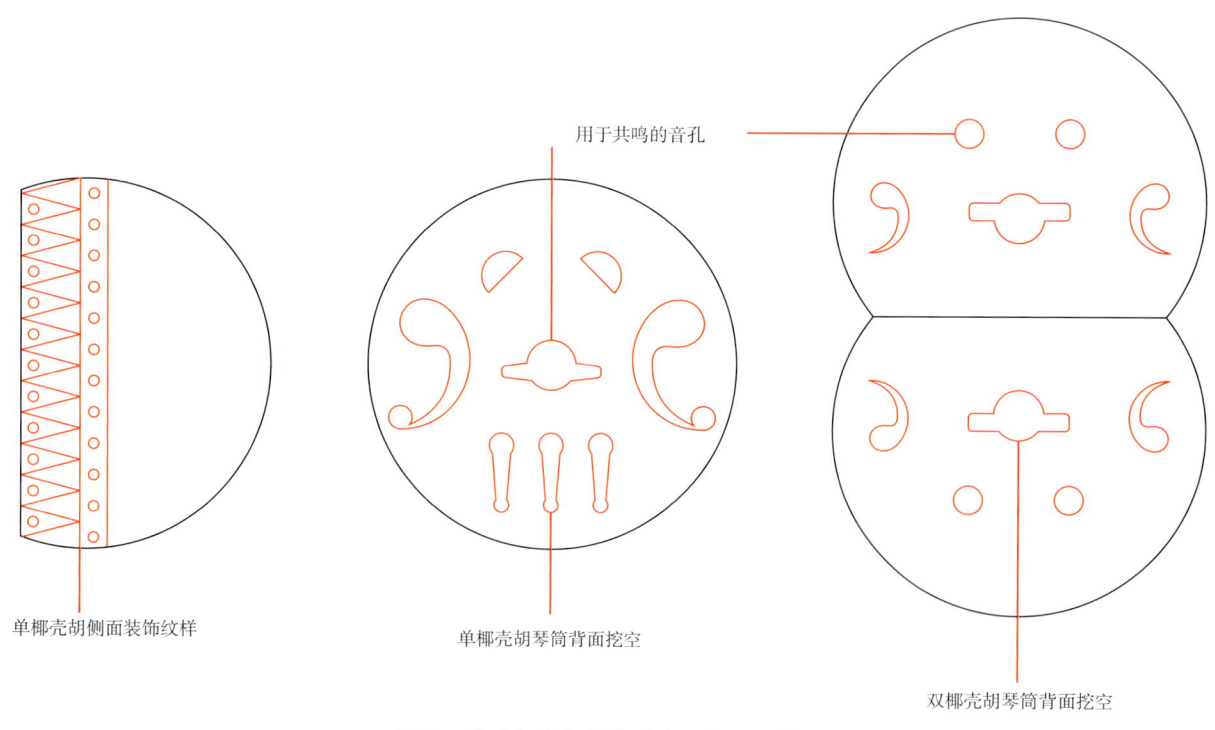

图五 黎族椰壳胡装饰图案及挖孔示意图

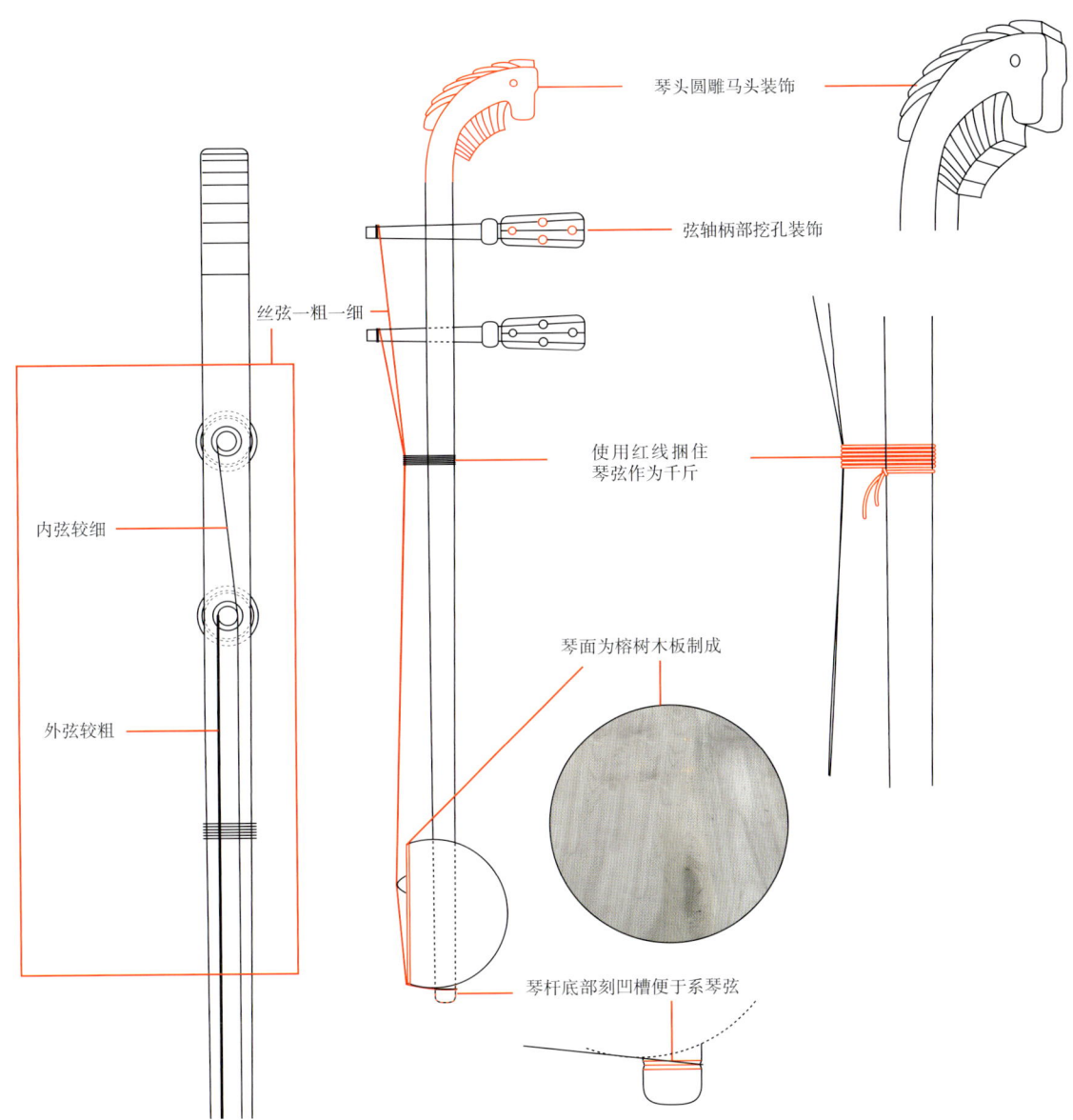

图六 黎族单椰壳胡设计分析图

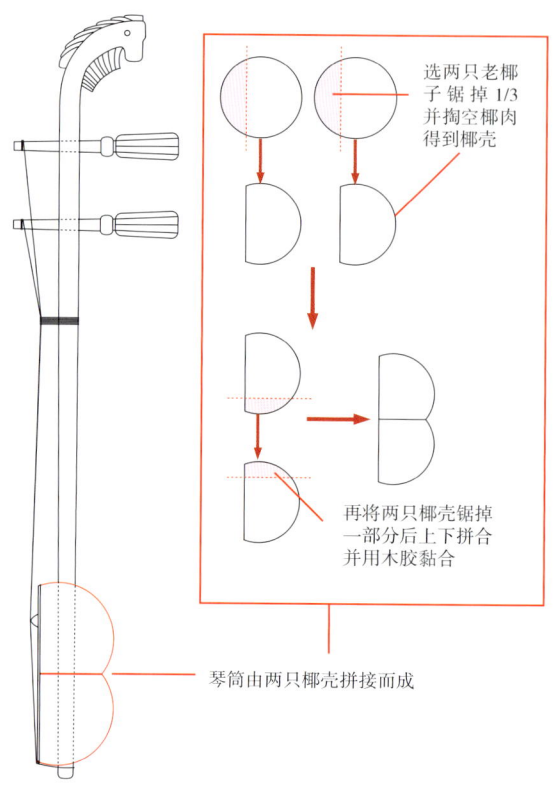

图七　黎族双椰壳胡制作流程图

图八　黎族椰壳胡演奏情境图

黎族独木灯架

图一　黎族独木灯架主图

本案例为黎族独木灯架，高约31厘米，宽约29厘米，案例来源于海南省博物馆，为近代制作的灯架。黎族独木灯架用来摆放传统陶灯，造型独特，灯架采用独木制成，别具特色，是海南黎族家庭在电灯普及以前家家必备的灯具。

本案例独木灯架发现于白沙县南开乡的润方言黎族聚居地，整体灯架为木质，架身可见刀工砍削痕迹。灯架整体造型呈三角形，由吊架和底座组成，其中吊架顶端为挂钩，使用带钩树杈制成，底部采用榫卯结合的方法连接底座。底座包括灯座都由一块独木砍削制成，中间为横梁，横梁两端连接方形底座，横梁居中的部分为灯座，形状为中空的木筒状，灯座直径4.6厘米，高2.4厘米，顶端用来安置陶灯。使用时，将带钩树杈悬挂在与墙桩绑定的细木横条上，或在此基础上缠绕白藤来固定灯架，陶灯置于灯座上，陶灯顶端有口，腹部有流，使用时从口部灌灯油，灯捻从流口伸出点燃。放置陶灯时流口需伸出灯架范围之外，避免燃灯时灯烬落于灯架上点燃灯架。

海南岛上森林密布，黎族人居住的村落周边林木资源丰富，木料便成为最方便、充足的手工制作器具的材料。黎族男子擅长以独木制作器具，经过长期的实践积累，他们掌握了一套独有的独木器加工工艺，对器具的结构处理方式也格外质朴大方。这款传统独木灯架结构简单，朴素自然，展示了我国近代少数民族地区的手工艺水平，体现出黎族在电灯尚未普及的时代所特有的生活方式，为研究黎族的生活习俗提供了可靠依据。在现代电灯普及之后，黎族传统独木灯架逐渐被取代，在如今的黎族家庭之中越发少见。

图片来源

图一　鞠斐　摄影
图二至图六　鞠斐　制图

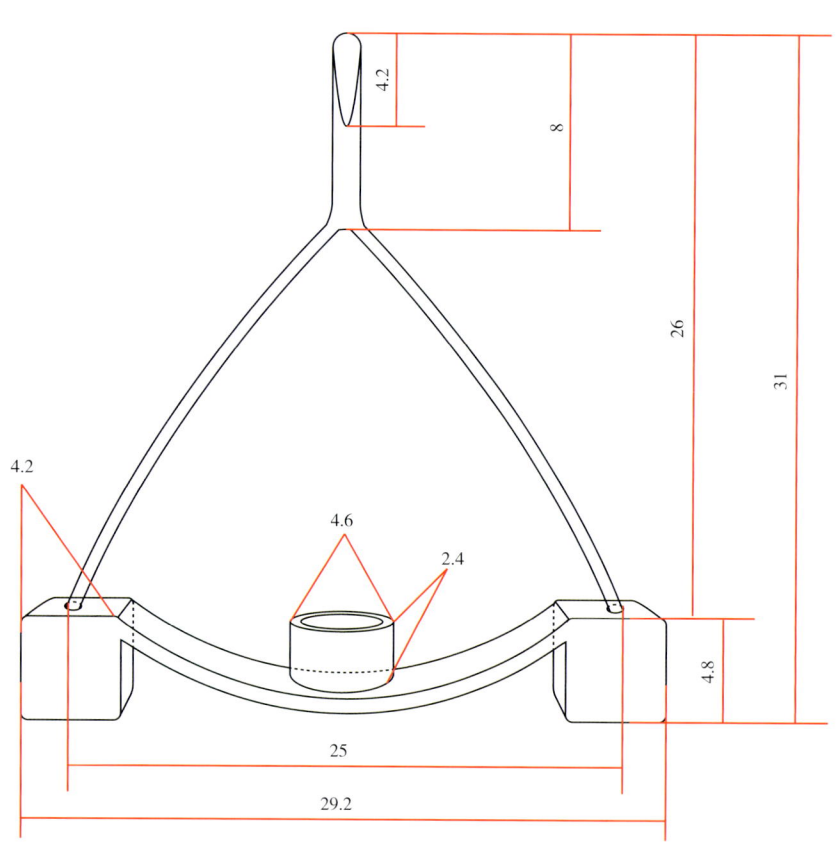

图二　黎族独木灯架尺寸图（单位：cm）

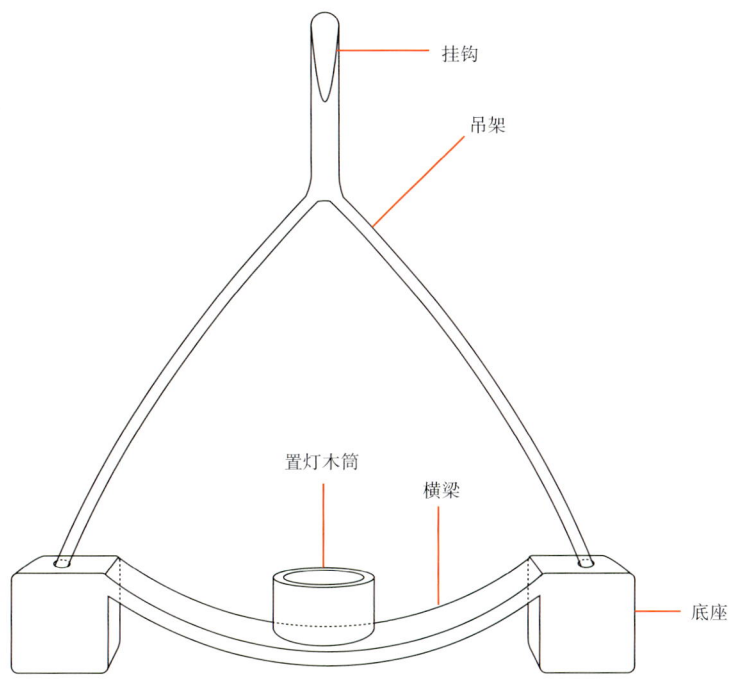

图三 黎族独木灯架结构名称图

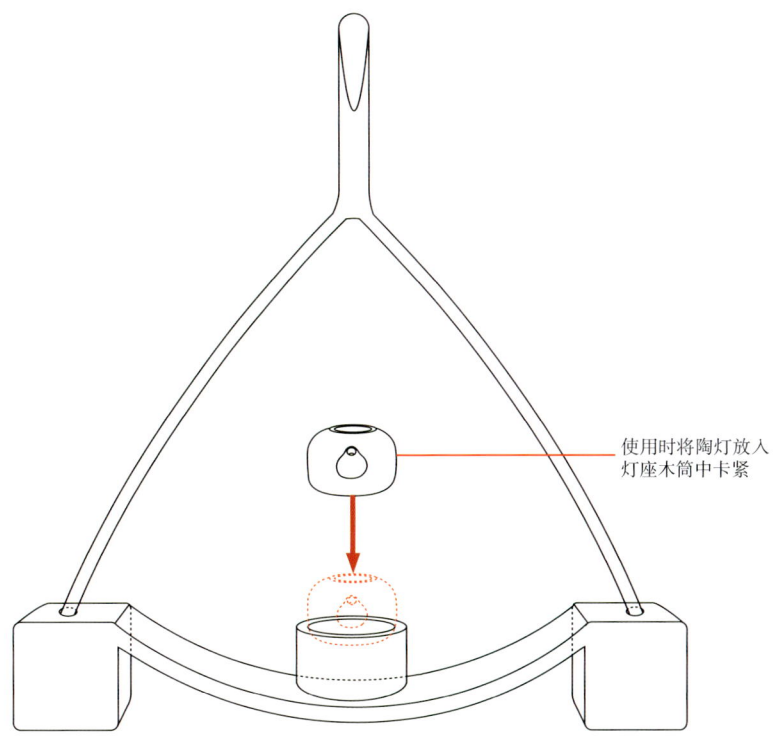

图四 黎族独木灯架使用方式示意图

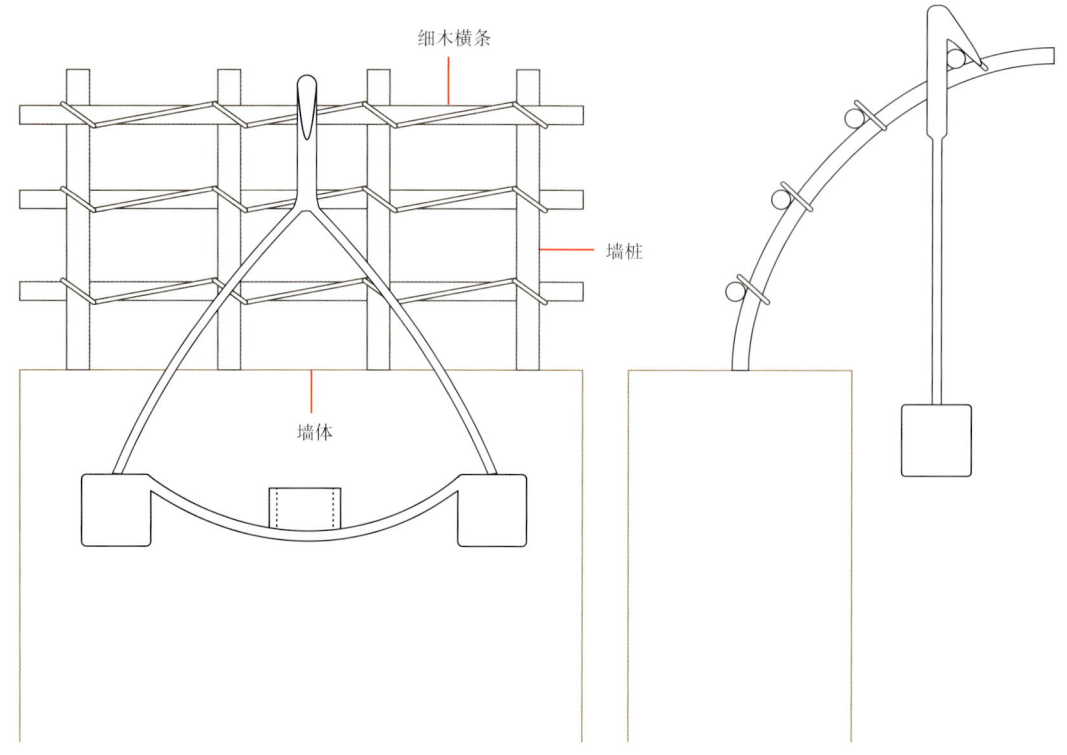

图五 黎族独木灯架悬挂方式示意图

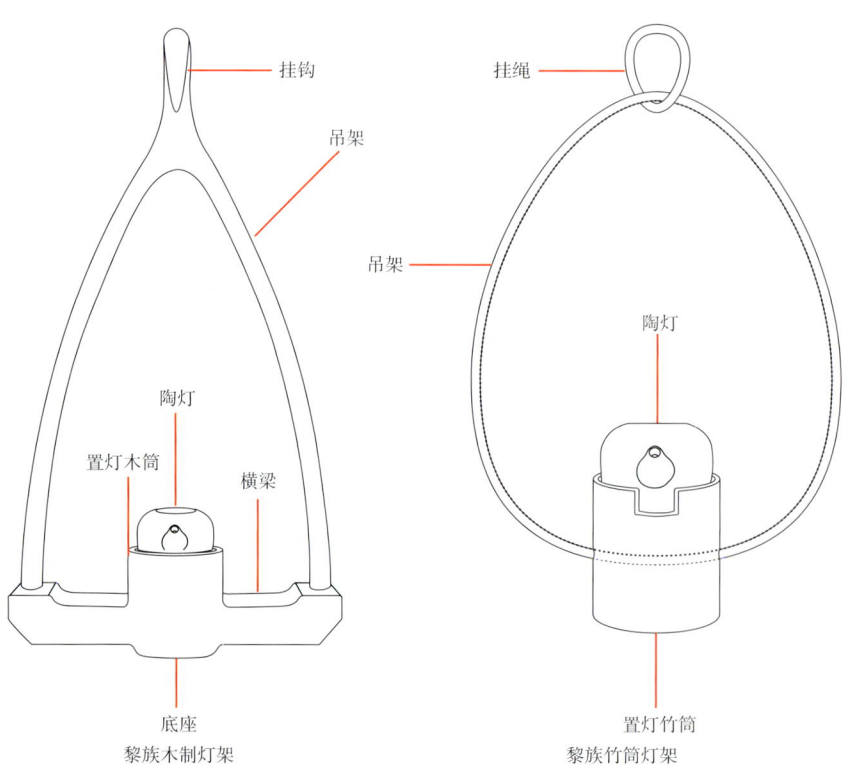

黎族木制灯架　　　黎族竹筒灯架

图六 黎族独木灯架延展图

黎族仿鱼笼外形竹编灯罩

图一 黎族仿鱼笼外形竹编灯罩主图

仿鱼笼外形竹编灯罩是黎族人结合传统手工技艺创造的当代作品之一，是针对构造最为简单的悬挂式电灯泡设计的起到遮挡光线和装饰室内环境作用的灯罩，属于具有民族性特征的家居用品。本案例采选自保亭县甘什村，是当地黎族人使用竹篾条纯手工编织的灯罩。

本案例由竹编灯罩、竹编灯罩盖和包裹

电线的麻绳组成，外形模仿黎族当地常见的鱼笼的笼身结构和外部造型，整体高约20厘米，侧面呈上小下大的梯形，线条笔直，顶部和底部为圆形，底部直径约为11厘米。本案例制作时，首先用粗铁丝搭建成上小下大的圆锥形罩身，使用细竹条和略宽的竹篾沿铁丝框架编织成简单的笼形。再根据罩身顶部的大小编织灯罩盖，灯罩盖的大小要刚好能够套住罩身顶部，长度约为罩身的三分之一，编织时首先用竹篾条编织出框架，然后用麻绳从上到下一圈一圈细密地与竹架编织成一体。罩身和灯罩盖顶部都留有小口，安装时将灯罩与灯罩盖上下卡紧，再将连接灯泡的电线用麻绳包裹住并从灯罩和灯罩盖的小口中穿出，灯罩在灯泡和电线的连接处卡住。使用时可以将竹灯罩用麻绳系住房梁上的树枝挂钩进行固定，或用麻绳将竹灯罩系在竹质屋架上进行固定。为了让现代化的电线与传统的船形屋内部环境更加融洽，黎族人使用麻绳一圈圈缠绕在电线上，将电线装饰成与船形屋内部相同的自然朴素的风格。

此外还有一种灯罩模仿传统竹质灯罩外形，采用现代铁艺结合草编和藤编工艺制作，即使用铁丝编制框架，外编草绳和红藤，使用现在灯座并用螺丝固定在外屋檐的屋架上。

图片来源
图一、图五、图六　鞠斐　摄影
图二至图四　鞠斐　制图

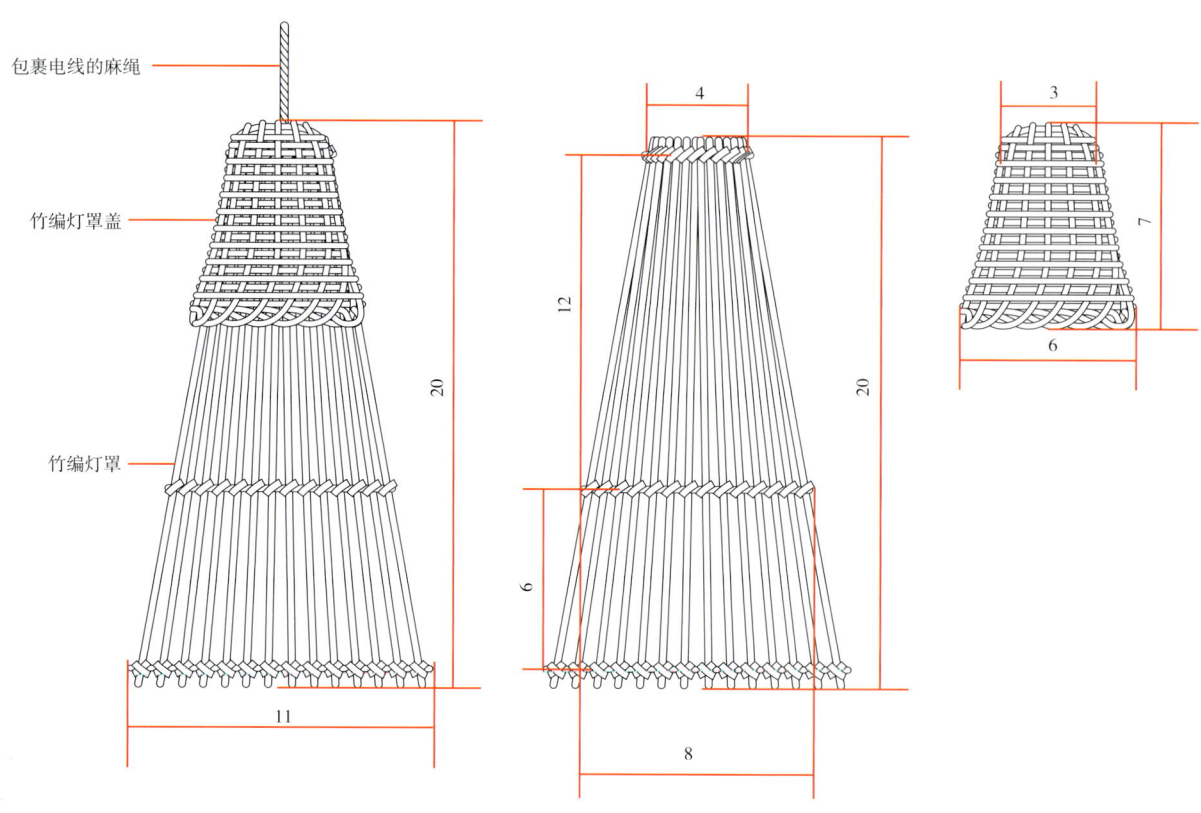

图二　黎族仿鱼笼外形竹编灯罩结构名称、尺寸图（单位：cm）

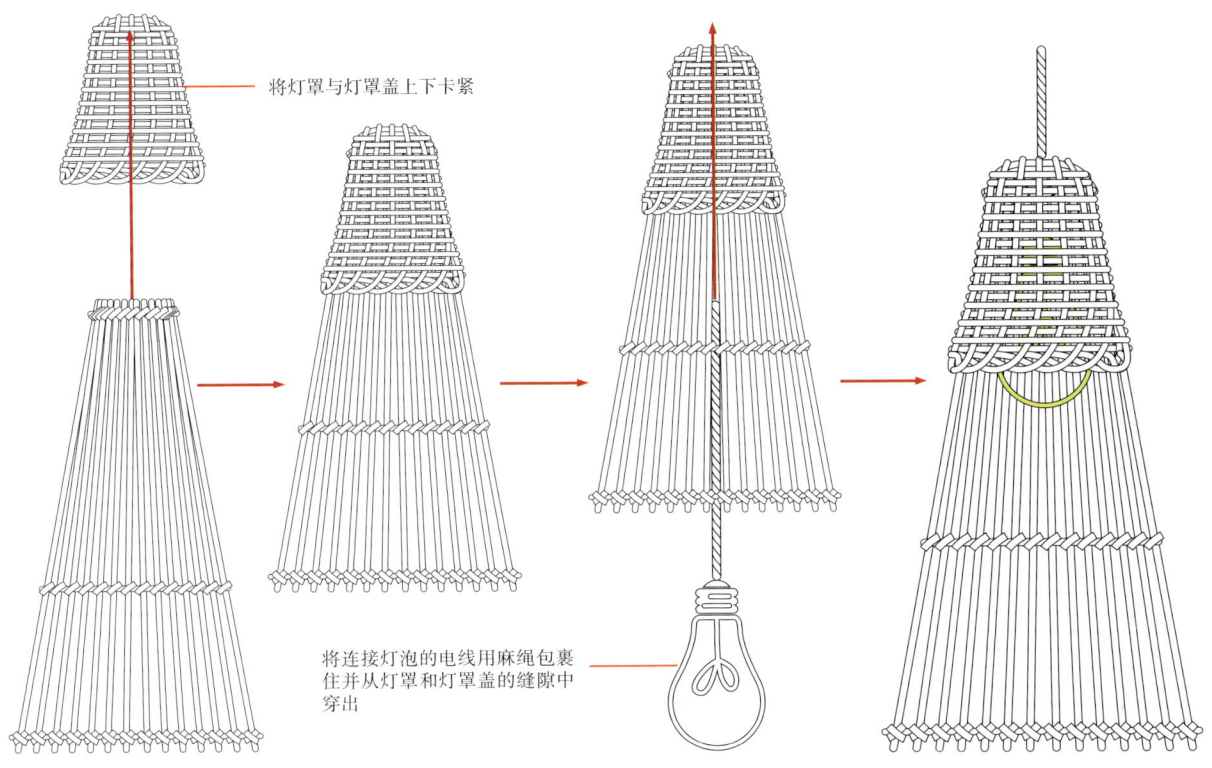

图三 黎族仿鱼笼外形竹编灯罩使用方式示意图

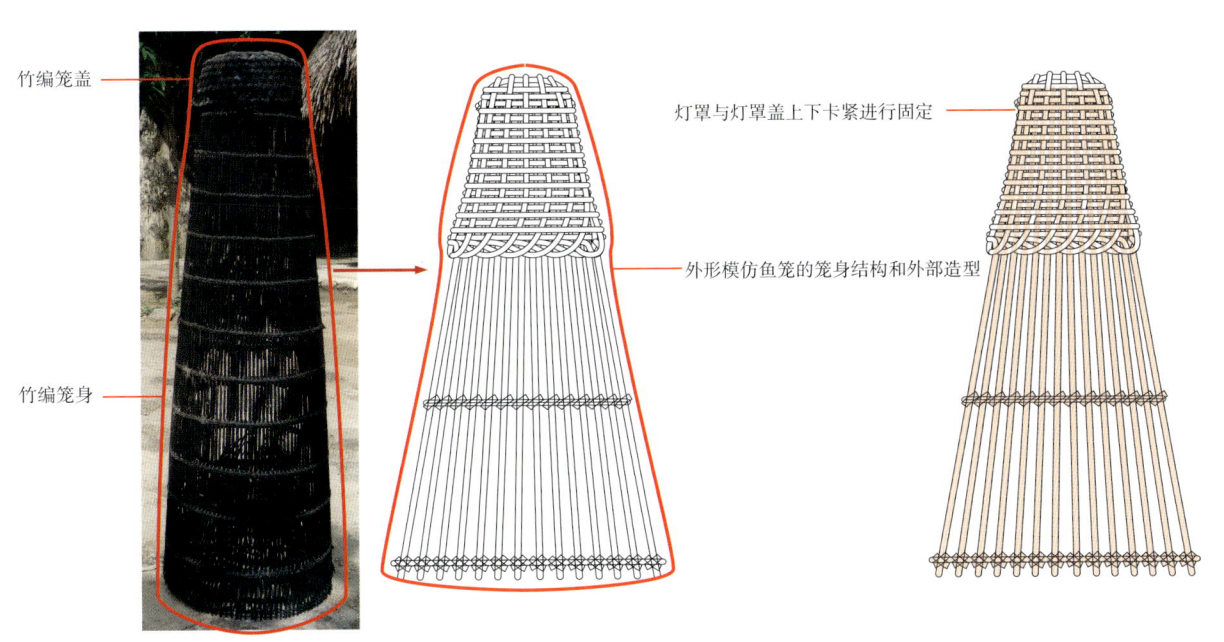

图四 黎族仿鱼笼外形竹编灯罩设计分析图

第四章 黎族传统生活用具

将竹灯罩用麻绳系住房梁上的树枝挂钩进行固定

用麻绳将竹灯罩系在竹质屋架上进行固定

图五 黎族仿鱼笼外形竹编灯罩悬挂方式示意图

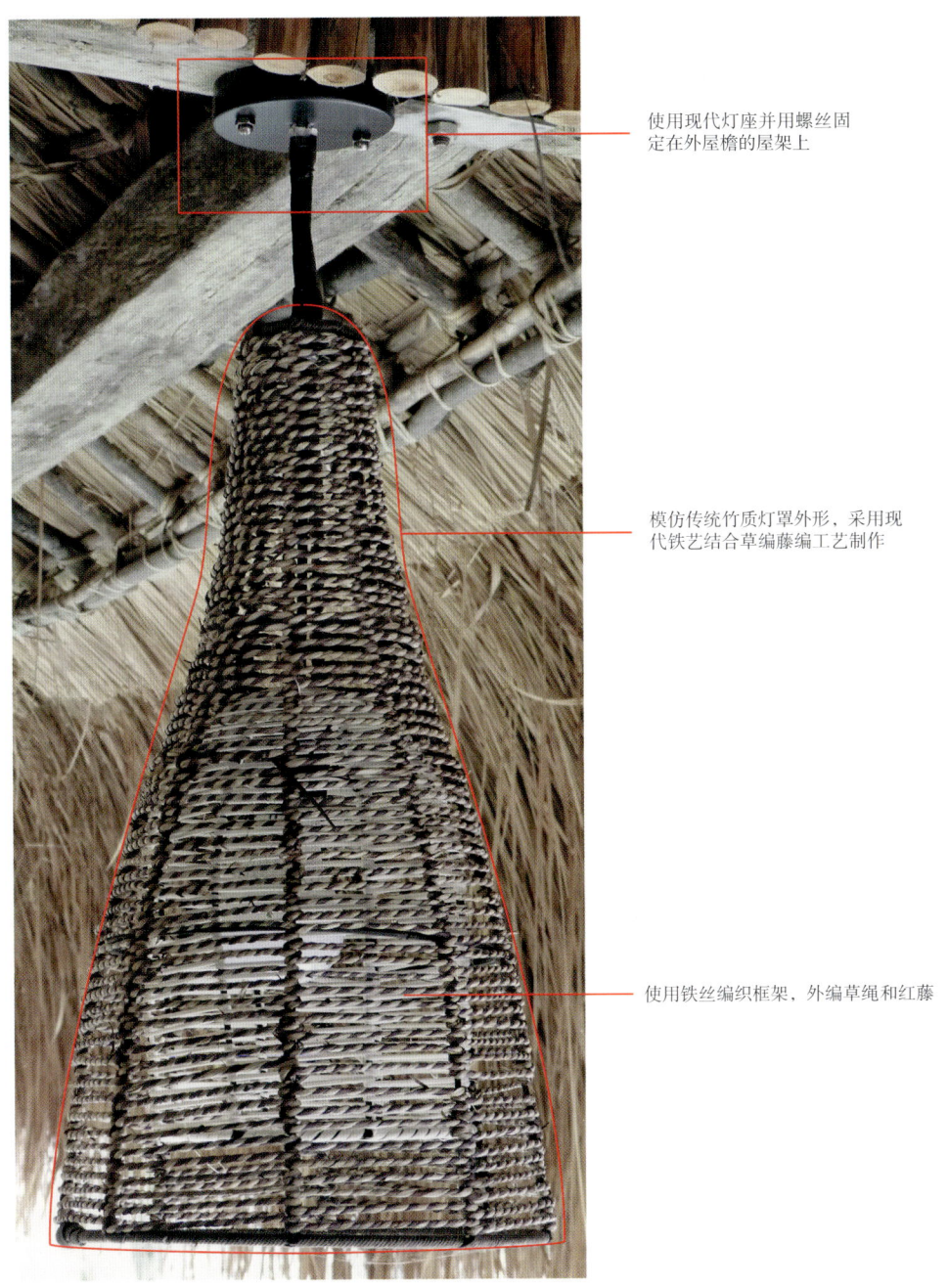

图六 黎族仿鱼笼外形竹编灯罩延展图

使用现代灯座并用螺丝固定在外屋檐的屋架上

模仿传统竹质灯罩外形,采用现代铁艺结合草编藤编工艺制作

使用铁丝编织框架,外编草绳和红藤

第四章 黎族传统生活用具

黎族矮脚竹木榻

图一 黎族矮脚竹木榻主图

矮脚竹木榻是黎族最为典型的传统床榻形制，通常摆放在船形屋门口的屋檐下，本案例采选自保亭县甘什村，是黎族人以竹、木为原材料手工制作的矮脚竹木榻。

本案例由榻面、木榻架和榻腿组成，其中木榻架和榻腿通过三根木钉以品字形的排列形状进行固定。床板长约161厘米，宽约80厘米，距离地面约42厘米。制作时，首先组装木榻架和榻腿，然后再固定榻面。组装木榻架和榻腿时，首先选取较粗的方木，将需要契合的部分以榫卯相吻合，固定木榻的各个木件。榻面制作时选择长老的毛竹，将相同粗细的竹竿对半劈成两半作为制成榻面的材料，将劈好的竹片截成与榻长相同的长度，另截两根与榻宽相同长度的竹片。再将其中与榻长相同的竹片两端对齐，平铺在长方形木榻架上，然后使用木工胶依次与木榻架黏合牢固。

矮脚竹木榻是黎族人使用天然材料设计制作的兼具坐、卧功能的户外家具，其形制根据制作材料进行设计。除了本案例竹榻面、木榻脚的形制之外，还有东方市俄查村黎族人制作的以木板组合成榻面，粗圆的槟榔树干作为框架，以及槟榔树干砍伐成的圆木墩作为榻脚的矮脚木榻。此外还有保亭县甘什村船形屋卧室内的比室外矮脚竹木榻略高的矮脚竹木床，使用与其相似的形制，用竹篾条制成床面并用方木条搭成床架组合而成。

图片来源
图一、图五至图七　鞠斐　摄影
图二至图四　鞠斐　制图

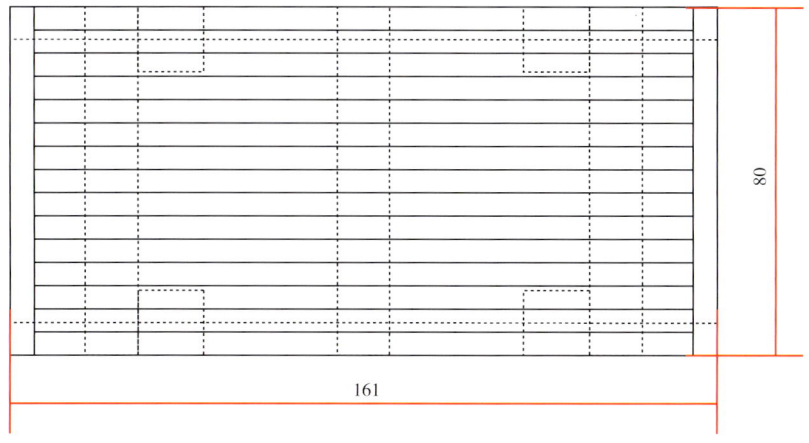

俯视

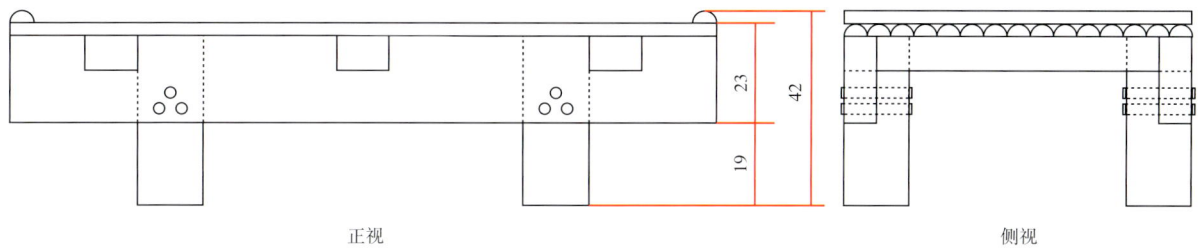

正视　　　　　　　　　　　　　　　侧视

图二　黎族矮脚竹木榻视角、尺寸图（单位：cm）

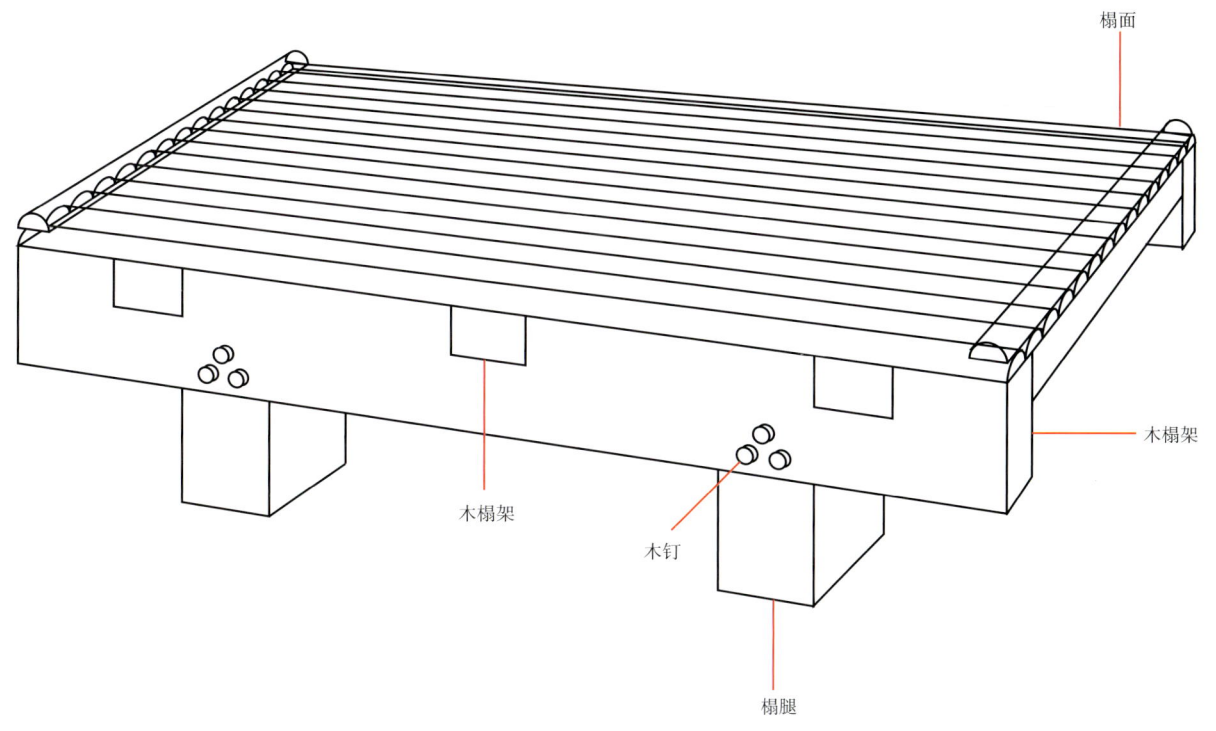

图三　黎族矮脚竹木榻结构名称图

第四章　黎族传统生活用具

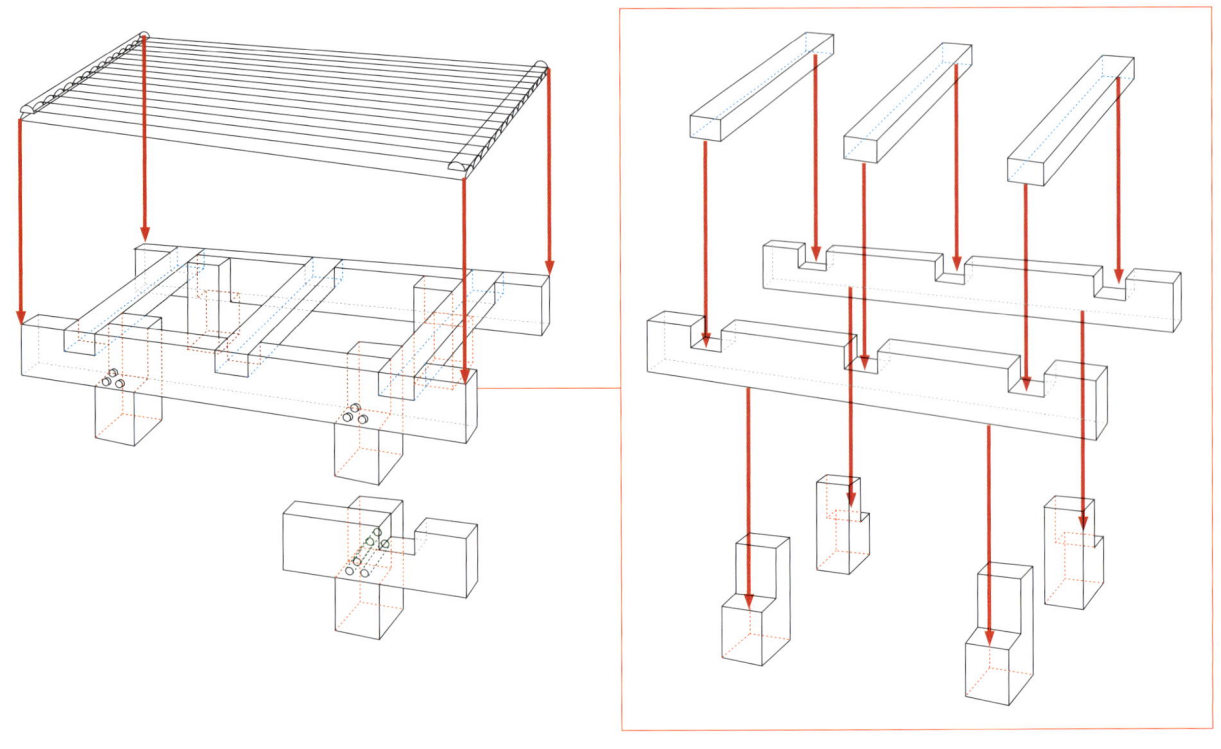

图四 黎族矮脚竹木榻结构分析图

图五 黎族矮脚竹木榻使用情境图

图六　黎族矮脚竹木榻延展图 1

图七　黎族矮脚竹木榻延展图 2

第四章　黎族传统生活用具

黎族双层木柜

图一 黎族双层木柜主图

　　双层木柜是黎族传统船形屋室内常见的竹木家具，通常使用天然竹材和木材手工制作而成，本案例采选自保亭县甘什村，是由当地黎族男子手工制作的竹木组合家具。

　　本案例由两层木柜台面、柜腿和盛物木筒组成。制作时，首先搭建柜架和柜腿，其中四条柜腿上分别做槽口榫，和上下两层柜架通过榫卯组合成长方体框架，两侧分别用横木条在外侧进行固定，柜架、柜腿和横木条在榫卯的基础上进一步使用白藤捆扎固定。两层柜面分别由长短、宽度规格相同的细竹条拼合成台板，制作时首先选择长老的毛竹，将竹竿劈成宽度相同、长短分别为两种规格的细竹条，其中上层柜面使用短竹条，直接将竹片两端对齐，平铺在木柜架的横档上，下层柜面使用长竹条，横向排列平铺在下层柜架的横档上，细竹条之间排列紧密，防止筷子之类较细的物体从柜面间隙中掉落。木柜外侧的一条柜腿上部通常还使用白藤捆扎一根长竹筒或木筒，用来放置竹木筷或椰壳勺等常用餐具。

传统双层木柜通常放置在厨房的墙边，摆放陶锅、陶盆、碗筷等常用的餐饮器具。黎族双层木柜通常设计成较矮的形制，尽管木柜没有抽屉，但是双层柜面的设计比单层多出一层储存空间，可以在两层柜面存放更多的器具。

图片来源

图一　鞠斐　摄影
图二至图五　鞠斐　制图

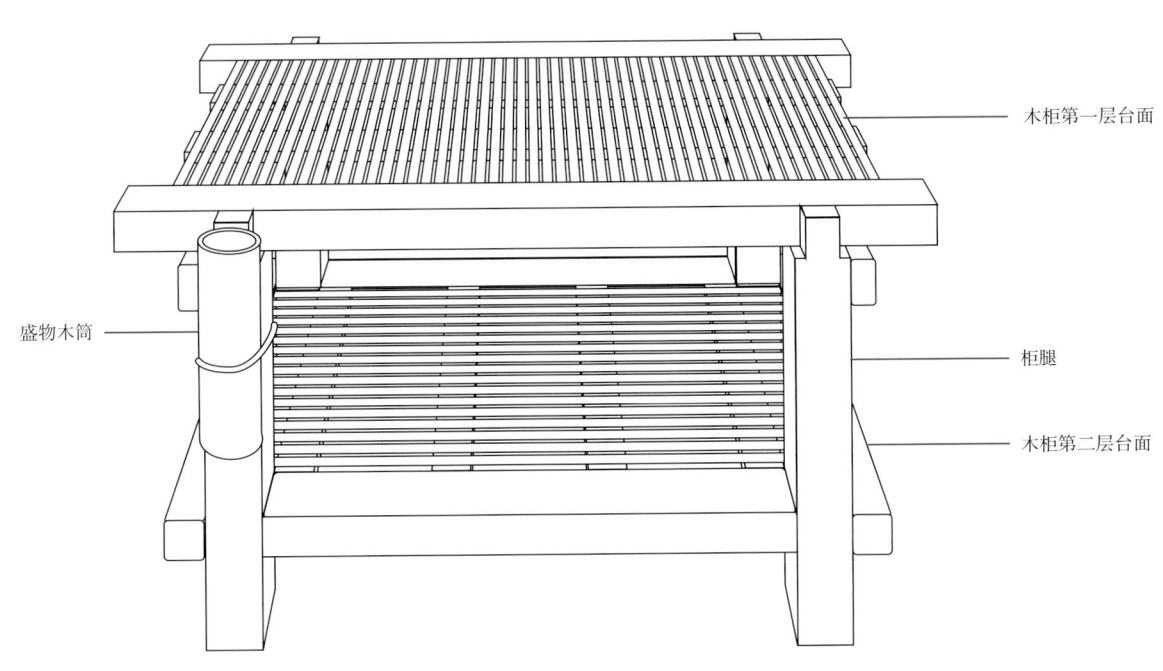

图二　黎族双层木柜结构名称图

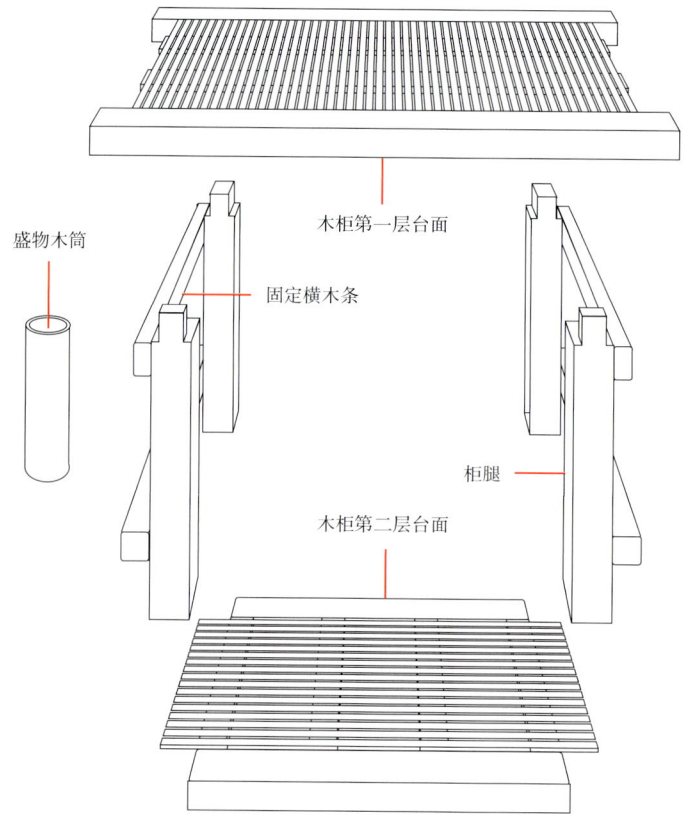

图三 黎族双层木柜结构分析图

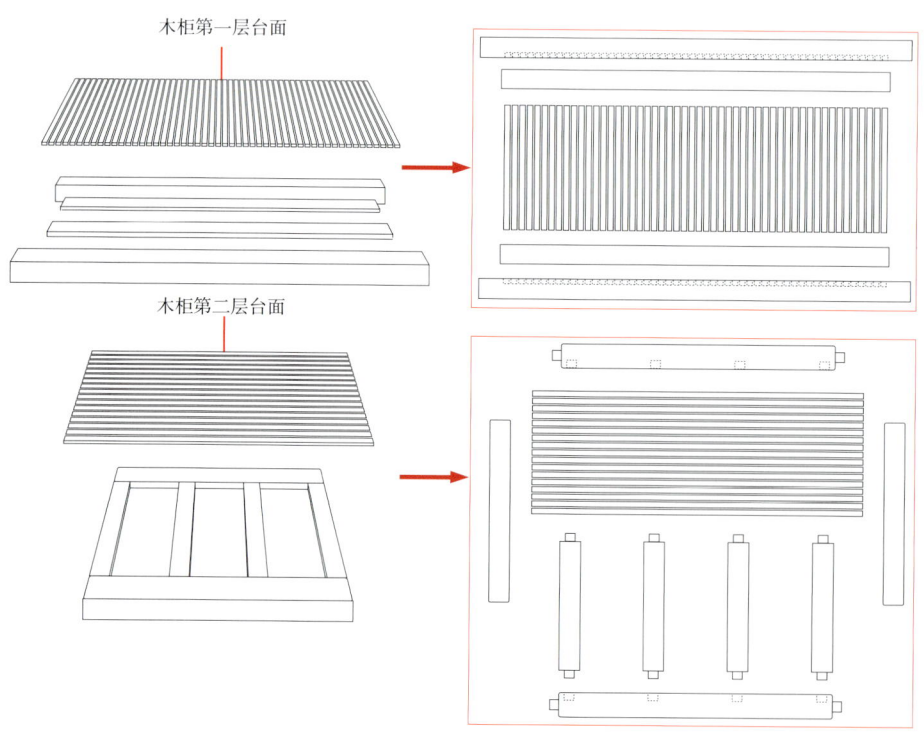

图四 黎族双层木柜柜面结构分析图

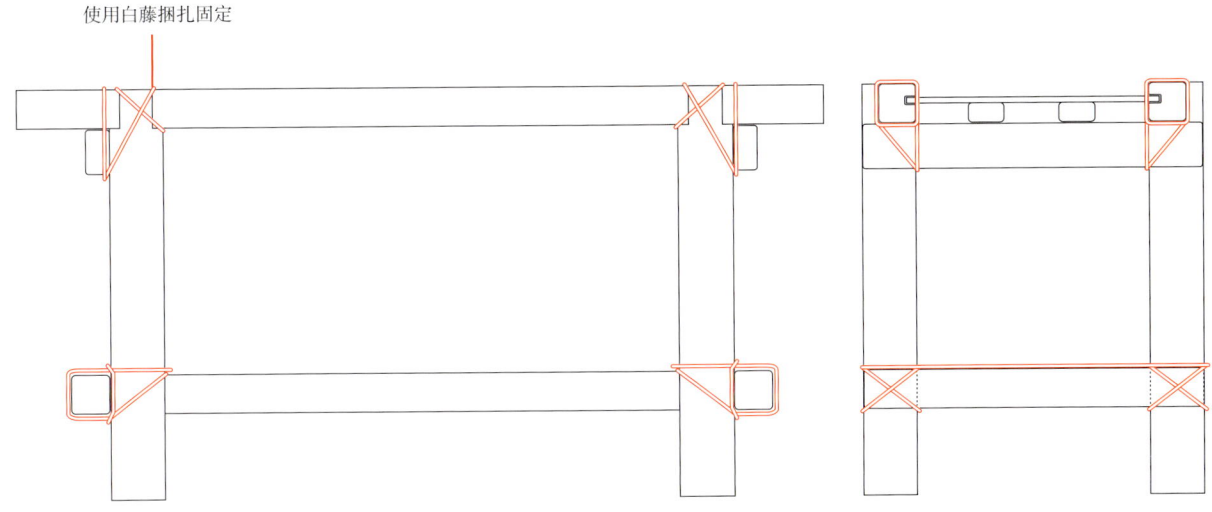

图五　黎族双层木柜构件固定示意图

黎族双层竹木矮桌

图一　黎族双层竹木矮桌主图

双层竹木矮桌是黎族船形屋的厨房中常见的室内家具，通常使用天然竹材和木材制作而成，本案例采选自保亭县甘什村，是由黎族男子手工制作的竹木组合家具。

本案例由上下两层桌面、桌架和四条桌腿组成，制作时，首先搭建桌架和桌腿，受汉族木结构家具影响采用方形木料。桌架根据桌面的样式也分为上下两层，通过传统木工胶进行黏合，黎族人使用的传统木工胶多为鱼鳔或猪皮熬制而成的鱼胶或皮胶，其中鱼胶比皮胶黏着力更强，因此在木家具组合时更常见。桌面由长短、宽度规格相同的竹片拼合成台板，制作时首先选择长老的毛竹，将相同粗细的竹竿劈成等份作为制成桌面的材料。其中上层桌面直接将竹片两端对齐，平铺在四方形木桌架上，然后使用木工胶依次与桌架黏合牢固。下层桌面在铺放竹片时，需将桌腿附近的竹片两端截短，让出桌腿的空间，然后再使用木工胶进行黏合。

双层竹木矮桌通常放置在厨房之中,在吃饭时使用,或摆放陶锅、陶盆、碗筷等常用的餐饮器具。由于船形屋高度较矮,双层竹木矮桌为了适合船形屋的高度,设计成较矮的高度,同时,双层桌面的设计比单层桌面多出一层储存空间,可以在两层桌面存放更多的器具。

图片来源

图一、图六　鞠斐　摄影
图二至图五　鞠斐　制图

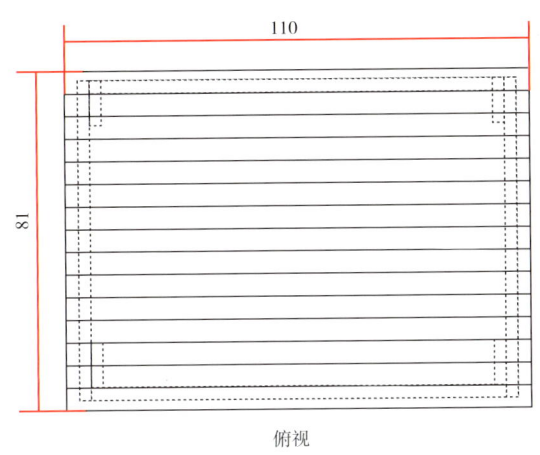
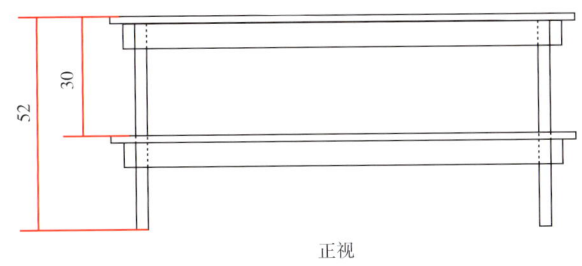
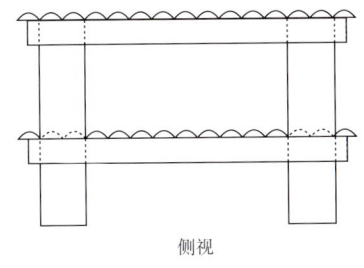

图二　黎族双层竹木矮桌视角、尺寸图（单位：cm）

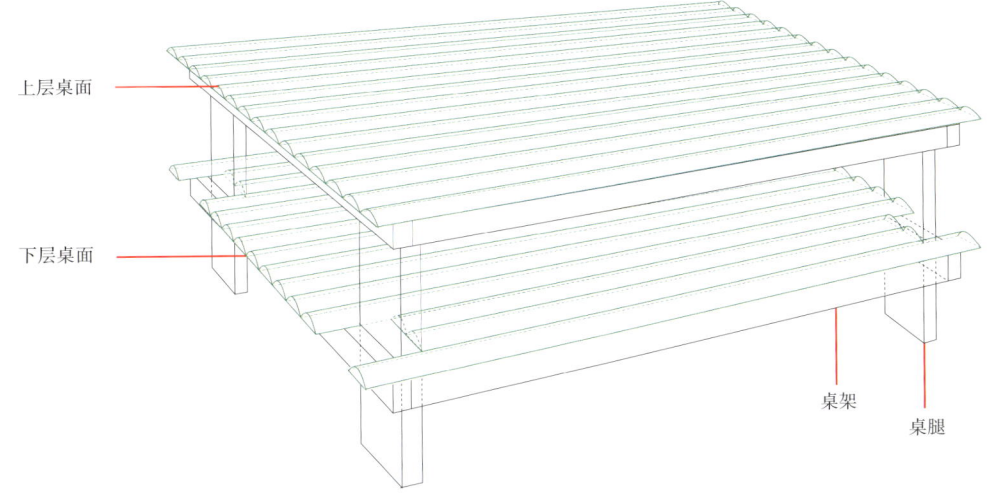

图三　黎族双层竹木矮桌结构名称图

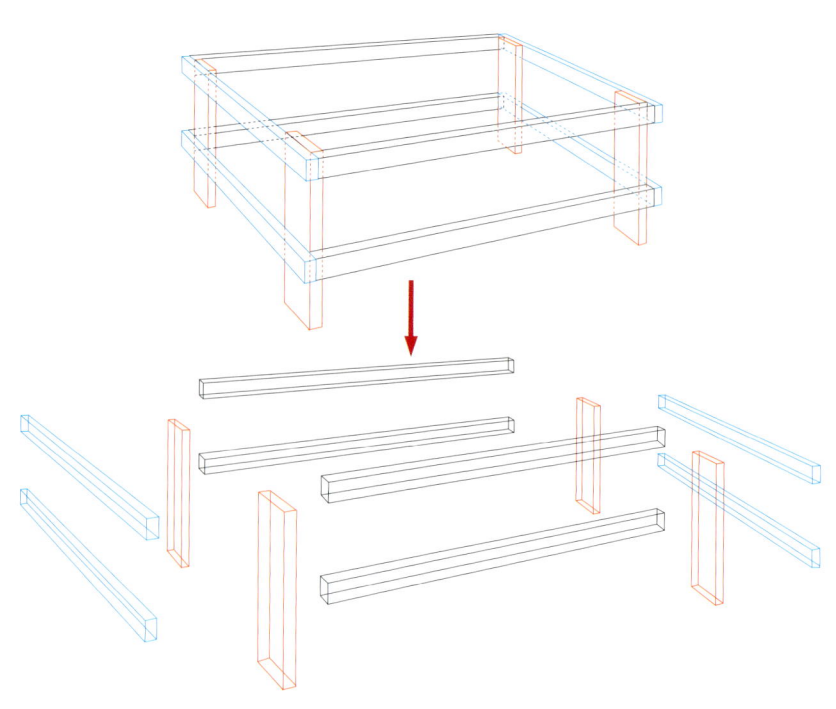

图四　黎族双层竹木矮桌木架结构分析图

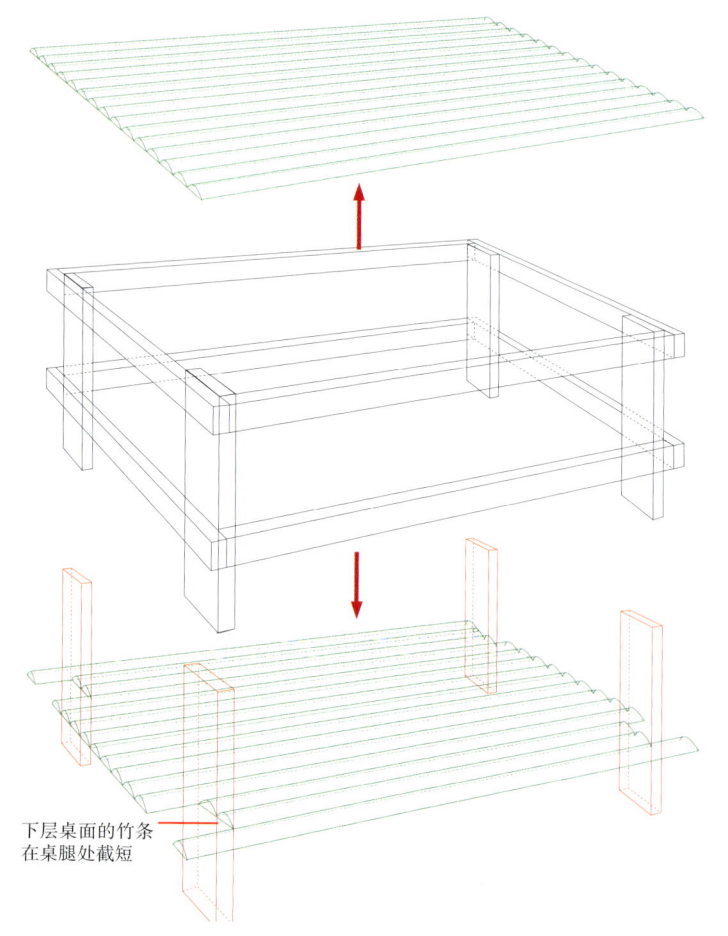

下层桌面的竹条在桌腿处截短

图五　黎族双层竹木矮桌桌面结构分析图

图六　黎族双层竹木矮桌使用情境图

第四章　黎族传统生活用具

黎族圆桌

图一　黎族圆桌主图

圆桌是保亭地区黎族聚居地旧时常见的室内家具，与其他地区常见的竹木制成的拥有双层台面的黎族传统方形矮桌不同，其桌面为单层、较高，且整个桌面呈圆形，是黎族人在汉族圆桌的影响下创造出的形制。本案例采选自保亭县甘什村黎族茅草屋内的圆桌，是黎族传统圆桌的典型样式。

本案例由桌面、隔板和桌腿组成，其中桌面和隔板均为圆形，桌面由完整的独木制成，直径受木材直径的限制，几乎都不超过1米。制作桌面时，首先选取一截直径较粗的树干，将树干从中间剖开，锯下一块约有3厘米厚度的方形木材作为桌面的材料，再将取下的方形木材加工成圆形桌面，最后将桌面边缘打磨光滑即可。桌腿是整张圆桌最具特色的部分，在模仿汉族四脚圆桌造型的同时又使用了黎族原始的独木加工工艺，利用天然的四杈树干作为桌腿，保留了树杈本身的自然形态，造型十分古朴大方。制作时首先取一截带四根树杈的树干，然后将树杈和树干多余的部分砍掉，再将树杈翻转放置地面作为桌腿。桌面、桌腿分别与隔板黏合在一起，黏合剂通常为黎族人使用传统的木胶加工方法制成，即利用鱼鳔或猪皮熬制而成的鱼胶或皮胶。

黎族传统圆桌产生自黎汉杂居的地区，是黎族独木造器的造物思维与汉文化融合下的产物，体现了黎族人原始的设计思维和独特的造物手段。

图片来源
图一、图六　鞠斐　摄影
图二至图五　鞠斐　制图

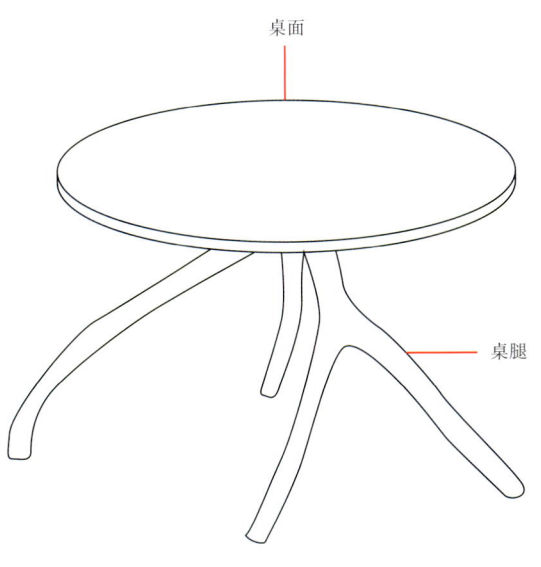

图二　黎族圆桌结构名称图

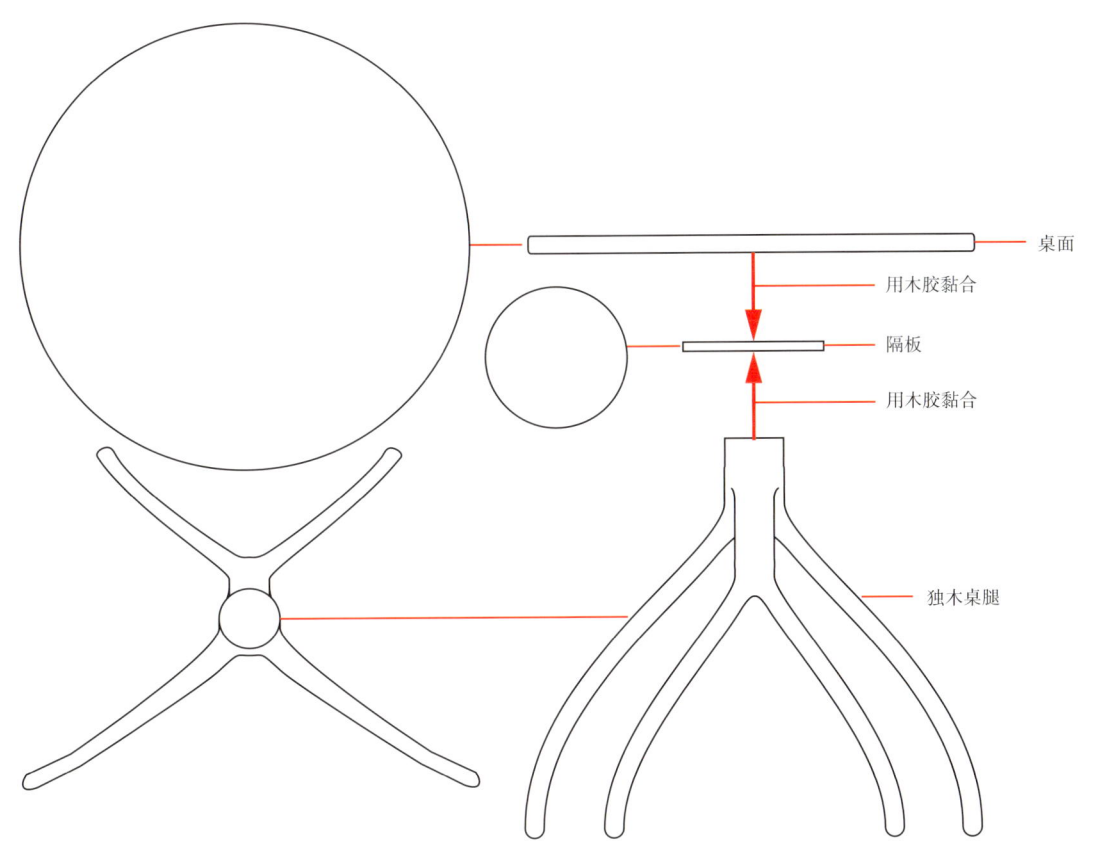

图三　黎族圆桌主体结构示意图

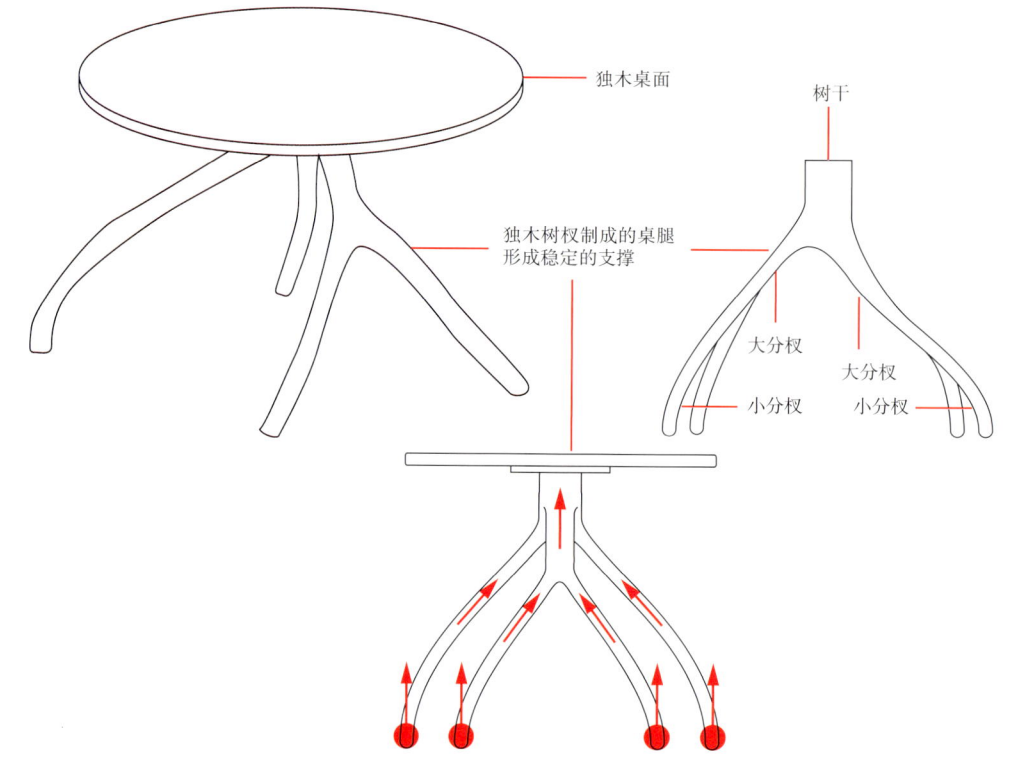

图四 黎族圆桌设计分析图

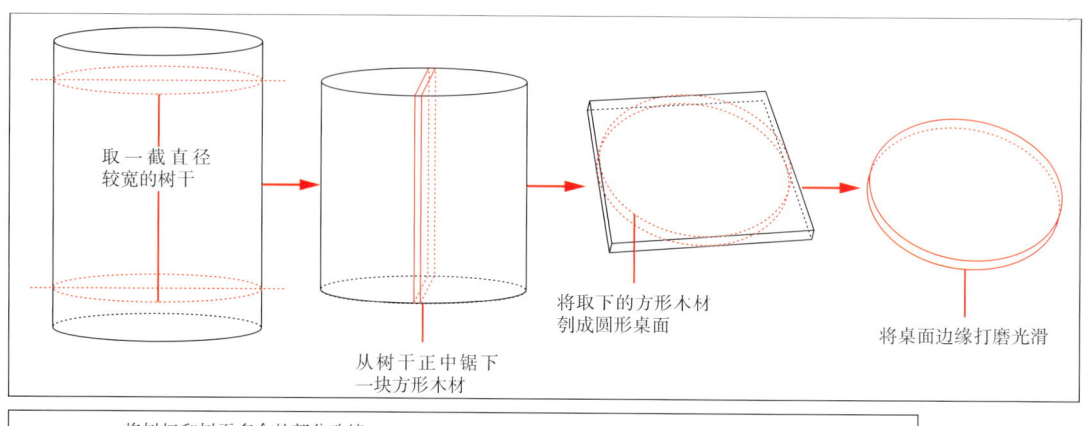

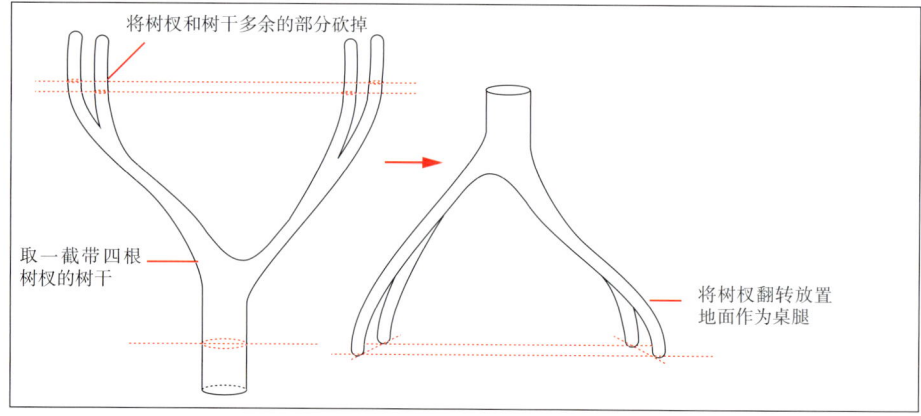

图五 黎族圆桌制作流程示意图

图六 延展图:黎族其他形制圆桌

黎族独木靠背椅

图一　黎族独木靠背椅主图

独木靠背椅是黎族人生活中常见的室内家具，也是黎族具有代表性的独木器。本案例采选自海南省民族博物馆，是典型的黎族传统独木靠背椅。

本案例由靠背、椅面、前侧椅腿和后侧椅腿组成，其中椅背、椅面和前侧椅腿由一块整木料切割打磨而成。由于独木靠背椅保留了独木的完整性，因此黎族人在制作独木靠背椅时通常选择直径较为粗大的树干。将木料砍伐下来之后晾干，传统的独木靠背椅的制作主要是先用火炭来熏烧，再慢慢刳、挖、刮制成形。有了铁器之后，独木靠背椅的制作相对容易了许多，制作时通常采用立体雕刻的方法，先挖成大致的形状之后再细心打磨，抛光。黎族的独木靠背椅通常前侧椅腿与椅背、椅面为一体，后侧椅腿为外部接入的两根木棍。后侧椅腿的角度与椅子中心形成三角形的稳定结构，同时与地面大约形成45度角，与接入点以及前侧椅腿的着地点也形成三角形的稳定结构。整体造型古朴、独特，使用方便，坚固耐用。

独木靠背椅是黎族特有的物质文化产物，其制作技术至今还保留着原始印迹。由于黎族地区长期生产力低下，这一独木加工技艺被长久延续下来，直至今日，一些保留着传统生活习惯的黎族村落仍然能够见到独木制成的桌椅板凳。

图片来源
图一　鞠斐　摄影
图二至图四　鞠斐　制图

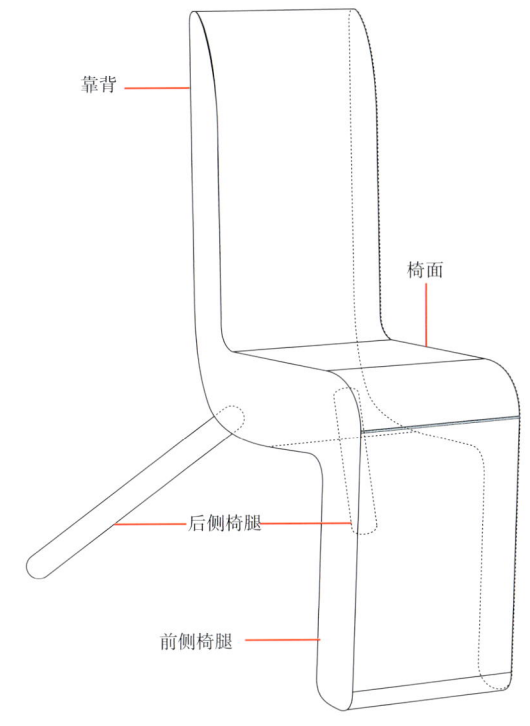

图二　黎族独木靠背椅结构名称图

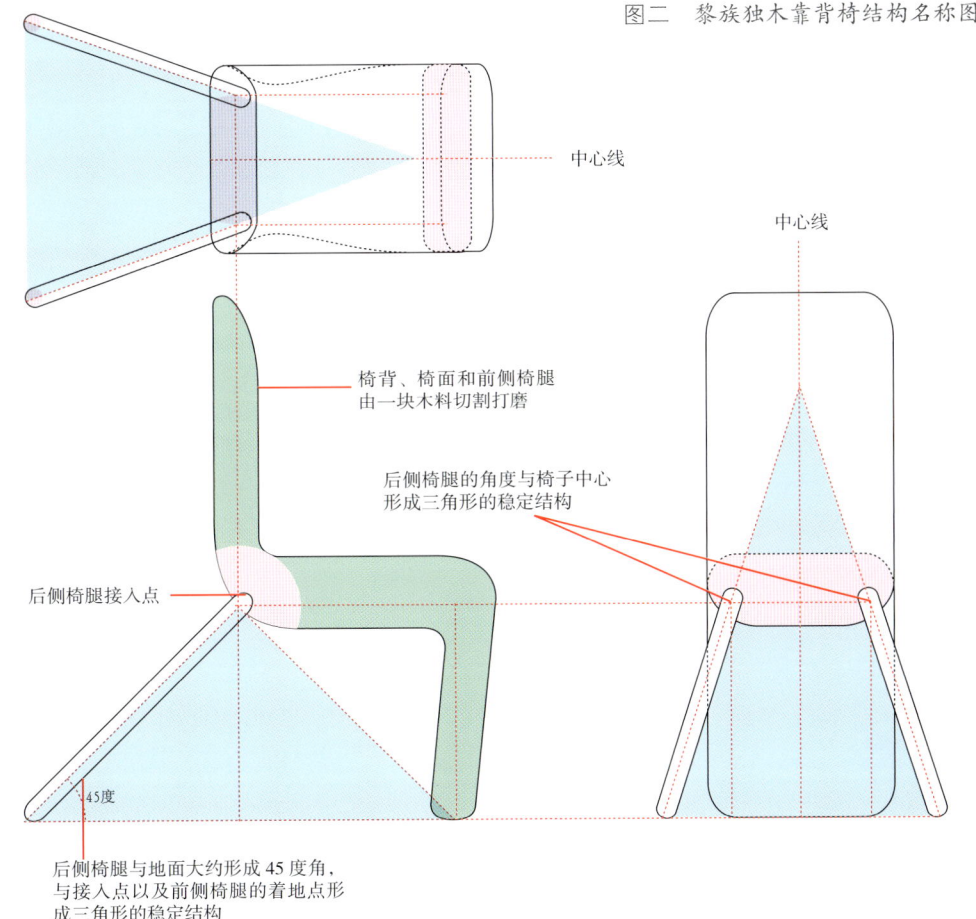

图三　黎族独木靠背椅设计分析图

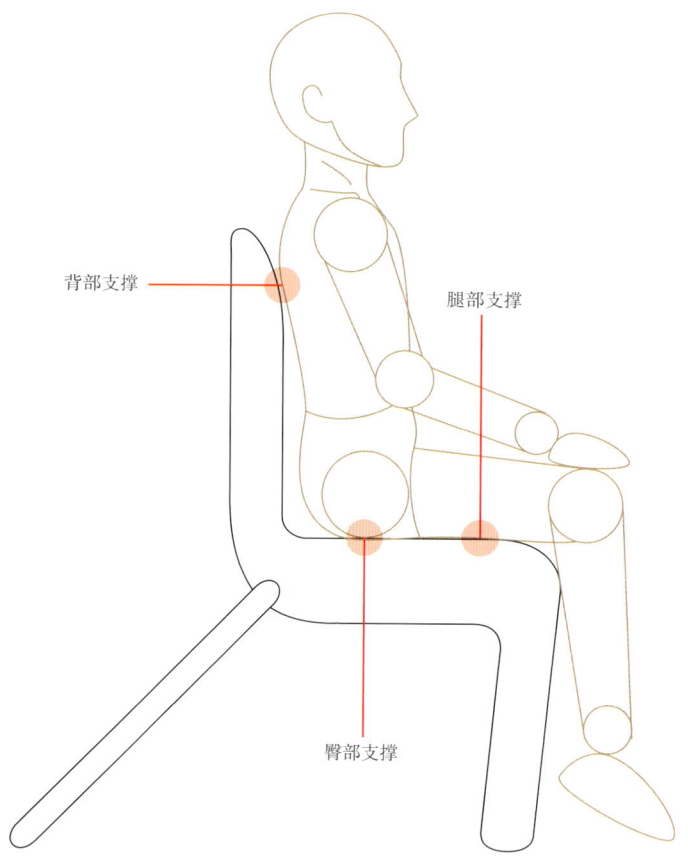

图四　黎族独木靠背椅使用方式示意图

黎族木制长凳

图一　黎族木制长凳主图1：四脚长凳

木制长凳是黎族地区常见的木制组合家具，本案例采选自保亭县甘什村，共有四脚长凳和六脚长凳两种形制。其中四脚长凳的组合较为简单，不使用任何的铁钉和木工胶，而六脚长凳的结构较为复杂，使用铁钉进行组合。

本案例两种长凳都由黎族男子手工制作而成，其中四脚长凳造型简洁，由长条形凳身和四条凳腿组成，两侧凳腿和凳身以八字形的样式组合在一起。六角长凳则造型较为复杂，由凳面、凳面木支架、固定凳腿圆木棍和六条凳腿组成，其中凳面由十余条棍状山槟榔木条组合而成，通过木支架与凳腿固定在一起，两侧凳腿两两以X形样式进行组合，结构十分稳定。

黎族传统四脚长凳和六脚长凳加工时使用的木料和加工方式都有所不同，其中四脚长凳制作时，首先选择一根粗细适中的完整独木，将上部砍削平整作为凳面。再选择四段长度、直径相同的粗枝，将一端砍削成尖锥形，另一端砍削出斜面作为凳脚。最后将凳身底部预备安装凳脚的部位，向内挖出四个适合凳脚锥形的深坑作为凳脚插槽，并将四条凳腿的尖端插入即可。黎族人通常选取质地坚硬的格木作为原料，可以令长凳结实耐用。六脚长凳制作时，首先砍伐十多根长短、粗细相同的山槟榔木木杆，再用方木料制作六条长短、粗细相同的凳腿，并将凳腿的两端分别削成斜面，用长钉将凳腿两两固定成X形，将圆木棍抵住凳腿交叉处固定凳腿角度，并用钉子钉牢，再将三根长方形凳面支架和凳腿钉在一起，最后用钉子将凳面依次和凳面支架钉牢。长老的山槟榔木约为女子手腕粗细，外形如同紫黑色的甘蔗，

第四章　黎族传统生活用具

质地坚硬，不惧日晒雨淋，外表光滑，结实耐用。

图片来源
图一至图三、图七　鞠斐　摄影
图四至图六　鞠斐　制图

图二　黎族木制长凳主图2：四脚长凳

图三　黎族木制长凳主图3：六脚长凳

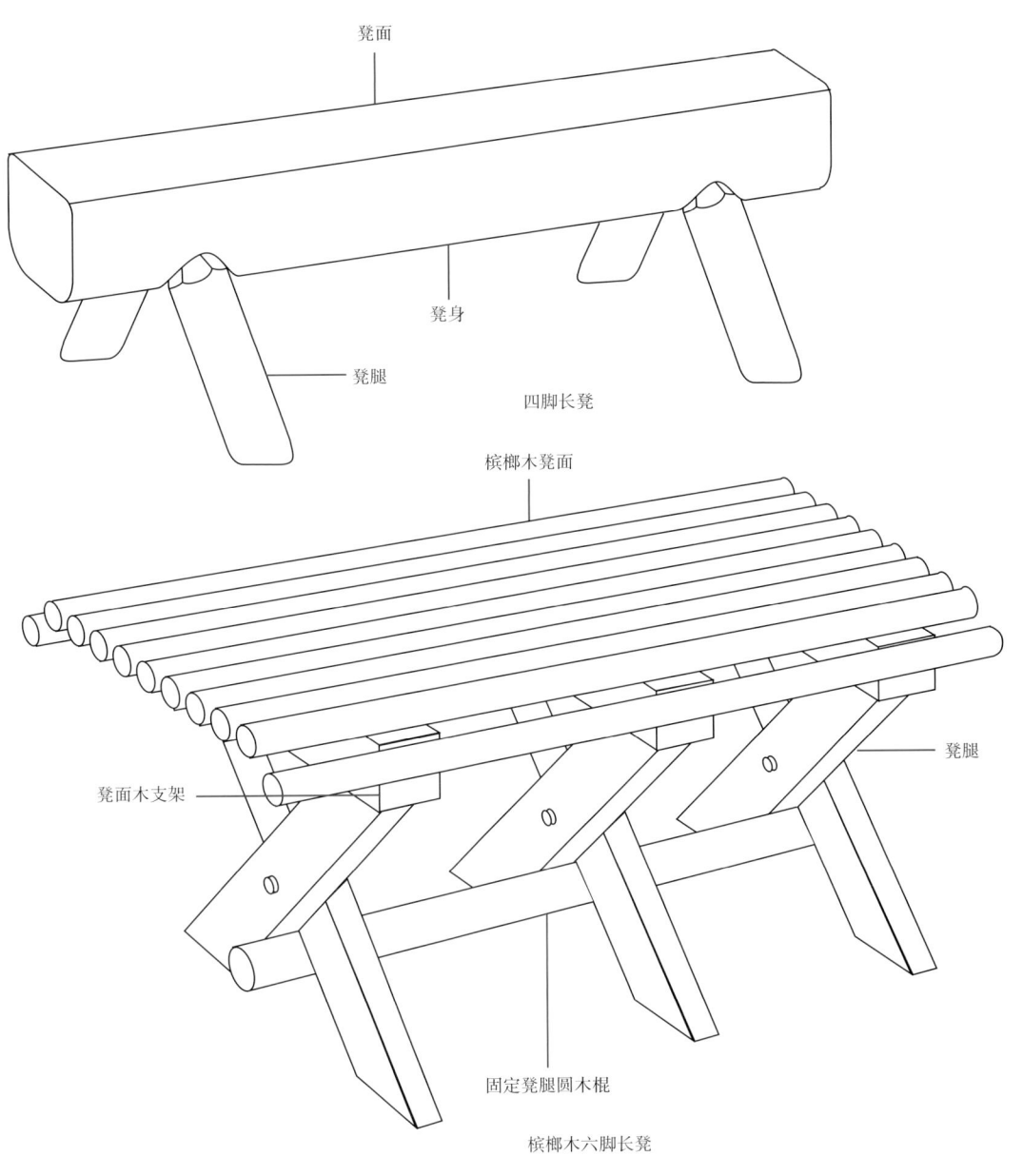

图四 黎族木制长凳结构名称图

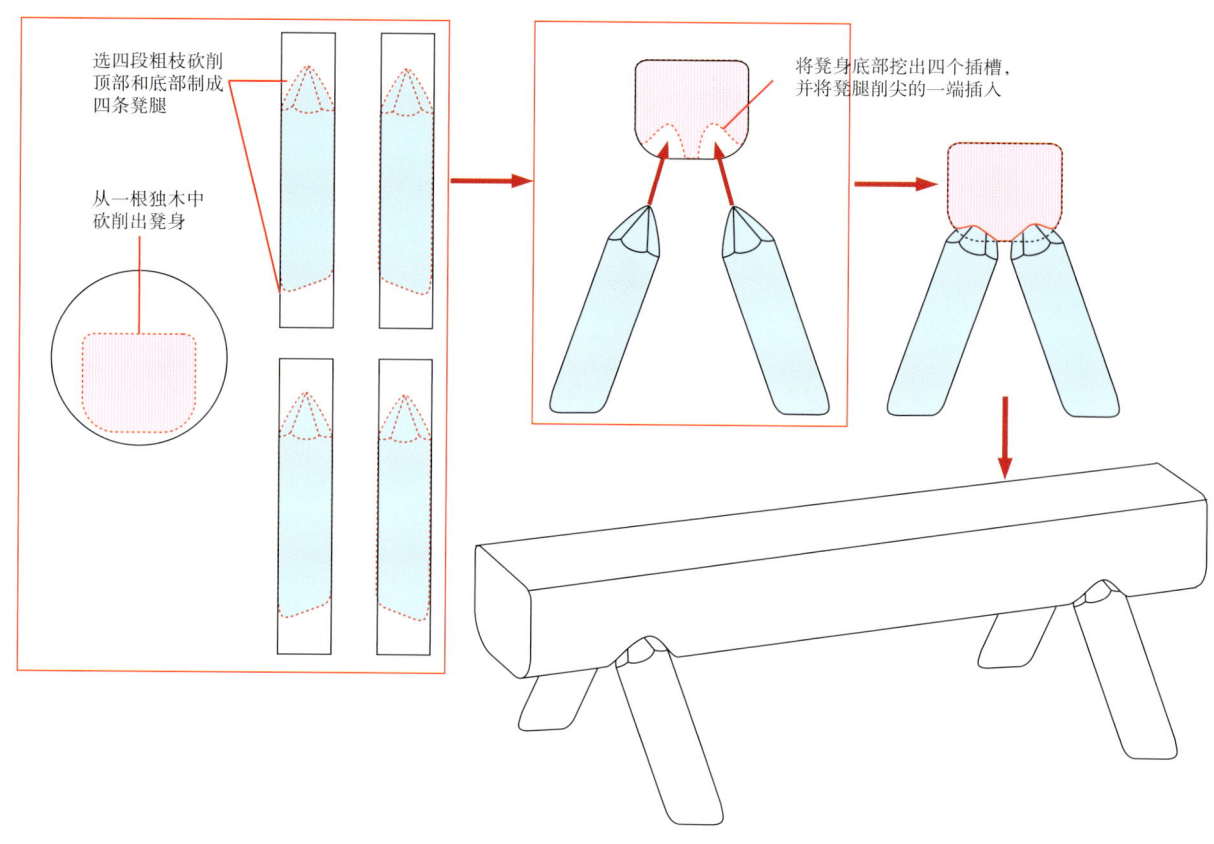

图五　黎族木制长凳制作流程图 1

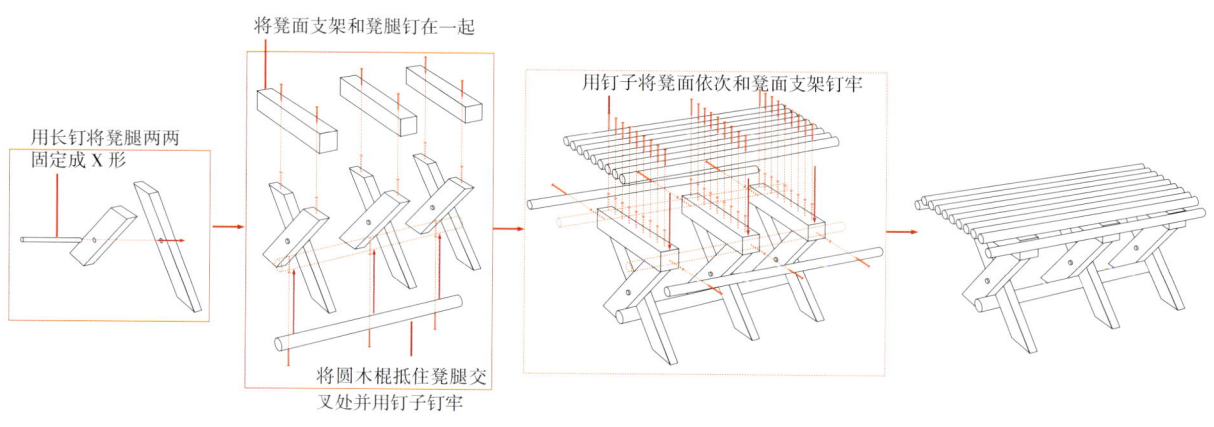

图六　黎族木制长凳制作流程图 2

图七　黎族木制长凳使用情境图

黎族牛皮圆面凳

图一　黎族牛皮圆面凳主图 1

黎族牛皮圆面凳是黎族传统皮作工艺和藤编、竹器加工技艺的综合运用，本案例采选自海口黎锦坊郭凯老师的收藏，是近年来新做的牛皮圆面凳。

本案例选取高矮不同的两只牛皮圆面凳进行分析，两只牛皮凳都由牛皮凳面、凳脚和圈足组成。其中高脚牛皮凳高约 45 厘米，凳面直径约 30 厘米，圈足直径约 35 厘米；矮脚牛皮凳高约 27 厘米，凳面直径和圈足直径与高脚凳相同。牛皮凳面边沿等距离打 7 个圆孔，用来穿藤绳，将凳面与圈箍上的圆孔对齐，用藤绳捆扎固定凳面和圈箍。凳脚由 14 根细竹竿组成，用藤绳固定捆扎圈箍和凳脚，圈足上同样打 7 个圆孔，用来穿藤固定凳脚。整只牛皮凳上小下大，可以增加凳子着地的稳定性，牛皮凳面厚实耐磨，使用年份越久，凳面牛皮色泽越深。

制作时，首先选取 14 根长短一致的细竹竿作为凳脚，相邻的两根首尾相并。使用 4 厘米宽的竹篾环成圈箍，并根据凳脚的数量等距离打7个圆孔。使用4厘米宽的竹篾环成圈足,并根据凳脚的数量等距离打7个圆孔。将凳脚与圈箍、圈足上的圆孔相合,使用藤篾将相邻的凳脚缠在一起,再穿过圈箍、圈足上的圆孔,结合圈箍、圈足的边缘进行固定。选一张牛皮剪成圆形事先蒙在圈箍上,根据圈箍上圆孔的位置打孔。最后将藤条穿过牛皮凳面和圈箍的圆孔并拧成绳,将凳面和圈箍牢牢固定在一起。

图片来源
图一、图二　鞠斐　摄影
图三至图六　鞠斐　制图

图二　黎族牛皮圆面凳主图2

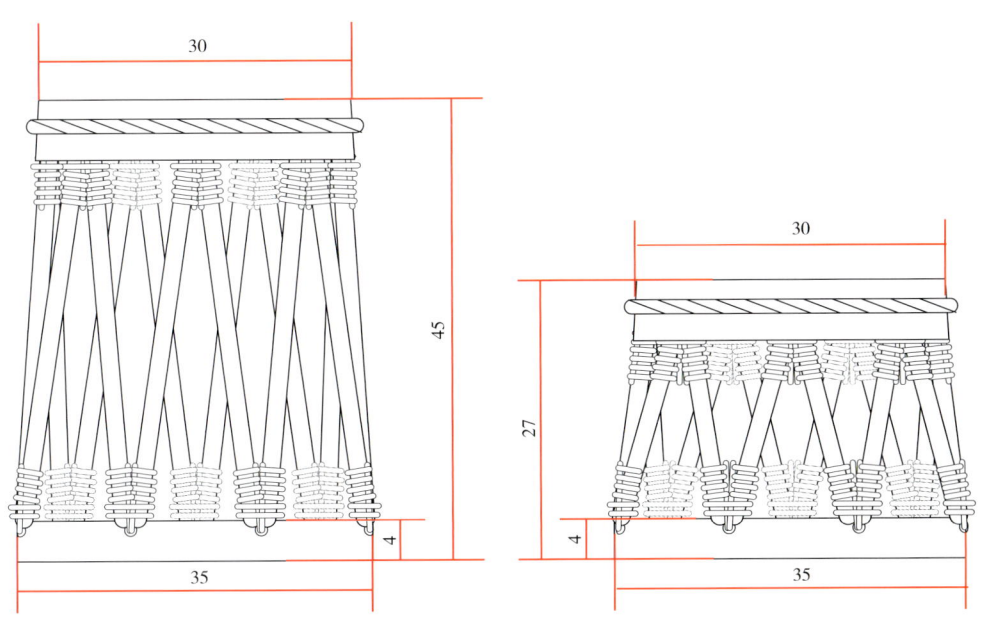

图三　黎族牛皮圆面凳尺寸图(单位:cm)

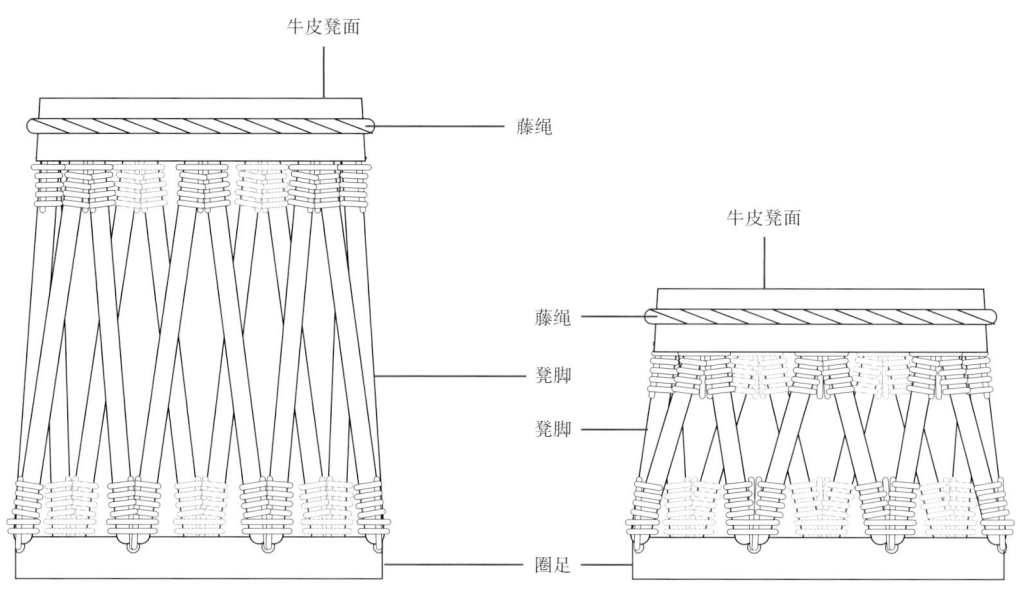

图四 黎族牛皮圆面凳结构名称图

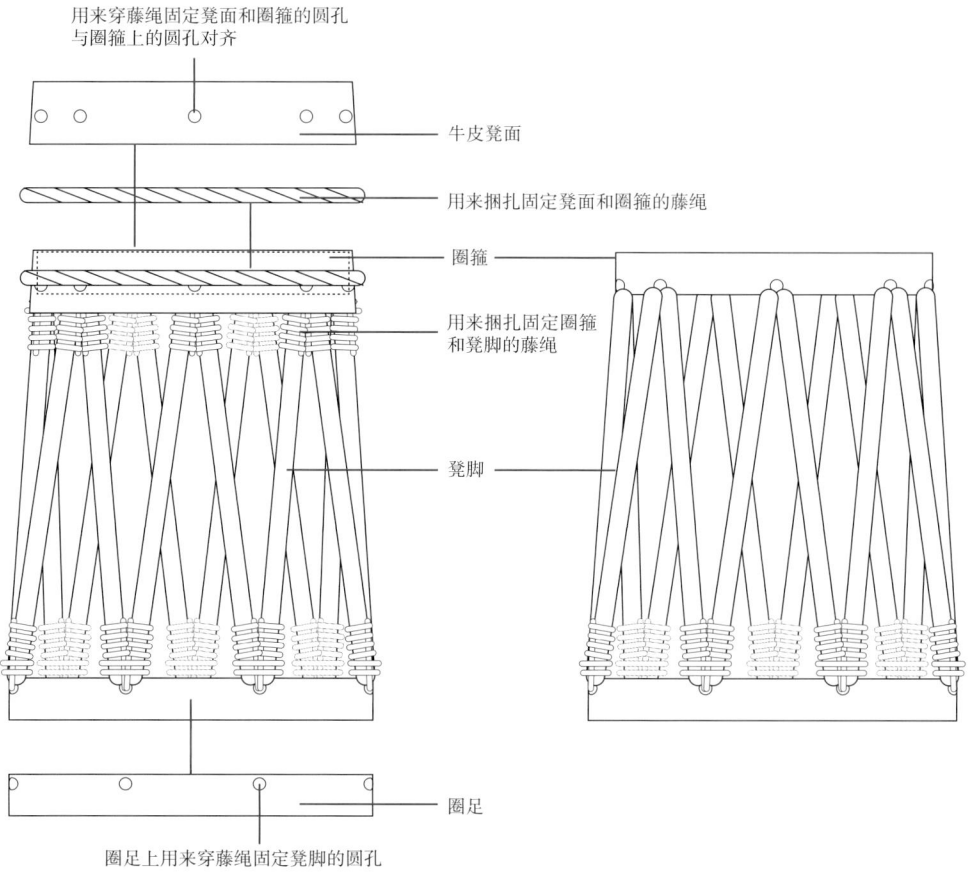

图五 黎族牛皮圆面凳设计分析图

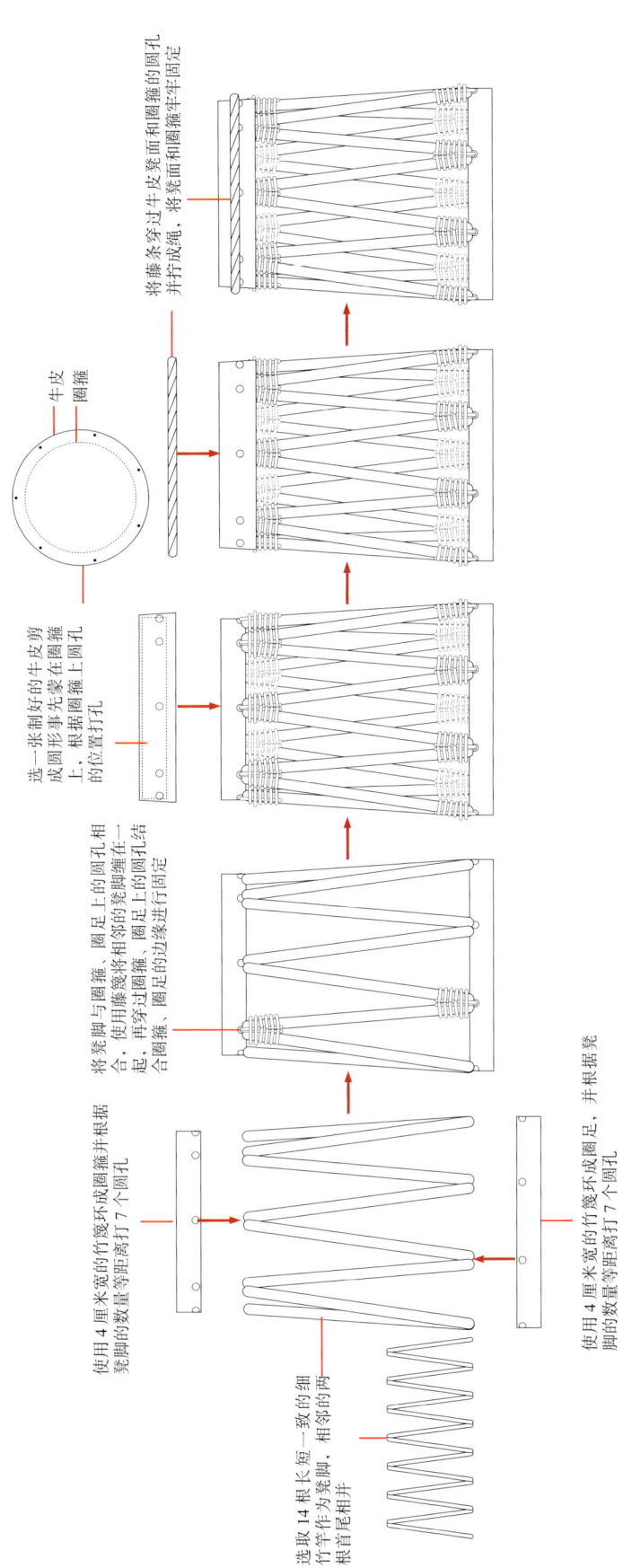

图六 黎族牛皮圆面凳制作流程图

黎族藤编圆面竹凳

图一　黎族藤编圆面竹凳主图

俄查村位于东方市的东南边，东北临昌化江中下游，黎族传统藤编圆面竹凳是当地黎族船形屋内常见的家具。本案例采选自东方市俄查村，是美孚方言黎族男子自编自用的藤竹器具。

本案例由藤编凳面、凳脚和圈足组成，用来编凳面的藤篾直接编入捆扎凳脚的藤编中，藤条用编织的方式固定捆扎圈箍和凳脚，圈足上穿孔，用来穿固定凳脚的藤条。高脚凳高约43厘米，凳面直径为30厘米，圈足直径为36厘米，圈足宽度为4厘米，单条凳脚竹竿长约40厘米。矮脚凳高约26厘米，凳面直径为30厘米，圈足直径为34.5厘米，圈足宽度为4厘米，单条凳脚竹竿长约22厘米。凳面采用挑一压一的编织方式，形成人字形斜纹肌理。本案例藤编竹凳制作时，选取14根长短一致的细竹竿作为凳脚，相邻的两根首尾相并，使用4厘米宽的竹篾环成圈箍和圈足，并根据凳脚的数量等距离打7个圆孔。将凳脚与圈箍、圈足上的圆孔相合，使用藤篾将相邻的凳脚缠在一起，再穿过圈箍、圈足上的圆孔，结合圈箍、圈足的边缘进行固定，将藤编凳面与捆扎凳脚和圈箍的藤绳编结到一起。

黎族人装饰设计构思十分精巧，有些藤编凳面在人字形编织肌理基础上运用染色藤条采用异色编织法，编织出菱形骨式的几何纹样，令藤编凳面能够产生更加丰富的肌理效果。将凳面与捆扎圈箍和凳脚的藤条编结成一体，可以令凳面与凳脚连接得更加牢固，凳脚相邻的竹竿用藤条首尾相连，形成三角形的稳定结构。用竹竿制作凳脚，令凳子整体更加轻巧便于搬运。

图片来源

图一、图七　鞠斐　摄影
图二至图六　鞠斐　制图

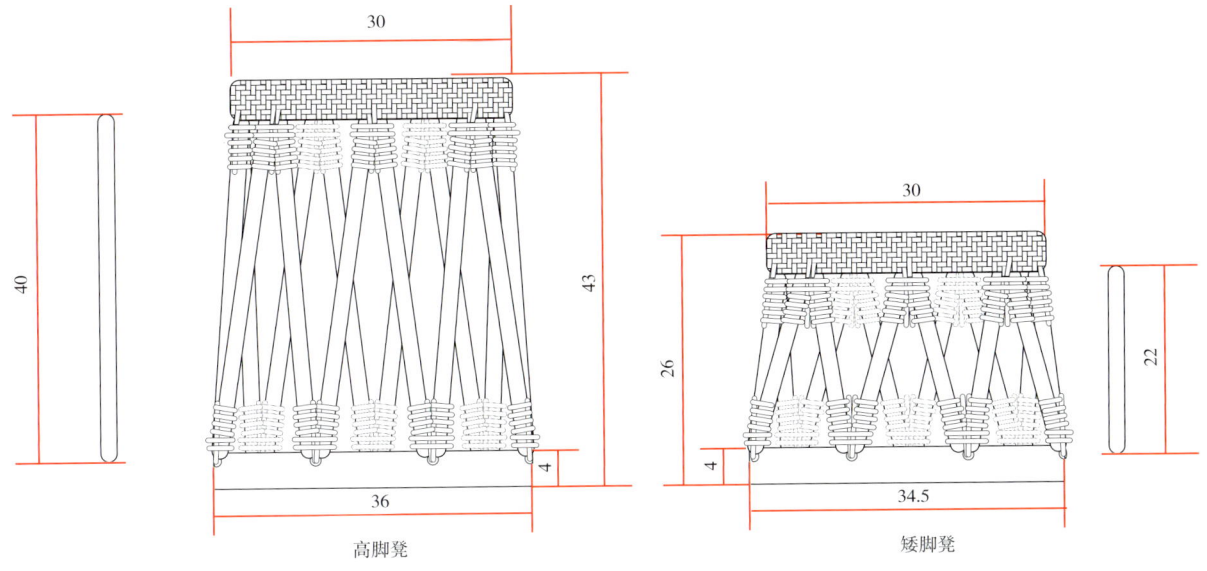

图二　黎族藤编圆面竹凳尺寸图（单位：cm）

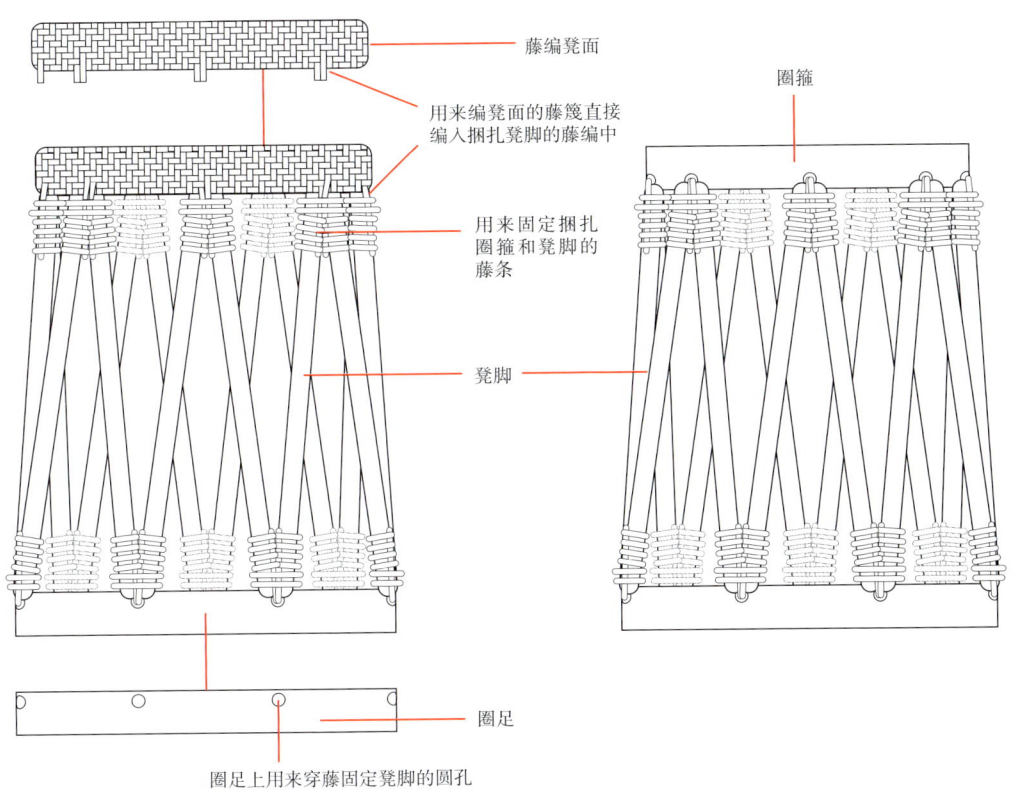

图三　黎族藤编圆面竹凳结构分析图

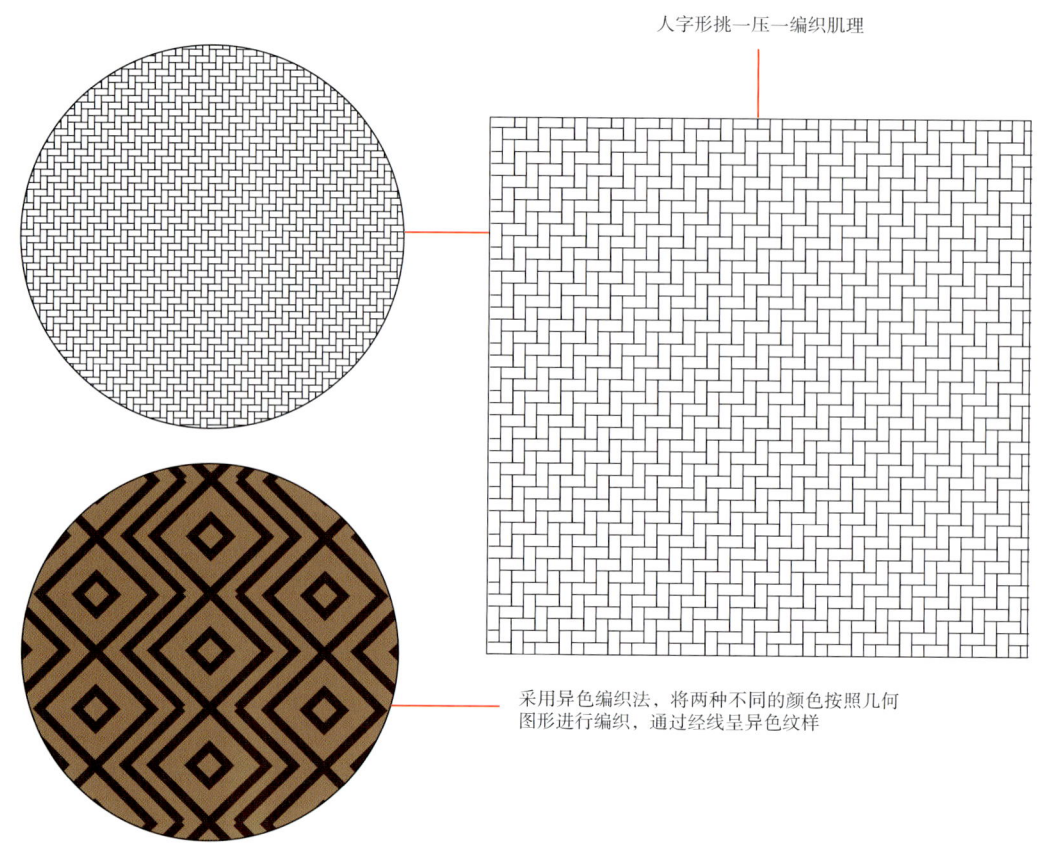

图四 黎族藤编圆面竹凳藤编肌理图

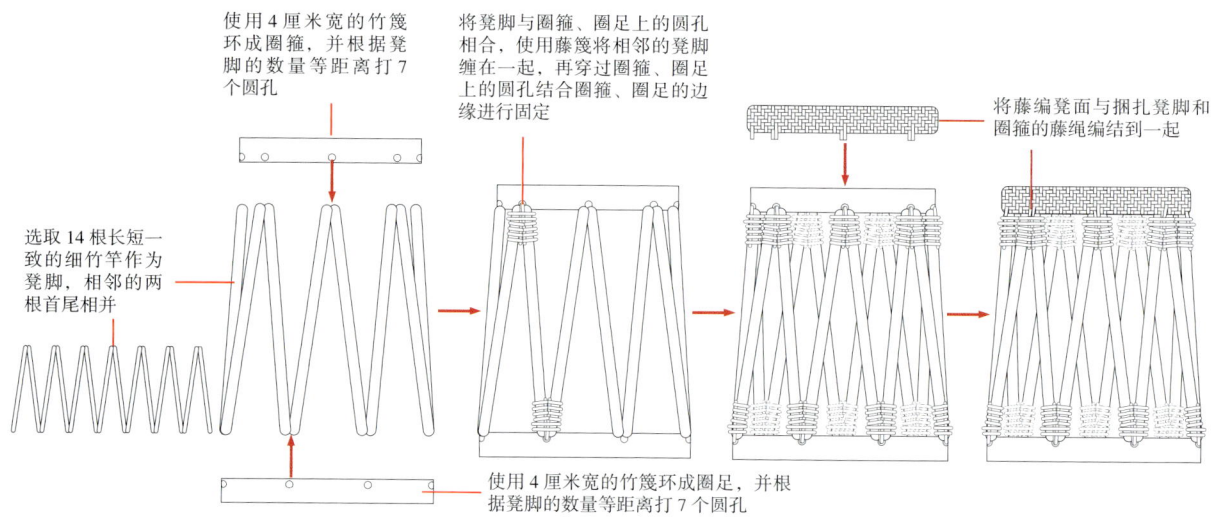

图五 黎族藤编圆面竹凳制作流程图

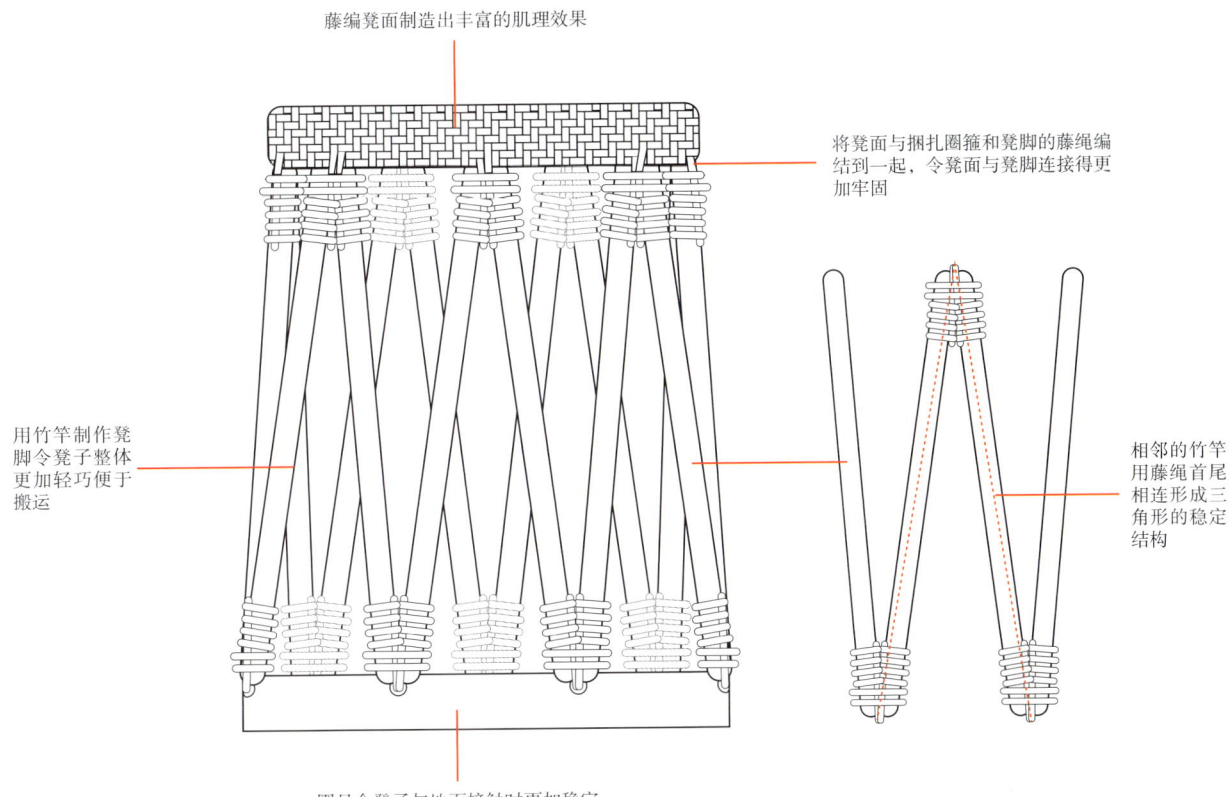

图六　黎族藤编圆面竹凳设计分析图

图七　延展图：黎族异色藤编圆面竹凳

第四章　黎族传统生活用具

黎族三杈木撑

图一 黎族三杈木撑主图

三杈木撑是黎族传统船形屋厨房的墙边常见的摆放器物的装置，通常用来摆放碗、瓢等用于盛装食物的椰壳、葫芦制成的器具，或悬挂带有系绳的藤竹编织的提篮、勺铲等餐饮器具。本案例采选自保亭县甘什村，通常使用天然木杈砍削制成，也是黎族传统独木器具的一种。

黎族船形屋内常见的三杈木撑形制基本相同，以本案例为例，整体结构由木杈和木撑两部分组成，造型简单。制作时，首先选择一段带有分杈的粗枝，木杈由于树枝天然生长的特性，分出三根，将木杈的粗枝保留

1米左右作为支撑底座，将分杈部分保留较长一截形成爪状。本案例使用功能简单明了，其中三根分杈起到盛放功能，下部长长的木撑起到承载功能。三杈木撑总高度约为120厘米，木杈的高度正好适合人的身高比例，方便拿放器具。

　　本案例安装时，首先要在墙壁上掏出一截墙桩，并在紧挨这根墙桩的地面挖一个深坑，将木撑底部削尖之后插入坑中进行固定。再将木撑和分杈与墙桩的位置调整好，用粗白藤将木撑和露出墙体的墙桩牢牢捆扎在一起进行固定，防止盛放或悬挂重物时木撑晃动。本案例在使用时直接将碗状或瓢状器物放置于三根分杈之间，调整位置用木杈卡住器物，令器物不轻易晃动，器物与木杈接触的部分作为支撑着力点。也可以将器物本身捆绑的系绳以悬挂的方式，挂在分杈上。

图片来源
图一、图五　鞠斐　摄影
图二至图四　鞠斐　制图

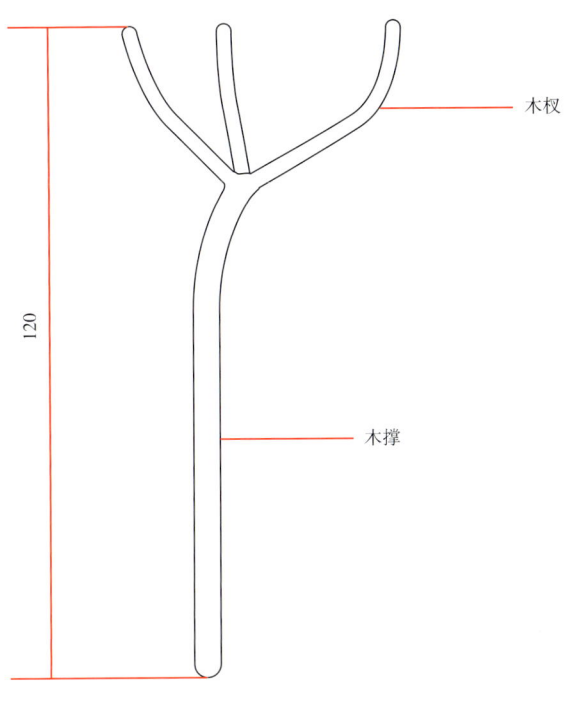

图二　黎族三杈木撑结构名称、尺寸图（单位：cm）

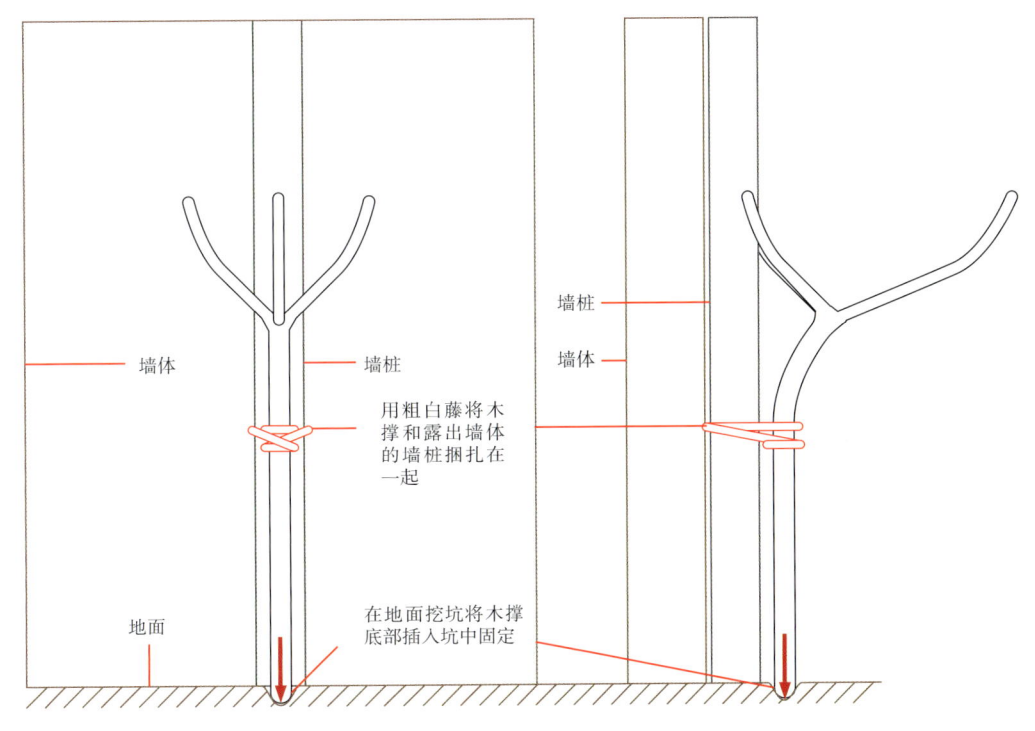

图三　黎族三杈木撑固定方式示意图

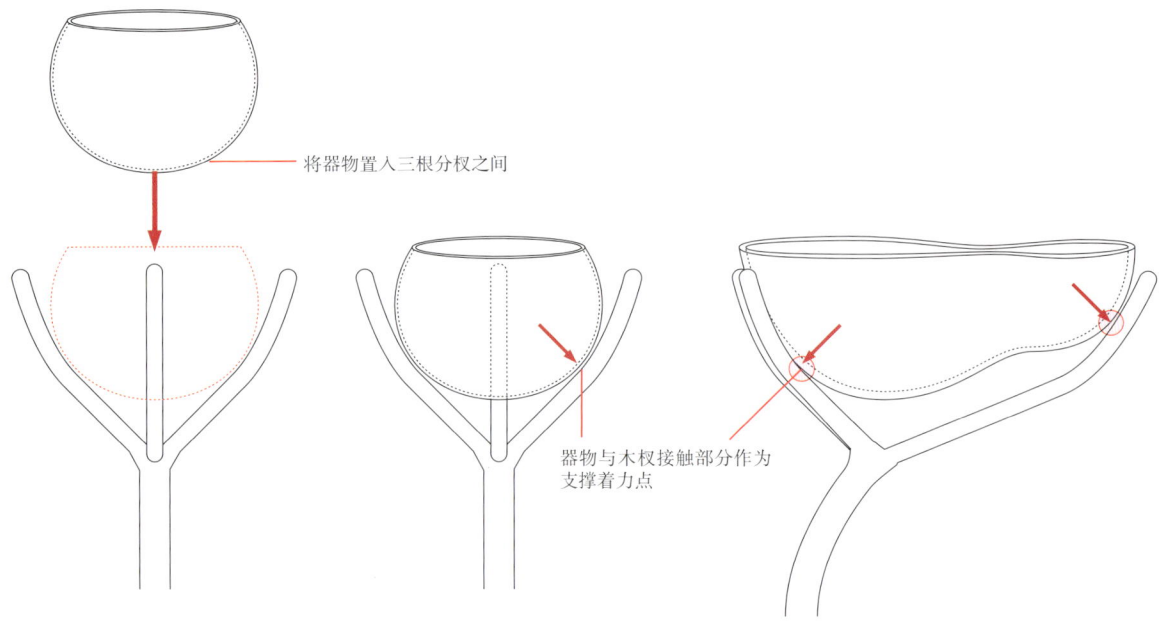

图四 黎族三杈木撑使用方式示意图

图五 黎族三杈木撑使用情境图

黎族悬挂式吊台

图一　黎族悬挂式吊台主图

　　黎族悬挂式吊台是黎族人根据黎族特有的船形屋的建筑特色，创造出的一种专门用于船形屋的室内家具。本案例采选自保亭县甘什村黎族船形屋内的悬挂式吊台，由三种不同的材料制成。

　　本案例吊台都为长方形形制的悬挂式吊台，分别由格木、竹子、山槟榔木三种材料制成。常规的木制悬挂式吊台有两种样式，其中一种由台面、底部支撑木条和边框组成，结构略为简单，一侧紧靠墙面，架在钉入墙体的木钉上，另一侧拴白藤捆扎在墙体上方的细木横条上。另一种木制悬挂式吊台是由台面、底部支撑木条和内、外边框组成，采用竹面木架，结构略为复杂，是采用榫卯结构的组合木制家具，台面使用白藤依次将组成台面的竹条编扎成一排，再铺放在下方木制框架上，吊台靠近墙面和远离墙面的两侧均由白藤条捆扎在墙体上方的细木横条上。竹制悬挂式吊台由台面和边框组成，采用捆扎夹紧的方式进行组合，制作时需要将竹子一剖为二，用竹条上下夹紧台面，用白藤将竹条两端捆扎夹紧。山槟榔木制悬挂式吊台由台面和底部支撑木条组成，使用木钉钉紧的方式进行组合。制作时，首先使用木钉钉入台面，同时贯穿台面钉入支撑木条，即用钉子分别钉入每一根山槟榔木，同时贯穿并钉入下方支撑木条。

本案例的安装通常采用三种方式，第一种是将粗白藤一端系住外框另一端系在墙体上方的细木横条上悬挂吊台；第二种是将粗白藤穿过横梁并分别系住内外两侧边框来悬挂吊台；第三种是将粗白藤系住靠外的一侧边框悬挂吊台，底部增加钉入墙中的木棍支架，支撑靠内一侧的框架。

图片来源

图一、图二、图七　鞠斐　摄影
图三至图六　鞠斐　制图

木制悬挂式吊台样式一

竹制悬挂式吊台

木制悬挂式吊台样式二

山槟榔木制悬挂式吊台

图二　黎族悬挂式吊台四种样式示意图

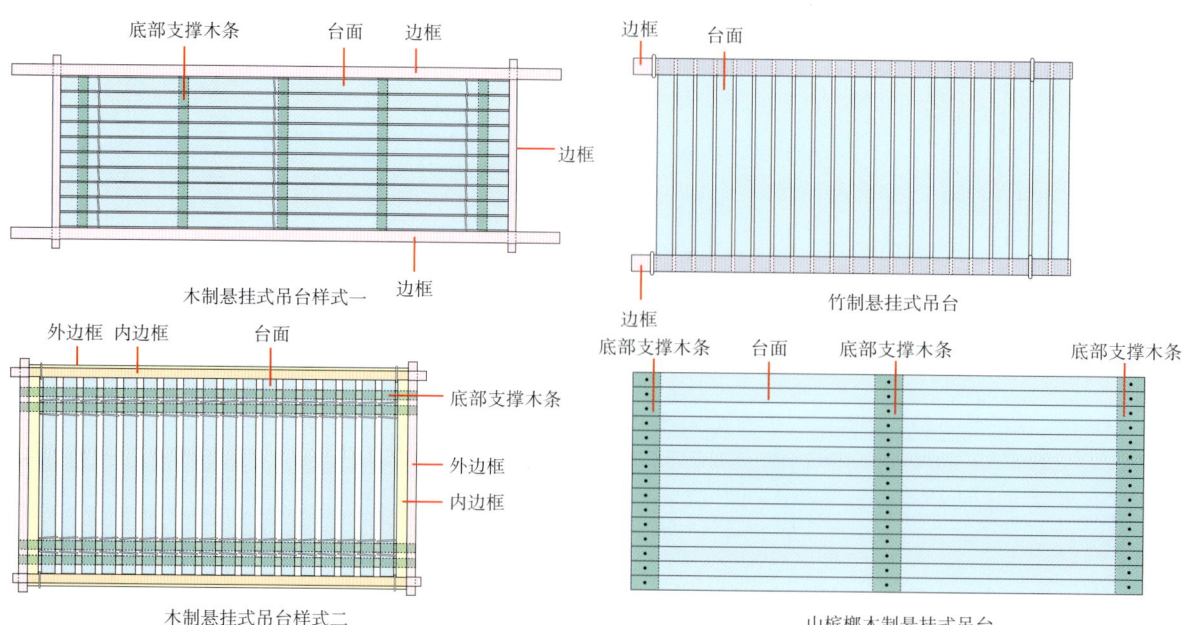

图三　黎族悬挂式吊台结构名称图

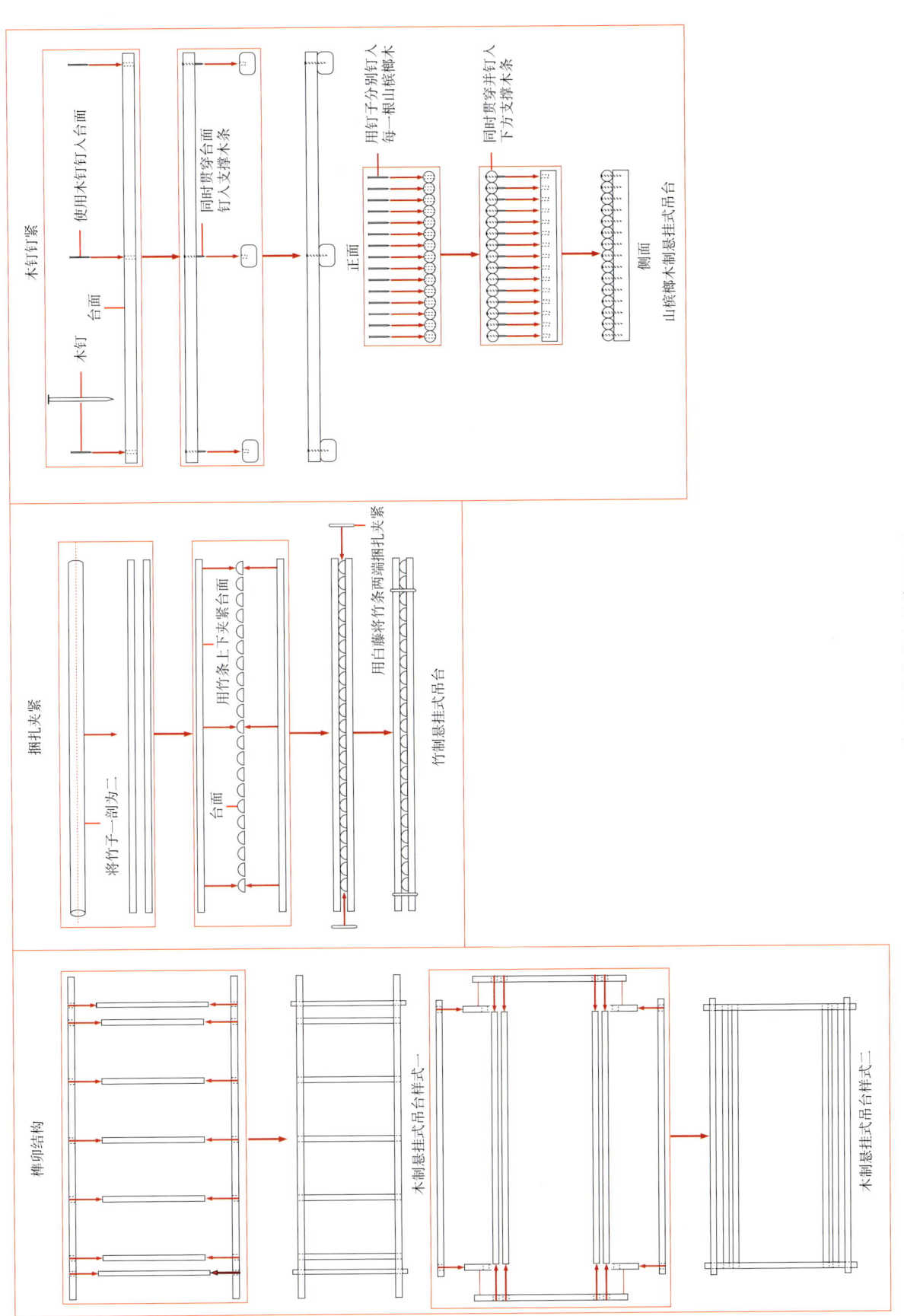

图四 黎族悬挂式吊台制作流程图

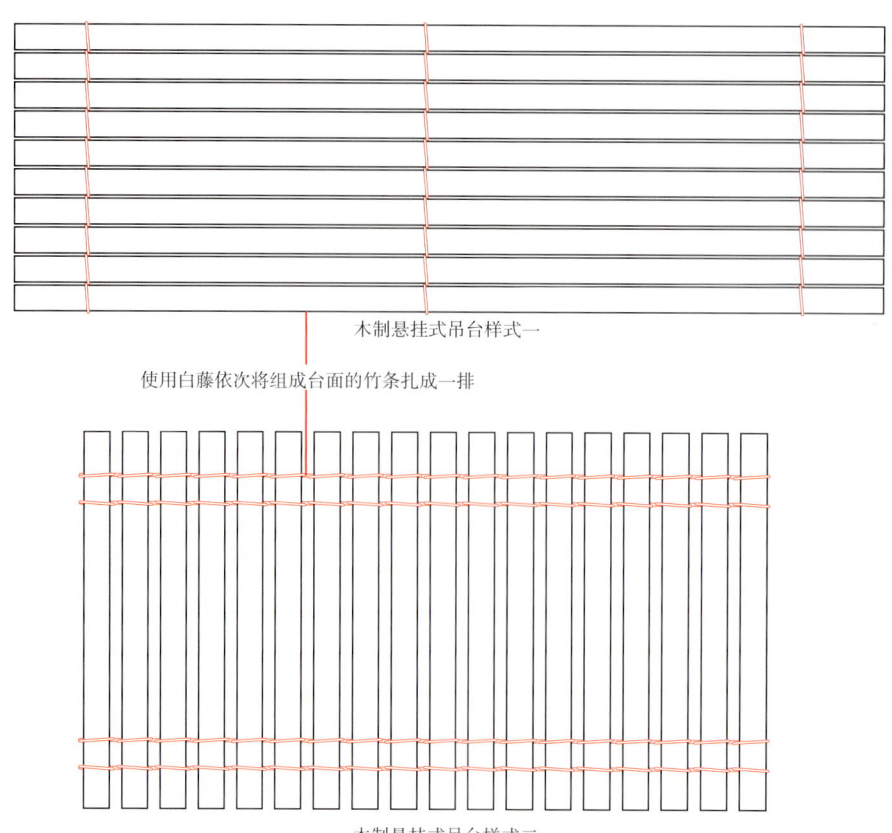

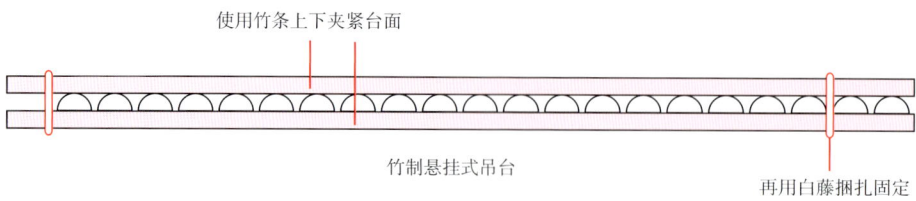

图五 黎族悬挂式吊台台面组成分析图

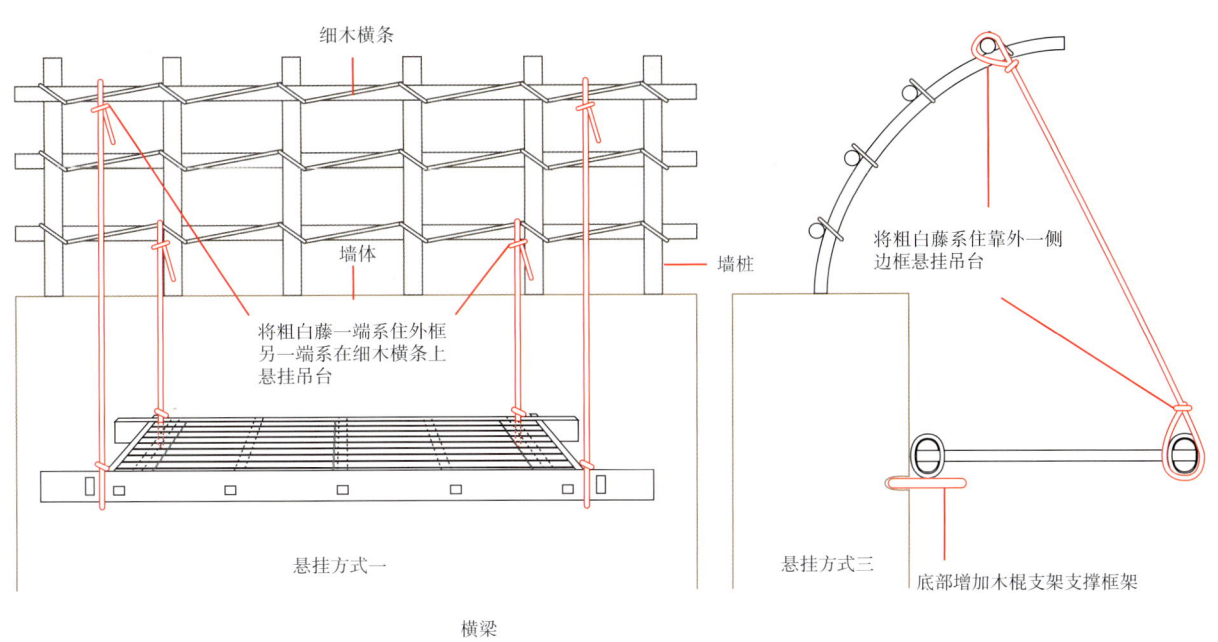
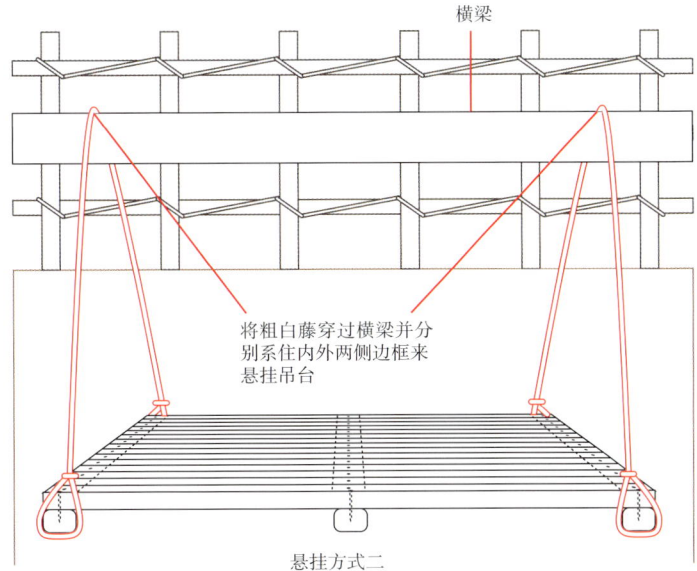

图六　黎族悬挂式吊台悬挂方式示意图

图七　黎族悬挂式吊台延展图

黎族圆腹平顶带盖藤编衣篓

图一　黎族圆腹平顶带盖藤编衣篓主图

藤编衣篓是黎族人用来放置衣物的藤编器具，由于黎族传统室内家具中没有衣柜这一家具形态，因此黎族人使用白藤编结成衣篓来盛放衣物。本案例采选自东方市东河镇东方村黎族传统船形屋内的藤编衣篓，是黎族传统藤编衣篓典型的形制之一。

本案例主要由藤编篓身和藤编篓盖两部分组成，篓盖正面有草编掀绳，背面通过草编系绳与篓身相连。基于储存功能的需要，黎族藤编衣篓的尺寸较一般的藤编篮筐更大，整体造型肩宽底窄，平底、圆腹、斜肩、竖口、平顶圆盖。黎族藤编衣篓采用白藤作为编织材料。藤篾通常选择直径在0.5厘米左右的较粗白藤，经篾需要韧性，因此一般采用直径约0.4厘米的较细白藤。编织衣篓分为两个大的步骤，第一步是编织篓身，第二步是编织篓盖。篓身和篓盖的编织方法大体相同，只不过收缩的尺寸和位置不同，最终导致了造型的不同。编织藤篓是从底部的圆心部位开始。首先需要确定圆心，选取一根白藤，将它的一头削薄，并把削薄的部分向内卷四圈；然后选用一根白藤篾，穿过圆圈的中心，并缠绕一周，这样圆心就确定好了。接着用较粗的白藤条当纬篾，用较细的白藤条当经篾，从篓身或篓盖底部的中心往四周编织，以挑一压一的编织方法编织成人

第四章　黎族传统生活用具

字形斜纹。编织到一定大小之后，需要从底部往腹部转折，在鼓腹的位置纬篾需要拉长，在收腹、斜肩的地方，纬篾需要逐渐缩短。口沿处需要用白藤篾缠绕收口。

黎族藤编衣篓使用方法简单，使用时只需手持掀绳向上掀起篓盖，再将掀起的篓盖靠着篓身放在地面，放入衣物后合上篓盖即可。黎族藤编衣篓体现了典型的黎族藤编文化，其通风性能好、防水且结实耐用，一只藤编衣篓可以使用多年不坏。

图片来源

图一、图六　鞠斐　摄影
图二至图五　鞠斐　制图

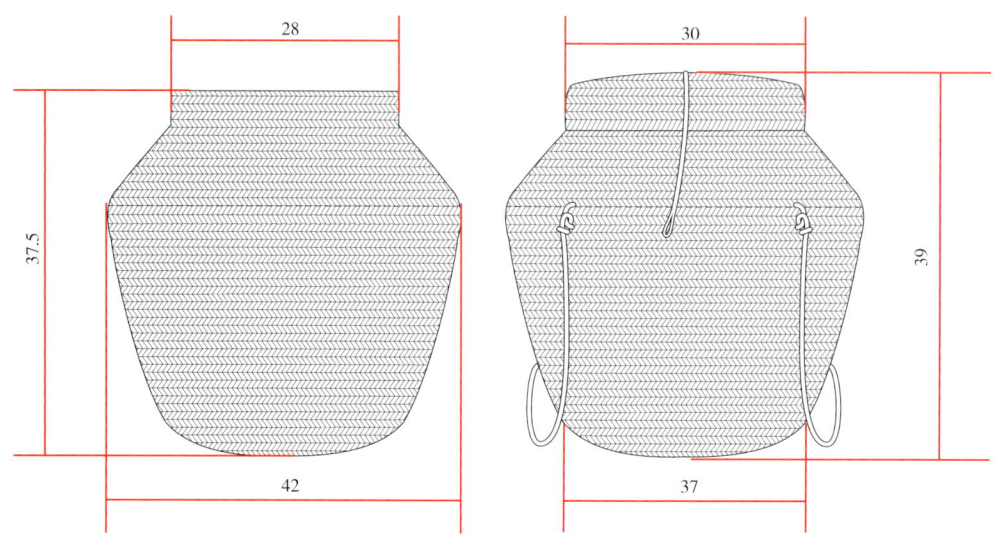

图二　黎族圆腹平顶带盖藤编衣篓尺寸图（单位：cm）

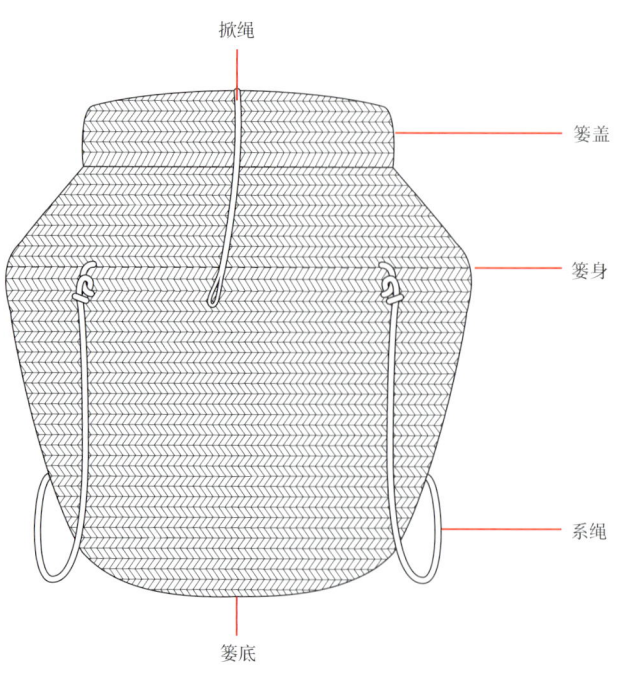

图三　黎族圆腹平顶带盖藤编衣篓结构名称图

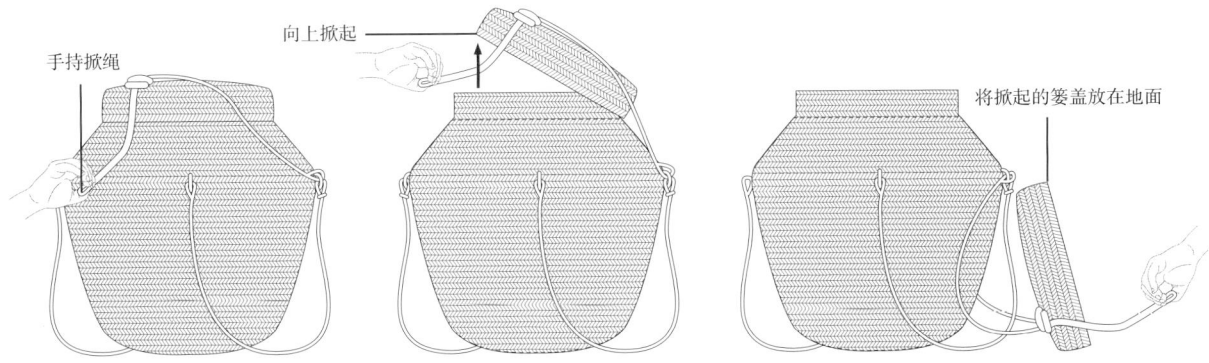

图四 黎族圆腹平顶带盖藤编衣篓开盖方式示意图

图五 黎族圆腹平顶带盖藤编衣篓使用情境图 1

第四章 黎族传统生活用具

图六　黎族圆腹平顶带盖藤编衣篓使用情境图 2

黎族竹编簸箕

图一　黎族竹编簸箕主图

黎族簸箕是一种竹篾编织而成的铲状器具，用来收运垃圾或盛装谷物饲料撒在地上喂养牲畜。本案例采选自保亭县甘什村，是当地黎族人纯手工编织的生活器具。

本案例为铲形簸箕，样式简单，单色编织，朴素大方。黎族簸箕通常由簸箕斗、簸箕铲和挂绳组成，总长度约36厘米，簸箕铲也被形象地称作簸箕舌，宽度为28.5厘米，簸箕斗深度为12厘米。做簸箕用的主要原料是竹篾，来源于黎族聚居地生长的竹子，编织簸箕时首先搭建簸箕框架，搭建时砍一截粗藤条，弯成 U 形。编织簸箕的竹篾需加工成黑色，加工时首先将竹子劈成细竹篾条，经条和纬条厚度和宽度要规整一致，这样才能编织出紧凑的簸箕。将劈好的竹篾边缘处理光滑，经过长时间的蒸煮至颜色变黑，以此来增加篾条的韧性。编织时使用竹篾以经纬相压的方式，从簸箕斗一直编织到簸箕铲，并采用扎边的方式将竹编簸箕身与簸箕框架结合在一起，扎边时缝隙留得越小，簸箕密度越大，也越牢固。本案例使用时手持簸箕斗的末端，令簸箕底贴紧地面，垃圾由铲口扫入，将垃圾存储在簸箕斗中，或直接用铲口铲装谷物，将谷物储存于簸箕斗中。

手工编织簸箕曾是黎族人日常生活中的重要组成部分，随着工业化生产的塑料簸箕的传入，手工编织簸箕逐渐退出了黎族人的生活舞台，至今只有很少的黎族村落保留了竹编簸箕的编织工艺。

图片来源

图一　鞠斐　摄影
图二至图六　鞠斐　制图

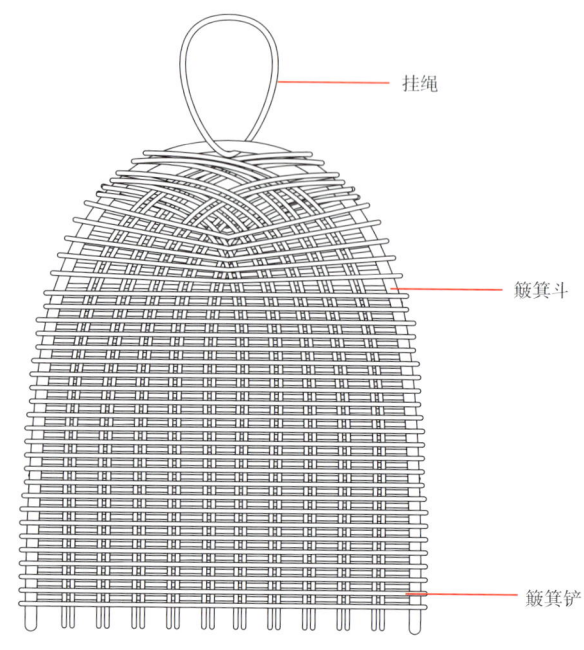

图二　黎族竹编簸箕结构名称图

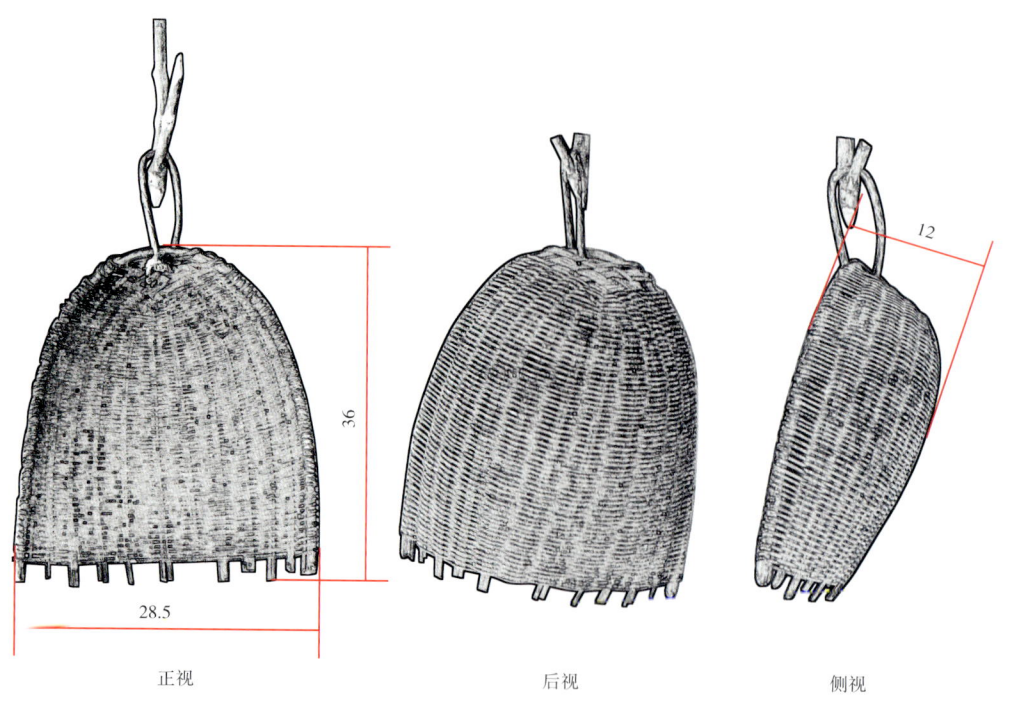

图三　黎族竹编簸箕视角、尺寸图（单位：cm）

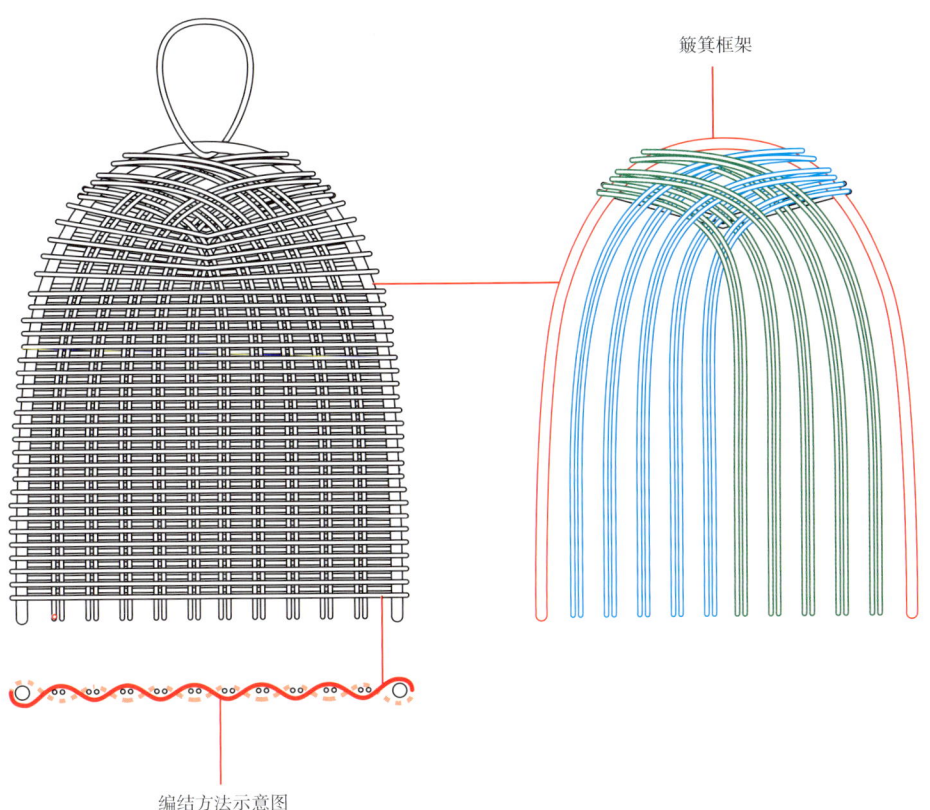

图四 黎族竹编簸箕编结工艺分析图

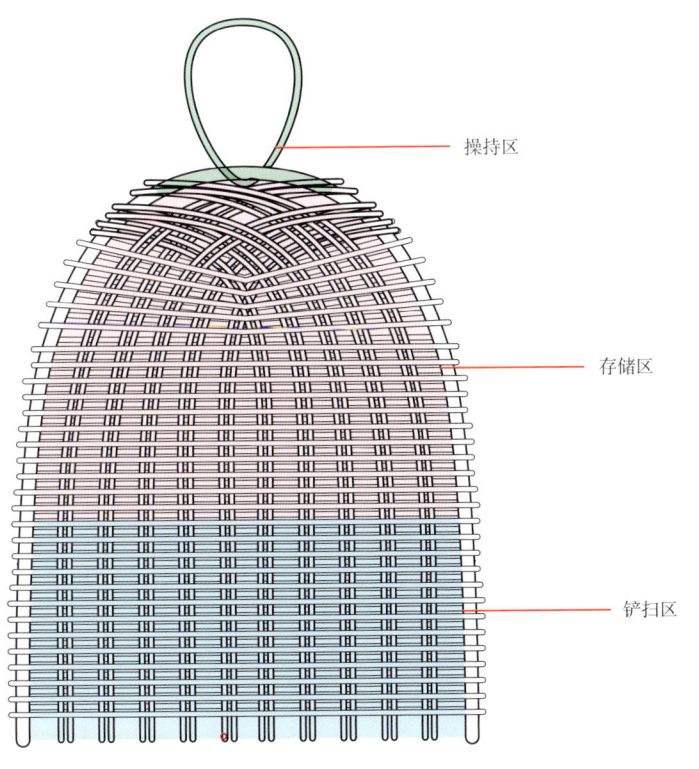

图五 黎族竹编簸箕功能分区示意图

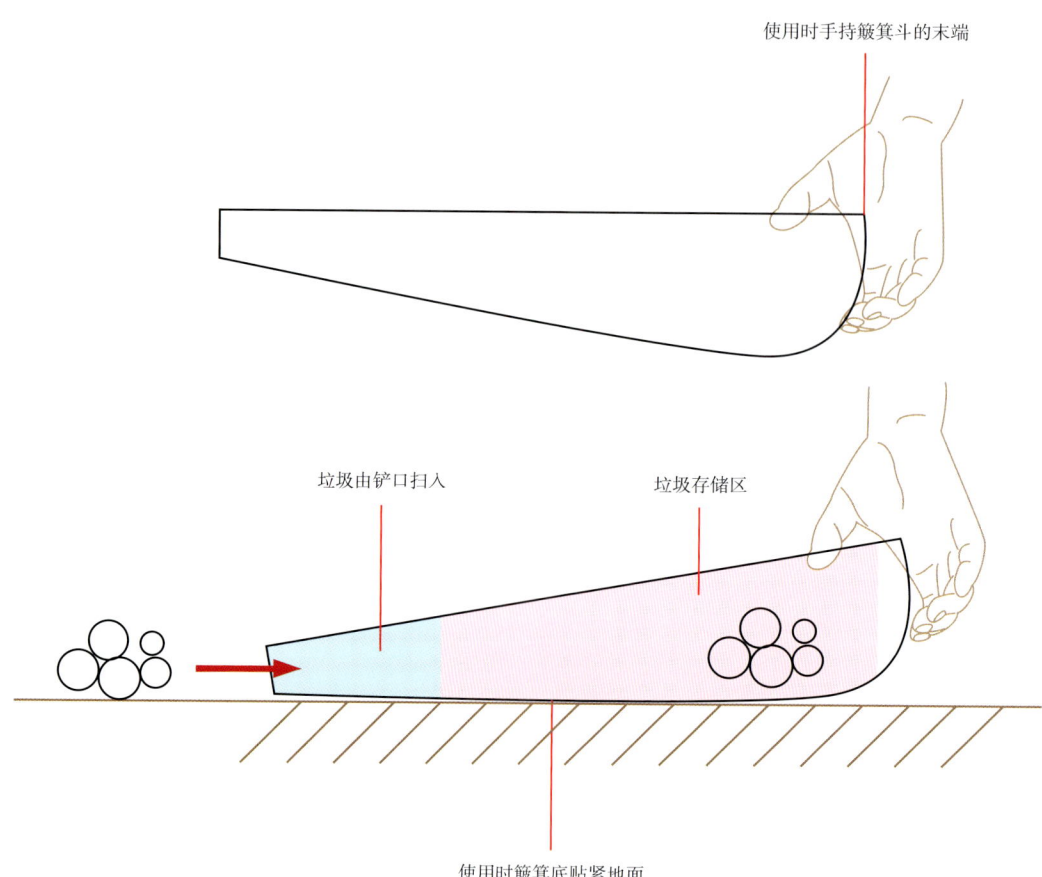

图六 黎族竹编簸箕使用方式示意图

黎族竹编系带盛物篮

图一 黎族竹编系带盛物篮主图

竹编系带盛物篮是黎族日常生活器皿，用来盛装食物、针线或其他小型工具。本案例采选自海南省保亭县文化馆黄呈馆长收藏的系带盛物篮，是典型的黎族竹编器具形制之一。

本案例整体形状略扁，圆口、鼓腹，整体结构由篮口藤编圆环、篮腹藤编圆环、竹编篮身、篮底竹垫圈和藤编系绳组成。篮口和篮腹藤编圆环起到固定外形、系绳和装饰作用，白藤编结的系绳可手提可悬挂。黎族竹编系带盛物篮制作加工时首先采集长老的竹子为原料，将砍回的竹子放在屋檐下较为阴凉的地面。把竹子剖开并劈为细竹篾条，再用刀削细篾条毛糙的部分，晒干就可编织。本案例采用的细竹篾经条宽扁，而纬条的宽度仅为0.2厘米左右。处理完材料之后设计篮筐的形状，然后开始编织。首先需按所要编织的形状搭建框架，搭架时使用稍粗一些的圆润光滑的细竹篾弯成圆环，固定篮口、篮腹和蓝底的形状。编结纬条时一上一下压住经条。编织完成后用石器将其外表打磨光滑，然后用植物油反复涂抹，使器物外表光亮、美观、结实、耐用，涂抹竹编器物的植物油料多用海棠油、山柚油等。最后将篮筐阴干，用宽竹条圈成底座，并在肩部穿上一对藤编系绳。

黎族竹编系带盛物篮做工精致、造型独特，融入了黎族人独特的审美观念，承载了黎族传统竹编文化，是既实用又精美的黎族传统手工艺制品。

图片来源
图一、图七　鞠斐　摄影
图二至图六　鞠斐　制图

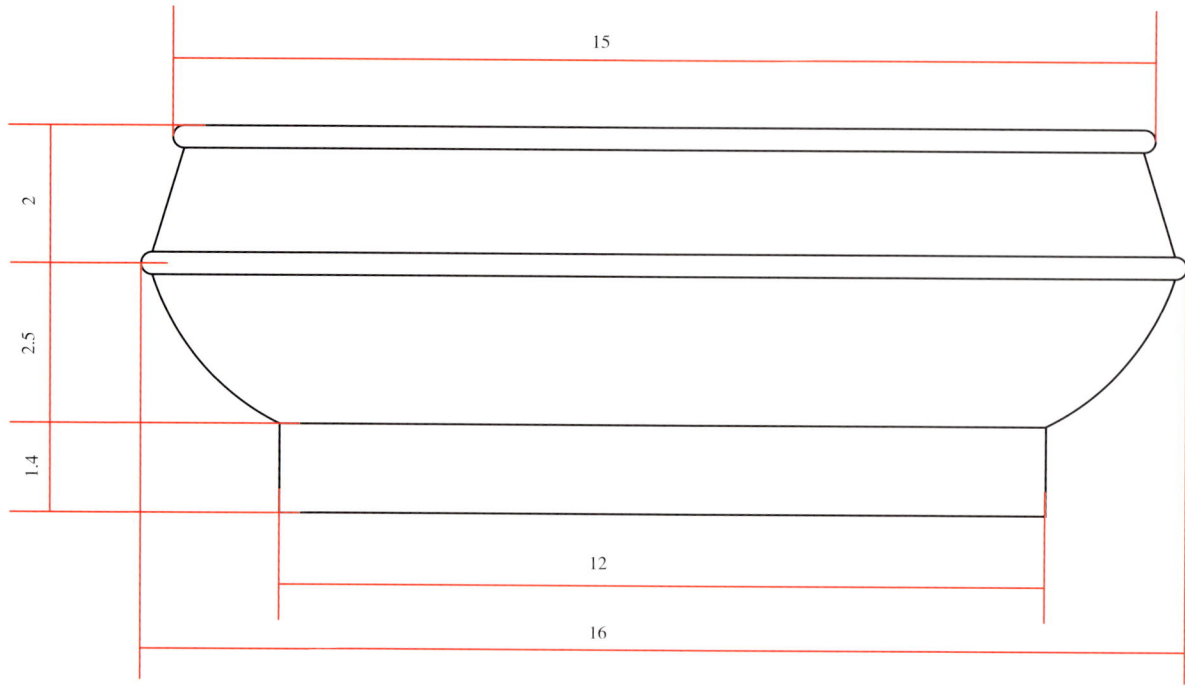

图二 黎族竹编系带盛物篮主体尺寸图（单位：cm）

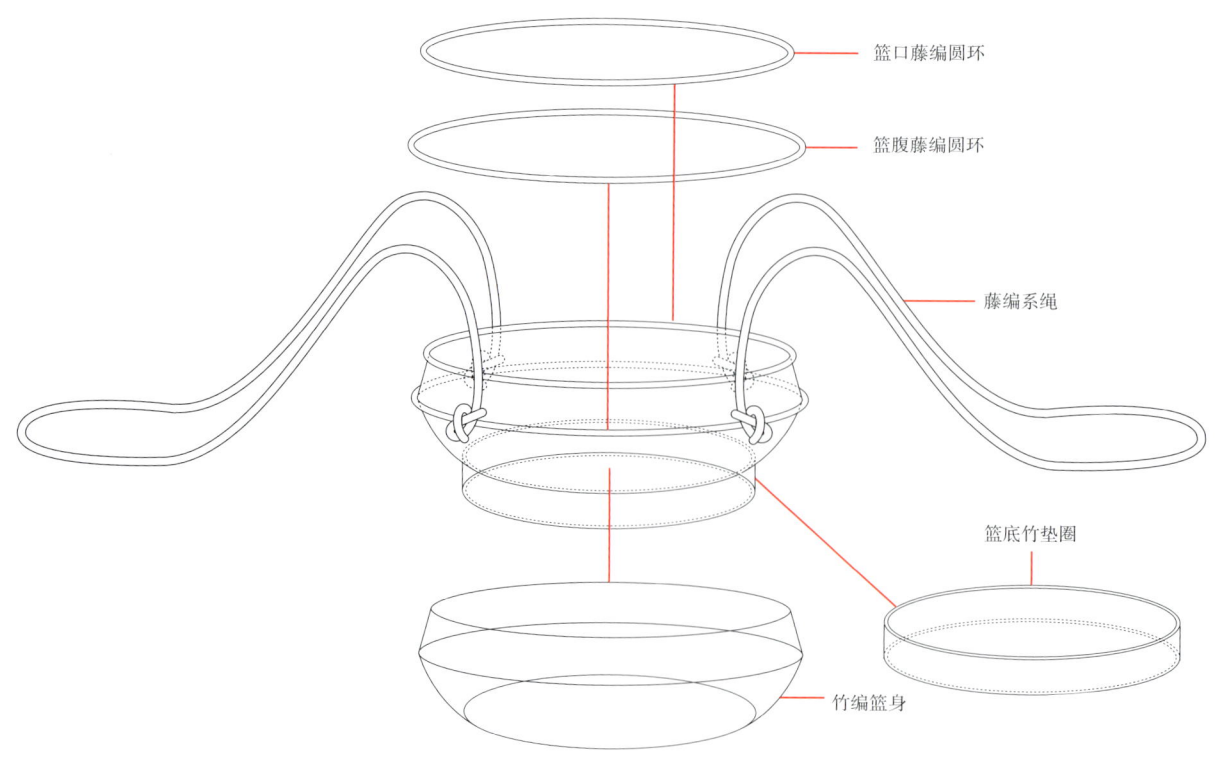

图三 黎族竹编系带盛物篮结构名称图

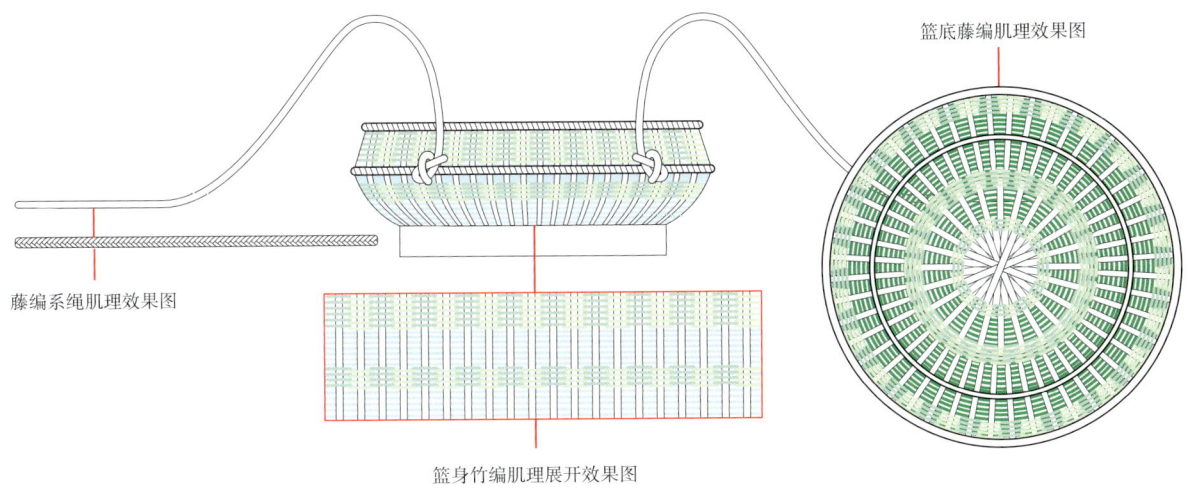

图四 黎族竹编系带盛物篮竹编肌理效果图

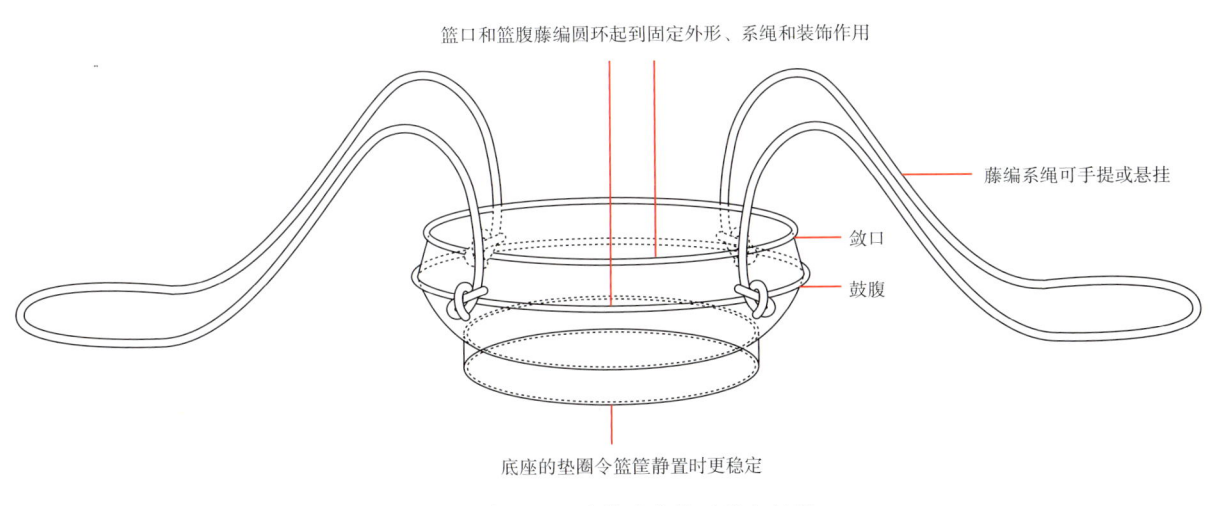

图五 黎族竹编系带盛物篮设计分析图

第四章 黎族传统生活用具

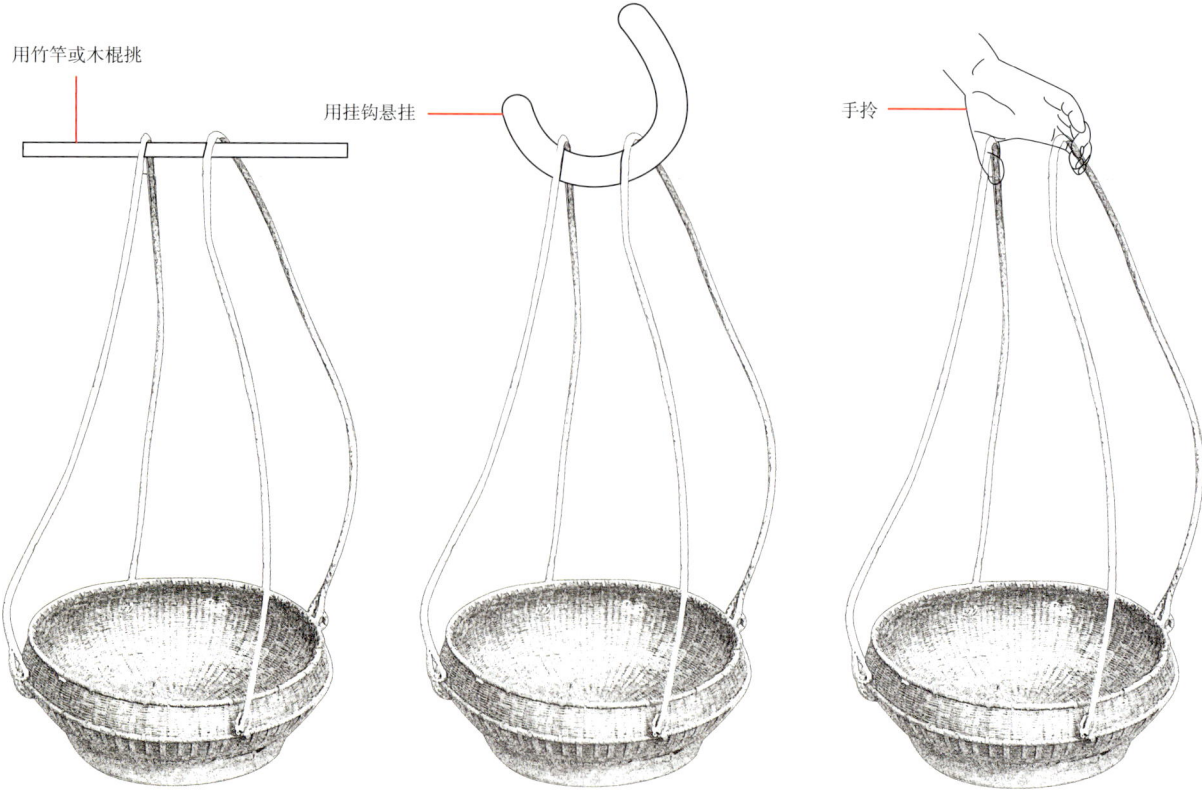

图六 黎族竹编系带盛物篮拿取方式示意图

图七 延展图：黎族藤编盛物篮

黎族竹编摇篮

图一　黎族竹编摇篮主图 1

竹编摇篮是黎族婴儿摇篮的式样之一，全部采用竹篾编织而成。本案例采选自保亭县甘什村和五指山市番茅村杞方言黎族人使用的婴儿摇篮。

本案例由篮筐和吊绳组成，其中篮筐由篮箍、篮身和底座组成，篮箍和底座为椭圆形，篮身上大下小。三根吊绳系住篮箍，使悬挂摇篮时更加稳定。本案例竹编采用多种编织方法相结合，产生丰富多变的肌理，其中篮底使用粗丝竹编工艺穿插编结成六边形肌理。篮身使用粗丝竹编工艺穿插编结成菱形的肌理。粗竹篾编成的底座则使用粗编的方法插扭编结而成，这样一来，一方面可以增加篮身的重量令篮身更加稳定，另一方面在地面上放置摇篮时，底座可以起到圈足的作用。

编织篮筐时，首先用细竹篾编好篮身和篮底，由篮底开始以六边形穿插编结，编至篮身处更换成菱形编法，并在编结过程中加入两条竹箍。再用较粗的竹条根据篮身口部的大小箍成两道椭圆篮箍，内侧篮箍和外侧篮箍将篮身的口部紧紧夹住，篮身竹箍可以固定篮身形状，防止长期使用后篮身发生变形。扎绳时将绳子穿过篮口的编孔，用细藤或麻绳将篮箍和篮口紧紧扎牢，最后以挑一压一的编织方法编织一圈底座，并使底座卡住篮身底部，同样用绳扎牢。

使用时，可直接挂于挂钩上，也可用绳子与挂钩相连，用手扶住篮口来回推拉令摇篮晃动，还可以将葵叶编织成的席子铺入摇篮中，以增加摇篮的舒适度。

图片来源
图一、图二　鞠斐　摄影
图三至图六　鞠斐　制图
图七　周星悦　制图

图二　黎族竹编摇篮主图2

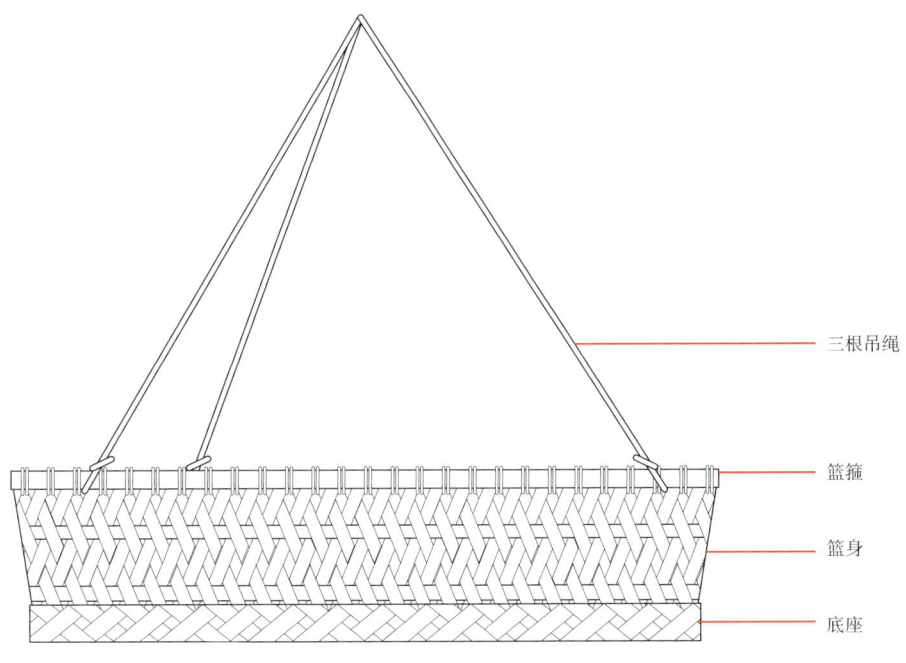

图三 黎族竹编摇篮结构名称图

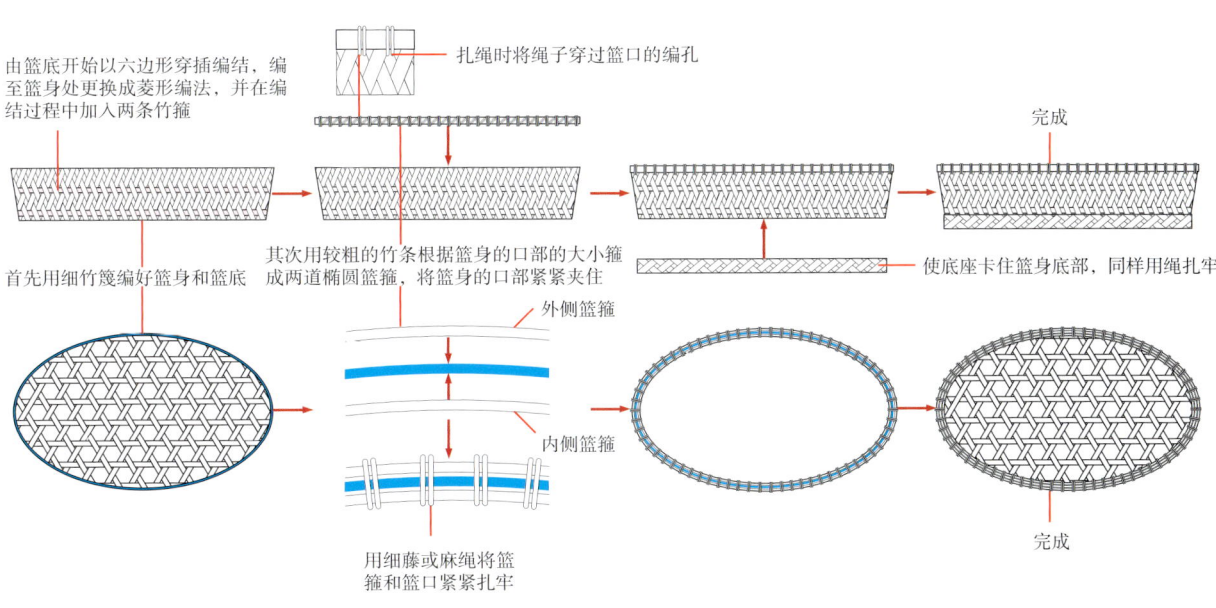

图四 黎族竹编摇篮制作流程图

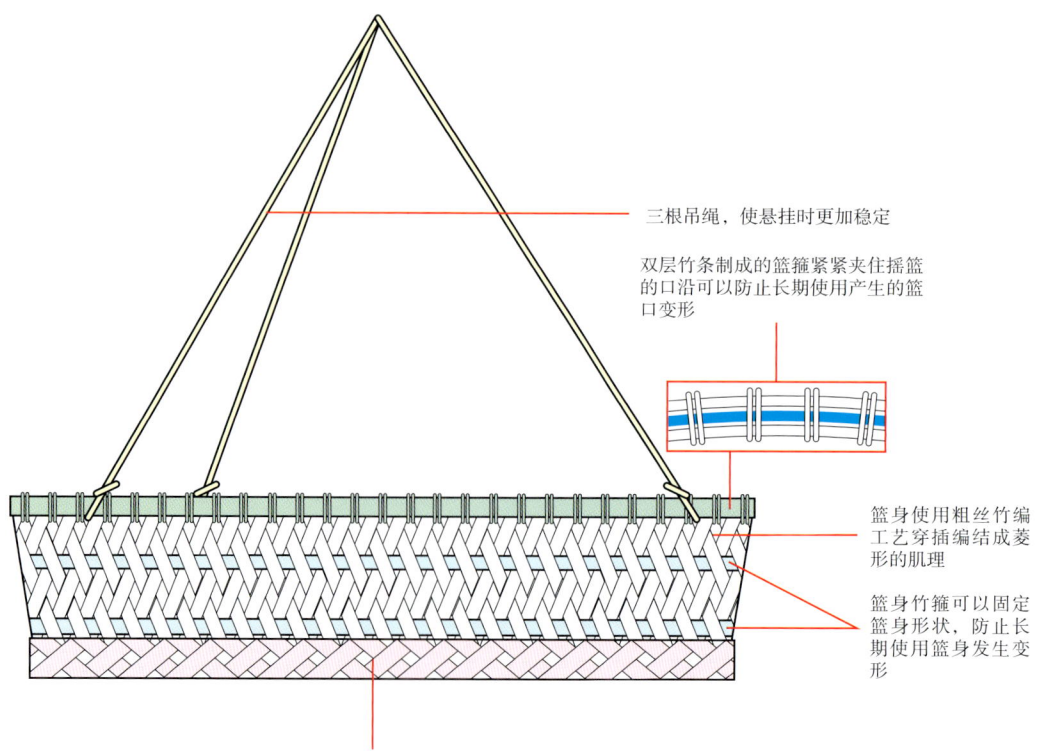

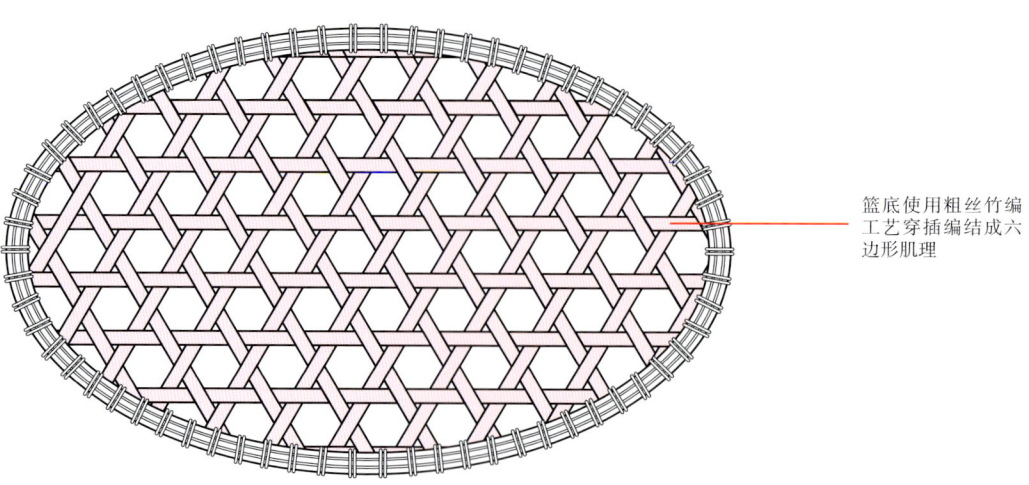

图五 黎族竹编摇篮设计分析图

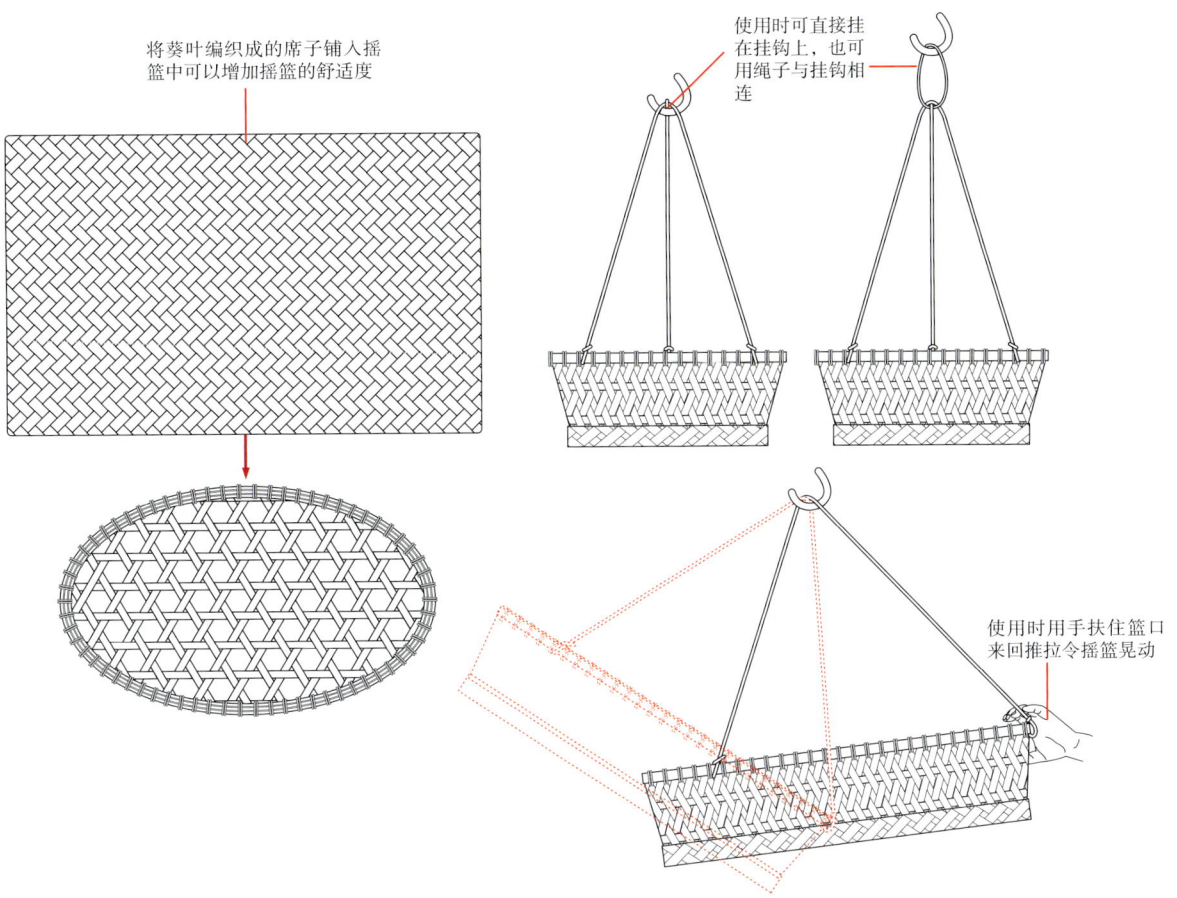

图六　黎族竹编摇篮使用方式示意图

图七　黎族竹编摇篮使用情境图

美孚方言黎族吊兜式摇篮

图一　美孚方言黎族吊兜式摇篮主图 1

黎族吊兜式摇篮也称布摇篮，是有孩子的美孚方言黎族人家必备的生活用具，也是美孚方言黎族特有的摇篮样式，其结构非常简单，仅使用一条长款的筒裙外加一个弯弯的木钩即可组合而成。本案例采选自海南省博物馆展示的黎族布摇篮，以及东方市东河镇东方村黎族村民家中用来制摇篮的筒裙，是美孚方言黎族最为普遍的摇篮样式。

本案例的主体为美孚方言黎族妇女穿着的长款筒裙，通过木弯钩穿起悬挂制成摇篮。组合时，首先选择一条长 90 厘米、宽 60 厘米的旧筒裙，穿旧的筒裙更加柔软，不会损伤婴儿的肌肤。然后挑选一根粗树枝，下部用火烤成弯钩的形状，上部作为把柄。将木弯钩下部穿过筒裙的一侧，形成上紧下宽、左右贯通的布筒。最后将木弯钩的把柄顶部钻孔用粗绳穿孔系牢后，悬挂在房梁上。使用时将婴儿放进布摇篮，用底部的摇篮布承托婴儿身体和头部，并利用紧贴婴儿背部的摇篮布的张力对婴儿的头部、背部和臀部进行支撑。晃动摇篮时，一手握住摇篮把柄，一手捏住摇篮上部的摇篮布，左右轻轻拉动带动摇篮进行摇晃来安抚摇篮中的婴儿。

美孚方言黎族吊兜式摇篮的色彩几乎都为蓝靛和褐色相交织，因为在美孚方言黎族人眼中，蓝靛和褐色象征着丰收和生命。其中褐色代表着泥土和田地，而蓝靛则象征着泥土中生长的禾苗，禾苗越"青"，长势就越旺盛，以此象征获得丰收。美孚方言黎族妇女用母亲的蓝褐色长筒裙做成婴儿的摇篮，希望婴儿能够像青青的禾苗一样茁壮成长。

图片来源
图一、图二　鞠斐　摄影
图三至图六　鞠斐　制图
图七　周星悦　制图

图二　美孚方言黎族吊兜式摇篮主图2

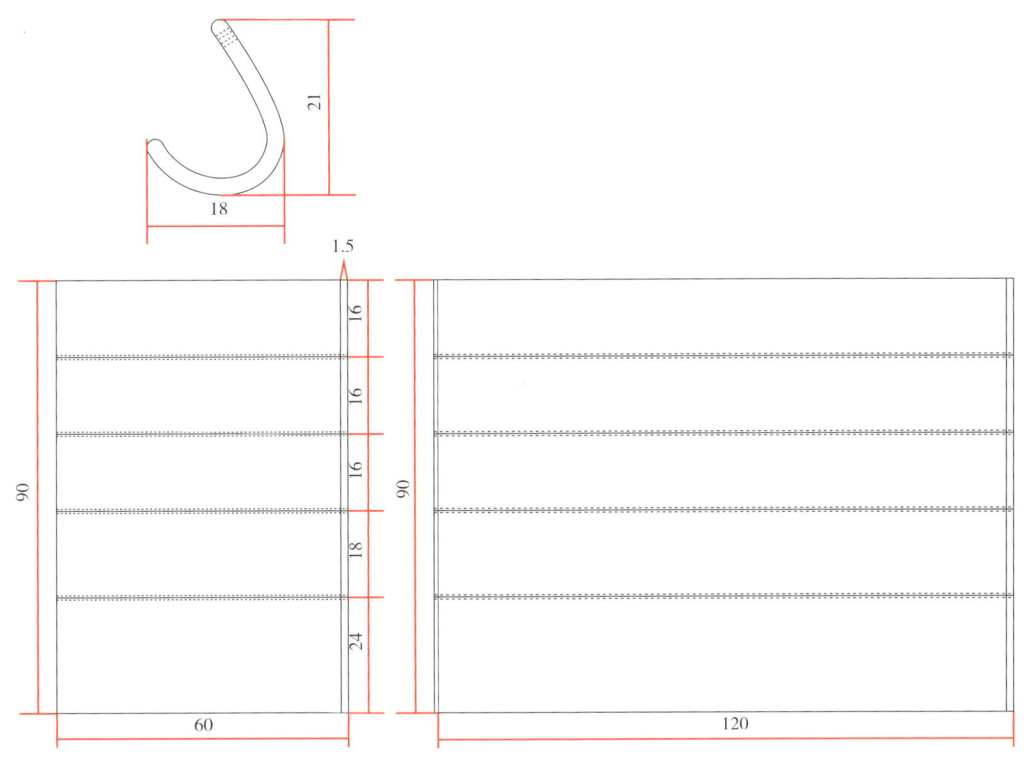

图三　美孚方言黎族吊兜式摇篮尺寸图（单位：cm）

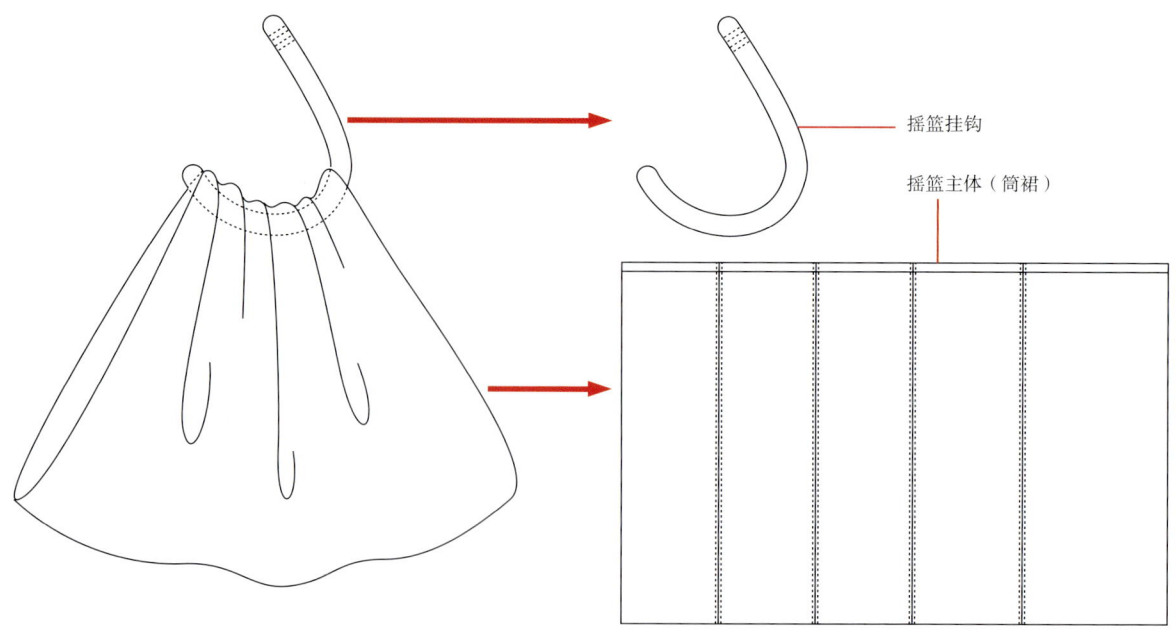

图四 美孚方言黎族吊兜式摇篮结构名称图

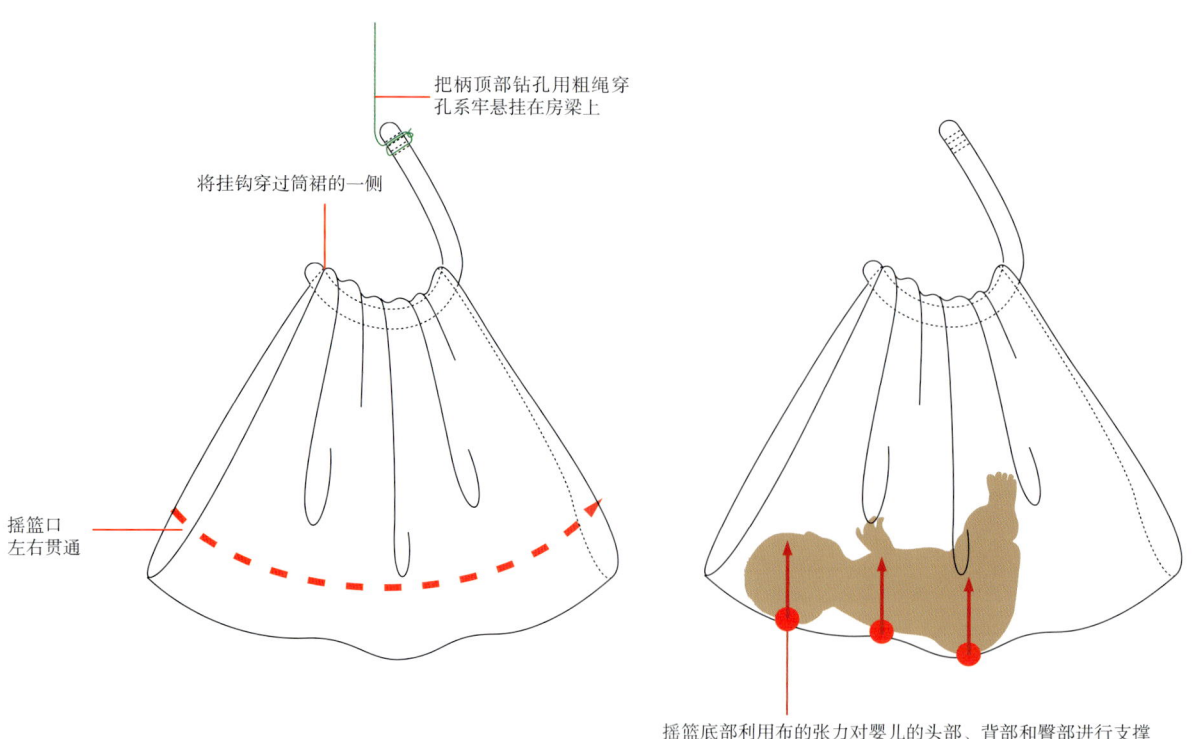

图五 美孚方言黎族吊兜式摇篮设计分析图

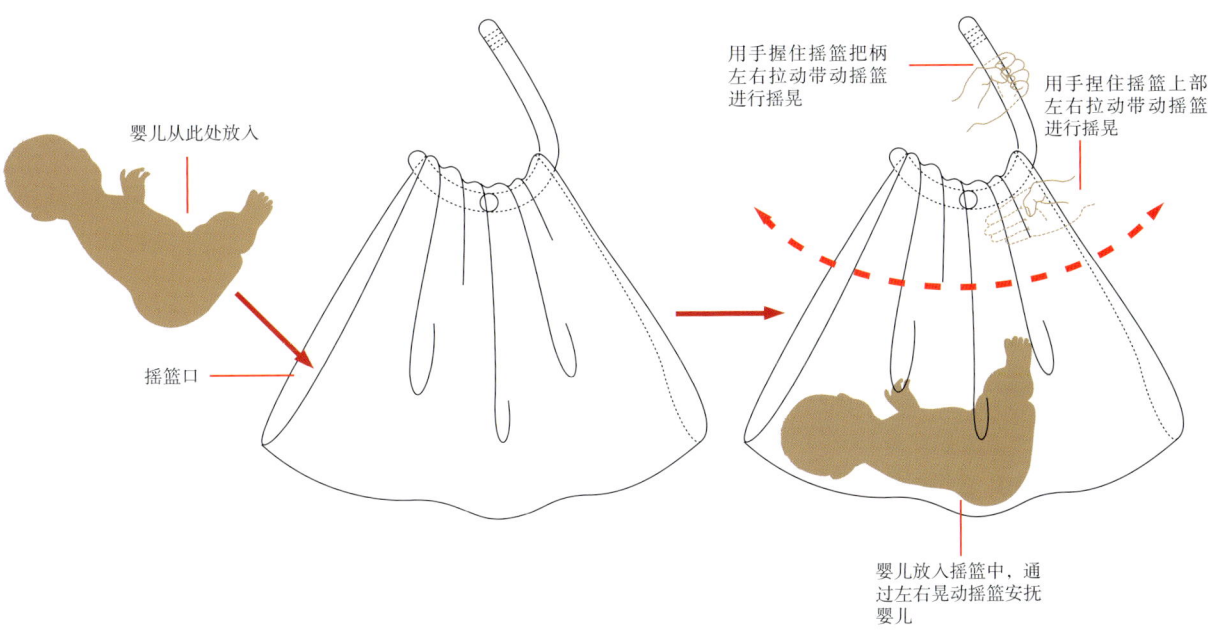

图六　美孚方言黎族吊兜式摇篮使用方式示意图

图七　美孚方言黎族吊兜式摇篮使用情境图

第四章　黎族传统生活用具

黎族木扁担

图一　黎族木扁担主图

木扁担在黎族木器中是一个比较庞大的群体，由木棒发展而来，种类繁多、功能细化是其特点。主要有尖扁担、竖卡扁担、横卡扁担、带槽扁担及带钩扁担等几种比较典型的样式。扁担一般选取韧性较好的木料，以砍刀或钩刀削制，基本是中间较宽厚，两端渐窄薄的形制。

木扁担是黎族生产与生活中的重要器具，每种扁担因负重不同形式便不一，粗细扁平各有差异，钩头制作也不尽相同，是黎族造物中变化较多的器具，通过考察，大致归纳为如下几种。（1）尖扁担。主要用于挑山栏稻或茅草，其长度约250厘米，宽约5厘米，厚1厘米左右。这种扁担除两端窄薄，最大的特点是以菱形收尾。菱形尖头便于扎进绑好的稻穗或茅草束，而菱形的两个对角也不会因为只有尖头而使稻穗与茅草束滑落。（2）竖卡扁担。这类扁担用于挑提带绳子的容器，其长度约为150厘米，宽约4.5厘米，厚约1厘米。在两端距离扁担头约10厘米的地方，分别竖着嵌入两个凸出的木楔卡钉，卡住所挑之物的绳带以免滑落。制作方法是，先在扁担一端的上方用火烙出两个直径0.5厘米左右、相距约3厘米的孔，另一端亦如此；然后削4根木楔嵌入孔中，木楔头部略大，露出扁担约2厘米即可。所挑之物的绳带只要放在木楔之间便完成其功能。（3）横卡扁担。此扁担与竖卡扁担原理与功能类似，只是木楔卡条横着插入扁担前端。有一种扁担其两端做成三角状，在中间钻孔，然后水平横穿一根木楔；还有一种是在扁担两端各刻一条凹槽，将木条直接嵌入，不用钻孔。（4）带槽扁担。它与前述扁担不同，两端是较中间粗厚的长方体，长约8厘米、宽4厘米、厚为3厘米，在距一端约6厘米的地方，用凿子或砍刀加工一个深度为2厘米、宽度为1厘米的凹槽，这样便可以卡住筐篮等的藤篾麻绳等。（5）带钩扁担。其最大特点是在扁担头部以独木凿出或卯榫安装两个长度约14厘米的木质倒钩，挑东西时将绳子悬挂于钩上即可。

图片来源

图一　王辉山　摄影

图二、图三　叶祎祎　制图

图四　陈翔宇　制图

图五　周星悦　制图

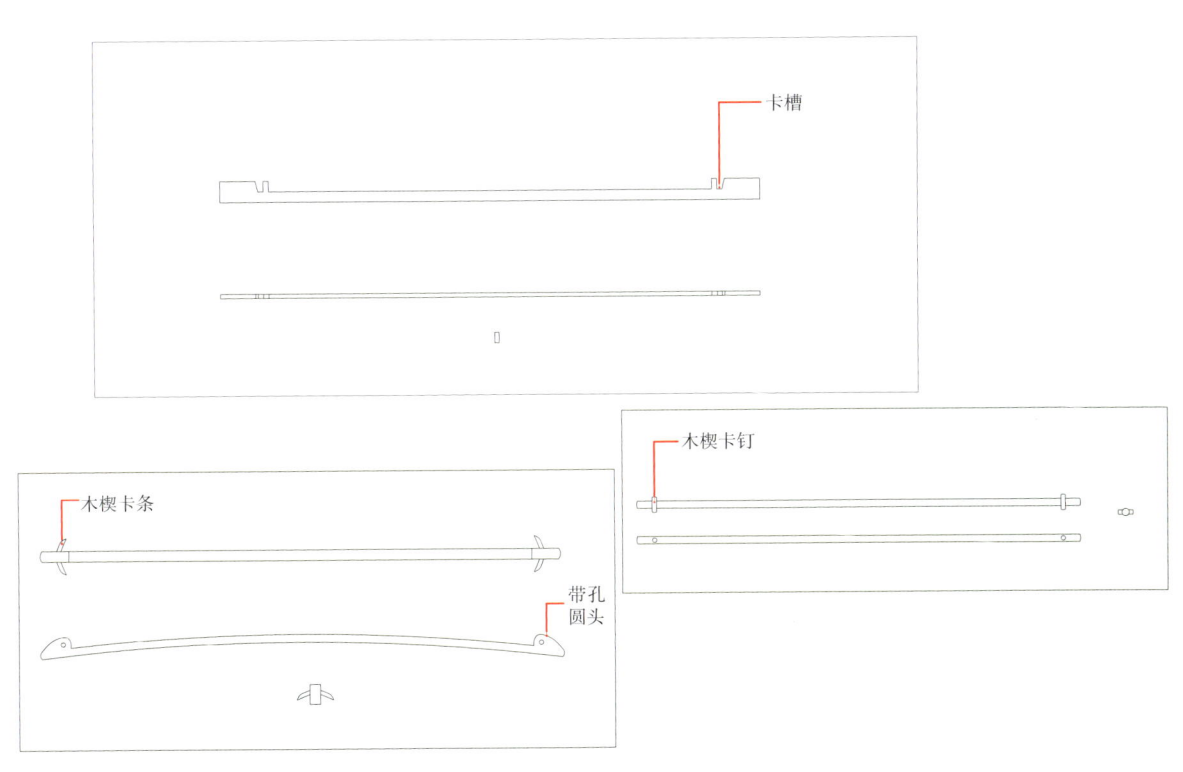

图二　黎族木扁担结构名称、视角图1

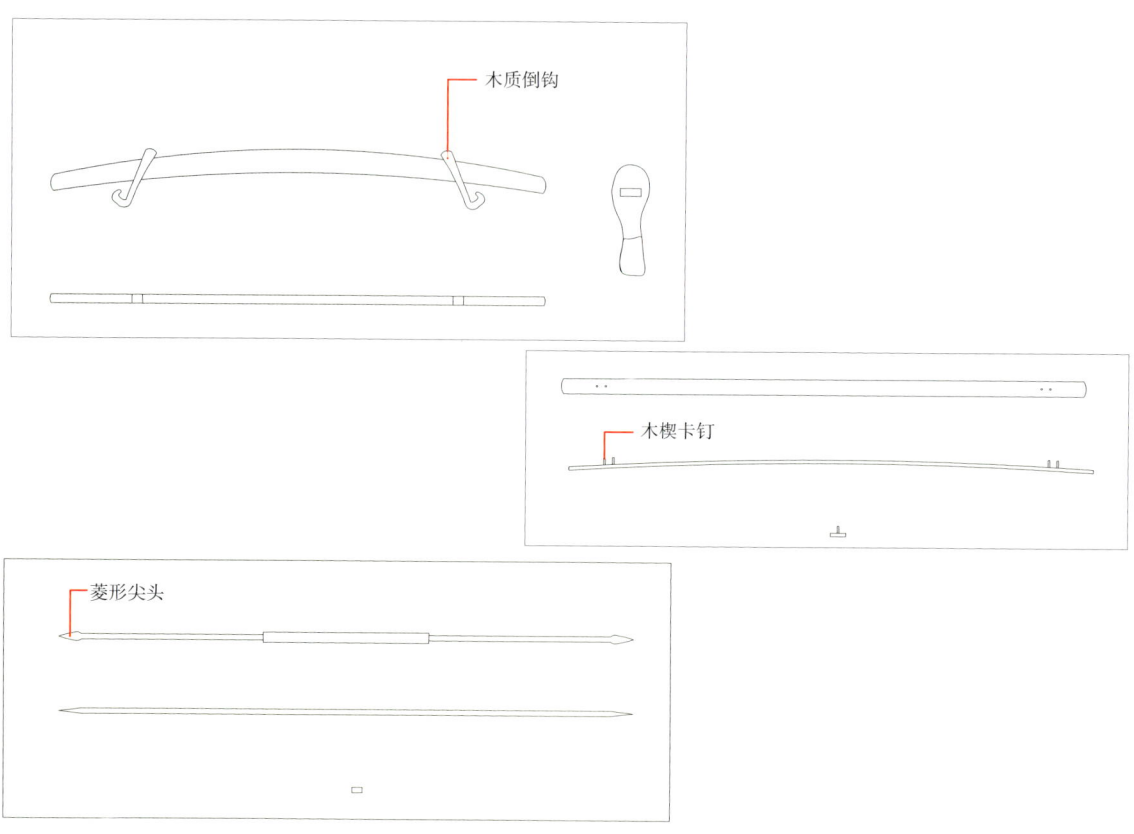

图三 黎族木扁担结构名称、视角图 2

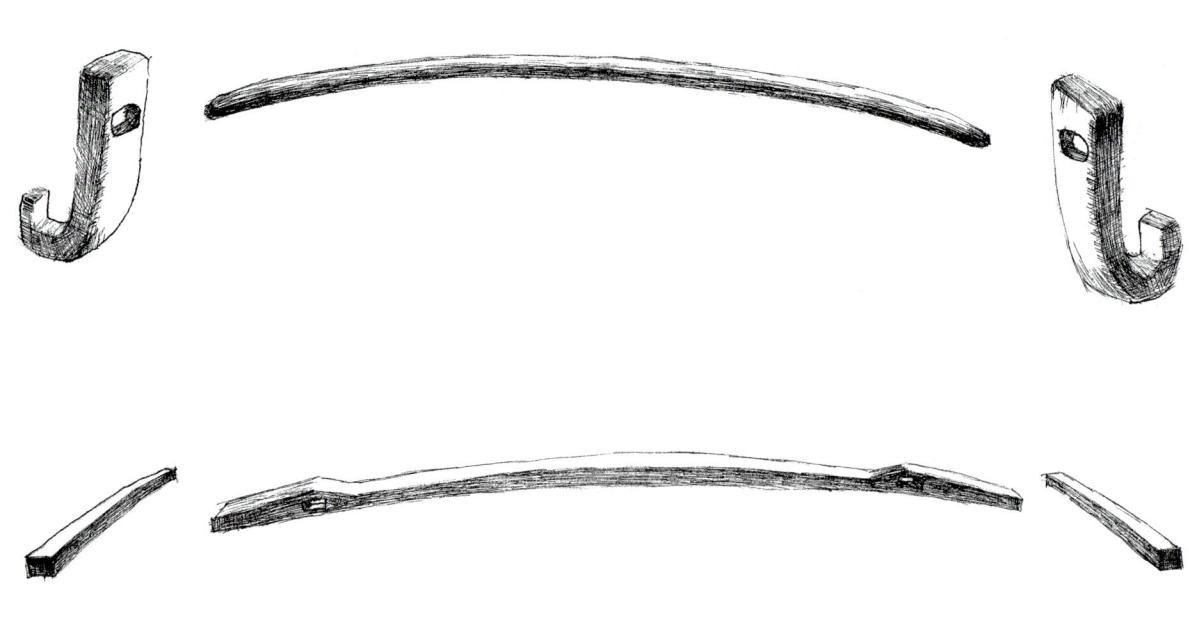

图四 黎族木扁担解析图

图五　黎族木扁担使用情境图

黎族渡水匏具

图一　黎族渡水匏具主图

　　黎族是一个海岛民族，他们生活于丘陵盆地和河谷阶地，重峦叠嶂，河溪纵横，林木茂盛，野果终年不绝，珍禽异兽繁多，是狩猎与采集的天然宝地。因为常年打猎、捕捞，加之海南高温多雨，江流暴涨暴落，每当山洪暴发时，两岸之间的交通即告断绝，生活时常受到阻碍，所以黎族人必须涉水渡河，从而导致他们对浮力现象产生了足够的认识。黎族最早使用的并不是筏子、舟船，低下的生产力难以造就这些复合水具，而仅能利用一些浮力强大的天然物体。匏既是黎族保留至今的浮具，又是原始人类最先应用的水上工具之一。

何为匏？"匏"即一种葫芦，渡水匏具一般采用高达60厘米左右、腹径40厘米的成熟葫芦。晾干后，为它做一个网套，用藤或细竹环环相扣编织起来，每个圈径4厘米左右，上有提绳，下有圈足；然后在葫芦颈部开口，取出瓜瓤；最后用一块泡软的水牛皮将颈口包扎起来，用绳子系紧，等水牛皮干后取下，裁去毛边，一个皮盖便做成了。葫芦与套的结合设计得非常实用，一是保护葫芦不受磕碰；二是便于在水中抱握掌控；三是提绳和圈足，既可手拎、悬挂，又便于放置，功能和造型的设计体现得相生相宜。黎族人在过河的时候，会把衣服脱下塞到葫芦里，有时也会将食物装入其中，盖上盖子，即便水流再大，葫芦内也不会受潮。人们抱着葫芦游到对岸，再取出衣服穿好，黎家孩子上学也是如此。这说明黎族的匏具，不单是过河的浮具，也是一种防潮的运载工具，这是其他浮具，诸如树干、芦苇、竹竿、皮囊所不具备的优势。

葫芦渡河有两种姿势：一种是狗刨，把葫芦放在前面，双手抓住葫芦上的藤套，腿上下打水。另一种侧着游，用一只手挟着葫芦，另一只手和脚划水。如今，随着现代桥梁和船只的普及，葫芦的种植越来越少，能制作渡水匏具的老人更是日益罕见，其工艺技术及渡水技巧岌岌可危。

图片来源

图一　鞠斐　摄影
图二、图三　叶祎祎　制图
图四　张宣乐　制图
图五　符桂花.清代黎族风俗图.海口：海南出版社，2007.
图六、图七　袁晓莉　摄影
图八　周星悦　制图
图九　胡亚玲　摄影

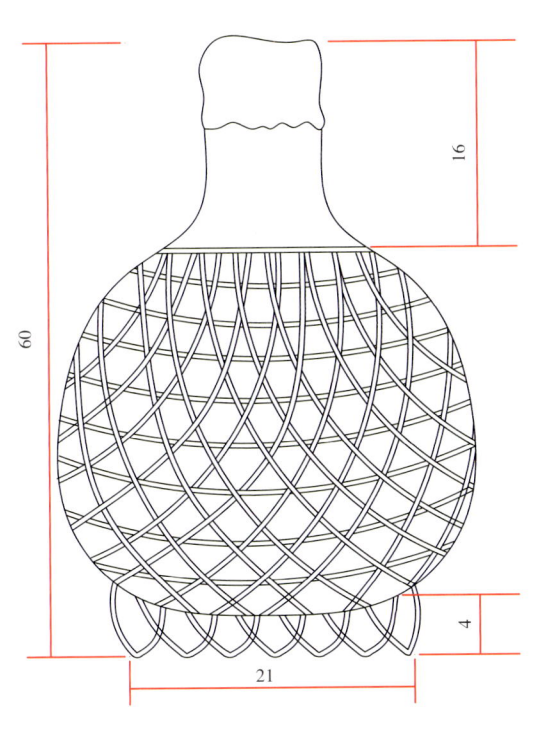 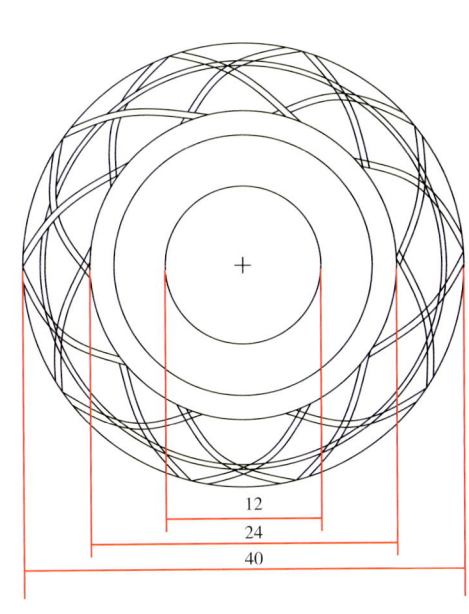

图二　黎族渡水匏具尺寸图（单位：cm）

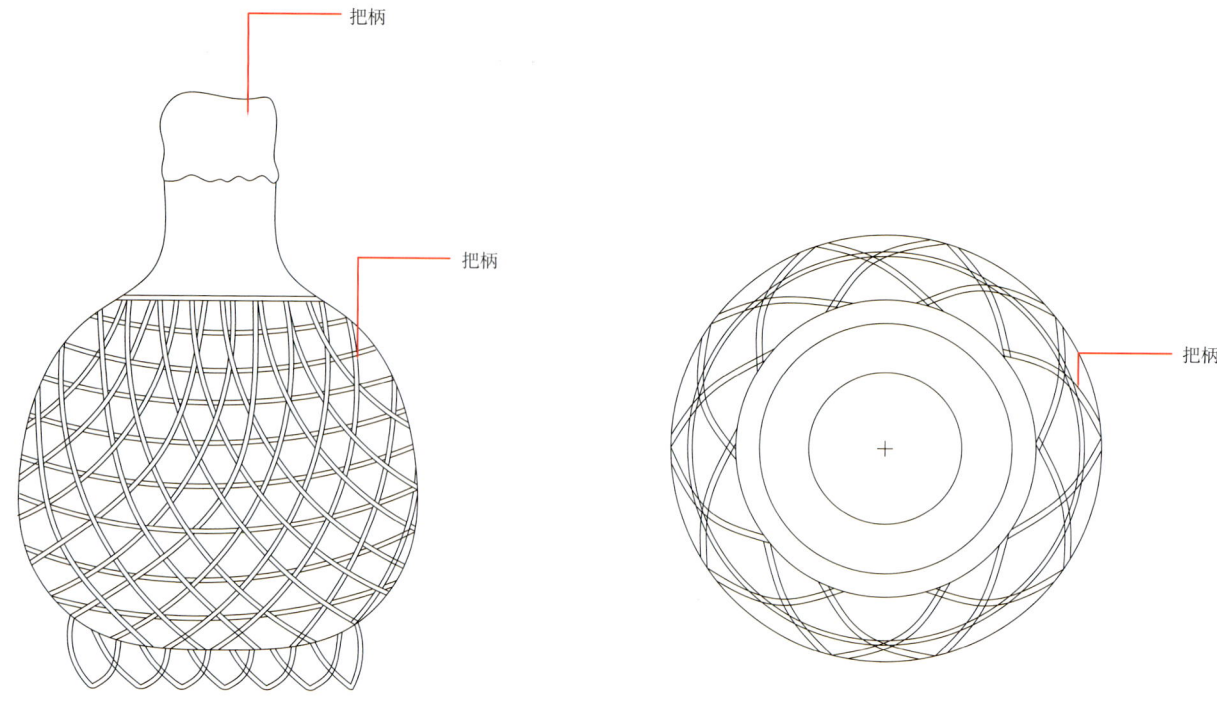

图三 黎族渡水匏具结构名称图

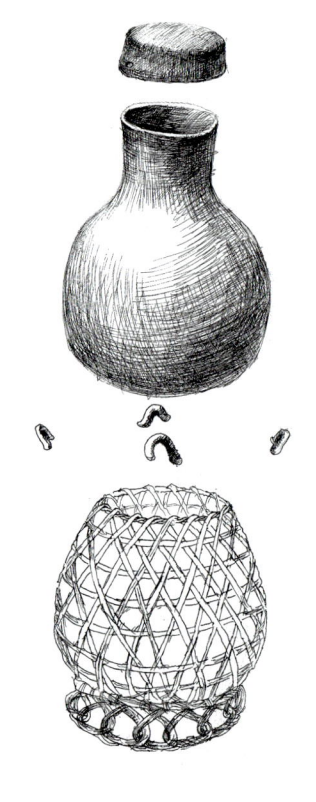

图四 黎族渡水匏具解析图

图五 参考图：清代《琼黎一览图》

图六 延展图:黎族汲水葫芦

图七 延展图:黎族装盐巴的葫芦

第四章 黎族传统生活用具

图八 抱匏渡河

图九 匏瓢浇水

黎族独木舟与木浆

图一　黎族独木舟与木浆主图

由于独木舟比葫芦、竹筏具优越性，又因为在传统文化中独木技术一直是黎族重要的造物特征，所以过去黎族一直在使用独木舟，1949年后仍有延续。昌江县昌化江口的淤泥中，曾挖出两只约长300厘米、宽80厘米的独木舟，这也是古代黎族使用独木舟的见证。

黎族的独木舟大致有四种造型：第一种是随木头的自然形制，只是掏出船舱，两头是伐木时的形态，较原始；第二种头部与尾部都是方形，有凹槽，船舷略有弧度，接近木材的自然状态，底略平；第三种头部稍尖，尾部为方直头，通身修直，平底；第四种较为先进，头尖尾尖，头部有拉纤的孔眼，船身内外光滑工整，明显有刨凿等铁器制作的痕迹。在此形容的头尾的尖，不是通常意义的三角形，而是相对收缩的梯形，并且都没有翘起。因为独木的缘故，同时受木料自然形态的限制，这几种独木舟的船身基本是窄体圆形。显而易见，这四种形态呈递进趋势，从较为原始走向相对成熟，技术与工具从火的熏烧，石器削斫到先进的铁刀、锛子、刨子等铁器的工整制作，人们依据实践与摸索出的水力、风力、臂力等的物理关系，使独木舟逐渐完善。

黎族做船砍木是在海南雨水较少的秋、冬季，做其他独木器亦如此。此时木材水分少，不易生虫，较少变形，并且蚂蟥少，山路也不滑，方便搬运木材。木料必须粗壮致密，直径在100～150厘米。木棉树和榕树，是制作独木舟的上好材料，致密结实不吃水。木材砍好后，将其拖至平坦的山脚下，就地挖凿独木舟，也有将木头晾干后制作。在过去，挖船舱是最艰难的，因为只靠石斧、石锛，好木料又太硬，所以人们就地钻木取火，将不挖的地方涂上湿泥，以火烧要挖的部分。火烧后，木头上层被烧成了焦炭，用石斧刳掉，露出了生木头后，再烧再刮，反复多次，独木终被刳成舟。焚烧是为了炭化木头，使其疏松，容易加工；不挖的地方涂上湿泥，是为了防止火势的蔓延。当独木舟成型后必须经过一段时日的阴干，然后运到水边或水田里浸泡3个多月，让木头完全浸透。一是浸了泥土味后可以防虫；二是泡水后的硬木更结实致密。这样，一艘独木舟的制作便完成了。采用火烧剜凿之法的还有木臼、木米桶、蒸酒器、猪食槽、独木棺、皮鼓等中空的独木器具。

人类建造舟船，目的不仅是使其能浮于水面，顺流漂泊，而且要能按照人们的意愿在水中航行。然而无论是逆水行舟，还是停船靠岸，都需要有驾驭船只的推进工具。黎族最早的桨就是一根竹竿或木杆，或者以长矛兼之，支撑河底使船前进。后来才利用有固定形状的木桨。

木浆划船的效用大于树枝的原因在于桨片加大了迎水面，使船能够加速前行，若桨片较窄，便会影响划水的效果。黎族船桨的木柄比较细长，划水时会省臂力，有其优势。

独木舟的优点就在于一个"独"字，浑然一体，不漏水不松散，所以沿用的历史很长。人们划着独木舟，载人运物比起原有的葫芦匏与竹筏更进了一大步，首先不用将身体浸泡于水，其次承载量更多，而且安全，速率快。在黎族，三者之间并不存在新物的出现取代旧物的关系，它们始终处于并存的状态。虽然独木舟有诸多益处，但采伐不易、运输困难是其缺陷，这恰恰是匏与筏的优势。

图片来源
图一、图二（1）、图二（2）、图五　袁晓莉　摄影
图二（3）、图二（4）、图六　周星悦　制图
图三　张飞　制图
图四　张宣乐　制图

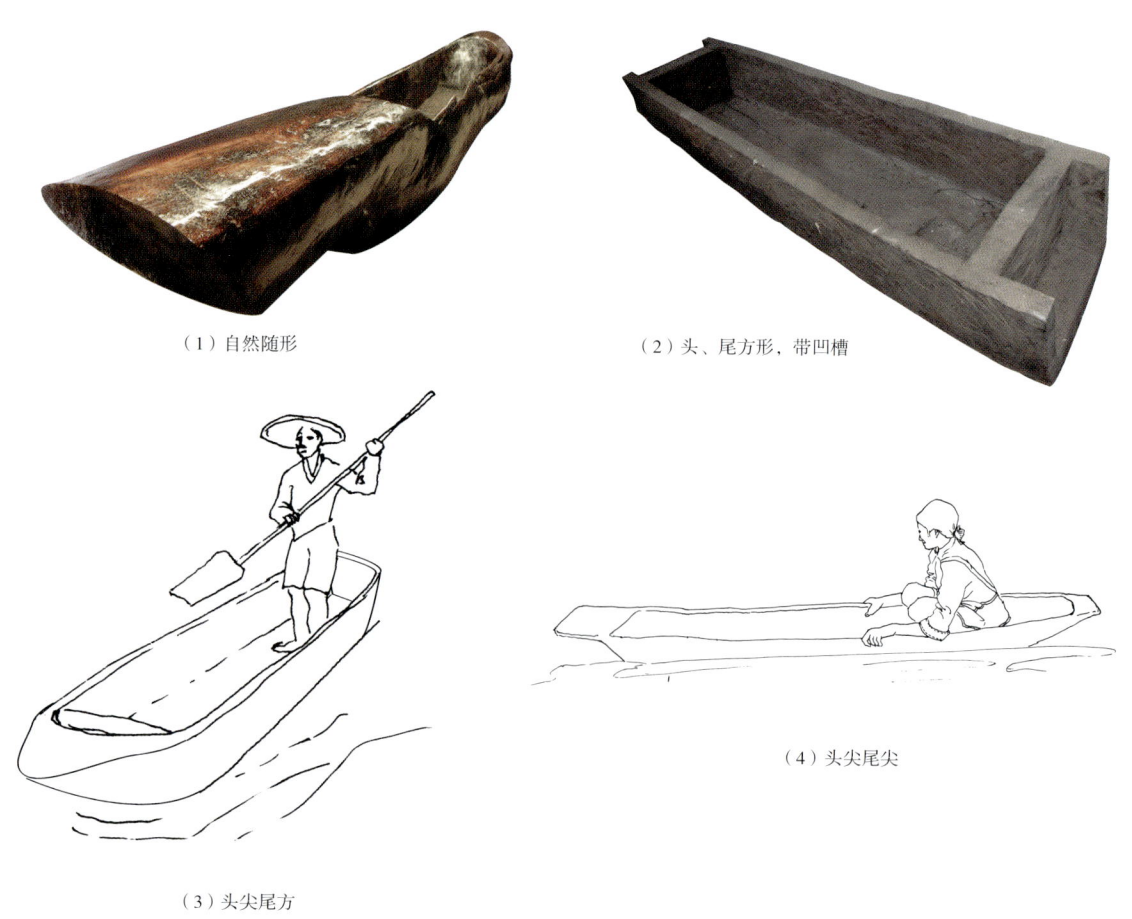

（1）自然随形　　　　　　（2）头、尾方形，带凹槽

（3）头尖尾方　　　　　　（4）头尖尾尖

图二　黎族独木舟的四种造型

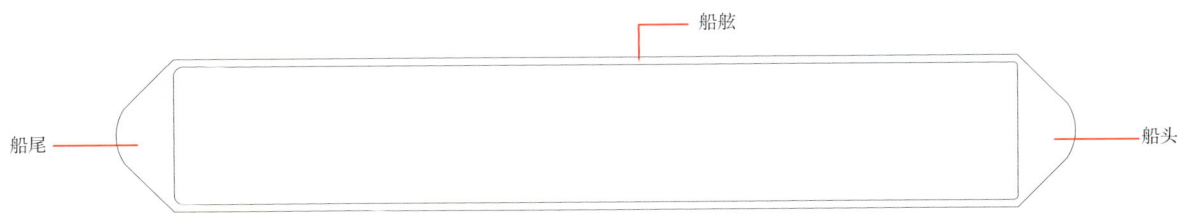

图三　黎族独木舟结构名称图

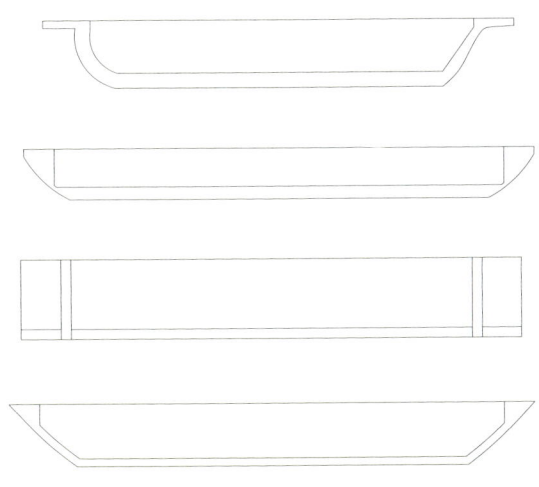

图四　黎族独木舟剖面图

图五　黎族独木舟木桨

第四章　黎族传统生活用具

图六 黎族独木舟使用情境图

黎族竹筏

图一　黎族竹筏主图

在黎族地区，竹筏是人们跨越河流时的重要传统交通工具。因为竹子易得，捆扎简单，技术要求不高，比较省时。由于黎族区地处河流上游，在枯水期人们可以蹚水往来，但当雨季山洪暴发时，两岸交通即告断绝。后来，人们就地砍一些粗竹，用藤条扎筏，横渡河流。水退后，竹筏也就拆散。

经过在昌江、东方等市县的走访与调查，我们了解到竹筏的几种基本捆扎方法：一般是砍2米多长的七八根竹子，有时十几根，将竹子并排，用竹条、藤条或野麻扎成1米多宽的筏子。因为这种筏子制作简易，所以正如前文所说，都是就地取材，用完拆散。有的则在筏下分前、中、后各扎一根横木或几根竹子，或者为两层竹排，中间扎横木或竹子，这样较为结实牢固。筏两侧的竹子一般会比中间的竹子粗壮得多，有的筏子还会在两侧分别多扎一根竹，这两种方式都起到舷的作用。采用这种捆扎方式的筏子较小，仅能载一人，不能载两人，每次也只能运输少量货物。学者李露露曾在昌化江畔看见两个黎民要去江中打鱼，原本各划一竹筏，但为了互相合作，一人撑划，另一人打鱼，所以两人把二筏叠置在一起，增加了浮力，才可乘坐二人。

另有一种体形较长、载货量较多的竹筒筏。人们专门从深山砍回五六根粗壮老竹，每根竹子直径大约在十几厘米，长4~5米。这种筏子除了体积大以外，关键是将竹筏两头的竹子全部用火烧弯，使筏两头翘起，这样的形式在划动时可使阻力减小，漂浮如飞。另外，在每根竹的两端与中间各用烧红的铁锥钻孔，将竹子并排扎紧后，在三排孔中穿三根细木或竹竿，这与前面所述在竹筏底下横绑竹子的原理相同，都是为了使筏子更为牢固。这种竹筏因为体积大，所以浮力也大，捕鱼、运货、坐人的乘载量大许多倍。

过去，还有一种为了运输而将竹子扎成捆的竹筏，人们将砍好的竹子拉到江边，几十根捆在一起或扎成筏子，顺着江水漂流到下游再运往各地销售。不仅运竹如此，运送木材、红白藤等也都是采用这种方法，在清代《琼黎风俗图》中的《运木》图描绘的便是此情景。

与葫芦过河相比，竹筏需要支撑工具以此划水游走，于是，黎族人便从岸边砍一截长竹竿或树枝来撑筏，这表明出现了匹配的篙，但它还不是固定的船桨，独木舟使用后，桨才被普遍采用。有时黎族人不用撑篙也不用木桨，筏上载物，善游的人在水里推着横渡，这样既能提高筏的航行速度又能增加货物负载量，有时也会用绳索顺河岸拉纤。

图片来源

图一　袁晓莉　摄影
图二、图五　张宣乐　制图
图三　张飞　制图
图四　陈翔宇　制图
图六　王学萍．黎族传统文化．北京：新华出版社，2001．
图七　周星悦　制图

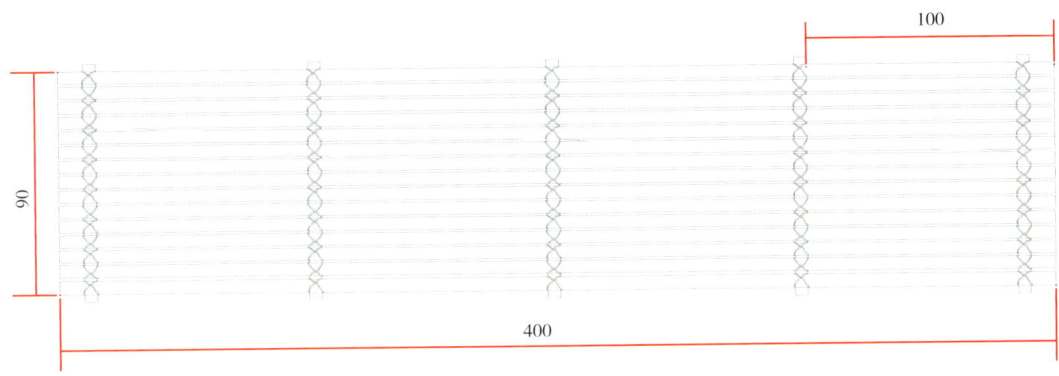

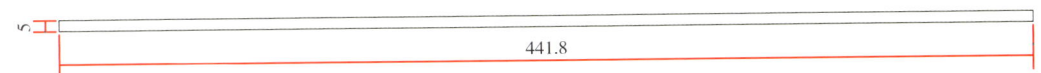

图二 黎族竹筏视角、尺寸图（单位：cm）

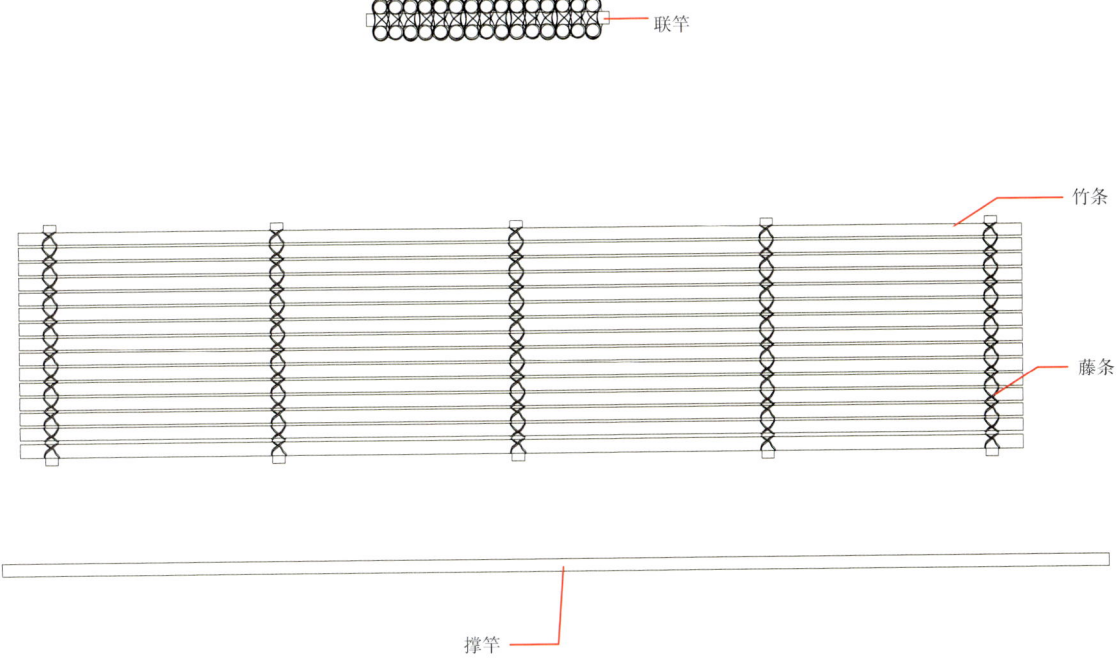

图三 黎族竹筏结构名称图

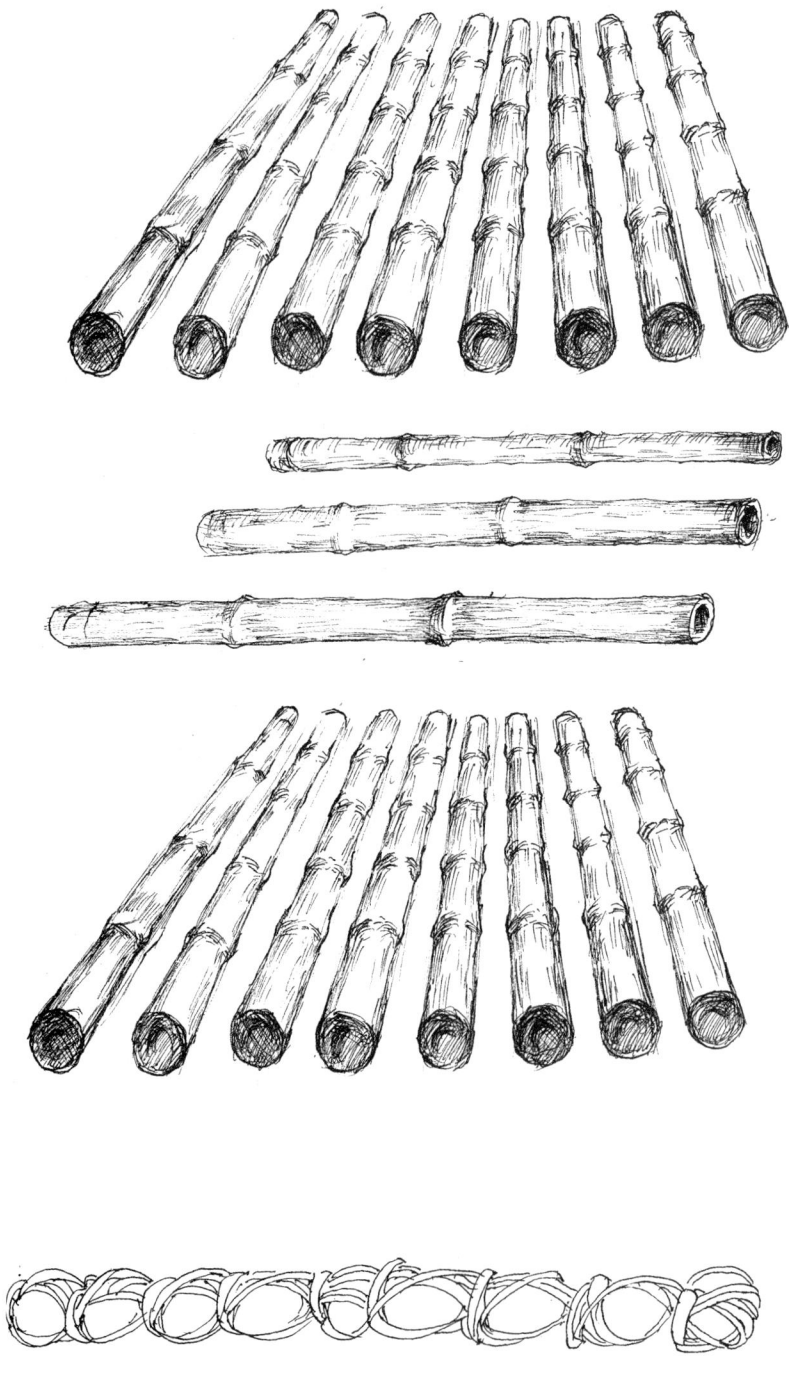

图四　黎族竹筏解析图

竹筏头部

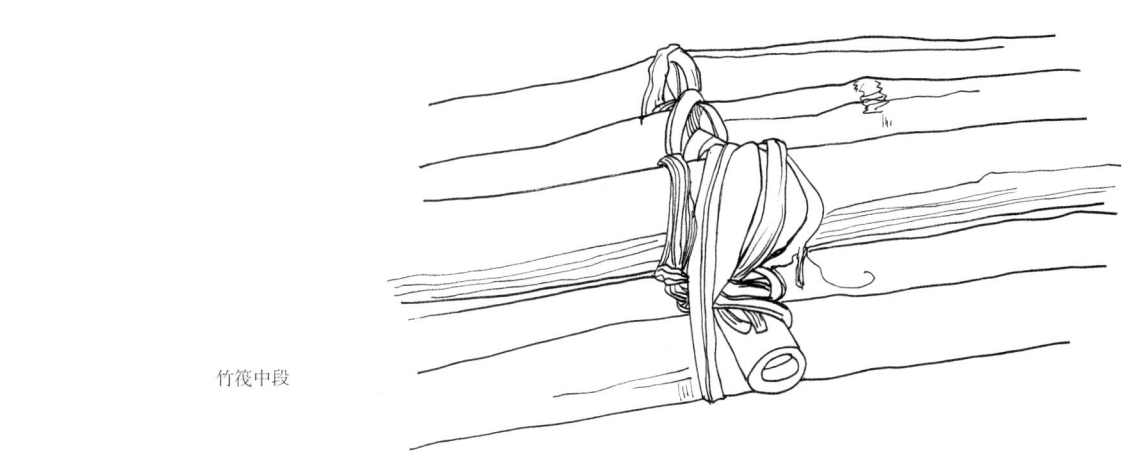

竹筏中段

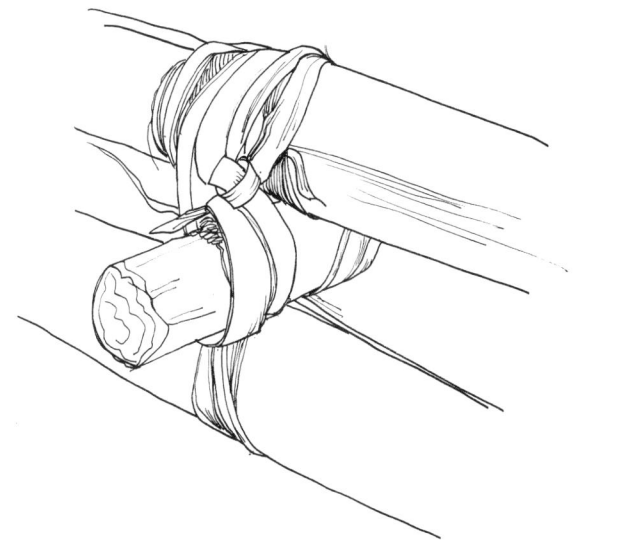

竹与竹之间

图五 黎族竹筏基本捆扎结构图

图六 参考图：清代《琼黎风俗图·运木》

图七 黎族竹筏使用情境图

黎族牛车

图一 黎族牛车主图

牛车是黎族地区使用最多的陆地交通工具，它的特点是木料制造，双轮小而无辐、实心，双辕支撑且较长，黄牛挽拉，有车厢，车体较窄。一般一牛拉车，也有用两牛，载重200公斤左右。木质、长辕、小轮，这些特点在我国南方少数民族造物中是常见的，但黎族牛车较窄，黄牛挽拉，赶车人坐在车中央，却有别于其他民族，其形制还属人类车辆早期阶段。

黎族牛车主要由两个无辐实心车轮、车轴、车厢、车辕与牛轭组成。最佳用材是乌墨、鸡翅、铁木等硬木。车体通长387厘米，宽100厘米左右，高不足100厘米。车轮是无辐条的轮，由木质坚韧、耐磨抗腐的乌墨做成，分为三块木板，两头板呈半月形，榫卯拼合，直径约80厘米。为了透水并减轻一定的重量，板与板相接处的中部被削成"("形，中间木板被凿一7.5厘米×7.5厘米的车轮轴心孔，呈方孔。一般在车轮制作最后，还以轴心画圆，用锛子除去多余部分。车轴以鸡翅木制作，直径10～13厘米、长约103厘米，中间为圆轴，穿在车轮里的轴头为方形，大小与车轮中的轴心孔严丝合缝。这说明车轮与车轴是固定在一起，共同转动。在车轮的正面，距离中心方孔约8厘米的地方，左右各开两个楔形沟槽，横贯至两侧木板的边缘，楔槽中镶嵌横木，从而将三块木板拼抱成一个整体；车轮的另一面则没有沟槽及横木。车轮上也没有车毂。

两根车辕由铁木制成，长约387厘米，一通到底，前端接车轭，后面是车厢部分，两根长约85厘米的扁横木与两辕贯穿，并以木棍锁扣，四木呈长方形，构成车厢底部。在此基础上用木条横直交结搭起车厢两边的扶手栏木。车厢前后敞开，前无扶手，后也无拦板，这是考虑拉货载重的需要而设计，可以不受车厢长短的限制，若需要时再用若干竹条与藤绑在车厢两边的扶手栏上，形成临时前后栏。车厢底部做若干条加固的横木——"槮"，使每根横穿两边的车辕，起到负载、牢固的作用，上面竖向铺以细竹，竹两端穿接于车厢前后的扁横木中。在两边车辕下，靠近车轮与车轴的地方，各有一块梯形木，梯形木的中部挖一半圆，用于安置车轴，防止车轴磨损车辕，起到套垫的作用，所以它受车轴的磨损相当严重，不但需要用硬木制作，还要经常更换。整个车厢呈长方形，长180厘米，宽80厘米，厢内还用槟榔树皮编织铺垫整齐，竹木的横竖交错除以榫卯插进外，主要以藤条捆扎。

前半部的辕头处用藤缚人字形牛轭，牛轭两端底部有凹槽，卡住辕木，并以短木加固，绑缚得更为结实。整个牛车的形式与结构即是如此。载物时，人可坐在车厢里或是牛背上。

行驶时，将车轭套在牛的颈部，牛鼻绳从牛鼻左侧穿过，即套绳，古称"靭"绳，为的是自如地驾牛，这正是世界较早的驾车方法——轭靭法。轭靭法使牛的承力点落在了肩胛两侧，提高了牛的承受力和拉车速度，避免了颈带系驾法使颈带妨碍牛的呼吸，而是靠牛轭与靭绳拽车前进。按照黎族人的习惯，牛鼻绳从左侧穿过，牛套车也必然从左侧进入。如拉运长木头、长竹子等，便将这些货物捆绑至右边的车厢，不会影响左边的牛套车；东方市美孚方言区还在运载牛粪肥料时，用藤片编织车围，围成椭圆形套放在车厢内，把肥料铲满车围。卸料时，先将车围拉出，再把肥料卸下即可。

在黎族，牛车用来干一些出力的活，如在田间运肥料、收获的谷物，同外地联系、贸易，装载食盐、咸鱼、布匹及其他日用品和农具等。

图片来源

图一　袁晓莉　摄影
图二、图三　张亚　制图
图四　陈翔宇　制图
图五至图八　袁晓莉　摄影
图九　胡亚玲　摄影
图十　王学萍.黎族传统文化.北京：新华出版社，2001.

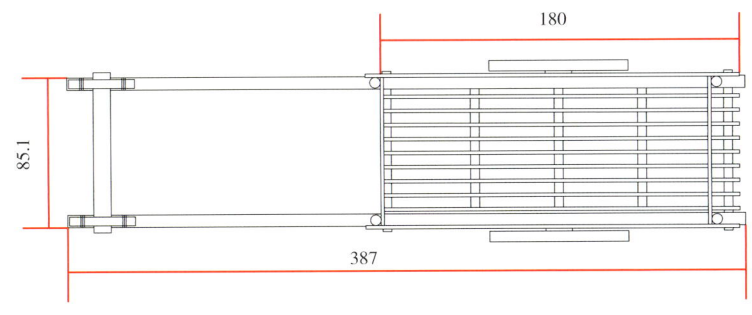
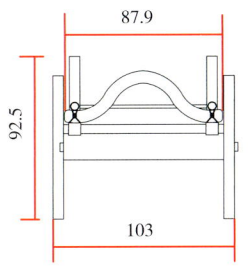
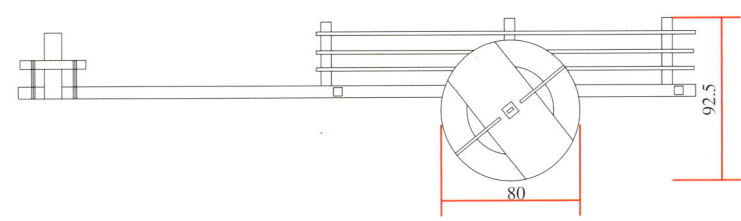

图二 黎族牛车尺寸图（单位：cm）

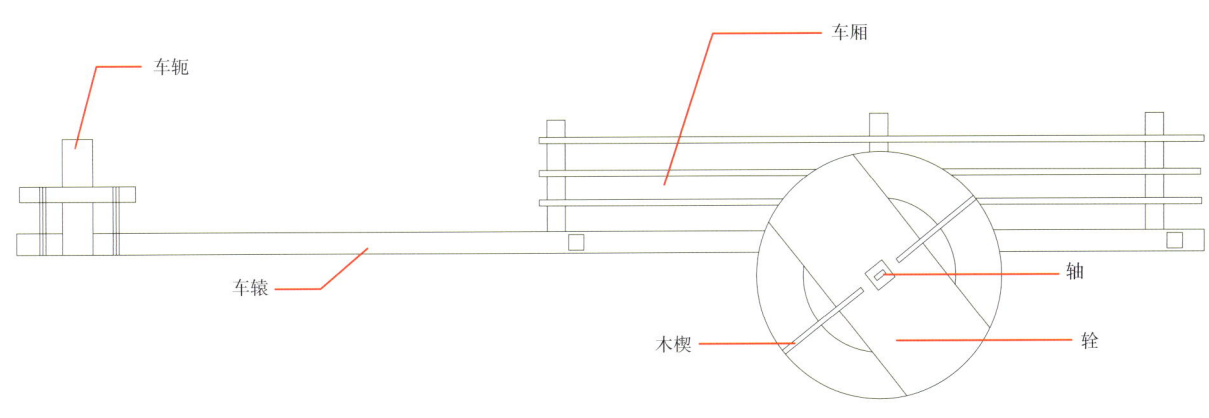

图三 黎族牛车结构名称图

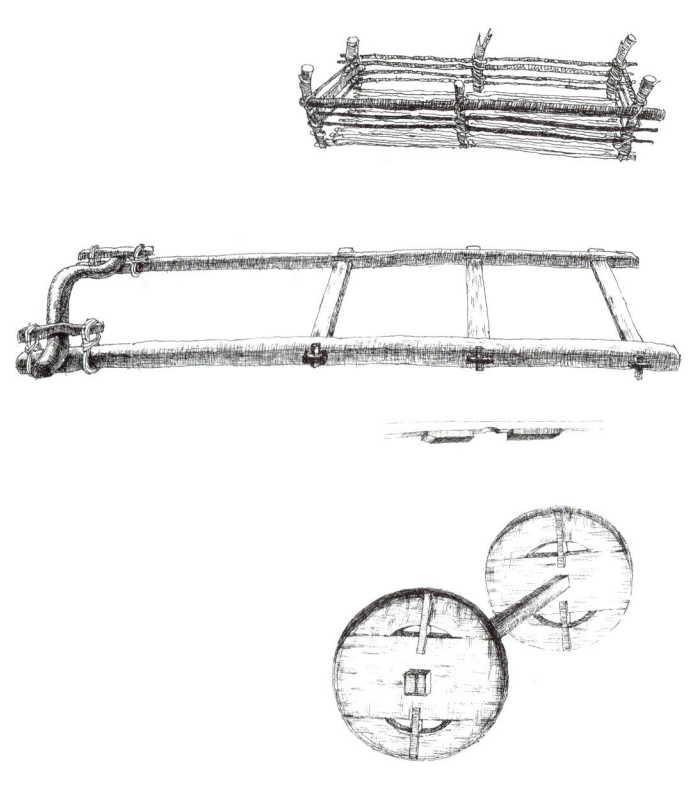

图四 黎族牛车解析图

图五 黎族牛车无辐车轮

图六　黎族牛车车厢横木与辕贯穿锁扣

图七　黎族牛车车辕下的车轴套垫

图八　黎族牛车车轭与车辕

图九　黎族牛车车轴与轮

图十　黎族牛车使用情境图

七叉镇黎族椰壳提篮

图一　七叉镇黎族椰壳提篮主图

椰壳提篮是黎族盛装水和食物的工具之一，黎族人自古就有以天然的椰壳为原材料，不添加外物，不加修饰，仅凭整只椰壳，依椰壳的外形加工成手提篮筐的形制。本案例采选自五指山市民族博物馆，案例是源于昌江县七叉镇杞方言黎族村落中的椰壳提篮，年代为近代，至今保存完好。

本案例为典型的椰壳器具，由提手和篮身组成。制作时选取一只光滑的红椰，削去外皮，将内壳椰眼向上，上半部分锯开保留一段把手。然后将椰肉掏刮干净留下厚厚的光滑的椰壳，处理干净的椰壳晾干即可盛装水和食物。使用时，用手提取上部把手或用绳子系住把手悬挂在屋架上，拿取十分方便，天然的材料也不会对水和食物造成污染。黎族传统椰壳提篮坚硬牢固，长期使用也不会磨损，且由于这种椰壳器具是由长老的红椰椰壳制成，其本身呈棕黑的色泽，在经过长期的使用之后，会更加油亮。

海南岛椰林遍布，黎族人聚居地周边常见大片的椰林，椰壳作为天然的碗状器形，为黎族人制作日常生活中使用的水和食物的盛装器皿提供了很大的方便。黎族椰壳提篮外形简朴，制作略微粗糙，简洁实用，体现了黎族人以天然为美的审美观念，承载着黎族人长期形成的造物文化，展示了黎族人民的聪明才智。

图片来源

图一、图五　鞠斐　摄影
图二至图四　鞠斐　制图

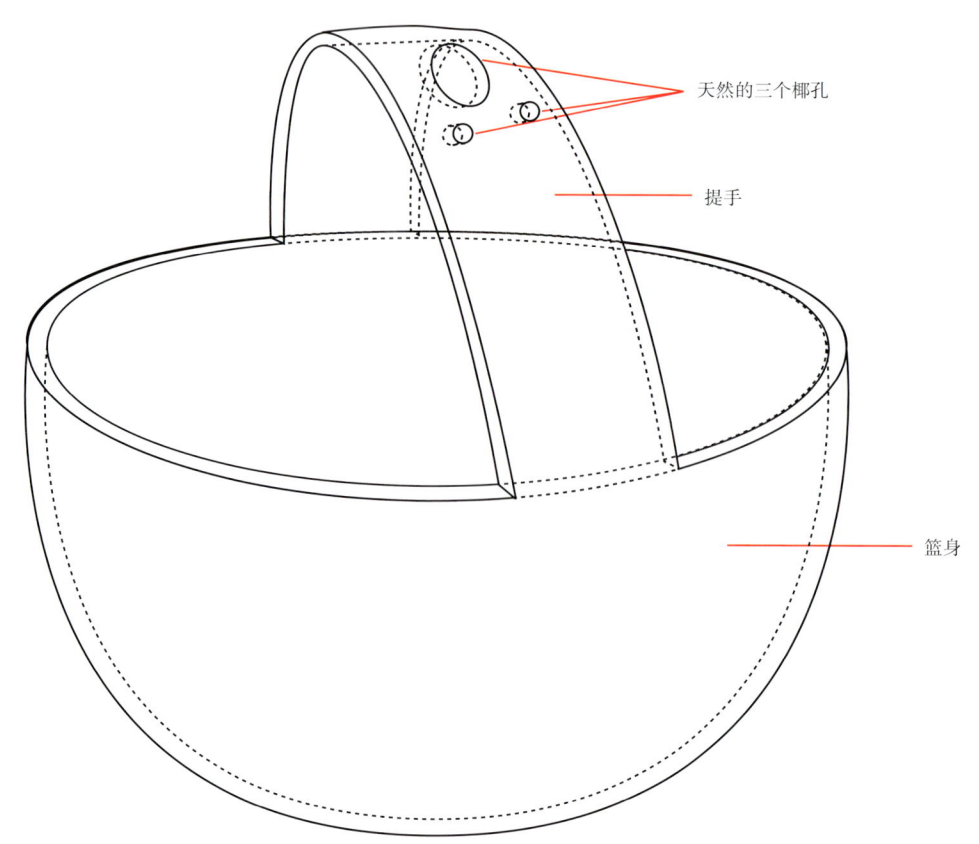

图二　七叉镇黎族椰壳提篮结构名称图

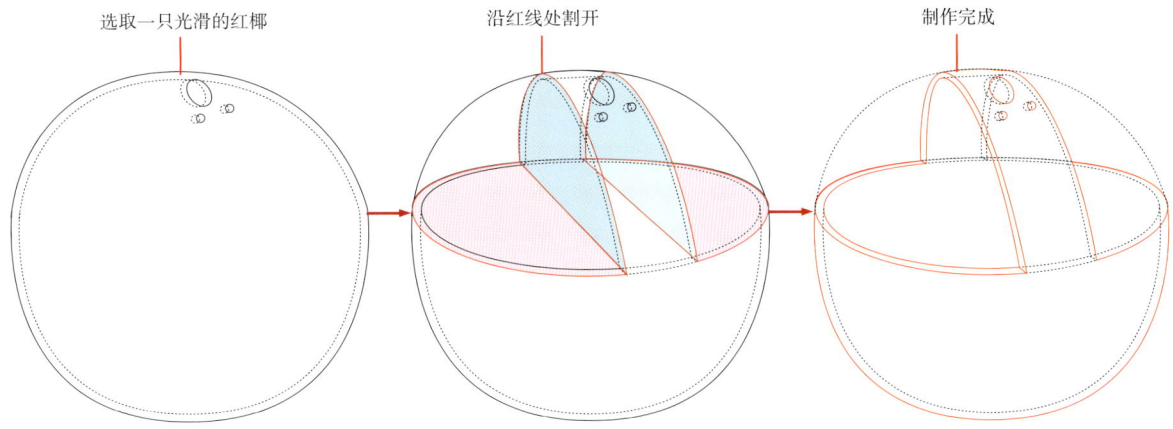

图三　七叉镇黎族椰壳提篮制作流程图

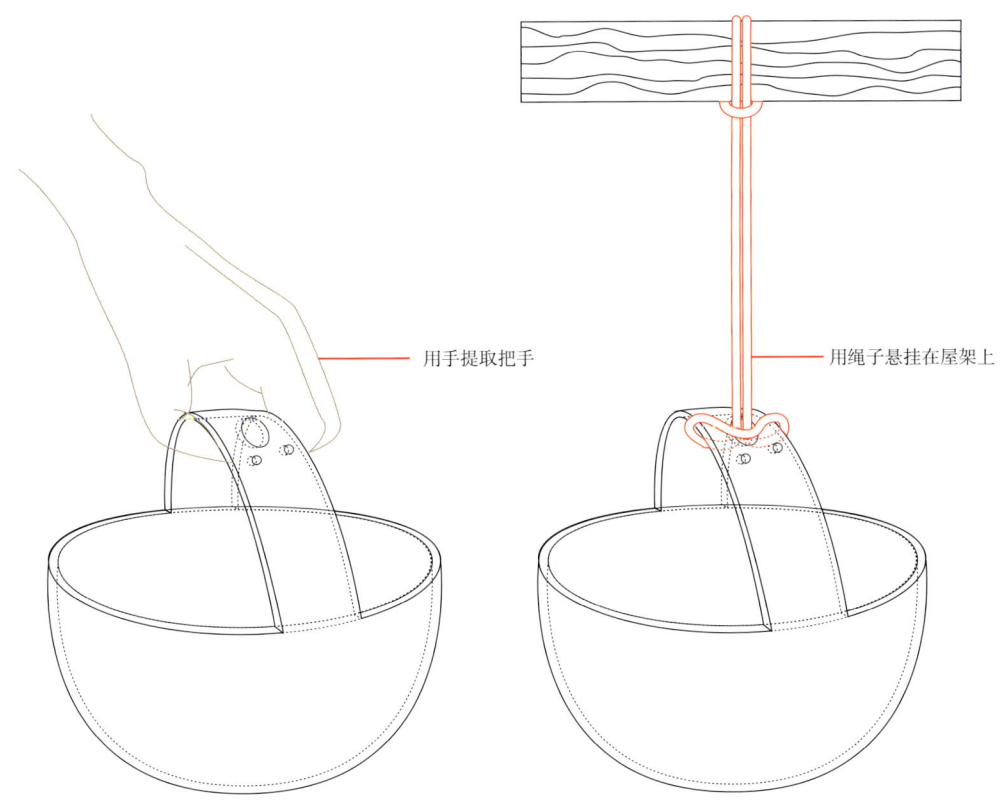

图四　七叉镇黎族椰壳提篮使用方式示意图

黎族椰壳瓢

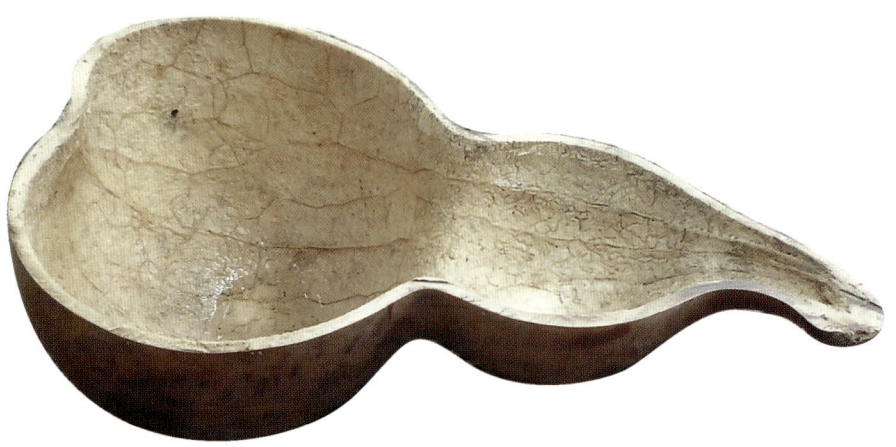

黎族葫芦瓢

图五 黎族椰壳器延展图

黎族圈口方底藤编筐

图一 黎族圈口方底藤编筐主图

黎族人自古就有采割海南岛原始森林中野生的红、白藤进行编织,加工成多种生产和生活用品的习惯,本案例采选的黎族传统圈口方底藤编筐就是使用黎族传统藤编织手工艺编织而成。

本案例藤编筐由篮口、篮身、篮底木足、提耳和拎绳组成,主要材料为红藤条、宽竹片和细木条。制作时首先使用藤枝作为十字形骨架,再用加工过后的藤篾编织成方形的篮底和篮身。再在篮身的四条棱处使用藤条与篮身纵向穿插编结进行加固并连接底部木足，在篮身肩部用藤篾编结制作提耳。最后用藤条编结连接篮身和圈口，并在提耳上系上拎绳，使用时可手提拎绳提起篮筐，也可将拎绳悬挂在竹竿或挂钩上。

本案例篮身采用一经一纬相互压叠的编织方法，编结成人字形斜纹肌理，篮口使用宽而薄的竹片弯成与藤编篮口相同直径的圆圈，用来固定篮口的大小和形状，使其在使用过程中不易变形。圈口下方以固定的距离穿孔，用来穿过连接、固定圈口和篮身的藤条。底部的十字形木足采用独木加工而成，分别固定住方底的四角，在使用过程中起到与地面或台面隔离的功能。木足末端穿孔用来穿入与篮身连接的藤条，同时起到固定底部木架和篮身形状的作用。

黎族传统藤编工艺历史悠久，由世世代代的黎族人心口相传，黎族男子尤其藤编技艺高超、工艺精湛。黎族红藤制成的藤条较白藤更宽，且更加柔韧，红藤编筐通常用来盛放粮食等重物，光滑的藤皮令编结成的篮筐美观大方、结实耐用。

图片来源
图一　鞠斐　摄影
图二至图五　鞠斐　制图
图六　周星悦　制图

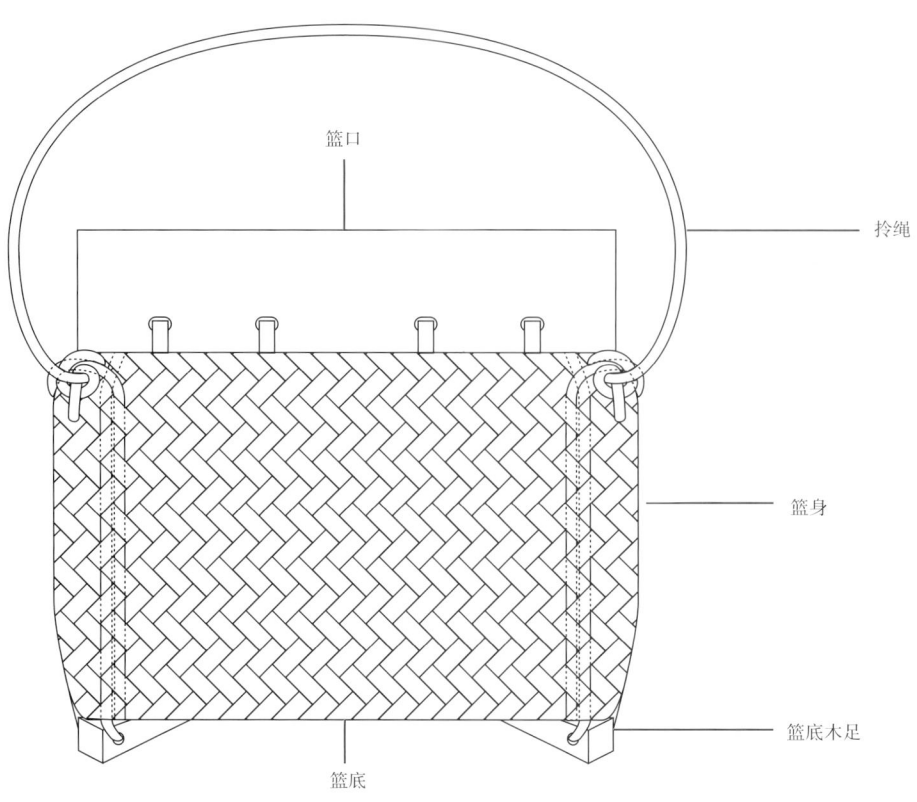

图二　黎族圈口方底藤编筐结构名称图

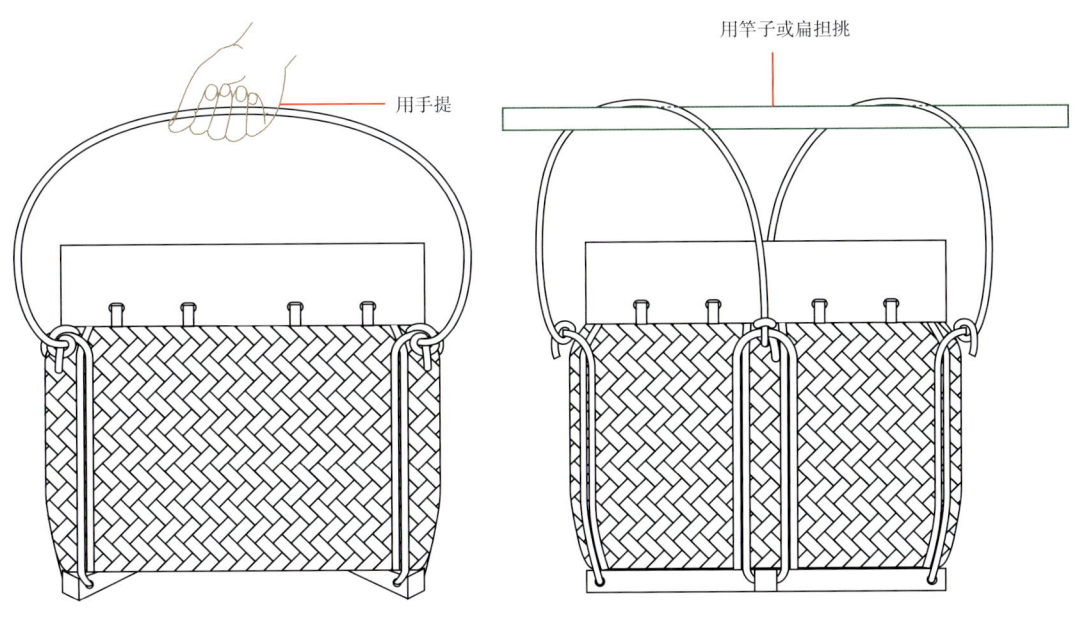

图三　黎族圈口方底藤编筐使用方式示意图

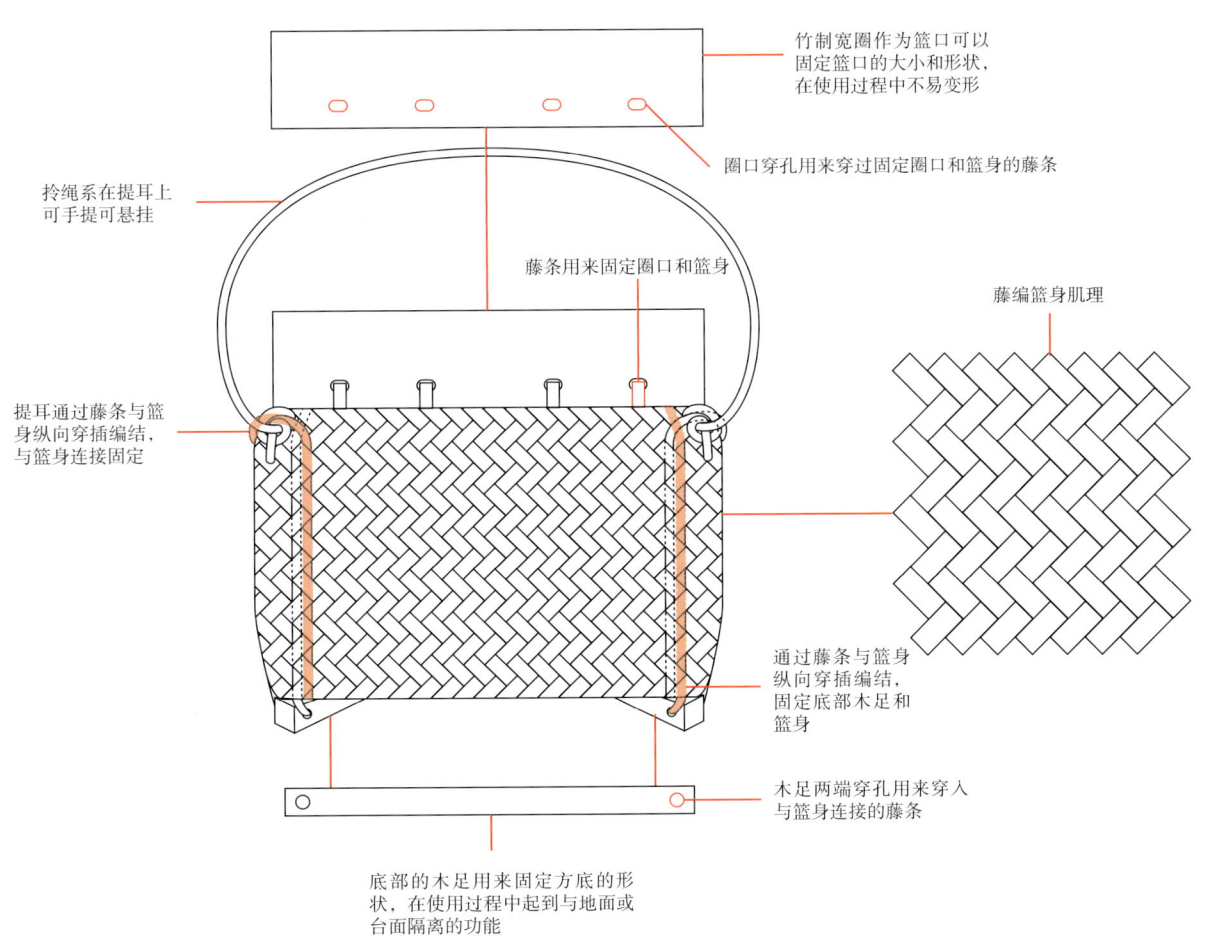

图四　黎族圈口方底藤编筐设计分析图

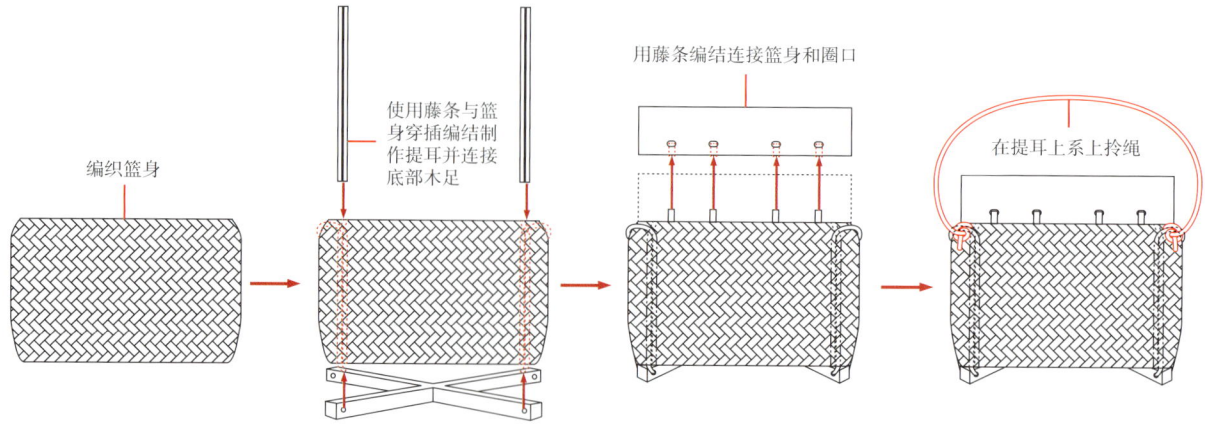

图五 黎族圈口方底藤编筐制作流程图

图六 黎族圈口方底藤编筐使用情境图

黎族藤篓

图一　黎族藤篓主图

　　黎族的生活盛具除了木器以外，主要是竹藤编织器，最为精细讲究的当属藤篓，有些是双层带盖的女子衣篓，有些是敞口、装棉花等洁净物品的小篓。器身用细密的藤条编织，采用斜纹中最常见的人字形纹，经条与纬条的宽窄薄厚一致，两条藤交叉相压，依次向前推移。相邻的两根经条和纬条的交织点，呈连续倾斜的对角线。在藤篓的底部通常会安置一条竹木片做圈足，宽4厘米左右，长度略长于藤篓底部，以便留出接口，竹木片上还刻有各式花纹。圈足的作用是使藤器放置平稳、底部耐磨，但因为有了刻纹，在藤器造型优美的基础上又增添了几分审美的情趣。

　　圈足上的花纹除了几何式的三角、方格纹，人物、黄猄、鹿、野猪、雉鸡等也较常见，树木山岭则是重点刻制的对象，有单独的主体纹样，也有为鹿等猎物衬托密林环境的底纹。每一画面以方框为限，表现较为具象，也有抽象的形如服饰织绣的树木，突出树的基本造型，并对树叶与树根进行强调，隐喻氏族的人丁能如老树般枝叶发达，世世代代随着根基的扎实越来越强壮，守护着田地的大树也是荫护子孙、五谷丰登的写照。另外，还有表现山林的图案，密林随着山峰高低起伏，层层叠叠连绵不断，以双线造型，中间填充竖线，象征一棵棵笔直丛生的大树。黎族人以这种刻画形式反映了树与山之间的关系，所以树神后来演变成山神也就顺理成章了。圈足中最为常见的一种构图方式也与树有着直接关系，即在各种动物的刻画背后都以横竖短线进行衬托，象征热带雨林中高高低低的灌木，走入其中的有野猪、黄猄、鹿、雉鸡，也有林边水中的大鱼，表现出狩猎民族对于动物的一种潜意识的关注。不仅如此，图案中的人物也总是以猎人的形象出现，他们挽着高高的发髻，手举火把，骑在马上，周围灌木丛生，整体的气氛向我们展现了猎人们在林间狩猎的场景。

黎族藤篓以造型优美著称，口沿、腹部、圈足的结构十分明朗，外轮廓的节奏感也很强；红藤编织纹理清晰，细密匀称且防潮；圈足上的纹饰风格较为一致，以线造型，主题对象用留白的方式凸显，形象稚拙，但能把握对象的基本特点，整体似剪影；主题外有底部设计，以短线衬托主题对象；圈足另有一些抽象的刻纹，形式简单但意味浓郁，呈连续式构图。

图片来源

图一　袁晓莉　摄影
图二　叶祎祎　制图
图三　张飞　制图
图四　陈翔宇　制图
图五　胡亚玲　摄影
图六　袁晓莉　制图
图七　周星悦　制图

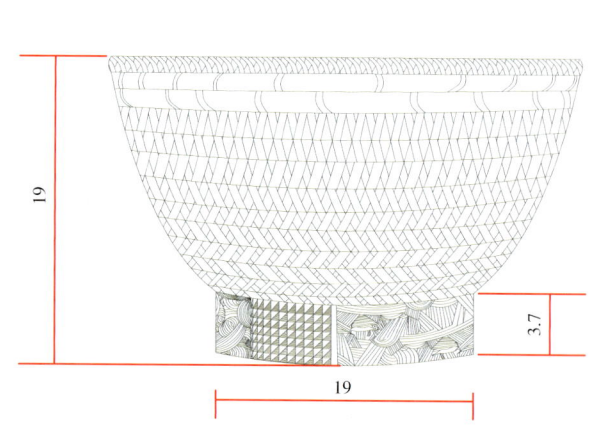 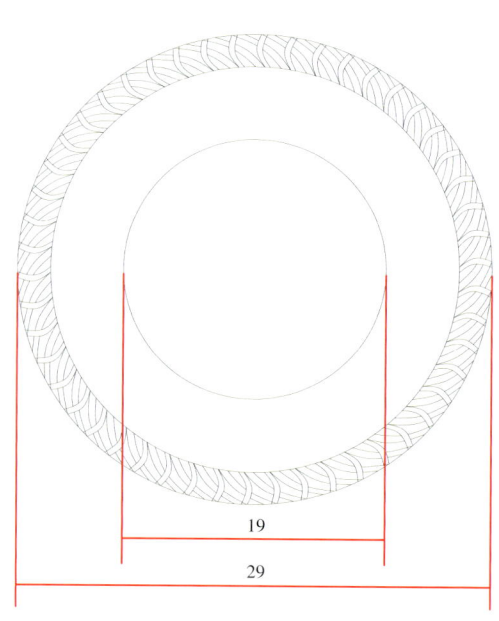

图二　黎族藤篓尺寸图（单位：cm）

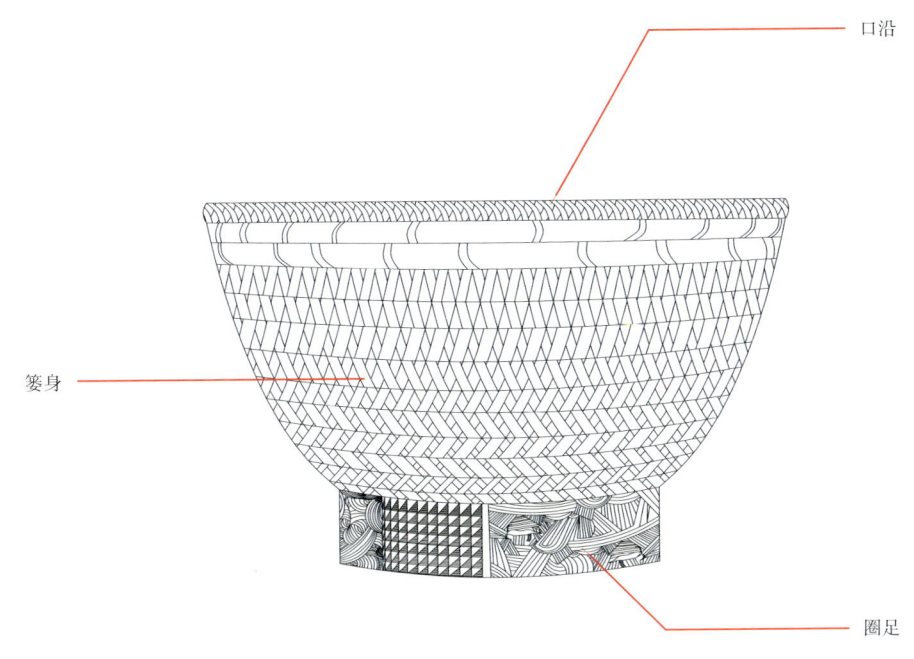

图三　黎族藤篓结构名称图

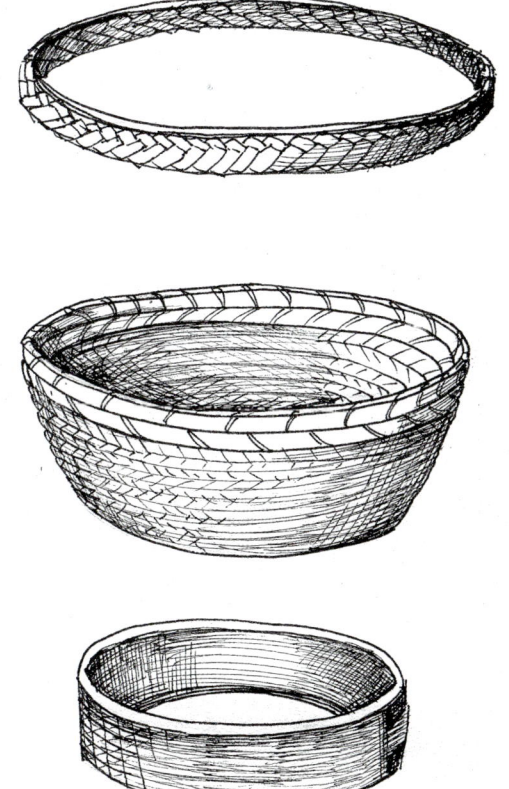

图五　黎族藤篓圈足

图四　黎族藤篓解析图

第四章　黎族传统生活用具

441

图六 黎族藤篓圈足上的猎人

图七 手拿藤篓的阿婆

黎族陶器

图一 制陶工具

如今，黎族人家制作陶器还延续着祖辈留下的古老技术，小型碗钵类采用手捏，大器运用泥片贴筑法和泥条盘筑法，也有采用向汉族学来的快轮拉坯，但最常见方法是泥条盘筑。烧制方法采用低温露天非封闭式烧造。从现有考古资料看，在世界范围内的陶器时代，其制作技术按时间先后顺序来划分，经历了捏塑法、泥片贴筑法、泥条盘筑法和轮制法四种方法和过程，表现出从简单到复杂、从粗糙到光滑、从滞涩到流畅的发展脉络。黎族不仅保留了始于新石器时代的陶器的原始形态和特征，而且延续了人类几近失传的制陶技术和方法，是原始制陶技艺名副其实的"活化石"，对于研究我国乃至世界各国古代制陶技术的发展，都有着重要的参考意义。

一、泥条盘筑：陶器成型的方法

泥条盘筑法是黎族人普遍运用的制陶方法，在20世纪80、90年代还普遍存在。我们以陵水军田乡山牛村、白沙牙叉镇九架老村、东方东沙镇田头村、昌江太坡镇保突村以及三亚天涯镇黑土村等地为黎族制陶技术的调查点。

（一）制陶工具

制陶工具较简单，都是手工制作或天然撷取。

杵臼：用来舂土和捣泥，是舂米淘汰的陈旧杵和臼。杵有两种，一种以独木砍制，两头粗，中间细，高约120厘米，口径10厘米；一种是榔头形，木柄安在一榔头状木头上，下有砸击的圆头，柄长约120厘米，榔头长约40厘米，直径10厘米。根据高低或站着操作，或弯腰使用。臼以独木挖制，口径约45厘米，高约60厘米。有的人不用臼，将陶土直接放在地上用杵舂碎。

泥铲：铲陶土、陶泥的工具。有骨铲，水牛肩胛骨制成，又可作为盛饭铲。也有木质圆形短柄铲、长柄铲，长35厘米，宽7～10厘米。

垫板：用来和泥和加工陶器，有木板、槟榔叶、竹箄。有的放在独木凳上，也有在陶甑上放木板作为操作台。

竹刀：以竹削成片，尖头，有刃，长短不一，长15～20厘米，宽1～1.5厘米，用于切割陶土，刮削陶坯。

陶拍：以木砍制，头部为长方形，有柄，如铲，长15～25厘米，宽5～8厘米，厚1.5厘米，表面光滑，未刻花纹，这是用于拍打陶坯的工具。一般备有大小数个，视器物尺寸选择。

蚌壳：从河里采集而来，取一半，长约10厘米，宽约6厘米，是刮、压陶坯的工具。

红藤籽：制陶的垫具和打磨工具，是红藤结的籽，圆饼形，红褐色，表面光洁，直径4.5厘米，厚1.5厘米。

钻孔竹棍：以细竹竿制成，一头为尖，长约30厘米，直径1厘米，是制陶甑时的钻孔工具。

此外，还有竹篮、竹筛、水勺等工具。

（二）制坯过程

制坯过程由挖土、晒土、舂土、筛土、和泥、制坯、干燥等步骤组成。

1. 挖土与晒土

陶土选择很重要，要求土质黏性强，含石灰质等成分，有细砂，不加其他料。挖取自土坑深处的陶土，一般为灰黑色、灰白色。制陶只需一两担土，由妇女挑回家中。因为挖回的土是湿的，所以置于屋檐下晾晒，防止雨淋。土干后，呈浅灰色。

2. 舂土与筛土

晒干后的土结为大硬块，先用石头把大块土砸成小块，放入木臼用力舂碎。然后用竹筛筛土，分别用大孔筛和小孔筛筛去大小砂砾，5至7次后成泥粉。

3. 和泥与阴放

在地上铺好木板或槟榔叶做的垫板，把筛细的陶土倒在上面准备和泥。就像和面一样，在陶土上挖个坑，倒入水，水与陶土的比例为1∶2，这是制坯的关键。准备妥当，妇女们便开始用双手奋力地反复揉泥。揉成泥团后，将其放在木凳上拿木棍用力捶打，以增加它的黏性。然后在泥团上盖湿布两三天，使陶泥变得更有黏性和韧劲。

4. 盘筑制坯

按照黎族传统方式，在制作陶器之前，妇女们必须虔诚地围绕木凳上的泥团载歌载舞，寓意让神灵保佑制陶成功。

（1）做底：将泥团再次揉和均匀后，取出一块泥放在木板上，揉成球形，拍打为圆饼状作为器底，厚约1厘米，直径视器物大小而定。因为泥饼不圆且有毛边，所以将其移至一个倒扣的粗孔竹筛上，用竹刀沿着边缘切割成圆形，将多余的部分去掉。制作时，人围绕木板台面走动，逐渐把圆形器底做好。

（2）搓泥：把和好的陶泥分成若干块，撒上干陶土，以免泥块粘在木板上，好似"面泼"的作用。将泥块搓成数根泥条，大约手指粗细。

（3）盘筑：将第一根泥条盘在做底泥饼的边缘，并用手捏牢，使两者固定在一起，否则将来会漏水。然后以同样的方法自下而上层层圈筑，泥条之间平接。盘筑时用手一层层捏实，左手扶坯外侧，右手把内侧抹平，使泥条真正连接起来变成一个面。一般器物盘5圈足够，但如果要制作酿酒器具、水缸等大器时，会盘至7、8圈，分为两部分：泥条盘筑几根后不再继续往上盘，作为器物下段坯身，之后拍实刮修；待它稍干定型后，能承受压力时，再继续盘筑上段坯身，至此完成陶坯。

（4）拍实：盘筑后内外高低不平，必须反复拍打，先以红藤籽为内垫，外以竹刀、蚌壳抹平修型，再用陶拍沾水拍打陶坯内外壁，自下而上，并且以逆时针方向绕着器坯反复进行拍打。陶拍沾水是以防粘连。

（5）塑形：拍打后的陶坯为一个直筒形，可将其塑造成需要的造型从而成为各类生活陶器，如甑、釜、罐、碗、缸等。要做成黎族常见的收口、鼓腹平底罐，还需要塑形这个步骤，即拿蚌壳背面由陶腹内壁向外推，同时将陶外壁向内上下拍打。

（6）制口沿：用绳子将陶坯口切割平整，沿陶口再加上一根泥条作为唇口，然后用蚌壳背面蘸点水，在口沿与器壁间抹开，使两者贴在一起，并用竹刀把口沿不齐的地方刮一刮。这样，所制陶坯主体就大功告成了。

（7）成型后再用水喷洒陶坯，用蚌壳、红藤籽细心地刮抹内外，修饰器底，使陶坯光滑平整。

另外，若是需要陶耳、陶流等附件，必须趁湿软嵌入。比如蒸酒器，是衔接部位比较多的大器。首先完成下面较大的部分，再做小的上部分，然后把两件衔接起来，衔接处有1~2厘米厚的陶箅，在箅中钻三个约5厘米长的椭圆形长孔，以供水蒸气上升。在箅上方的器壁上钻孔，插入约6厘米的筒形泥条作为滴酒流，这样一件较大的器物便完成了。

5. 干燥

制作好的器物需进行晾晒，因制好的器坯较为潮湿而柔软，所以不能烧制，必须放在家里或屋檐等阴凉通风处晾干两三天，再移到庭院晒三四天，如未经晾干直接暴晒，陶坯会出现裂痕，甚至爆裂。待完全晒干后，放在棚子里，择日烧陶，如遇到主人生日或忌日都不宜。

二、露天烧造：柴堆上的烧陶技术

黎族的烧陶方式虽是露天的柴堆烧造，比较原始，但是具有一定的科学成分，并且非常符合黎家自给自足的内需及低成本需求，所以此技术一直沿袭下来。经过时间的考验，黎族人已经熟练掌握相关的温度、燃料的性质、达成温度的时间以及在烧制过程中陶器与空气接触等情况。所以，我们对具体烧造过程进行描述之后，将对技术中的重要环节包括技术主体以及技术存在的意义做相关讨论。

（一）烧制过程

对于烧制过程，我们以分解的方式具体描述每一步骤，从而细致了解其方法与科学性，其中涉及人们对于火、温度、材料、装饰的认识，包括最优化地摆放陶器，最大限度地利用燃料与温度，最恰当地把握时间与火候，集中体现了黎族人民造物的智慧。

1. 烧制准备工作

烧陶在空旷野地进行，选择一块平坦的

地面，备一牛车干柴，重量至少在300斤。在地面中央放四块石头，把一根根干柴横竖间隔架在上面，一般5～6层，搭成四方形，柴堆长宽均为1米多。选一个妇女专门摆放陶器，一件挨着一件，倒扣在柴堆上，少则二三十件，多则40件左右，在中间还要放置一个曾经烧好的理想陶器，祈祷这次的陶器也如此陶器般顺利成功。最后再盖上一层厚厚的干稻草。

2. 点火前的仪式

按照黎族传统方式，在点火前，请"道公"围绕柴堆举行念咒仪式，或者由妇女手拿一根树枝围绕柴堆边唱边跳，寓意是让神灵保佑烧陶成功，不要破裂。人绕行柴堆三圈，反复颂唱，大意是："我们做陶器来用，做多少成功多少，祝我们这次烧陶成功！"念唱完后由道公或唱跳的妇女点火。

3. 钻木取火种

火种一定要用古老的钻木取火，取火属男子的本领，妇女一般不懂此法。男子用钻木杆夹在双手间，在有凹穴的钻木板上来回搓动旋转，艾绒等引燃物放在木板下面，由于摩擦生热，很快，木板被钻得冒了烟，生出小火星，用嘴轻轻吹动便渐渐引燃了艾绒，获取了火种。黎族人认为只有用祖先传下来的这种方法，才能保证陶器烧得好。

4. 柴堆烧陶

由一位年老妇女接过火种点燃柴堆，一般从四角开始，由于底下垫石悬空，便于通风，所以不大一会，烈火开始往上蹿，妇女们不断地向火堆上加稻草，浓烟滚滚，柴燃烧起来。在烧制过程中，必须有人守护，以便观察烧陶情况，也防止发生火灾。柴逐渐变成木炭时，妇女们会用稻草铺在陶器上面加助火力，这样燃烧得更为持久。据推测，火温在700℃左右。当稻草都化为灰烬时，陶器上形成厚厚的草木灰，由于陶器表里还保持着火温，所以此时出现了短时间的渗碳效果，烧制出来的陶器除了颜色上的变化外，质地也更为结实。

5. 树皮水淋洒淬火

历经三个多小时后，陶器的烧造完成了，妇女们用树枝将火堆里的通红陶器挑出来，放在火堆旁边。立即用事先浸泡了一天一夜的"赛子若"树皮水淋在陶器上，再撒上些草木灰，使其淬火冷却，这有利于增加陶器的硬度。陶器嗞嗞作响，呈现出黑红色斑点或片状痕迹。陶器冷却后由灰色变成了红褐色，至此制陶成功，妇女们便兴高采烈地把陶器挑回家。

陵水的山牛村烧陶技术与此法有所差别：先在空地放置四块石头，底部放干牛粪、椰鬃，再铺稻草，陶坯置于上，然后再用这些天然燃料层层地裹着坯身，将陶坯顶部及四周覆盖得严严实实似圆锥状，最后开洞点火。这种烧陶方法比露天敞开式先进许多，已向"燃料封闭法"过渡。

此外，黎族与汉族接触后，学会了坯体施釉与窑室烧造，但是从古至今，留存的陶窑却很稀少。究其原因，有几点：1. 对于村寨或是家庭消费而言，窑室制陶需要巨大成本。建窑需花费更多资金与物力，燃料也要大量高质量木材，所以不经济。2. 黎族用陶主要是自给自足。在一年中的农闲季节，家庭中的妇女们有了闲散时间聚在一起，做陶器补给家用。因交易的数量有限，没有形成较大的市场需求。所以我们在研究时，不能忽视传统和经济之间的关系。露天烧造更符合黎族人的经济需求与适宜性。

图片来源

图一、图二十三　胡亚玲　摄影
图二至图二十二、图二十四　周星悦　制图

图二 挖土

图三 晒土

第四章 黎族传统生活用具

图四 舂土

图五 筛土

图六 和泥

图七 做底

图八 搓泥条

图九 泥条盘筑

图十 拍实泥坯

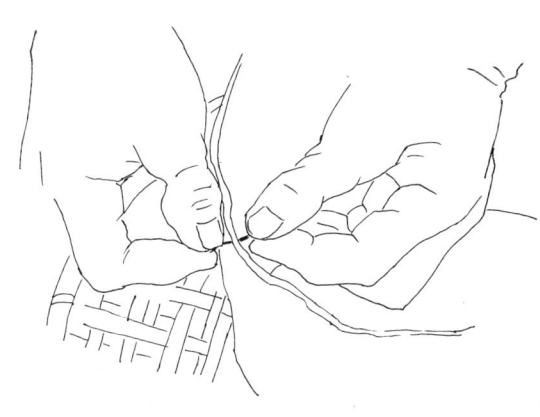

图十一 塑形

图十二 制作口沿

第四章 黎族传统生活用具

图十三 刮磨修饰

图十四 晾晒干燥

图十五 洒树汁

图十六 准备烧制

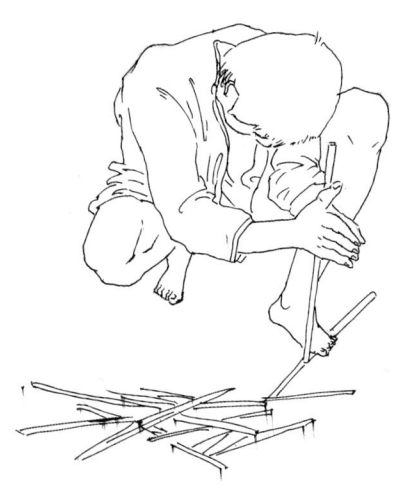
图十七　钻木取火

图十八　点火烧陶

图十九　加稻草助燃

图二十　制作淬火原料

图二十一　取出陶器淬火

图二十二　检查陶器

图二十三　烧好的陶器

图二十四　挑陶交易

黎族褐釉蛙形贴塑六耳陶罐

图一　黎族褐釉蛙形贴塑六耳陶罐主图

陶器是黎族人长期以来最主要的饮食器具，不同的陶器使用功能各不相同，其中陶罐通常被黎族人用来盛装酒水或腌制鱼、肉等食物，本案例六耳陶罐采选自五指山市番茅村黎族传统船形屋内，是典型的黎族传统陶制盛水器具，具有相同功能的陶器还有保亭县甘什村的黎族传统褐釉蛙形贴塑六耳陶水缸。

本案例由罐口、罐耳、罐身、罐身蛙形贴塑和罐底组成。高约49厘米，罐口和罐底直径为19.5厘米，蛙形贴塑高约10厘米，宽约8厘米。罐口为敛口平沿尖唇，六只罐耳可作为装饰也可系绳提拿，鼓腹平底，四只蛙形贴塑左右对称，陶罐整体烧制褐色釉，属于高温烧造的硬陶。常见的黎族陶器大多是露天烧造，属于低温烧造的软陶，不挂釉。本案例陶罐是在传统软陶陶罐的工艺基础上的巨大进步，其表面的釉为用于给陶器上釉的土釉，是采用天然黏土经过淘洗制成的褐色釉面，烧成的釉面不透水，平滑而有光泽，不易沾污且容易清洁。

黎族传统褐釉蛙形贴塑六耳陶罐造型质朴，蛙形贴塑形象生动，是黎族传统图腾崇拜的印记，数千年来伴随着黎族人日常生活。随着现代饮食器具的传入，黎族传统褐釉蛙形贴塑六耳陶罐和水缸逐渐消失在黎族人的日常生活中，成为黎族传统陶器历史、文化以及传统生活习俗的见证。

图片来源

图一、图五　鞠斐　摄影
图二至图四　鞠斐　制图

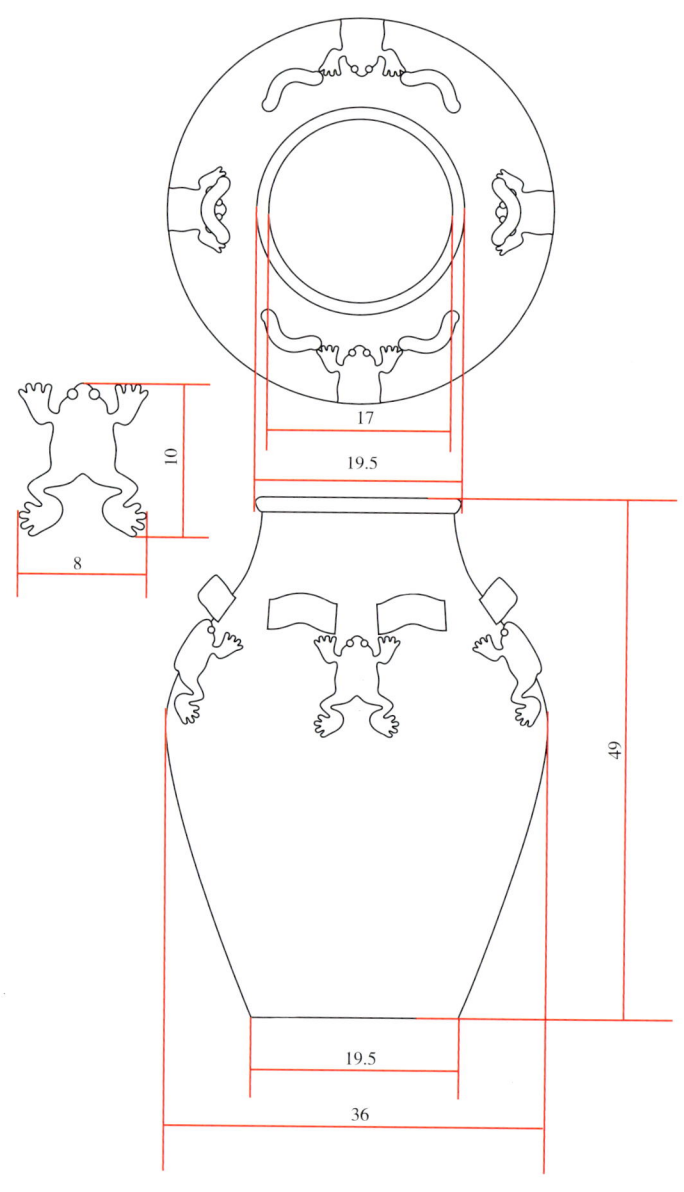

图二　黎族褐釉蛙形贴塑六耳陶罐尺寸图（单位：cm）

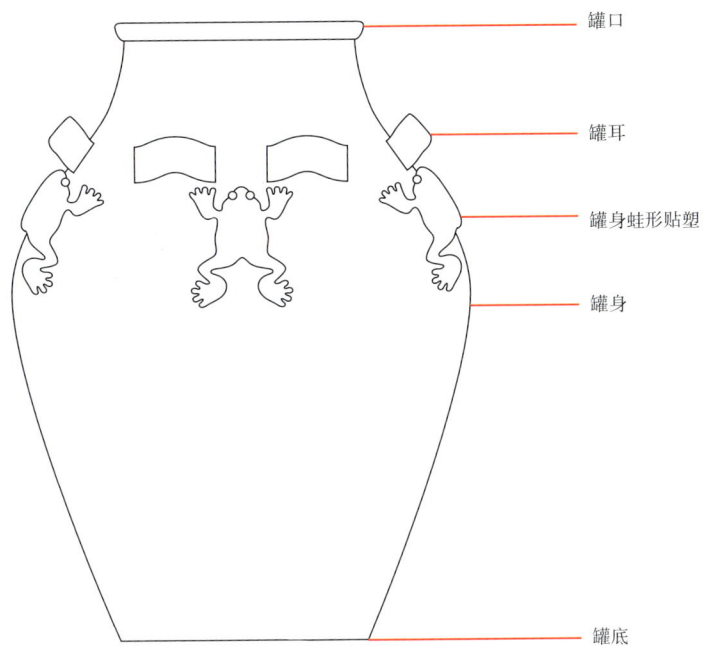

图三　黎族褐釉蛙形贴塑六耳陶罐结构名称图

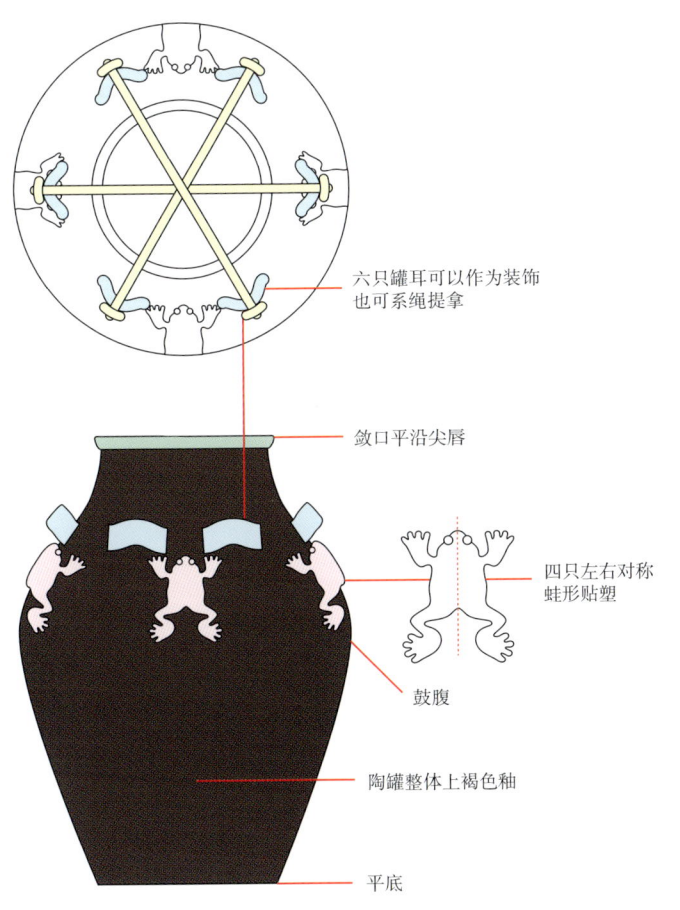

图四　黎族褐釉蛙形贴塑六耳陶罐设计分析图

第四章　黎族传统生活用具

455

图五　延展图：黎族褐釉蛙形贴塑六耳陶水缸

美孚方言黎族人形贴塑四耳陶罐

图一　美孚方言黎族人形贴塑四耳陶罐主图

陶器制作是黎族重要的家庭手工业之一，制成的器具主要有釜、甑、瓮、碗、罐、蒸酒器、蒸饭器等，其中陶罐作为黎族传统储水和储物器具十分具有代表性。黎族地区的制陶技术主要保留在哈方言和美孚方言两大方言区，本案例采选自五指山市番茅村，是当地黎族人购买的东方市东河镇的美孚方言黎族妇女制作的传统贴塑陶罐。

本案例由罐口、罐耳、罐腹、罐底组成，敛口卷沿圆唇，平底鼓腹，罐肩有左右对称的人形贴塑，共有四只罐耳环绕陶罐一周，罐身刻画折线形装饰纹样。陶罐整体高约20厘米，腹部最宽处约14厘米，罐口直径约11.5厘米，底部直径约为10厘米，人形贴塑长约4厘米，宽约2厘米。

本案例陶罐制作时采用泥片贴筑法和泥条盘筑法相结合的方式，其中罐身用泥条盘筑法制作。首先用一部分泥拍打成厚度均匀的泥饼，用竹刮刀切割出圆饼状器底。再将一部分泥搓成数根直径约2厘米、长约50

第四章　黎族传统生活用具

厘米的泥条，自下而上逐根盘绕在圆形泥饼四周，盘筑成陶罐泥坯。然后一手扶稳陶罐，一手用木刮将罐内泥条接缝刮平，再将外壁用木刮或蚌壳抹平。最后将圆条形边沿用手捏牢，接着使用泥片贴筑法将四只罐耳和四个人形贴塑贴在陶罐肩部。陶罐塑形完成后阴干，最后使用篝火焙烧成型。使用时可在陶罐四耳上系绳，拿取时用手提拎绳提起陶罐或取两个陶罐分别将拎绳挑于扁担两头挑起陶罐。

图片来源

图一　鞠斐　摄影
图二至图五　鞠斐　制图

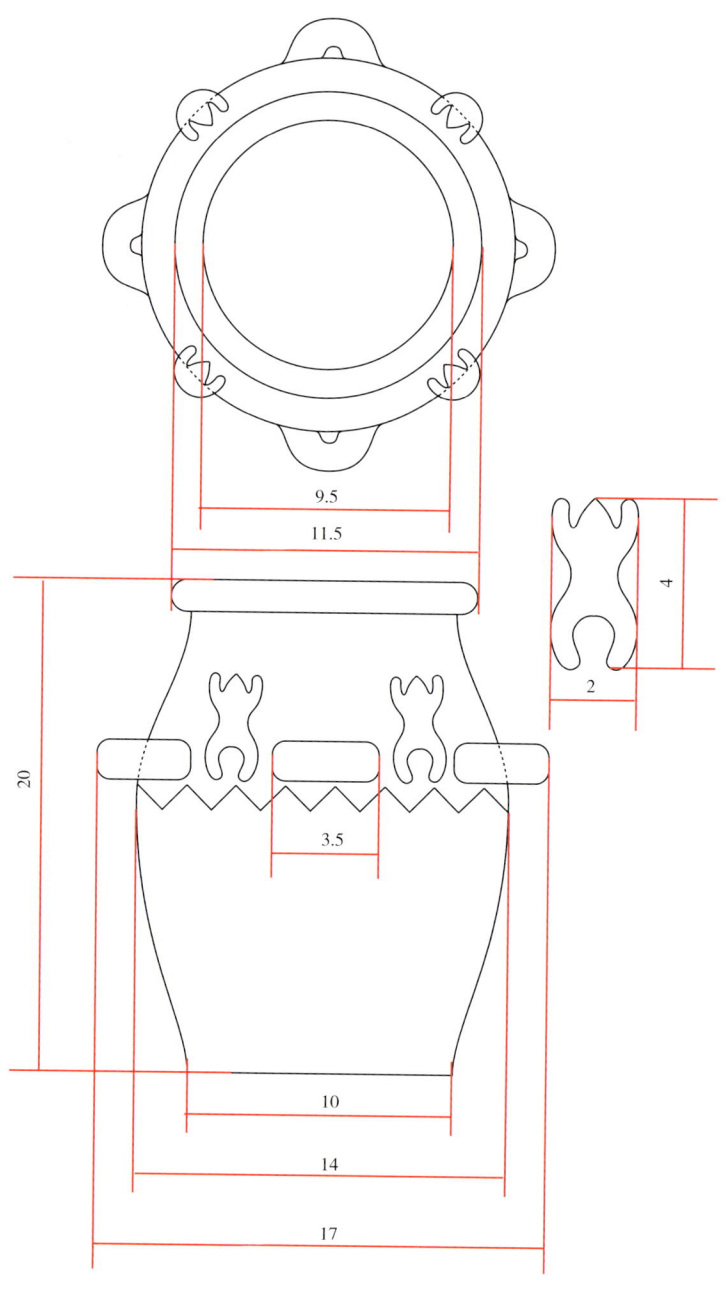

图二　美孚方言黎族人形贴塑四耳陶罐尺寸图（单位：cm）

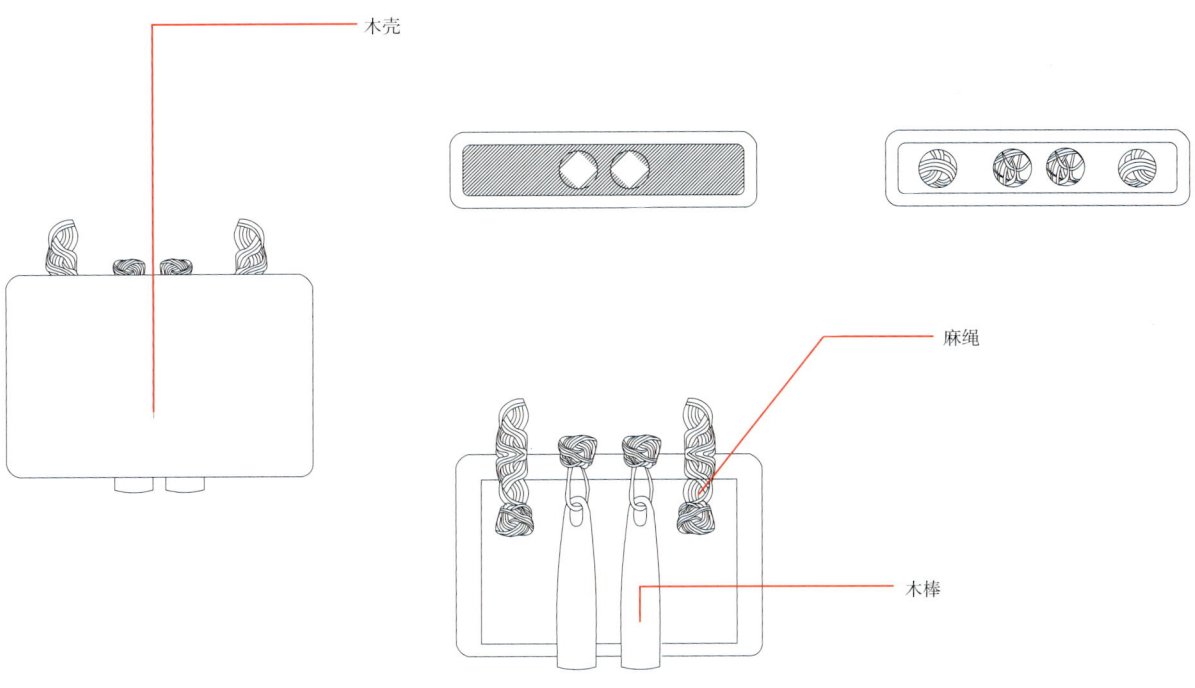

图三 黎族独木牛铃结构名称图

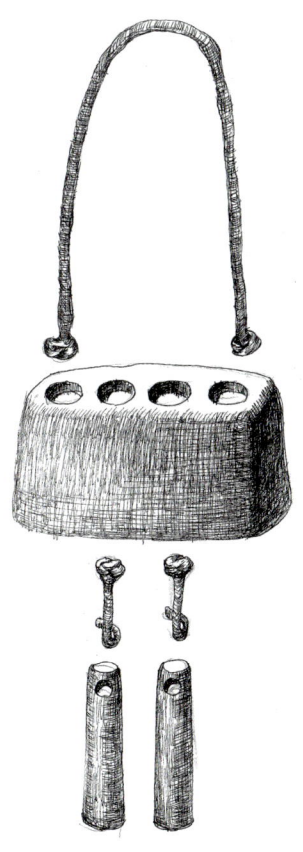

图四 黎族独木牛铃解析图

图五　黎族独木牛铃使用情境图

黎族多足独木凳

图一　黎族多足独木凳主图1

海南黎族用独木制作器具的行为在原始社会已存在，由于历史上交通较为闭塞，黎族人民长期处于原始社会刀耕火种的阶段，独木器加工技艺是黎族人在生产和生活中创造出来的重要手工艺。在发明铁器之前，黎族人民就以钻木火烧与石斧、石锛挖凿等方法将天然之木制作成大小不同的器具，其中独木凳是黎族传统独木器具中最具代表性的一种。本案例采选自海南省博物馆展示的黎族传统多足独木凳，是海南黎族独木器具中最具有代表性的独木家具。

本案例选择两种最为典型的多足独木圆

凳进行分析：一种为八足圆木凳，由凳面、凳足和底座组成；另一种为三足圆木凳，由凳面和凳足组成。多足独木凳在加工制作时，通常综合运用火烧、挖凿等方法，先将一截完整的圆木锯成适合的高度。制作八足圆木凳时，将除去八条凳足和凳面底座之外多余的木料运用火烧之后再挖凿的方法从圆木中掏去，并将凳足侧面凿成弧形增加美观度；制作三足圆木凳时，则将除去三条凳足和凳面之外多余的木料从圆木中掏去，再将凳足与凳面连接处打磨成光滑的圆角。

黎族传统多足独木凳的创造加工体现了黎族人就地取材的设计思想，由于黎族人长期居住在深山老林之中，枯死的树木随处可捡，因此制作独木器具的材料丰富易得。利用朽木制作器具，可以变废为宝，既有利环保，又坚固耐用，故黎族地区至今仍遗存并制作、使用各种独木器具。

图片来源

图一、图二　鞠斐　摄影
图三至图五　鞠斐　制图

图二　黎族多足独木凳主图2

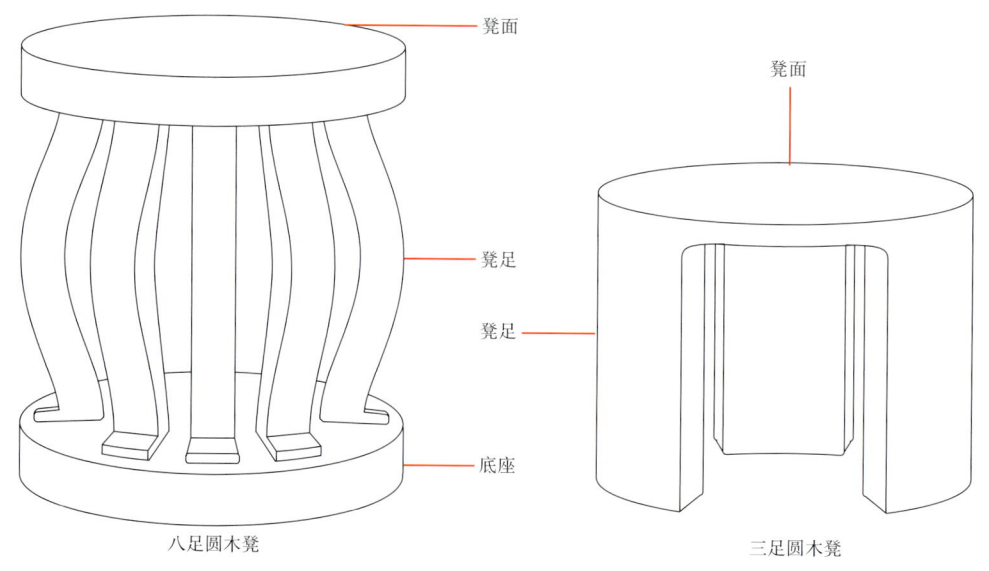

图三　黎族多足独木凳结构名称图

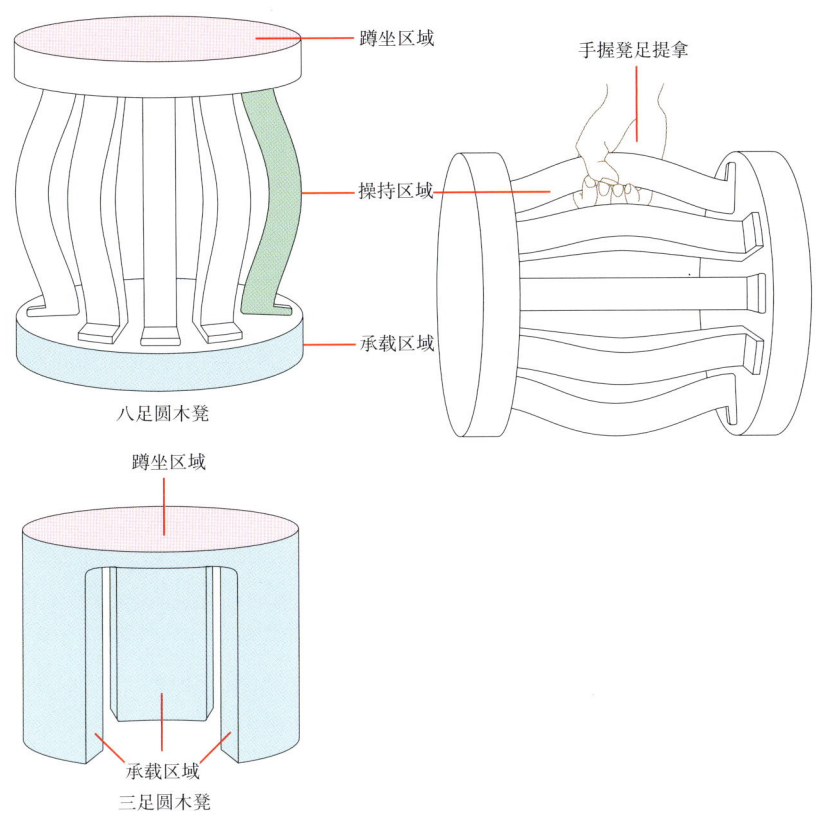

图四　黎族多足独木凳功能分区示意图

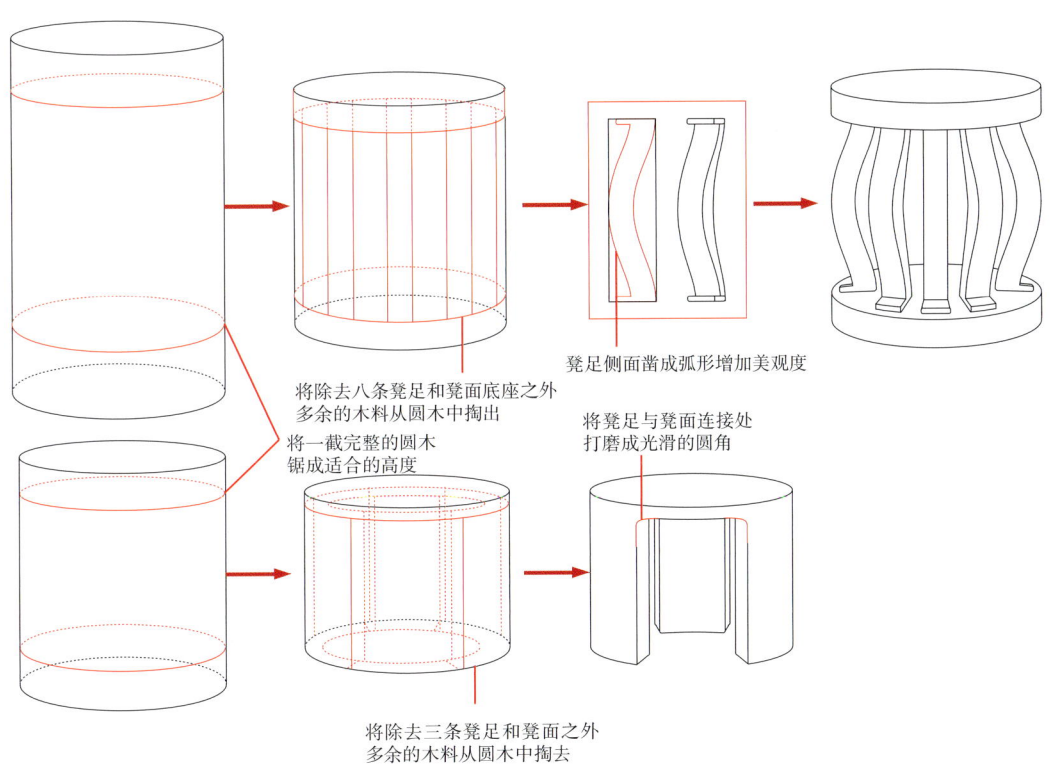

图五　黎族多足独木凳制作流程图

黎族刻花滑盖木针线盒

图一　黎族刻花滑盖木针线盒主图

黎族刻花滑盖木针线盒是润方言黎族妇女制作双面绣时使用的辅助工具，由于黎族古时候没有自己的文字，织绣的纹样都是通过心口相传，因此木针线盒除了用来存放针线之外又被赋予了记录刺绣图案的功能。本案例采选于海南省民族博物馆收藏的黎族滑盖木针线盒，表面有刻花装饰，案例来源于白沙黎族自治县打安乡，是润方言黎族的聚居地。

本案例为长方形木盒，由盒盖和盒身组成，制作时将盒身口部刻出滑槽，令盒盖可以在盒口前后滑动，需打开盒盖时，将盖子水平向外滑出即可。本案例纹饰以几何纹样为主，正面为米字格骨式的四方连续三角形几何纹样，顶部和两侧的纹样以田字格为骨式，每一个方格中均为适合方形轮廓的四方连续几何纹饰。图案刻画时，通常用尖头的铁器或刻刀采用阴刻的方式刻画出凹凸不平的纹样，并用漆树汁将刻画出的纹饰的凸起部分染成黑色，经过长时间的使用后仍不会脱色。

黎族刻花滑盖木针线盒是润方言黎族妇女在日常生活中的巧妙创造，一方面可以盛装刺绣工具，另一方面充分利用了木盒的外立面，将长辈传授的或自己创造的双面绣或织锦纹样刻画上去记录下来，在刺绣或织锦的过程中可以进行参考，直至今天，在一些保留了黎族传统手工技艺的家庭中仍在延续使用。

图片来源
图一、图五　鞠斐　摄影
图二至图四　鞠斐　制图

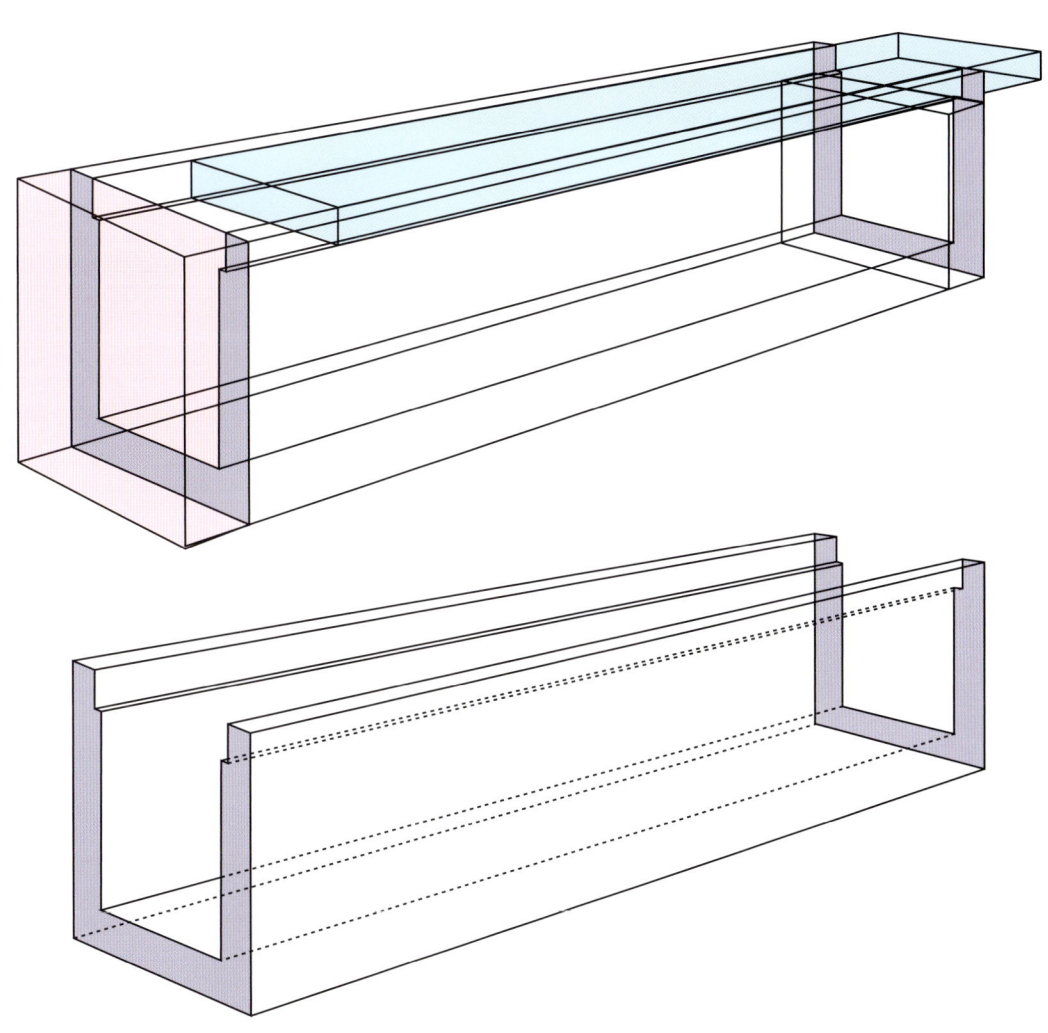

图二　黎族刻花滑盖木针线盒透视图

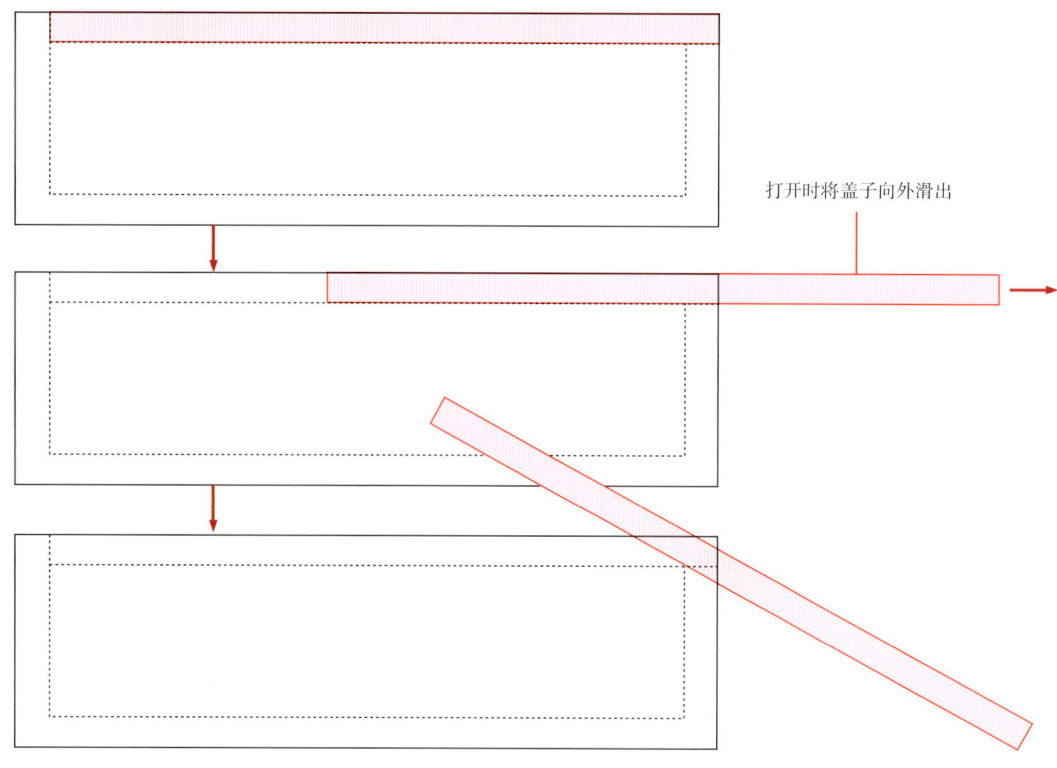

图三 黎族刻花滑盖木针线盒使用方式示意图

图四 黎族刻花滑盖木针线盒装饰图案骨式分析图

图五　黎族刻花滑盖木针线盒延展图

第四章　黎族传统生活用具

黎族藤编系带带盖针线篓

图一　黎族藤编系带带盖针线篓主图

海南岛的黎族聚居地盛产各种藤类，自古以来就被黎族就地取材，用藤编织日常生产生活所需的筐、箩、篮、针线篓、斗笠等器具。本案例采选自海南省保亭县文化馆黄呈馆长收藏的藤编系带带盖针线篓，是具有代表性的黎族藤编器具，体现了黎族传统藤编手工技艺。

本案例由藤编篓盖、篓身、系绳圆环和藤编拎绳组成，直口、削肩、鼓腹、平底。带盖高度约为8厘米，篓腹最宽处约为12厘米，篓口直径约为9厘米，篓盖直径约为9.5厘米，篓底直径约为6厘米。编结时，首先把藤条劈开，用削藤器将藤篾刮削平直光滑，再使用粗藤弯成圆环作为篓盖顶部、口部以及篓口、篓底的框架，最后使用细藤条运用同心圆编织方法编织底部，再根据此底有序地运用平纹编织法，从下往上编织成器。编成的篓盖与篓口刚好能够上下卡紧，篓身肩部安装四只系绳藤环，两只一组，将白藤编织成的粗绳分别系在两对藤环上，平时可挑起系绳将针线篓悬挂起来，拿取时用手拎起系绳提起针线篓。黎族藤编系带带盖针线篓通常用来盛装针线、杼子和较小的编织物，如织锦腰带。

黎族藤编技艺历史悠久，早在远古时期，黎族先民已就地取材，利用本地盛产的红、白藤原料编织日常生活所需的各种器具。黎族藤编在唐代被列为朝廷贡品，并有记载称黎族藤编工艺为"藤工之妙手"，称赞黎族藤编器具造型独特、工艺精美。

图片来源

图一、图六　鞠斐　摄影
图二至图五　鞠斐　制图

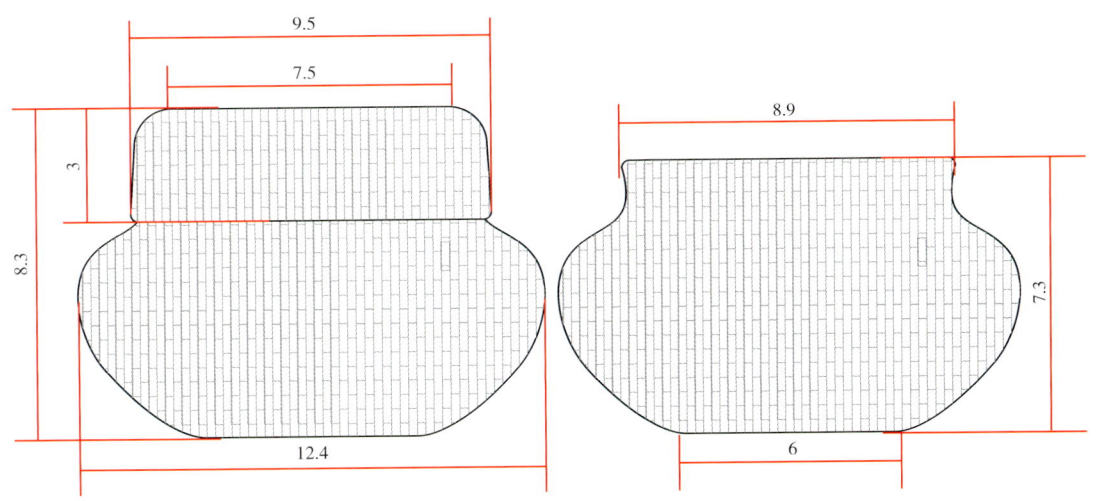

图二　黎族藤编系带带盖针线篓尺寸图（单位：cm）

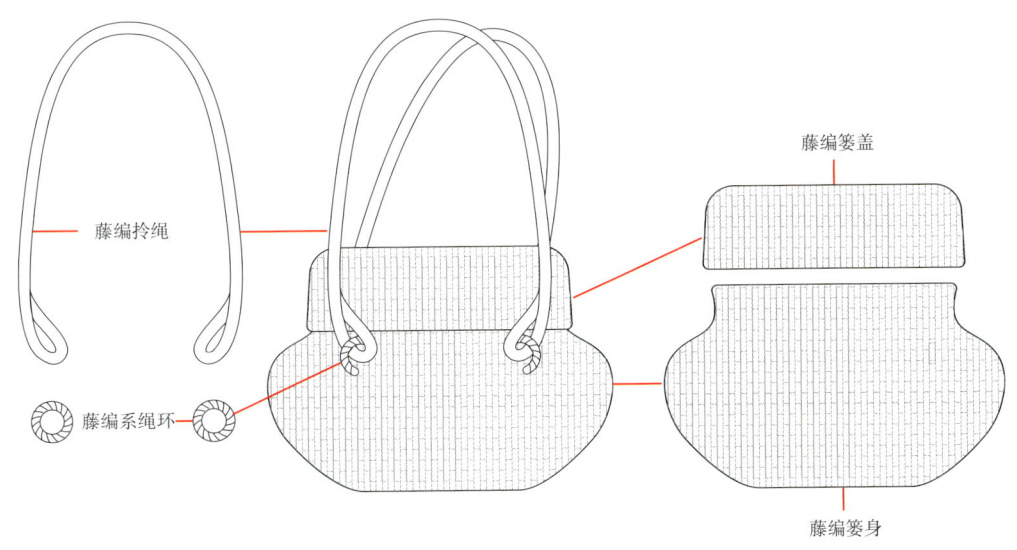

图三　黎族藤编系带带盖针线篓结构名称图

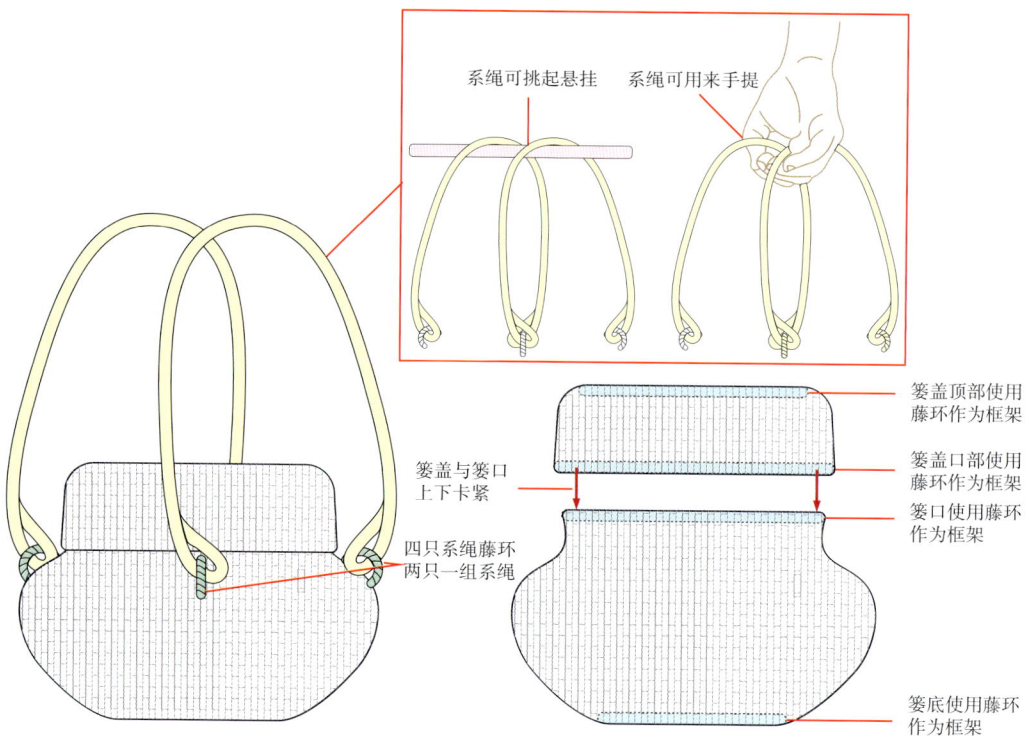

图四　黎族藤编系带带盖针线篓设计分析图

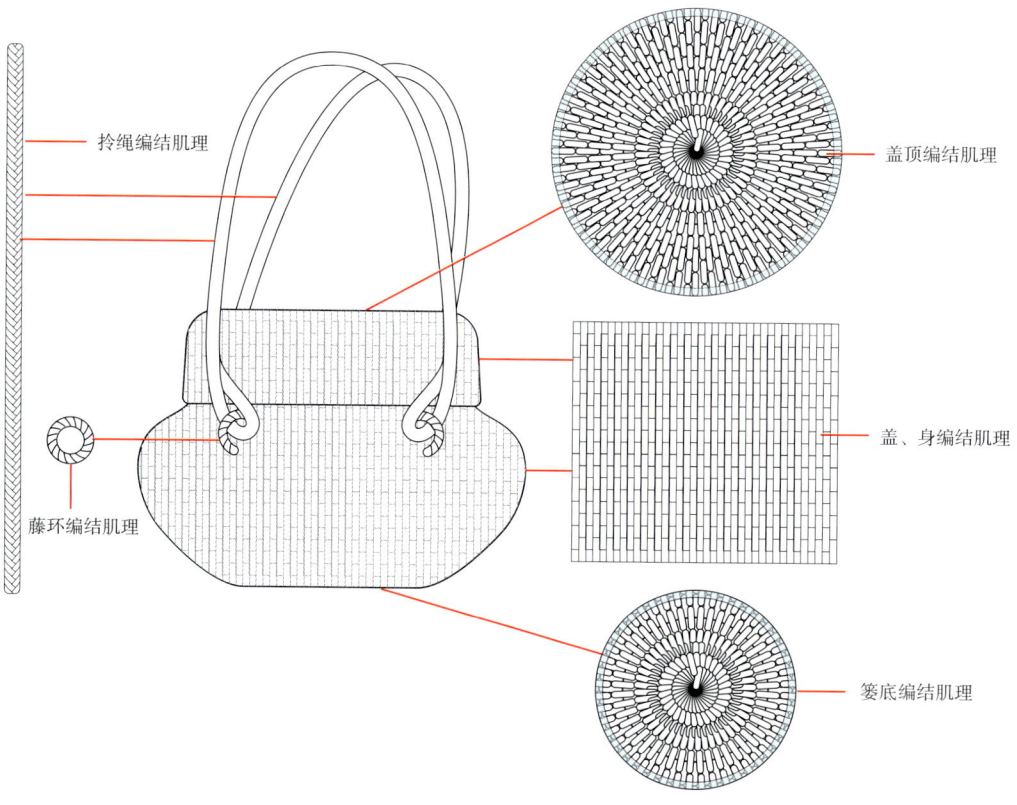

图五　黎族藤编系带带盖针线篓编结肌理示意图

图六　黎族藤编系带带盖针线篓使用情境图

第四章　黎族传统生活用具

黎族葫芦储物罐

图一　黎族葫芦储物罐主图

黎族传统葫芦器属于较为朴素原始的匏器种类，是一种是以成熟后的葫芦加工成的具有储物功能的器物，本案例采选自海南省民族博物馆收藏的黎族传统葫芦储物罐，最大限度地保留了葫芦本身的自然形态，是具有代表性的人工技艺与天然形态完美结合的储物器皿。

本案例由罐身、罐盖和顶部拎绳组成，其中罐身和罐盖取自同一只葫芦本身，盖子直接取自罐身的局部，盖纽处保留一段绳子便于提拉。取下盖子的圆洞作为罐口，罐口通常位于罐身的肩部，约有女子拳头大小，便于小型食物拿取和存放。罐身腹部为葫芦的天然鼓腹形状，宽敞的内部空间有利于食物存储，在罐顶系绳便于拿取和悬挂储物罐。拿取时，可以用手提住拎绳向上提起储物罐，开罐时用手拎住盖纽上的拎绳打开罐盖。由于葫芦底部为圆底，平放不易站稳，因此静置时通常用挂钩悬挂在屋内。

黎族葫芦储物罐加工时，首先取一只长老的葫芦晒干之后去掉外皮，从颈部以下腹部以上的部位切下一块圆形外壳，作为盖子。在盖子中央打一个圆孔，从圆孔中穿过一根细绳并在反面打结作为盖纽，方便提取罐盖，盖子与罐口盖合时严丝合缝。再在葫芦顶部打两个圆孔，将细绳穿入后拉出罐口外打结，然后从顶部向上抽起，令打结处卡在两个圆孔之间，以此作为拎绳。加工完成的葫芦储物罐色泽金黄，外表光洁具有光泽，给人以朴素自然的审美感受。

图片来源

图一　鞠斐　摄影

图二至图六　鞠斐　制图

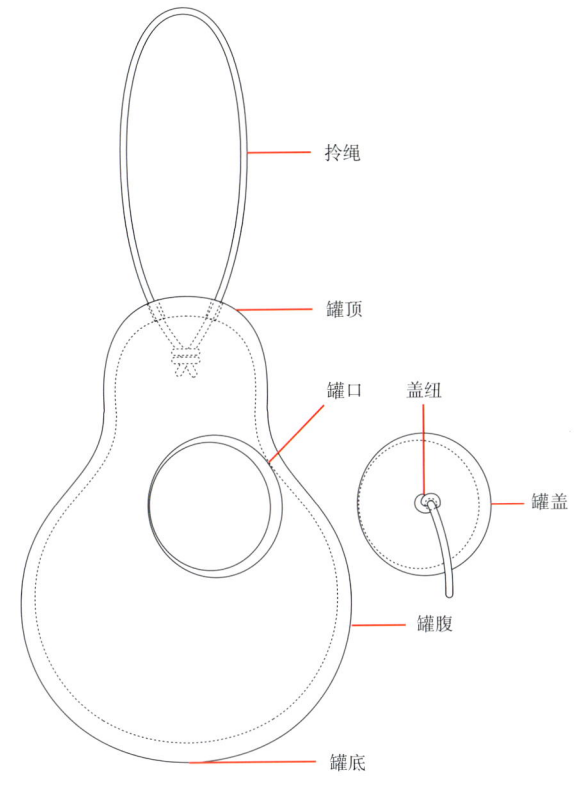

图二　黎族葫芦储物罐结构名称图

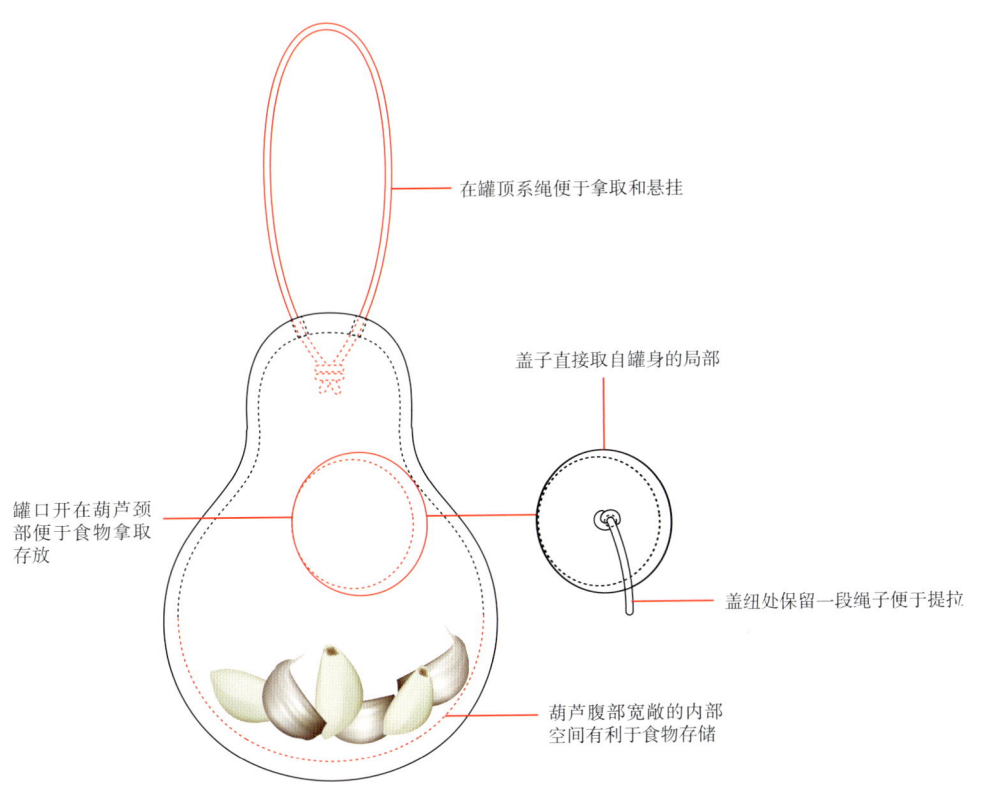

图三　黎族葫芦储物罐设计分析图

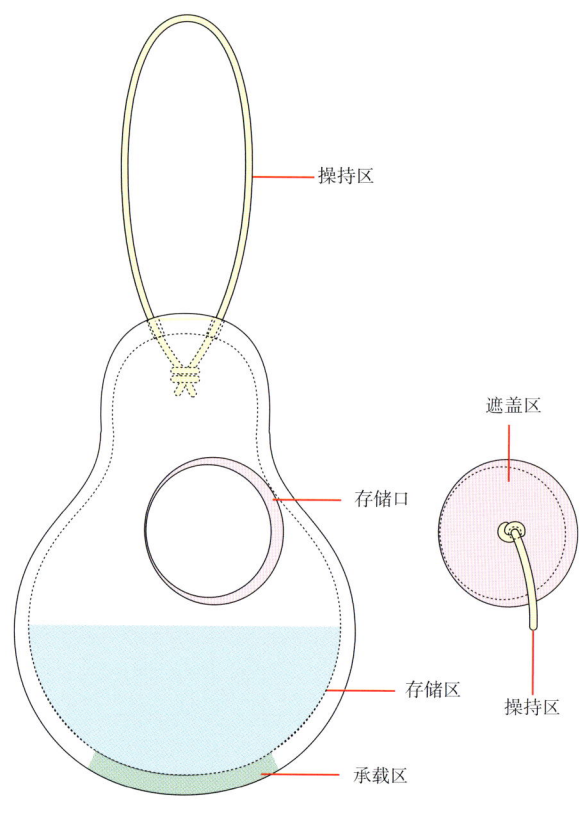

图四　黎族葫芦储物罐功能分区示意图

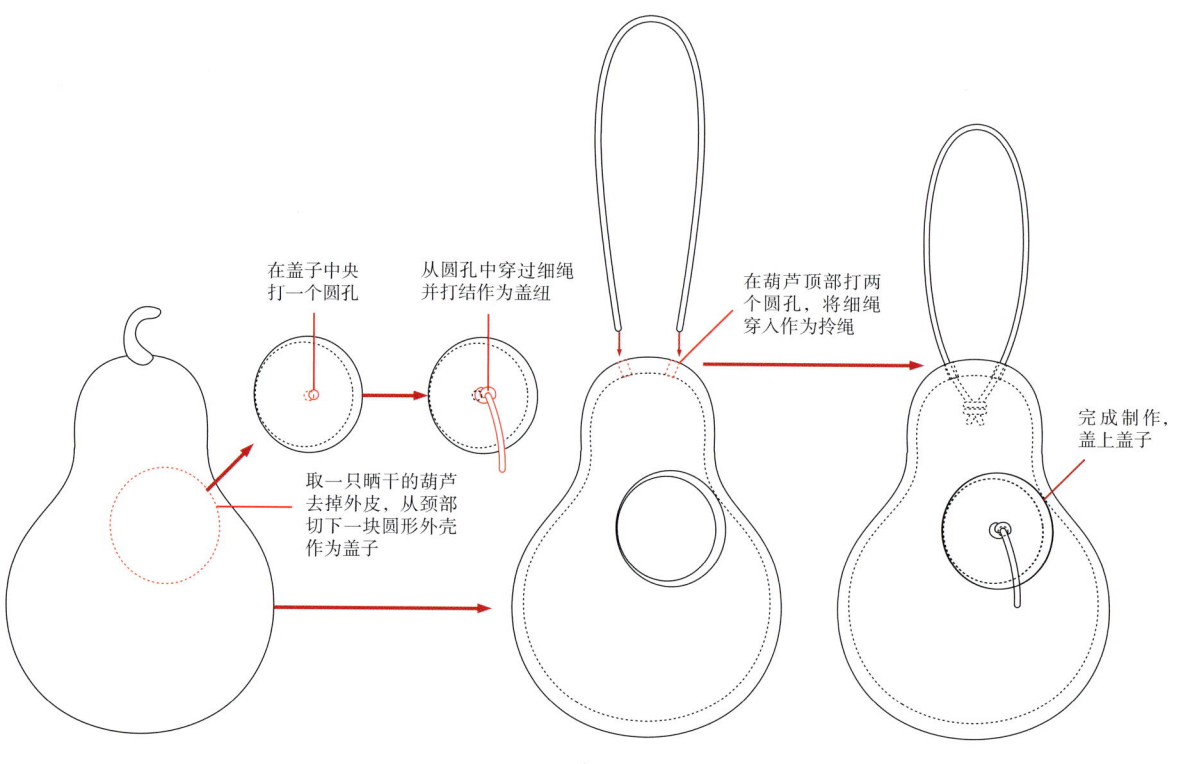

图五　黎族葫芦储物罐制作流程图

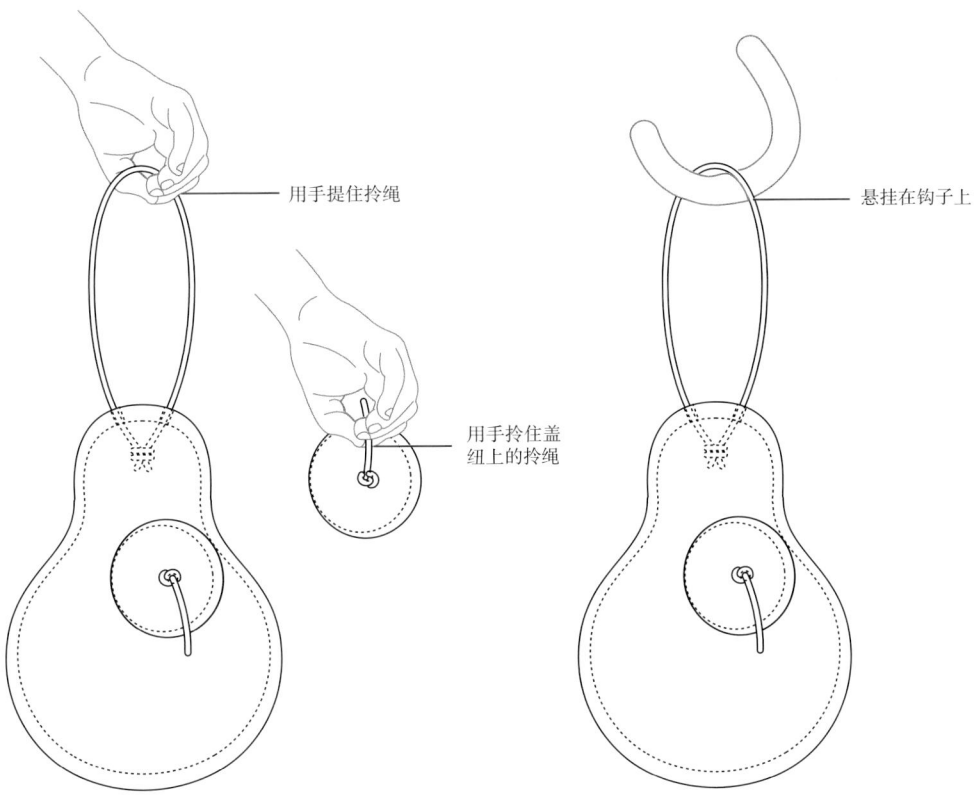

图六 黎族葫芦储物罐拿取方式示意图

黎族骨器

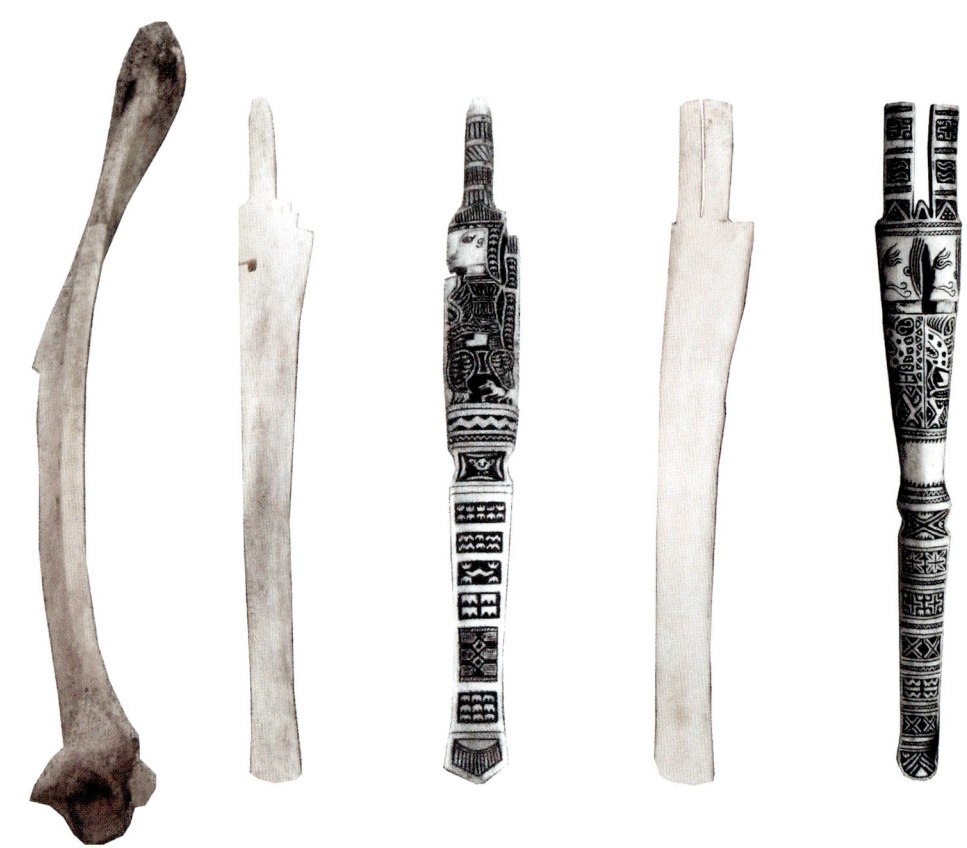

图一　黎族骨器主图

　　骨器的制作都是由黎族男子完成，他们平时积攒了不少兽骨，需用时便根据制品所需的大小、薄厚来取材。骨料一般有鹿骨、鹿角、黄猄骨、野猪骨等狩猎所得，还有祭祀行礼后宰杀的牺牲，以牛为主。比如牛的腿骨笔直白净、厚实，所以适合制作骨簪、骨梳；水牛角、黄牛角可做角号、喑筒（装火药的小骨筒）、火药筒等。动物的肩胛骨能制成骨铲：如制作挖根除草的大铲便选牛的肩胛骨，长度30厘米左右，宽20厘米上下；做三石灶刨灰封火的中铲，便需选用略小的鹿肩胛骨，长、宽比牛的短5厘米左右；盛饭、搅酒糟的食铲，则选最小的猪肩胛骨，大约长20厘米，宽十多厘米。以下是黎族男人们对于兽骨的大体制作工艺。

　　1. 洗料。将选好的兽骨在水中或泡或煮，然后在阳光下曝晒，使残存的肉丝、骨髓、肉筋腐烂，然后刮去，再用清水反复冲洗直至干净无味，最后晒干。

　　2. 截料。以钩刀、斧头等铁器根据需要的尺寸将骨料截出基本形状。比如，制作骨簪，要在牛腿骨上截下长20厘米左右的骨料，将其劈为两半，把每一半再平均砍成2厘米宽的骨条，这样，整块骨料大致能劈8～9根骨条，每条骨的自然厚度平均0.5厘米，所以，骨簪的坯料呈长条扁平形状。

3. 定型。较宽大的骨料，比如骨刀、打纬刀、编席骨片等在截料后容易变形，所以要为其定型。方法便是将这些截料泡水，使其具有一定柔韧度后取出，然后用一块平整的大石块压在上面使它平直。若做骨镖的倒钩，火烤也是不错的办法，边烤边弯，达到需要的曲度。

4. 打磨。骨器还需要在粗糙的石头上打磨光滑。对于有刃口的利器，则更需要使其平整锋利，比如骨刀、骨刮器。另外，骨铲在砍掉中间的突脊后，不仅要将刃部磨平，而且手握的柄部也需砍刮磨圆，以免伤手。对于作为发饰的骨簪、骨梳，则需要通体磨光，避免滞涩挂头发。

5. 钻孔。听黎族老人说，以前把黄猄角磨尖，用来钻孔，后改用铁锥。白沙润方言还用弓钻钻孔，钻的眼又圆又直。实际上，以动物兽角钻孔是远古留下来的方法，也是旧石器晚期最高的技术水准。而对于黎族骨针、骨刀、骨簪上的孔，近代都是用铁锥在骨坯两面对钻或一面单钻，对钻的孔一般较细，有的骨器先钻后磨，也有的先磨后钻。

6. 雕刻装饰。骨器上的雕琢工艺基本都汇集在骨梳、骨簪等妇女发饰上。润方言的雕刻最具装饰意味，以几何图案最多。骨簪是在前述的磨光骨条上用锥刀雕刻，通身布满纹饰，甚至还有双层的镂雕，图案中心上部是披盔穿甲人像，下部为几何花纹装饰。这些图案男人们已经谙熟，不用画稿，就如同妇女织布绣花不用样稿，熟记于心，刻画的线条非常流畅、精细。刻好后，在阴纹中涂上蓝靛或乌烟，再抹上熔化的蜂蜡，最后摩擦打蜡，黑白相间的图案便清晰可见。

以上是骨器基本的制作方法，具体到每一骨器会有些许变化，比如骨簪的制作是将火烤定型放到最后一个程序。因物施艺，根据对象的特点而定，这也表明黎族制骨技术游刃有余。

图片来源
图一、图九　鞠斐　摄影
图二至图八　周星悦　制图

图二　煮骨

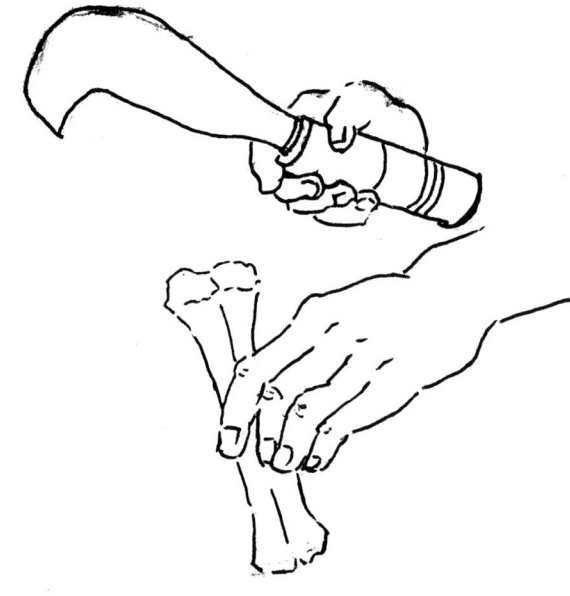

图三　截料

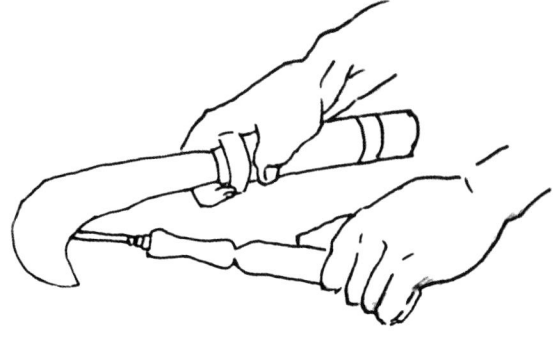

图四　打磨

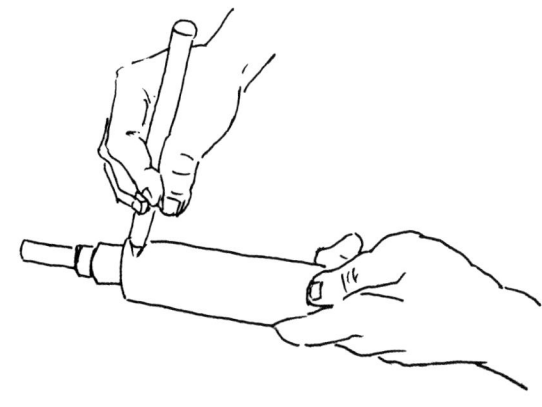

图五　钻孔

图六　雕刻装饰

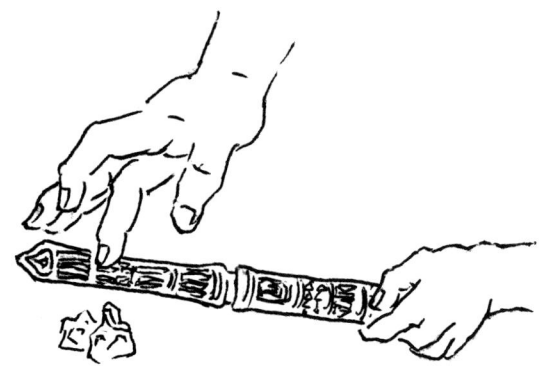

图七　上蜂蜡

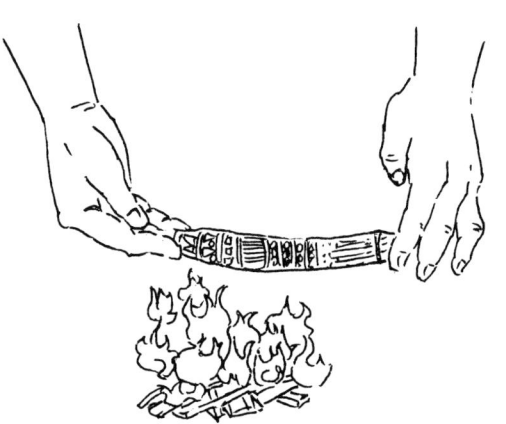

图八　炙烤固色

图九　制成骨簪

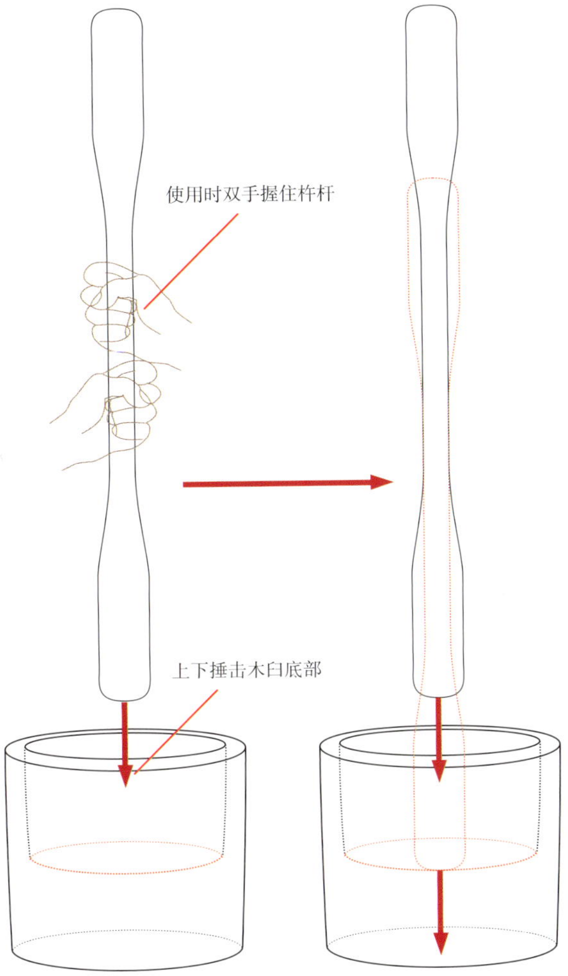

图五 润方言黎族龙凤纹样独木舂米臼操作示意图

图六 润方言黎族龙凤纹样独木舂米臼使用情境图

使用时双手握住杵杆

上下捶击木臼底部

图七 延展图：润方言黎族人鹿纹样独木舂米臼

第五章 黎族传统生产工具

黎族捕鼠竹夹

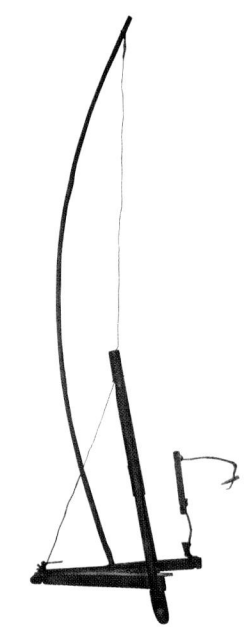

图一　黎族捕鼠竹夹主图 1

黎族传统捕鼠竹夹因其主体结构呈竹弓造型，又称为捕鼠弓，是黎族人常用的捕鼠工具之一。本案例采选自五指山市黎锦坊收藏的五指山地区杞方言黎族使用的传统捕鼠竹夹。

本案例选择天然竹竿、铁丝和麻绳为材料，由竹弓、竹竿、铁丝拉绳、竹夹、诱饵竿、固定竿、平衡竿和触碰器构成，整体高度约90厘米，其中竹竿是整个捕鼠竹夹的支撑部分，竹竿顶部打通，靠近顶部的上端内侧穿孔，用来穿过铁丝拉绳，铁丝拉绳底端连接诱饵竿和固定竿。竹竿中部刻一水平凹槽，用来卡住平衡竿。竹竿下端靠近底部刻一长方形镂空缝隙，用来依次穿插竹夹、诱饵竿和固定竿，固定竿的一端被竹竿缝隙夹牢固定，另一端用铁丝拉绳与竹夹的一端固定在一起，竹夹的另一端使用麻绳系住平衡竿的一端，平衡竿的另一端用麻绳系住触碰器。竹竿底部削尖形成插头。竹弓为弯曲的细竹条，底部卡住竹夹正中，顶部固定铁丝拉绳。

安装捕鼠竹夹时，首先提起竹夹，将平衡竿卡在竹竿上的卡口中固定竹夹和铁丝拉绳，此时竹弓被拉弯，产生夹住老鼠的弹力，再将连接平衡竿和触碰器的线绷直，将诱饵穿在诱饵竿上，或不使用诱饵，并将触碰器卡在诱饵竿与竹夹之间。最后将捕鼠竹夹放于老鼠经常出没的路径上，并将插头插入土中固定捕鼠竹夹，令固定竿与地面保持水平，当老鼠咬诱饵时会触动触碰器，触碰器弹开令竹夹落下夹住老鼠。

图片来源
图一、图二　鞠斐　摄影
图三至图六　鞠斐　制图

图二　黎族捕鼠竹夹主图 2

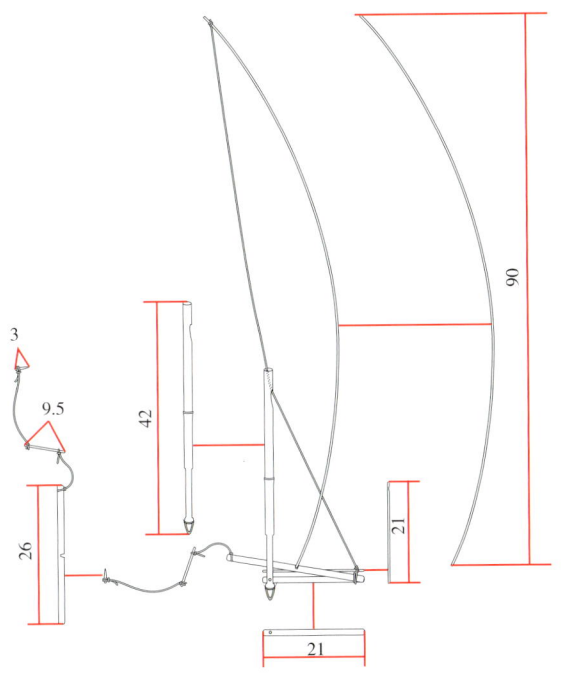

图三　黎族捕鼠竹夹尺寸图（单位：cm）

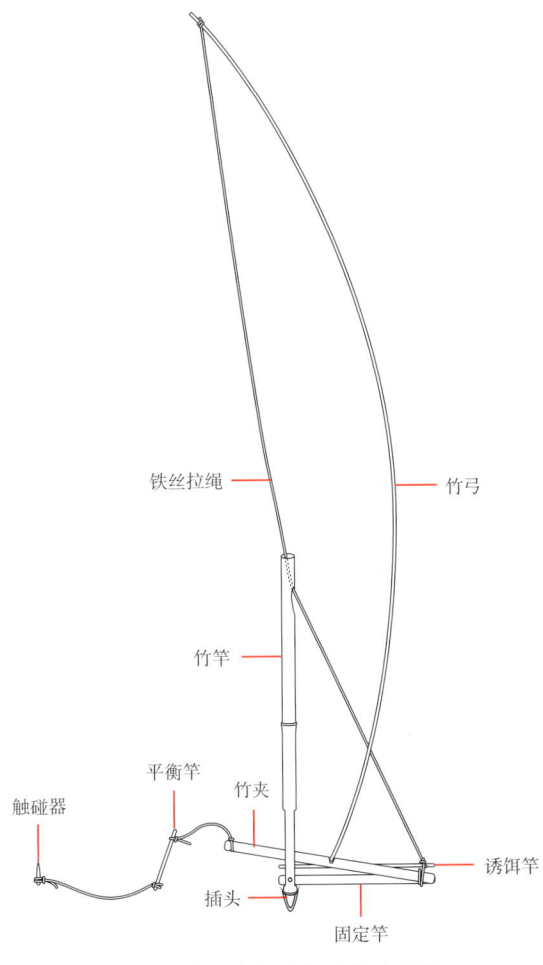

图四　黎族捕鼠竹夹结构名称图

第五章　黎族传统生产工具

491

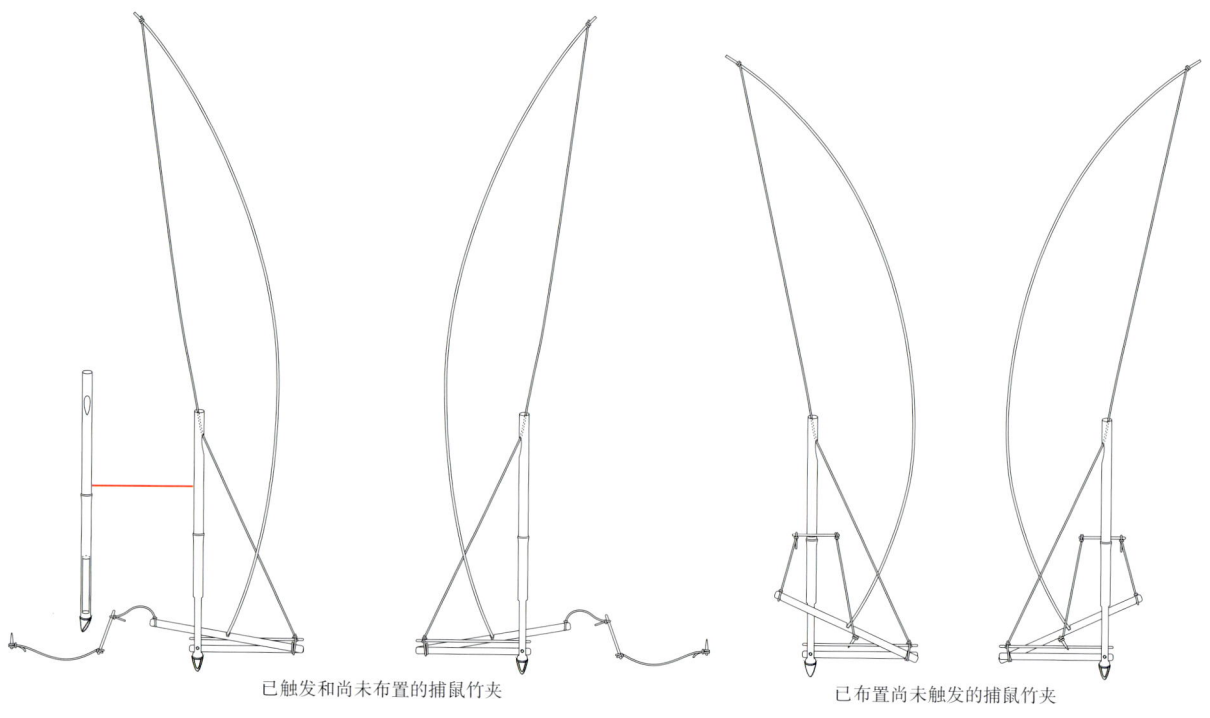

已触发和尚未布置的捕鼠竹夹　　已布置尚未触发的捕鼠竹夹

图五　黎族捕鼠竹夹视角图

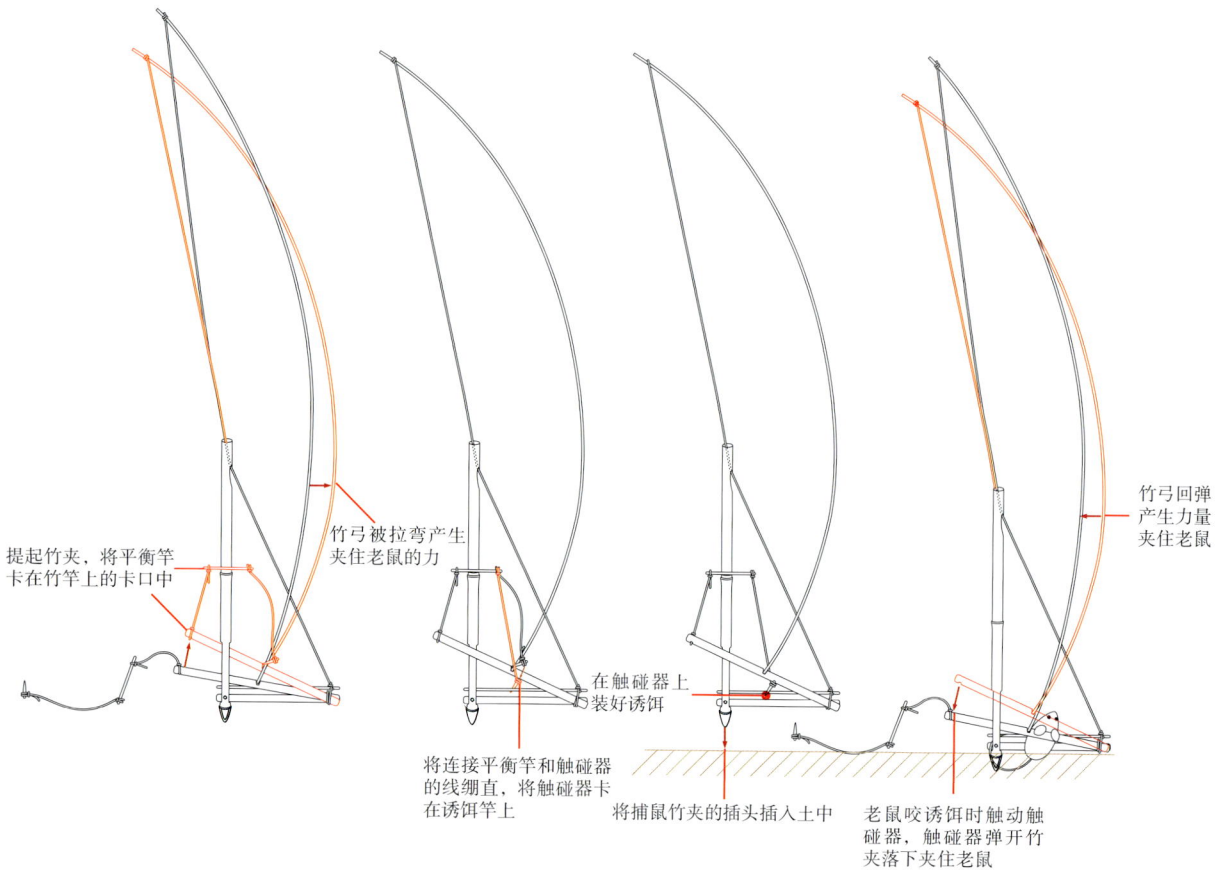

提起竹夹，将平衡竿卡在竹竿上的卡口中

竹弓被拉弯产生夹住老鼠的力

将连接平衡竿和触碰器的线绷直，将触碰器卡在诱饵竿上

在触碰器上装好诱饵

将捕鼠竹夹的插头插入土中

竹弓回弹产生力量夹住老鼠

老鼠咬诱饵时触动触碰器，触碰器弹开竹夹落下夹住老鼠

图六　黎族捕鼠竹夹使用方式示意图

黎族木弩

图一　黎族木弩主图 1

黎族人自古以来便有使用木弩的习惯，黎族人对于木弩的使用自汉代起便有较为详细的文字记载，如《汉书》中记载黎族人"兵则矛、盾、刀、木弓弩、竹矢，或骨镞"。本案例采选自五指山黎锦坊卢少仙老师收藏的竹弓木弩以及番茅村杞方言黎族人使用的藤弦木弩。

本案例竹弓木弩的结构较为复杂，由木制弩臂、竹制箭管、木制扳机、竹制弩弓和竹制弩箭组成，弩弦在使用时安装藤弦。藤弦木弩结构较为简单，由木制弩臂、木制扳机、木制弩弓和藤制弩弦组成，与竹弓木弩不同之处在于木制弩臂上方安放箭矢的装置，其中竹弓木弩是将竹制箭管固定在木制弩臂正上方，使用时竹制弩箭套入竹制箭管之中，而藤弦木弩则是在木制弩臂的正上方刻箭道凹槽来安放箭矢。黎族传统木弩在使用时首先拉开藤弦，将藤弦挂在木制扳机的沟槽内，再将木制扳机扳起上箭，松开扳机之后竹箭放出。

木弩是黎族人最常用的狩猎工具之一，是黎族狩猎文化形成最为重要的物质基础，在黎族社会发展史中具有重大的作用。弩的产生令捕猎成为黎族人日常生产生活中最普遍的生产行为之一，并且延续了相当长的时间。清代晚期粉枪传入，才逐渐取代了弩在黎族狩猎行为中的主导地位，直至中华人民共和国成立后，仍有五指山地区的黎族人使用自制木弩进行狩猎活动。

图片来源

图一、图二　鞠斐　摄影
图三至图七　鞠斐　制图

图二　黎族木弩主图2

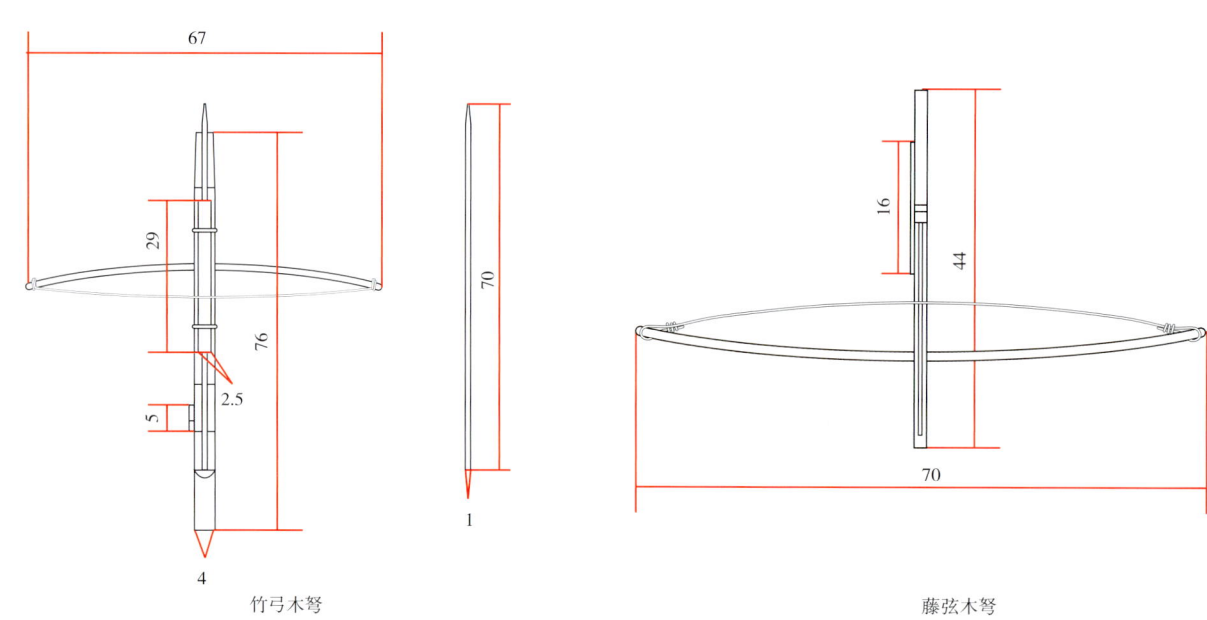

竹弓木弩　　　　　　　　　　　藤弦木弩

图三　黎族木弩尺寸图（单位：cm）

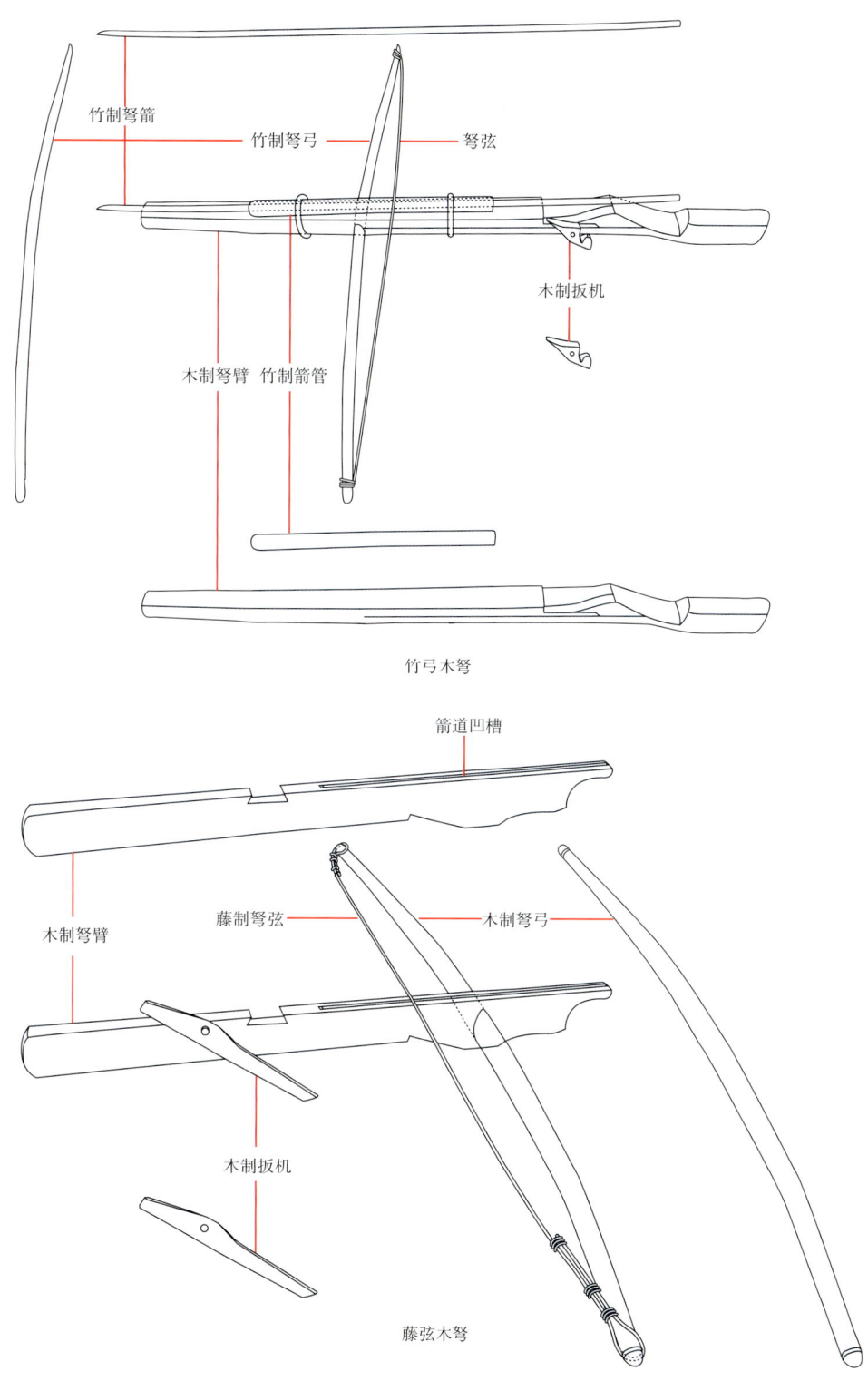

图四 黎族木弩结构名称图

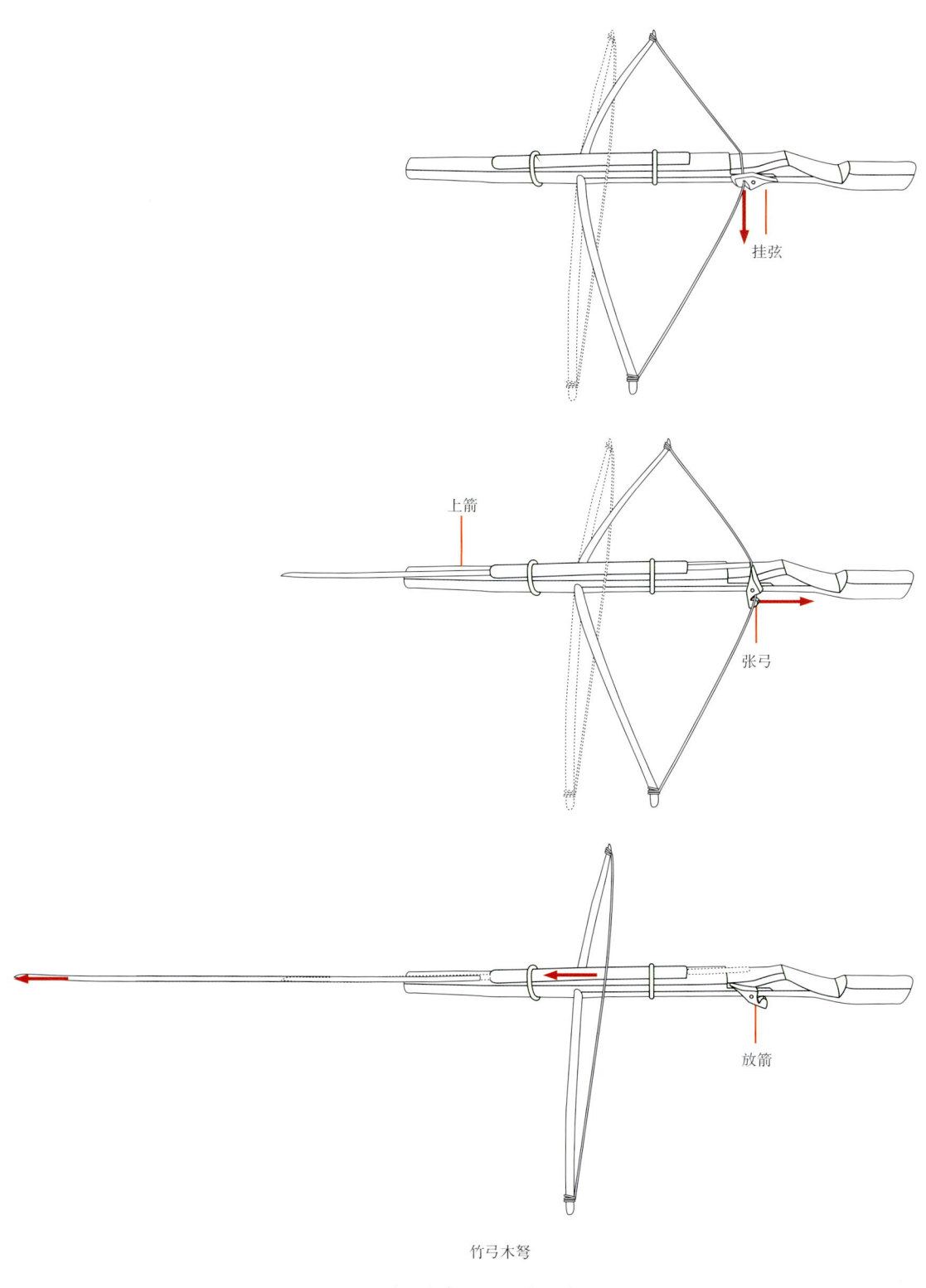

竹弓木弩

图五 黎族木弩使用方式示意图1

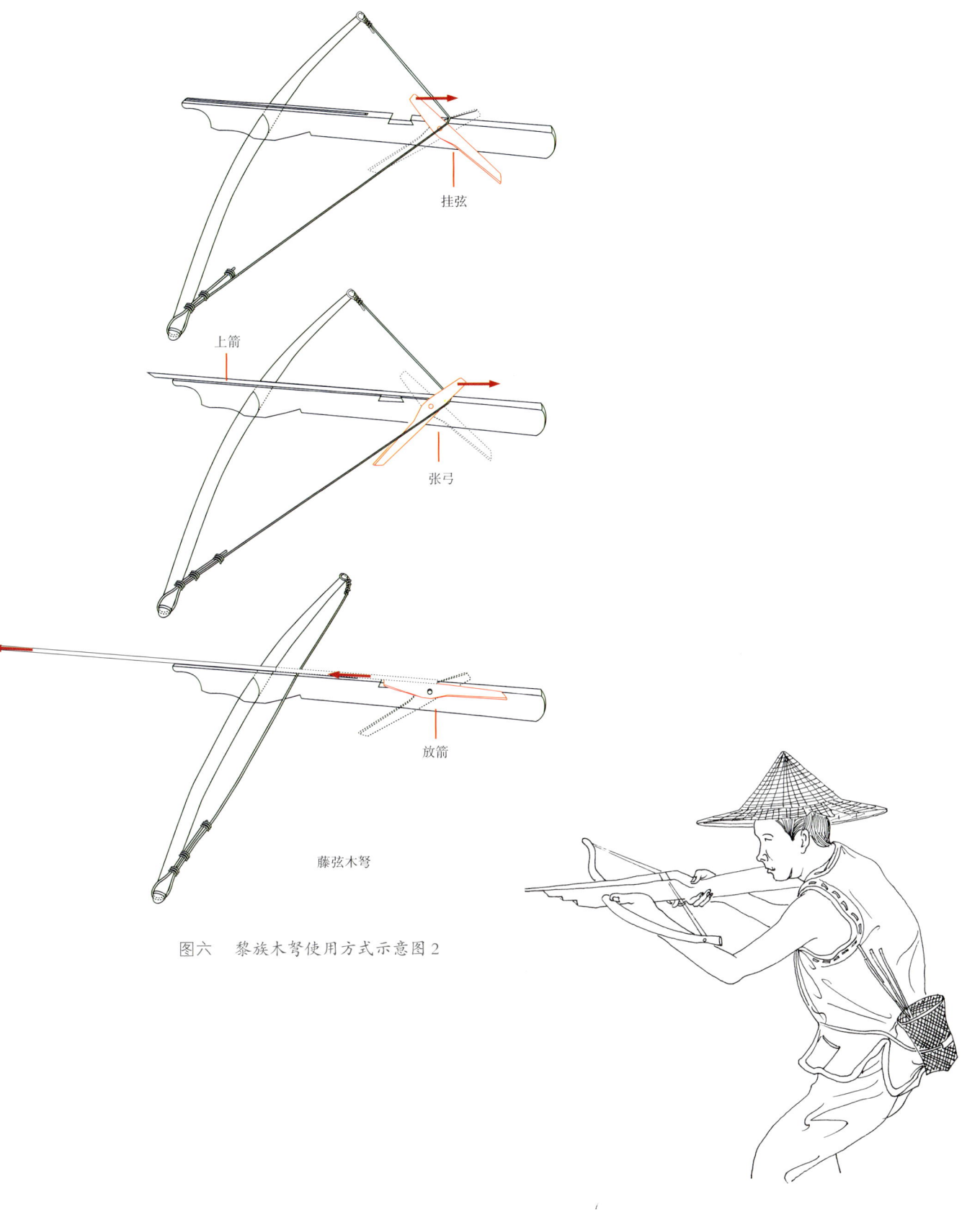

图六　黎族木弩使用方式示意图2

图七　黎族木弩使用情境图

黎族刻花木箭桶

图一　黎族刻花木箭桶主图

　　黎族木箭桶是黎族男子进行捕猎时，用来盛放箭矢的用具，通常由一段原木挖制、雕凿而成。本案例采选自海南省民族博物馆，是琼中县杞方言黎族人手工制作的刻花木箭桶，集立体雕和阴雕为一体，造型古朴、装饰精美。

　　本案例采用黎族传统独木器加工技艺制作而成，坚固耐用。首先选择粗细适中、质地坚硬的铁木，综合运用火烧、挖凿的方法挖空内部，再用刮削的方法修饰外部制成长桶形。整体造型是由桶口、桶身、桶底和提耳组成的口大底小的长条圆桶状。提耳位于桶身的肩部，与桶身为一体，由立体雕刻的方法制成桥形双耳，使用时直接将箭插入桶内，用绳穿过箭桶两侧的提耳的耳孔后系住。通常将箭桶拴于腰上，也可以斜背在肩上。

　　本案例桶身正面刻有大量纹饰，由上、中、下三组图案组成，其中上部图案为带羽毛的箭矢纹样；中部图案主要纹饰为对称的X形几何纹样的重复图案，辅助纹饰有以象征动物眼睛的菱形为单元纹样的二方连续图案，以及上下对称的几何纹样；下部图案为以对称的 X 形几何组合纹样为单元纹样的纵向二方连续图案左右对称构成，纹饰刻画细腻精美，充分表达了黎族人狩猎的场景，纹饰中体现的黎族传统雕刻技艺和图案承载了丰富的黎族传统狩猎文化内涵。

图片来源
图一　鞠斐　摄影
图二至图四　鞠斐　制图

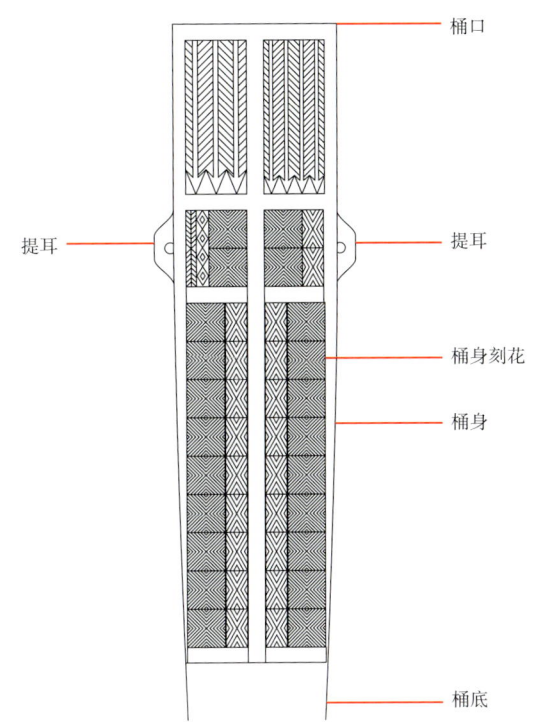

图二　黎族刻花木箭桶结构名称图

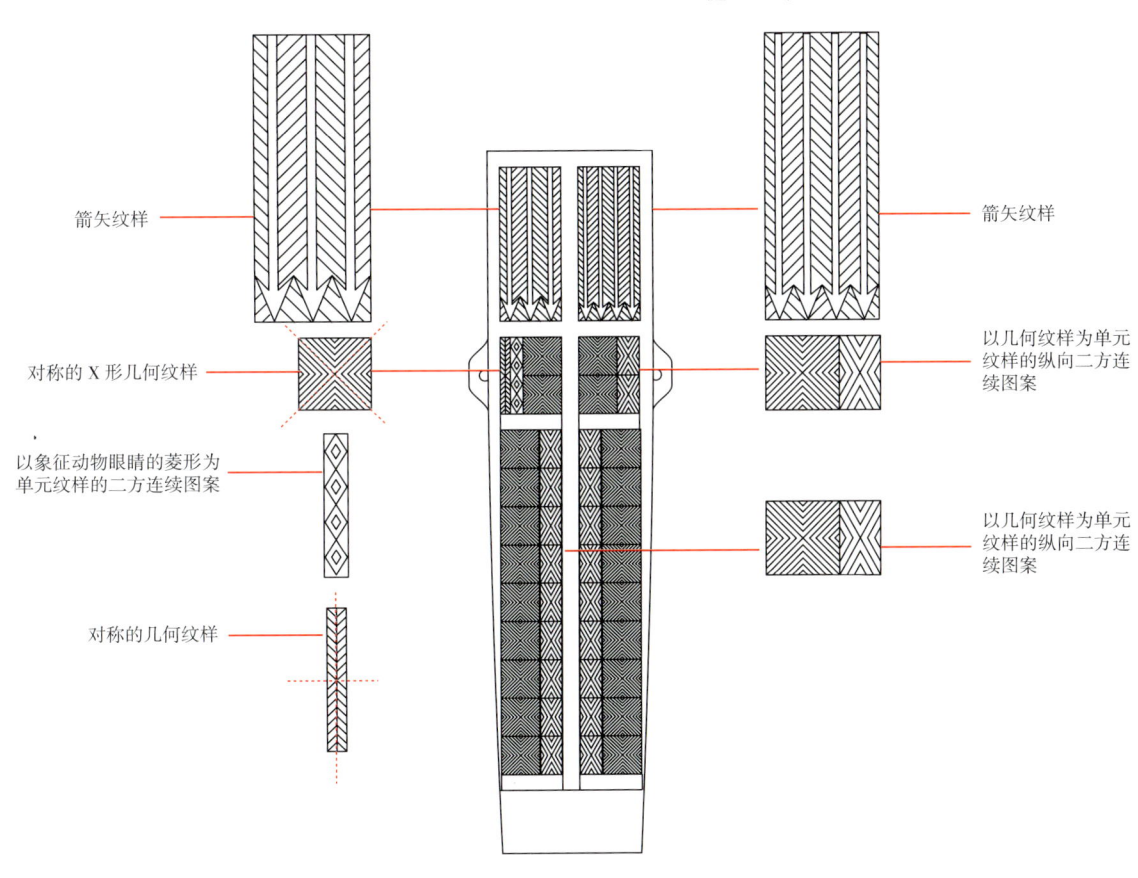

图三　黎族刻花木箭桶装饰图案分析图

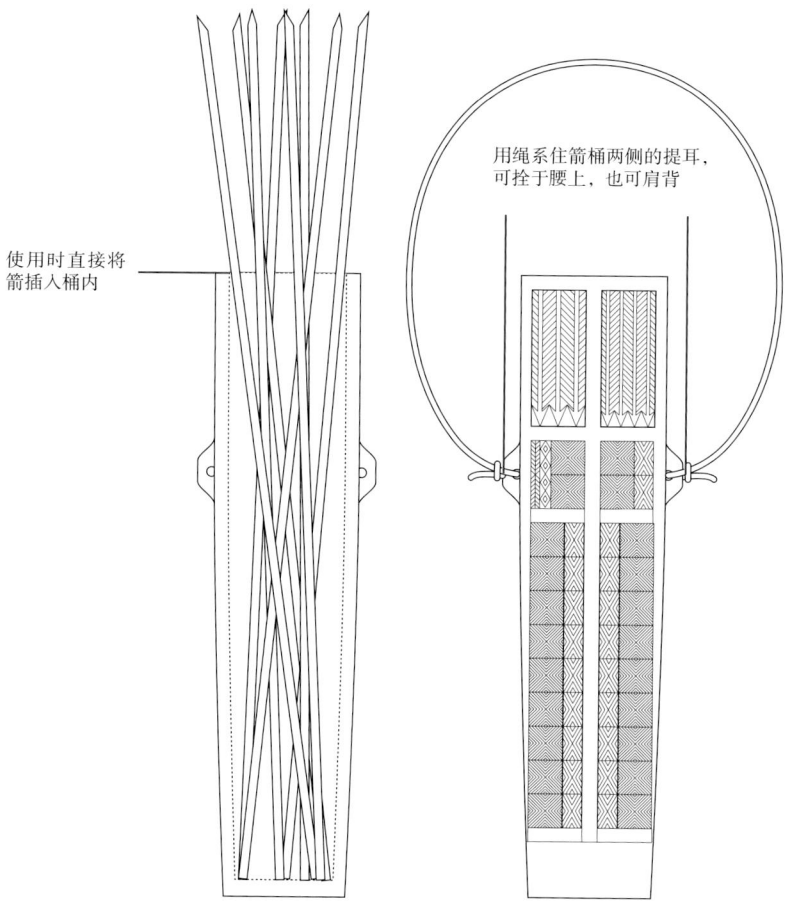

图四 黎族刻花木箭桶使用方式示意图

黎族藤编箭筒

图一　黎族藤编箭筒主图

黎族传统藤编箭筒是黎族男子进行捕猎时用来盛放箭矢的用具，通常利用黎族传统藤编工艺加工而成。本案例采选自保亭县甘什村，是当地杞方言黎族人手工制作的藤编箭筒。

本案例由筒身、拎环和拎绳组成，圆口方底，藤编筒底和筒身均采用挑一压一的平纹编织方法将藤篾的经纬相压，形成人字形斜纹肌理，结实轻巧。筒身采用直筒造型，宽敞的筒口便于取箭放箭，筒身两侧肩部各编有一只藤编拎耳，将藤绳或麻绳从藤编拎耳中穿过系住制成背带，可以手提、肩背或斜挎箭筒，平时不用时还可悬挂在挂钩上。本案例箭筒的外表在编织完成后需用光滑的石器打磨光滑，用植物油涂抹，然后阴干，使制成的箭筒外皮光亮、美观、耐用。使用时可以用绳子背于肩上，将多只箭矢的箭尾直接从筒口插入箭筒之中，射箭时直接从筒中抽出箭矢即可。

由于黎族聚居地周边山林密布，山上盛产各种藤类，其中白藤较粗，质地紧密，最适合编织箭筒和腰篓之类随身携带的筒状器具，因此，黎族人通常就地取材，去山上收集适合编织成箭筒的粗白藤，用削藤刀削细磨光之后编织成箭筒。黎族传统藤编箭筒朴实无华，实用性强，充分体现了黎族藤编技艺的同时，也承载了丰富的黎族传统狩猎文化内涵。

图片来源
图一　鞠斐　摄影
图二至图六　鞠斐　制图

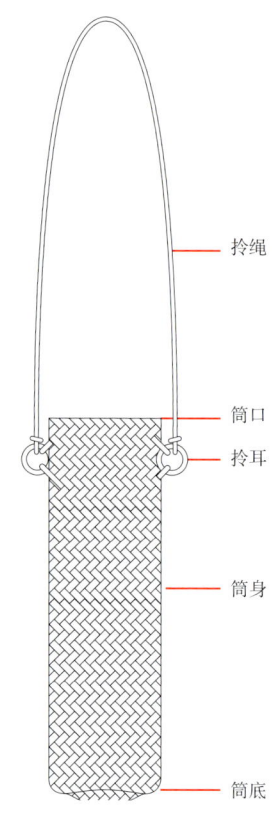

图二　黎族藤编箭筒结构名称图

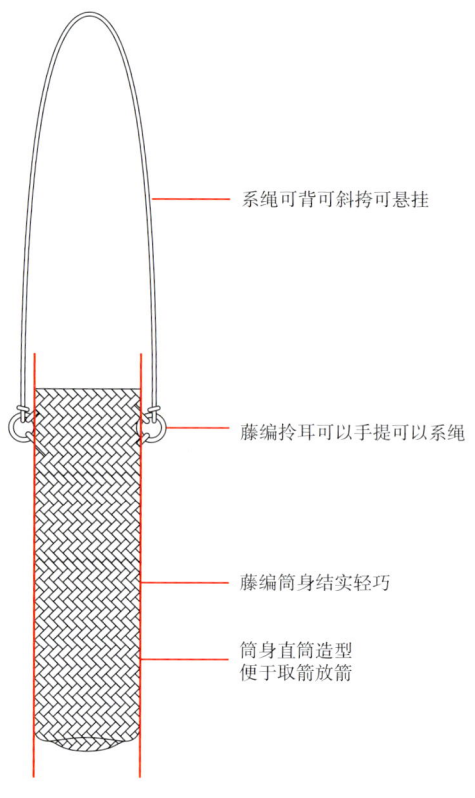

图三　黎族藤编箭筒设计分析图

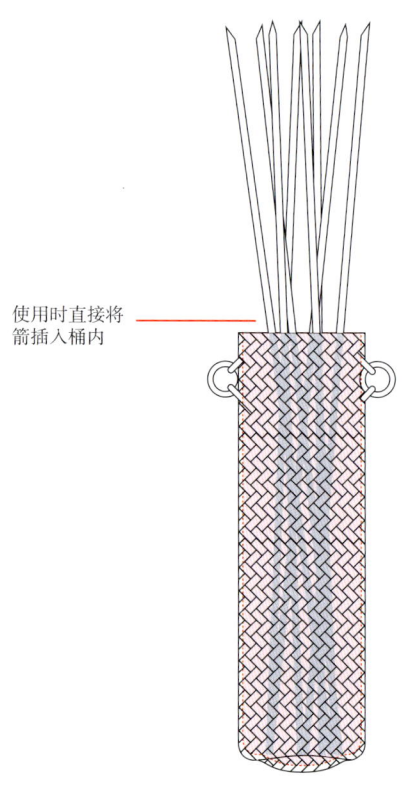

图四　黎族藤编箭筒使用方式示意图

图五　黎族藤编箭筒悬挂方式示意图

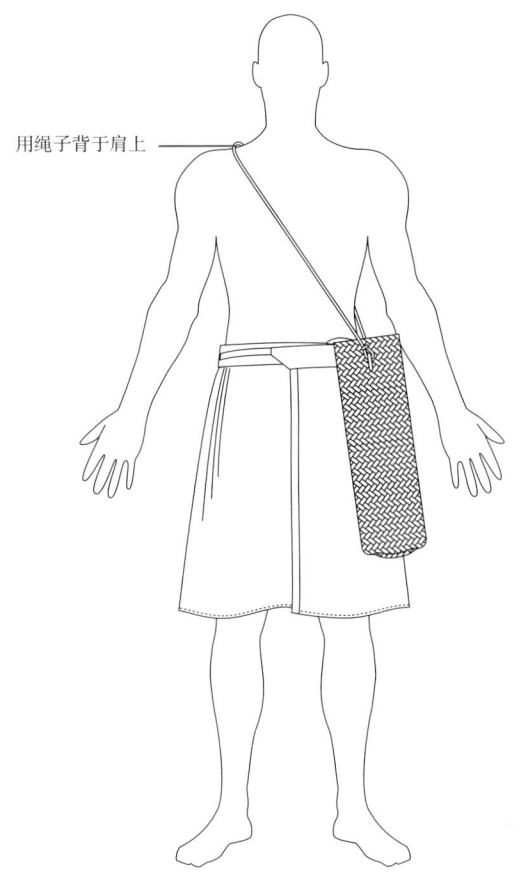

图六　黎族藤编箭筒携带方式示意图

黎族竹质火药筒

图一　黎族竹质火药筒主图 1

自清代晚期粉枪传入黎族社会，黎族人大量使用竹竿和牛角等天然材料自制火药筒用来装粉枪使用的火药，直至中华人民共和国成立之初，这种手工自制的火药筒在黎族社会狩猎活动中，仍是必不可少的生产工具之一。本案例采选自海南省保亭县文化馆黄呈馆长收藏的火药筒，是最具代表性的两只竹质火药筒。

黎族传统竹质火药筒是黎族男子几乎人人必备的狩猎工具，狩猎时随身佩戴，尺寸大小不一，通常由筒杯和筒盖两部分组成。筒杯和筒盖由一节完整的竹节锯开分别制成，其中大号竹质火药筒装饰较为精美，筒盖顶部打磨成圆角，顶面为自然竹节凹陷。盖口打磨光滑，腰部有较宽的藤编装饰，并在靠近筒口处结成圆形藤编掀环，使用时捏住藤编掀环掀起盖子。筒盖内壁打磨变薄，便于卡住筒杯。筒杯由筒口和筒身组成，筒身肩部和足部有两道较细的藤编装饰，两侧各结成一个藤编拎环可用于系绳悬挂，筒身底座在自然竹节基础上雕刻出十字形作为装饰。中号竹质火药筒装饰较为朴素，筒盖顶部向内削尖成梯形，筒身肩部只装饰一道较窄藤编，一端系拎环，可系绳悬挂于腰间，筒底无装饰。

黎族人使用的火药筒除天然竹质火药筒之外，还常见以整只牛角作为药杯的牛角火药筒，因牛角材质易于雕刻，有些黎族人还在牛角药杯两侧雕刻纹饰进行装饰，十分古朴美观。

图片来源

图一、图二、图七、图八　鞠斐　摄影

图三至图六　鞠斐　制图

图二　黎族竹质火药筒主图 2

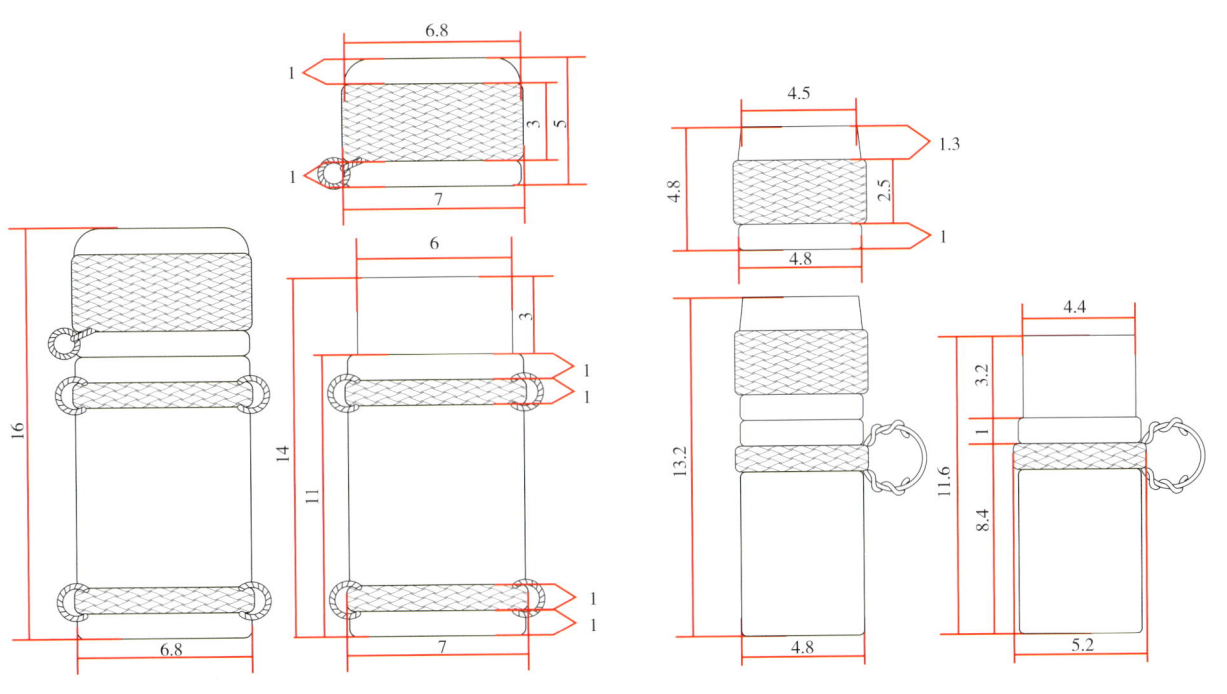

图三　黎族竹质火药筒尺寸图（单位：cm）

第五章　黎族传统生产工具

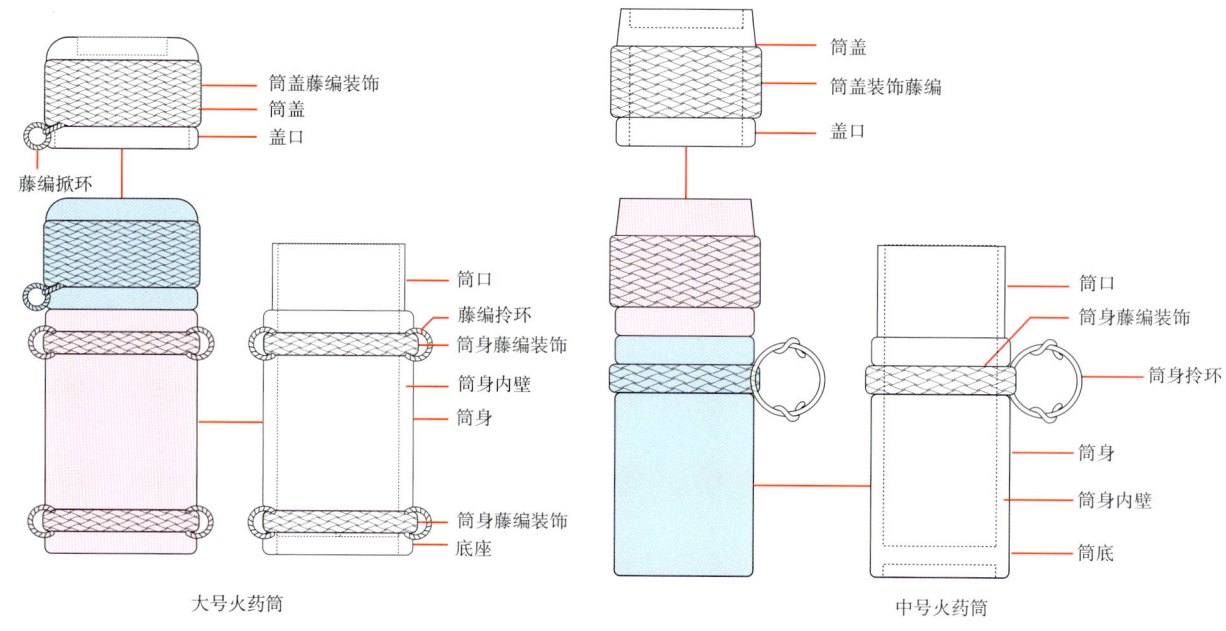

图四 黎族竹质火药筒结构名称图

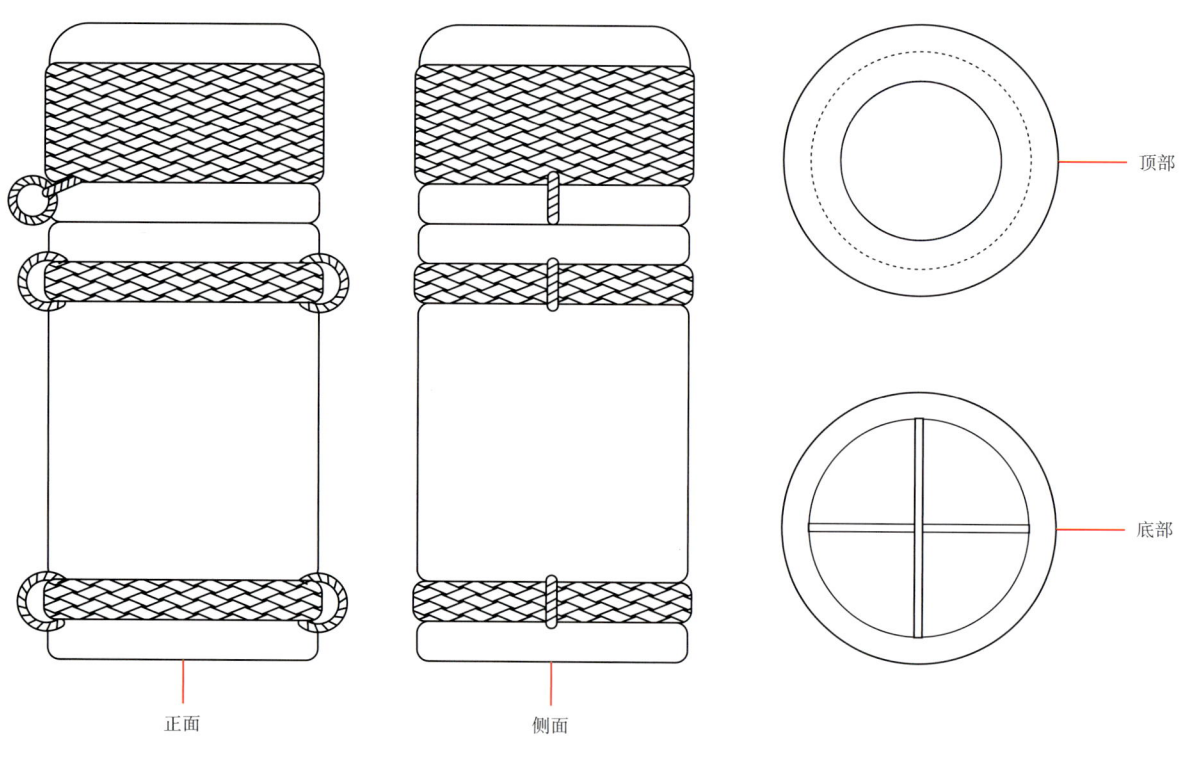

图五 黎族竹质火药筒视角图

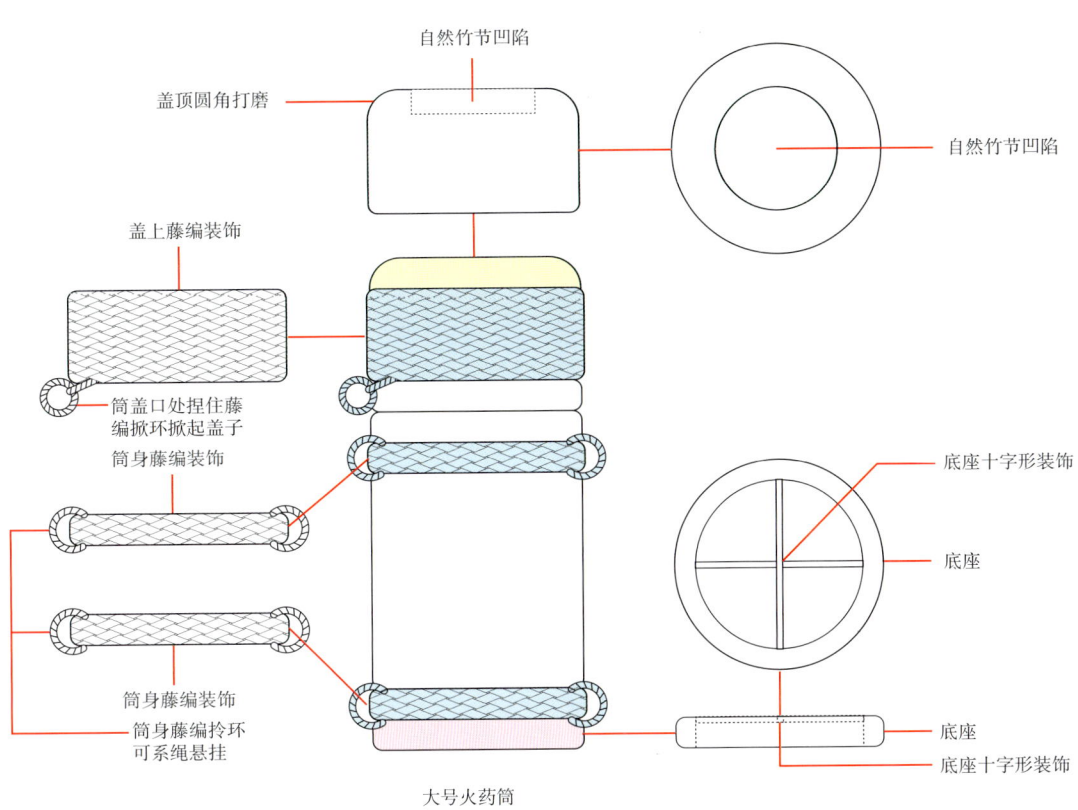

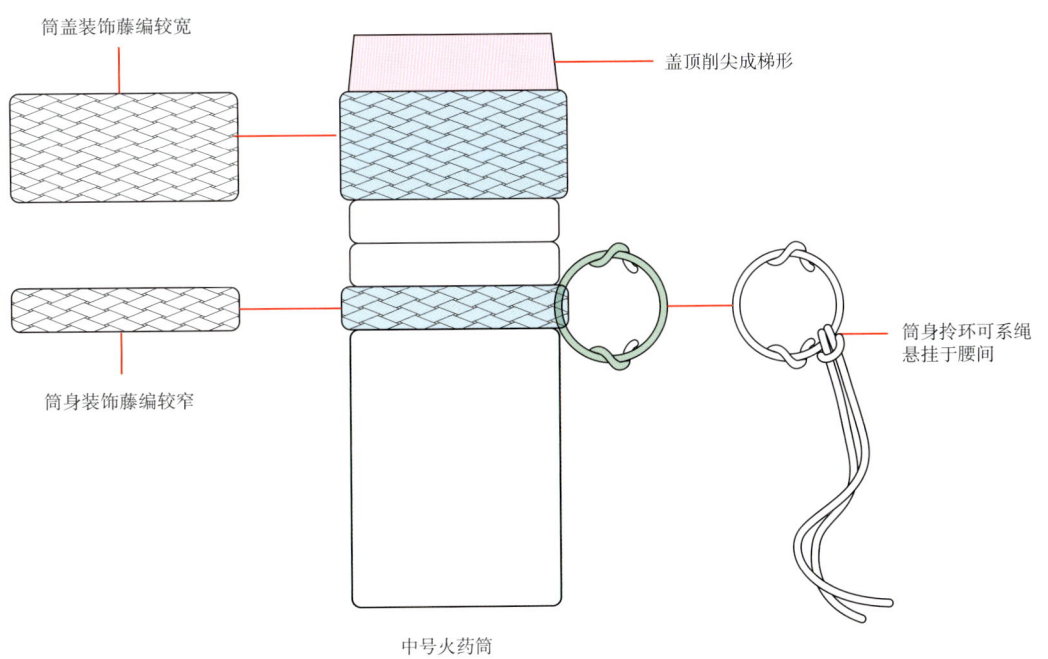

图六　黎族竹质火药筒设计分析图

图七　延展图：黎族竹质火药筒其他形制

图八　延展图：黎族牛角火药筒

黎族刻花牛角噏筒

图一 黎族刻花牛角噏筒主图

海南岛中部的黎族地区山林密布,有很多野生动物资源,如野猪、鹿、麂、黄猄、鸟类等。因此,狩猎是黎族人自古以来主要的生产活动之一。由于狩猎、自卫等需要,很多黎族男子都使用粉枪。粉枪是一种古老、原始的前装式枪,由于需要从枪口填装火药、铁砂,因此需要一种能够产生火焰、用于引燃或引爆火药的物品——火帽,火帽在黎族当地被称为"噏",因此粉枪又被称为噏枪。由于噏在使用过程中不能受潮,因此,在狩猎时为了保护噏的干燥,黎族猎人通常运用骨制噏筒盛装噏以防潮湿,并且因为骨制噏筒耐用且不易碰碎，携带方便，所以黎族男子几乎人手必备。

黎族传统骨制唥筒通常使用牛角或鹿角制成，本案例主要以牛角唥筒进行分析。通常牛角唥筒较大，呈扁口梯形，长宽都在五六厘米左右，由筒盖、筒身和筒夹组成，筒盖、筒身和筒夹通过一个开关轴相连，筒盖可以向上打开90度。筒盖、筒身和筒夹取材自同一根牛角，其中筒盖和筒身取自牛角底部最宽的部位，制作时将牛角锯边、刨平，通过火烤使牛角质地变软，掏出内部多余的角质，最后整体磨光。使用时通常捏开筒夹，将唥筒夹在裤腰上。鹿角唥筒较小，颜色为浅米黄色，圆柱形，口径2.5厘米，高5.5厘米，其底部通常使用薄铜片封住，筒管用串有琉璃珠的长链子拴在腰带上或挂在脖子上。

尽管粉枪是近代由汉族传入黎族地区，但是黎族人在仿制唥筒的过程中逐渐加入黎族自身的设计理念，使用原生态的骨质材料，并在上面雕刻出黎族独有的装饰图案，如本案例筒身上刻画象征黎族神话中大力神的图案，赋予唥筒丰富多彩的黎族传统文化。

图片来源
图一、图七　鞠斐　摄影
图二至图六　鞠斐　制图

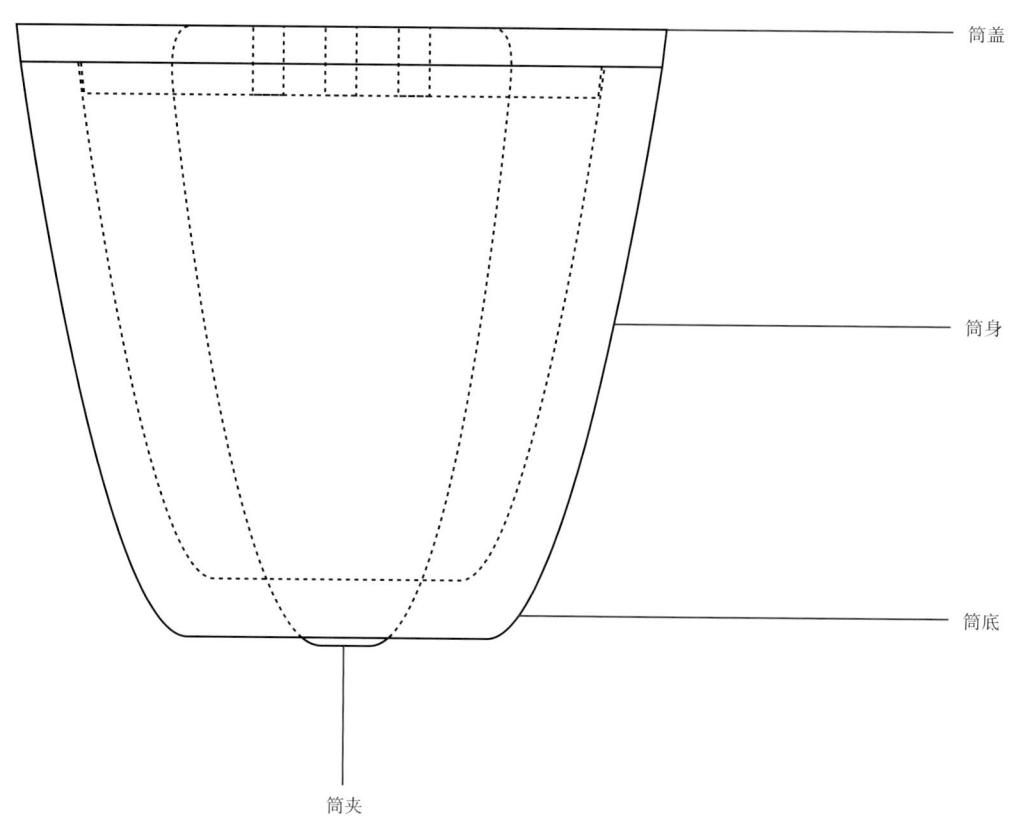

图二　黎族刻花牛角唥筒结构名称图

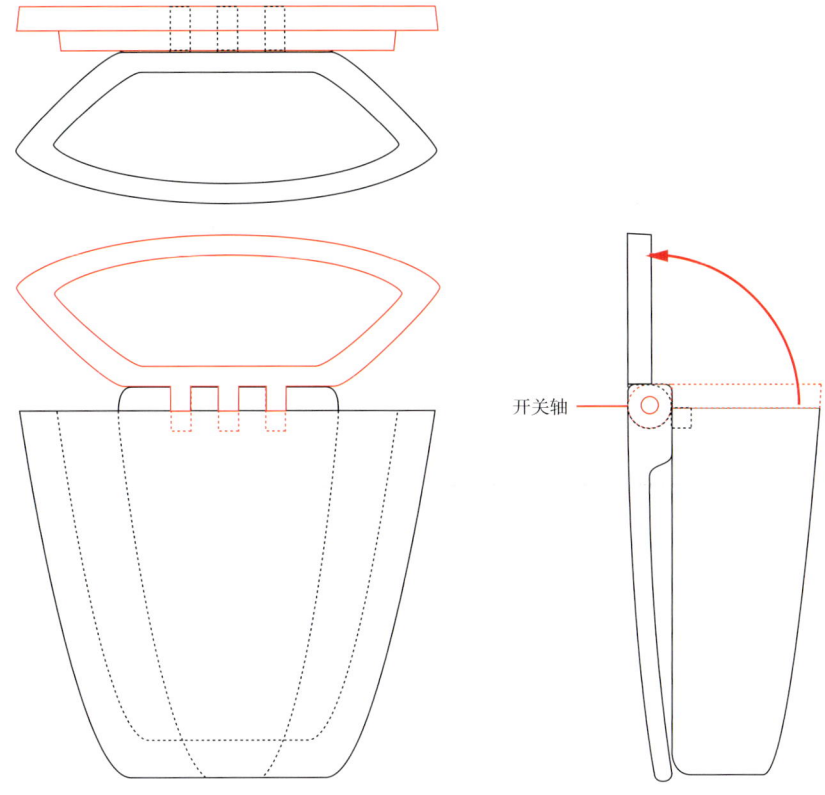

图三　黎族刻花牛角唸筒开盖视角图

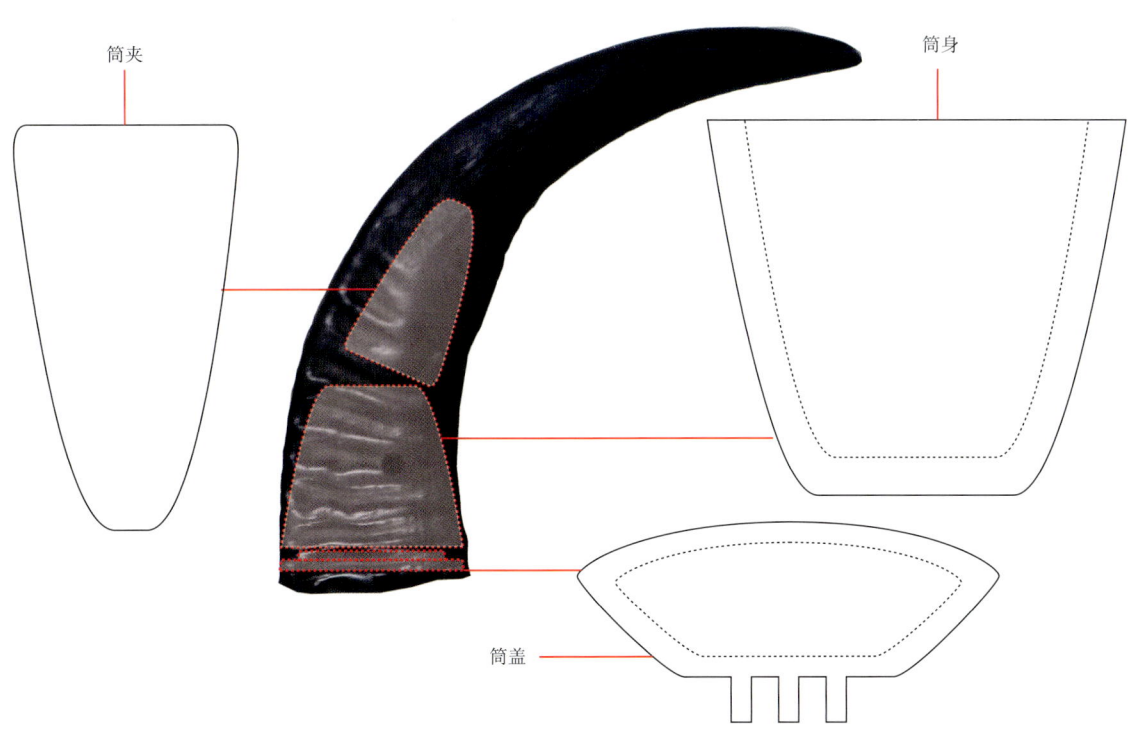

图四　黎族刻花牛角唸筒取材方式示意图

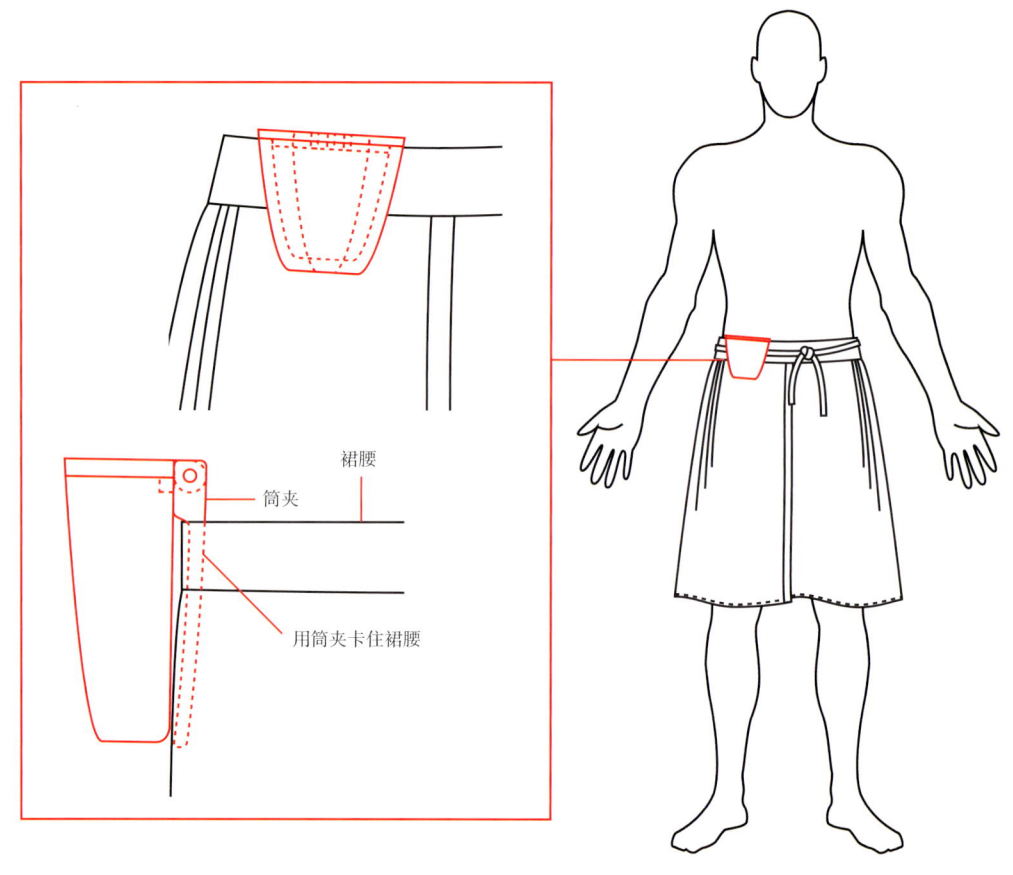

图五　黎族刻花牛角噎筒佩戴方式示意图

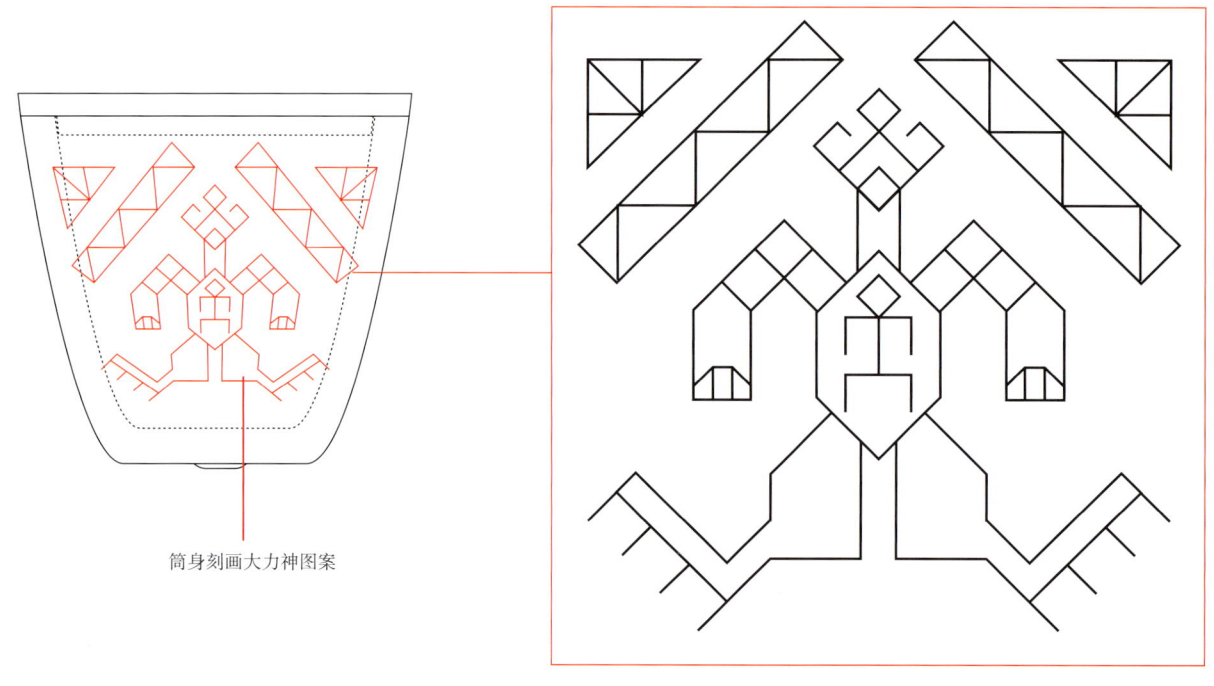

图六　黎族刻花牛角噎筒图案展开图

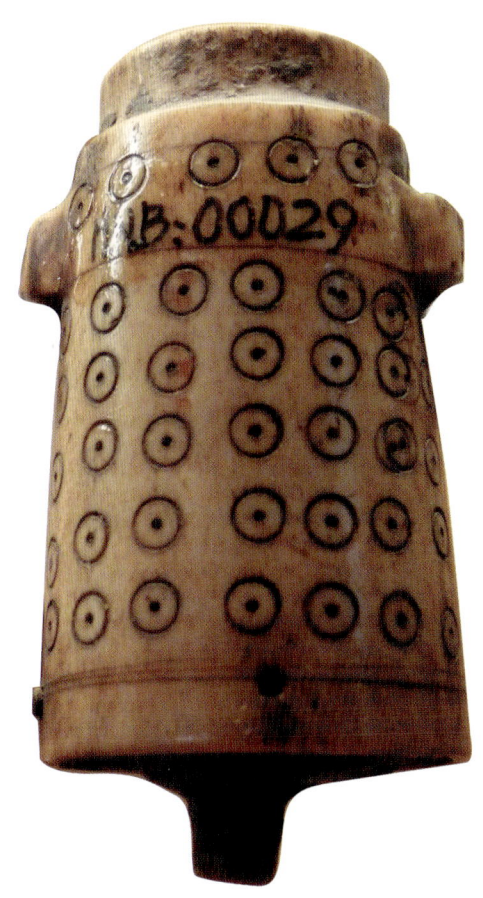

图七　延展图：鹿角唿筒

黎族木刀鞘

图一　黎族木刀鞘主图

　　黎族木刀鞘是黎族传统狩猎工具，通常用来插放黎族传统木柄尖刀。本案例采选自海南省博物馆收藏的黎族传统木刀鞘，案例源自昌江黎族自治县的黎族男子手工制作的完全不用铁钉、仅用传统木工胶和藤编固定的组合木器。

　　本案例由木制鞘身、藤编鞘箍和麻质系绳组成。其中鞘口扁平，底部收尖，整体造型与尖刀的刀片形状相同，外部光滑。本案例制作时，首先根据尖刀的刀片大小选择一块长方形硬木，并根据刀片的外形从木块上削出刀鞘的初步形状，刀鞘的尺寸要大于刀片的尺寸。再将削出的刀鞘从侧面劈开分为两片厚度相同的木片，将刀片正反两面依次贴合在两块木片上分别画出刀身的轮廓，并根据此轮廓在刀鞘的切面上分别挖凿出适合刀片形状和厚度的浅浅的刀槽，将刀槽以及槽口打磨光滑之后，再将两部分刀鞘重叠在一起。黎族人通常会使用天然动物皮或鱼鳔熬制的皮胶或鱼胶将刀鞘黏合，并使用上下两个藤箍将刀鞘箍紧，上部藤箍编织成挑一压一的人字形肌理，下部藤箍使用较为简单的穿套式编织方法，上下藤箍两侧分别系上藤绳。使用时，一手握住刀把，一手握住刀鞘，将刀尖对准插口插入刀鞘。

　　本案例造型和功能设计十分巧妙，刀槽形状根据刀身形状设定，比刀身略有余量，方便刀子插入拔出。藤编鞘箍一方面固定刀鞘令刀鞘不易变形，一方面用来系绳，系绳可以将刀鞘固定在腰上。

图片来源
图一　鞠斐　摄影
图二至图六　鞠斐　制图

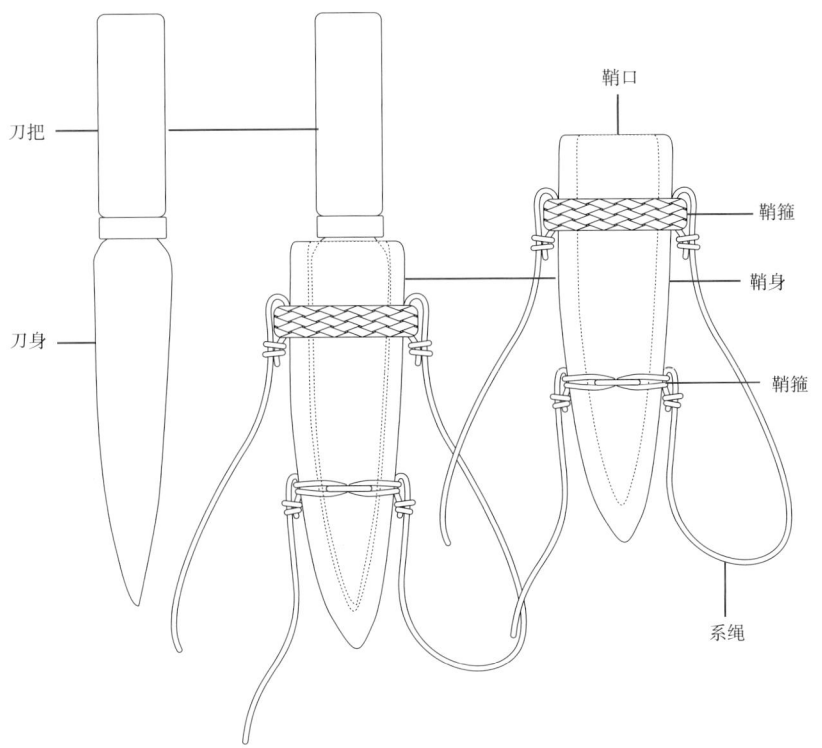

图二　黎族木刀鞘结构名称图

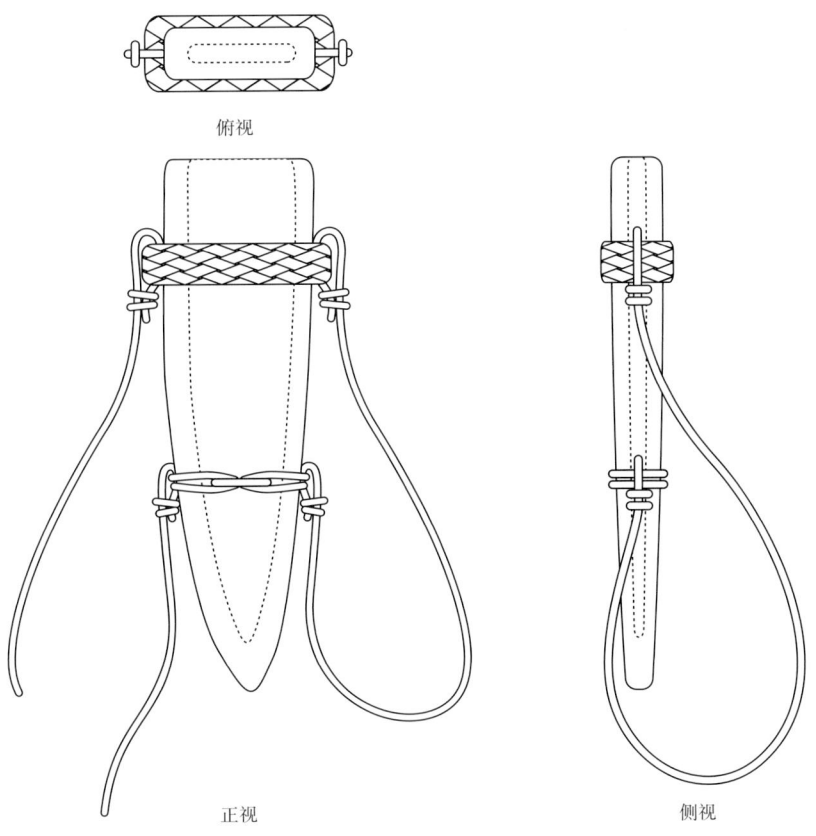

图三　黎族木刀鞘视角图

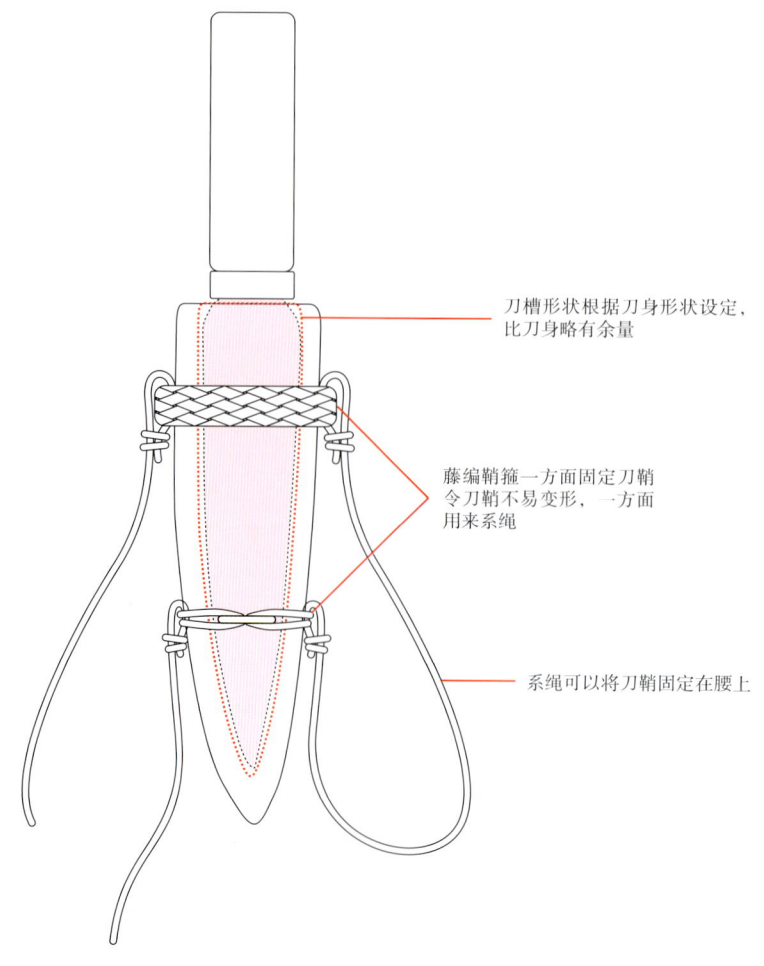

图四　黎族木刀鞘设计分析图

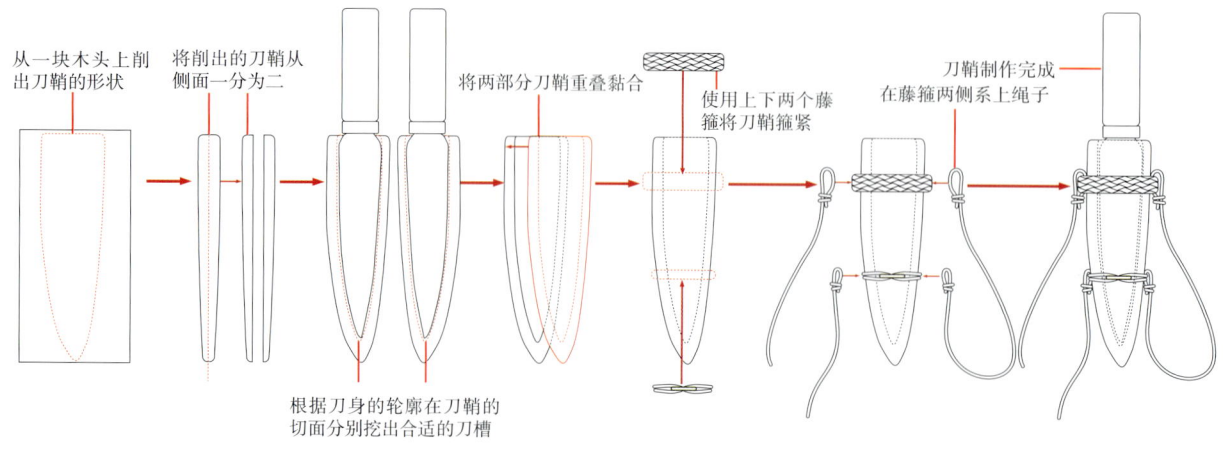

图五　黎族木刀鞘制作流程图

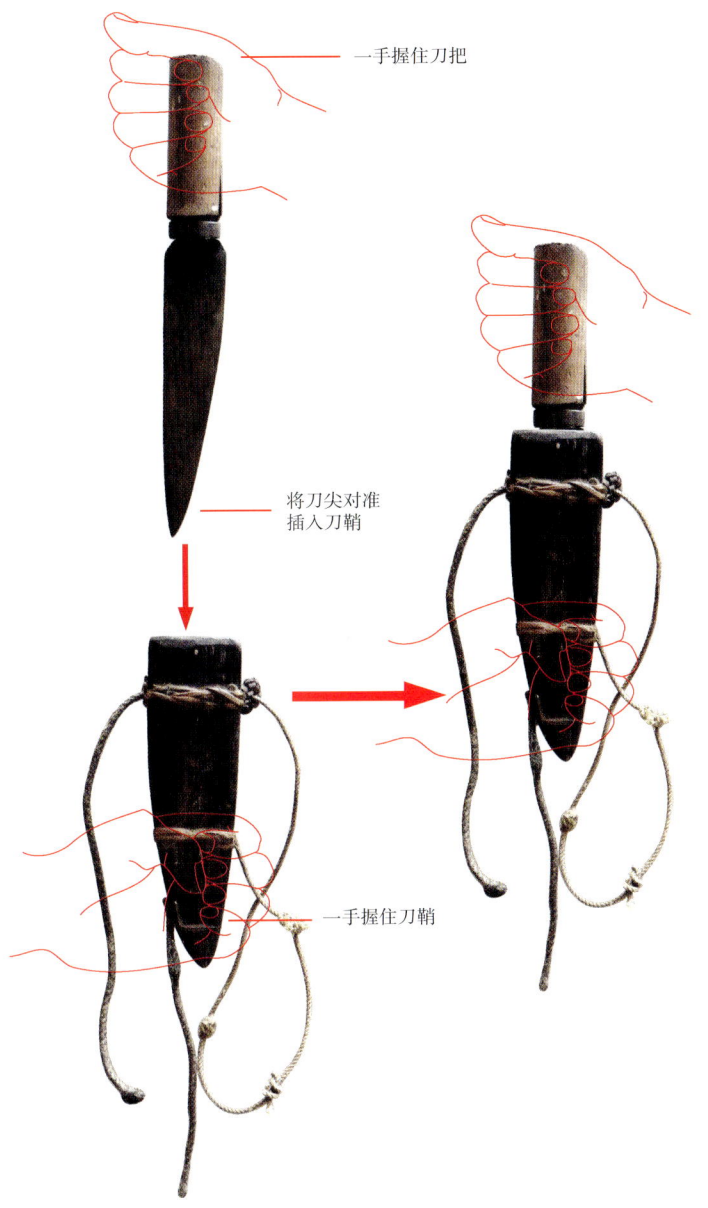

图六 黎族木刀鞘使用方式示意图

黎族钩刀

图一 黎族钩刀主图

一直以来，黎族地区不会铸铁，所以自古无铁器制作。黎族所用的铁质农具，如钩刀、镰刀、斧头、犁、耙、锄、铲等，大多是从汉族地区买来。约在二百多年前，铁质农具才从汉族地区输入黎族腹地合亩制地区。所以，黎族生产的铁器种类和样式与汉族所用相同。至于铁器等物品的获取，黎族人与汉族人主要采用物物交换的方式，汉商运来犁、锄、铲、钩刀、手捻小刀、颈圈、针等，同时，换取黎族人的猪、鸡、狗、烟草、藤萝等。1949年前，也有以铜钱、铜仙、光洋、镍币等作为媒介交换，但仍然存在物物交换。

最先引进的是钩刀。据中南民族学院研究组在20世纪50年代对黎族地区的调查，大多数黎族老者回忆黎族最先使用的是铁钩刀，从汉族地区买来，进而逐渐开始使用其他铁器。由于黎族不产铁器，从汉商处买时也较昂贵，所以他们对钩刀的使用非常频繁。这种刀因为刀刃弯曲而得名。刀柄为圆木棍，刀刃插进木柄，周围用铁皮箍合。钩刀是生产和生活中最重要的生产工具，无论是砍树、种山栏稻还是制作生产生活所需的木器、竹藤编织器，甚至是切菜，只要是劈、砍、削、切、刮的工作，都用钩刀完成，尤其成为男子腰篓中的随身必备品。男子用的腰篓也改名为"刀篓"，以适宜放置钩刀的尺寸来制作，并且在篓的口沿内安装一段横木，从口部向下俯视，呈"日"字形，这样，钩刀放入后就被卡住，不至于在篓内晃动。同时，使内部分区，可以装其他的物品，比如野菜之类，所以黎族妇女在采集食物时也逐渐带钩刀与刀篓。

现在我们仍能看到人们对于钩刀的频繁使用。在以前，因为主要靠汉族地区输入铁器，所以像钩刀这样的器物往往使用到非常残缺破旧时，还要改为更小的铁器，比如做成收稻谷的手捻刀刃口。虽然钩刀对于黎族人来说属于外来器具，是文化交流的载体，却是他们在刀耕火种砍树种稻时，继石斧之后的主要生产工具，并且，对它的使用延伸至整个日常生活中。

图片来源

图一　袁晓莉　摄影
图二、图三　张飞　制图
图四　陈翔宇　制图
图五　周星悦　制图

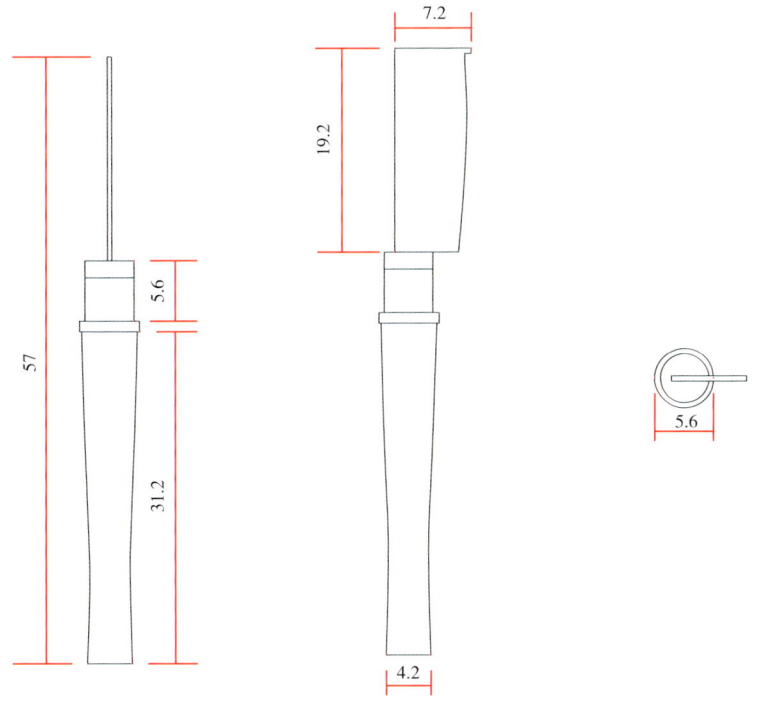

图二　黎族钩刀尺寸图（单位：cm）

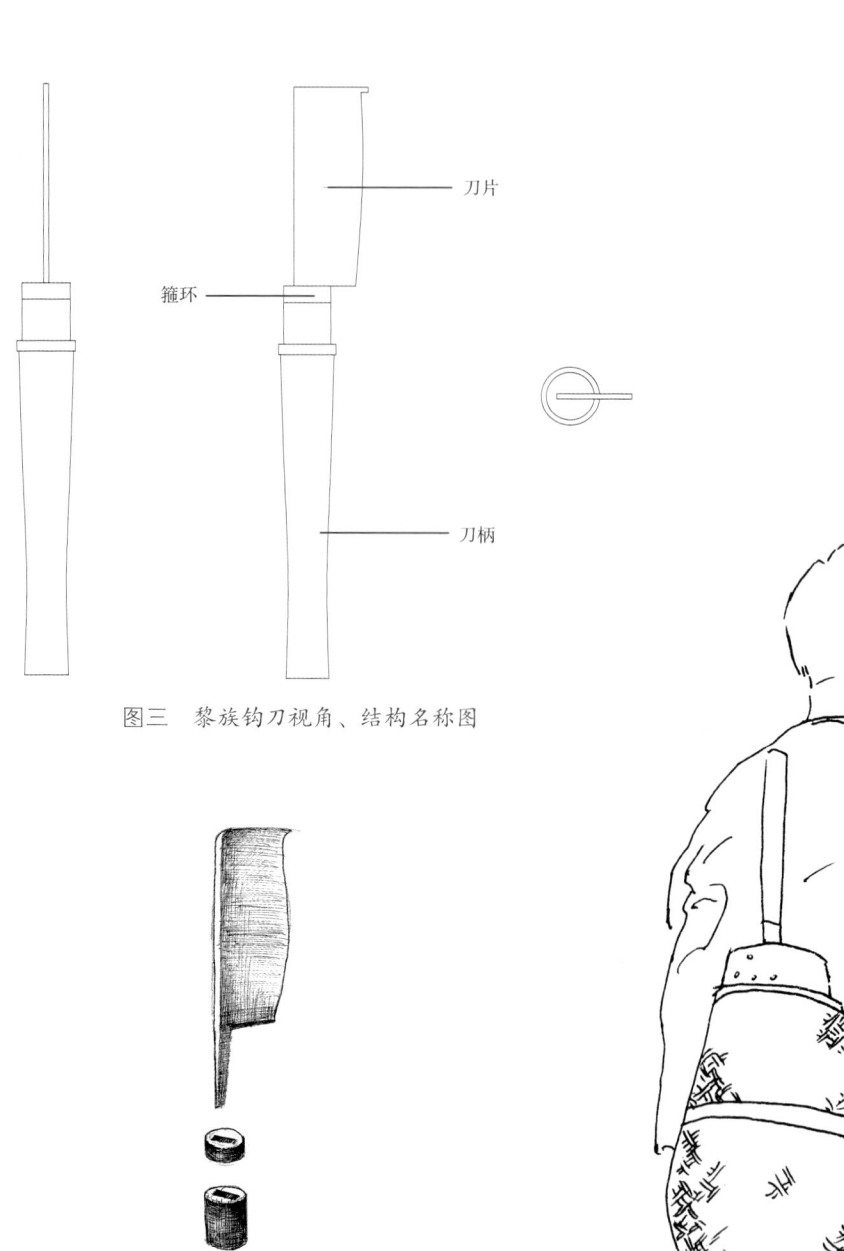

图三　黎族钩刀视角、结构名称图

刀片
箍环
刀柄

图四　黎族钩刀解析图

图五　携带钩刀的男子

黎族竹编刀篓

图一 黎族竹编刀篓主图

刀篓是黎族男子上山砍伐竹木材料和狩猎时常带的重要器物，主要用来盛放刀具和沿途采集到的野果、狩猎到的小型猎物。本案例采选自海南省保亭县文化馆黄呈馆长收藏的黎族男子使用的刀篓，是典型的黎族传统竹编刀篓。

本案例整体高约 35 厘米，篓口直径在 16 厘米左右，整体构造较为复杂，自上而下由刀篓篓口、篓颈横档圆木棍、竹编篓身、篓身肩部藤环以及篓身和篓底竹篾框架组成。刀篓口部为圆形，底部为方形，篓颈处的横档圆木棍靠近刀篓篓口的一侧，横向贯穿整只竹篓，将镰刀插入刀篓和横档圆木棍之间时，用来卡住镰刀的刀柄。当走路或劳动时，即使身体起伏、晃动，镰刀也不会在刀篓中大幅晃动甚至滑出。竹编篓身靠近身体的一侧肩部装有两只藤环，平时出门携带时用绳系住藤环固定在腰上。竹编篓身采用挑一压一的编结方法用细竹篾编结而成，形成人字形斜纹肌理。

黎族藤、竹编织技艺历史悠久，由于海南岛气候温暖，森林资源丰富，适宜生长各种竹类，黎族聚居地周边常见大片的竹林，为黎族传统竹编提供了丰富的原料来源。早在新石器时代，黎族先民已经开始就地取材，利用本地盛产的竹子编织日常生活所用的各种器具，其中最具代表性的便是黎族男子人手必备的竹编刀篓。黎族传统竹编刀篓做工细致、造型独特，是既实用又精美的黎族传统竹编器具，承载了黎族历史悠久的竹编文化。

图片来源
图一　鞠斐　摄影
图二至图六　鞠斐　制图

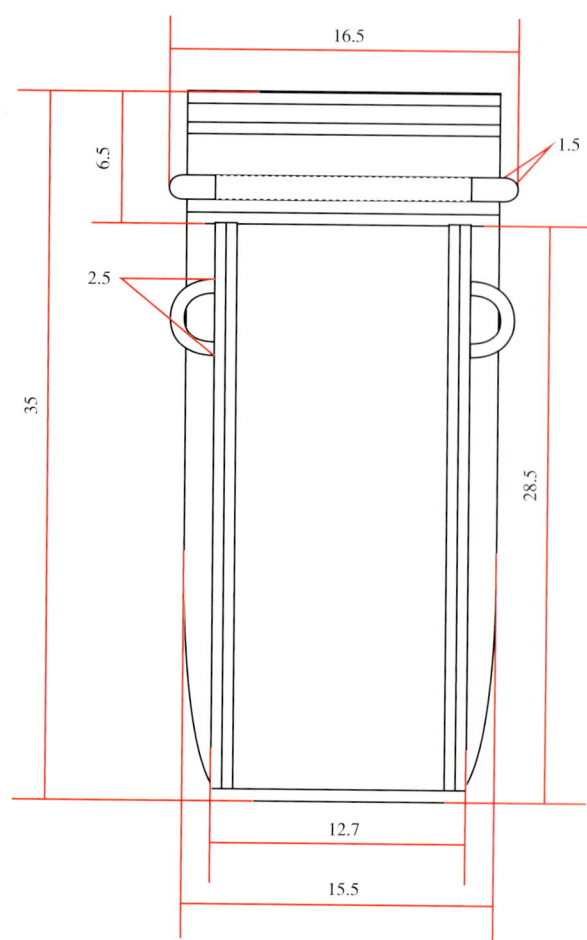

图二　黎族竹编刀篓尺寸图（单位：cm）

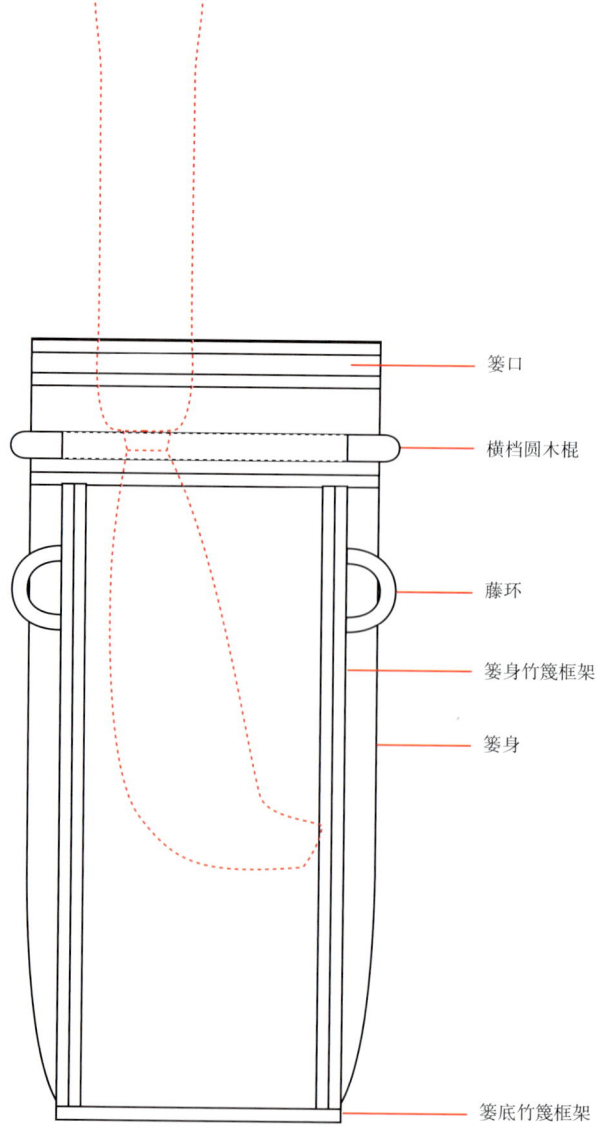

图三　黎族竹编刀篓结构名称图

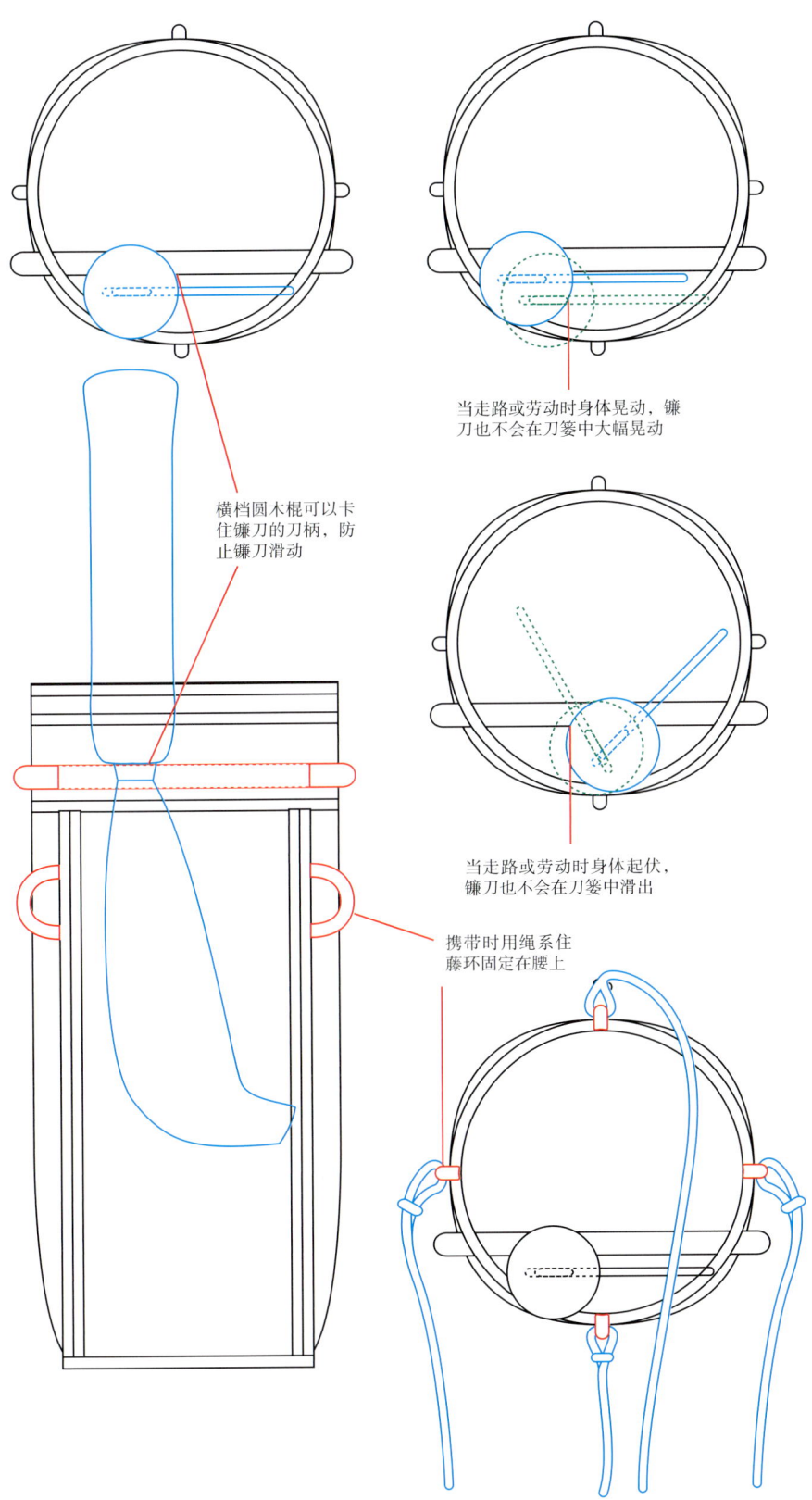

图四 黎族竹编刀篓设计分析图

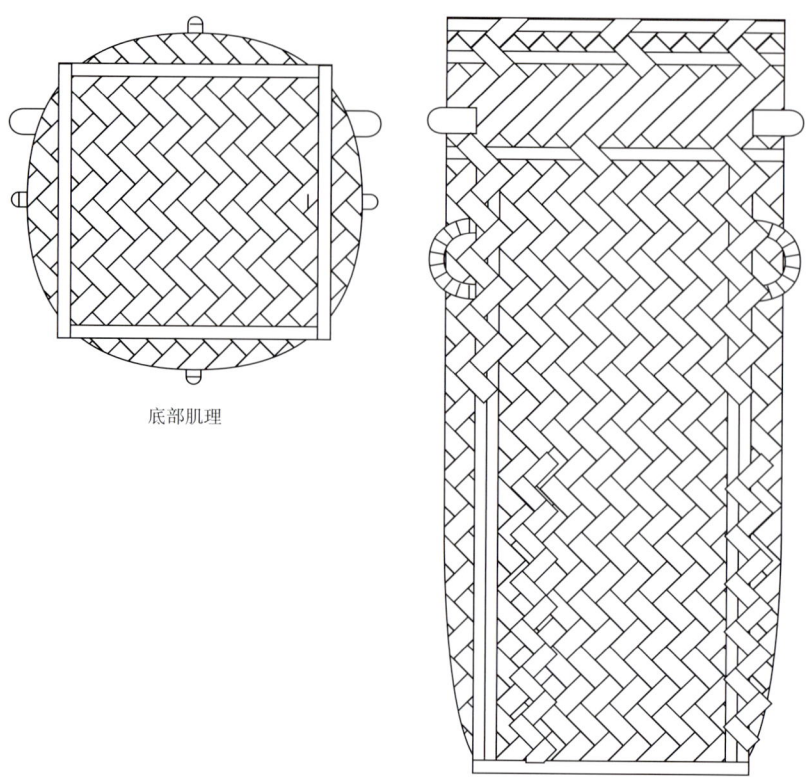

底部肌理

图五　黎族竹编刀篓竹编肌理效果图

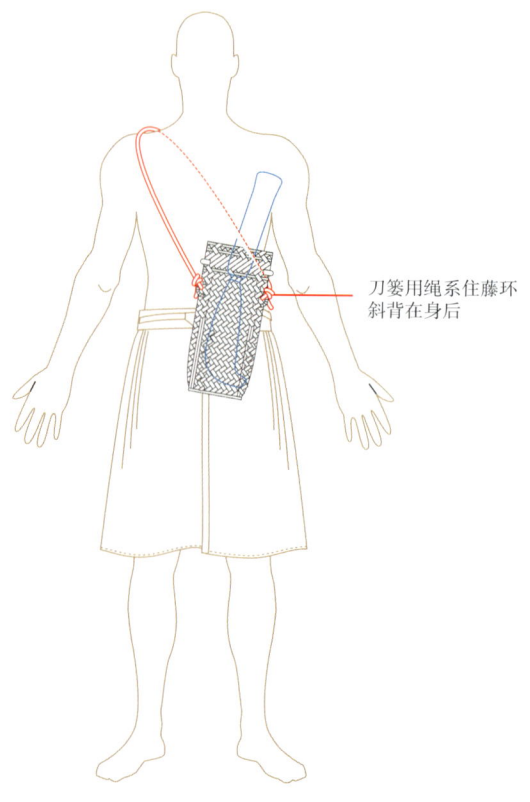

刀篓用绳系住藤环斜背在身后

图六　黎族竹编刀篓使用情境图

黎族系绳圈足竹编腰篓

图一 黎族系绳圈足竹编腰篓主图1

本案例采选自海南省保亭县文化馆黄呈馆长收藏的黎族传统系绳圈足竹编腰篓，其中有男子腰篓和女子腰篓各一只。黎族传统系绳圈足竹编腰篓由篓身、篓底圈足、篓背木支架和系带组成，其中男子使用的腰篓高约32厘米，体积较大，而女子使用的腰篓高约20厘米，体积较小。

本案例篓身以宽细两种竹篾编织而成，其中较宽的竹篾十几根，中心相互叠压旋转盘成圆形作为整个篓身的骨架，篓底将细篾条在每根粗竹篾上用一上一下的方式盘编成同心圆。底部完成后将所有的骨架拢起后接着再往上编，形成篓身。编到器物的口沿时，由细白藤以一经一纬相压编结成宽边，用来减少篓口部位的磨损。其中黎族传统女子腰篓篓身为鼓腹设计，男子腰篓篓身设计成葫芦形，篓身腹部使用细藤条编成环形环绕箍住，并用藤条与篓身编结固定。篓底使用宽竹片圈成圈足，将靠近篓底的上部打孔后利用藤条与篓底固定在一起，便于篓身站立。篓身一侧安装木支架用来系背带和支撑篓身，木支架一侧为直角，另一侧削磨成符合篓身的形状，上宽下窄，并将边缘打磨光滑。木支架与篓身相邻一侧打孔，用细藤篾穿过与篓身相连，靠近外侧中部打孔，将背带穿过圆孔系住，便于捆绑于腰间携带。

黎族传统系绳圈足竹编腰篓美观耐用、灵便轻巧，是黎族男女喜爱的器物之一。自古以来黎族人就在日常生产生活中广泛运用腰篓，如上山采集时可在腰篓中盛放随手拾得的野果，犁田插秧时可在腰篓中盛放随手捕捉的田螺、田鱼和田虾。

图片来源
图一、图二　鞠斐　摄影
图三至图六　鞠斐　制图
图七　周星悦　制图

图二　黎族系绳圈足竹编腰篓主图2

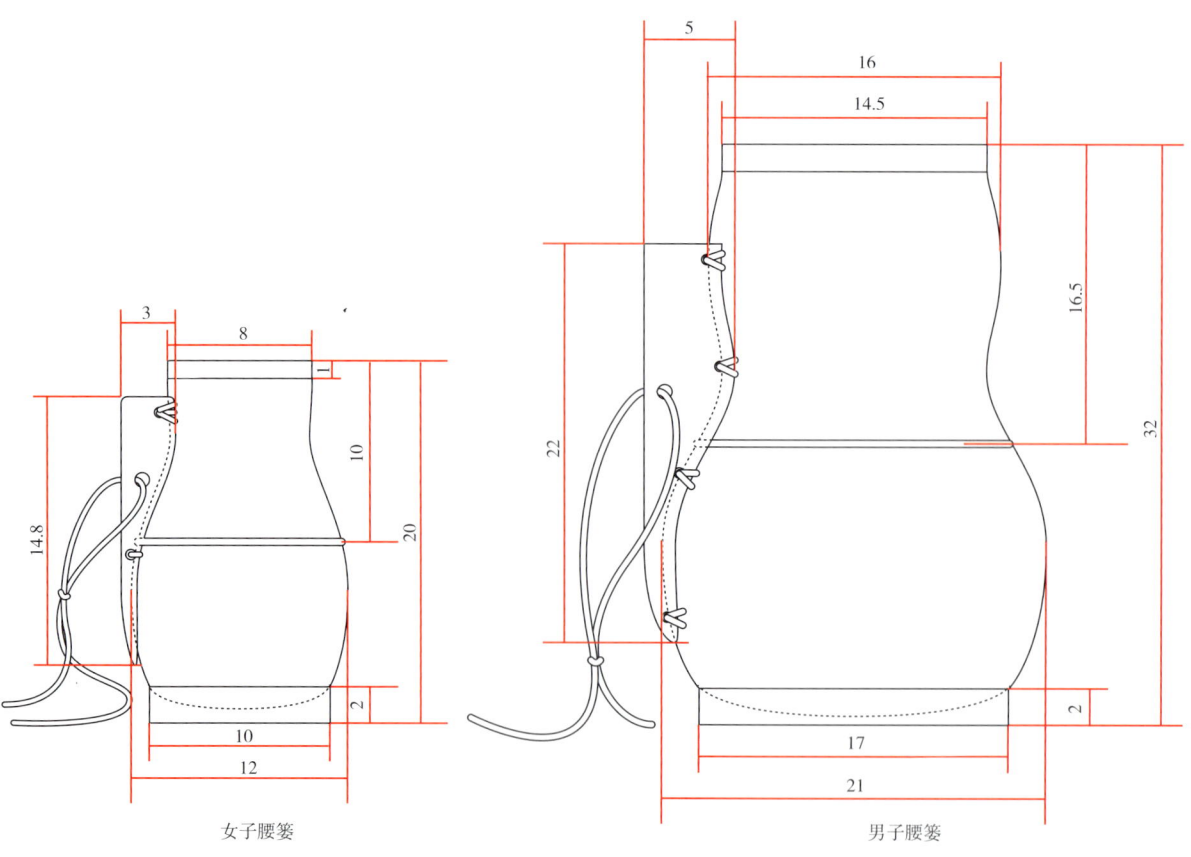

图三　黎族系绳圈足竹编腰篓尺寸图（单位：cm）

削肩形虾笼　　伞形虾笼

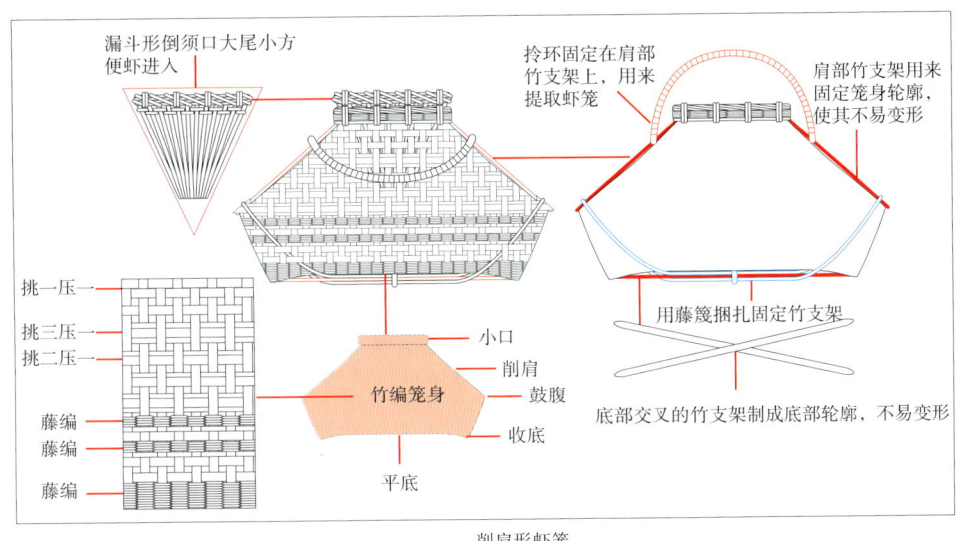

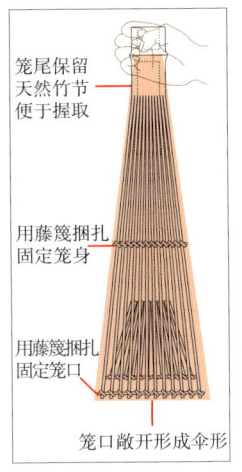

图四　黎族竹编虾笼设计分析图

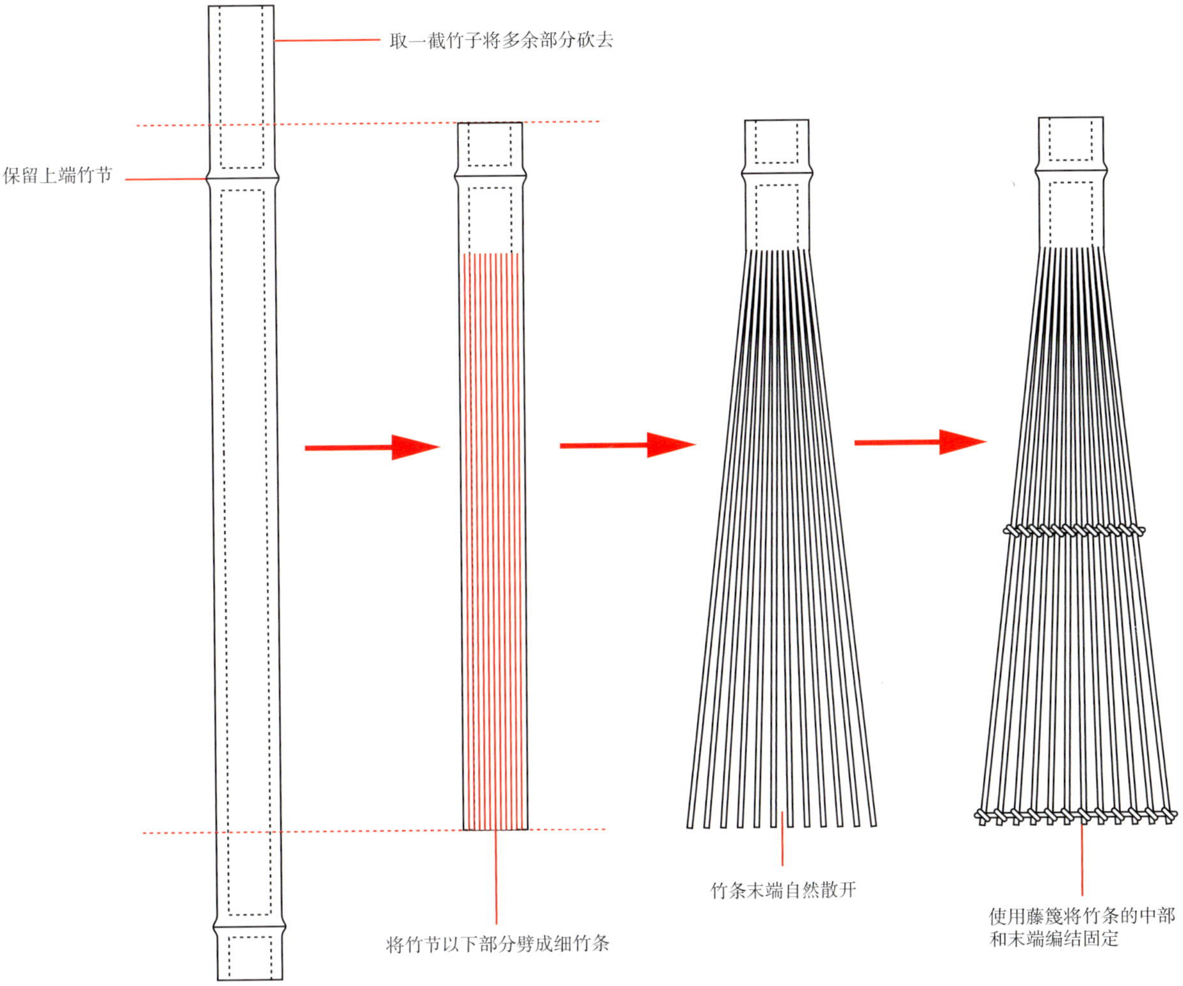

图五　黎族竹编虾笼制作流程图

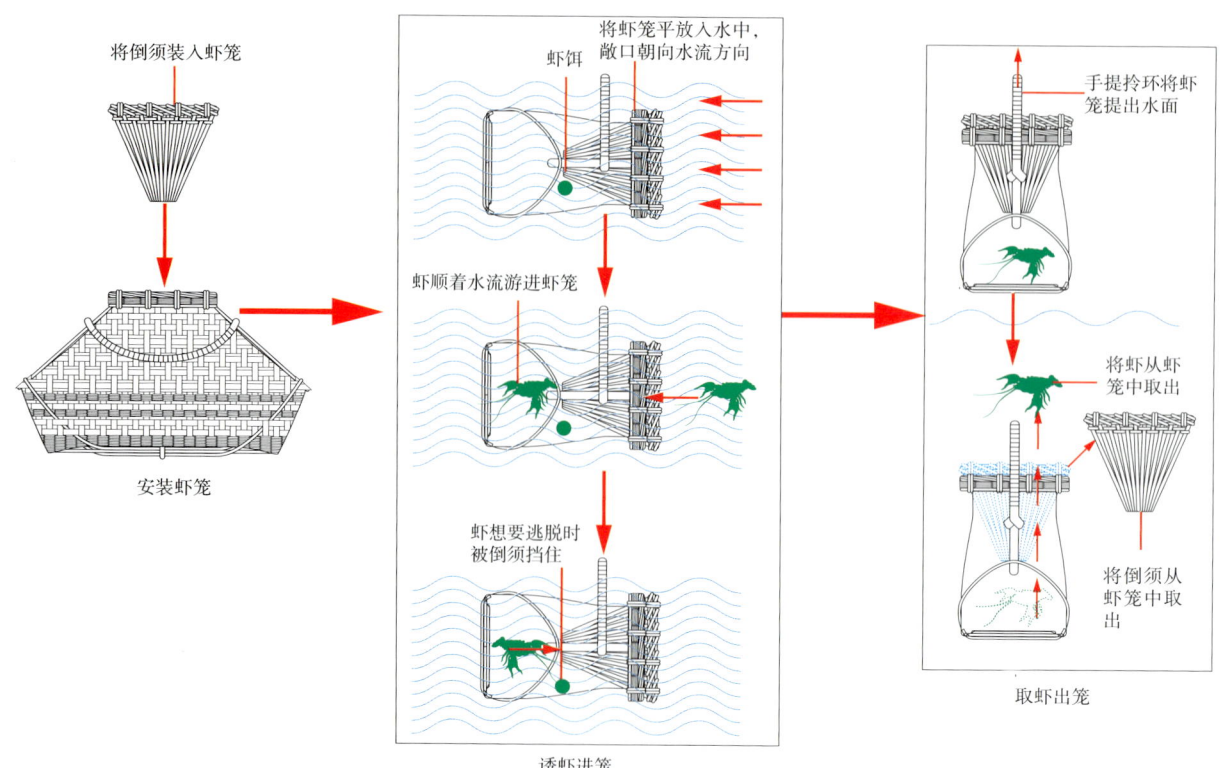

图六　黎族竹编虾笼捕虾方式示意图1

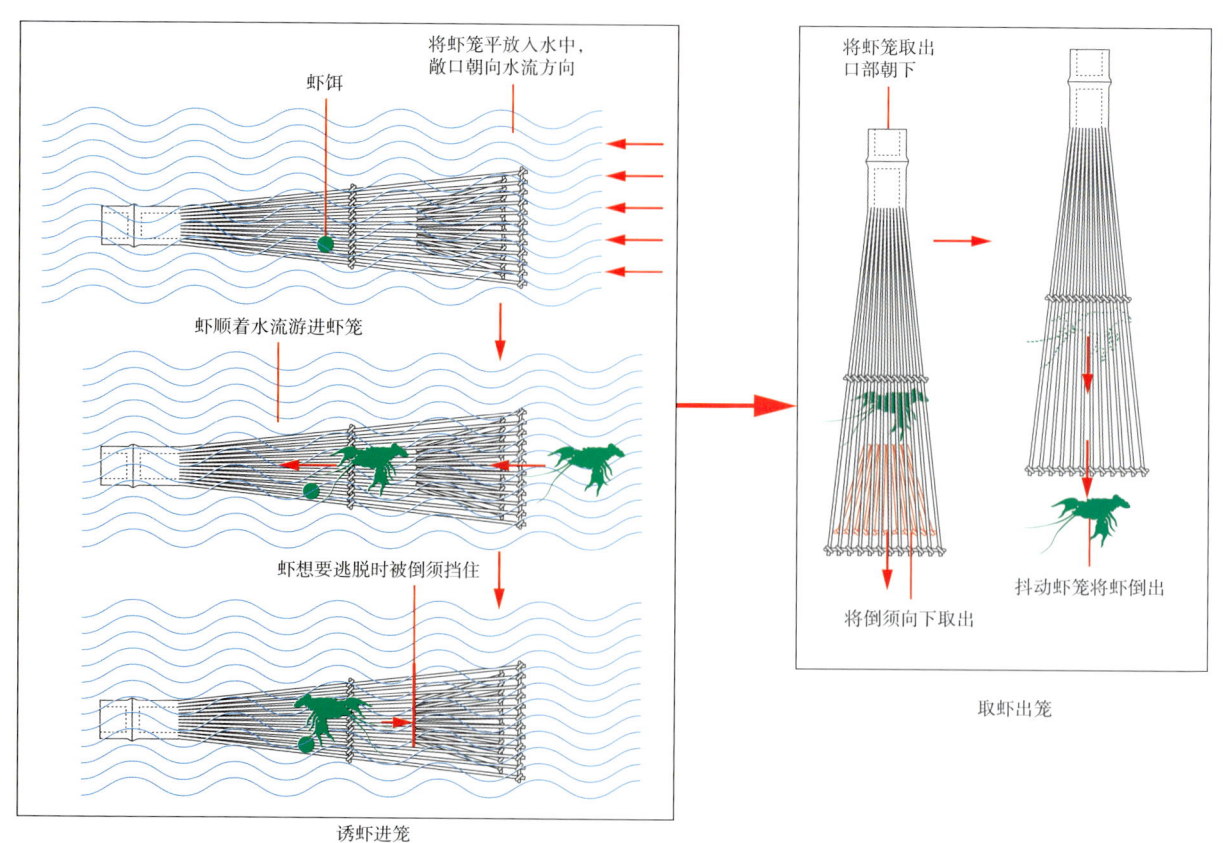

图七　黎族竹编虾笼捕虾方式示意图2

图八 延展图：黎族竹编虾笼

图九 延展图：黎族草编虾笼

第五章 黎族传统生产工具

黎族竹编鱼笼

图一　黎族竹编鱼笼主图 1

黎族竹编鱼笼是黎族地区常见的捕鱼工具，用竹篾条编制而成，口大尾小，入口处通常塞入一到两个倒须，用以阻止鱼儿从笼口逃出。本案例采选自海南省保亭县甘什村的两种黎族传统竹编鱼笼，一种为带盖鱼笼，另一种为不带盖的钟形鱼笼，均为典型的黎族传统鱼笼样式。

由于黎族地区竹林密布，且盛产红白藤类，因此本案例制作用料就地取材，主要为常见的红藤、白藤和长老的竹子，制作时首先将竹子剖成竹条或细小的竹篾，然后从口部开始将藤条弯成环状，再取另一根藤条捆扎藤环与竹条，藤环由大逐渐变小，直至尾部。带盖的鱼笼需用藤篾根据尾部直径编结一个圆形笼盖，盖在笼尾，并用藤条将笼盖和笼尾系住。不带盖鱼笼则需在笼尾处收口，并用白藤篾编结几圈扎紧。最后根据靠近敞口处的笼身直径编织一到两个漏斗形的倒须，倒须由敞口向内逐渐缩小，且不封死，鱼回游时起到阻拦作用。

本案例应用范围十分广泛，无论是田间水渠还是江河溪流，都可以使用鱼笼进行捕鱼活动。使用时，需将鱼笼平放沉入水中，敞口朝向水流方向，或置于溪流落差处，口部朝向高处，在笼内放置一些肉食和米饭等诱饵，诱使鱼儿游入笼中觅食，顺着倒须直接进入笼身内部，鱼想要逃脱时被倒须挡住。想要取出捕获的鱼，需将鱼笼从水里取出，带盖鱼笼需口朝下竖放在岸上，将笼盖打开，伸手进去将鱼取出即可。而不带盖的钟形鱼笼则需将敞口朝上竖放在岸上，将倒须从鱼笼中取出，再伸手进去将鱼从鱼笼中取出，这种从上部取鱼的方式，大大降低了鱼儿逃脱的概率。黎族传统竹编鱼笼具有取材容易、操作方便、适应环境广泛的特点，因此在黎族地区十分受欢迎。

图片来源

图一、图二　鞠斐　摄影
图三至图八　鞠斐　制图
图九　周星悦　制图

图二　黎族竹编鱼笼主图2

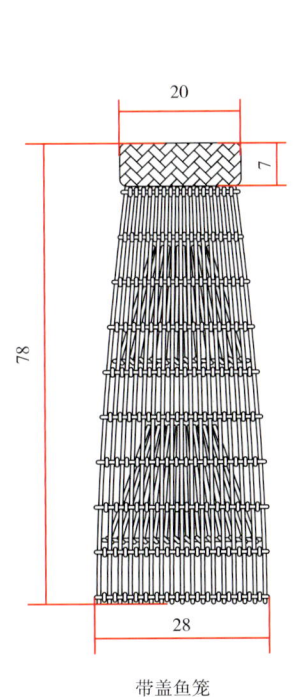

带盖鱼笼

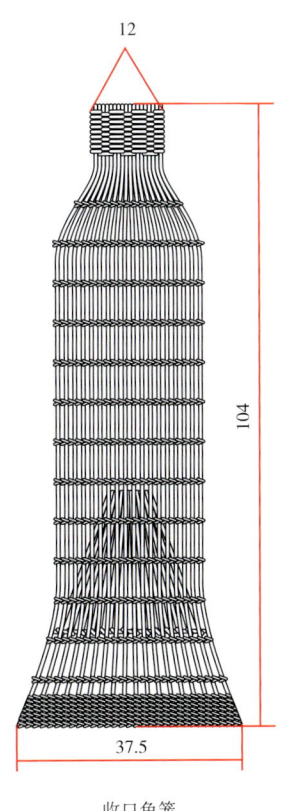

收口鱼笼

图三　黎族竹编鱼笼尺寸图（单位：cm）

第五章　黎族传统生产工具

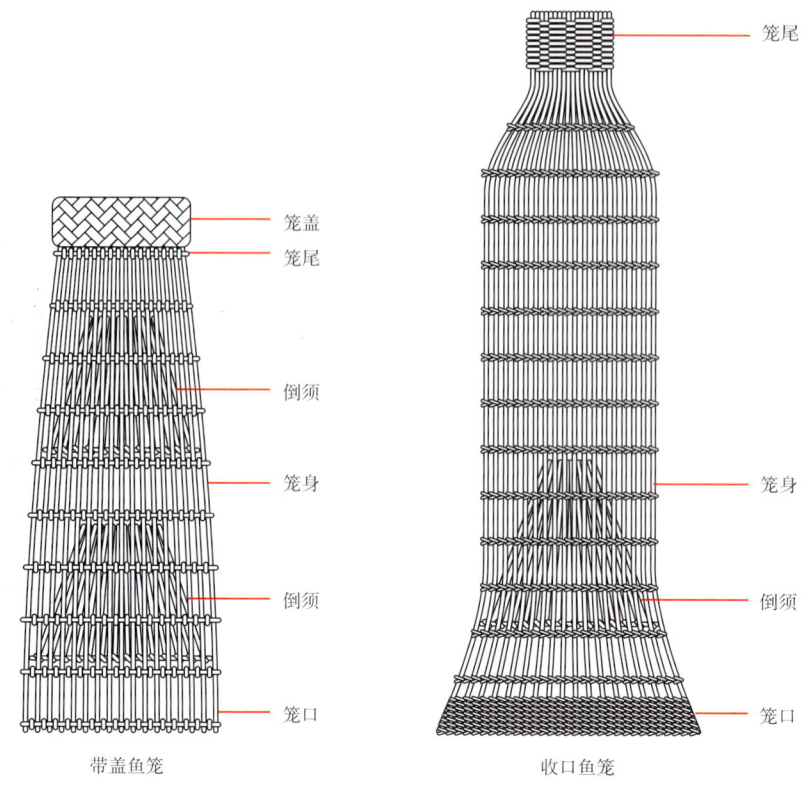

图四 黎族竹编鱼笼结构名称图

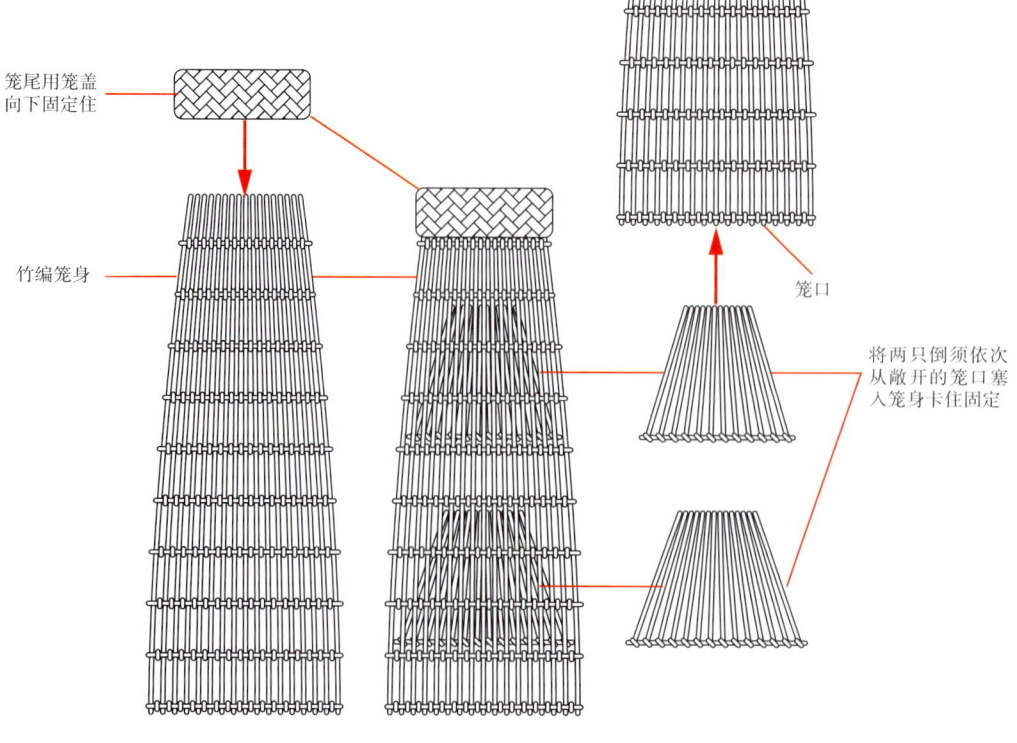

图五 黎族竹编鱼笼安装方式示意图1

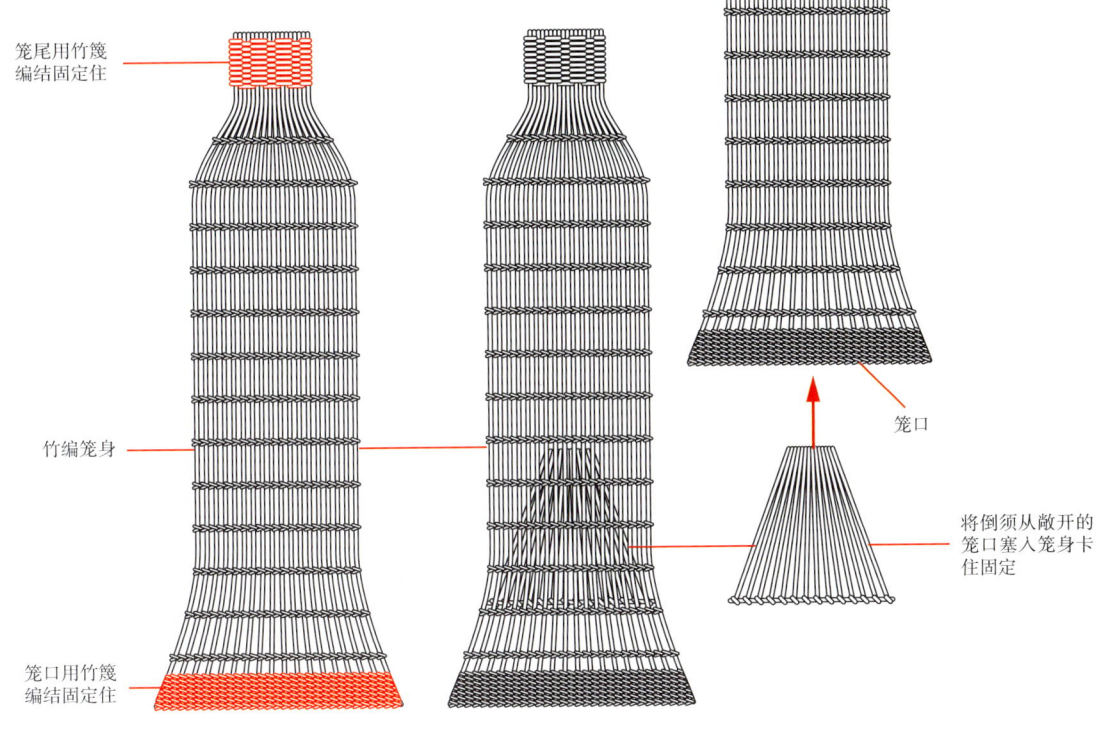

图六 黎族竹编鱼笼安装方式示意图2

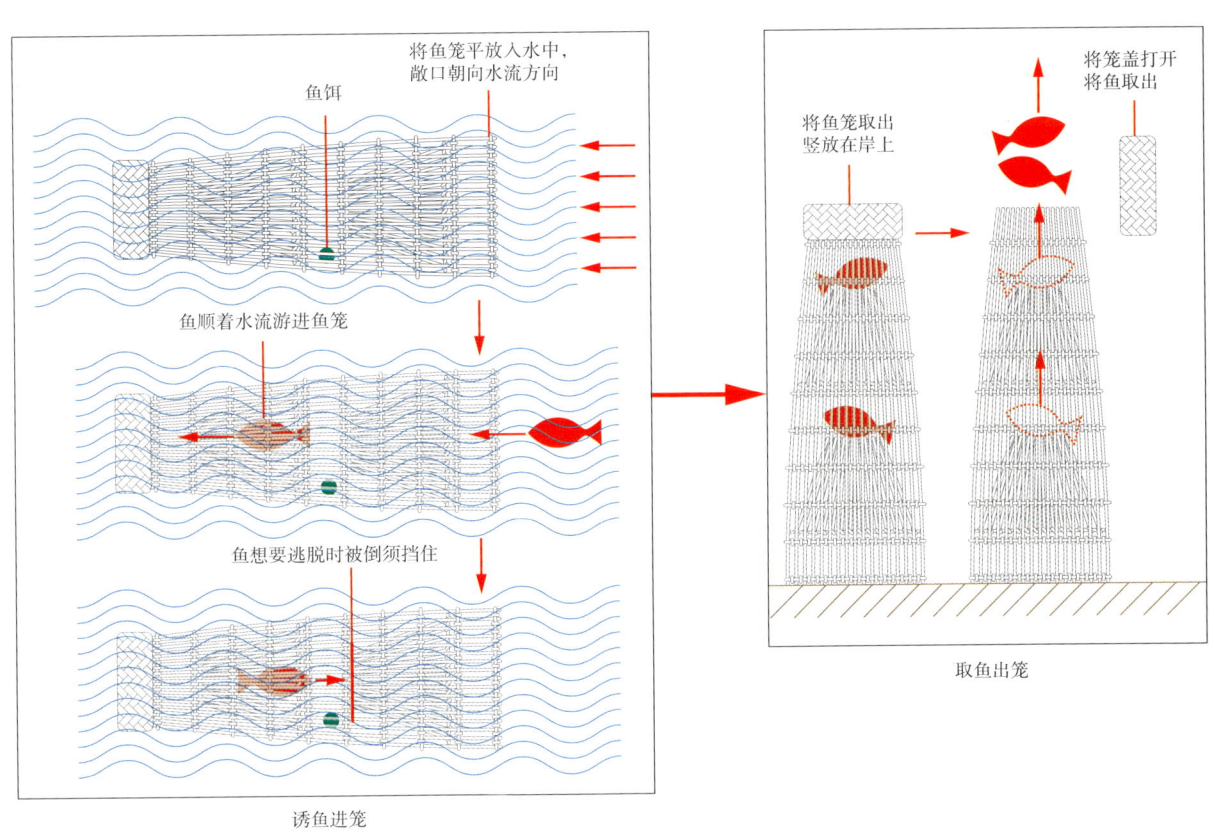

图七 黎族竹编鱼笼使用方式示意图1

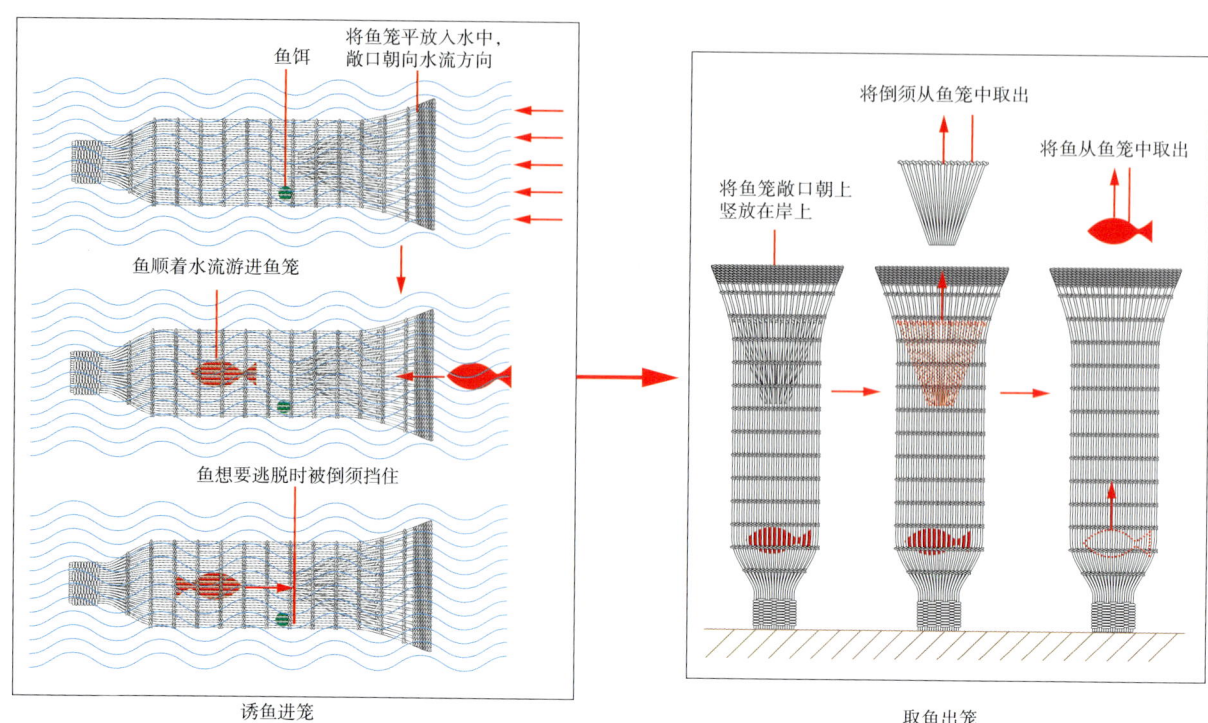

图八 黎族竹编鱼笼使用方式示意图 2

图九 黎族竹编鱼笼使用情境图

黎族刺树耙

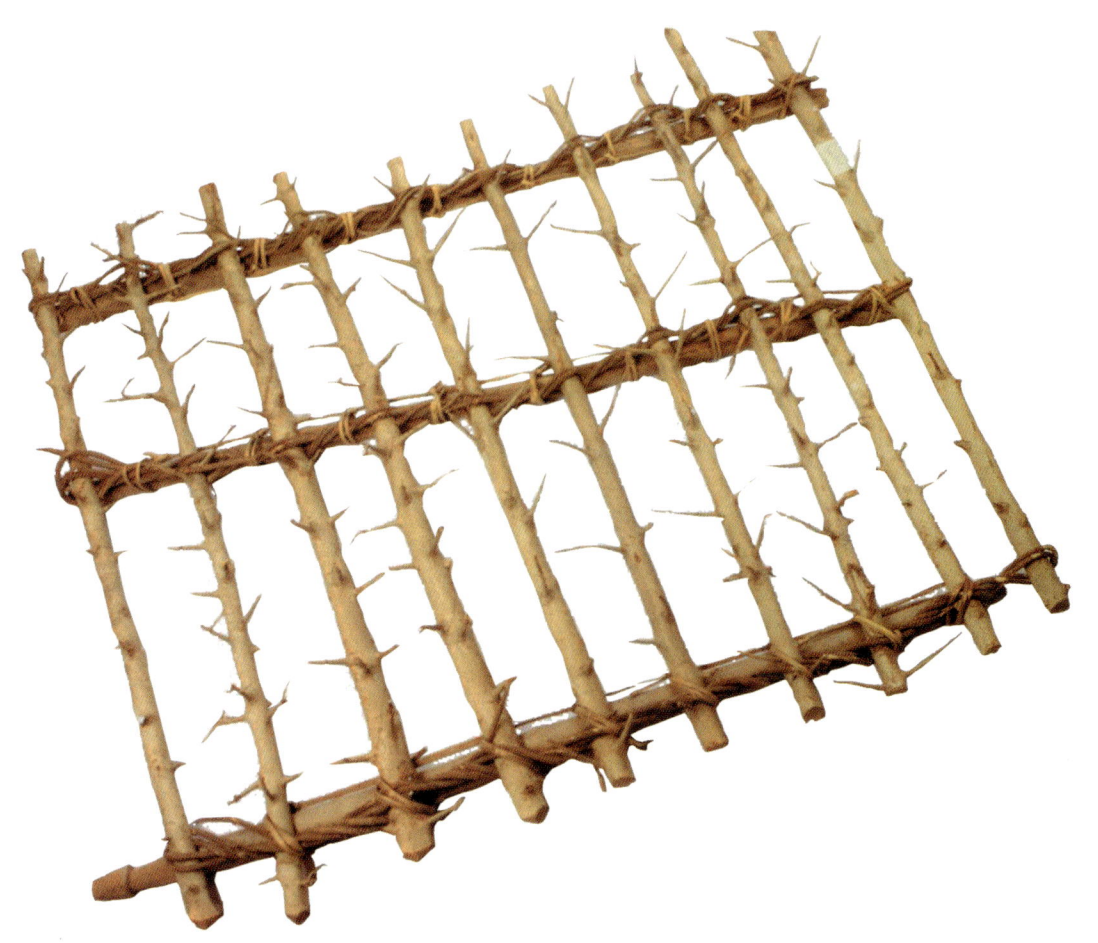

图一　黎族刺树耙主图

黎族在经历了长期的牛踩田后，逐渐学会汉族人的牛犁田和耙田的技术。在1949年前，黎族很多地区没有铁耙或铁齿木耙，便仿制出了刺树耙、竹耙和木耙，比如东方、白沙、乐东、琼中等地。刺树耙、竹耙是依靠树干、竹的天然枝刺做齿的原始工具。刺树耙是用多刺的小树干做成，将10根树干各砍下140厘米左右并排放置，留下每边原有的刺枝作为耙齿，再用削光滑的3根树干分上、中、下将并排的刺树干捆扎在一起，用藤条扎紧，做成筏状即成。使用时，在耙上压重木或石头，以牛拖拽耙田。竹耙是将竹砍成约130厘米的4根竹段，各剖为两半，留下每边原有的竹枝作为耙齿，齿截为20厘米长。将剖开的8根竹段平行放置，再用3根约100厘米长的木棍分别放于平行竹段的左、中、右，用藤条捆扎，使用方式与刺树耙相同，两者的碎土力比铁耙差很多。木耙是在没有刨和凿的前提下，黎族人用钩刀将木条修好，在上、中、下三根横木上用尖刀或烧红的残破钩刀戳洞安齿，镶进把柄后耙田；另有一种较大的木耙，是在一个长方形的木架上，上安扶手，下装若干木齿，前用牛拉后有人扶。但因制作这两种木耙费力费时，因此，有的人用竹耙代替。1953年保亭县毛道乡政府曾发给当地黎民一批铁耙，但是人们却嫌铁耙太重，不愿意使用。于是在有铁耙后人们开始使用装铁齿的木耙，并且较为普遍。

黎族人较为原始的耕作方法是牛踩田，春雨后，人们驱赶几头或十几头牛到田中反复踩踏，待土成泥，便向田里撒种。四头牛一天约能踩一亩水田。这种方法当时在黎族区非常流行，由于缺乏灌溉、施肥，所以产量极低。在人类发明犁耕以前，原始的水稻栽培就是如此，中国、日本、东南亚等都曾使用过此方法。随着黎汉的经济往来，生产方式与技术的改变，使得黎族由简单的牛踩田耕地向汉族相对成熟的牛犁田与牛耙田过渡，这势必导致新的生产工具的诞生与运用。在没有铁器、交通不便难以购买等的条件下，黎族人根据这些器具的功能与原理，利用自然材料模仿设计出了相似的工具，虽然耐受性与效率不能与原型相提并论，却是黎族人迈出改变落后生产方式与技术的一大步。

图片来源

图一　袁晓莉　摄影
图二　张飞　制图
图三　叶祎祎　制图
图四　陈翔宇　制图
图五　王学萍.黎族传统文化.北京：新华出版社，2001.

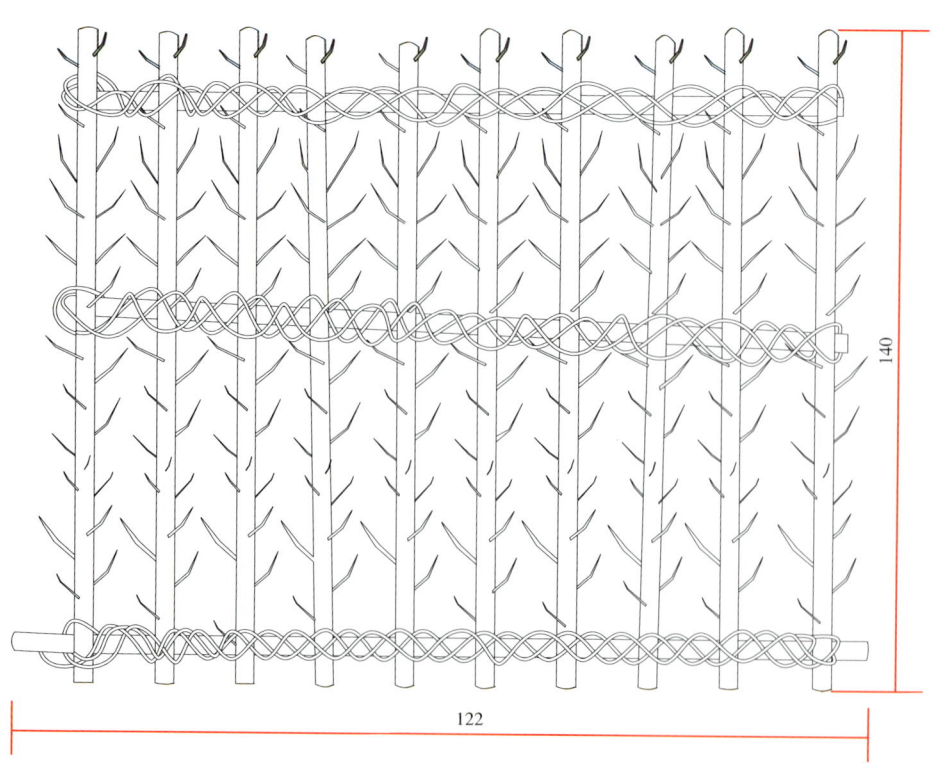

图二　黎族刺树耙尺寸图（单位：cm）

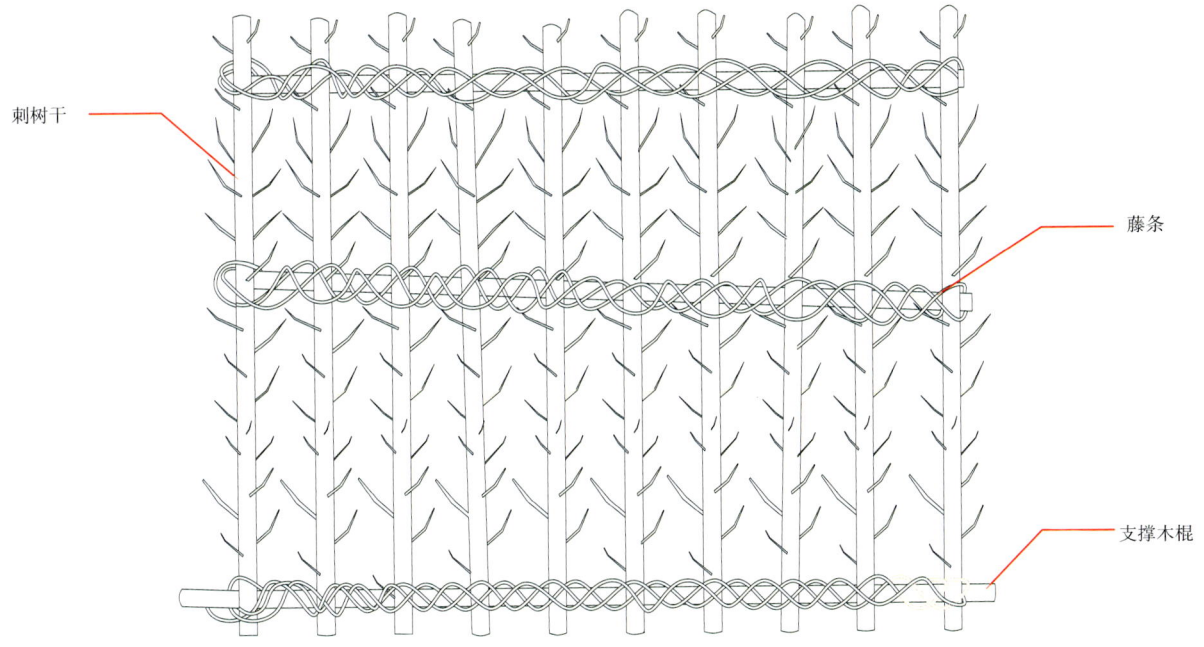

图三　黎族刺树耙结构名称图

刺树干　　藤条　　支撑木棍

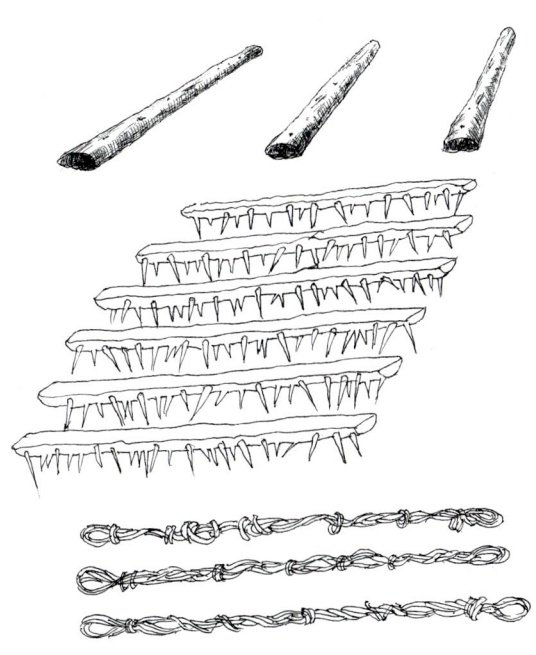

图四　黎族刺树耙解析图

图五　延展图：黎族使用的汉式大木耙

黎族木耙

图一　黎族木耙主图

由于与汉族同胞的长期交流，黎族人民的农业生产方式发生了重大变化，从刀耕火种逐渐转向了较为进步的稻作农业。木耙是黎族人民向汉族同胞学习稻作文化之后耙水田、晒稻谷的工具。黎族较早的木耙是由木柄与耙头两块独木构成，这也是中国耙类工具最古老的结构与做法。

木耙耙柄的长度一般在 130～160 厘米，耙水田的木柄可长至 180 厘米，直径大致 4 厘米。耙头既有无齿的木条状、半圆板状，用以晒谷物，也有带齿的尖齿状、圆齿状，耙水田用。耙头的长度在 40～70 厘米，宽度 10～20 厘米，厚 2～4 厘米。无齿木耙的制作非常简单，只要在一块长约 50 厘米、厚约 2 厘米的木条或半圆形板上接一耙柄即可，接触地面的口沿稍薄，方便翻晒谷物。而带齿木耙最原始的制作方式是将一整块独木用工具修出长条形耙头，做出 9～17 个齿耙。后来，有的黎族人也采用汉族的榫卯技术：先加工出一块长约 60 厘米、宽 5 厘米、厚 4 厘米的长条方木，然后在一个面上均匀地凿出 8～12 个孔，再将相应数量的圆柱形木条嵌入孔中作为耙齿即可，也有的用厚竹片代替木耙齿。

黎族人民借鉴了汉族的生产方式与技术后，从汉族地区买回了诸多过去没有但很实用的铁质工具。但是因为生活困顿购买的数量有限，很多器具都是村里合用。于是一些黎族人在了解汉族一些农具的基本原理后，根据自己的理解，运用天然材料尤其是黎族钟爱的木材模仿设计出了替代品，比如木耙，虽然耐用性差些，但是基本解决了眼前的问题。由此可以看出，人们为了生存的目的，能够快速地适应与探索先进的物质生产方式。随着现代工具的运用，黎族许多传统农具已经退出了历史舞台，但木耙作为必备工具，因其制作简单、成本低、功用稳定而仍在使用，为黎族的农耕文化做出了一定的贡献。

图片来源

图一　王学萍.黎族传统文化.北京：新华出版社，2001.

图二、图三　叶祎祎　制图

图四　周星悦　制图

图五　袁晓莉　摄影

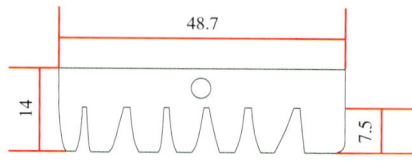

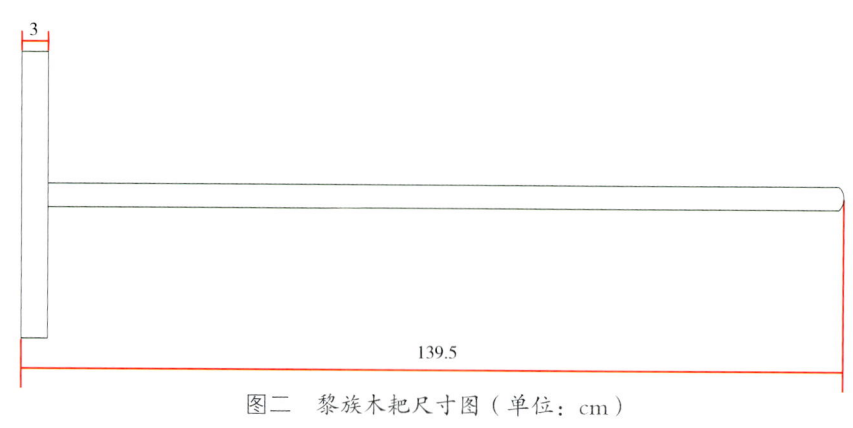

图二　黎族木耙尺寸图（单位：cm）

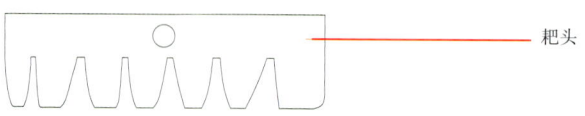

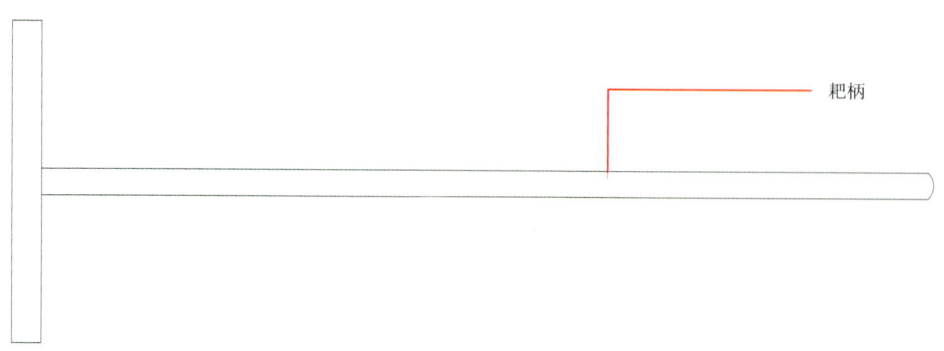

图三　黎族木耙结构名称图

图四 黎族木耙使用情境图

图五 黎族木耙延展图

黎族木钩镰

图一 黎族木钩镰主图

木钩镰，是比手捻刀高效很多的收割工具。在汉族人民的影响下，黎族人逐渐学会成把收割的方式。木钩镰作为有力提高收割效率的农具，比之前的手捻刀一根一根地割穗，实在是一个伟大进步。另外，刀刃的尺寸也转变为使用较大尺寸，这已经是个不小的进步。木钩镰由三部分组成，分别是木柄、倒钩和镰刃。在割稻或茅草时，右手握住木柄，用木钩将稻束或茅草收拢，左手便将其抓住，然后木钩镰翻转过来，再以镰刃将其割下。

制作木钩镰时，先砍一根带钩的硬木；把主干修整为长约38厘米、直径3厘米左右的木柄，使其适宜手握；再将树杈修整成长约20厘米、直径在2厘米左右的倒钩，并把倒钩的头部削尖；最后在木柄侧面的中间位置，凿出一条缝隙，将一片长约20厘米、宽约2厘米、带有一定弧度的镰刃镶嵌进去，这样，木钩镰即制作完毕。从功能来讲，木钩镰具有非常实用的进步意义，并且一器两用，既可收拢稻穗，又能方便收割，但因它的主体是木架，所以后来被铁镰替代。

由手捻刀到钩镰的使用，最显著的变化是从刀耕火种进入稻作农业，黎族由以前的运用石、木生产工具转变到先进的铁器，使社会的生产力得以大幅度提高。汉族人为黎族人带来了先进的生产力和生产工具，并通过贸易使其获得了他们缺乏的物资以及各种技术，推动了黎族社会的发展，并对黎族文化产生了越来越多的影响。尤其在明清时期，大多数黎族地区已进入封建制社会，黎汉的交流也日益频繁，使黎族的造物设计出现了前所未有的转折。

图片来源

图一　袁晓莉　摄影
图二　袁晓莉　制图
图三　张飞　制图
图四　陈翔宇　制图

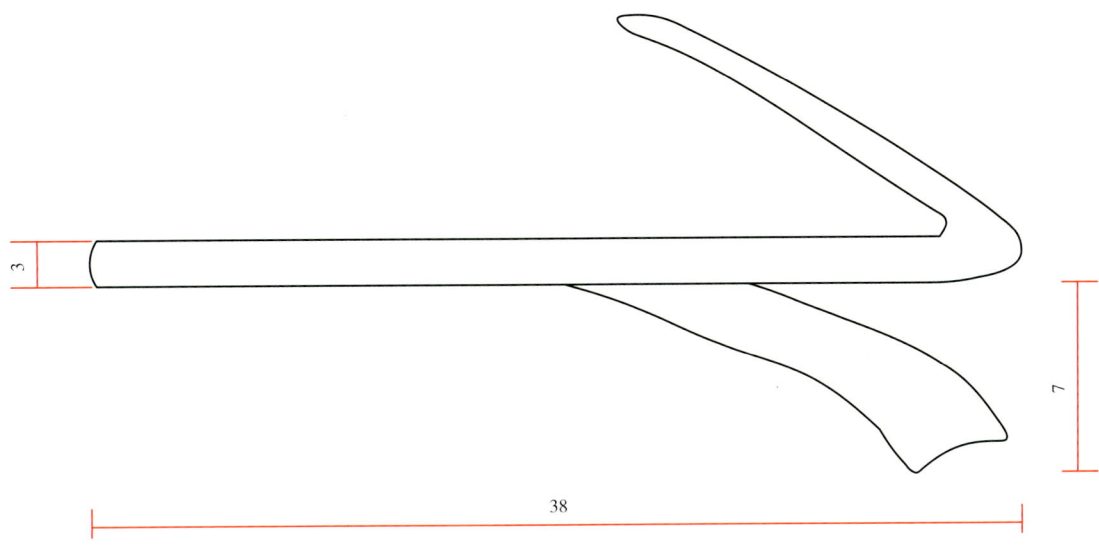

图二　黎族木钩镰尺寸图（单位：cm）

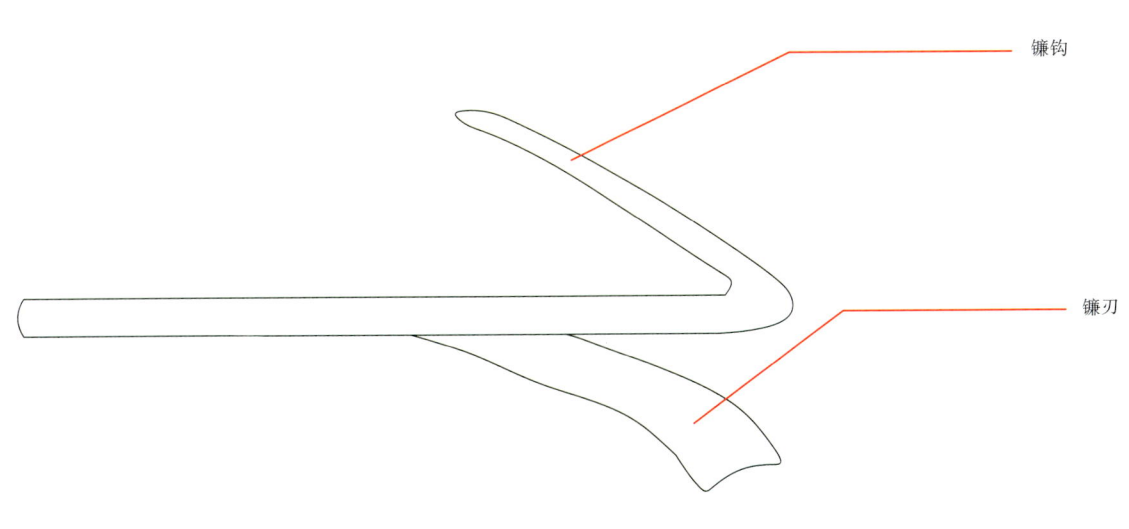

图三　黎族木钩镰结构名称图

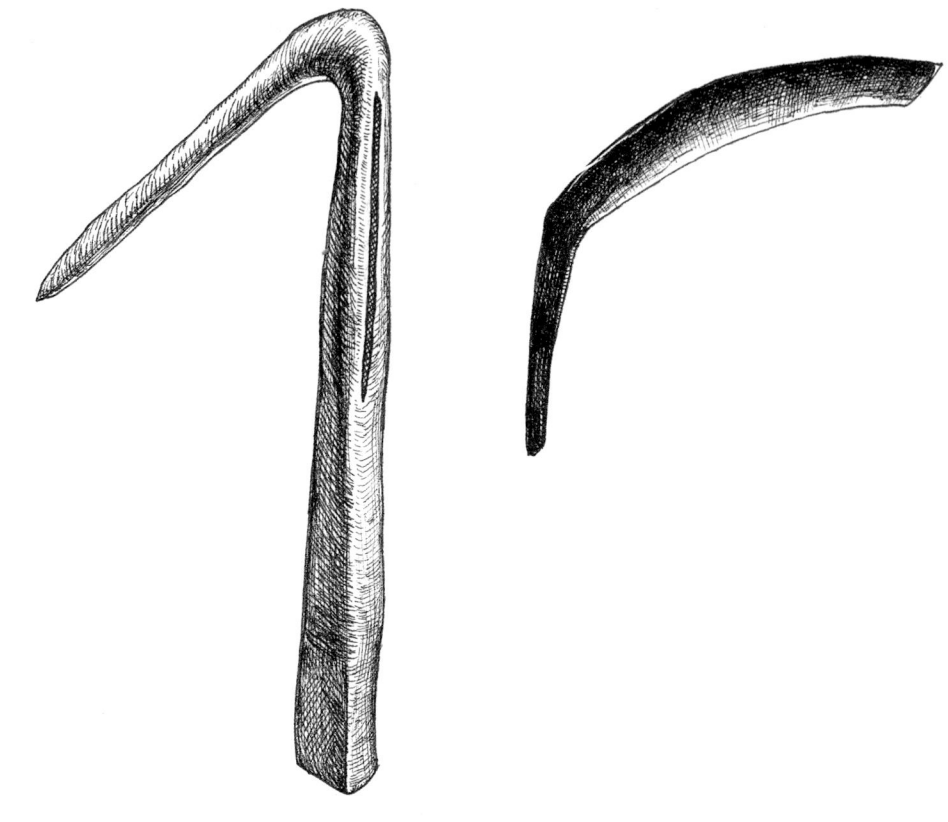

图四　黎族木钩镰解析图

黎族手捻刀

图一　黎族手捻刀主图

手捻刀又称摘刀、手镰。主体是一个长5～6厘米的木制或骨制半圆、梯形盘，前端中部镶嵌一块铁片做刃口，后端安有一段长约10厘米的竹竿，与盘作垂直结合，作为握手的柄。使用时将捻刀横握在手，大拇指顶住后端的竹竿。捻稻时，将稻秆放在四指与刀片间，紧握捻刀，稻穗即被割下。以前割穗是长条骨刀，用牛骨制作，一边磨出刃，随着铁器传入，黎族人将废弃的农用铁具做成刀片，与竹、木结合起来，割穗的效率有所提高。也有牛角捻刀，是将铁片镶嵌在牛角中，更为耐用。这些手捻刀的设计源于用手指直接摘穗的古老方法，即一根一根地割下稻谷。所以它们不仅体现了黎族特有的割穗方式，也体现了在农具不足的情况下人类尽可能地运用现有材料进行技术改革以适应生存需要。

手捻刀是黎族保存下来的原始劳动工具之一，在古文献中这种工具被称为"铚"，《说文解字》记载："铚，获禾短镰也。"《释名·释用器》也载："铚，获禾铁也，铚铚，断禾穗之声也。"

9、10月份是山栏稻成熟和收获的季节，也是黎族最为喜悦和最为重视的季节。在收割山栏稻之前，先由亩头选择吉日。日子选定之后，亩头夫妇要去河里洗澡并换上新装。亩头独自去割两把山栏稻回来，一把留在谷仓，一把舂成米煮饭。在收割的当天，妇女全部身着盛装上山。由亩头妻子带头，然后其他妇女才用手捻刀收割山栏稻。

妇女除了负责把山栏穗割下来，还要将其捆成5公斤左右的小把，放在地边。因为割山栏稻只割稻穗头，而且是一根一根地割，所以效率很低，一个妇女一小时只能收5把穗。妇女在割山栏稻时男性在田边聊天休息，等到一天完工之后，先由亩头用扁担挑两担回家，其他家男子才来挑，女性则空手回家。由此也可以看出，黎族男女的分工是非常明确的。

图片来源
图一、图七　李华权　摄影
图二　叶祎祎　制图
图三　张飞　制图
图四　陈翔宇　制图
图五　魏保良　制图
图六　袁晓莉　摄影

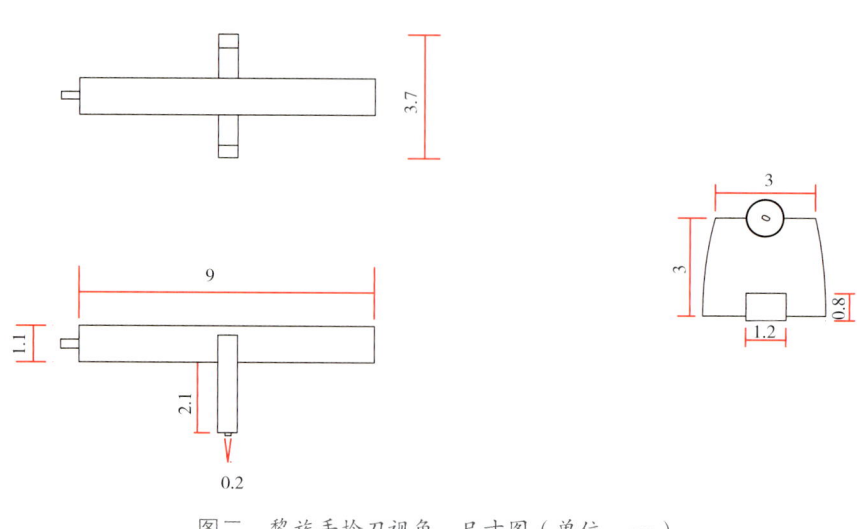

图二　黎族手捻刀视角、尺寸图（单位：cm）

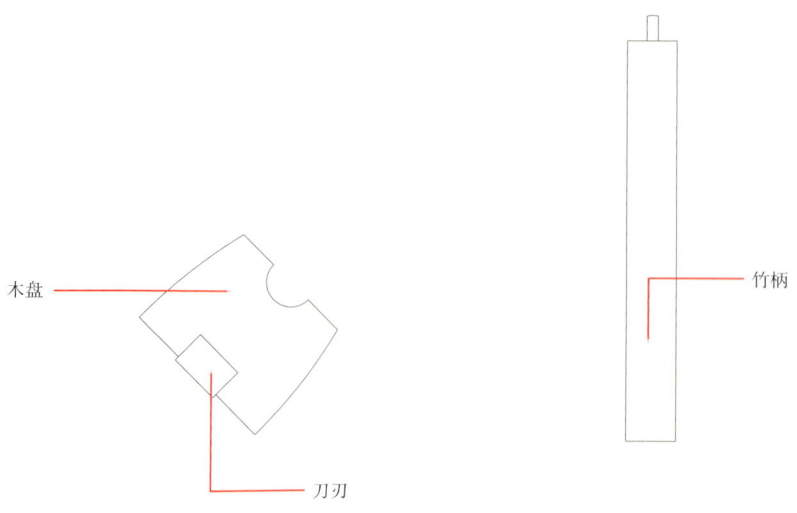

图三　黎族手捻刀结构名称图

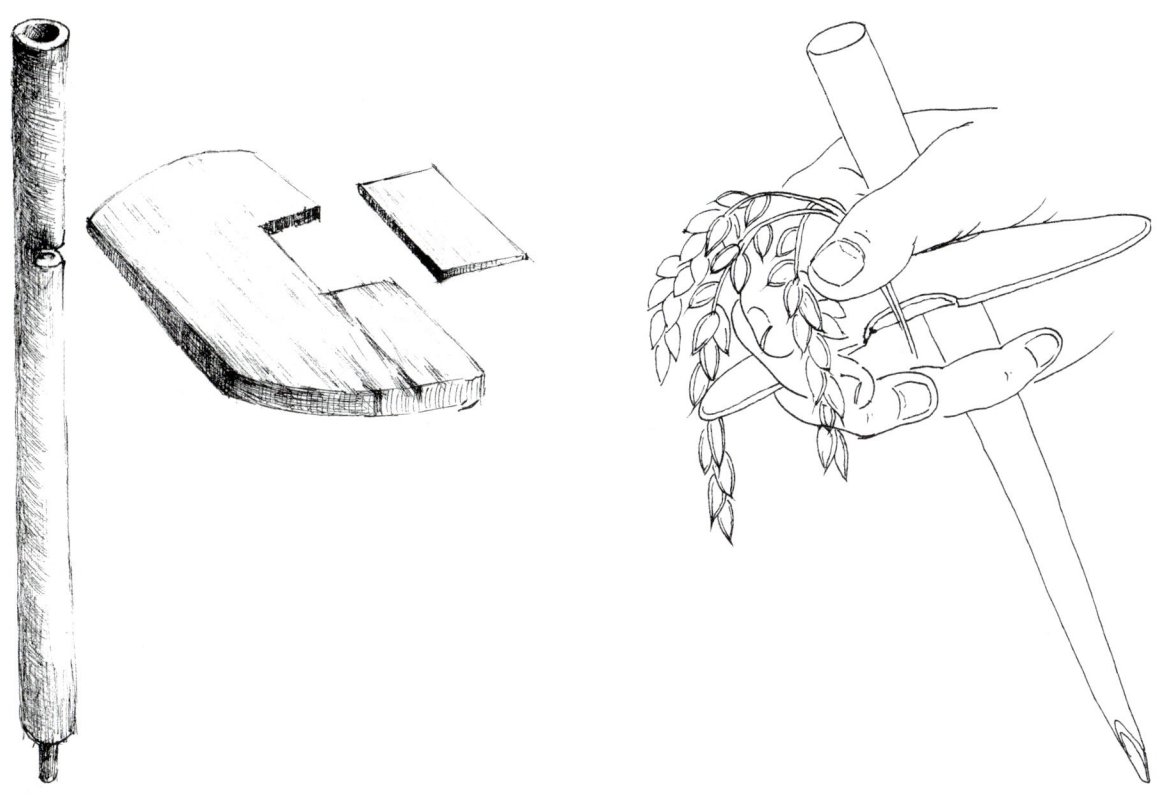

图四　黎族手捻刀解析图　　　　图五　黎族手捻刀操作示意图

图六　延展图：黎族牛角捻刀

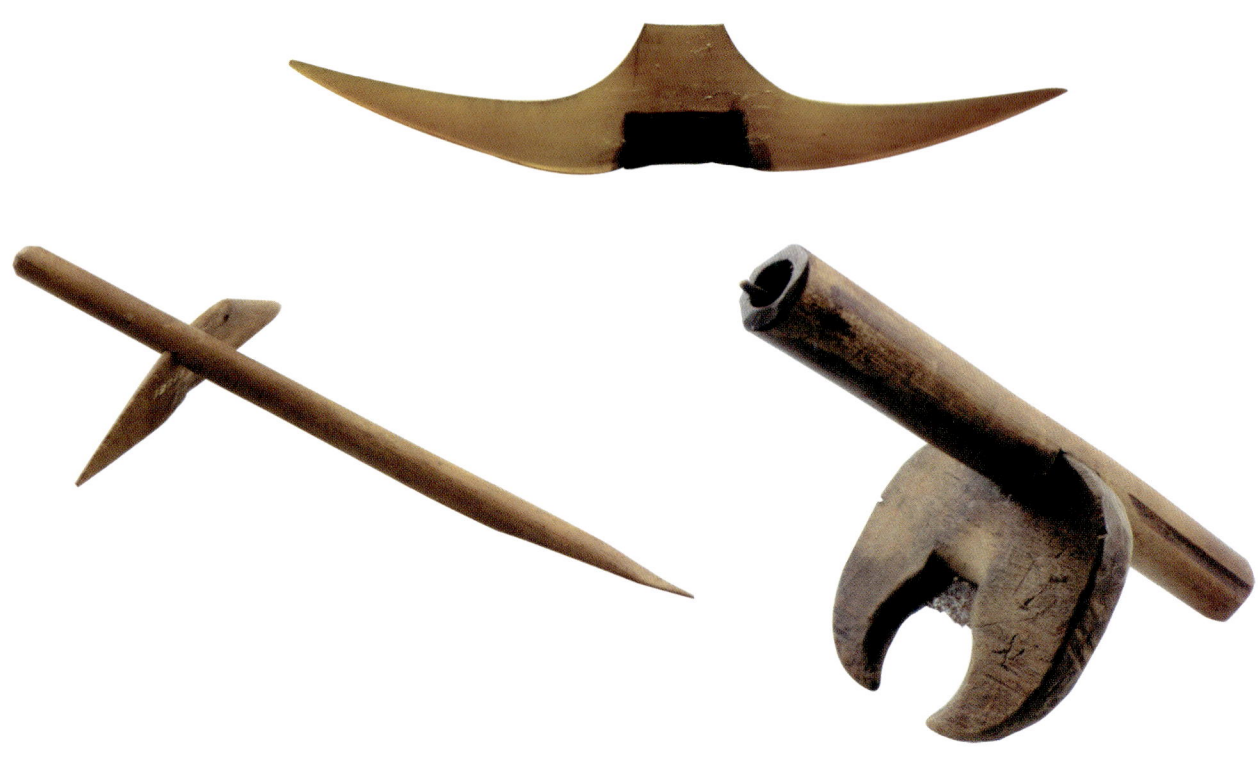

图七　延展图：黎族手捻刀的其他形制

黎族戳穴棒

图一　黎族戳穴棒主图

波克洛夫斯基在其著作《世界原始社会史》中写道："最初的木器是棍棒，它同时应用于打击、投掷和掘土。"同样，木棒也是黎族最早的木器，以挖掘土中的植物根茎或以渔猎的镖枪、长矛形式出现。随着黎族原始农业刀耕火种的产生，一头或两头尖的木棒被直接用作山栏稻谷（一种旱稻）的点种，人们称这样的木棒为戳穴棒。

戳穴棒一直是黎族原始农业的标志性工具，长度在160厘米左右，圆柱形，直径约4厘米，由硬木制成，有一定的分量。出于实用的需要，有些戳穴棒的两头都被加工成尖状，以便一头钝了之后换另外一头。其中尖头的加工技术，是以石器刮削、在粗石上磨制。一般来说，对一片山地先进行砍树火烧，大雨之后，便是山栏稻的点种时间。播种时，男子手拿戳穴棒，一边戳穴，一边后退。妇女接着在穴里点放种子，一个穴里一般放五六粒种子，并用前面穴里刨出的土盖住点了种子的穴，依次点种直至点完整块地。点播结束后，人们要在山栏地的周围插上稻秆和破布扎成的草人，这草人除了具有吓鸟兽的功能之外，黎族人还赋予它精神的力量，认为它是"山鬼"化身，因为"山鬼"能抵御野兽的侵袭。

随着铁器传入黎区，为了使戳穴棒耐用，在尖头上安装了铁头。而随着功能的分化，这种棍棒独木器发展出了各种形态，比如，它既是点种工具又是扁担，并且随着功能的需要，两头的形制也越来越多样。有的在头部或加上挂钩，或留洞穿眼，或带槽卡绳，总之负重不同，形式不一，既可以挑山栏稻又可以挑水、酒等各种物件。

图片来源

图一　袁晓莉　摄影
图二　叶祎祎　制图
图三　陈翔宇　制图
图四、图五　胡亚玲　摄影

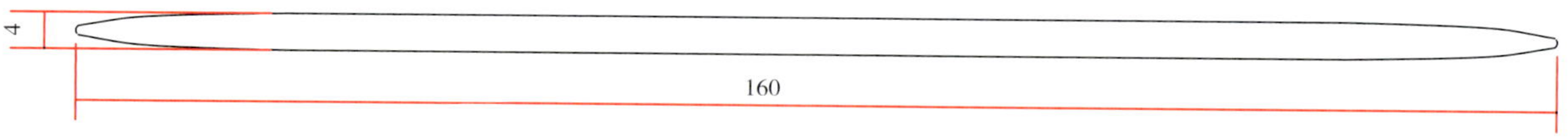

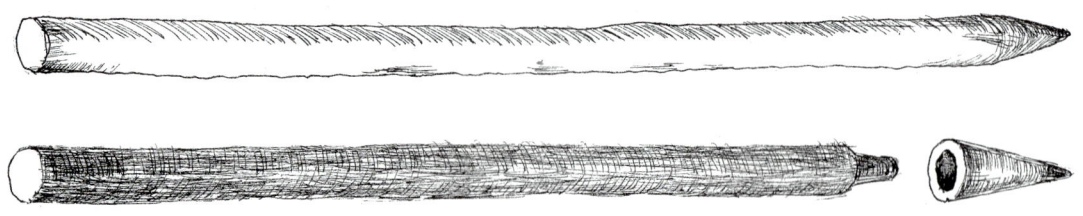

图二　黎族戳穴棒尺寸图（单位：cm）

图三　黎族戳穴棒解析图

图四　戳穴点种

图五　刀耕火种的山栏稻

第五章　黎族传统生产工具

黎族竹磨

图一　黎族竹磨主图

竹磨，又俗称竹砻，是黎族人用来碾磨稻谷，去其皮壳的一种传统加工工具。本案例采选自海南省民族博物馆收藏的黎族传统竹磨，由竹磨、推杆、磨盆、磨桌等部分组成。

竹磨的整体形制为圆形，主体结构主要由上下两组黄泥磨盘外套竹编外壳组成，竹编外壳与黄泥磨盘黏合成一体，内嵌竹片磨牙。下部磨盘为固定磨盘，正中固定一根木制磨中心轴。上部磨盘为中空的转动磨盘，套上磨中心轴，口部为漏斗形进米口，方便谷物倒入。中部通过横向贯通的木制磨杆，磨杆正中被磨中心轴穿过，防止上磨盘在转动时偏离中心轴，磨杆两端均有方形插口，可用来穿插木制推杆，推杆呈L形，较长的一端连接木制把手。上部磨盘的底部和下部磨盘的顶部牢牢嵌入排列整齐的竹条磨齿。一个竹磨要用数百根打磨成同样厚度的由长到短均匀递减的竹条沿中轴旋转排列，竹条盘旋必须分布均匀。磨盆同样为竹编外壳，尺寸大于磨盘，用来承接、收集被磨齿磨过的谷物。竹编磨盆和竹磨都用黄泥固定在木制磨桌上，磨桌在磨盘与磨盆之间有一个梯形出米口，形成一个小漏斗。

使用竹磨时，一人往进米口倒入谷物，

另一人来回推拉把手，旋转推杆推动磨杆旋转，来带动磨盘旋转，进而通过移动上层竹齿摩擦下层竹齿，令谷物沿着磨齿凹凸的纹理向外移动，在移动的过程中被碾磨脱皮，将谷物外壳去除。

黎族人使用的竹磨与其他民族的竹磨既有相同的地方，也存在一定的差异。相同处在于竹磨的工作原理，不同处在于竹磨的形制以及材质的选择。例如黎族竹磨的磨齿使用竹片，而畲族竹磨的磨齿则使用栎木块；黎族竹磨外围有一个巨大的磨盆，其他民族的竹磨则没有；黎族竹磨下部支撑体为木桌，壮族竹磨下部支撑体则为毛竹结构；除此之外不同民族竹磨竹编外壳的编织肌理也略有区别。

黎族地区有丰富的竹藤资源，竹子在村前屋后、山上地边到处都有种植，制造竹磨使用的竹材和泥土成本低廉，加工方便，因此在过去较为落后的经济条件下，竹磨是黎族人必不可少的生产工具。

图片来源
图一、图十　鞠斐　摄影
图二至图八　鞠斐　制图
图九　周星悦　制图

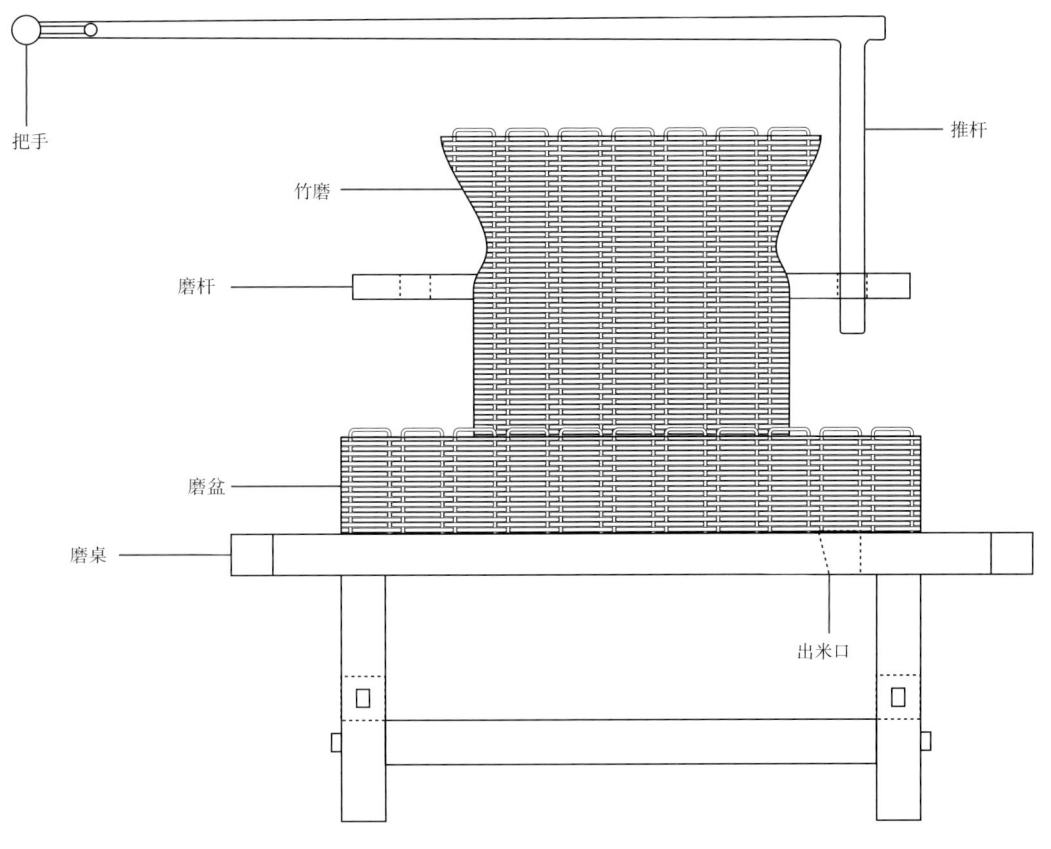

图二　黎族竹磨结构名称图

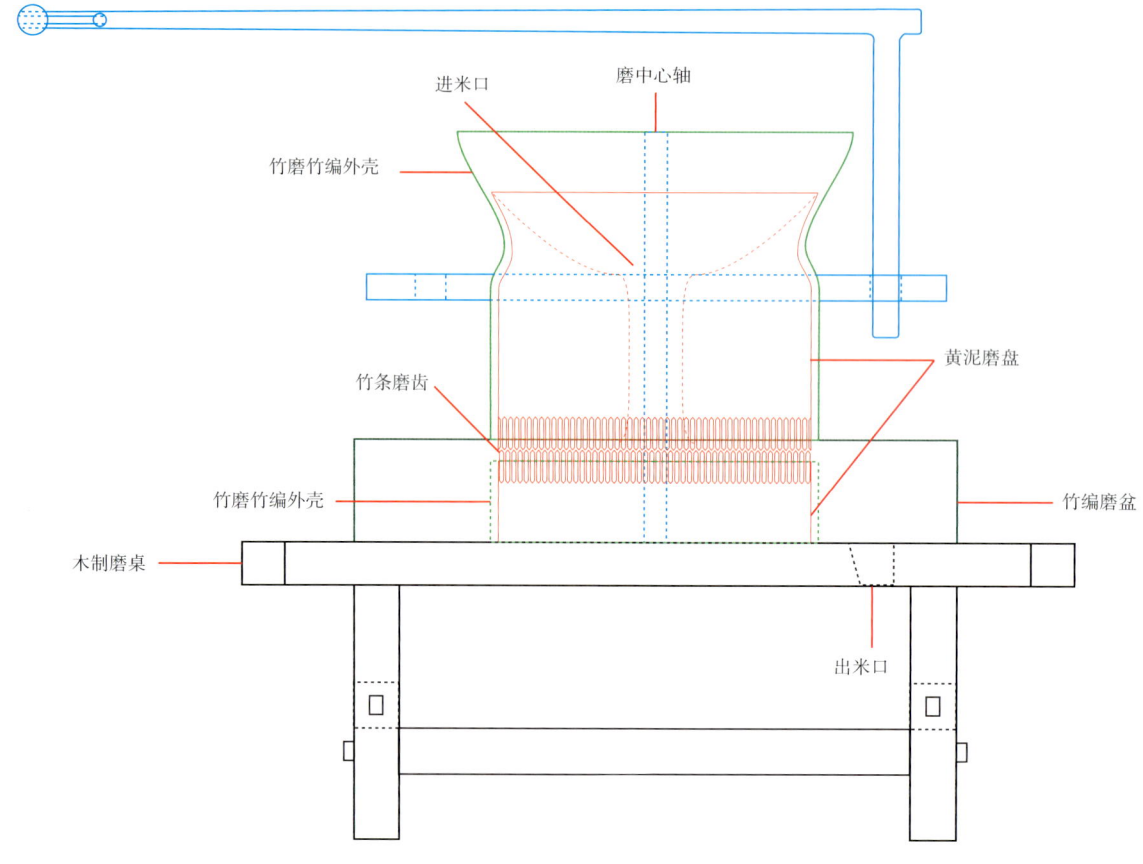

图三 黎族竹磨透视分析图

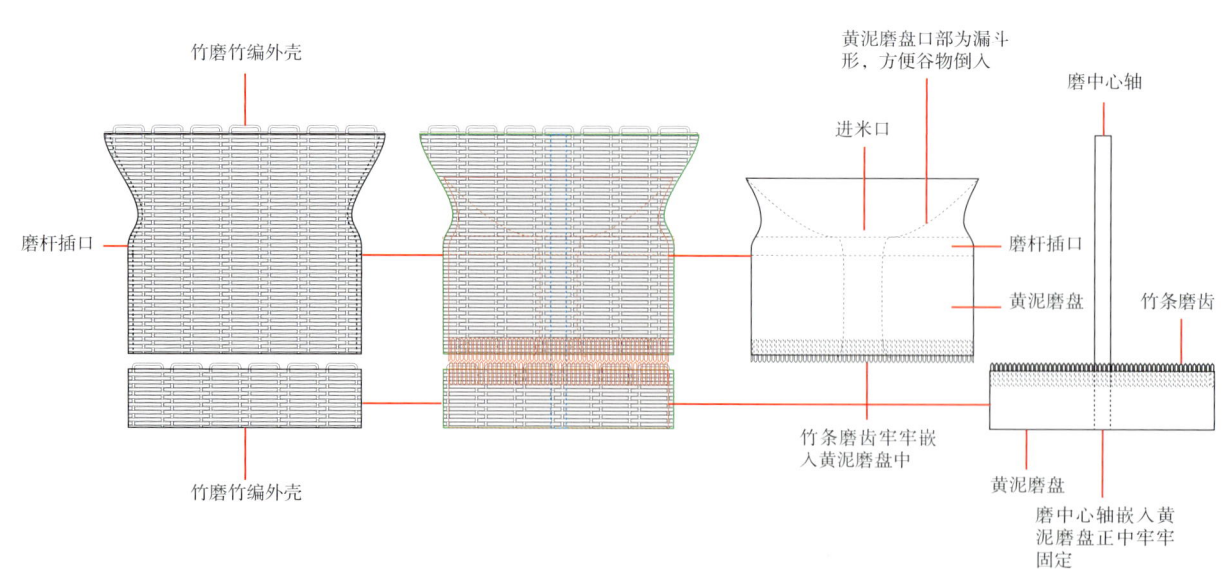

图四 黎族竹磨主体分析图

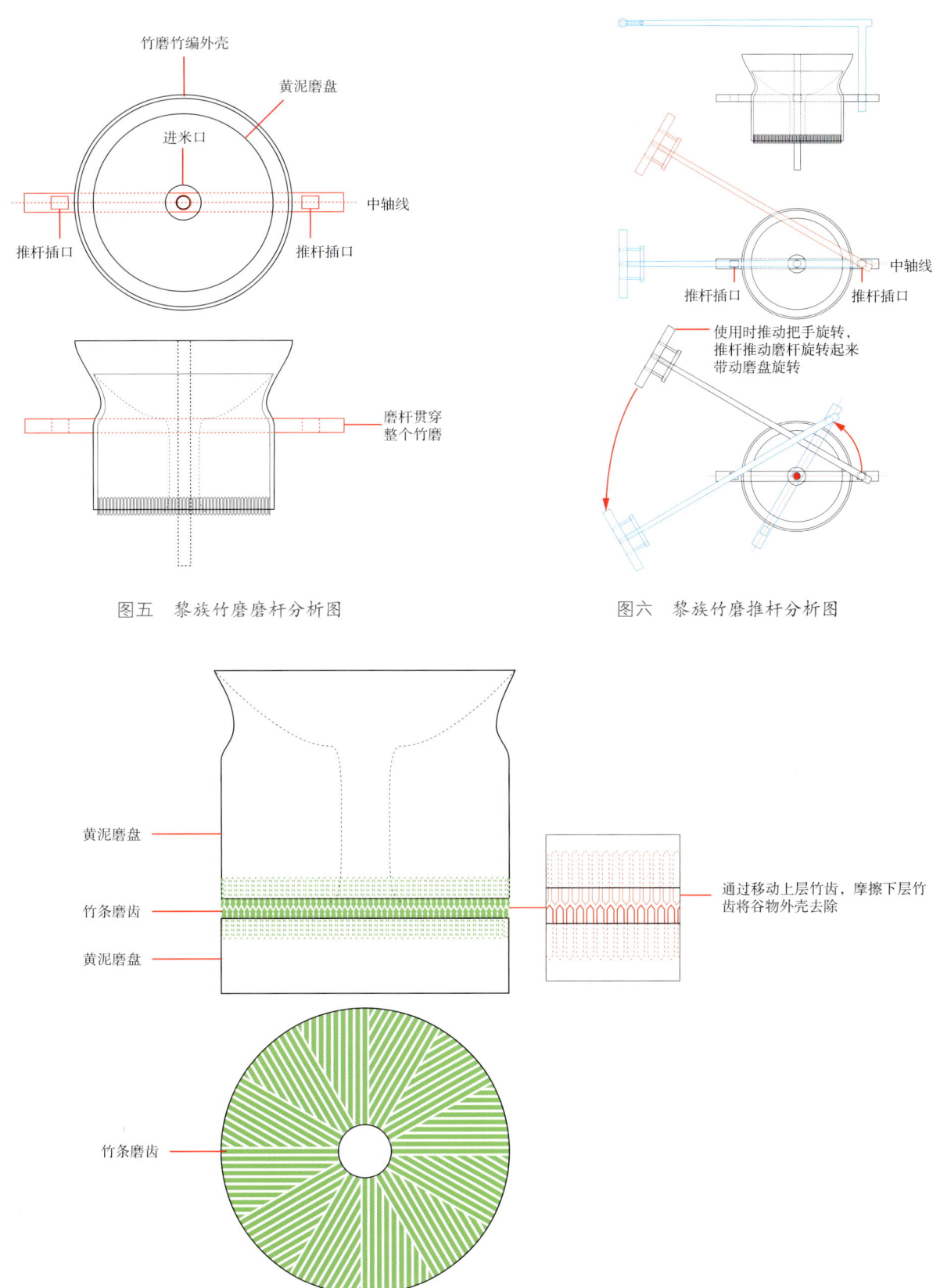

图五 黎族竹磨磨杆分析图

图六 黎族竹磨推杆分析图

图七 黎族竹磨磨齿分析图

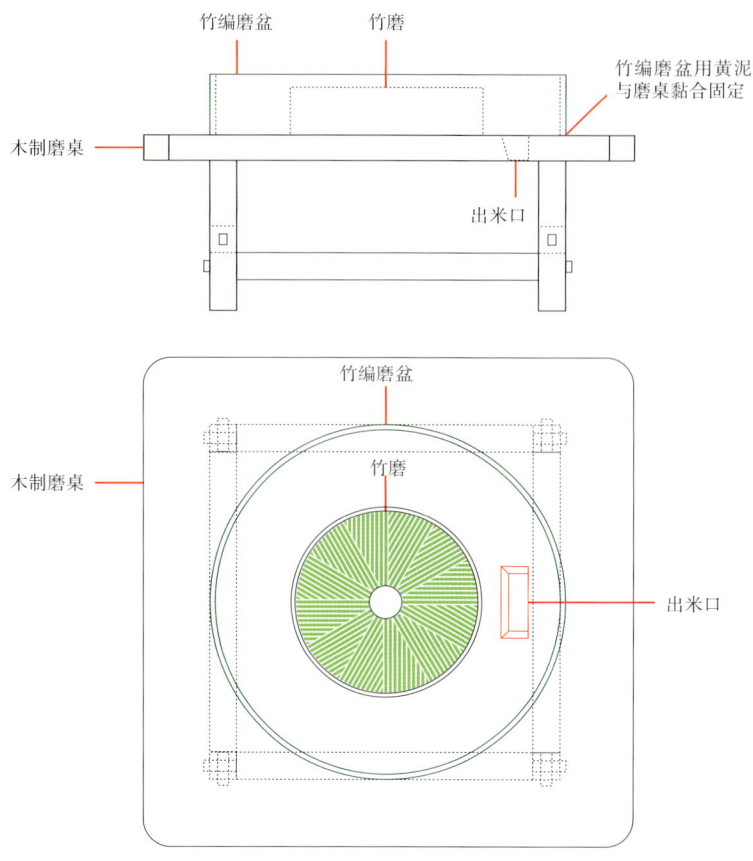

图八　黎族竹磨磨盆、磨桌分析图

图九　黎族竹磨使用情境图

图十　黎族竹磨延展图

黎族竹编米筛

图一 黎族竹编米筛主图

竹编米筛是使用竹篾手工编织而成的一种网状农用生产工具，通常用来筛选五谷杂粮。由于黎族聚居地长期种植山栏稻和水稻，竹筛大多用于筛米，因此黎族的竹筛又称为米筛。

黎族传统竹编米筛大小不一，直径40到50厘米不等，深3～5厘米。米筛的加工工艺通常分为七个步骤：选材、破篾、织筛、弓圈、组合、加篾和修整。

黎族聚居地周边有丰富的竹类资源，编织竹筛时，首先要选择3年以上竹龄的毛竹为材料，用破篾刀按竹纹剖开小口，并按照宽细不同的规格将毛竹削成竹篾。织筛时要将竹篾按所需的尺寸规格编织成筛网：米筛底部通常以两种宽细不同的竹篾编织成，中间用细竹篾以挑一压一的编织技艺编织而成。竹篾之间形成比米略小的方孔，用来筛漏米中的沙砾，四周加上宽竹篾，以挑三压三或挑一压一的编织技艺进行编织，筛网编织完成后，要将筛网和筛圈组合在一起。首先要将毛竹剖成较宽的竹片，再将竹片按米筛所需大小规格弓成筛圈，将筛网的口沿箍紧，最后用白藤条将筛圈和筛网扎紧固定。组合完成之后为了令筛网更加牢固耐用，要在底部加入较粗的竹篾，在加篾的过程中将加入的竹篾编织成六边形的蜂窝状，再将竹篾的两端塞入筛圈和筛网之间进行固定。最后用锐刀将多出筛圈之外的竹篾修整干净，使竹筛更加圆滑美观。

黎族传统手工编织的竹筛既精致又结实，是黎族人在长期的生产劳动中形成并传承的一种独特的手工竹编技艺，体现了黎族人精湛的传统竹编技艺。

图片来源
图一　鞠斐　摄影
图二至图四　鞠斐　制图
图五、图六　周星悦　制图

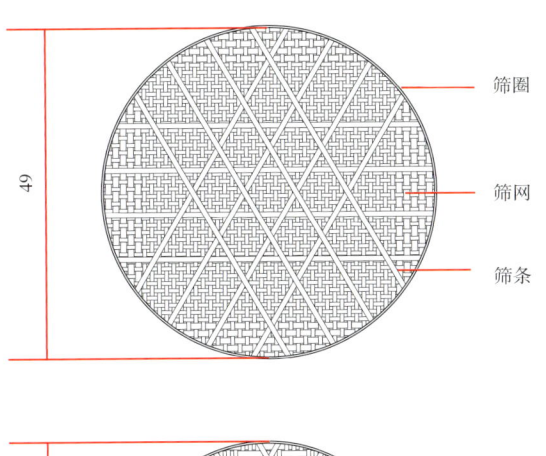

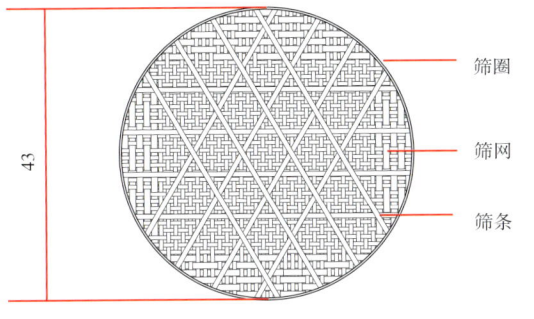

图二　黎族竹编米筛结构名称、尺寸图（单位：cm）

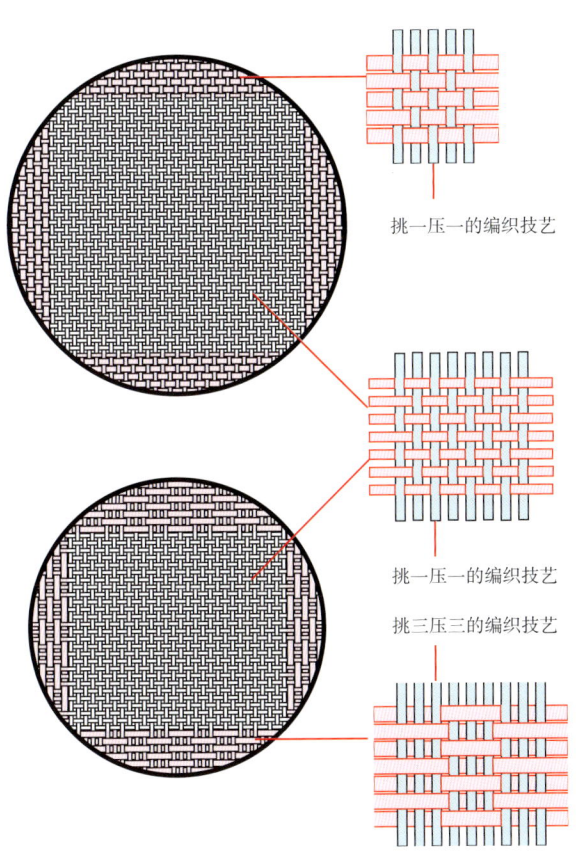

图三　黎族竹编米筛编织工艺分析图

第五章　黎族传统生产工具

563

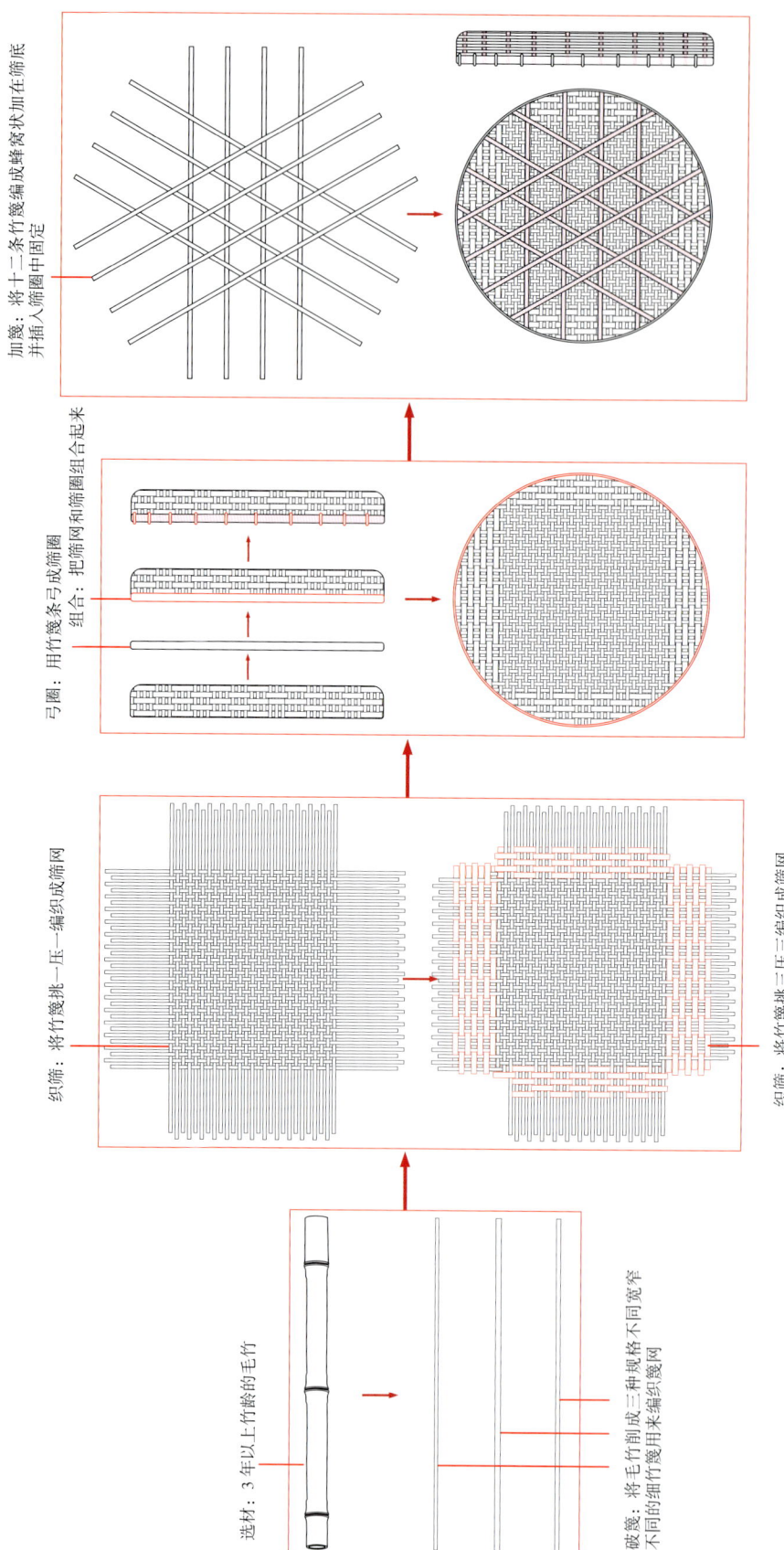

图四 黎族竹编米筛制作流程图

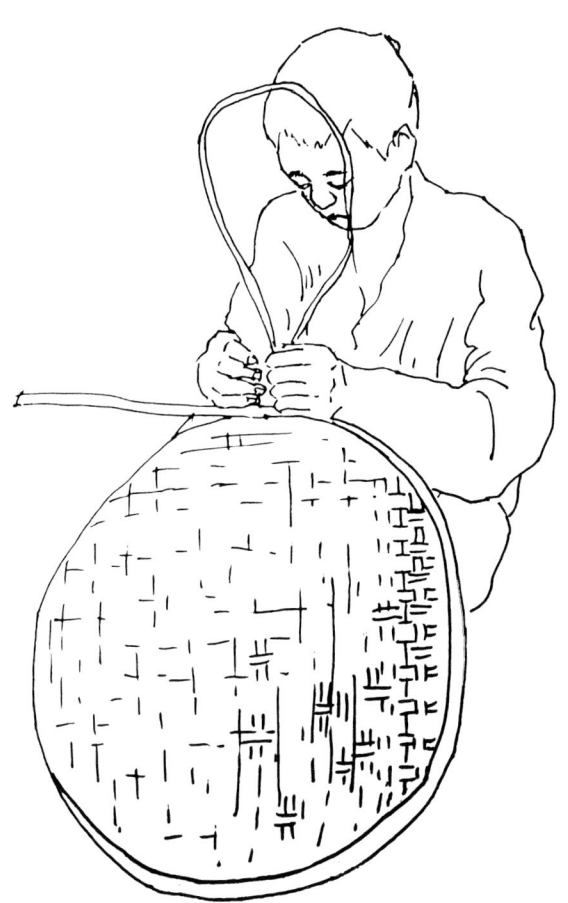

图五 黎族竹编米筛编织情境图

图六 黎族竹编米筛使用情境图

第五章 黎族传统生产工具

黎族玉米脱粒器

图一　黎族玉米脱粒器主图

玉米脱粒器是黎族农业发展到一定水平出现的生产工具，它的发明提高了玉米脱粒的效率，也减少了玉米对人手的损伤。此工具是黎族造物中具有特色的一类器物，设计巧妙，制作简单。只需利用坚硬的木料做成有一定高度的木楔，然后有序地排列在木板上，木板的宽度与弧度非常适合于手握与玉米的脱粒。

玉米脱粒器的具体制作需要以下几个步骤：首先，砍取一块长约40厘米、宽7厘米左右的木板；其次，将木板削斫成厚3厘米的弧形，或是在直木板的中间削进去一块梯形凹槽，抑或是在直板中间的两侧加厚，这些圆弧、凹槽、加厚的形制，都是为了在使用脱粒器的过程中防止最受力的中间部分断开；再次，在木板的中间位置大致钻三排孔，每排4～5孔，孔径约0.6厘米，排与排间隔均匀；最后，削12～15根木楔打入孔里，直径同样在0.6厘米，木楔竖直凸起于木板约1.5厘米。在使用时，人们左手持脱粒器，右手拿着玉米在木楔上来回搓动，玉米粒便脱落下来。

在过去，传统的脱粒器为独木制成，脱粒的木楔与手握的木板是一体的整块制作，但每根木楔的刳挖必须极为小心细致，所以后来采用了汉族木器的拼接法打楔。无论是独木的还是拼接的制作方式，玉米脱粒器的发明，无疑是黎族人利用摩擦力学进行的成功设计，它有效地提高了生产与生活的效率，代表着黎族人民的智慧。

图片来源
图一　袁晓莉　摄影
图二　张宣乐　制图
图三　张飞　制图
图四　陈翔宇　制图
图五　王学萍.黎族传统文化.北京：新华出版社，2001.

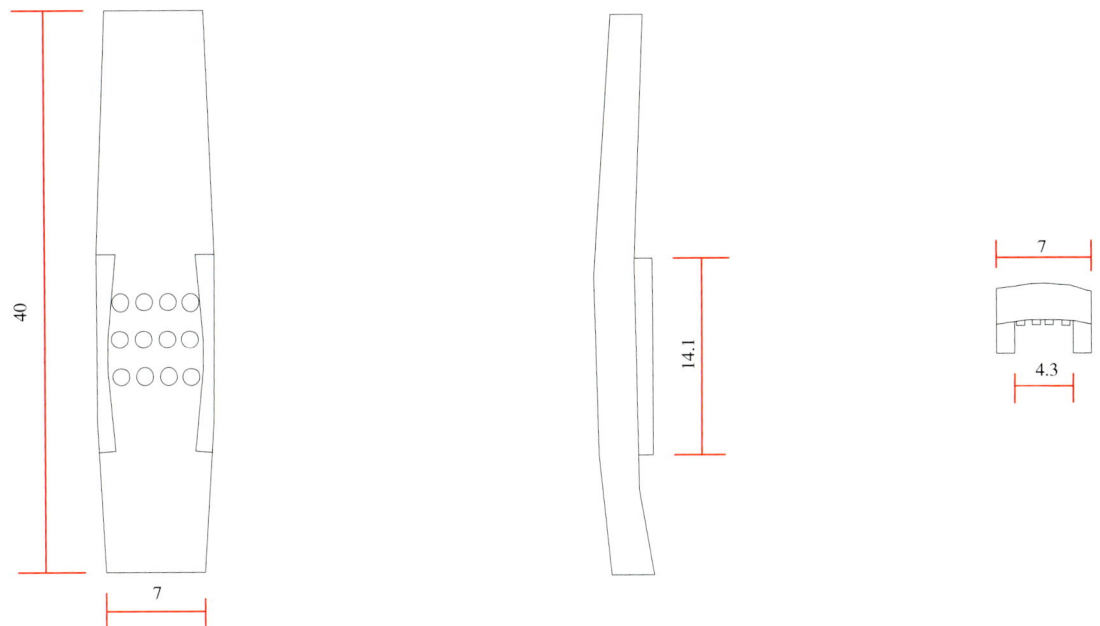

图二 黎族玉米脱粒器尺寸图（单位：cm）

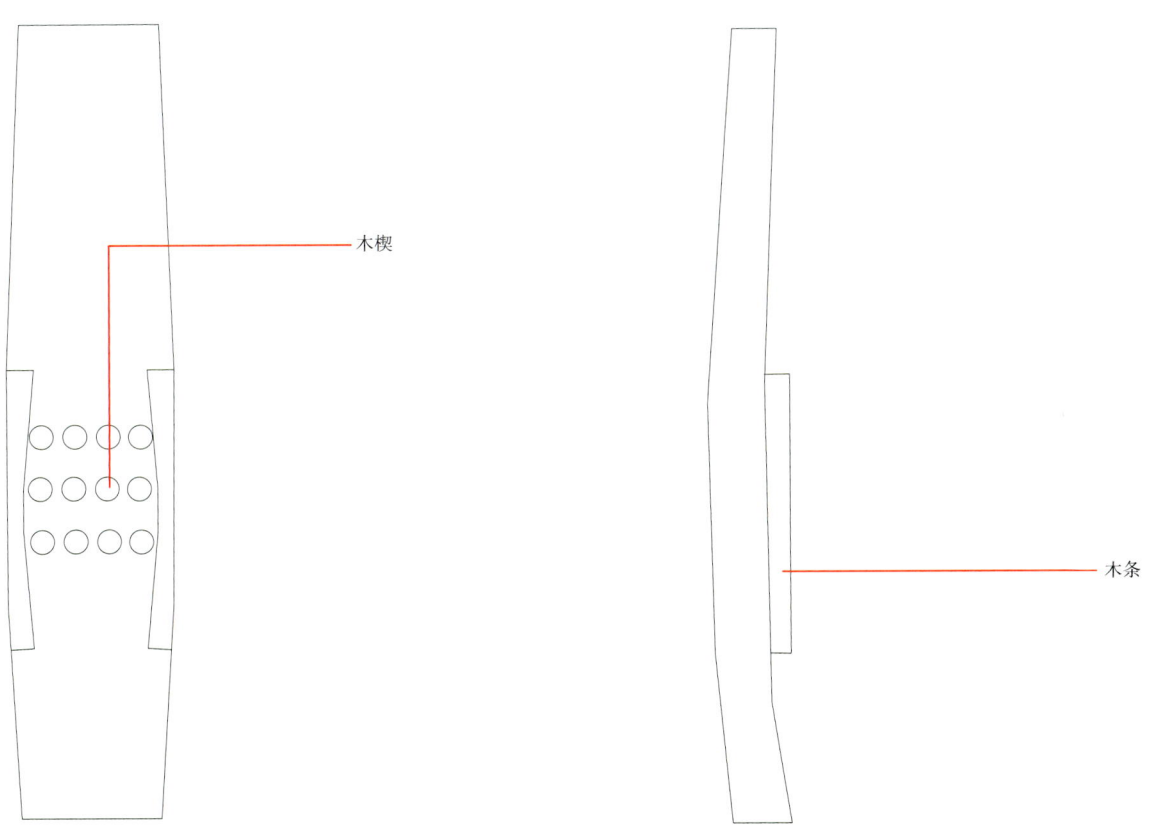

图三 黎族玉米脱粒器结构名称图

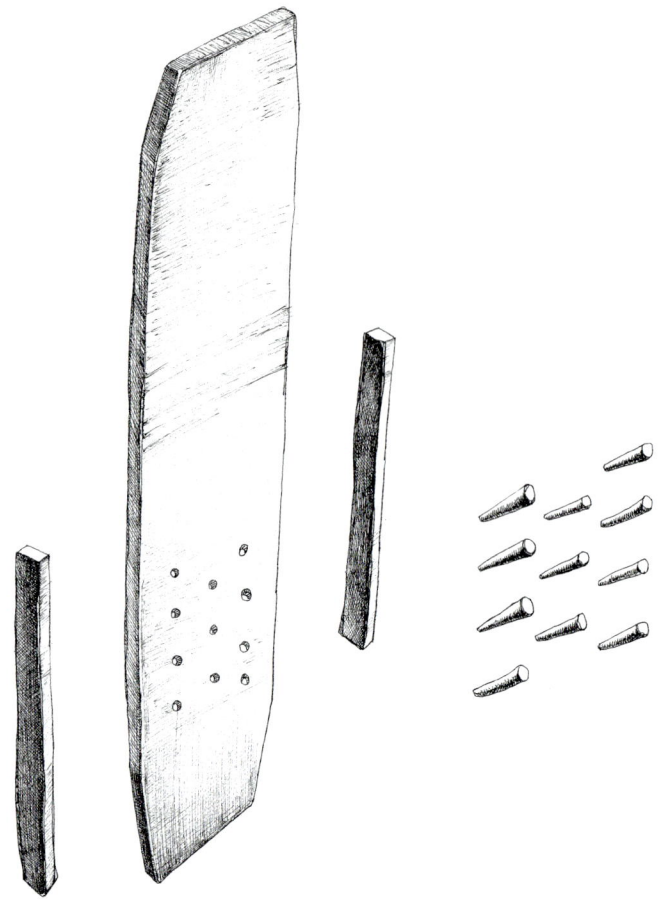

图四 黎族玉米脱粒器解析图

图五 延展图：独木玉米脱粒器

黎族独木猪食槽

图一　黎族独木猪食槽主图1

黎族猪食槽是黎族房前屋后常见的饲猪器具，通常由独木制成，民国年间有记载："黎人木工，未离太古之状态，不知榫合缝方法，通常用具，除粗劣之台凳外，皆以木刻成。如……饲猪之兜，洗面之盆。"其中饲猪之兜指的便是黎族传统猪食槽。本案例猪食槽采选自海南省保亭县甘什村，是典型的黎族传统独木猪食槽的样式。

本案例选取了两种样式的独木猪食槽，外形均为长方形，长度大多为一米左右，其中一种为带把单槽食槽，整个食槽底座为长方形，只有一个上宽下窄的梯形凹槽，便于食物从两端投放，一端削出棍状把手便于提拿；另一种猪食槽为三槽食槽，槽身为长方形，上部依次挖有三个方形凹槽，中间有较宽的间隔，便于分别填装食物，没有把手。

黎族传统猪食槽在制作时首先砍伐一段长短适中的圆木，无须打磨。加工带把单槽食槽时，首先将其中一端削制成把手，再将整个圆木上部以炭火慢慢烧腐成长条形凹槽。再用刀、锋利的骨头等刮削工具将凹槽四周刳削成平整的梯形，靠近把手一端坡度较小，另一端坡度较大。加工三槽食槽，需将整个圆木上部以炭火慢慢烧腐成三个大小相同的凹槽，再用刮削工具将凹槽四周刳削成平整的方形。黎族传统猪食槽属于中小型的独木器具，外形粗犷，天然不加修饰，承载了黎族独木文化。

图片来源
图一、图二　鞠斐　摄影
图三至图七　鞠斐　制图

图二　黎族独木猪食槽主图 2

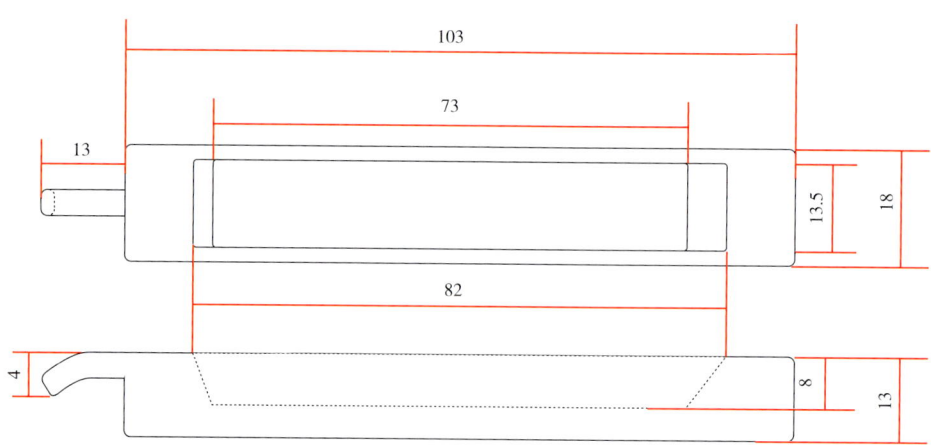

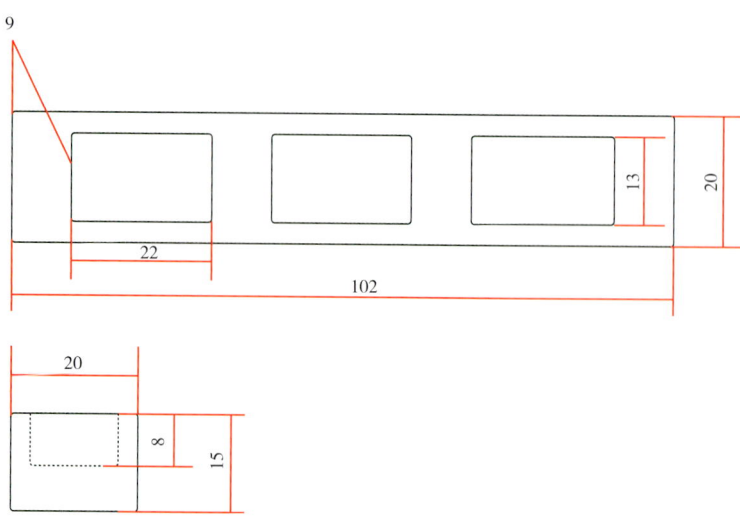

图三　黎族独木猪食槽尺寸图（单位：cm）

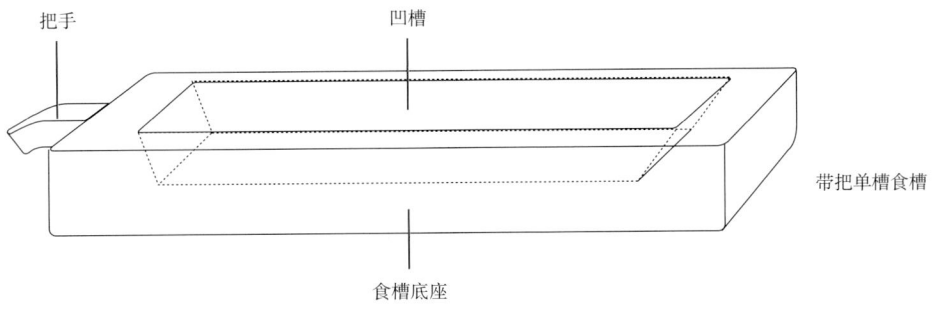
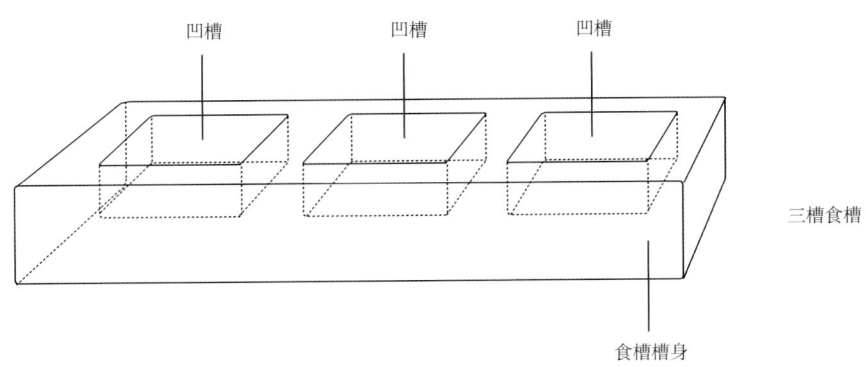

图四　黎族独木猪食槽结构名称图

图五　黎族独木猪食槽使用方式示意图

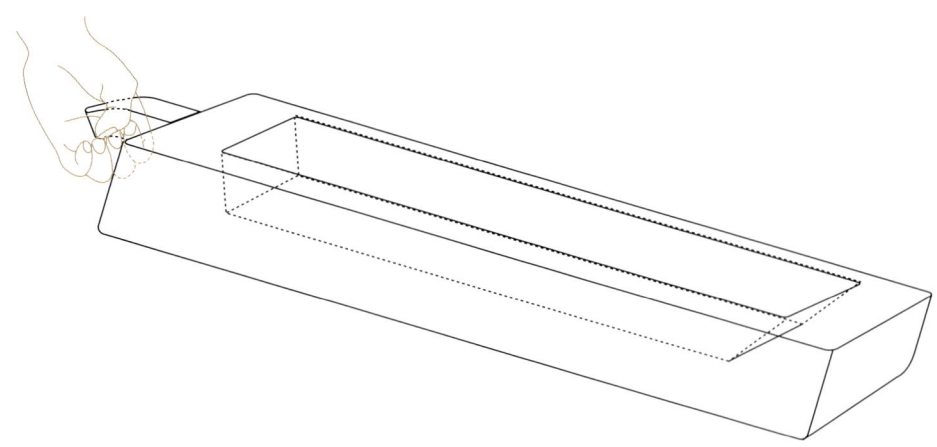

图六　黎族独木猪食槽拿取方式示意图

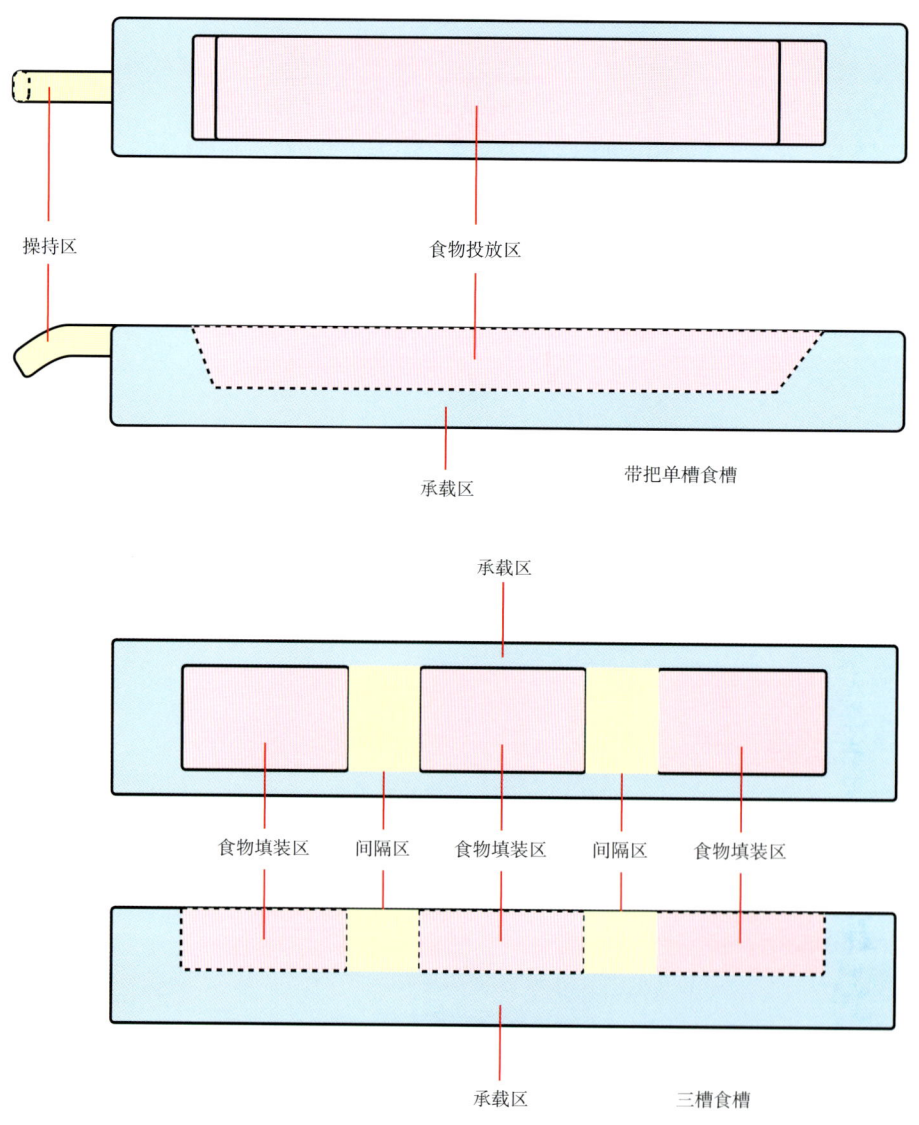

图七　黎族独木猪食槽功能分区示意图

黎族竹编牛嘴笼

图一　黎族竹编牛嘴笼主图

竹编牛嘴笼又被称为"牛嘴套",是黎族人在耕田劳作行为中的传统辅助工具之一,是一种专门给牛佩戴的口罩。本案例采选自海南省民族博物馆,案例源自昌江县石碌镇,是典型的黎族传统竹编牛嘴笼的式样。

本案例主体结构由竹编口笼和挂绳组成,其中竹编口笼整体为半球形,像半颗球体卡在牛下颌和牛鼻梁之间。本案例采用常见的孔洞编织法,直接用宽竹篾编织成六角形孔洞框架。编织时,首先选择长老的毛竹或青竹,将竹竿劈成多根细竹篾条,并将经条与纬条做成薄厚、宽窄相同的规格。然后以斜行交叉,并在每个斜行相交之处横穿纬条1根,形成六角形孔,框架编织完成后,用柔软的竹篾条围绕每一格六边形框架的六条边,令口笼更加牢固。粗编的方法令竹篾之间产生大的空隙,方便牛呼吸,挂绳用来固定口笼。使用时用手拎住挂绳套过牛角,松开挂绳同时口笼向下拉,将口笼套在牛嘴上。在劳作过程中使用,可以防止牛在耕地活动中低头吃草或偷吃粮食、甘薯等作物耽误工作。

黎族传统竹编牛嘴笼的创造体现了黎族人在生产劳动中驾驭牲畜的智慧,给耕牛套上牛嘴笼一方面令牛在耕作劳动中更加专心致志,另一方面在黎族大型的祭祀活动中可以象征牺牲的牛。

图片来源
图一　鞠斐　摄影
图二至图五　鞠斐　制图

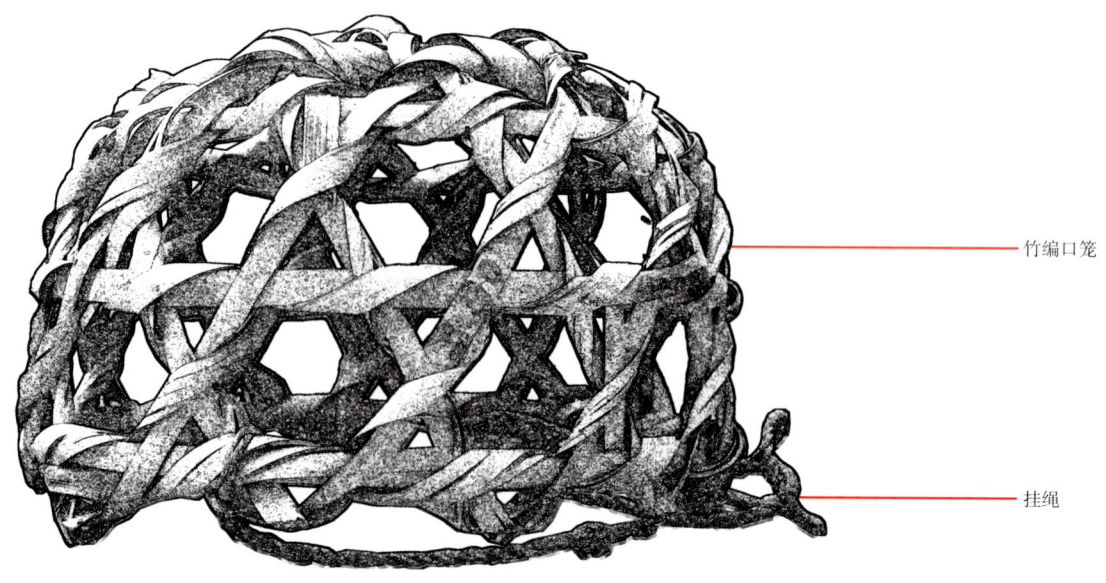

图二 黎族竹编牛嘴笼结构名称图

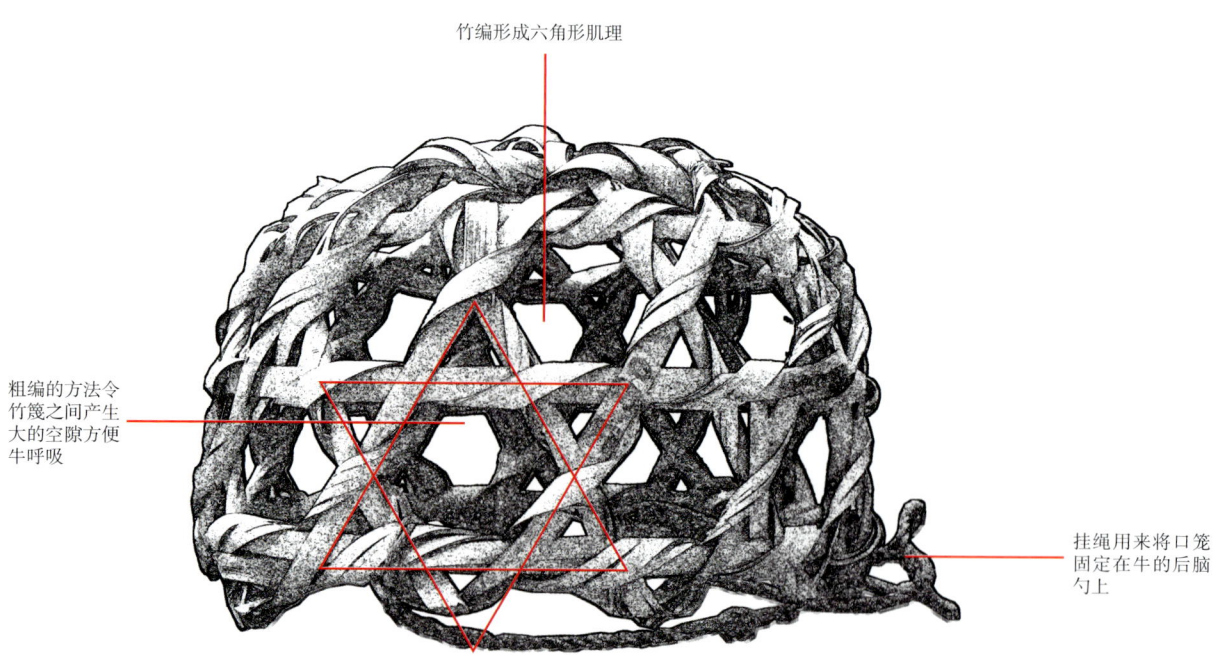

图三 黎族竹编牛嘴笼设计分析图

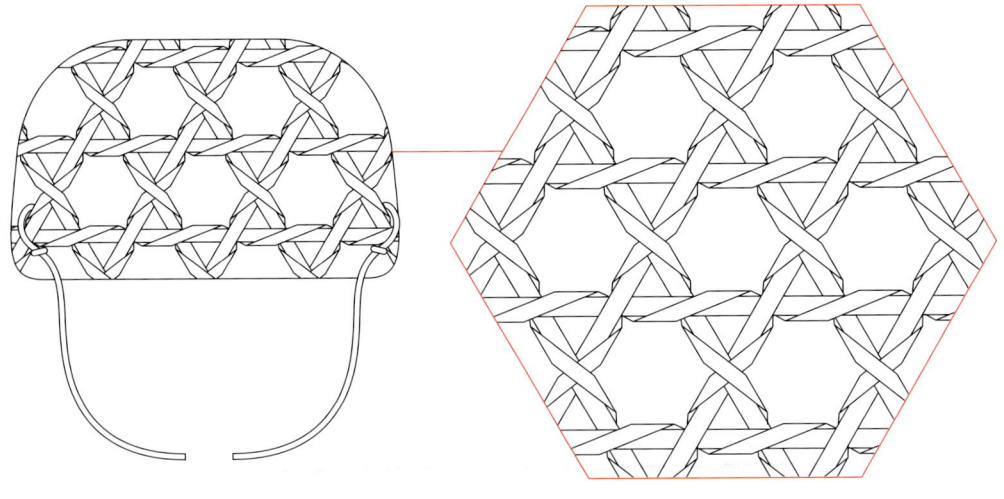

图四 黎族竹编牛嘴笼竹编肌理展开图

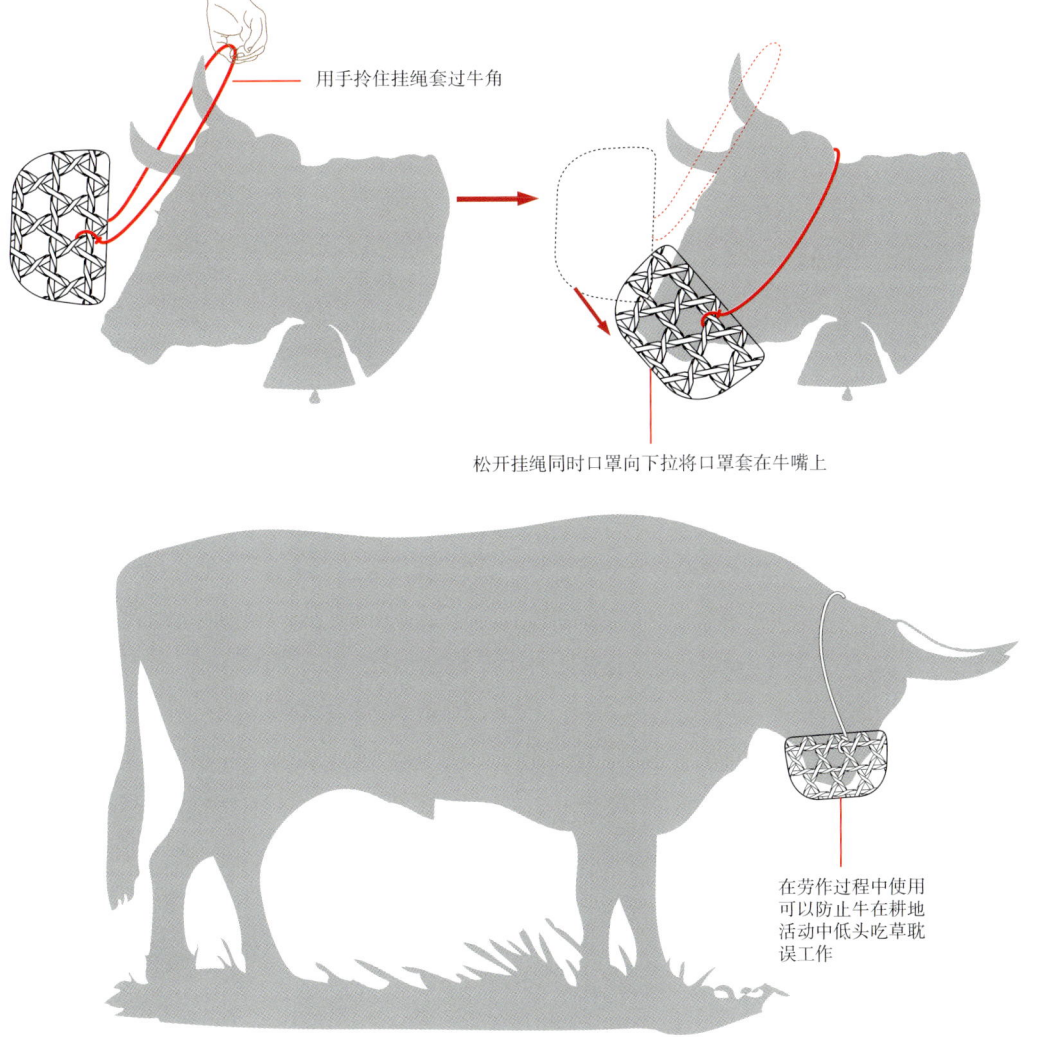

图五 黎族竹编牛嘴笼使用方式示意图

第五章 黎族传统生产工具

黎族竹编鸡罩

图一　黎族竹编鸡罩主图

　　黎族竹编鸡罩是一种上下贯通的竹编器具，被黎族人普遍用来罩养雏鸡。本案例采选自海南省保亭县甘什村，是典型的竹编鸡罩形制。

　　本案例由罩口、罩身和罩底组成，罩口直径约为21厘米，罩身高度约为38厘米，罩底直径约为63厘米，通常一只鸡罩可饲养十余只小鸡。本案例编织时首先采集长老的竹竿作为原料，晒干后劈成较薄的长条竹篾，并将竹篾外表处理光滑后再进行编织。编织时不用搭建框架，直接从罩口开始，先用挑三压三的编织方法编织一行，再转为挑一压一的方法继续编织罩身。罩身通体粗编，形成四边形孔洞肌理，编织下部时，将纬条弯折成横向继续编织，令下部编织纹理变密。罩底扭转经条编结成辫子肌理，最后将外表擦磨光滑即可。用黎族传统竹编方法制成的鸡罩不易变形且防霉防虫，通常一只鸡罩可以使用很多年。

　　本案例外形如同覆碗，口小底大，着地稳定，可以用来防止小鸡扑腾弄翻鸡罩。鸡罩上部开口，方便从罩口向内部喂撒饲料，或在不移开鸡罩的情况下将手从罩口伸入捉放小鸡。由于鸡罩采用竹篾粗编，罩身形成较多的空隙，通风透气且便于观察，底部扭转编结成宽边可以增加重量防止倾倒。使用时可将小鸡罩住，圈养在其中，也可从罩口处单独捉放小鸡，饲料可通过罩口撒入罩内，拿取时用手抬取罩口，不用时通常使用挂钩挂起罩口处的孔洞悬挂在屋檐下。

图片来源
图一　鞠斐　摄影
图二至图六　鞠斐　制图

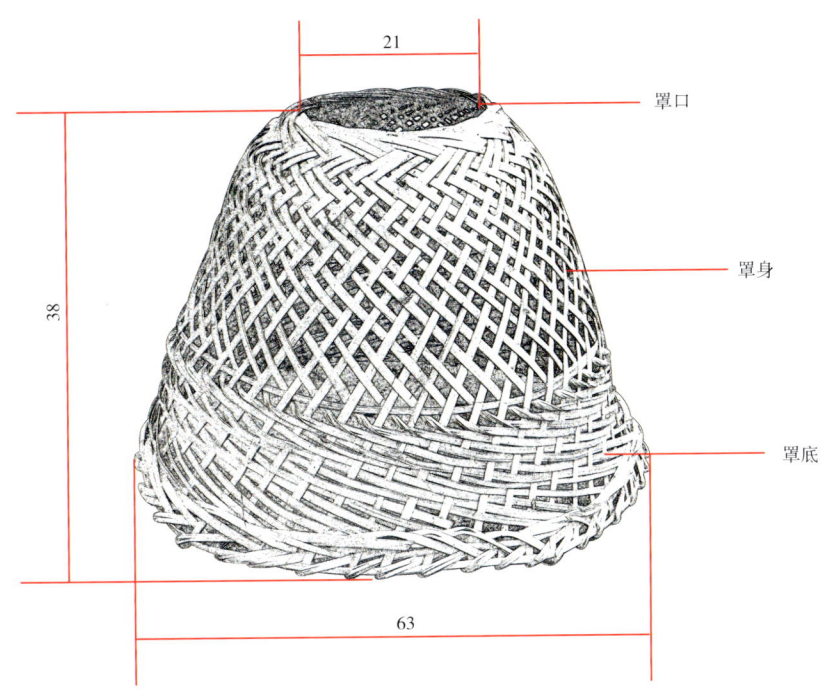

图二　黎族竹编鸡罩结构名称、尺寸图（单位：cm）

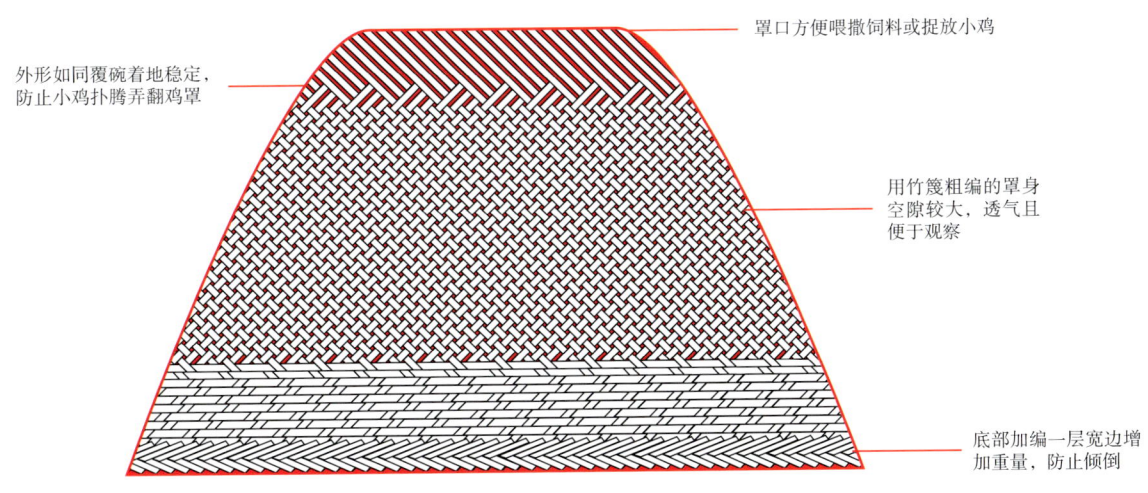

图三　黎族竹编鸡罩设计分析图

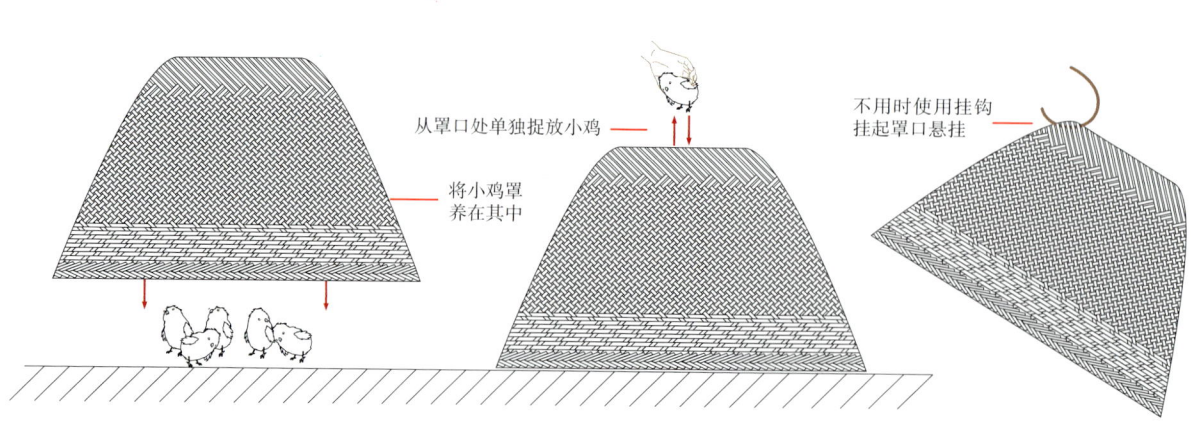

图四　黎族竹编鸡罩使用方式示意图

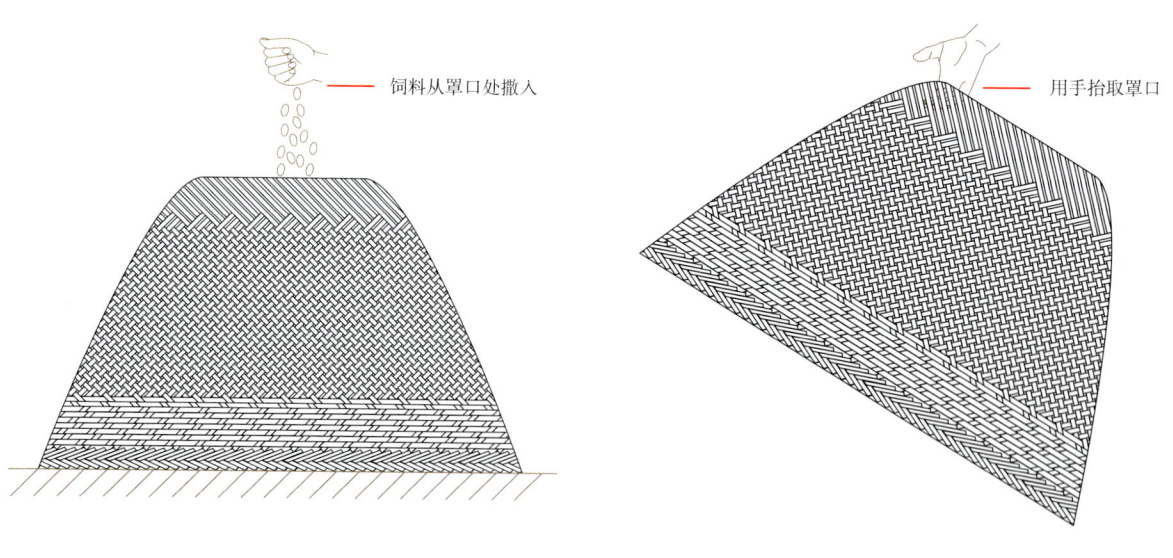

图五　黎族竹编鸡罩饲养方式示意图　　　　　图六　黎族竹编鸡罩拿取方式示意图

黎族手摇轧棉机

图一　黎族手摇轧棉机主图

棉花中有籽，只有去除它们，才能将棉花弹成棉絮，纺成纱线。黎族最初是使用手剥籽，后以铁杖擀籽，现在我们能看到的是用手摇轧棉机和木棒搅动去籽。

采用双手剥籽，这是世人最早使用的脱籽法，效率极低，而且很辛苦。如今在棉花数量较少、黎族妇女们空闲时还用此法，因为它不受时间、地点限制。后来，黎族人用竹筒在葫芦瓢上擀籽，改进了手剥棉籽的方法，直至宋代，又以手指粗细的铁筋来轧碾出棉籽。

而后，黎族人又发明了手摇轧棉机，用半机械化方式进行棉纺织中最费时耗力的工序，使净棉率由原先的人均日产300克一下上升至日产15公斤，效率提高了50倍。

手摇轧棉机是木质榫卯结构，一般由村里熟练的木工制作。底部呈丁字形座，直板长50～80厘米，宽7厘米左右，厚约2厘米，横木长20～30厘米，宽约8厘米，厚3～5厘米，由于直板和横木设计得较宽，所以整个机器有较好的稳定性。在横木的两端各直立一根木柱，平行组成机架，两柱上方有绳索绞绑，目的是使两柱固定牢靠。在横木与绳索之间，安装两根平行而光滑的横木轴，彼此稍有间隙，两轴外端有木齿突出在机架外，呈麻花状咬合，内端稍粗也突出架外，其中一根轴端安装曲柄，方便手摇。

当轧棉时，妇女就把这架木机置于板凳上，坐在木机的直板上，目的是压稳整个架子。用右手摇动曲柄，两轴即向内滚动，左手往其中喂棉，籽被阻落于板凳上，絮则通过两轴缝隙落于筐内。实际上，黎族手摇脱籽棉机的结构非常简单，但是设计得却很巧妙精练。通过一个曲柄的摇动，使木齿咬合带动两轴同时反向转动，形成对纤维的拉力和对棉籽的阻留，从而将棉纤维从棉籽上撕扯下来。这样轧出的棉絮杂质少、短绒率低、纤维整齐，操作也方便。整个脱籽机部件都用上好树木的芯材制作，麻花状木齿是砍一种黎语叫"菜者摩"的树木，这种木料坚硬结实，在咬合的时候，木齿不易被咬碎。

另外，以上讲述的都是黎族草棉脱籽的工艺，而木棉有所不同，人们常用一种木棒在棉筐里搅动去籽。木棉摘回来后，妇女们要先将未开裂吐絮的棉铃放在太阳下暴晒，等它裂开之后，再取出棉絮放入专用的竹筐，然后将搅棉棒放进去，双手搓动棒杆，筐里的棉籽、棉絮即可被分离。

图片来源

图一　袁晓莉　摄影
图二　张飞　制图
图三　叶祎祎　制图
图四、图五　魏保良　制图
图六　周星悦　制图

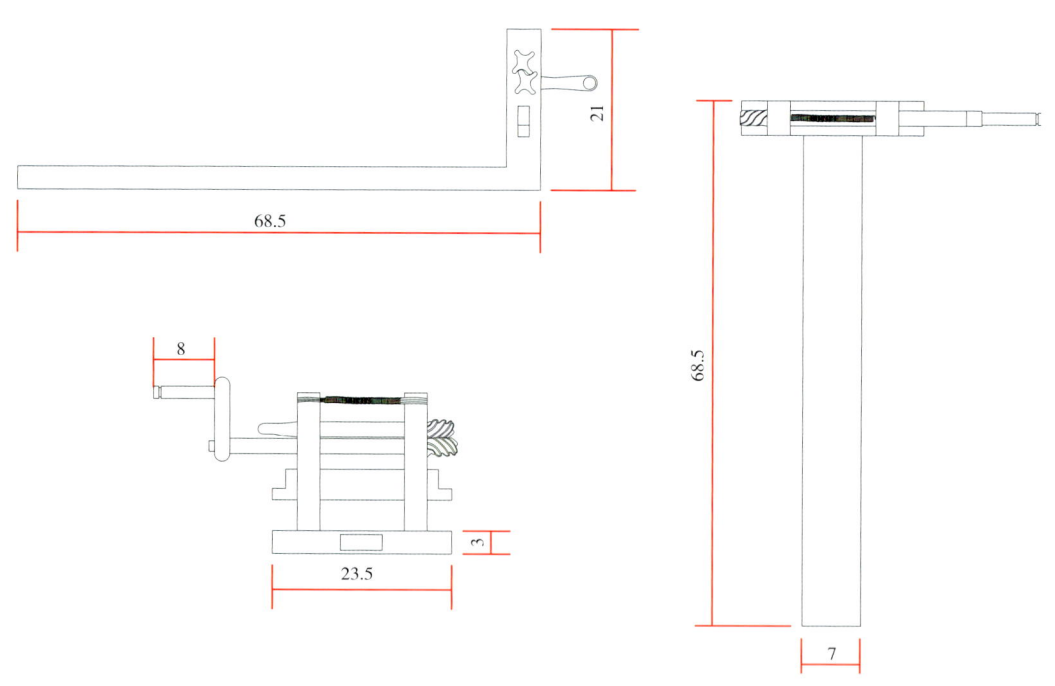

图二　黎族手摇轧棉机尺寸图（单位：cm）

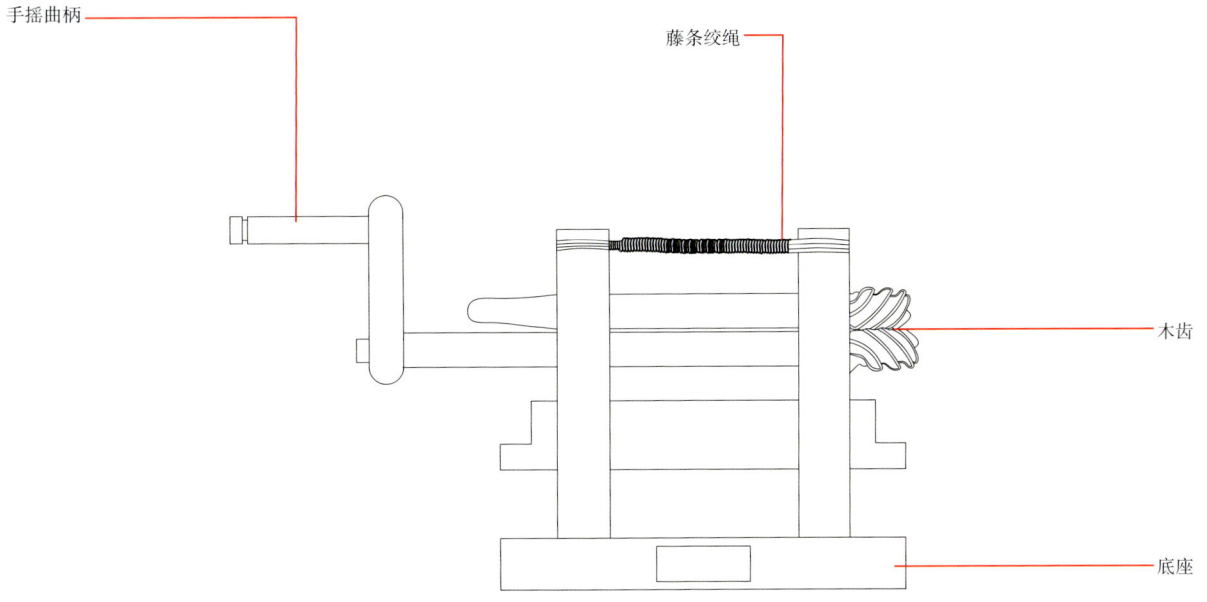

图三　黎族手摇轧棉机结构名称图

图四　黎族手摇轧棉机操作分析图　　　图五　黎族手摇轧棉机延展图：草棉脱籽

第五章　黎族传统生产工具

图六 黎族手摇轧棉机使用情境图

黎族弹棉弓

图一　黎族弹棉弓主图1

　　黎族人通常使用弹棉弓来将脱籽后的棉花弹得更加松软，其整体构造与黎族的弓造型基本相同，是黎族人纺织生产中不可缺少的生产工具之一。本案例采选的两张弹棉弓分别来自五指山市番茅村的黎族妇女正在使用的竹质弹棉弓和海南省博物馆收藏的来自东方市江边乡的木质弹棉弓，都是典型的黎族传统弹棉弓的造型和材质。

　　本案例的整体结构较为简单，由弓身和弓弦组成，其中番茅村的弹棉弓制作较为简单，由一整条削磨光滑的长竹片作为弓身，扁而宽，两头削尖，并在尖头处刻下凹槽用来捆缚弓弦。弓弦用质地坚韧的草茎制成，由于竹片弹力较大，操作时并不费力，轻轻拉动弓弦，便嗡嗡声不绝于耳。东方市江边乡的弹棉弓制作较为复杂，弓身由完整的独木条砍削制成，两头细中部宽，中上部特地砍削出把柄的形状便于操控，两端同样刻出凹槽用来系缚弓弦，由于木质弓身弹性较小，因此操作时拉动弓弦产生的幅度有限，与竹质弓身相比略为生硬。

　　黎族传统弹棉弓的操作原理十分简单，利用弓弦中部作为最佳施力点，通过向外拉动来产生张力，再松开弓弦令弓弦回弹，如此反复拉动弓弦来产生弹力，令原本质地紧密的棉花变得蓬松。使用时一手握住把柄或直接握住弓身中部，一手拿取一把棉花，用棉花包裹住弓弦，同时捏住弓弦中部，不断向外拉动弓弦令弓弦回弹来将棉花弹松，弹松的棉花掉落进预先准备的棉筐。由于黎族传统弹棉弓制作简单，操作方便，至今从事黎族传统织棉生产的妇女仍在使用。

图片来源
图一、图二、图八　鞠斐　摄影
图三至图七　鞠斐　制图

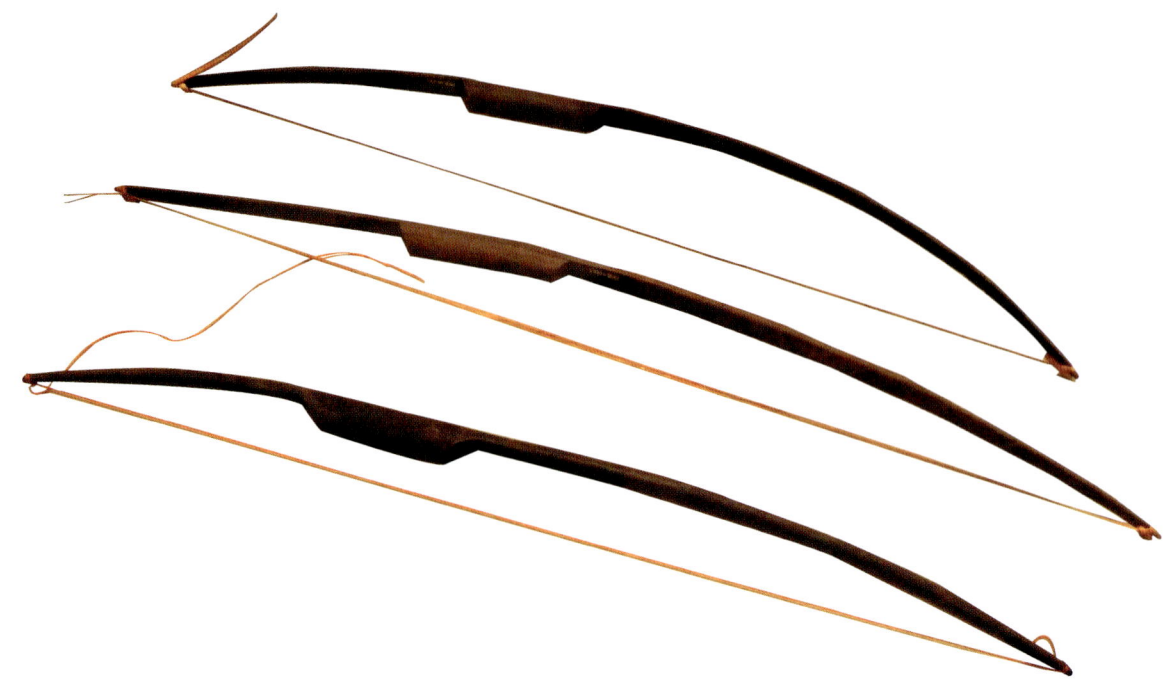

图二　黎族弹棉弓主图 2

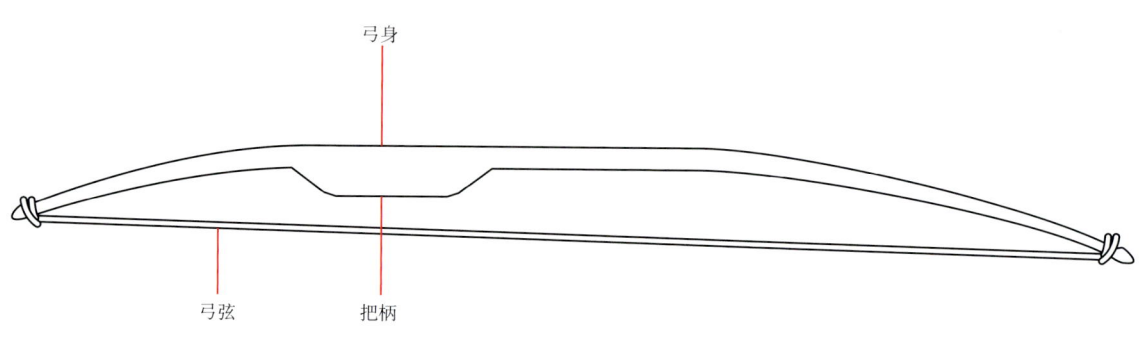

东方市江边乡黎族弹棉弓

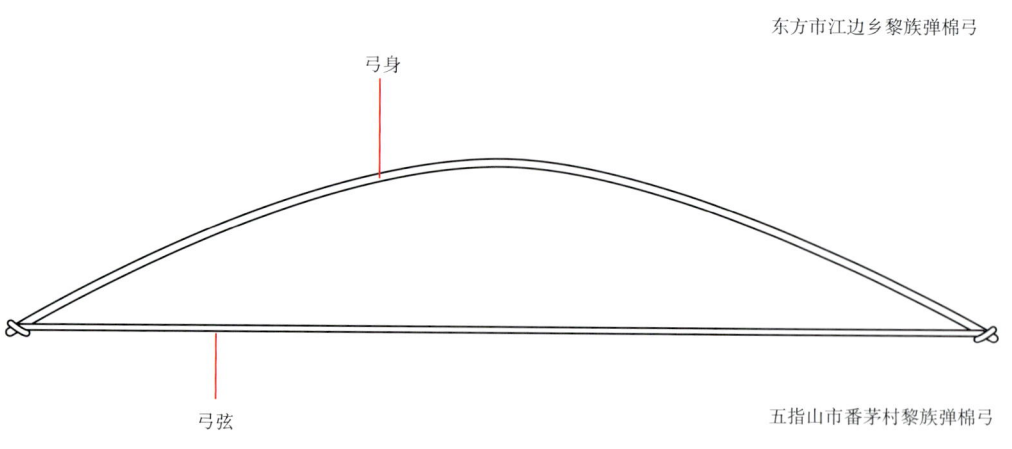

五指山市番茅村黎族弹棉弓

图三　黎族弹棉弓结构名称图

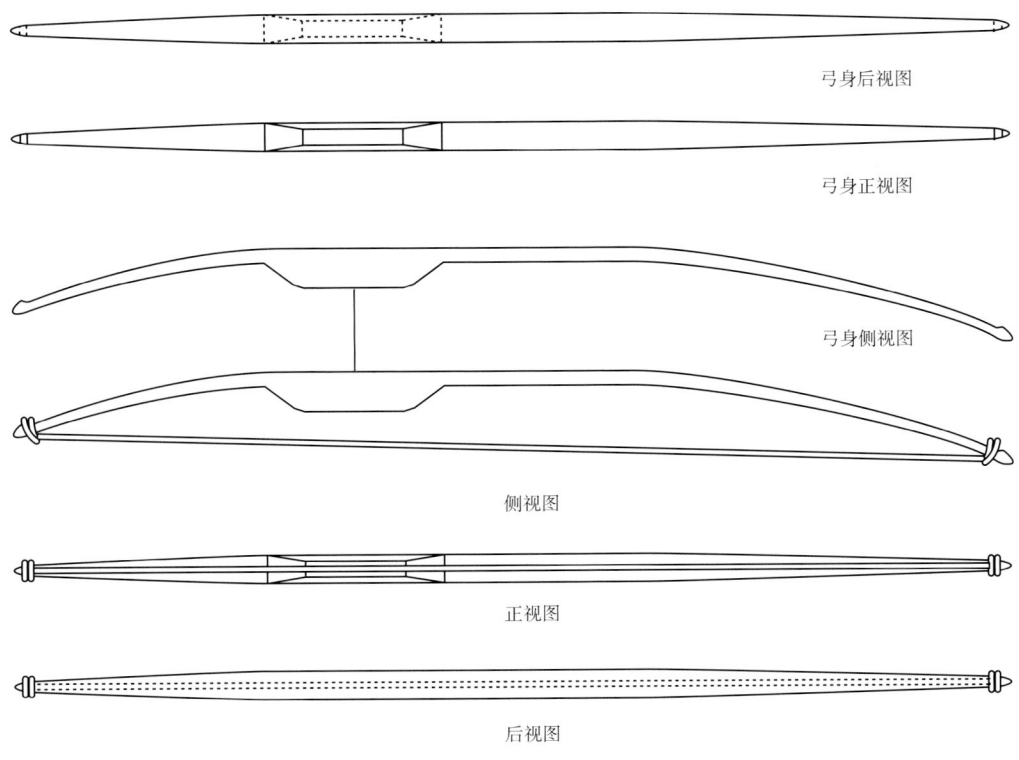

图四　黎族弹棉弓视角图 1

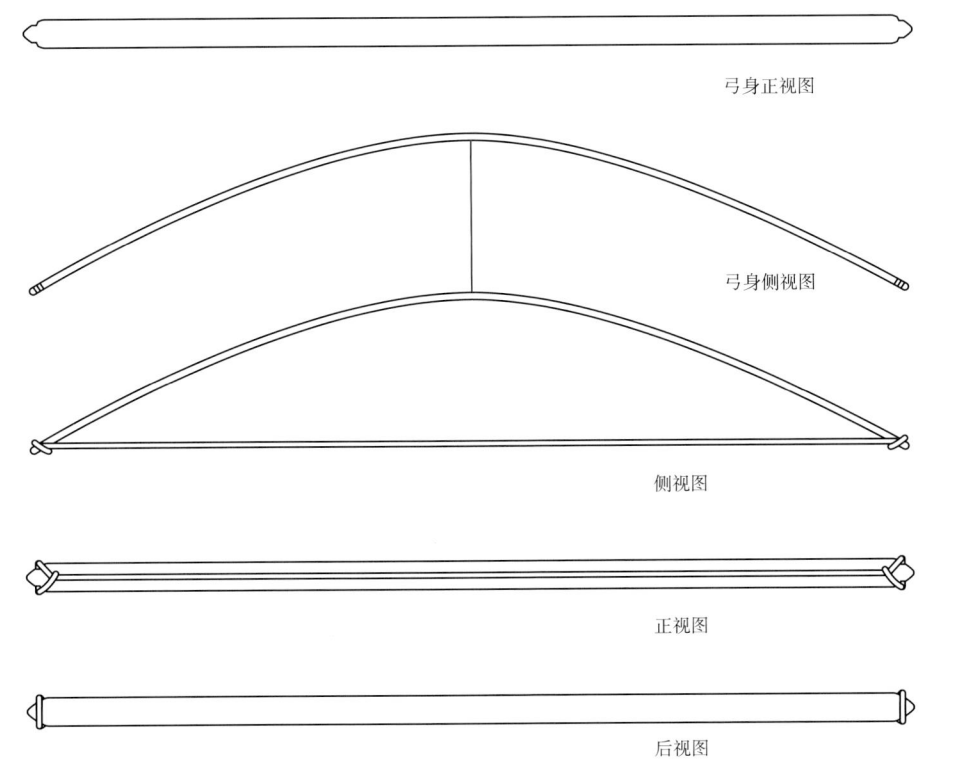

图五　黎族弹棉弓视角图 2

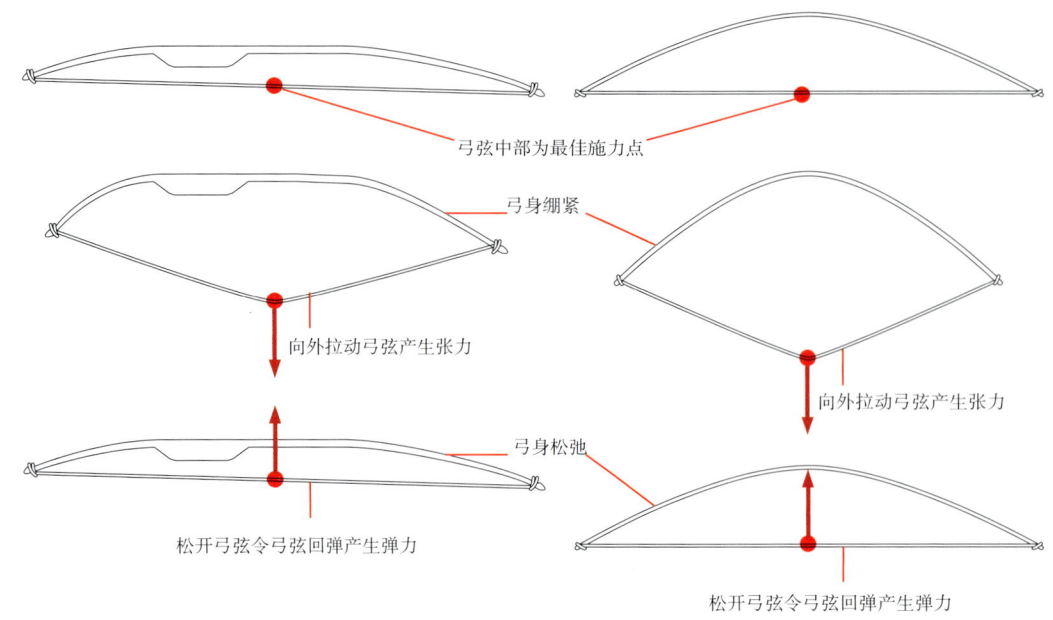

图六 黎族弹棉弓设计分析图

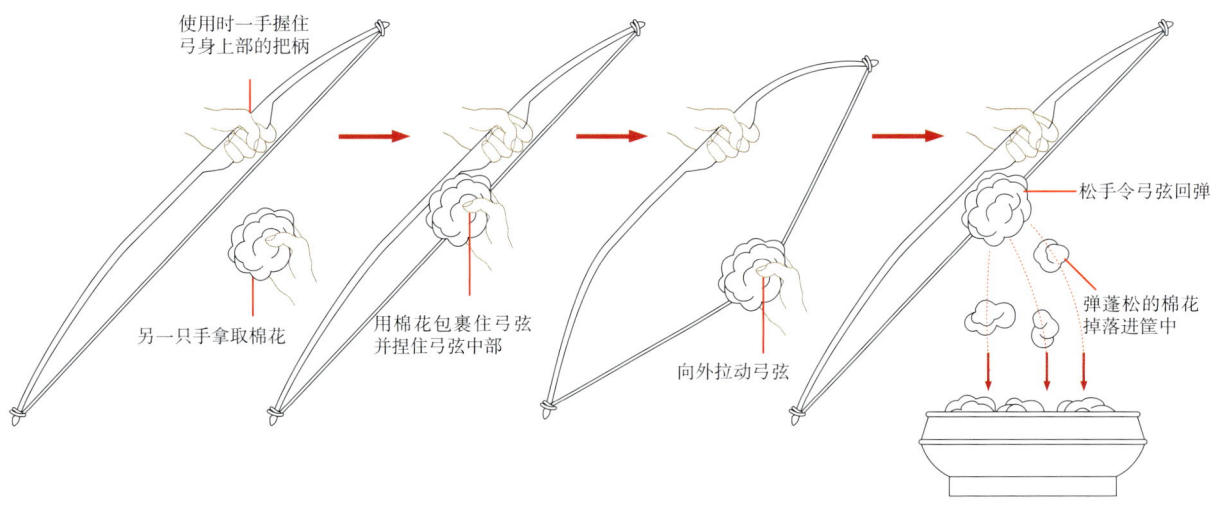

图七 黎族弹棉弓使用方式示意图

图八 黎族弹棉弓效果示意图

黎族纺坠

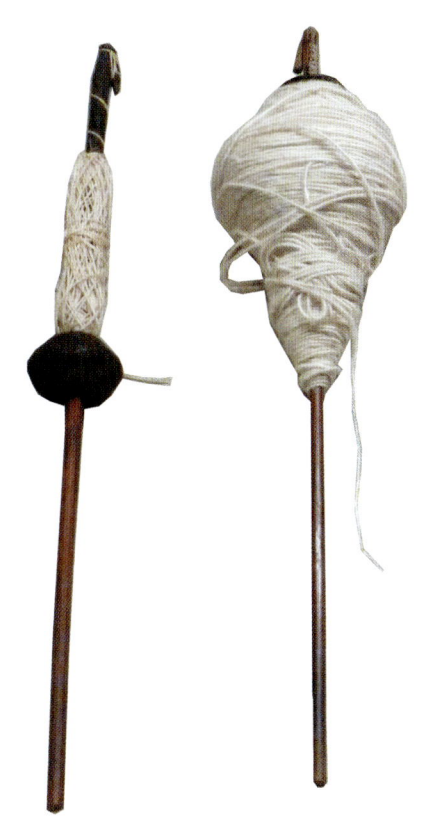

图一　黎族纺坠主图

纺坠纺线是较为原始的黎族传统纺线手工技艺，这种手工技艺的历史由来已久，据《中国纺织科学技术史》记载，大概在进入新石器时代之后不久黄河、长江两大流域就已创造出最早的纺纱工具——纺坠。本案例采选自海南省博物馆，案例来源于黎族哈方言区的乐东黎族自治县。

黎族传统纺坠通常由捻竿、纺轮和线轴三个部分组成。其中捻竿通常由细长的竹竿制成，顶端带有天然的弯钩，纺轮通常由陶土烧制成轮状，或者干脆用有一定自重的铜钱代替。线轴通常为空心的竹竿制成，直径大小以刚好能够套进捻竿为佳。早期的纺坠通常只有一根竿插入纺轮，捻竿的顶部不带弯钩，线直接缠绕在捻竿上，缠满线之后直接更换捻竿。本案例的两只纺坠是在早期纺坠的基础上发展而成，其中一只采用陶制纺轮，另一只采用铜钱作为纺轮。两只纺坠都采用穿心插竿的方式，即直接将捻竿穿过铜钱或陶纺轮的中心圆孔，再穿过线轴的中心。

使用纺坠时,右手的拇指和食指捏住纺坠的捻竿,左手将棉花夹在食指和中指之间,食指和拇指捻线。先捻出一段棉线绕在纺坠的线轴上,之后右手一边搓捻竿,让捻竿不断旋转,一边令左手的棉花牵拉出棉纤维进而拉成线,一圈圈绕在线轴上。途中若棉线断了,可以重新捻出棉纤维与已捻出的棉线加捻在一起。

现代的黎族纺坠在本案例的基础上又有新的变化,主要是在捻竿的顶端安装一截弯曲成钩状的细铁丝来代替天然的竹竿上的弯钩。这种纺坠的使用原理与本案例纺坠的纺线原理相同,优点在于捻竿的竹竿部分若有损坏可以直接更换新的竹竿,重新固定竿顶的铁钩即可,而不需要特意寻找一段带弯钩的竹竿。

图片来源
图一、图六、图七　鞠斐　摄影
图二至图五　鞠斐　制图

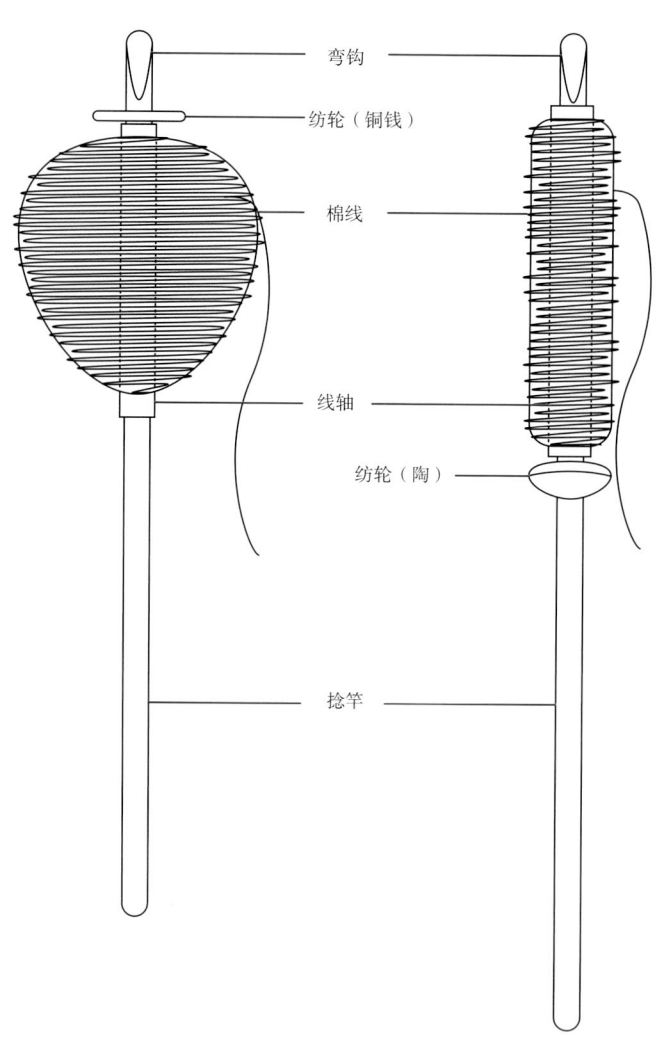

图二　黎族纺坠结构名称图

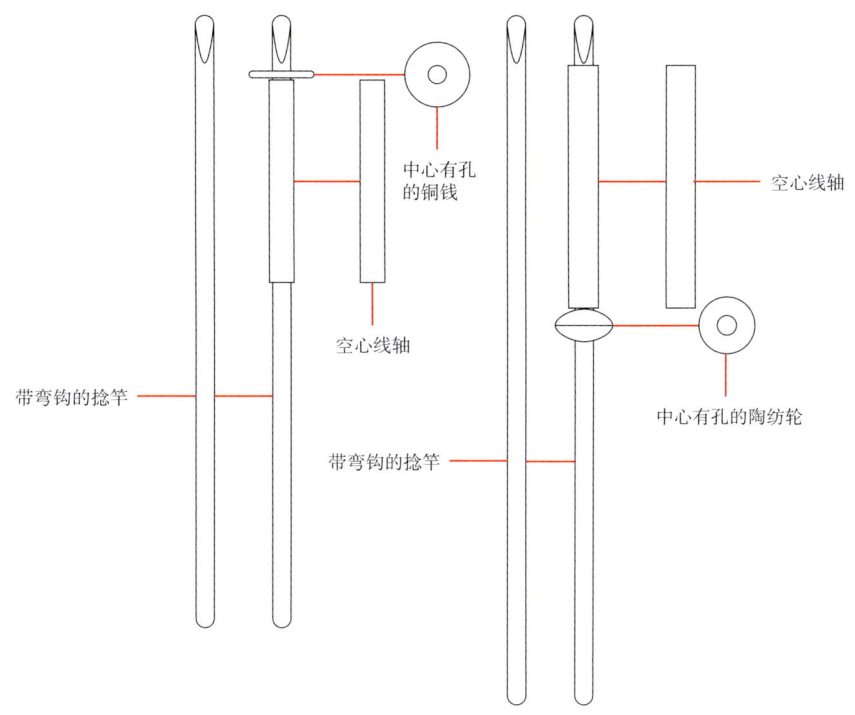

图三　黎族纺坠结构分析图

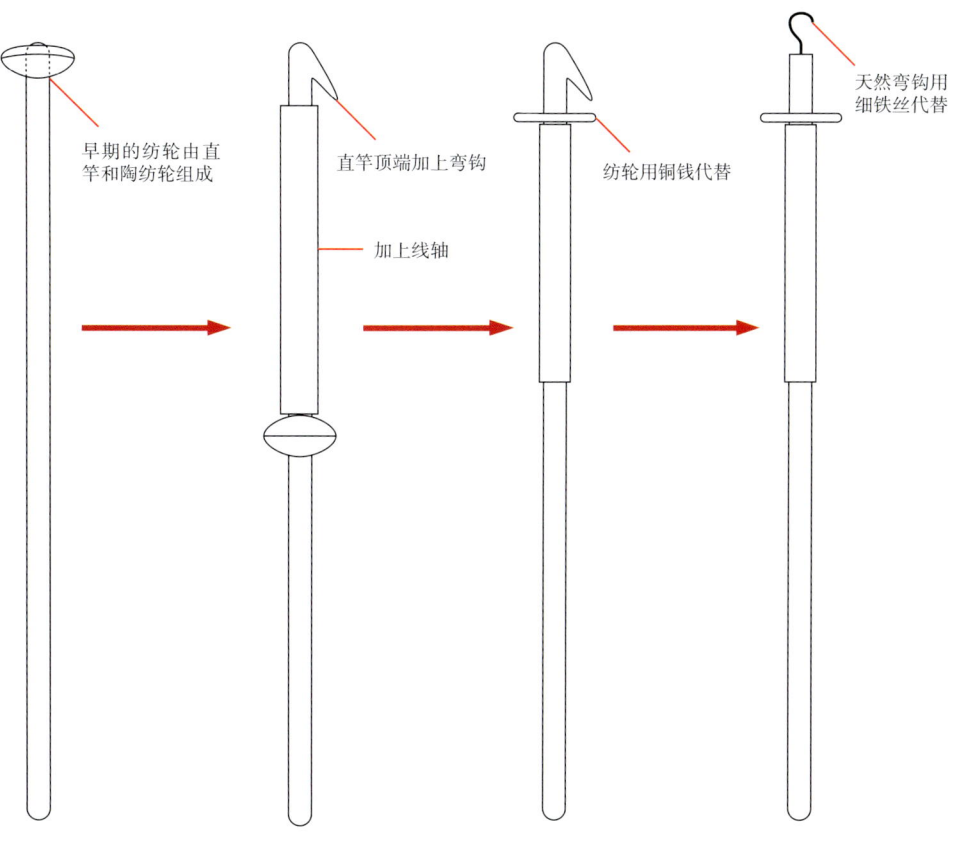

图四　黎族纺坠形制发展过程示意图

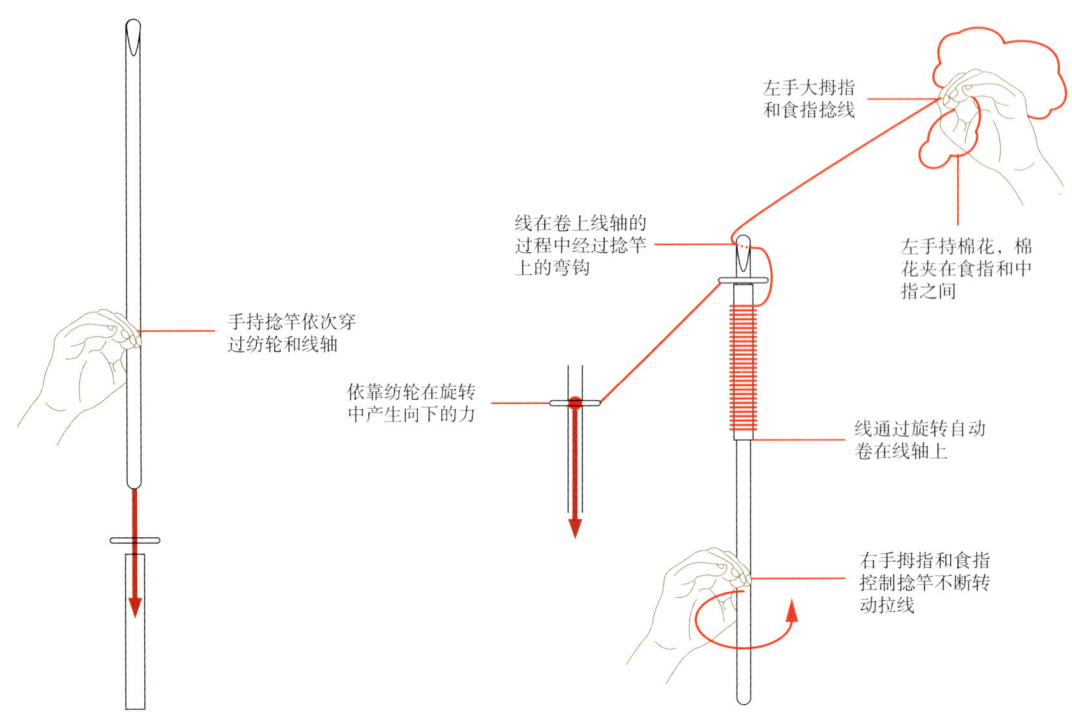

图五 黎族纺坠使用方式示意图

图六 黎族纺坠使用情境图

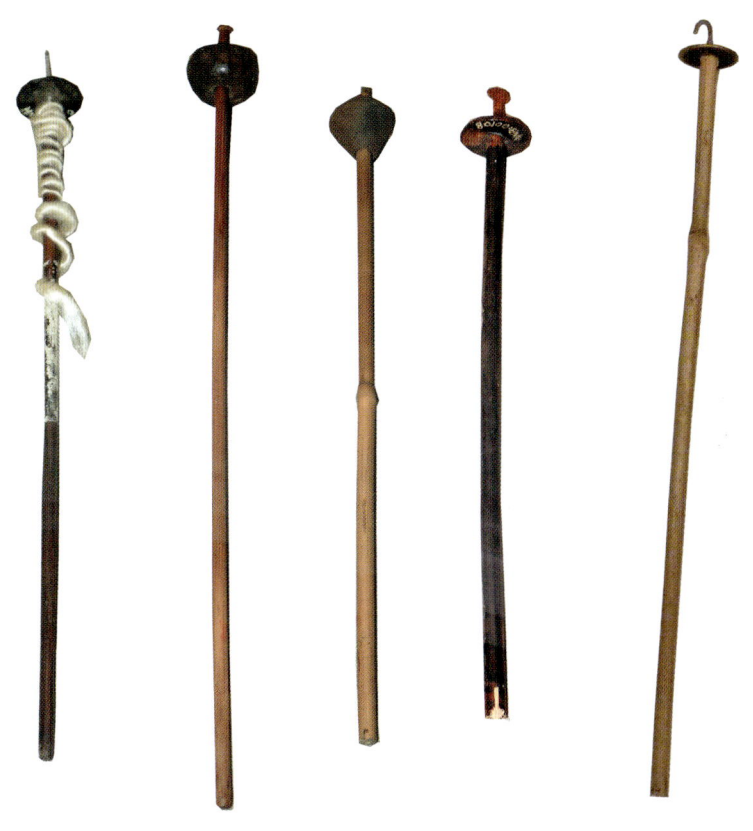

图七　黎族纺坠延展图

黎族单锭脚踏纺车

图一　黎族单锭脚踏纺车主图

单锭脚踏纺车是黎族历史中比较先进的棉纺工具，现在仍然普遍使用，黎语称为"下非贝"。从纺坠到纺车可以说是一场技术性的革命。黎族纺车的设计展现了对轮轴传动等机械原理的认识，虽然处于小纺车阶段，却是那个时代真正意义上的机械设备。它属于复合式结构，主要包括底座、支撑绳轮的支架、锭子的托架、绳轮、传动带以及脚踏杆几个部分。有全木制作，也有竹木结合。

黎族各大方言区的单锭脚踏纺车形制一致，只是有大小区别，一般由村里熟练的木工制作。纺车为矩形底座，四木以榫卯结合。其中两木粗壮，呈相互对持状，均中心凸起，一木凸起处立一短柱，安装脚踏杆之一侧，另一木凸起处安一立柱，是支撑绳轮的支架。支架顶端有两块梯形木，是锭子的托架，上有插锭子的凹槽。支架从下至上大约三分之一处安装着绳轮，轮直径大小不一，由轮辋、轮辐、轮毂和轴组成。轮辋即绳轮的边缘，有两根，都是用不到1厘米宽的竹条一圈一圈地匝成圆形，然后由细藤皮整齐密实地缠绕包裹，结实耐用，并对传动带有一定的阻力使其不易滑脱。轮辐呈长方形片，纵向放置，一端连着轮毂，一端上各有两个小凹槽，用以镶入两根轮辋。传动带主要是皮带或绳索。轮毂与轴原为木制，现在轴也有铁制，更加耐用。在一条轮辐上（任意一条）靠近轮毂的地方设计一孔窍，孔中插入脚踏杆。前端如锥形，利于入孔，后端下部有一孔，正好架在底座支起的短柱上。脚踩踏杆时，杆在轮辐孔中自由伸缩，上下飞动，从而带动绳轮旋转，再通过传动带转动锭子，这样就可将棉花纤维捻成棉纱。

黎族单锭脚踏纺车看似结构简单，但它包括了动力装置、传动装置及工作装置三大构件。具体说就是绳轮的动力装置，绳索与皮带的传动装置以及锭子的工作装置。各装置的衔接位置比较合理，环环相扣，互相配合，共同作业。

一般纺织者坐在凳子上，纺车放在前方，绳轮车头靠右手。双足蹬踩在纺车的脚踏杆上，右脚踩在杆的前端，使脚踏杆不易从轮辐孔中脱出，并且控制方向，左脚踏在杆被底座支起靠后的位置，辅助右脚。坐好后，纺织者左手把棉花拉扯一段，用手拉捻成粗纱并缠绕在锭子上，右手扶着锭子，然后双脚踏杆，此时绳轮作逆时针转动，通过轮上的麻绳使锭子也旋转起来，如此，左手握着的棉花迅速被拉伸并捻成棉纱。看见棉纱不均匀便停下来或踩脚踏杆作顺时针反转，右手把粗纱的地方拉扯均匀后，再继续踏脚踏杆纺纱。纺好的纱线都缠绕在锭子上，并把纱卡在锭子卡口上使棉纱不易松散。然后重复上述的工序，使棉纱越纺越长。

这种单锭脚踏纺车虽造型简单，但相比手摇单锭纺车，它充分利用了足力，而将双手集中于纺纱之上，一手抽纱，一手整纱，大大提高了成纱率。据传元代元贞年间，黄道婆回到故乡后，有感于纺织妇女的辛劳，又把单锭纺车改进为三锭脚踏纺车，在机头装置三锭，同时能纺三根纱，它是当时世界最先进的纺车，由此人们把这种先进工具尊称为"黄道婆纺车"。至清代后，中国还出现了多锭纺纱车，将手工纺织机器的发展推向高峰，对手工纺纱业而言，多锭纺纱车已是最完备、最快的纺车了。而这些先进的纺车结构与工作原理仍是以单锭脚踏纺车为基础。

图片来源

图一　袁晓莉　摄影
图二　张飞　制图
图三　叶祎祎　制图
图四　陈翔宇　制图
图五　周星悦　制图

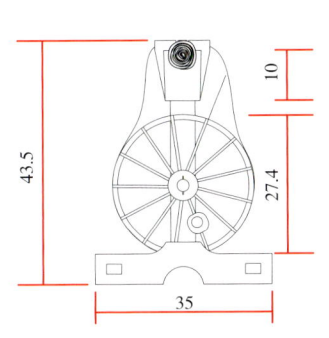 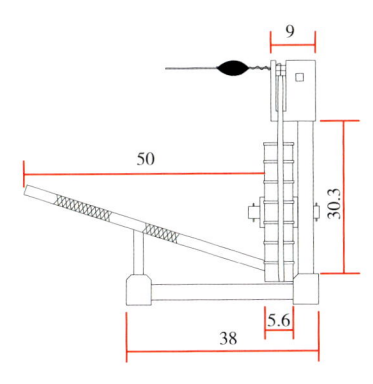 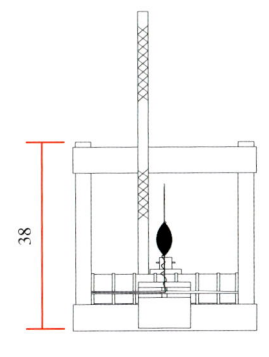

图二　黎族单锭脚踏纺车视角、尺寸图（单位：cm）

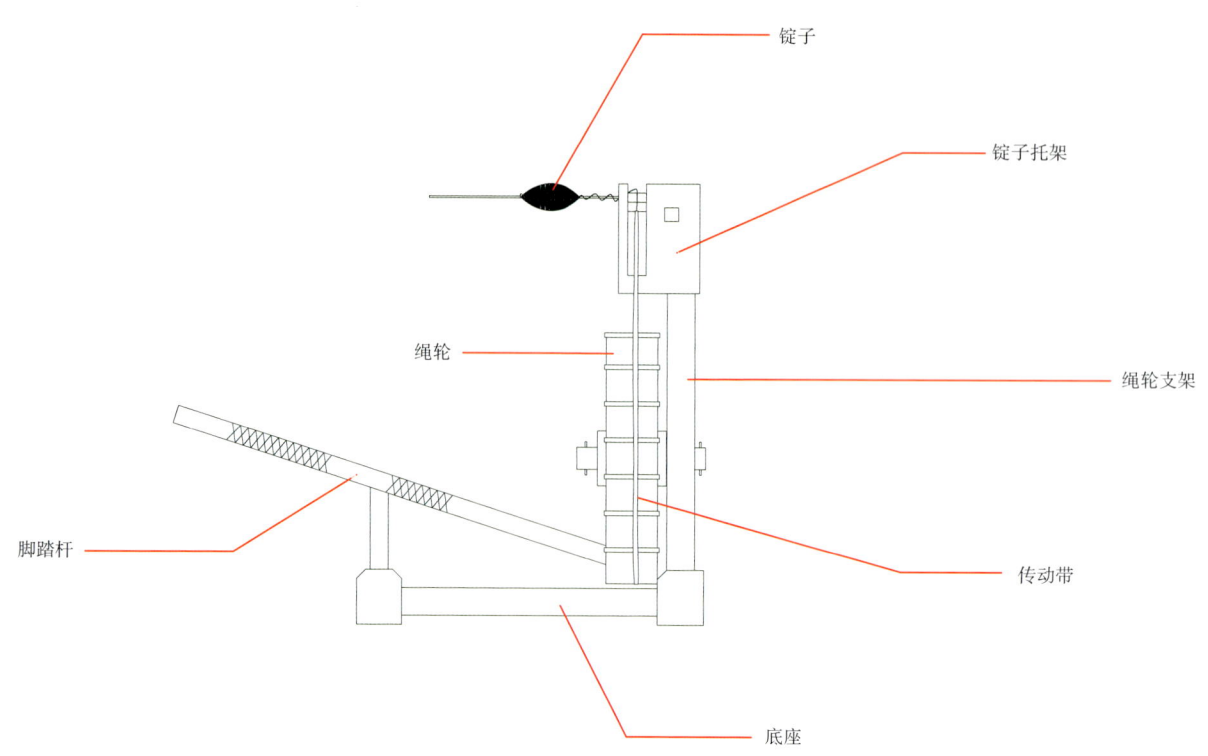

图三 黎族单锭脚踏纺车结构名称图

图四 黎族单锭脚踏纺车解析图

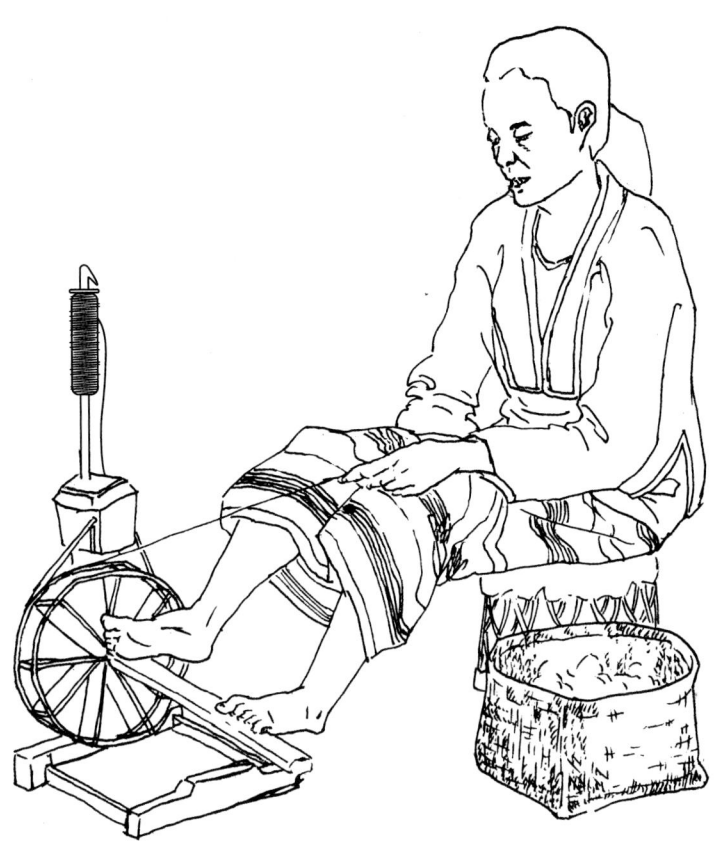

图五　黎族单锭脚踏纺车延展图

黎族绕线架

图一 黎族绕线架主图

黎族传统绕线架是黎族妇女常用的纺织工具之一，外形通常为上下出头的工字形或梯形。本案例采选自海南省博物馆研究员王辉山收集的黎族传统绕线架，由硬木条制成，结构均为工字形，是典型的黎族传统绕线架的形制。

本案例采选的三款绕线架尺寸不同，结构相同，主要由一根竖木和上下两根横木组成，竖木为把柄，横木为线架，两根线架与把柄为榫卯结合，即在把柄上下两端分别挖出方形的榫口，将线架两端略微削尖，穿过榫口固定在把柄上。两根线架相互平行，与中部的把柄形成"工"字。

绕经时需借助工字形绕线架，一手握住下方的把柄，另一手捏住待绕的棉线，需同时缠绕两股经线，以正反折线形路线循环缠绕，方向通常为从右向左再绕回右侧，再次向左绕线时需在上方线架上交叉绕线形成圈口，便于结束后插入定幅杆。其中最右边起始的竖直方向经线在缠绕时要以一定的规律绕过三根横插的竹片，其中最上方的竹片挑起的经线为将来提花时使用的经线。另外，可根据需要织造布幅的幅宽来确定缠绕经线的数量。绕经完成后，首先将横插的三根竹片绑牢，再将起点经线解开，绑在最前方两根经线上进行固定，同时将结束经线绑在最后两根经线上进行固定。最后取出一根定幅杆，从最右边起始的竖直方向经线缠绕上方横架产生的缝隙中穿过，以此来将绕好的经线定幅。

绕经是纺织工作的基本步骤之一，该步骤在纺线结束之后、织造开始之前，本案例是最为常见的黎族传统绕经工具，在黎族妇女的日常纺织活动中起到十分重要的作用，至今仍在保留有传统纺织习俗的黎族传统村落中可以见到黎族妇女使用工字形绕线架缠绕经线的忙碌身影。

图片来源
图一　王辉山　摄影
图二至图八　鞠斐　制图
图九、图十　鞠斐　摄影

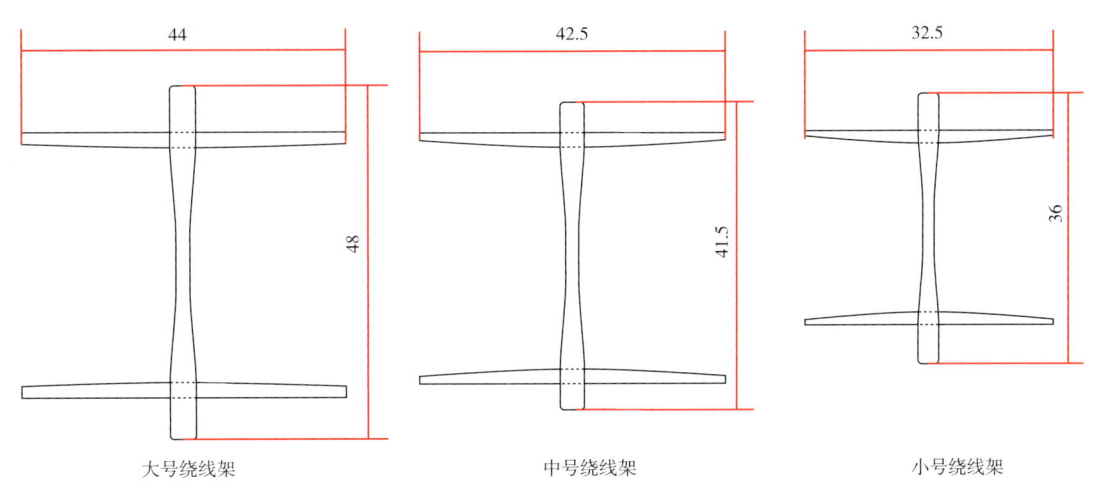

图二　黎族绕线架尺寸图（单位：cm）

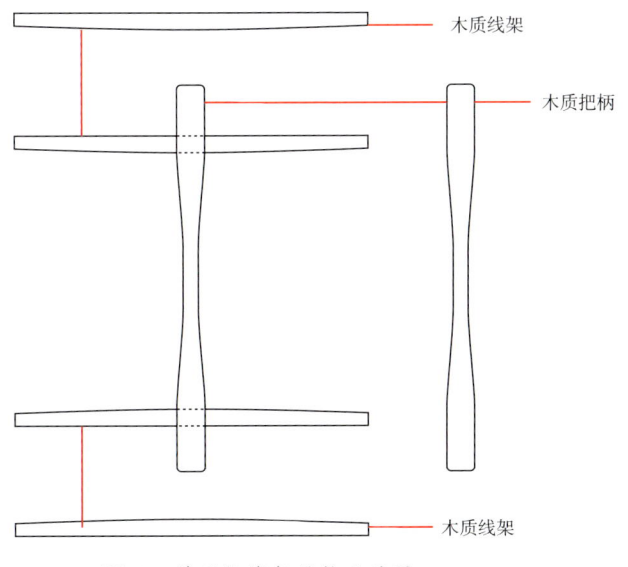

图三　黎族绕线架结构名称图

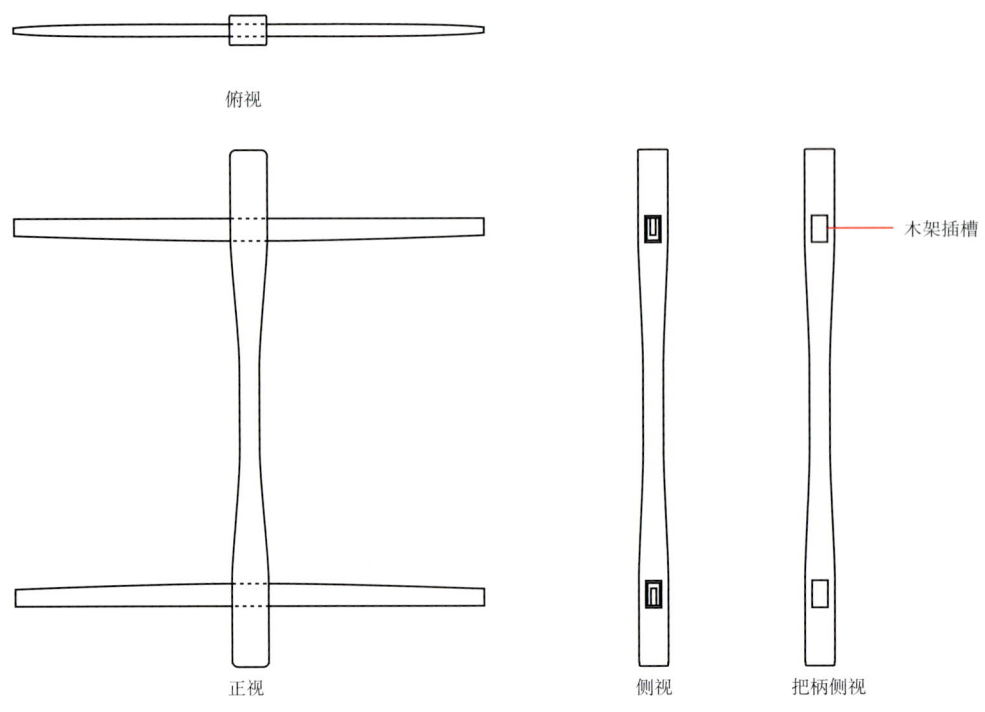

图四 黎族绕线架视角图

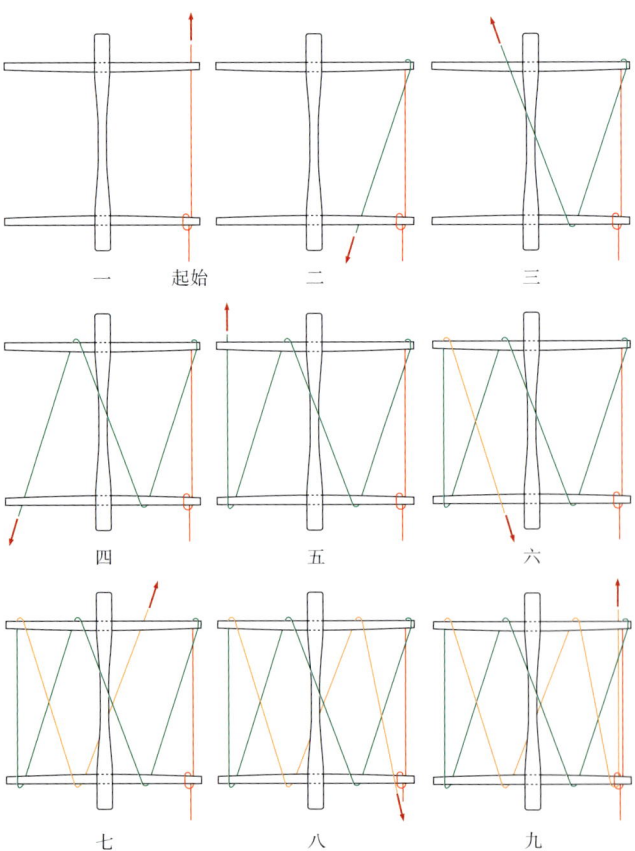

图五 黎族绕线架绕经顺序示意图

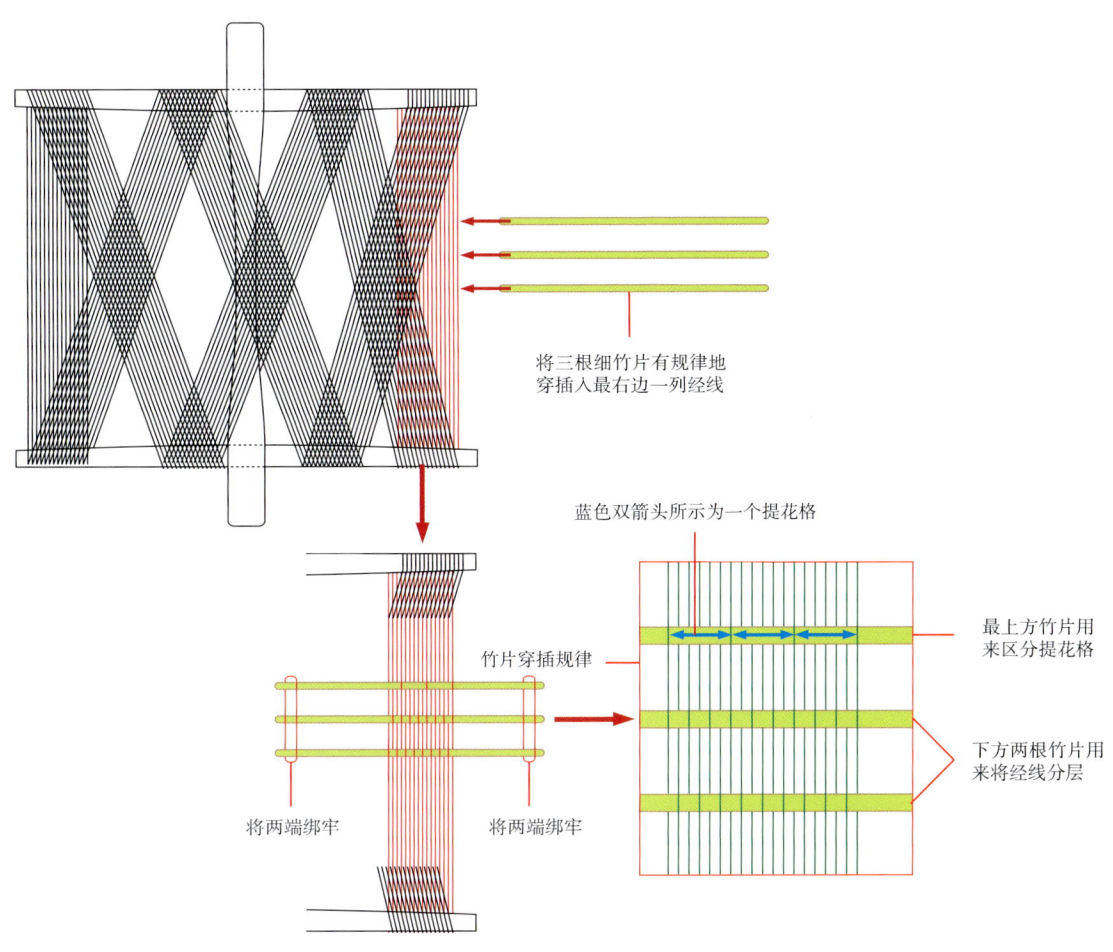

图六 黎族绕线架提花分经方式示意图

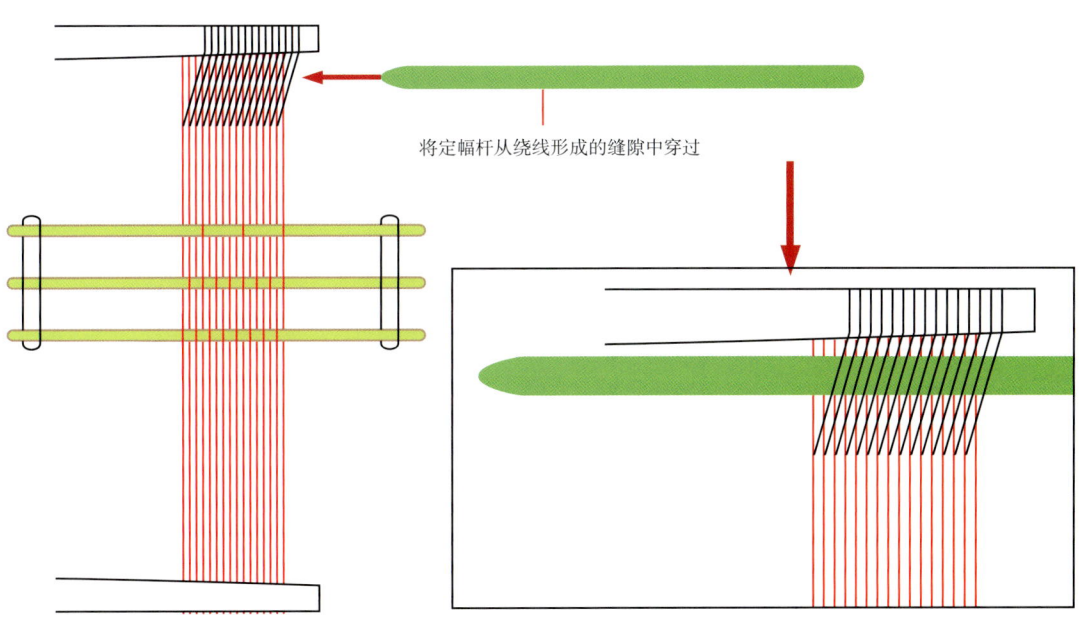

图七 黎族绕线架定幅方式示意图

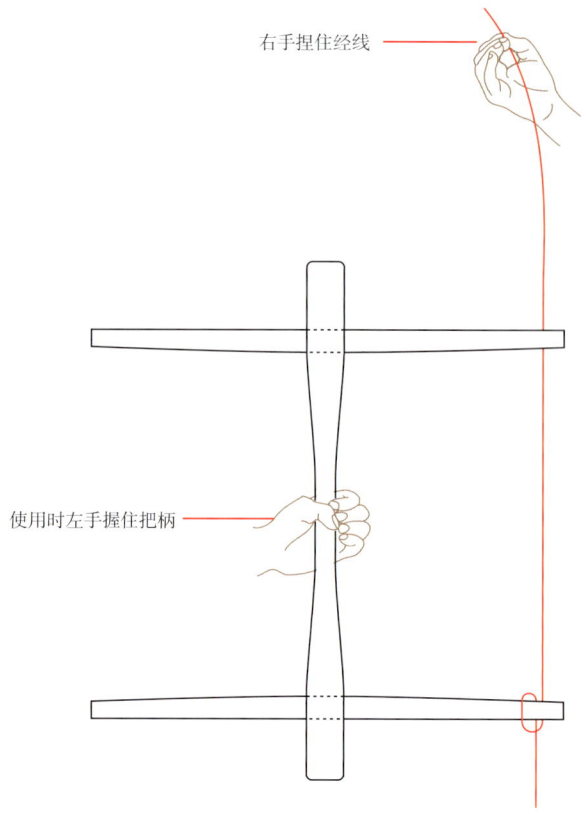

图八 黎族绕线架使用方式示意图

图九 已完成绕线的黎族绕线架

图十　黎族绕线架使用情境图

美孚方言黎族扎染架

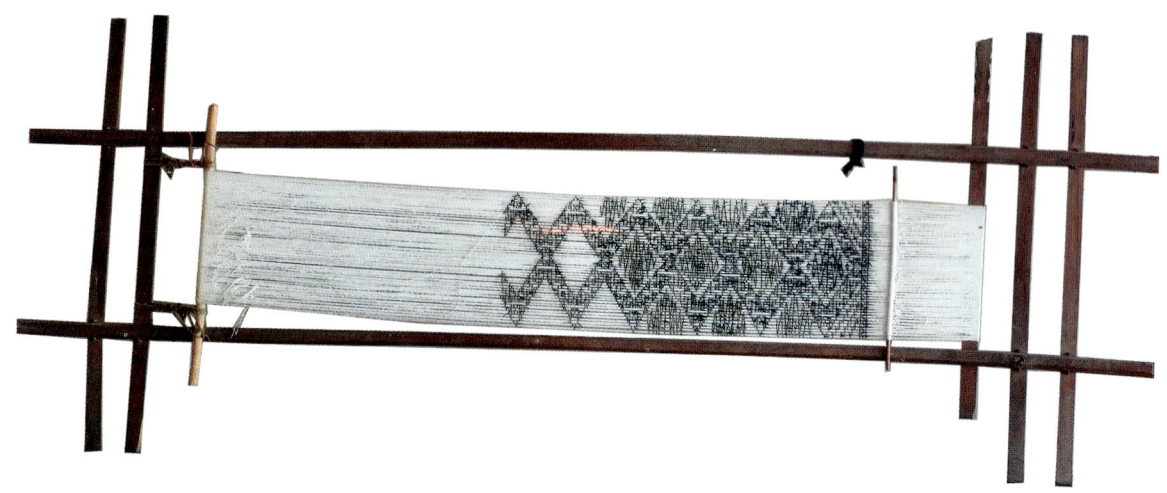

图一　美孚方言黎族扎染架主图 1

美孚方言黎族传统扎染架是美孚方言黎族妇女扎经染色时特有的扎染架，通常由坚硬的木材制成，在绕经完成之后、纺织进行之前使用，其目的是在织造前预先将经线扎染出图案来。本案例采选自海口市黎锦坊以及保亭县甘什村的收藏。

本案例采选了两种常见的扎染架，一种宽幅较短，约为 160 厘米，另一种宽幅较长，约为 280 厘米，高度均在 80～100 厘米，均为四根竖架插入两根横架的井字形结构。其中较短的扎染架与较长的扎染架相比右侧少一组插槽，安装制作时需将竖架的上下两端做细插入横架的榫口内。短款扎染架右边内侧的竖架为活动木条，头部雕刻波纹形对称纹样，可活动木条通过上、下横木上对应挖出的榫口安装在框架内，可从横木中整体抽出。长款扎染架的竖架的中间部分凿出波纹形状的几何图形，并有单独的活动竖架可插入横架多出的一组插槽中。

黎族传统扎经染色利用经纱分批扎结、染色，是美孚方言和哈方言独有的织前染色工艺，其中哈方言扎染的图案较为随意和粗犷，而美孚方言的图案则精致细腻。扎经染色是先扎经后染色，扎染两三米长的宽幅往往需一个多月的时间。使用扎染架进行扎染时，纺织者先将用绕线架整经完成的经纱固定在扎染架上，其中整幅经线的一侧插入拉经棍，另一侧插入活动木条固定在扎染架的插槽中，拉经棍则用线或藤条捆扎在横架或竖架上，其位置以及与可活动木条间的距离是由整幅经纱绷紧之后的长度决定的。线幅绷紧固定之后，整理平整，将 10 根经线分成一小股，用白色棉线分组捆扎在一起，再根据事先想好的图案用深色棉线捆扎图案。在此过程中需用分经杆将需捆扎的经线组预先挑起，再用深色线绕 2～3 圈捆扎成 0.3

图八　美孚方言黎族扎染架使用情境图

图九　美孚方言黎族扎染架延展图

黎族打纬刀

图一　黎族打纬刀主图 1

打纬刀是黎族传统的纺织工具之一，通常在织锦时配合织机使用。本案例采选自海南省博物馆研究员王辉山收藏的黎族传统打纬刀，有木架织机打纬刀和踞织腰机打纬刀两种。

踞织腰机用打纬刀几乎是黎族妇女人手必备的纺织工具，为长刀形制，由刀背和刀刃组成，长度从 70 厘米到 90 厘米不等。加工时，首先选一块硬杂木板初步削出打纬刀的形状，再将弧度较大的一侧打磨出刀刃，最后将边角打磨光滑，有些年代较远的打纬刀柄部还刻画有纺织纹样，起到记录纺织图案的功能。木架织机打纬刀主要用于木架式织机，由刀背、出线孔和刀刃组成，长 60 到 70 厘米，菱角形对称形制，中间较厚，两端较薄，其中刀背部正中为长方形凹槽，刀壁有一个对穿的穿线孔。凹槽两端各有一个卡口，安装时，将杼子一端的细棒插入打纬刀凹槽内的一端卡口，将另一端的细棒插入打纬刀凹槽内的另一个卡口，保持杼子的两端均在卡口内。将纬线从打纬刀一面的出线孔穿入，再将纬线从打纬刀另一面的出线孔穿出。

打纬刀通常由黄花梨或其他硬杂木等天然木材经由脱水、阴干后加工而成，硬杂木物理性能坚固、化学性能稳定，制成的打纬刀质地坚硬、极有分量，一把打纬刀通常可以供几代人使用。使用打纬刀纺织时，织女一边用打纬刀插入经线中挑起需要织造花纹的经线，并竖起打纬刀将经线撑起，一边用梭子穿过经线引纬，每在经线中织入一条纬线便使用打纬刀用力击打压紧纬线，以使织锦纹理紧密。

图片来源

图一　王辉山、鞠斐　摄影

图二　鞠斐　摄影

图三至图八　鞠斐　制图

图二　黎族打纬刀主图2

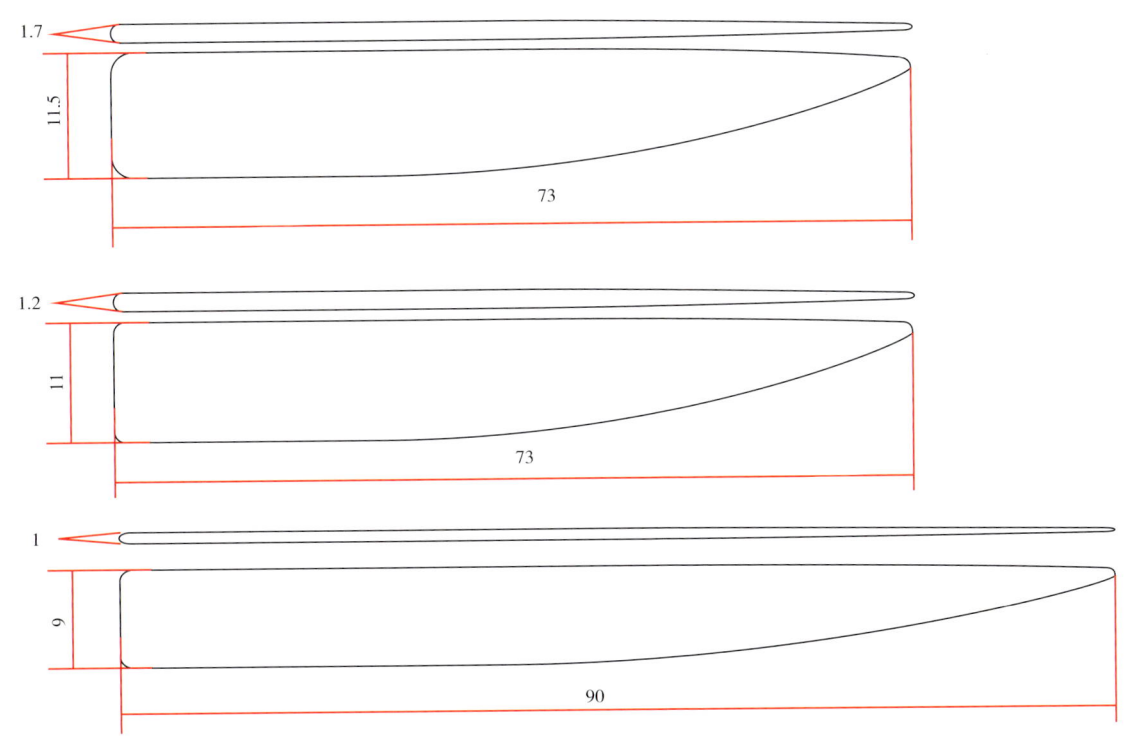

图三　黎族打纬刀视角、尺寸图1（单位：cm）

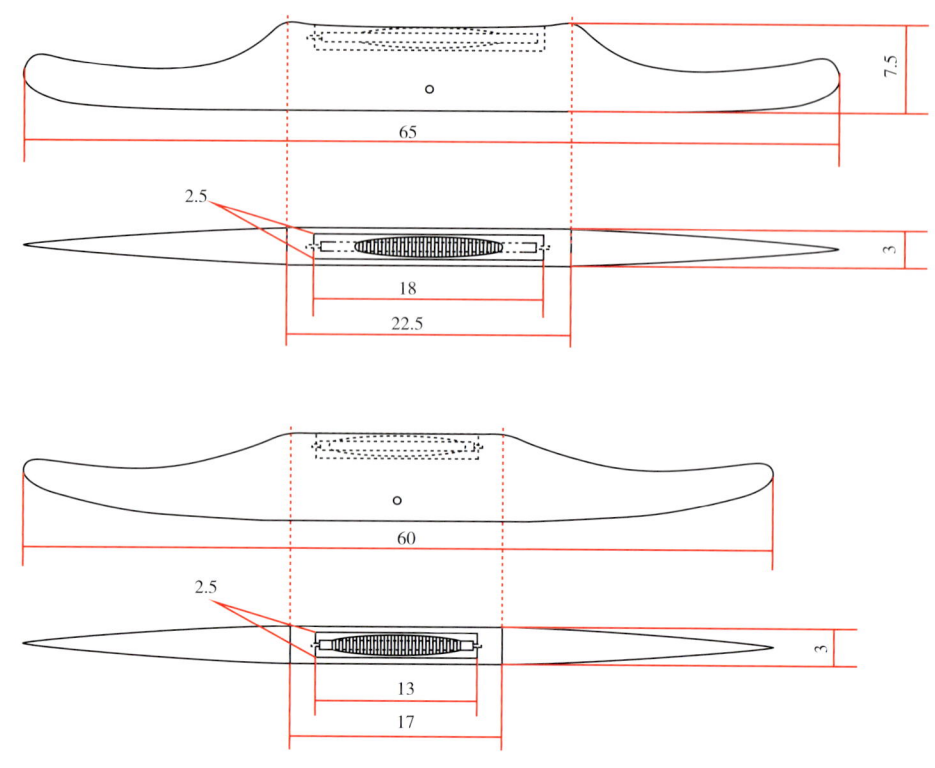

图四　黎族打纬刀视角、尺寸图2（单位：cm）

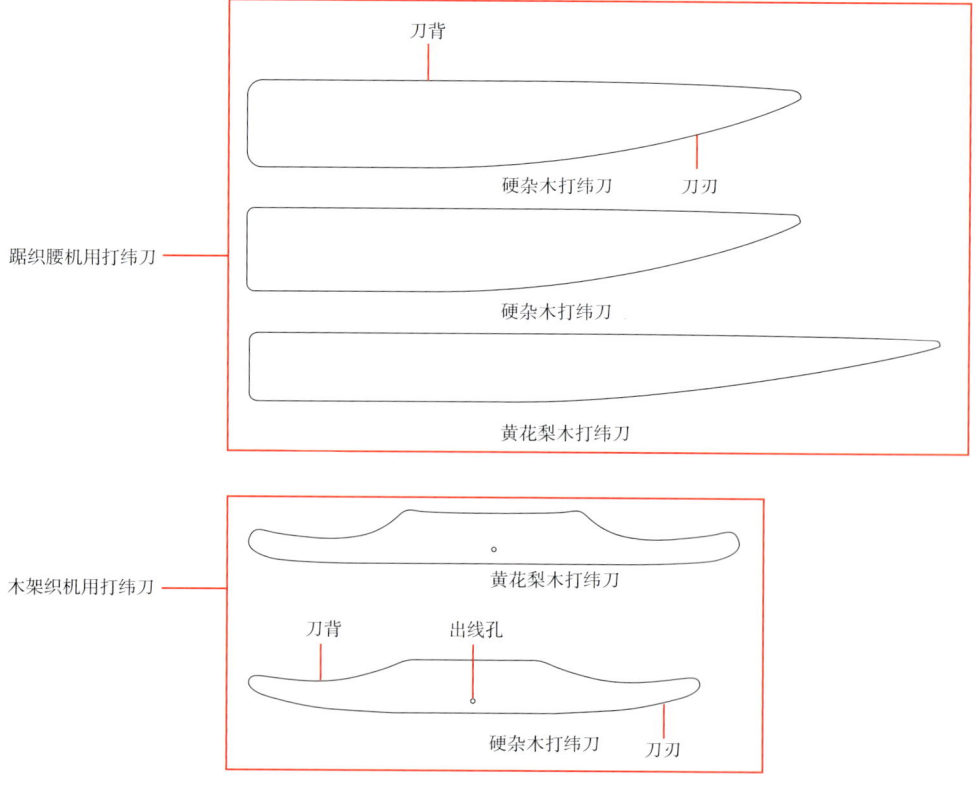

图五　黎族打纬刀结构名称图

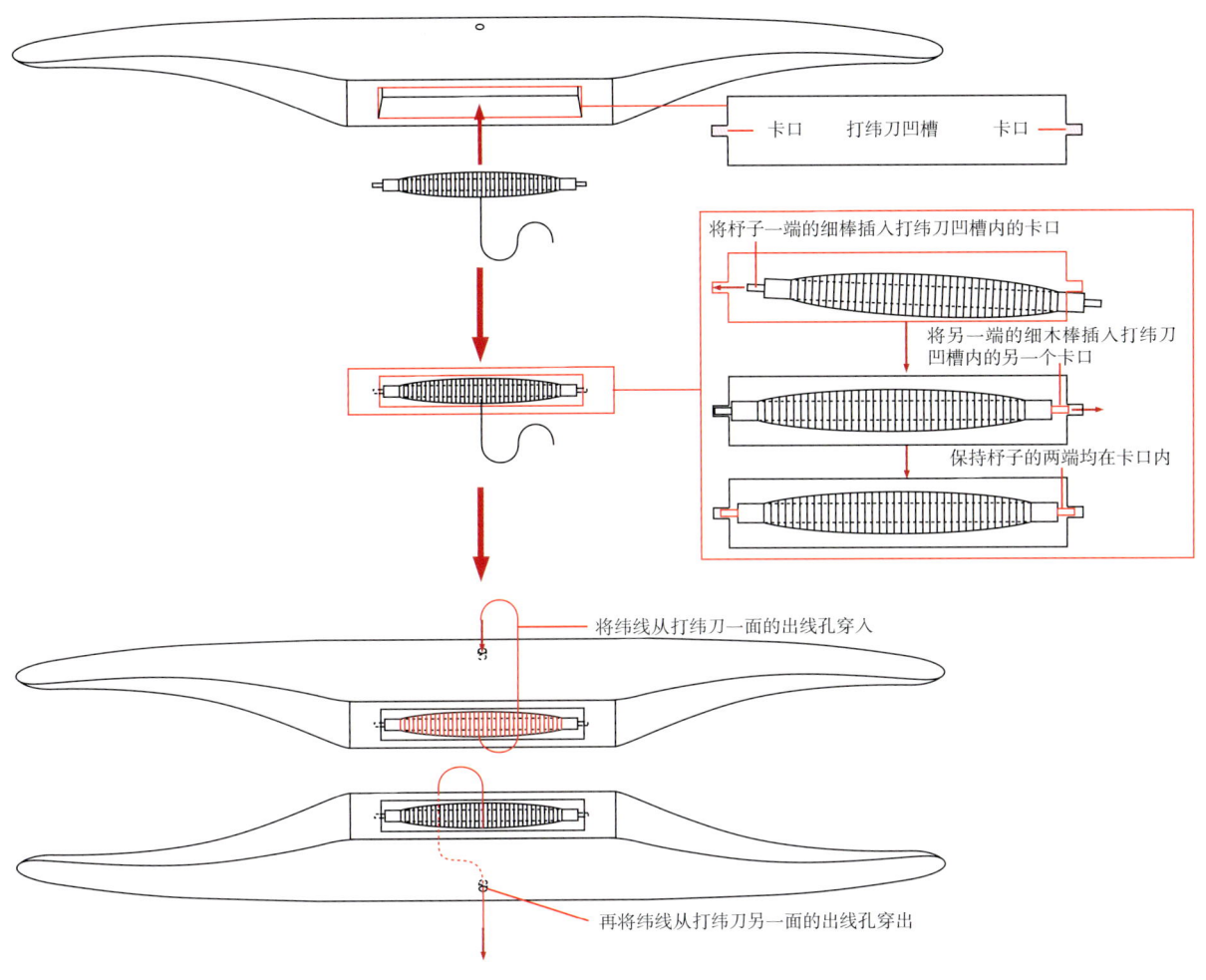

图六 黎族打纬刀使用方式示意图

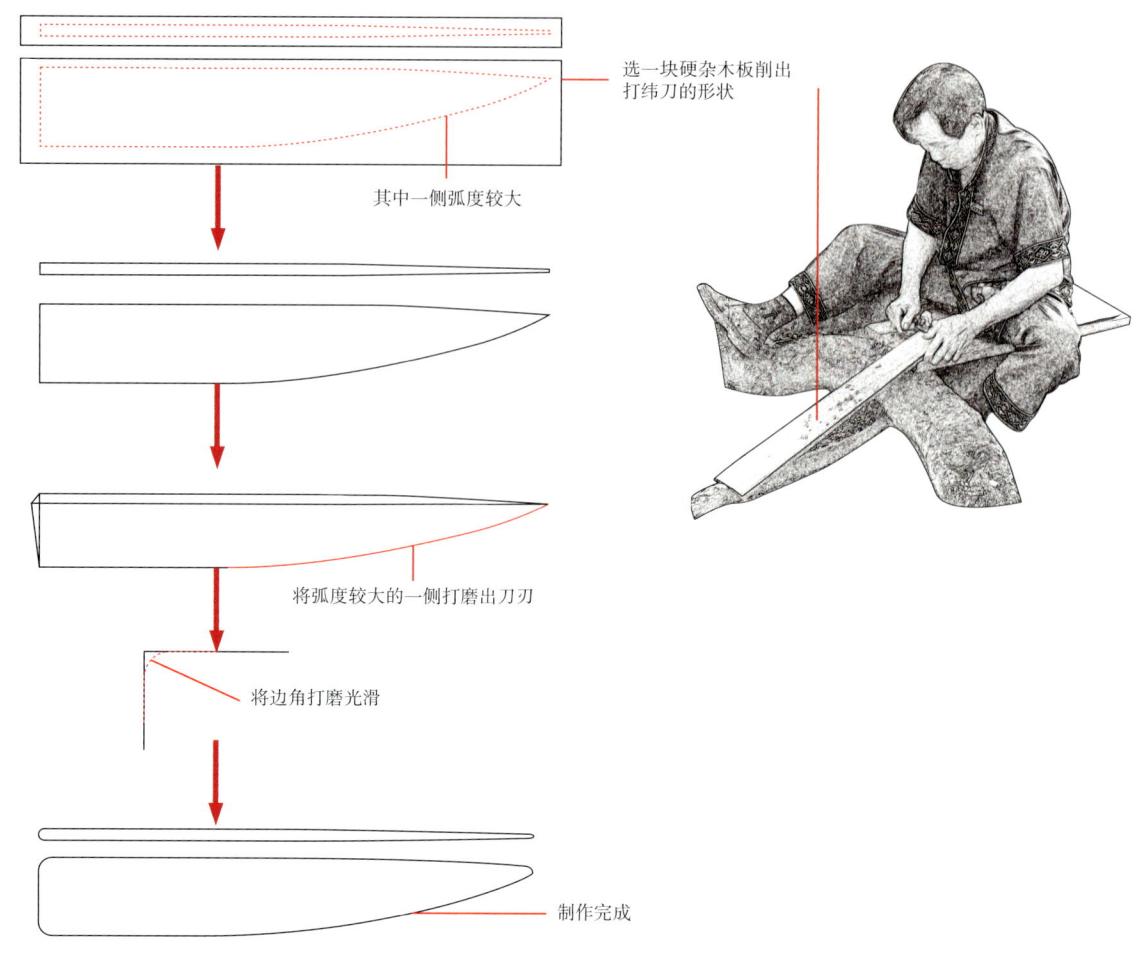

图七　黎族打纬刀工艺分析图

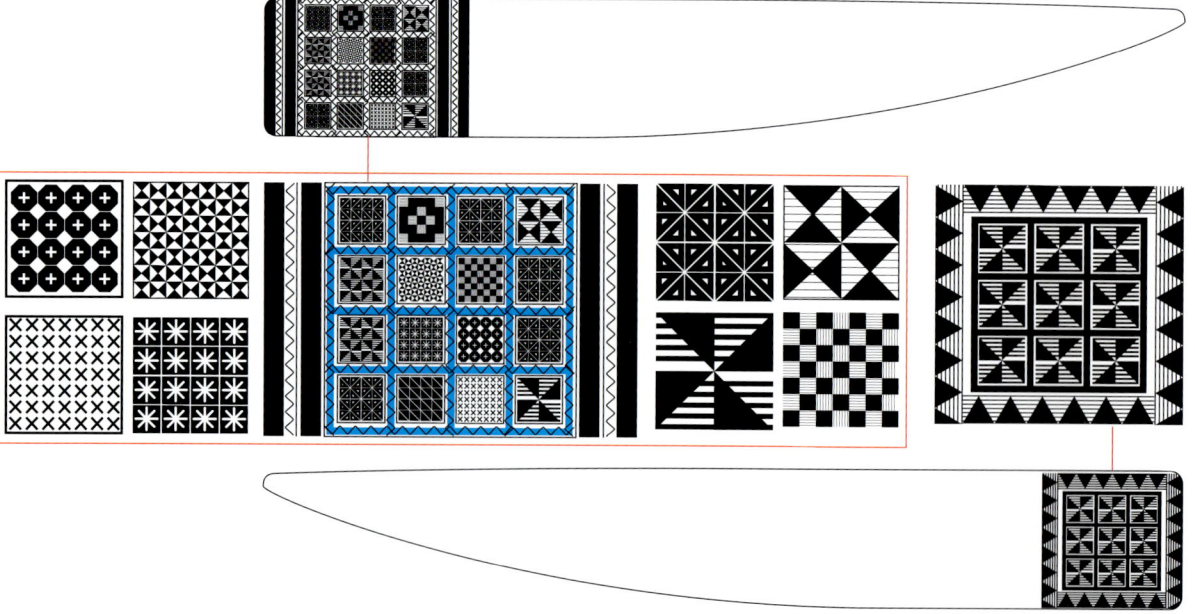

图八　黎族打纬刀纹饰展开图

黎族踞织腰机

图一　黎族踞织腰机主图

　　黎族踞织腰机是黎族传统的纺织工具之一，由卷布轴、打纬木刀、拉经棍等众多构件组成。本案例采选自海南省博物馆研究员王辉山拍摄的一套踞织腰机，是十分典型的黎族传统踞织腰机。

　　本案例保留了原始织机的结构，材质包括木头和竹子。由卷布轴（圆木棍）、拉经轴（拉经线圆木棍）、卷布木片、定幅杆、分经杆、分经筒、提综杆、打纬刀（长而扁的木刀或骨刀）、杼子（木棒或骨针）、腰带（麻绳或编织带）等构件组成。本案例设计非常简洁，整套踞织腰机的所有结构都是直接与操作、功能相关的，例如卷布轴用来控制布幅的长短，杼子用来缠绕、牵引纬线，提起分经杆可以形成梭口，每织一行就用打纬刀打紧，腰带用来固定腰机和身体等，没有任何多余、夹杂的构件，是实用性的体现。本案例在选材上同样体现出中国传统器具的材料设计上的特点——简朴，即以尽可能少的加工环节，直接利用天然材料进行人为的合成改造，如卷布轴、拉经轴、分经杆、提综杆、打纬刀、杼子等棍状工具均是天然木材经由脱水、阴干后加工而成。被合成改造后的构件大多保持了天然原材料的简朴、适人的优点，如木质工具器表的木头纹理以及木材打磨之后的光滑外表令人产生触觉上的舒适感和视觉上的厚重感。天然材料的质地紧密、物理性能坚固、化学性能稳定，一副腰机通常可以供几代人使用。

本案例在使用时，需要将经线卷成适合双腿支撑的长度，捆绑腰带，用双足踩拉经轴，席地坐着织布。织造时首先利用提综杆提起经纱形成梭口，再用分经筒为经纱分层，纺织者一边用打纬刀撑起经线一边用梭子穿过经线引纬，每在经线中织入一条纬线便用打纬刀压紧一次，以使织锦纹理紧密。提花时首先根据需要提花的经线插入提花尺，竖起提花尺撑起经线后引入纬线，再用木刀将纬线打紧。本案例在操作时均是通过双足配合双手的操作进行的。依靠简单的工具和灵巧的双手，五彩的棉线最终变成了漂亮的黎锦。作为古老的织造工具，其工艺能世代传承并持续沿用至今，它蕴藏着许多丰富而充满奥秘的文化内涵和社会价值。

图片来源
图一、图二　王辉山　摄影
图三至图六、图八　鞠斐　制图
图七、图九　鞠斐　摄影

图二　黎族踞织腰机构件图

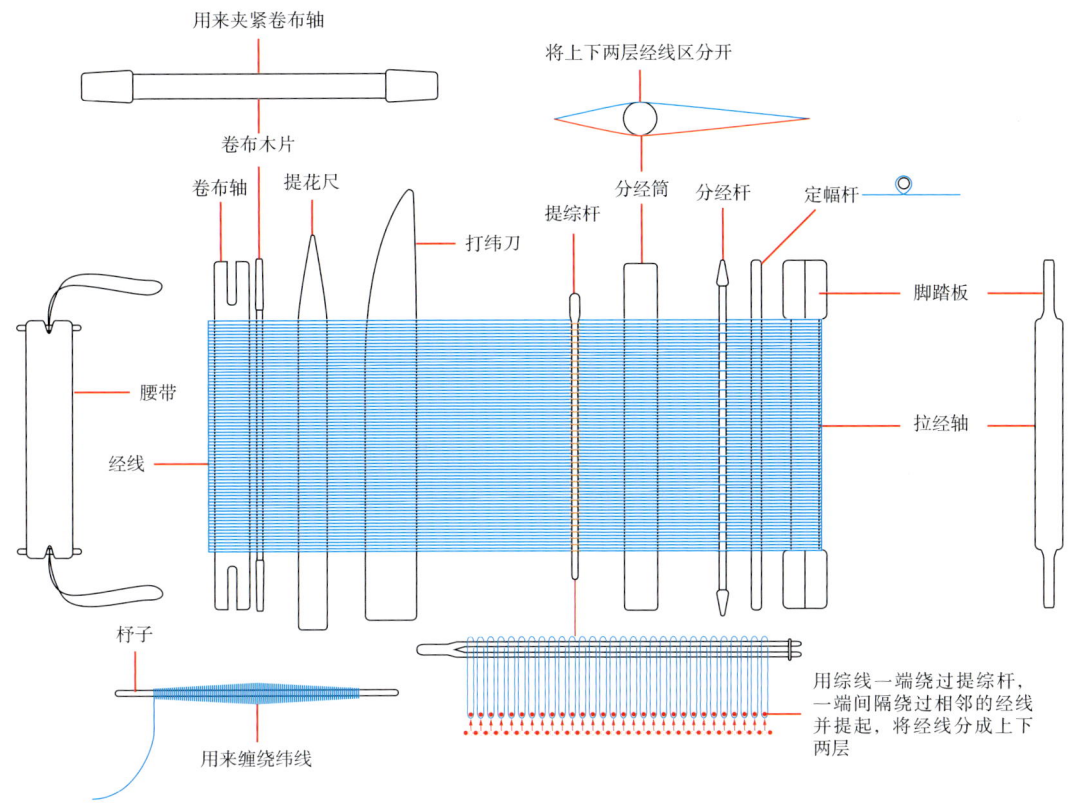

图三 黎族踞织腰机结构分析图

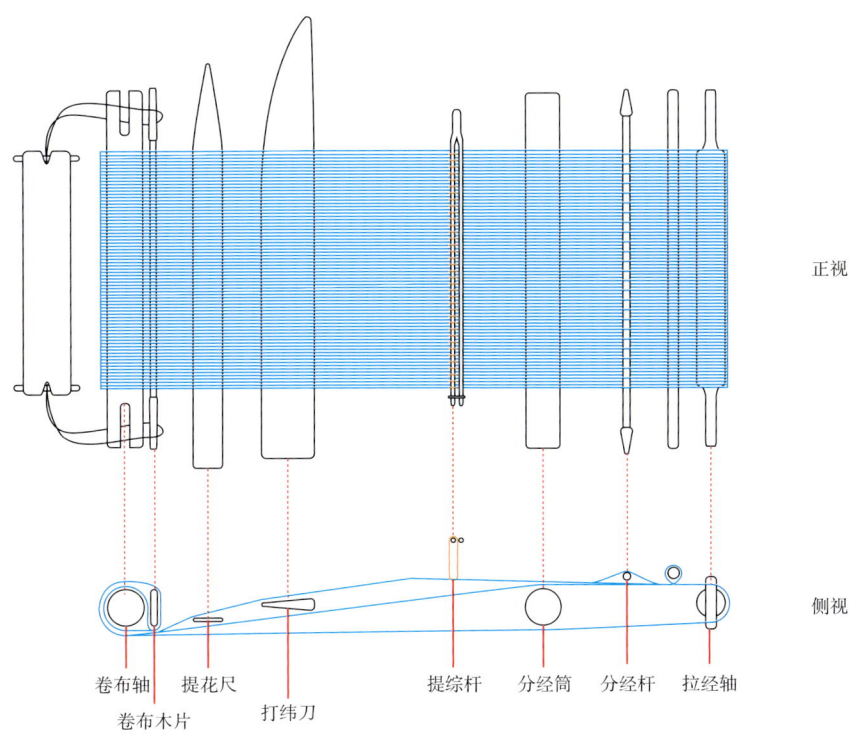

图四 黎族踞织腰机视角图

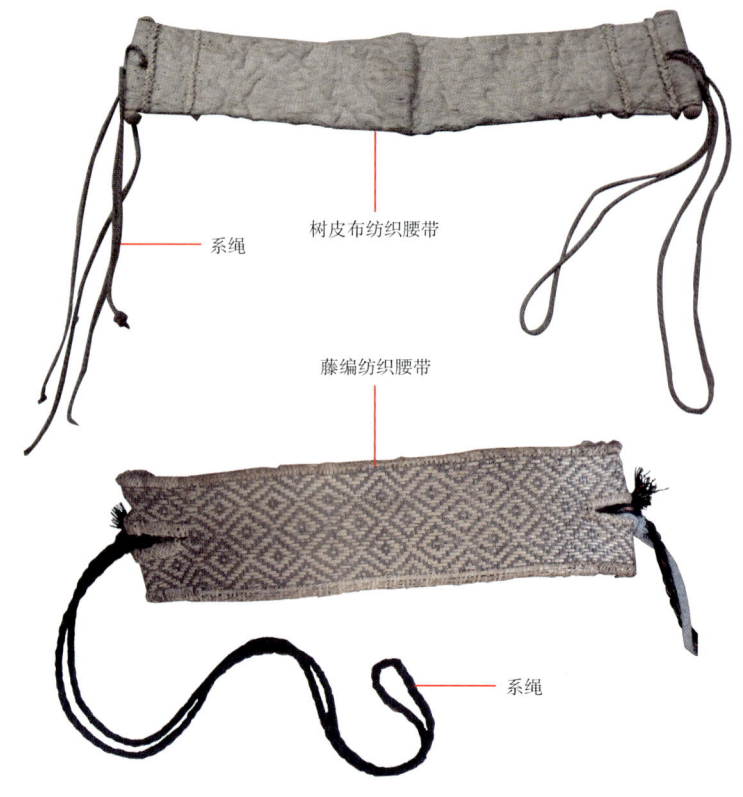

图五　黎族踞织腰机腰带结构名称图

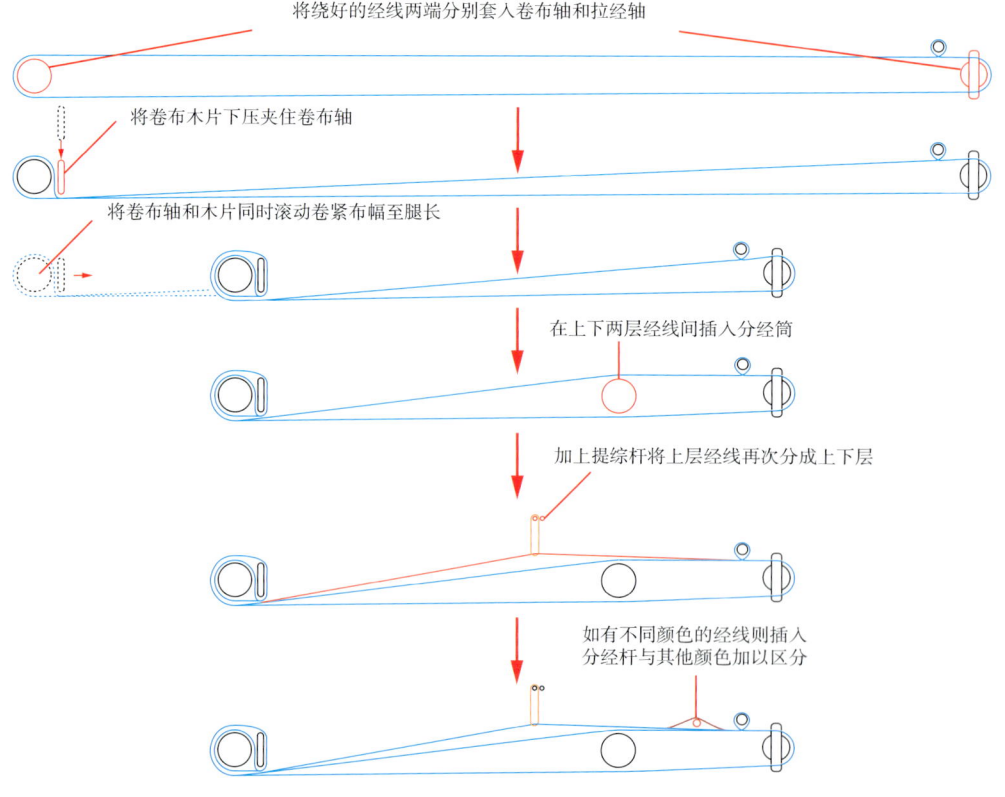

图六　黎族踞织腰机整经方式示意图

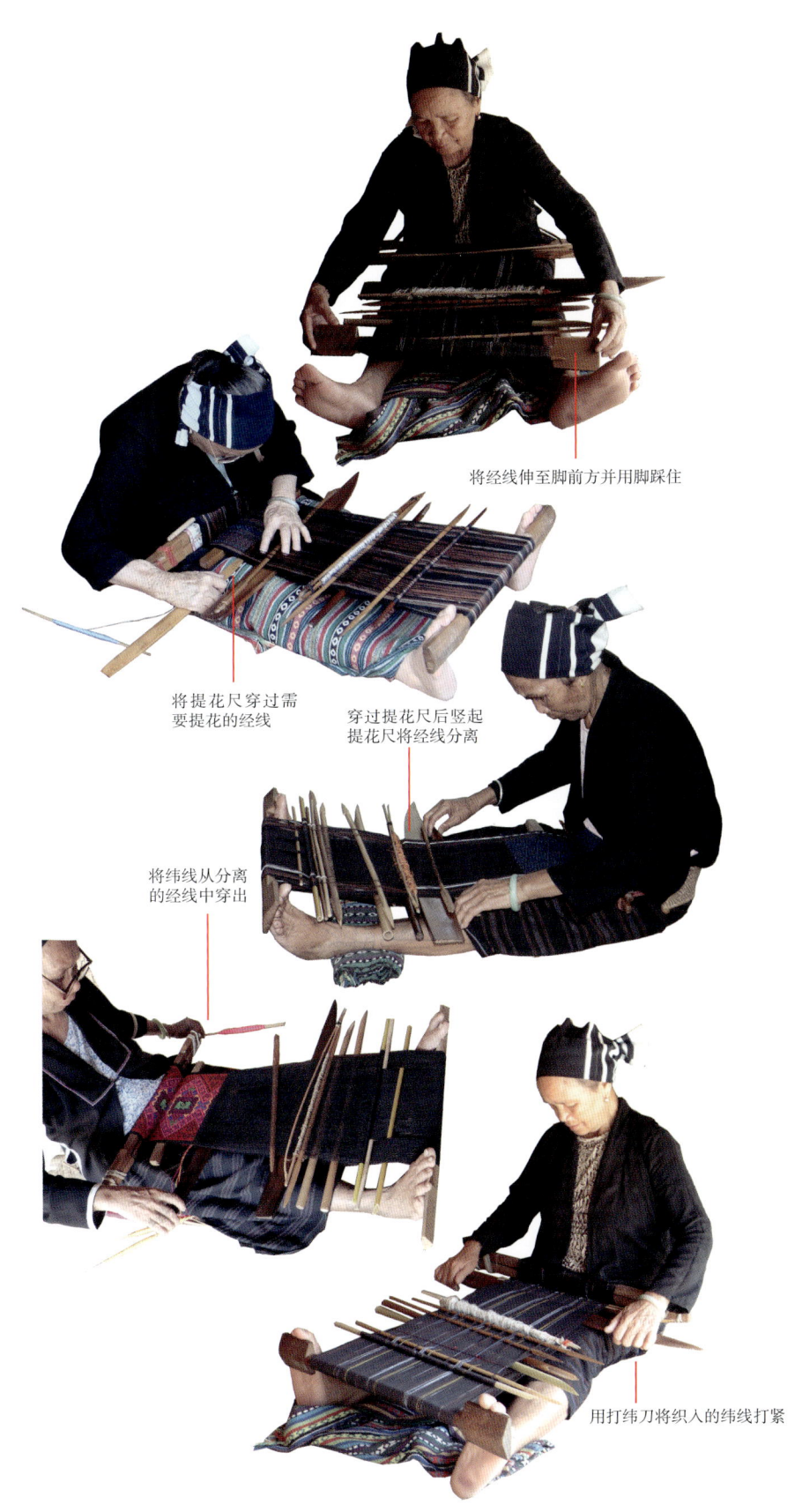

图七 黎族踞织腰机织造方式示意图

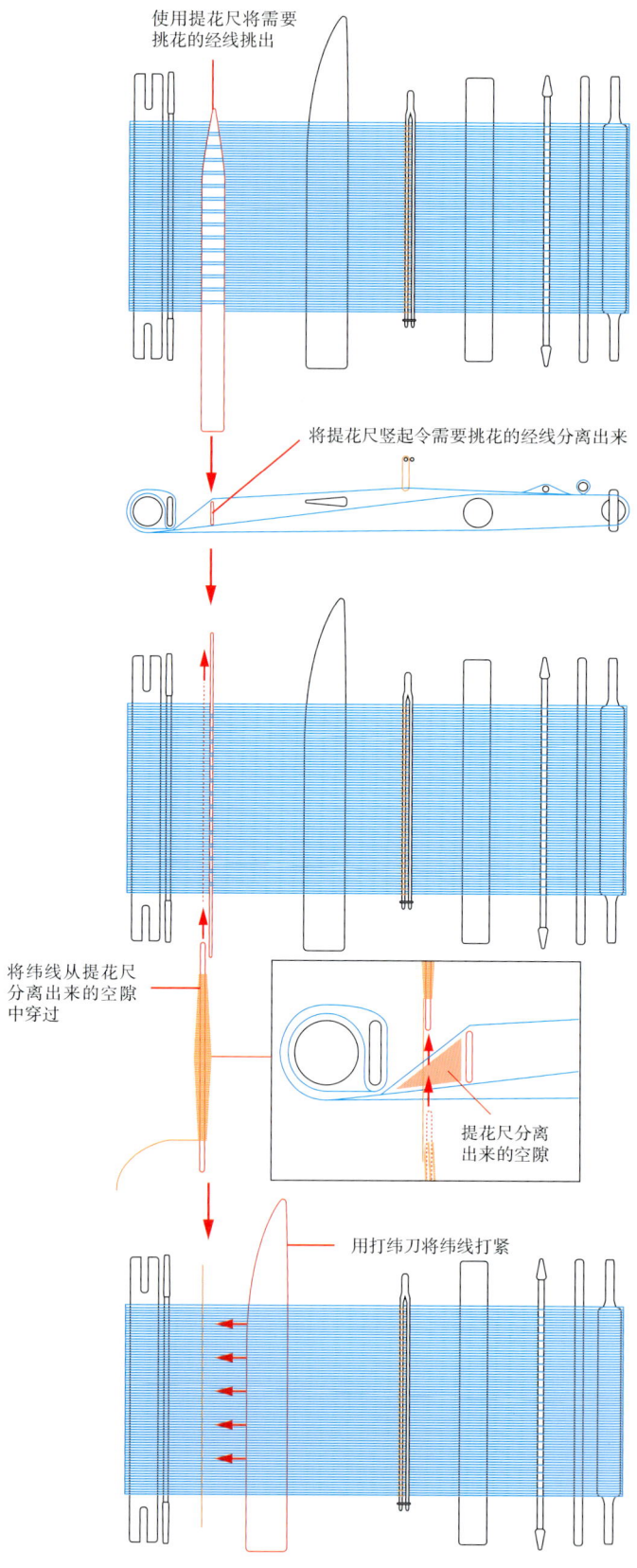

图八 黎族踞织腰机提花方式示意图

图九　黎族踞织腰机使用情境图

第六章 黎族传统民俗和宗教造像

哈方言黎族道公装束

图一　哈方言黎族道公长袍主图1

哈方言黎族道公装束是哈方言黎族的特殊服饰，通常在进行传统的宗教活动时由道公穿戴。如黎族村寨中有人生病，或举行丧葬入棺仪式等，都会请道公前来，通常为男子穿戴。本案例采选自保亭县非物质文化遗产陈列馆、海南省民族博物馆和保亭县文化馆黄呈馆长收藏的道公装束，是典型的哈方言黎族传统道公服饰形制。

哈方言黎族道公装束通常由道公长袍、腰带和鸡毛头圈或红布头巾组成。道公长袍主要由天然麻纤维织成的布料制成,因此也被称为"大麻衣",通常用蓝靛染成蓝黑色。道公长袍有两种款式,均为长袖直领、无纽、无扣的宽大形制,其中第一种款式较长,领口拼接织锦,既宽又长,前襟、下摆卷边,衣摆两侧开衩,袖口处拼接织锦,袖片接缝处在正下方。第二种款式略短一些,领口拼接短而窄的细布条,前襟、袖口卷边,袖片接缝在正面,开衩处白布包边,下摆和衣背中缝处均有红布镶边。道公长袍织造十分精美,前襟、袖口及下摆纹饰通常为红、白、棕、黄四色相间的二方连续蛙、鸟、鱼等图腾纹样,从前襟一直延续到后摆,其余部分为纵向排列的二方连续菱形纹样。腰带织有红白相间的蛙纹样,末端有长长的流苏。鸡毛头圈是用藤条编织成圈形底座,并在正前方插上3～5根野鸡尾毛。

哈方言黎族道公通常头戴鸡毛头圈或捆扎红头巾,身披长袍并用腰带束腰,有些地区道公的腰部还会佩带绑好的箭筒或男式腰篓。

图片来源
图一至图三、图十、图十一　鞠斐　摄影
图四至图九　鞠斐　制图

图二　哈方言黎族道公长袍主图2

图三　哈方言黎族道公长袍主图3

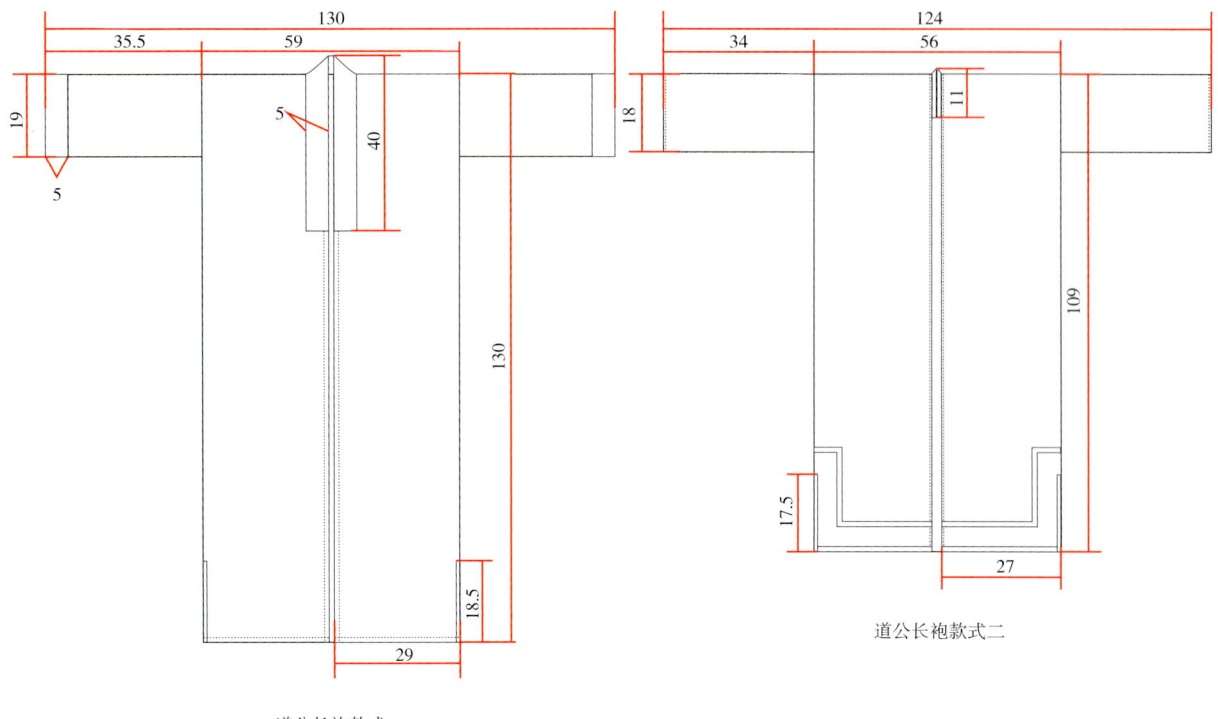

图四 哈方言黎族道公长袍尺寸图（单位：cm）

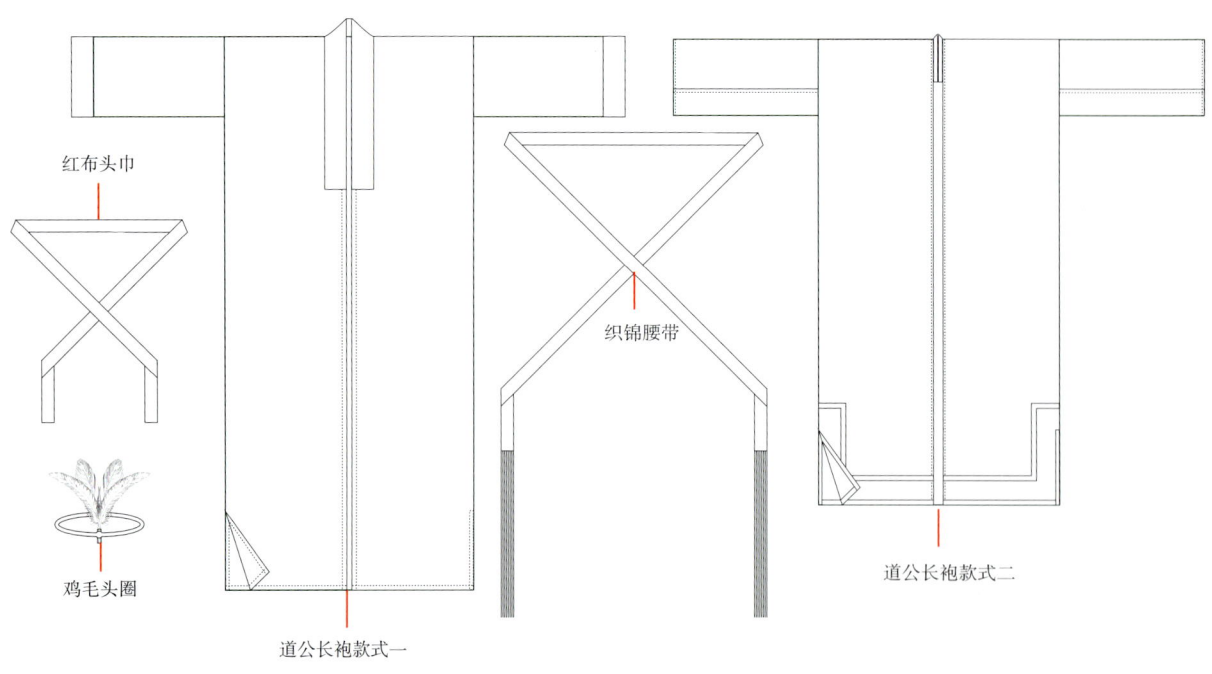

图五 哈方言黎族道公装束结构名称图

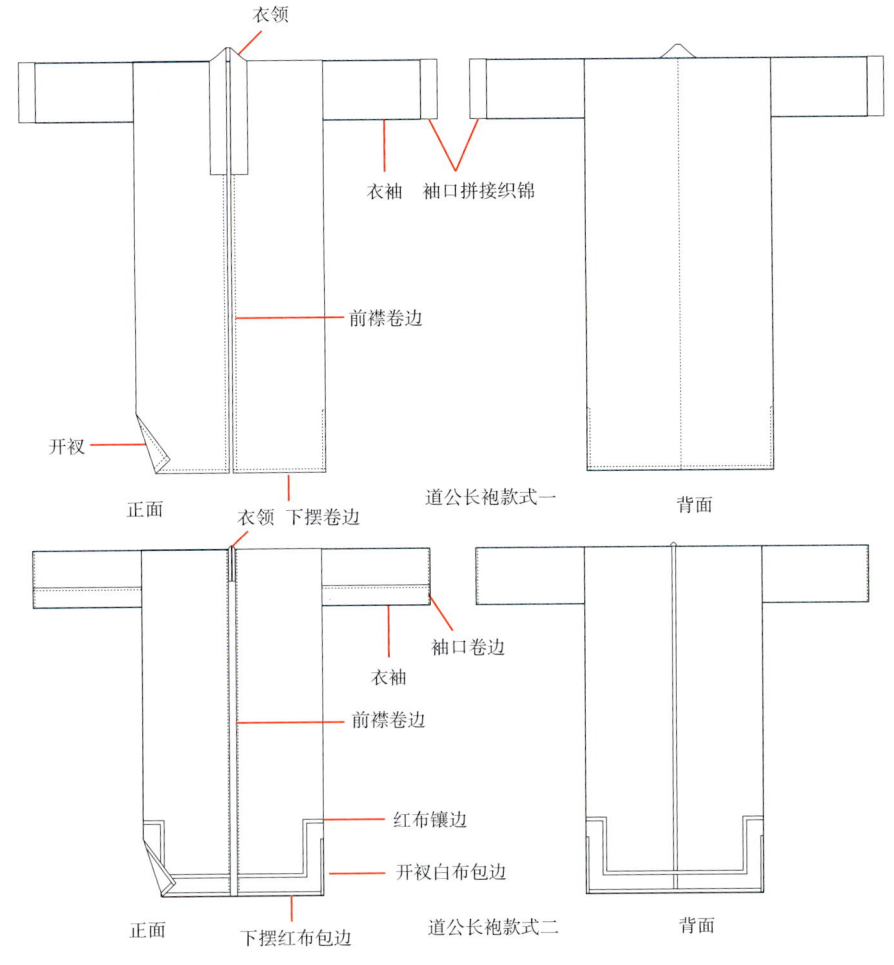

图六 哈方言黎族道公长袍平展示意图

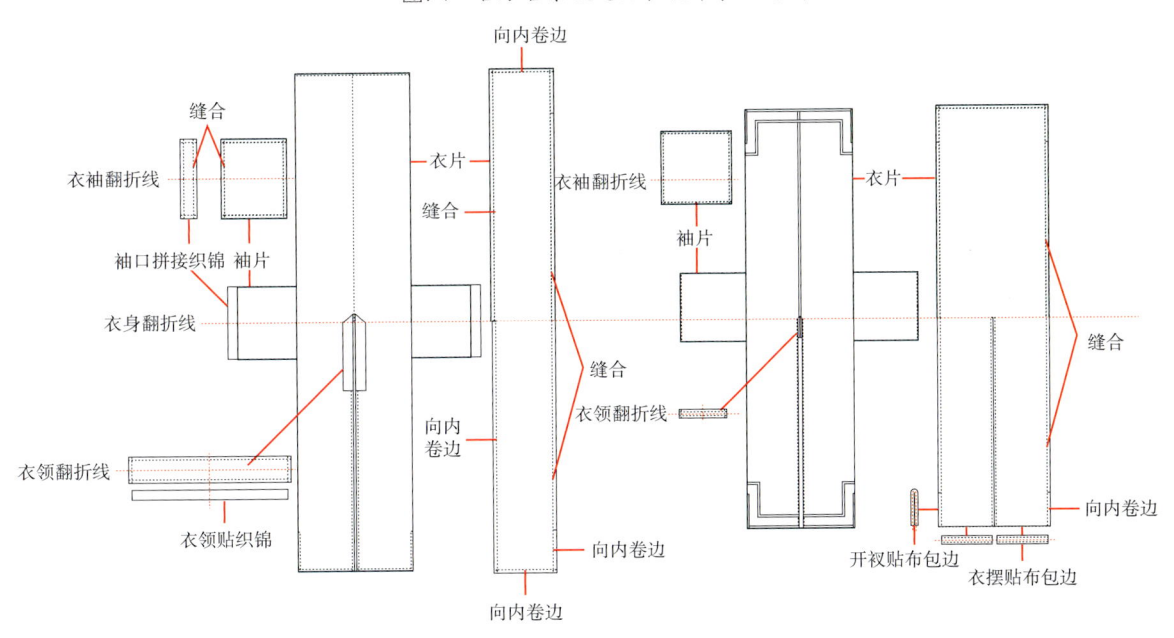

图七 哈方言黎族道公长袍剪裁图

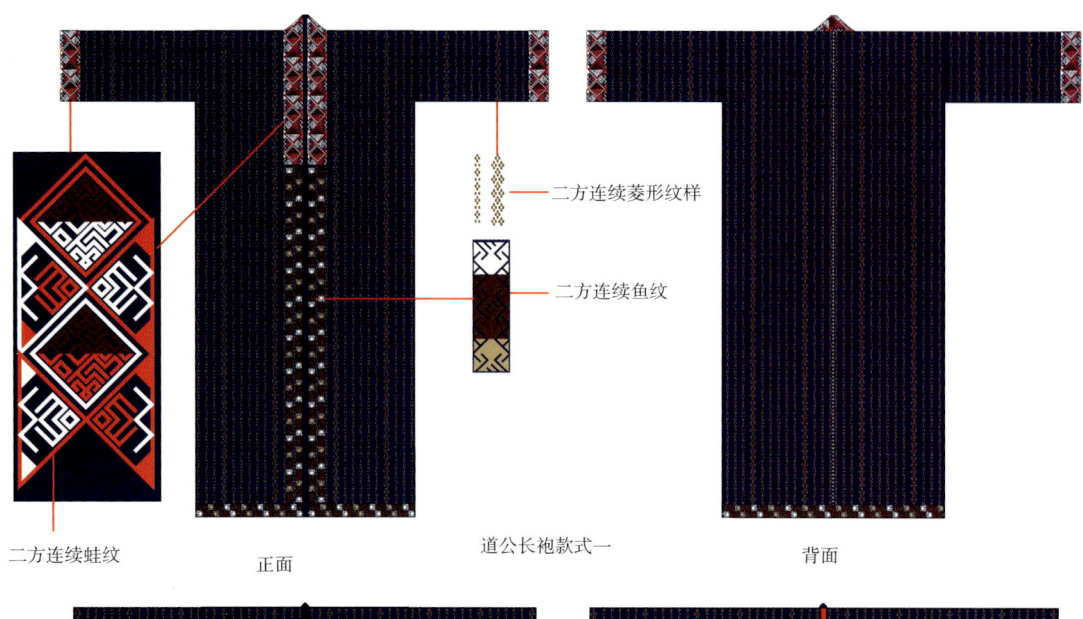

二方连续菱形纹样
二方连续鱼纹
二方连续蛙纹
正面　　　道公长袍款式一　　　背面

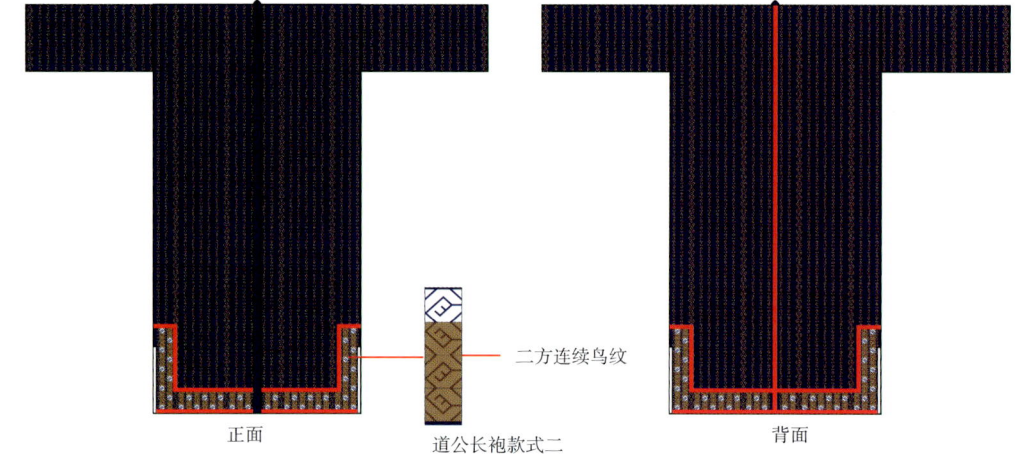

二方连续鸟纹
正面　　　道公长袍款式二　　　背面

图八　哈方言黎族道公长袍纹饰分析图

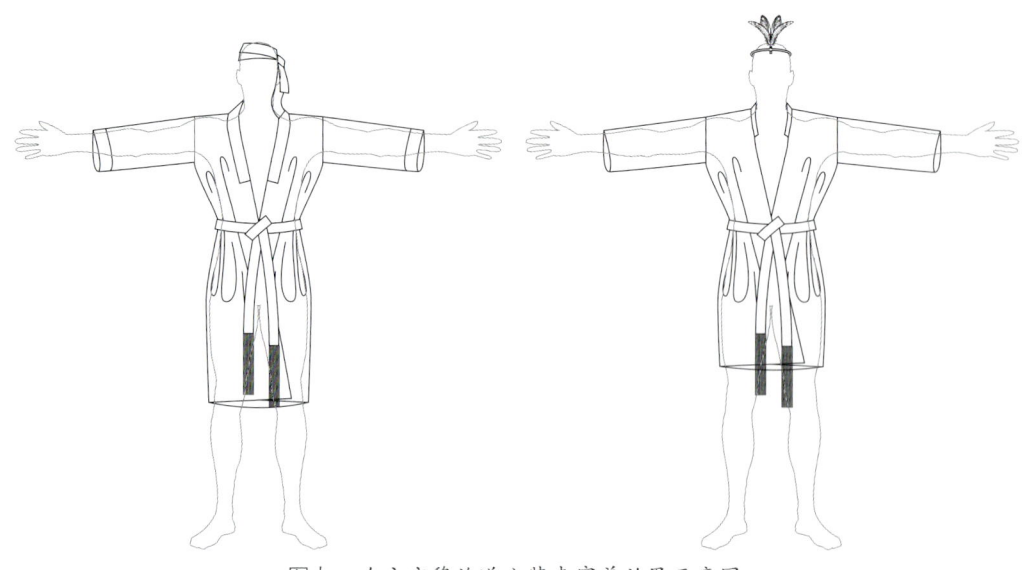

图九　哈方言黎族道公装束穿着效果示意图

图十　延展图：哈方言黎族道公鸡毛头圈

图十一　延展图：哈方言黎族道公腰带

第六章　黎族传统民俗和宗教造像

黎族道公用具

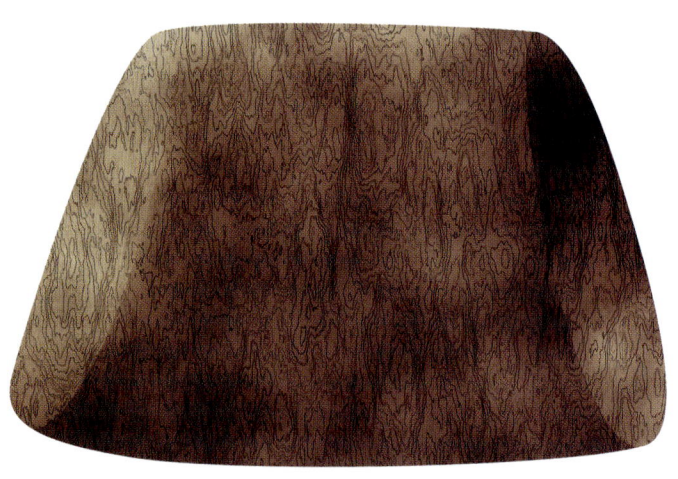

图一 黎族道公用具主图1：筊杯

汉族的道教自唐代传入海南岛后，逐渐被黎族地区的人民接纳，产生了黎族本土的道公，大大丰富了黎族地区传统的宗教活动。

黎族地区的道公使用的用具通常有筊杯、道公印和木蛇，这三样法具使用功能各不相同，其中筊杯用来"问鬼神"，道公印盖在符文上用来"取得鬼神信任"，木蛇则用来"驱邪鬼"。

筊杯通常由两块木片制成，每一块木片都有阴阳两面，形状也各不相同，常见的形状有半球形、饺子形、长方形或方形上部修成圆角等,有些道公会在筊杯的正面刻画出几何纹饰加以装饰。利用筊杯进行占卜的方式通常只有村寨中的道公或者娘母懂得,且不同的地区的道公、娘母进行筊杯占卜的方式大同小异。

道公作法时,通常会将道公印抓在手中或盖在放有符纸的桌上,道公印常见形状有长方形和方形,有些道公会将印的四周打磨成圆角。道公印的正面通常刻有文字,常见字体通常为模仿汉篆的异体字,文字内容通常有"五雷号令""道号赐宝"或与"驱鬼祈福"相关的符号。

木蛇则通常由天生弯曲的木枝条或硬藤条通过加热弯曲成蛇状,再油黑漆,并且在蛇头处刻上眼睛,用于"驱邪驱鬼"。

除此之外,独木刀鞘和牛角号也是道公做法常用时的法器。

图片来源
图一至图三、图九、图十 鞠斐 摄影
图四至图八 鞠斐 制图
图十一、图十二 王辉山 摄影

图二 黎族道公用具主图2:道公印

图三 黎族道公用具主图3：木蛇

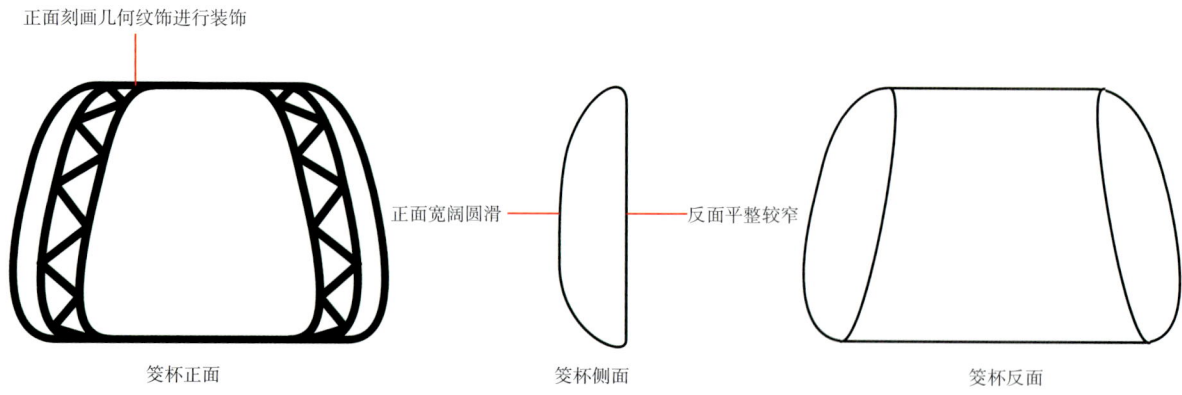

图四 黎族道公用具·筊杯结构分析图

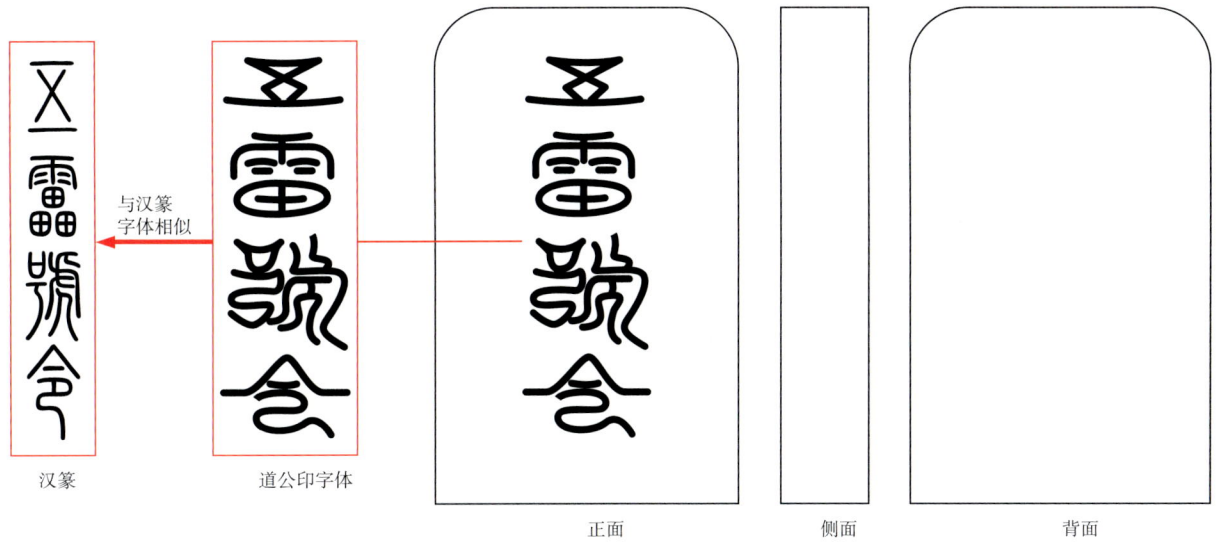

图五 黎族道公用具·道公印结构分析图

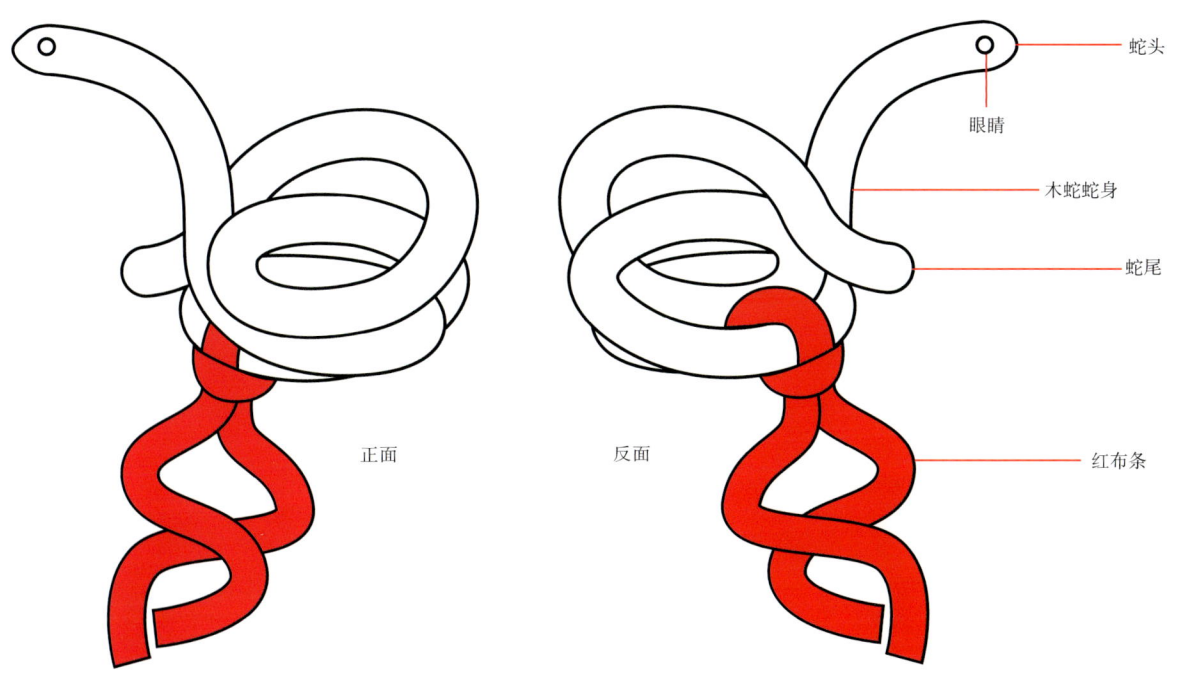

图六 黎族道公用具·木蛇结构分析图

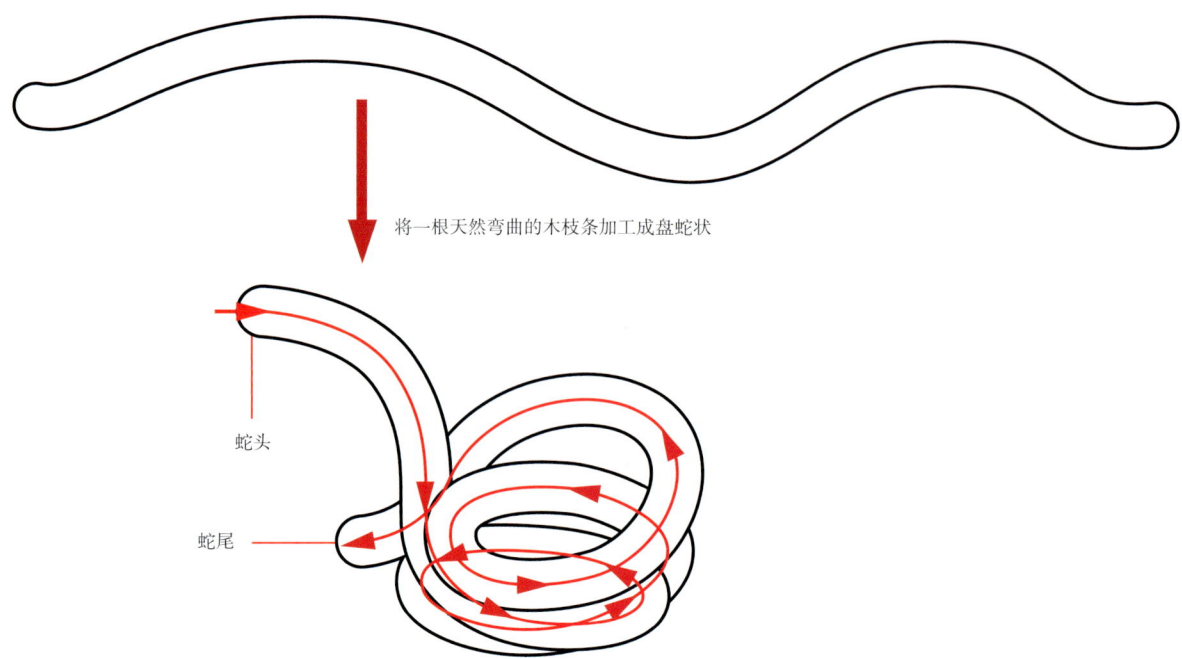

图七 黎族道公用具·木蛇加工方式示意图

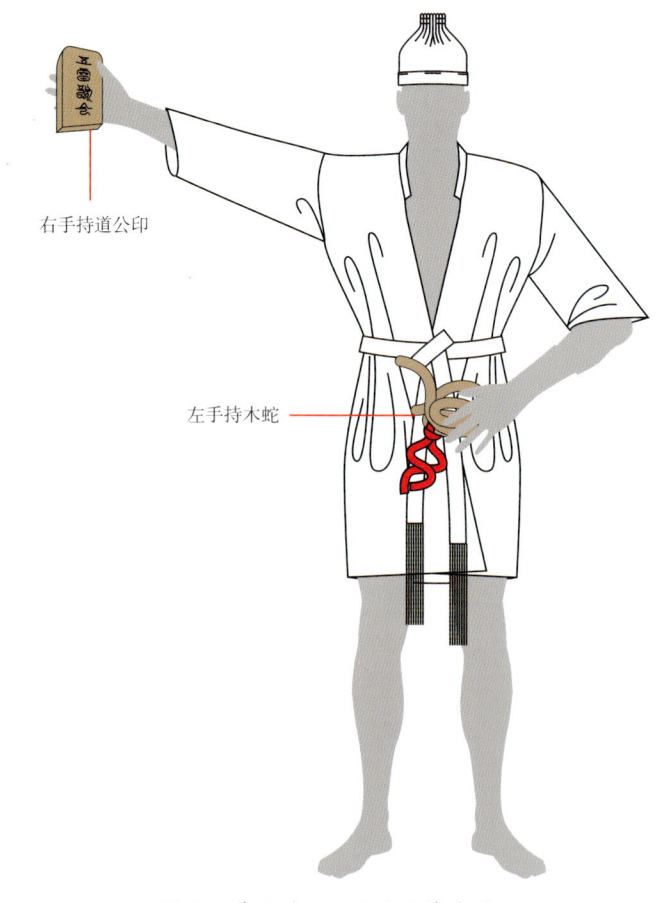

图八 黎族道公用具使用情境图

图九　黎族道公用具延展图：其他形制筊杯

图十　黎族道公用具延展图：方形道公印

图十一　黎族道公用具延展图：独木刀鞘

图十二　黎族道公用具延展图：牛角号

黎族人形骨簪

图一　黎族单头人形骨簪主图

在黎族制作的骨器中，人形骨簪的艺术水平最高，它是白沙润方言妇女最珍贵的头饰。通常用牛骨经过细致的工序雕刻而制，造型别致，人形夸张而神秘，图案既丰富又不乏细腻。

人形骨簪有两种：单头人形与双头人形，主要由站立的人形和多层几何图案构成。人形分为上下三段：上段是人头上的帽饰，长度大约占整个人形的三分之一到二分之一，形似高冠或高高束起的发结，也有在帽上雕刻花草和几何纹等图案。顶部有时钻有小孔，坠着有小珠的流苏彩线。中段为人脸部分，即颈和脸。有单人头像和双人头像，脸的塑造皆是全侧面，而对于眼睛的描绘，却常是完全正位，更多的是眼角与眉毛上扬，给人以威猛之感，有的甚至连同嘴边的胡须也是卷曲上扬的。双人头像从脖子以上分开，两张脸，两顶高帽，相貌相似，但共有一身。下段，是人的躯干，约占人形的二分之一或三分之一。身躯为正面，穿着带有美丽花纹的铠甲，腰间佩着宝剑，右手握拳呈投掷状，左手拿着大盾牌。人形脚下似踩着一缕祥云，下方塑造一只像猫的兽身，十分凶猛好似迎面扑来。整个人形的下部，占骨簪一半的位置都是多层的几何图案。几乎每层所雕刻的花纹都不一样，有水草、游鱼、水纹、弦纹、十字纹、圈点纹等。整体上，人形骨簪给人一种威严、神秘，甚至是高高在上的感觉，但又不乏装饰的美化。从造型上看，人形的头大身小，脸为全侧，身体却为正面，正符合人类早期造型的基本特征。

据推测，骨簪上的人形不是一般的人，而是雷公，雷公是古老的自然神，亦称雷神。人形骨簪正是雷神崇拜的象征之一，反映着黎族先民对风调雨顺、农业丰收、人畜平安的寄托与企盼。

骨簪上意象化的人，似人的特征与动态，但又不完全相似，比例的变形、双头同身等臆想的形态，正是人们对偶像敬畏而崇拜后的变异形象。因为互渗律的原始思维，使神灵物象人格化，作为常戴的发簪，它伴随人的左右，目的是为了保佑平安，受惠得福。

图片来源
图一　袁晓莉　摄影
图二、图五　张宣乐　制图
图三、图六　张飞　制图
图四　王学萍.黎族传统文化.北京：新华出版社，2001.
图七至图九　陈翔宇　制图
图十　胡亚玲　摄影

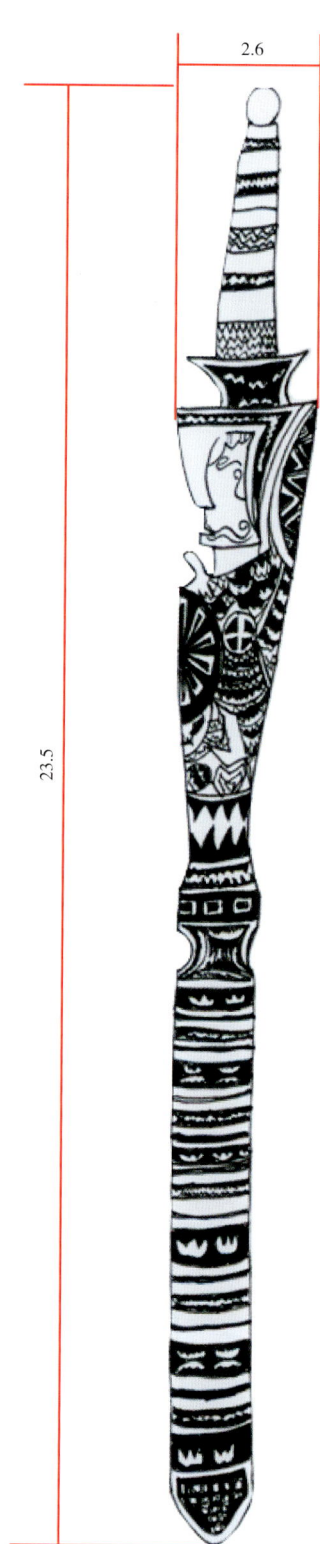

图二　黎族单头人形骨簪尺寸图（单位：cm）

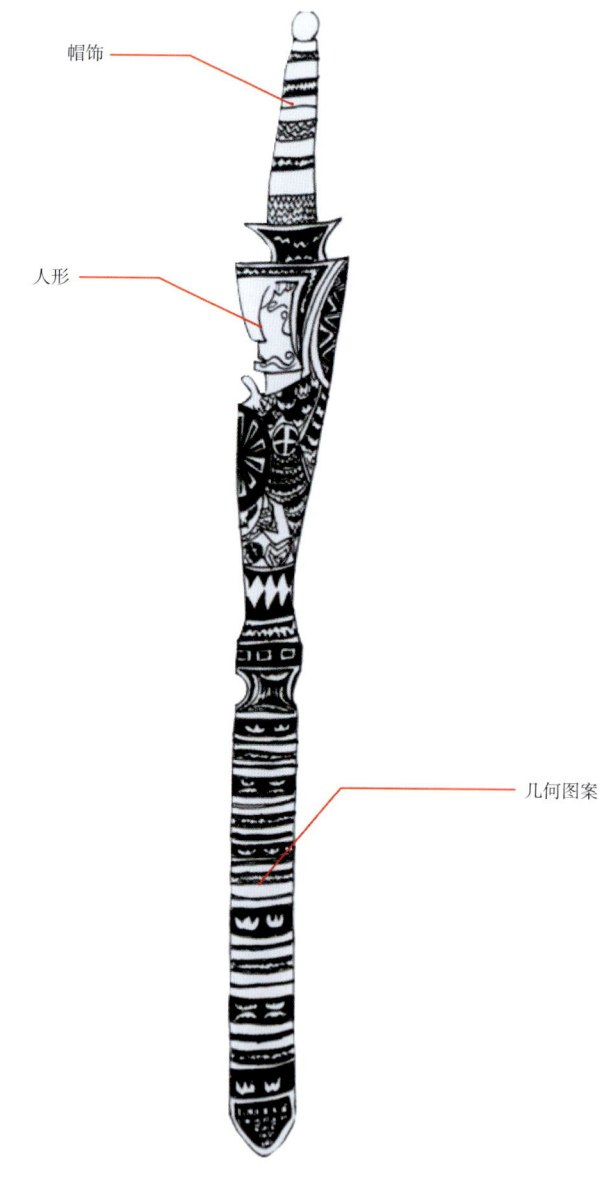

图三　黎族单头人形骨簪结构名称图

图四　黎族双头人形骨簪主图

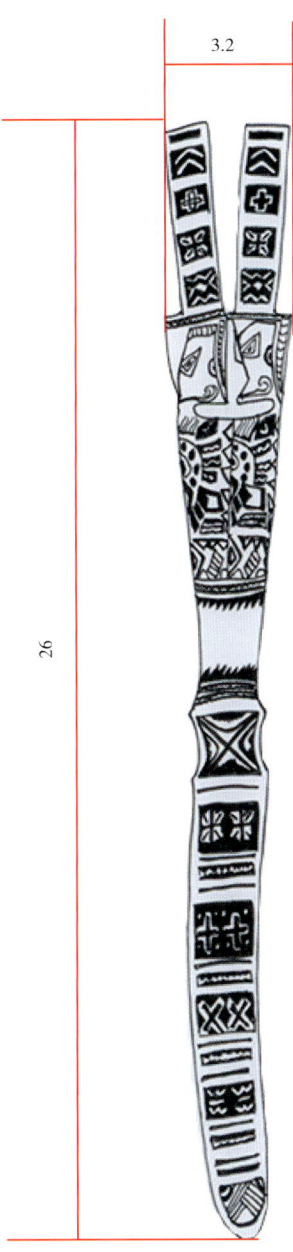

图五　黎族双头人形骨簪尺寸图（单位：cm）

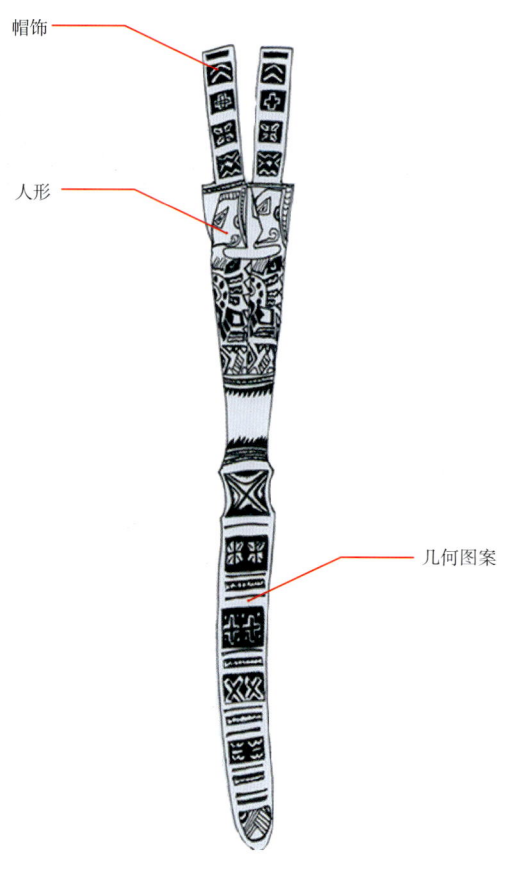

图六 黎族双头人形骨簪结构名称图

图七 黎族单头人形骨簪纹饰图

图八 黎族双头人形骨簪纹饰图

图九 黎族人形骨簪几何纹饰图

图十　白沙润方言黎族妇女骨簪使用情境图

黎族鸡骨占卜

图一　黎族鸡骨占卜鸡骨主图

黎族传统鸡骨占卜又称为鸡卜，是黎族传统占卜方式之一。鸡骨占卜的方式大致有两种：一种较为简单，不插竹片直接根据鸡股骨上营养孔进行占卜；第二种方式较为正式，插入竹插棒之后，根据左右鸡股骨上营养孔以及插入竹签进行占卜。本案例采选自海南省博物馆收藏的占卜用鸡骨，是常见的第二种鸡骨占卜工具形制之一。

本案例鸡骨由一根竹片、两根鸡骨和四根细竹签组成。占卜鸡骨制作时首先选择同一只鸡的两根股骨，然后削一根长竹片作为鸡骨插棒，将竹片一端削尖成剑头的形状，另一端削成两根细棒，细棒的尖端插入鸡骨的末端固定鸡骨。最后根据鸡骨上自然形成的营养孔的数量削数根长短一致的细竹签，将细竹签一端削尖，并将尖端插入营养孔中直到触底。除本案例占卜鸡骨的形制以外，常见的还有三种样式，第一种是将竹片一端削成两根细竹棒，分别插入两根方向相对的鸡骨末端，再将手持一端竹片用红纸或红布裹紧；第二种是将两根鸡骨的末端破开豁口，然后插入竹片固定；第三种是先将竹插棒的一端削分成左、中、右三根细竹棒，再将两根鸡骨方向相背分别卡在左、右两端的细竹棒上，最后用红布裹紧鸡骨和竹插棒衔接处。

用鸡骨占卜出猎时，通常用左股骨代表猎物，右股骨代表猎人，根据营养孔的多少和位置来占卜出猎成果。不同方言区都有自己约定俗成的解签方式，如乐东哈方言黎族人在占卜时出现左、右股骨均为两个气孔，且左股骨气孔距离大于右股骨，才能代表出猎必得；而琼中杞方言则认为左股骨气孔数量大于右股骨即代表出猎必得。此外乐东哈方言黎族还使用鸡骨占卜问平安、问病。琼中杞方言黎族使用鸡骨占卜问借牛、问订婚。除了根据看营养孔间距宽窄进行占卜之外，还能根据营养孔数量，以及单个、多个营养孔插签高度和倾向来进行占卜。

图片来源
图一、图七　鞠斐　摄影
图二至图六　鞠斐　制图

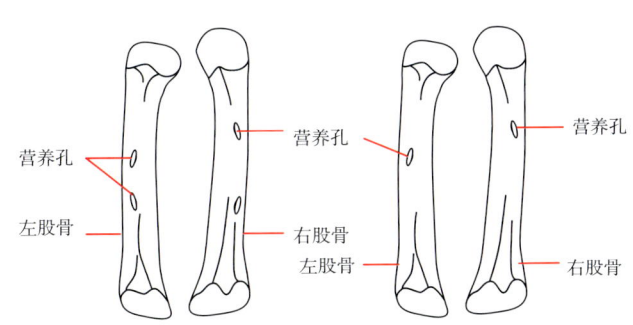

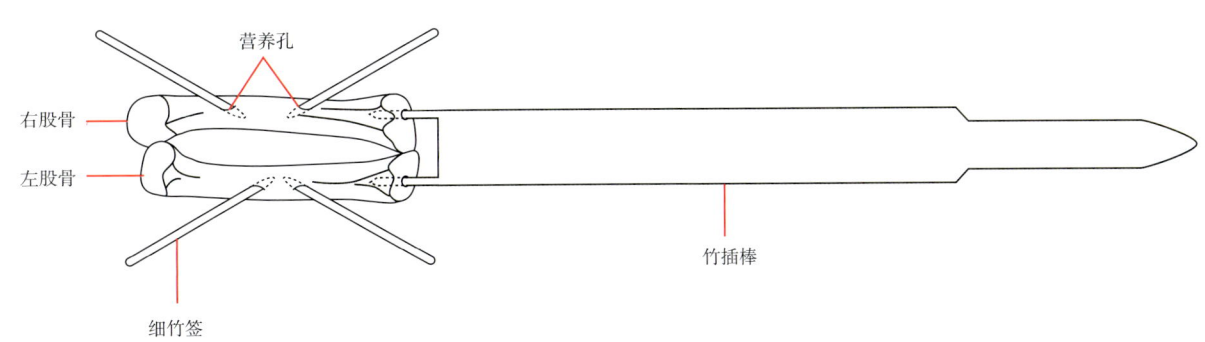

图二　黎族鸡骨占卜鸡骨结构名称图

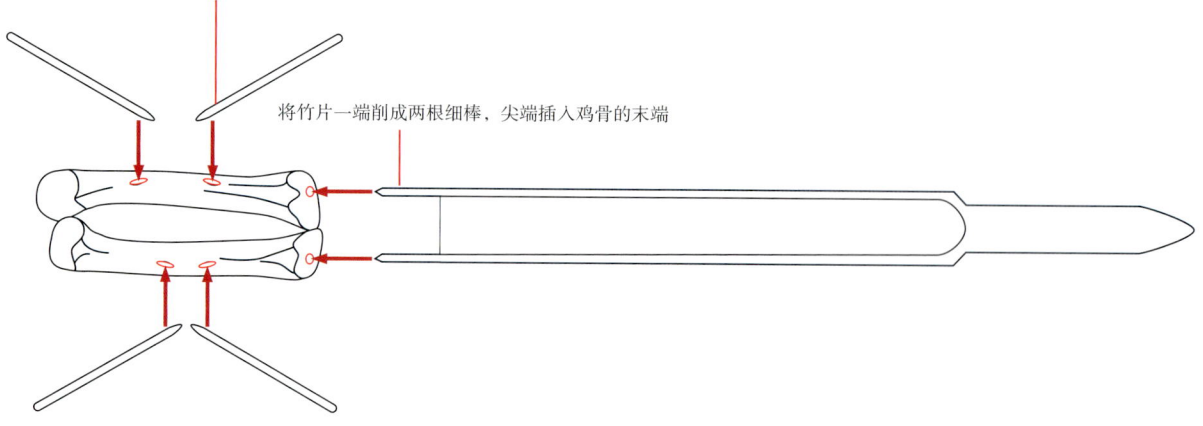

图三　黎族鸡骨占卜鸡骨设计分析图

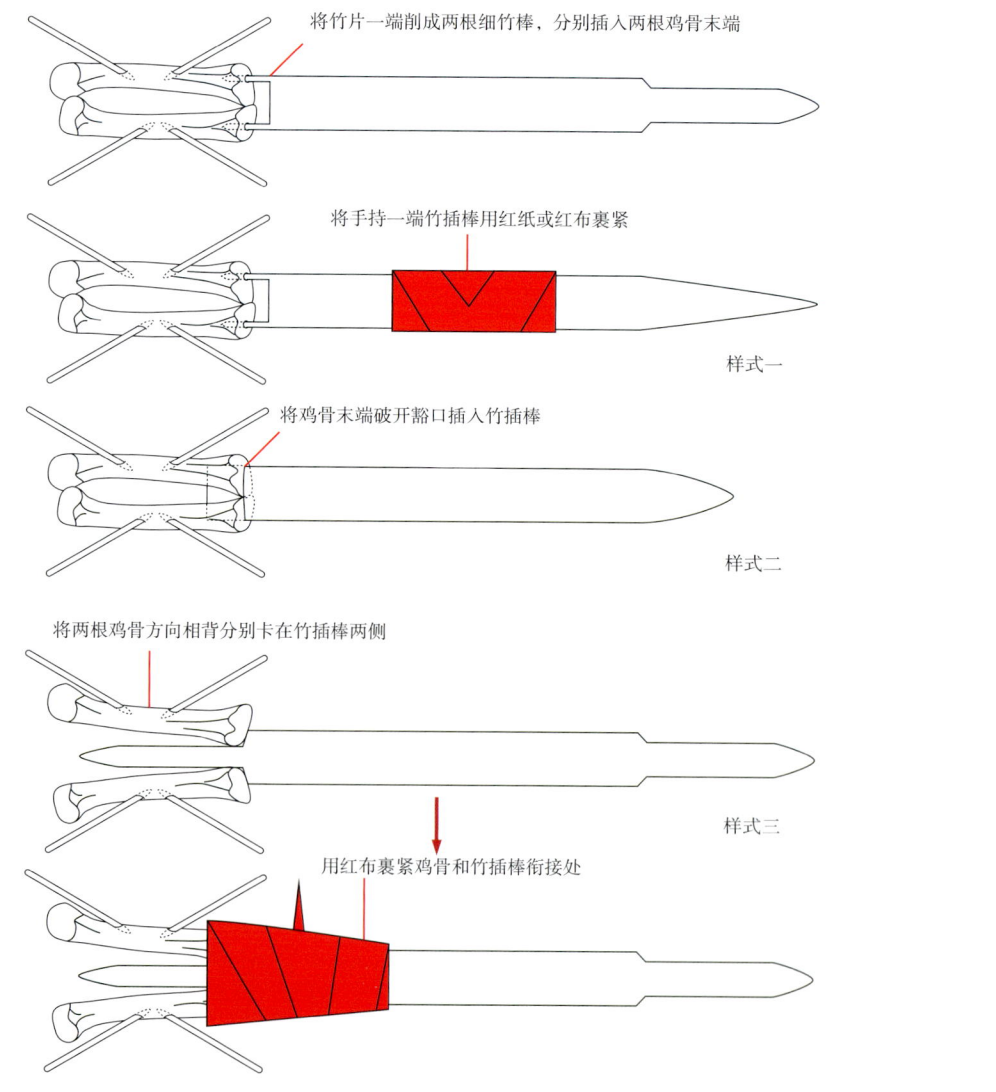

图四　黎族鸡骨占卜样式分析图

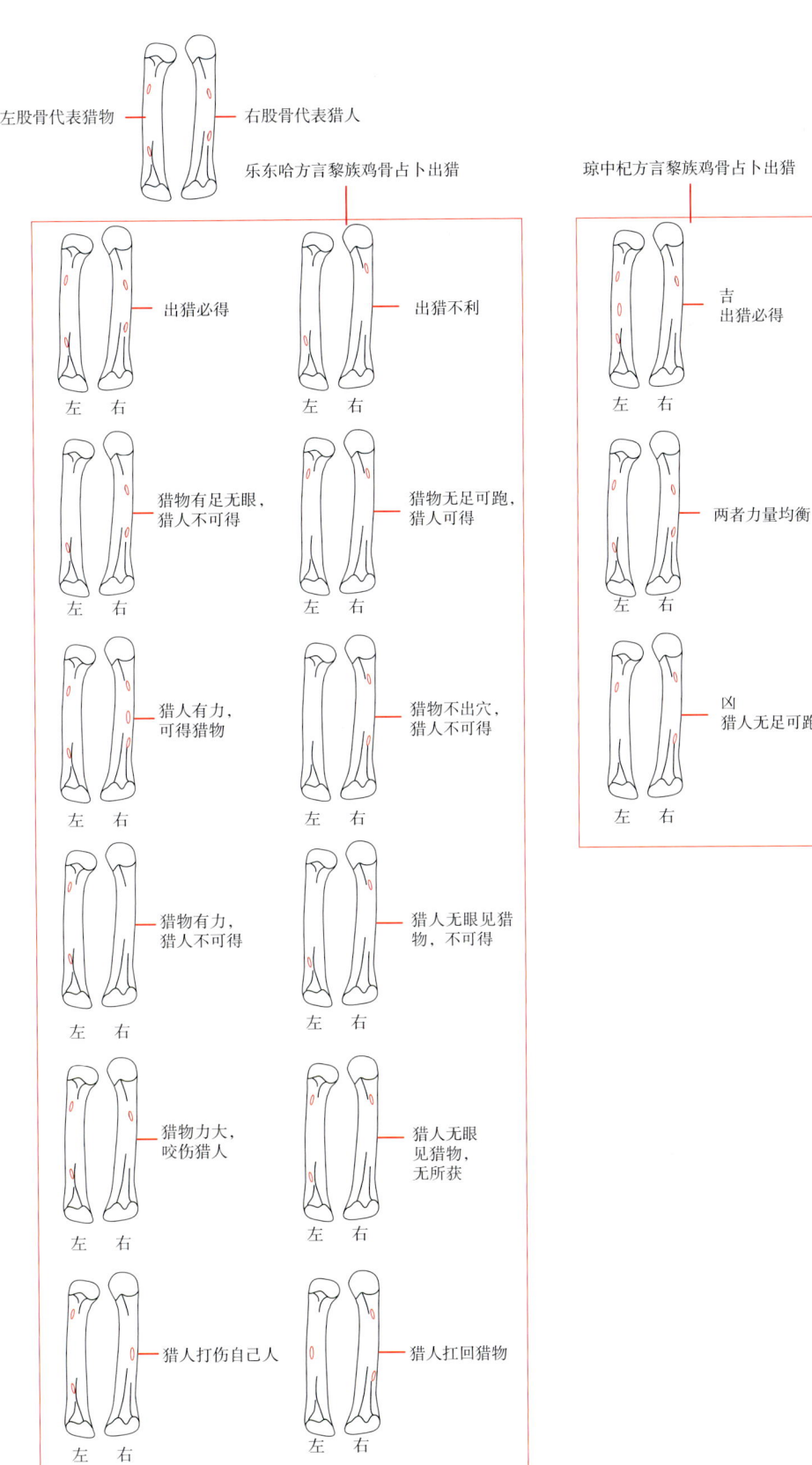

图五　黎族鸡骨占卜方式示意图1

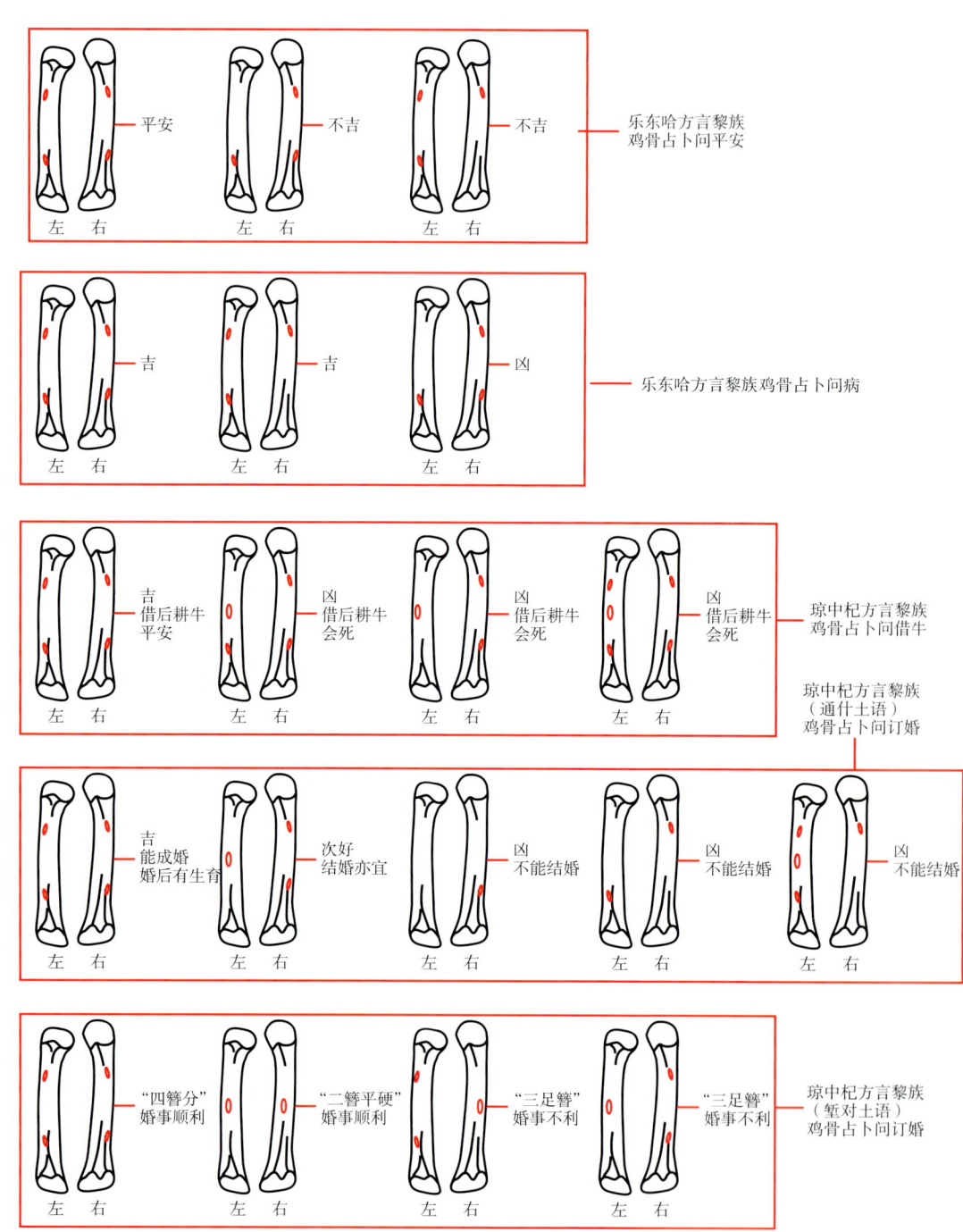

图六 黎族鸡骨占卜方式示意图2

图七 黎族鸡骨占卜延展图

第六章 黎族传统民俗和宗教造像

黎族独木皮鼓

图一 黎族独木皮鼓主图

过去，在黎族的许多村中或村口都有一株芒果树或是大榕树，树上昼夜挂着一只独木大皮鼓，孩子们时常在树下听老人讲述族人的故事。若有人来犯或发生重大事情，头人便敲响挂在树上的大皮鼓，召集全村的人抵御外敌或商议对策。大皮鼓黎语称为"根龙"，是黎族招众、祭祀和作为乐器的工具。因此，它神圣不可侵犯，除了头人，无人敢敲。传说黎峒先人焚木取暖，火烧大木而中空，棒击响声咚咚，峒头于是击木腔呼众，后人把木腔两头蒙上鹿皮，制成独木皮鼓。大峒多悬鼓于该峒中最高的山岭，小峒悬于头人家屋檐下，是权力的象征。后来，大皮鼓的功能发生了新的衍化，除了招众传信，还是祭祀的引乐，在集体的"招福舞"中发挥重要作用。大约在宋代时，大皮鼓已变成族群庆祝丰收、搬迁新屋等的乐器，宋代周去非的《岭外代答》中记载"亲故聚会，椎鼓歌舞"，鼓与锣合奏，形成一种黎族特有的称为"总兵"的乐曲。

今传皮鼓，大型的约长100厘米，直径50～60厘米，整个鼓身是由一段粗壮原木刳空制成，两头稍小，中间略鼓，有一木把柄，用于悬挂。为了制作皮鼓，人们特意在秋冬上山寻找空心的硬木，因为这样的鼓共鸣强，鼓声传得远。砍回村后，把树干刳空到一定厚度，然后晾干。鼓面一般蒙鹿皮、牛皮，将柔软的皮子绷紧后，等其晾干，干后即成鼓面的形状。这时的制鼓者要悄悄拿着鼓面，驮着鼓身，到山上制作皮鼓。黎族人认为，制作这神圣的独木牛皮鼓不宜被他人看见。在山上，制鼓者将老竹根削成竹钉，把皮钉在木腔两头，呈"人"字形交错地钉成两排。一张鼓面做好后，制鼓者便将它搬回村里，悬挂在谷仓外，等待来年再做另一面，这也可以看出人们制作皮鼓的严肃庄重。鼓槌用硬木做成，既可单槌也可双槌敲击。鼓面的弹性、鼓槌的振动与鼓腔的共鸣，使鼓声可远扬5公里外，因此，大皮鼓是招众传信、祭祀庆祝的重要工具。据说在鼓制作完成后，还要杀鸡请道公举行用鼓仪式后方可使用。由此，皮鼓被赋予了很多神秘色彩。最重要的是，鼓身及鼓面多有图案，尤以鼓面形象生动，多以黑、红色描绘。五指山杞方言的鼓面为黑色图案，图案用黑色与留白的三角形围成圈，好似太阳照耀的光芒，与广西、云南等地的百越青铜器边缘图案相似，体现了在农耕文明之下人们对于太阳的崇拜。圈里绘制的主要是人狩猎的景象，正中一棵神树庇佑，在林中狩猎的环境下，有表现人骑马、手拿弓箭与标枪射杀动物的画面，也有黄猄、野猪、鹿等，有的已身中箭或矛。

这些鼓面上的形象描绘好似史前岩画与洞窟壁画，剪影式的造型，突出了对象的动态与基本特征，概括而明确地表达出了画面含义，与史前人们的造型艺术之风格如出一辙。比如皮鼓上的狩猎图，人沉着冷静地手持弓箭射向前方的黄猄，因受到惊吓，黄猄双耳竖起、身体上扬，做扑纵反抗之状，此情此景与内蒙古阴山托林沟岩刻狩猎图中一人一兽的对决与反抗非常相似，都注重对动态的处理与气氛的描写。又如皮鼓中鹿的图案，与许多存在鹿的地区岩画相像。这些图案也比较明显地表达了某种巫术的性质，尤其是描绘中箭的受伤猎物，黎族皮鼓上受伤的鹿，即为狩猎前的巫术仪式而作，希望在狩猎之时能成功获取猎物。这些受伤的动物为"顺势巫术"（即"模拟巫术"）的产物，是基于原始思维中"相似律"的联想而模拟真正的狩猎场面以求成功。因此，这些绘画图案不是静观的审美客体，而是作为巫术—艺术交感的活动载体，体现了黎族原始艺术的形态特点。大皮鼓也不仅仅是审美与娱乐的器物，对世代狩猎的黎族人来说，它是组织狩猎的头人所拥有的权威象征。

图片来源

图一、图五　袁晓莉　摄影
图二　张飞　制图
图三　叶祎祎　制图
图四　陈翔宇　制图
图六　袁晓莉　制图
图七　周星悦　制图
图八　胡亚玲　摄影
图九　王辉山　摄影

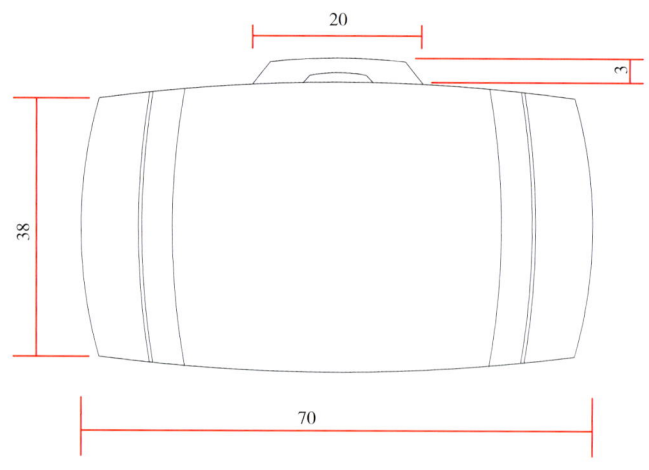
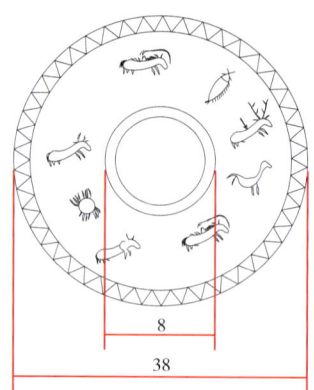

图二　黎族独木皮鼓尺寸图（单位：cm）

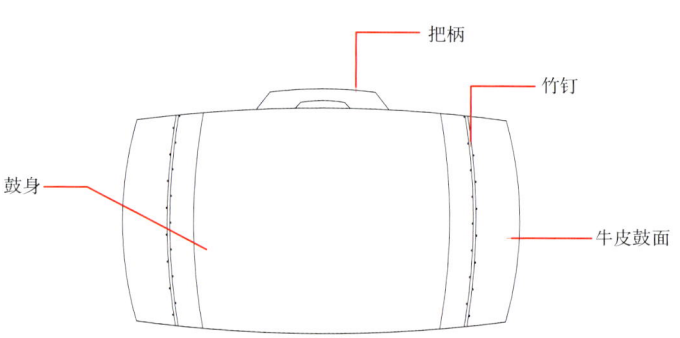

图三　黎族独木皮鼓结构名称图

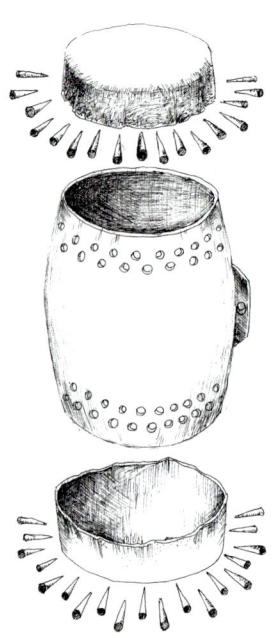

图四　黎族独木皮鼓解析图

图五 黎族独木皮鼓内部结构图

图六 黎族独木皮鼓鼓面图案

图七 黎族独木皮鼓制作示意图

图八　悬挂在树上的黎族独木皮鼓

图九　黎族独木皮鼓使用情境图

黎族三蛙铜锣

图一　黎族三蛙铜锣主图 1

黎族三蛙铜锣是典型的铜制体鸣乐器，在黎族传统村寨之中被视为贵重的珍宝，是黎族传统的宗教器具和传信工具。本案例采选自海南省博物馆和海南省民族博物馆馆藏的黎族传统三蛙铜锣，具有十分典型的形制特征。

本案例形制大小不等，其直径通常在 24～42 厘米，锣身用青铜或黄铜铸造，表面光滑，中部略微凸起，顶端有三个环扣，大多以间隔 50 度到 60 度之间的角度进行排列，环扣底部为铜环，上方铸饰铜蛙，其中铜环的下半部分和铜蛙的臀部紧贴锣面，其他部分翘起。常见的铜蛙有三种式样，第一种式样的铜蛙头部较圆，双眼圆睁，前肢较长，环抱铜环后侧，蛙腹紧贴圆环，臀部紧贴锣面，后肢环绕蛙身后侧，后侧紧贴锣面。第二种铜蛙头部较尖，不带蛙眼，前肢较短，贴住铜环表面，蛙身腹部紧贴铜环，臀部紧贴锣面，后肢前侧紧贴铜环表面，后部紧贴锣面，背部沿身体曲线装饰有水波纹状纹饰。第三种式样的铜蛙较小，头部较尖，双眼位于两侧，前肢较短，紧贴铜环，蛙身后侧、后肢以及铜环的下半部分制作成一个整体，臀部后侧紧贴锣面。

本案例使用时首先将拎环套入蛙锣上部的三个铜环，然后将麻绳或白藤套入拎环，将铜锣悬挂在木架上吊起。有祭祀活动时，黎族道公通常使用悬挂在一旁的木槌敲击锣面，令其发出声音。黎族三蛙铜锣在近现代大多用来作为黎族道公祭祀时使用的打击乐器，同时也是权力和财富的象征，曾是黎族村寨必备的传信工具和祭祀乐器，如今除了在博物馆中还保留些许，黎族民间祭祀活动中几乎已经难以寻觅铜锣的身影。

图片来源
图一、图二、图九　鞠斐　摄影
图三　王辉山　摄影
图四至图八　鞠斐　制图

图二　黎族三蛙铜锣主图 2

图三　黎族三蛙铜锣主图 3

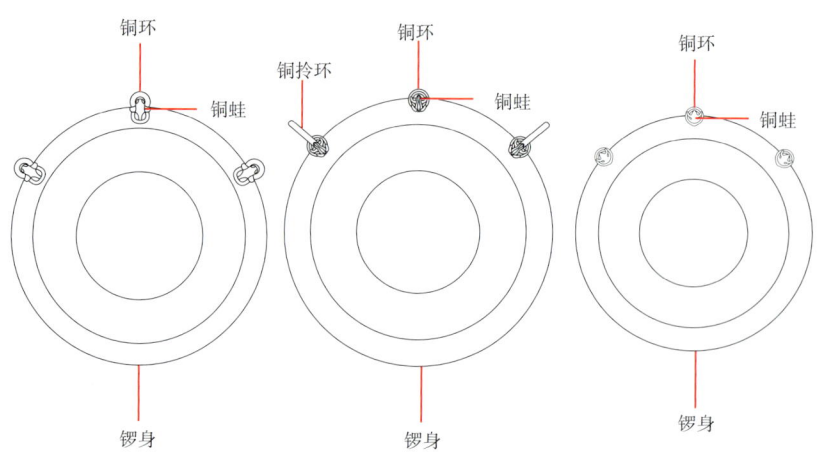

图四　黎族三蛙铜锣结构名称图

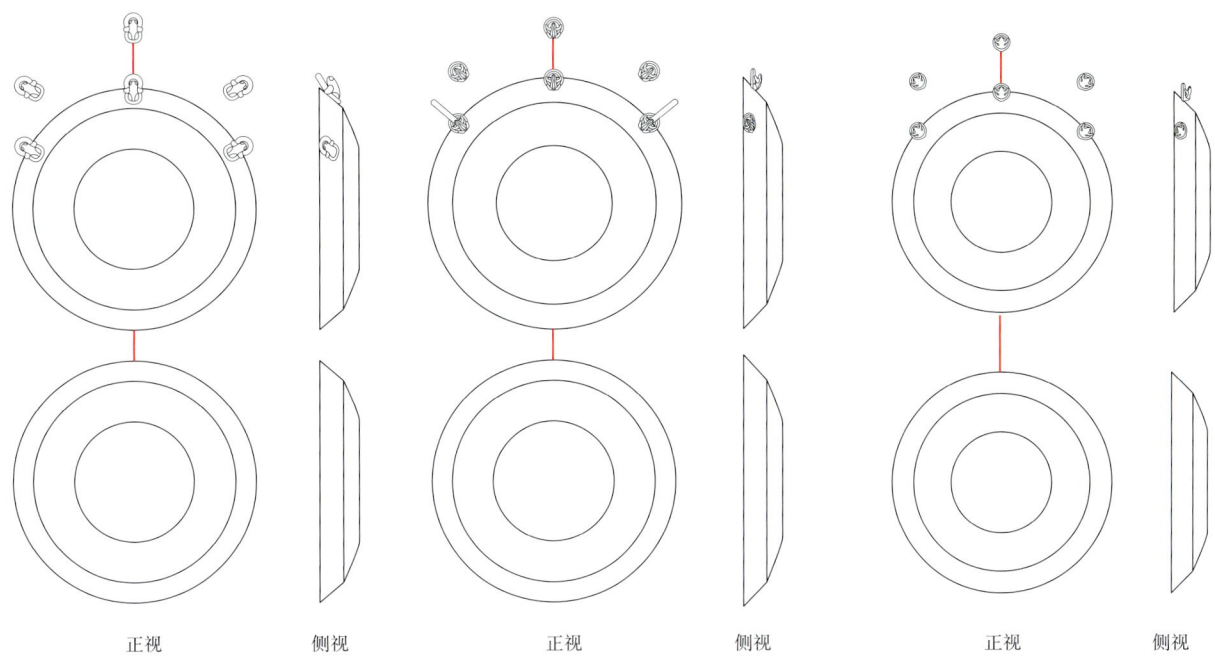

图五　黎族三蛙铜锣视角图

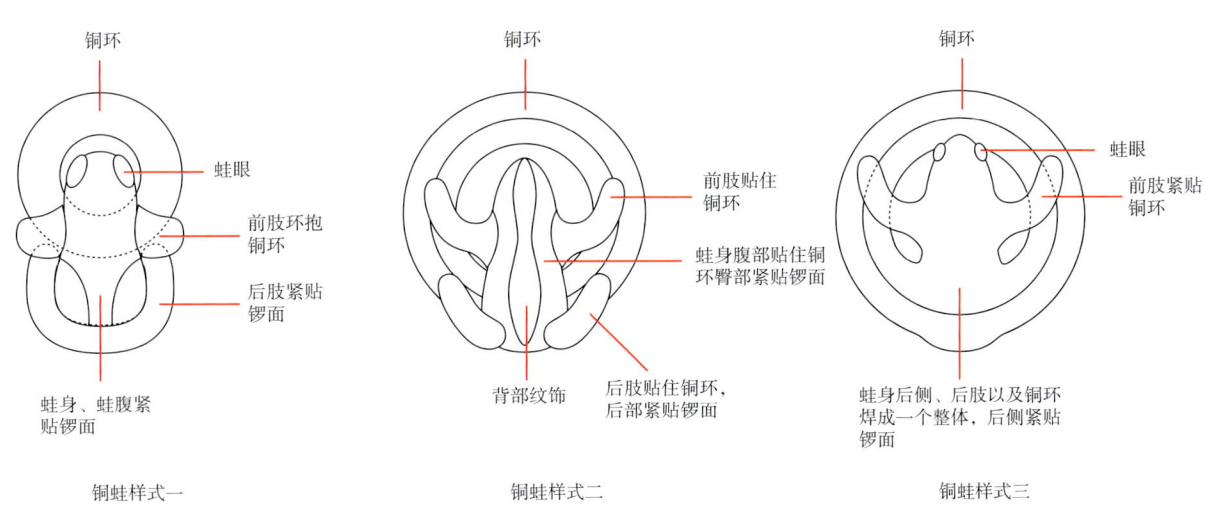

图六　黎族三蛙铜锣铜蛙样式分析图

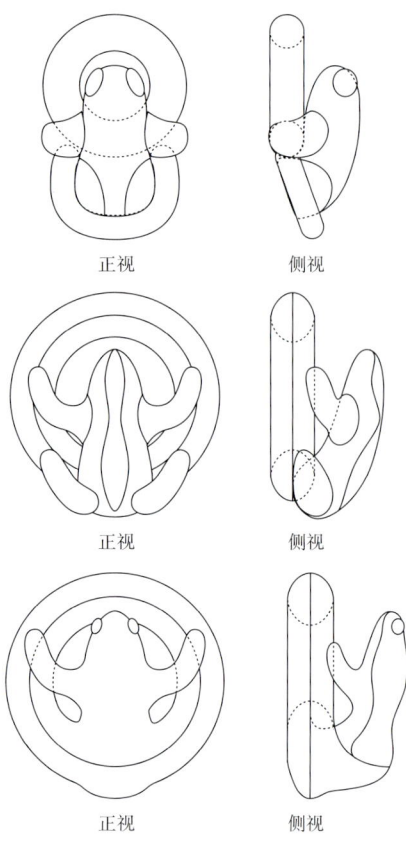

图七 黎族三蛙铜锣铜蛙视角图

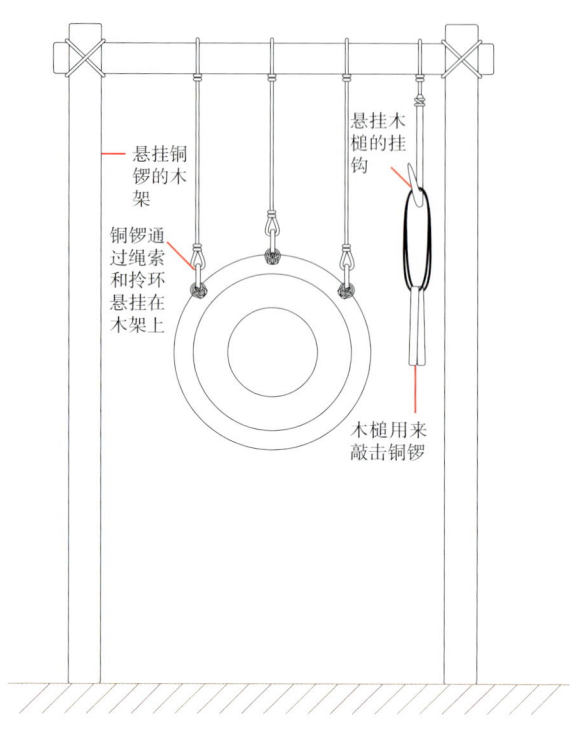

图八 黎族三蛙铜锣使用方式示意图

图九 黎族三蛙铜锣延展图

黎族织绣图案中的蛙图腾

图一　黎族织绣图案中的蛙图腾主图1

蛙纹在新石器时代就与鱼纹和鸟纹并称为我国三大图腾纹样，是黎族常见的图腾纹样，与早期的生殖崇拜观念有着密切的联系。蛙图腾作为黎族传统织绣图案中的一种常见纹样，大量出现在黎族妇女的筒裙上，不仅是黎族人民生殖崇拜的具体表现，也是解读黎族文化观念与造物思想的重要载体。

黎族传统织绣图案中的蛙图腾在不同的表现技法的影响下产生了不同的造型特点，其中纺织图案中的蛙图腾大多由菱形和X形演变而来，造型由简到繁形成丰富多样的变化，由菱形演变的蛙图腾纹样整体图案大多左右对称，在菱形的基础上向下演变出爪形或弓形的下肢，其中爪形的下肢变化更加丰富,图案构成也更加复杂。稍复杂的蛙形在菱形的上部会延伸出短小的上肢,菱形作为蛙纹的身体部分同样会产生镂空或者局部增加图形、改变颜色之类的变化,较为常见的是多个菱形由大到小装饰在内部。两只及以上的蛙纹会形成叠加的纹样,常见的叠加方式有蛙身下部叠加小蛙纹样、蛙身下部叠加两只方向相同的蛙纹样或两组方向相反的蛙纹样身体重叠等。以 X 为初始图形演变成的蛙纹样,同样是在 X 形的基础上不断进行变化,如四肢延伸出较复杂的爪形。X 形的蛙纹大多是由两个蛙纹组成的头部相接的上下重复图形,较为复杂的蛙纹或头部重叠,或在尾部叠加图形且四肢造型更加复杂。由于黎族传统纺织图案的排列方式为错格排列法,因此图案造型也多为直线和折线构成的几何形状,而刺绣图案中的蛙纹则由于不受格子的限制而加入曲线元素,令线条构成更加自由。大多刺绣蛙纹同样为左右对称的图形,且常常作为单元图形构成二方连续纹样装饰在女子筒裙上。

黎族传统蛙图腾除了运用在筒裙上之外,还常常出现在陶缸上。陶器上的蛙形,较抽象的织绣图案更加具象,上肢略短小,向上伸展,下肢粗壮带蹼,或做蹬地捕虫状,或为水中畅游状,形象栩栩如生。

图片来源
图一、图二 鞠斐 摄影
图三至图六 鞠斐 制图
图七至图九 袁晓莉 摄影

图二 黎族织绣图案中的蛙图腾主图 2

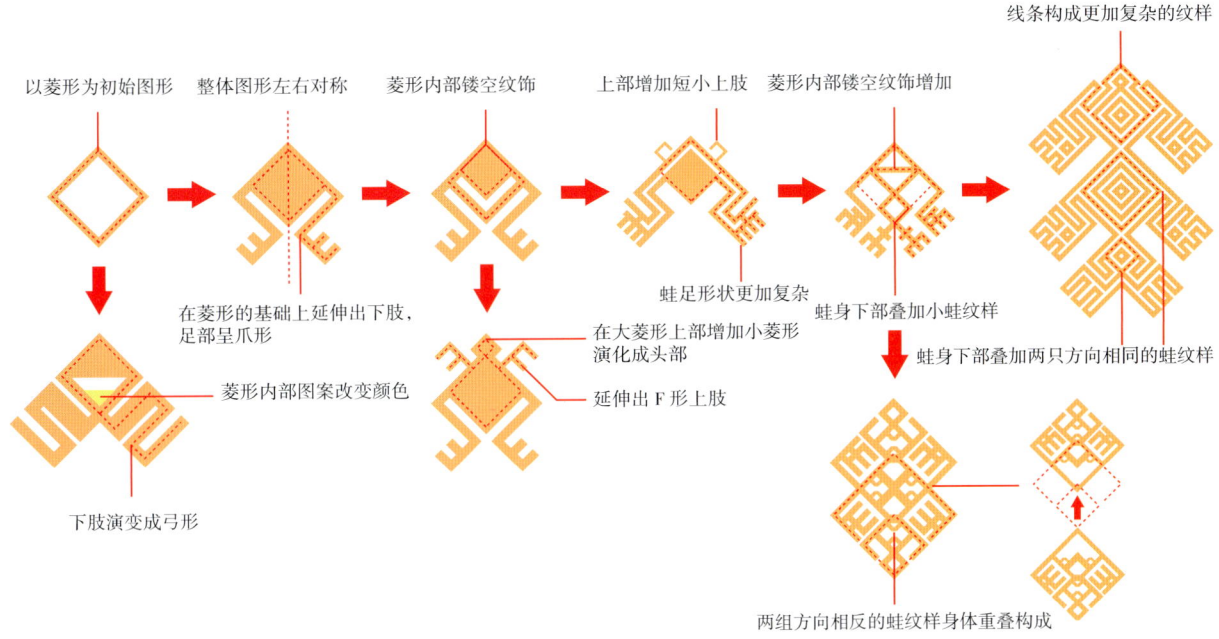

图三 黎族织绣图案中的蛙图腾纹样形状变化示意图 1

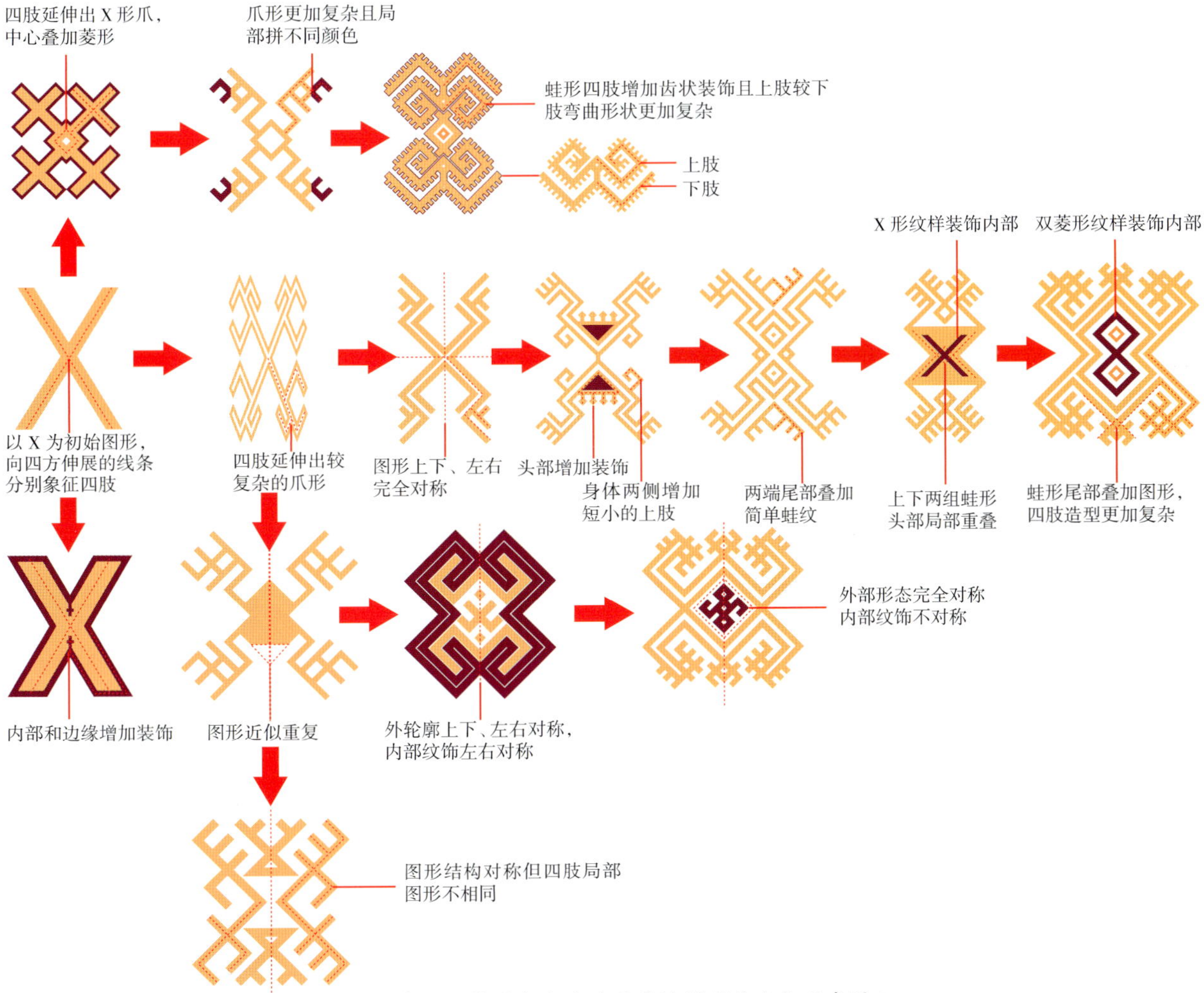

图四 黎族织绣图案中的蛙图腾纹样形状变化示意图 2

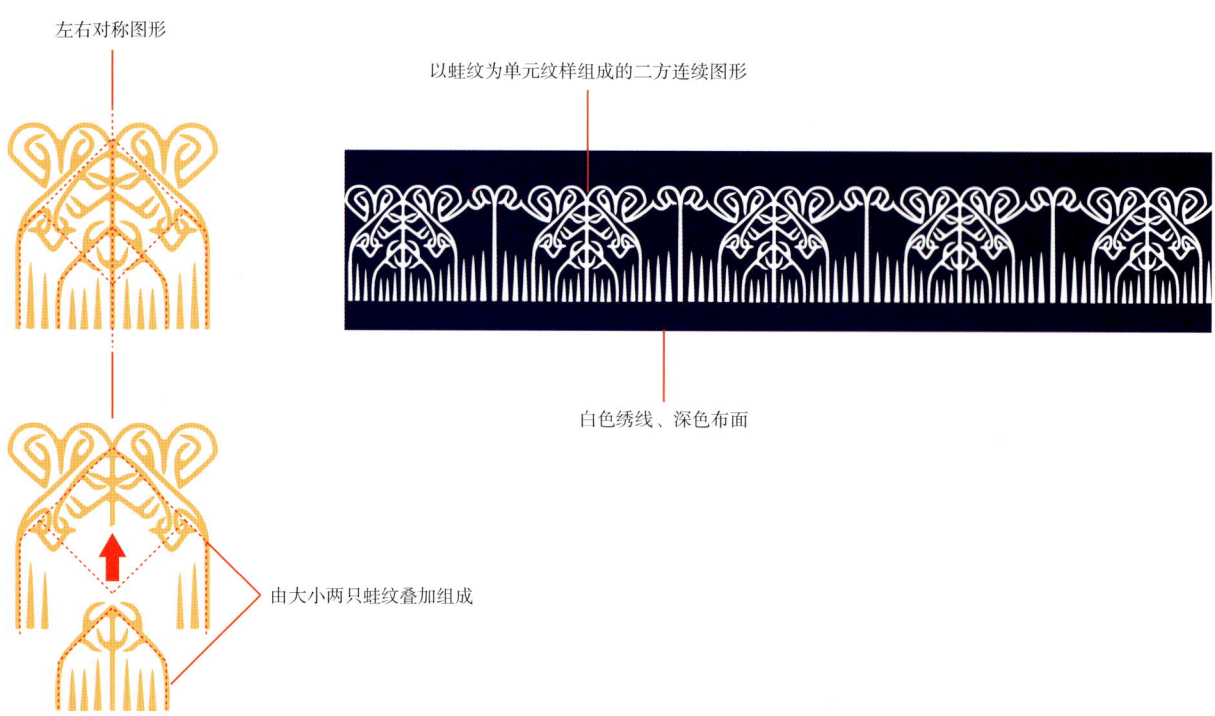

图五　美孚方言黎族妇女筒裙上的蛙纹绣花

图六　蛙纹在筒裙中的使用示意图

图七　延展图：陶器上蹬地捕虫状的蛙形

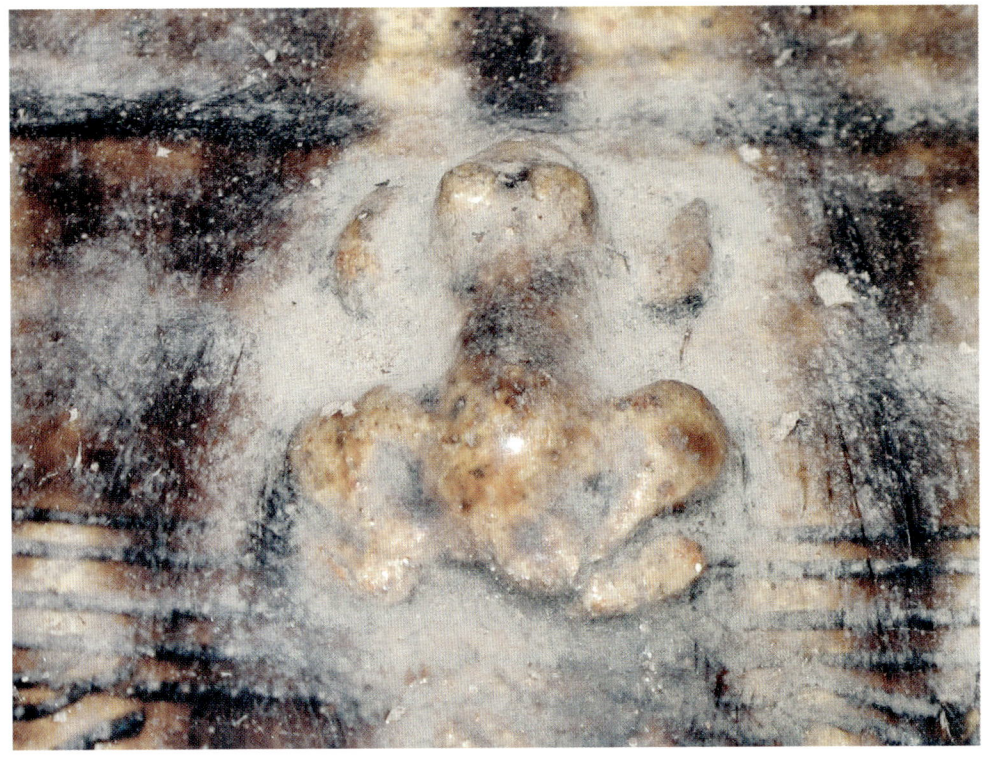

图八　延展图：陶器上水中畅游状的蛙形

图九　延展图：陶器上下肢粗壮的蹲踞式蛙形

黎族竹契

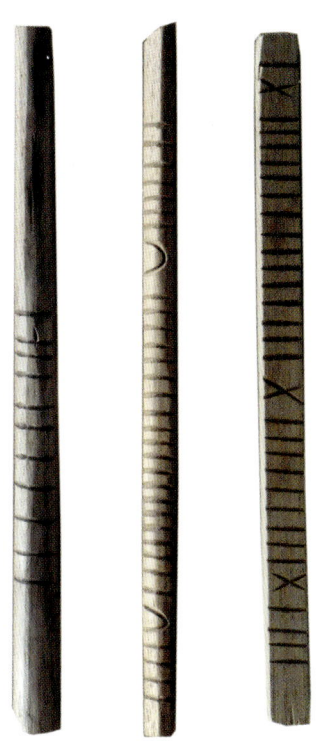

图一　黎族竹契主图

黎族没有自己的文字，因此在汉字传入黎族地区之前，黎族人通常使用实物、小石头、绳结和刻竹来计数，其中刻竹计数是黎族人用于借贷的一种约定俗成的方式。在清代《崖州志》的第十三卷便有记载："黎人赊借，刻竹为契，剖两执之。"小到个人与个人，大到峒与峒之间，都会使用竹契来作为借贷的证据。

由于海南岛竹资源丰富，因此与汉族传统的刻木为契不同，黎族人刻画契约的媒介通常为竹片。契约用的竹片在制作时通常根据竹子的粗细来选择不同的制作方式，如果竹管较粗，则先将竹管从中间剖成几瓣宽竹片，如果竹管较细，那么直接砍削竹管即可。竹片和竹管制作完成后，需要根据借贷物的价值和数量来确定长度，长度通常有三种："指长押"最短，刻画的钱物价值也最低，"指长押"的长度通常是根据负债人的中指长度计量，再将长出中指的部分削掉；"掌长押"较前一种刻画借贷物的价值要高，长度通常是根据负债人的手掌长度计量；"肘长押"价值最高，长度通常是根据负债人从指尖到手肘的长度计量。使用负债人的肢体作为竹契的长度计量方式是根据不同的人肢体的长度各不相同，在销账时会起到核对的作用。刻画契约时，通常以刻画一条横线为一个单位，根据不同的借贷物，一个单位所代表的内容各有不同，不同的借贷物之间会用圆形或X来进行区分。刻好之后将竹管或者竹片从正中一剖两半，借贷双方各执一半，负债人每还一部分债务，债主便要将相对应的划痕削去，债务还清之后将两半竹契合在一起进行比对，再和负债方的肢体长度进行比对，核实无误之后即刻烧毁竹契。

汉字传入黎族地区之后，黎族人逐渐开始使用汉字在竹片或木片上书写契约，起初有刻画和书写各半，后来逐渐全为书写。除了竹契之外，黎族还有另一种计数习俗——在屋内房顶的竹架上悬挂兽颚骨，兽颚骨通常会用绳穿起来挂成一排，用来记录狩猎所获得的猎物数量，屋架上悬挂的兽颚骨越多，则代表狩猎的猎手越勇猛，这种计算猎物的习俗至今仍能在保留传统黎族房屋的村落中见到。

图片来源
图一、图六至图十　鞠斐　摄影
图二至图五　鞠斐　制图

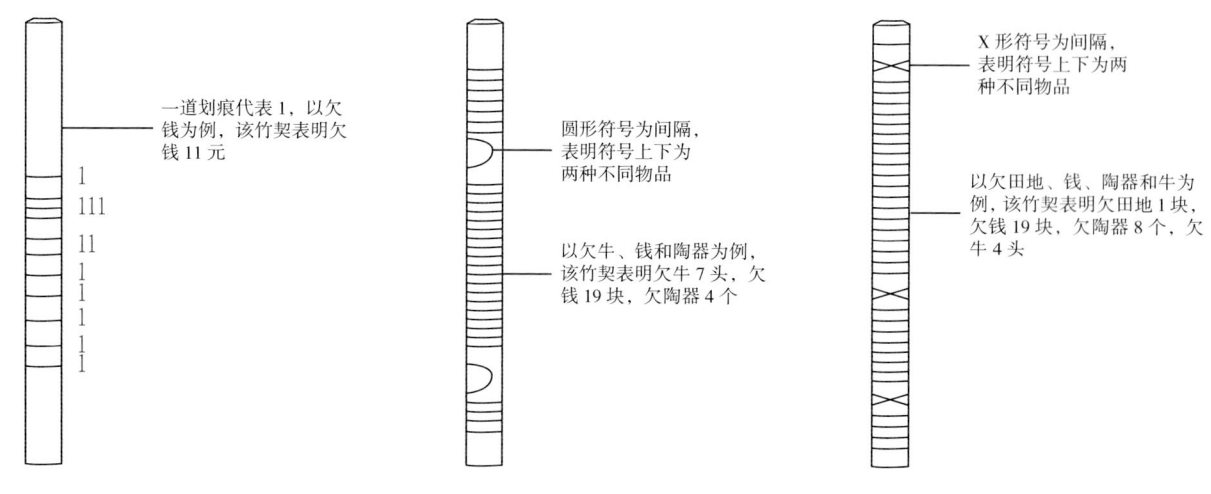

图二　黎族竹契计量方式示意图

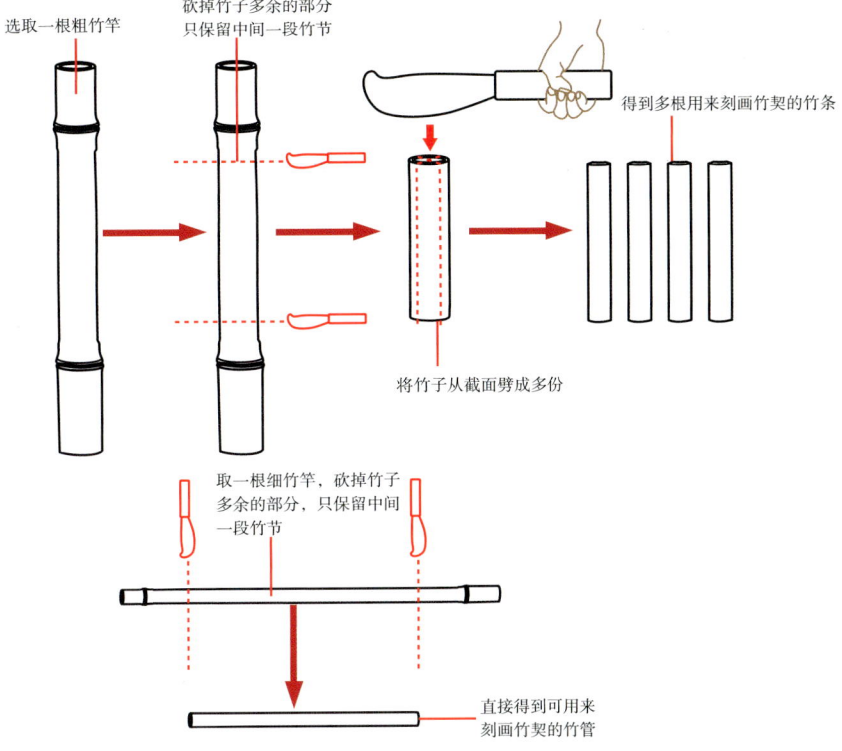

图三　黎族竹契制作方式示意图

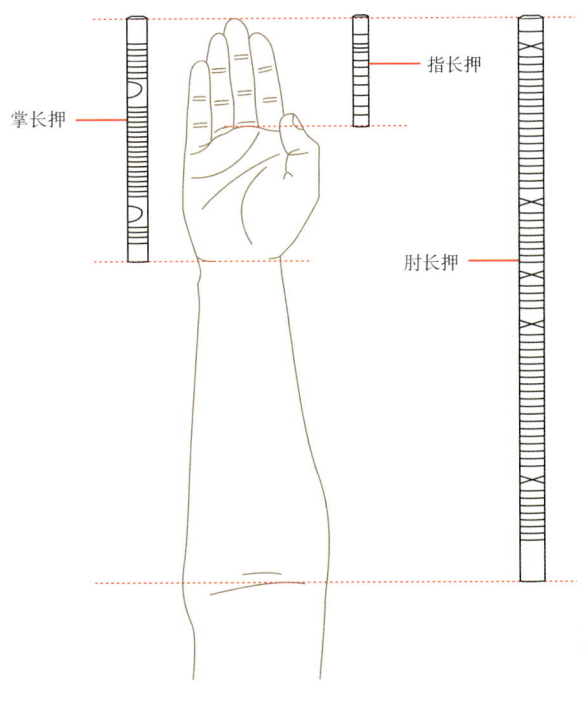

图四　黎族竹契长度测量方式示意图

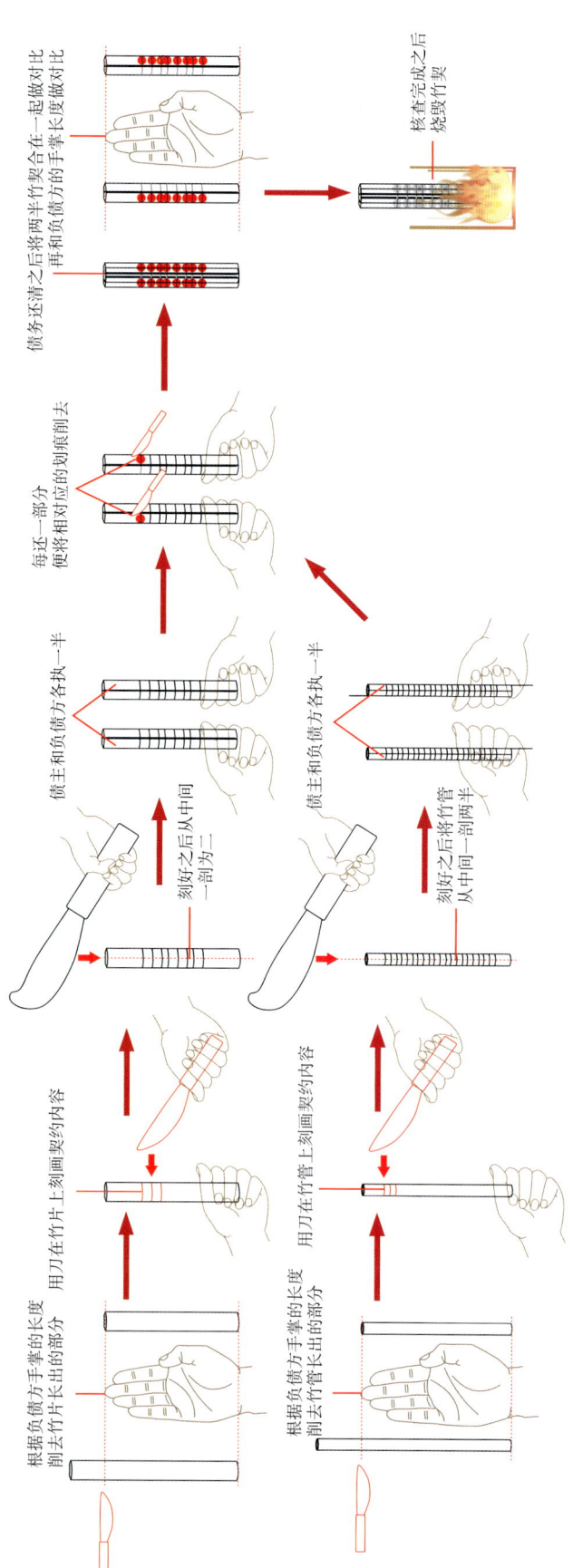

图五 黎族竹契契约方式示意图

 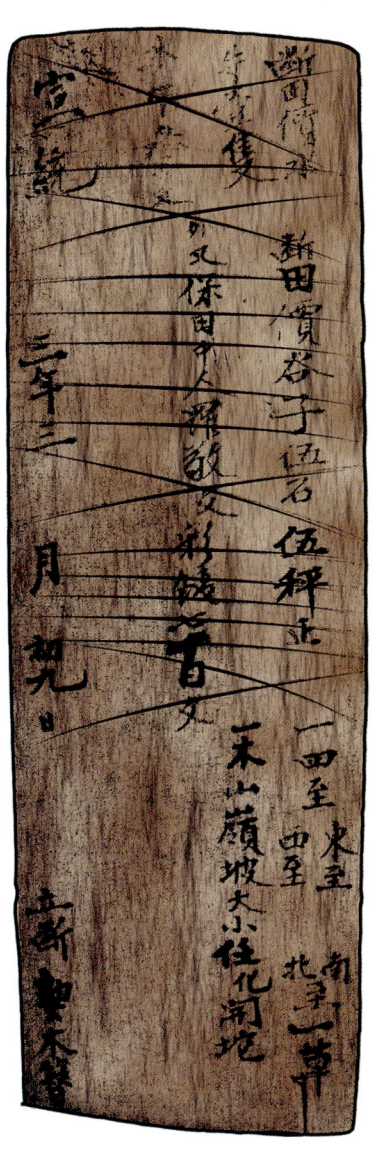

图六　延展图：汉字契约1　　图七　延展图：汉字契约2

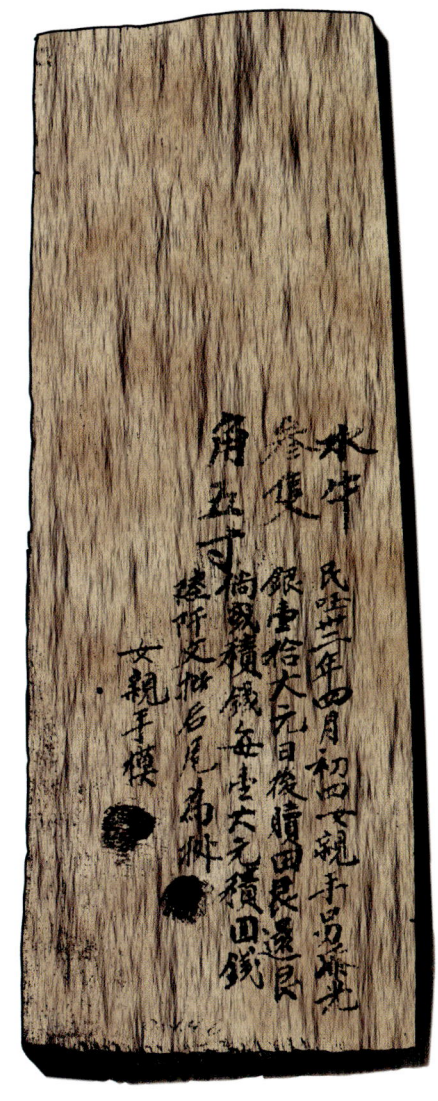

图八　延展图：汉字契约3

图九 延展图：兽颚骨 1

图十 延展图：兽颚骨 2

声　明

　　本书编写时收入的个别图片，因条件所限，未能同相关著作权人取得联系，获得授权，敬请谅解。请相关著作权人及时与编者联系，以便奉上稿酬。谢谢！